新版
トレーナーズ・バイブル

Essentials of Athletic Injury Management
sixth edition

著：William E.Prentice
Daniel D.Arnheim
監訳：岩崎 由純

医道の日本社

ESSENTIALS OF ATHLETIC INJURY MANAGEMENT
Published by McGraw-Hill, a business unit of The McGraw-Hill Companies, Inc.,
1221 Avenue of the Americas, New York, NY, 10020.
Copyright © 2005, 2002, 1999, 1995, 1991, 1987, by The McGraw-Hill Companies, Inc.
All rights reserved.
Japanese translation rights arranged with The McGraw-Hill Companies, Inc.
through Japan Uni Agency, Inc., Tokyo.
Japanese edition copyright © 2007 by IDO-NO-NIPPON-SHA, Inc., Kanagawa.

はじめに
Preface

本書の対象

　学生やインストラクターの方々からのコメントに耳を傾け、本書の読者が主に学生であることを考慮し、本書のタイトルを"Essentials of Athletic Injury Management"に変更した。本書は、コーチング、体育、フィットネスの分野に関心がある学生を対象にしている。

　スポーツをする人達に起こる傷害の予防と管理に関するコースを受講している学生でも、将来アスレティックトレーニングの分野で活躍しようと考えている学生は少ない。しかし、受講している学生の多くは、コーチング、フィットネス、体育、あるいは運動やスポーツに関係する分野で将来働きたいと願っているからこそ、スポーツ傷害の予防と管理のコースを受講している。スポーツを楽しむアマチュア選手から強豪選手にいたるまで、彼らの健康管理に関する知識と理解を深めることが学生にとってきわめて重要である。アスレティックトレーニングに関する知識と理解があってこそ、スポーツ関係者としての本来の職務を効果的に果たすことができる。

　自らフィットネスあるいはトレーニングやコンディショニングを行っている他の学生は、傷害の予防、傷害の評価、また特定の傷害に正しく対処する方法などを学ぶことのできるコースに興味があるかもしれない。本書は多様なトピックに対して基礎的な情報を網羅するように努めた。扱ったトピックはすべて何らかの点で選手の健康管理に関わっている。

　本書は、現在第11版を重ねる評判の教科書"Arnheim's Principles of Athletic Training"をもとに構成された。プロのアスレティックトレーナーやスポーツ医学に興味のある人々に重宝されているが、**本書は、コーチそしてフィットネスや体育の教師を念頭に置いて書かれた。**アスレティックトレーナーあるいは医師の処置が受けられない緊急時、本書が選手の健康管理に関して適切な手引きになると信じている。

本書の構成と内容

　本書は、スポーツ傷害の予防と基礎的対処法に関してできる限り最新の情報を読者に紹介している。スポーツに参加することで生じる身体活動のマイナスの影響は最大限予防されるべきであると私は考える。しかしスポーツに参加する以上、遅かれ早かれいつかは傷害を受けるかもしれない。このような状況下で、迅速かつ適切な処置を行うことができるならば、傷害を最小限に抑えることができる。

　本書は、学習を始めたばかりの学生が総論からより具体的な各論に進めるよ

うに構成した。各章はスポーツ傷害の予防と対処法に対する読者の理解を深められるように工夫した。

本書は、次の3部に分かれている。第1部「効果的なスポーツ健康管理システムの準備と確立」、第2部「スポーツ傷害の予防および傷害を最小限に抑えるテクニック」、そして第3部「特定の傷害および状況の認識と管理」である。

第1部「効果的なスポーツ健康管理システムの準備と確立」は3章からなる。第1章では、選手の健康管理に関わるスポーツ医学チームメンバーの役割と責任について説明する。第2章では、本来なら現場監督をするアスレティックトレーナーが不在の状況下で、健康管理システムをどのようにして構築するかを手引きする。今日の社会において、特にスポーツ健康管理にいくぶんなりとも携わるすべての人にとって、法的責任さらに法的責務は最大の関心事である。第3章では、訴訟をできるだけ少なくし、また選手、コーチともに適切な保険によって保護されるような施策について説明する。第4章では、傷害予防のために体力を維持・増進することの重要性を説く。第5章では、健康によい食事、正しい食生活の重要性を説明する。

第2部「スポーツ傷害の予防および傷害を最小限に抑えるテクニック」では、傷害が起こる危険性を、個人また集団レベルで軽減可能なさまざまなトピックを扱う。第6章では、防具の選び方と使用法について説明する。第7章では、傷害の評価および応急処置の方法を詳述する。第8章では、血液媒介病原体を扱う際、普遍的予防措置をとることで感染症の広がりを抑えられるようにガイドラインを示す。第9章では、競技に備える心理について説明し、傷害を予防するためにコーチがなすべきことを示す。第10章では、選手の健康に及ぼす環境面での脅威を最小限にする方法を考える。第11章では、傷害予防および再発予防のための一般的なテーピングテクニックを紹介する。第12章では、傷害を受けた後のリハビリテーションで用いられる一般的なテクニックについて簡単に説明する。

第3部「特定の傷害および状況の認識と管理」の最初の第13章では、身体活動をするすべての人々に最も起こりやすいさまざまな傷害を定義・分類する。

第14章から第22章では、身体の特定の部位（足部、足関節、下腿部、膝関節、大腿部、鼠径部、股関節、肩甲帯、肘関節、前腕部、手関節、手部、脊柱、胸部、腹部、頭部、顔面など）に起こる傷害について説明する。各部位の傷害に関してそれぞれ原因、症状、対処法の基本を示す。第23章では、選手ならびに選手の運動／競技能力に悪影響を及ぼす疾病やその他の健康状態について説明し、それらに対する指針を示す。第24章では、青少年選手に起こりやすい傷害について詳述する。

本版の特徴（前版との比較）

第1章（Chapter 1）
- スポーツ医学チームを構成する各専門家の責務と協力関係について、情報をより多く提供し、明確にした。
- アスレティックトレーナーが不在の場合、コーチが負傷した選手の健康管理を法的にも倫理的にも正しく行えるようにガイドラインを簡潔に示した。

第2章（Chapter 2）
- アスレティック医療施設の設計および運営に関して議論を進めた。
- 緊急傷害の管理計画の必要性を示した。
- 医療記録の開示および医療保険の携行性と責任に関する法律（HIPAA）について新しい情報を集めた。
- 高等学校に公認アスレティックトレーナーを配置することを推奨し、その理論的根拠を示した。

第3章（Chapter 3）
- 違法行為、不当行為、脱漏行為について新しい情報を集めた。
- 「善きサマリア人の法律」について新しい情報を集めた。
- 製造物責任について新しい情報を集めた。

第4章（Chapter 4）
- 期分けについての説明を簡略にした。
- 柔軟性の評価テクニックについて新しい情報を集めた。
- コア・スタビリティおよびエクササイズの例について新しい情報を集めた。
- セラバンドあるいはサージカルチューブの使用について新しい情報を集めた。
- 開放運動連鎖と閉鎖運動連鎖による運動について新しい情報を集めた。
- 本章のエクササイズの写真を新しくした。

第5章（Chapter 5）
- クレアチン補給について新しい情報を集めた。
- ハーブ（薬草）および使用法についての説明を詳しくした。
- エフェドリンの副作用について新しい情報を集めた。
- ファーストフードの食べ方について新しい情報を集めた。
- 身体組成の評価テクニックとして生体インピーダンス法を用いることについて新しい情報を集めた。

第6章（Chapter 6）
- 防具の補修と使用再認可について新しい情報を集めた。
- 防具の写真を新しくし、より多く掲載した。

第7章（Chapter 7）
- 緊急時対応計画を練る際の推奨事項を掲げた。
- 心肺蘇生法（CPR）の新しいガイドラインを示した。
- CPRテクニックおよび気道閉塞に対する処置に関する新しい写真を掲載した。
- 自動式体外除細動器（AED）の使用について新しい情報を集めた。

第8章（Chapter 8）
- 損傷部位への滅菌ガーゼの使用法について新しい情報を集めた。
- 縫合が必要か決断する際の参考になる新しい情報を集めた。
- 創傷感染の徴候について新しい情報を集めた。

第9章（Chapter 9）
- ストレスの認識と対処について新しい情報を集めた。
- オーバートレーニングおよびバーンアウトについて新しい情報を集めた。
- 負傷した選手を社会的に支援する場合のコーチの役割について情報を再編した。

- リハビリテーション中の選手の、チーム内での位置付けについて新しい情報を集めた。

第10章（Chapter 10）
- 熱指数モニタリングについて情報を新しくした。
- 熱失神について新しい情報を集めた。
- 水分補給およびスポーツドリンクの使用について最新の情報を集めた。
- 稲妻／雷雨時の安全および雷検出装置の使用について新しい情報を集めた。

第11章（Chapter 11）
- より効果的なテーピングテクニックを紹介した。

第12章（Chapter 12）
- 治療効果のあるストレッチングテクニックの新しい例を加えた。
- 治療効果のある抵抗運動の新しい例を加えた。

第13章（Chapter 13）
- 骨折の種類と分類に関して新しく図解した。

第14章〜第22章（Chapter 14〜Chapter 22）
- 人体解剖についての理解を深めるために、いずれの章でも新しく詳しい解剖図をより多く掲載した。
- 各部位の筋肉の動きについて新しいリストを加えた。
- 多種多様な状況をわかりやすくするために、各章に新しい写真を加えた。
- コーチが医師の治療を選手に受けさせるべき状況を明らかにするために、本書では左に挙げた新しいアイコンを使用した。

第23章（Chapter 23）
- せつ（炎症性の腫れ物）および毛包炎について新しい情報を集めた。
- 疣贅ウイルスおよびいぼについて新しい情報を集めた。
- 扁桃炎について新しい情報を集めた。
- 喘息の管理に関して新しい提案をした。
- 髄膜炎について新しい情報を集めた。
- 薬物検査プログラム（ドーピング）について新しい情報を集めた。

第24章（Chapter 24）
- 本章は完全に書き改めた。年少の子どもたちと活動するコーチや親にとって、より使いやすくした。
- 青少年選手が負傷しがちな部位に関して新しいデータを加えた。
- 身体的成熟の評価および選手の競技適性について新しい情報を集めた。
- トレーニングとコンディショニングについて新しい情報を集めた。
- 筋力トレーニングについて新しい提案をした。
- 成長軟骨板骨折、骨端症、剥離骨折、脊椎分離症など青少年選手の傷害について新しい情報を集めた。
- 青少年選手のスポーツ傷害予防について新しい情報を集めた。
- 学校の運動競技プログラムにおいて傷害を管理するための計画、行政、ガイドラインについて新しい情報を集めた。
- 傷害予防のためのスポーツの特異性に合わせた新しいガイドラインを示した。

付録C

- アスレティックトレーナーの資格を取得するための改訂ガイドライン（2004年1月施行）を掲載している。

本書の活用法

- **章の目標**：各章のはじめに学習目標を掲げる。
- **フォーカスボックス**：重要な情報には、本文を補足する解説を若干掘り下げて特筆する。
- **欄外情報**：読み飛ばすことのないように、また読みやすさや学びやすさを考え、随所に欄外情報（キーコンセプト、語句の定義や発音、役立つトレーニングヒント、イラストなど）を入れた。
- **イラストおよび写真**：学生にアスレティックトレーニングを理解してもらえるようにイラストと写真を取り入れた。
- **頭の体操（エクササイズ）**：すべての章に、本文に合わせたケーススタディ（事例研究）を入れた。学んだばかりの内容を応用する力を養う。各エクササイズの解答は章末に掲げた。
- **コーチのコーナー**：コーチ用として特別にチェックリストを用意した。健康管理をする際、詳細な手順を踏むことが可能となる。
- **章の要約（まとめ）**：章には要約をつけ、キーコンセプトを特筆した。試験対策の助けとなるであろう。
- **復習問題とクラス活動**：学習したコンセプトの復習と応用を兼ねて、各章の終わりに問題と推奨クラス活動を掲げた。
- **参考文献**：完全かつ最新の入手可能な参考文献一欄を巻末に掲げた。
- **注解文献**：さらに学習を進めたい人のための注解文献（記事、書籍、トピックなど）を掲げた。
- **ウエブサイト（WEBSITE）**：役立つウエブサイト一欄。学生はインターネットで関連情報を入手できる。
- **カラー**：2色刷り。見やすく、分かりやすいイラスト。
- **用語集**：キーワードおよびその定義を巻末に掲げた。
- **付録**：アスレティックトレーニングをさらに深く学習したいと考える学生のために用意した。付録Aから付録Cには、医療従事者としてのアスレティックトレーナーの認識、アスレティックトレーナーの雇用環境、有資格アスレティックトレーナーになるための要件などについての情報を載せた。

感謝のことば

　Michelle Turenne にまず感謝の意を表したい。本書においても他のプロジェクトにおいても一緒に仕事をするのが楽しかった。"Essentials of Athletic Injury Management" 第6版の準備にあたって、いつものことながら、彼女から貴重なアドバイスをいただいた。

　ノースカロライナ大学の Terri Jo Rucinski は、本書を補足するインストラクター用マニュアルおよびテストバンクの作成を一手に引き受けてくれた。ミシガン大学の Jason Scibek は PowerPoint プレゼンテーションを担当してくれた。両氏のご尽力により、スポーツ傷害の教科担当教員（指導員）は、非常に貴重な情報源を得た。本書に対するすばらしい力添えにたいへん感謝している。

　次の方々にもお世話になった。ここに名を記して感謝の意を表したい。

Brad Abell（Texas A&M University at Commerce）
Michael W. Goforth（Virginia Polytechnic Institute & State University）
Katie Grove（Indiana University）
Gary E. McIlvain（Marshall University）
Daniel J. Miller（Chabot College）
Marilyn K. Miller（Bloomsburg University）
Jeff Rudy（University of Nebraska at Lincoln）
Matt Radelet（University of Arizona）
Andrew N. Smith（Canisius College）
Aric Warren（University of Kansas at Lawrence）
Barbara Wilson（Saint Leo University）

　最後に私をいつも励ましてくれた家族、Tena、Brian、Zach にもありがとうといいたい。

William E. Prentice

監訳のことば

　本書『新版トレーナーズ・バイブル』の原題は"Essentials of Athletic Injury Management"である。本書の前版である『アーンハイムのトレーナーズ・バイブル』（原題"Essentials of Athletic Training"）を監訳したのは1991年のことであった。それから16年の間に、医学はもちろんのこと、スポーツ医学やバイオメカニクス、トレーニング理論や技術も格段の進歩を遂げた。その変化に対応しながら版を重ねた"Essentials of Athletic Training"は、第6版で内容を刷新して"Essentials of Athletic Injury Management"と改題し、対象とする読者も単にアスレティックトレーナーを目指す学生だけではなく、スポーツに関わる監督、コーチ、体育教諭などにも広げられた。

　本書の監訳にあたっては、日米のスポーツおよび医療関係の環境や法規が違うため、実際に日本ではアスレティックトレーナーやコーチが行うことのできない評価法や処置、また使用できない用語の取り扱いに苦慮した。しかし、原著の意図することをそのまま伝えるためには適切な代替の用語が見当たらないケースが多く、翻訳本として専門用語をそのまま使用することにした。

　欄外には訳注を増やし、読者への便宜を図った。関連団体や組織の名称も可能な限り原著の表記をそのまま採用し、日本国内では馴染みのないものについては解説を加えた。監訳の作業をしている最中にも、心肺蘇生法（CPR）の手順の見直しがされたので追記した。

　医学の世界は診断の技術だけでなく、手術やリハビリテーションの分野においても日進月歩である。それに伴いスポーツ医学の世界もどんどん変化している。現場のアスレティックトレーナーやスポーツ指導者が、自らの資格更新のためだけではなく、選手の健康管理のために最新情報を入手し、常に自己啓発すべきなのはいうまでもない。本書が、そんなニーズに少しでも応えることができれば幸甚である。

　監訳の際にご協力をいただいたATC（NATA公認アスレティックトレーナー）の横田麻子さん、仲野伸洋さんに心から感謝いたします。

岩崎　由純

目次 Contents

はじめに　iii
　本書の対象／本書の構成と内容／本版の特徴／本書の活用法／感謝のことば
監訳のことば　ix

第1部　効果的なスポーツ健康管理システムの準備と確立

Chapter 1　スポーツ医学チームの構成とチームメンバーの役割　2

- スポーツ医学とは　3
  - スポーツ医学機構・団体
- アスレティックトレーナーとは　4
  - 全米アスレティックトレーナーズ協会
- スポーツ医学チームのメンバー　6
  - コーチ、アスレティックトレーナー、医師、選手の関係／スポーツ医学チームにおける家族の重要性（米国でのケース）／コーチの責任／アスレティックトレーナーの役割と責任／チームドクターの責任／スポーツ医学チームのその他のメンバー
- コーチのコーナー　17
- まとめ　17　　頭の体操（エクササイズ）の答え　18
- 復習問題とクラス活動　19

Chapter 2　スポーツ健康管理プログラムの作成と管理　20

- アスレティックトレーニング設備計画　20
  - 保管設備
- スポーツ健康管理プログラムの運営規則の確立　22
  - ケア担当／アスレティックトレーニング・ルームの方針／アスレティックトレーニング設備の衛生／健康的な習慣の確立／緊急電話の設置／緊急傷害の管理計画
- 記録の保管　26
  - 参加前健康診断／医療記録の開示／傷害報告書／治療記録／個人情報カード／傷害評価および過程記録／備品在庫表／年次活動報告書
- 予算案　32
  - 備品と用具の注文／その他の予算
- 高等学校における有資格アスレティックトレーナーの採用　36
- コーチのコーナー　38
- まとめ　38　　頭の体操（エクササイズ）の答え　38
- 復習問題とクラス活動　39

Chapter 3　法的責任と保険　　40

- コーチおよびアスレティックトレーナーの法的懸案事項　40
  常識的な対処の基準／不法行為／過失／出訴期限法／危険引き受け
- 製造物責任　45
- 選手を保護するためにはどのようなタイプの保険が必要か？　45
  一般健康保険／傷害保険
- コーチ、アスレティックトレーナー、その他のメンバーを保護するための保険　48
  個人損害賠償責任保険／大規模災害保険
- 保険請求書作成　49
- コーチのコーナー　44, 50
- まとめ　50　　頭の体操（エクササイズ）の答え　51
- 復習問題とクラス活動　51

Chapter 4　フィットネストレーニングによる傷害予防　　52

- コンディショニングシーズンと期分け　52
  クロストレーニング
- コンディショニングの確立　54
  ウォームアップ／クールダウン
- 優れた柔軟性がなぜ重要か　57
  身体のどのような構造によって柔軟性が制限されるのか／自動的可動域および他動的可動域／
  主働筋と拮抗筋／さまざまなストレッチング方法／実際の利用法／ストレッチング運動／
  柔軟性の評価／強度と柔軟性の関連性
- なぜ筋力、持久性、パワーがスポーツ選手にとって重要なのか　69
  骨格筋の収縮の種類／筋力を決めるものは何か？
- 筋力向上にはどんな生理学的変化が起こるか　71
- 体幹の安定性を高めるコア・スタビライゼーショントレーニング　71
- 筋力トレーニングにはどんな方法があるか　73
  等尺性運動／漸増性抵抗運動／等速性運動／サーキットトレーニング／プライオメトリクス／
  筋力強化の徒手体操／女性選手の強化トレーニングについての考察
- 全身持久力はなぜスポーツ選手にとって重要なのか　96
  運動は心臓の機能にどのように作用するか
- 身体の効率的な酸素使用方法を決定するものは何か　97
  最大有酸素能はどのように決まるか
- どのようなトレーニング方法が全身持久力を高めるか　100
  継続トレーニング
- 上級トレーニング方法　102
  インターバルトレーニング／ファルトレクトレーニング
- コーチのコーナー　104
- まとめ　104　　頭の体操（エクササイズ）の答え　105
- 復習問題とクラス活動　106

Chapter 5　栄養に関する配慮　　108

- 栄養素　109
  炭水化物／脂肪／タンパク質／ビタミン／ミネラル／水分
- 栄養素からエネルギーをつくる　114

- 栄養豊富な食事とはどんなものか　*116*
    - フードピラミッド／栄養豊富な食物とジャンクフード
- 栄養補給と運動についての誤った神話と解釈　*117*
    - ビタミンの補給／ミネラルの補給／タンパク質の補給／クレアチンの補給／糖分と競技能力／
    - カフェインと競技能力／アルコールと競技能力／有機、自然、健康食品／ハーブ／エフェドリン／
    - 菜食主義／試合直前食／流動食サプリメント／ファーストフードを食べること
- グリコーゲンの大量補給（グリコーゲンローディング）　*126*
    - 脂肪ローディング
- 体重管理と身体組成　*127*
    - 身体組成／身体組成の評価／カロリーバランスの評価／減量方法／体重増加の方法
- 摂食障害　*130*
    - 過食症／拒食症
- コーチのコーナー　*132*
- まとめ　*132*　　頭の体操（エクササイズ）の答え　*133*
- 復習問題とクラス活動　*134*

第2部　スポーツ傷害の予防および傷害を最小限に抑えるテクニック

Chapter 6　スポーツ用防具の選び方と使用法　　138

- スポーツ用防具および設備の安全基準　*138*
- スポーツ用防具の使用に関する法的事項　*141*
- 市販品の防具の使用と特注品の防具の使用　*141*
    - 頭部の保護／アメリカンフットボールのヘルメット／アイスホッケーのヘルメット／
    - 野球とソフトボールのバッターのヘルメット／サイクリングのヘルメット
- 顔面の保護　*145*
    - フェイスガード／咽頭部の保護／口の保護／耳の保護／眼鏡／コンタクトレンズ／
    - アイガードとグラスガード
- 体幹と胸部の保護　*150*
    - アメリカンフットボールのショルダーパッド／スポーツ用ブラジャー／胸部の保護／殿部／
    - 股間部および外性器
- 足元の防具　*155*
    - フットウエア／市販の足関節のサポート用品（アンクルブレイス）／
    - 脛と下腿部の保護（シンガード）／大腿と上腿部の保護／ニーブレイス
- コーチのコーナー　*163*
- 肘関節、手関節、手の保護　*163*
- まとめ　*166*　　頭の体操（エクササイズ）の答え　*167*
- 復習問題とクラス活動　*167*

Chapter 7　緊急事態と傷害の評価　　170

- 緊急時対応計画　*170*
    - 救急医療機関との協力／保護者への連絡
- 評価の原則　*172*
    - 意識のない選手

- 一次評価　*174*
  生死に関わる傷害の処置／緊急CPRの概要／循環機能の回復／出血のコントロール／ショックへの対処
- 二次評価　*186*
  生命徴候の確認／現場での傷害の検査／現場以外での傷害の評価
- 急性傷害の応急処置　*190*
  保護／安静／冷却（アイシング）／圧迫／挙上
- 緊急副子法　*193*
  減圧式固定器具／エアスプリント／下肢骨折の副子法／上肢骨折の副子法／脊柱、骨盤の副子法
- 負傷した選手の移動と移送　*195*
  脊椎損傷の疑いがある場合／担架での移送／歩行の補助／手を用いる移送／両松葉杖や片松葉杖のフィッティングと使用
- ■コーチのコーナー　*201*
- まとめ　*202*　　頭の体操（エクササイズ）の答え　*203*
- 復習問題とクラス活動　*203*

Chapter 8　血液媒介病原体、普遍的予防措置および傷の手当　　*204*

- 血液媒介病原体とは何か？　*205*
  B型肝炎ウイルス／ヒト免疫不全ウイルス
- 運動競技における血液媒介病原体対処法　*207*
  方針規定／HIVおよびスポーツ参加／HIV検査
- スポーツ環境における普遍的予防措置　*209*
  選手の準備／出血の場合／個人的な予防策／物品・用具の入手／コーチの保護／選手の感染予防／感染後の手順
- 皮膚損傷の処置　*214*
  損傷の種類／応急処置／包帯／縫合は必要か？／損傷感染の徴候
- ■コーチのコーナー　*217*
- まとめ　*218*　　頭の体操（エクササイズ）の答え　*218*
- 復習問題とクラス活動　*219*

Chapter 9　負傷した選手に対する心理的支援　　*220*

- 選手の傷害に対する心理的反応　*220*
  傷害の程度の分類／傷害プロセス
- 傷害の前兆となるもの　*222*
  負傷しがちな選手／ストレスおよび傷害リスク／オーバートレーニング
- モチベータ（動機を与えるもの）としての目標設定　*225*
- 負傷した選手に社会的支援を与えることにおけるコーチの役割　*226*
- 競技復帰の決断　*230*
- ■コーチのコーナー　*231*
- まとめ　*232*　　頭の体操（エクササイズ）の答え　*232*
- 練習問題とクラス活動　*233*

Chapter 10　環境の悪条件に潜む危険に対する理解　　*234*

- 高体温　*234*
  熱ストレス／熱指数のモニタリング／熱中症／熱中症の予防

- 低体温 *242*
  - 寒冷障害／予防
- 過度の日焼け *244*
  - 長期にわたる皮膚への影響／日焼け止めの使用
- 稲妻および雷雨の際の安全 *245*
- コーチのコーナー *246*
- まとめ *246*　頭の体操（エクササイズ）の答え *247*
- 練習問題とクラス活動 *247*

Chapter 11　テーピングテクニック　*248*

- 弾性包帯 *249*
  - 巻き方／弾性包帯テクニック
- 非伸縮性および伸縮性粘着テーピング *255*
  - 非伸縮性白粘着テープ(ホワイトテープ)／伸縮性粘着テープ／防水テープ／粘着テープの保管／テーピングのための準備／正しいテーピングテクニック／テープの切り方／粘着テープの剥がし方
- テーピングテクニック *260*
- コーチのコーナー *268*
- まとめ *267*　頭の体操（エクササイズ）の答え *269*
- 復習問題とクラス活動 *269*

Chapter 12　リハビリテーションの基礎　*270*

- スポーツ傷害におけるリハビリテーションの方針 *270*
- リハビリテーションプログラムの基本要素と目標 *271*
  - 正しい応急処置と腫脹の管理／痛みのコントロール／全可動域の回復／筋力、持久力、パワーの回復／神経筋コントロールの再構築／バランスの回復／心肺機能の維持／段階的機能回復トレーニング／機能テスト
- 物理療法の利用 *278*
  - アイスパック（アイスバッグ）／ホットパック／マッサージ
- 完全回復の基準 *279*
- コーチのコーナー *281*
- まとめ *281*　頭の体操（エクササイズ）の答え *282*
- 復習とクラス活動 *282*

第3部　特定の傷害および状況の認識と管理

Chapter 13　さまざまなスポーツ傷害の認識　*286*

- 急性（外傷性）傷害 *286*
  - 骨折／脱臼と亜脱臼／靱帯損傷（捻挫）／打撲傷／筋挫傷／筋痙攣／筋性防御／筋肉痛／神経障害
- オーバーユースによる慢性障害 *296*
  - 治癒における炎症の重要性／腱炎／腱鞘炎／滑液包炎／骨関節症／筋筋膜トリガーポイント
- 傷害後の治癒過程の重要性 *299*
  - 炎症反応段階／線維芽細胞修復段階／増殖—再構築段階
- まとめ *300*　頭の体操（エクササイズ）の答え *301*

- 復習問題とクラス活動　*301*

Chapter 14　足部　*302*

- 足の解剖学的構造　*302*
  - 骨／靱帯／筋肉
- 足部の傷害の予防　*304*
- 足部の評価　*307*
  - 事情聴取／視診／触診
- 足部の傷害の認識と管理　*308*
  - 踵骨腱滑液包炎（パンプバンプ）／踵の打撲傷／足底腱膜炎／中足骨の骨折／
  - 中足骨アーチの機械的疲労／縦アーチの挫傷／趾節骨の骨折と脱臼／バニオン（外反母趾に伴う変形）／
  - モートン神経腫／ターフ・トゥ／胼胝（たこ）／水疱／鶏眼（魚の目）／陥入爪（巻き爪）／
  - 足趾の爪下出血（爪下血腫）
- まとめ　*320*　　頭の体操（エクササイズ）の答え　*320*
- 復習問題とクラス活動　*321*

Chapter 15　足関節と下腿部　*322*

- 足関節と下腿部の解剖学的構造　*322*
  - 骨／靱帯／筋肉
- 下腿部と足関節の傷害の予防　*324*
  - アキレス腱複合体ストレッチング／筋力強化トレーニング／神経筋コントロール／靴／
  - 予防のための足関節のテーピングとブレイスの装着
- 足関節の評価　*327*
  - 事情聴取／視診／触診／特殊テスト／機能テスト
- 足関節の傷害の認識と管理　*330*
  - 足関節の捻挫／足関節の骨折／腱炎
- 下腿部の評価　*335*
  - 事情聴取／視診／触診
- 下腿部の傷害の認識と管理　*336*
  - 脛骨と腓骨の骨折／脛骨と腓骨の疲労骨折／シンスプリント（内側脛骨疲労症候群）／
  - コンパートメント症候群／アキレス腱炎／アキレス腱断裂／前脛部の打撲傷
- まとめ　*342*　　頭の体操（エクササイズ）の答え　*343*
- 復習問題とクラス活動　*343*

Chapter 16　膝関節および関連構造　*344*

- 膝関節の解剖学的構造　*345*
  - 骨／靱帯／筋肉
- 膝関節の傷害予防　*346*
  - 身体コンディショニングとリハビリテーション／靴のタイプ／膝の機能ブレイスと保護ブレイス
- 膝関節の評価　*348*
  - 事情聴取／視診／触診／特殊テスト
- 膝関節の傷害の認識と管理　*354*
  - 靱帯の傷害／内側側副靱帯の捻挫／外側側副靱帯の捻挫／前十字靱帯の捻挫／後十字靱帯の捻挫／
  - 半月板の傷害／関節の打撲傷（打ち身）／滑液包炎／膝内部の遊離体／
  - 腸脛靱帯摩擦症候群（ランナー膝）
- 膝関節伸筋機構の傷害と症状の認識と管理　*361*
  - 膝蓋骨骨折／急性膝蓋骨亜脱臼または脱臼／膝蓋軟骨軟化症／ジャンパー膝（膝蓋腱炎）／

オスグッド・シュラッター病
- まとめ　*365*　　頭の体操（エクササイズ）の答え　*365*
- 復習問題とクラス活動　*366*

Chapter 17　大腿部、殿部、鼠径部、骨盤　　*368*

- 大腿部、殿部、鼠径部、骨盤の解剖学的構造　*368*
  骨／靱帯／筋肉
- 大腿部、殿部、鼠径部、骨盤の傷害の評価　*372*
  事情聴取／視診／触診／特殊テスト
- 大腿部、殿部、鼠径部、骨盤の傷害予防　*375*
- 大腿部の傷害の認識と管理　*376*
  大腿四頭筋の打撲傷／筋肉の骨化（骨化性筋炎）／大腿四頭筋の筋挫傷／ハムストリングスの筋挫傷／急性大腿骨骨折／大腿骨の疲労骨折
- 股関節と鼠径部の傷害の認識と管理　*381*
  股関節の捻挫／股関節脱臼／鼠径部の筋挫傷／発育中の股関節の障害
- 骨盤の傷害の認識と管理　*386*
  腸骨稜の打撲傷（ヒップポインター）／恥骨骨炎／骨盤の急性骨折／骨盤の急性骨折／骨盤の疲労骨折／骨盤の剥離骨折
- まとめ　*388*　　頭の体操（エクササイズ）の答え　*389*
- 復習問題とクラス活動　*389*

Chapter 18　肩甲帯　　*390*

- 肩甲帯の解剖学的構造　*390*
  骨／靱帯／筋肉
- 肩の傷害予防　*394*
  正しい投球動作テクニックの使用法
- 肩甲帯の評価　*396*
  事情聴取／視診／触診／特殊テスト
- 肩の傷害の認識と管理　*399*
  鎖骨骨折／上腕骨骨幹骨折／胸鎖関節の捻挫／肩鎖関節の捻挫／肩甲上腕関節脱臼／肩インピンジメント症候群／回旋筋腱板（ローテータカフ）挫傷／肩の滑液包炎／上腕二頭筋腱鞘炎／上腕の打撲傷
- まとめ　*408*　　頭の体操（エクササイズ）の答え　*408*
- 復習問題とクラス活動　*409*

Chapter 19　肘関節、前腕部、手関節、手部　　*410*

- 肘関節の解剖学的構造　*410*
  骨／靱帯／筋肉
- 肘関節の傷害の評価　*412*
  事情聴取／視診／触診
- 肘関節、前腕部、手関節の傷害予防　*414*
- 肘の傷害の認識と管理　*414*
  肘頭滑液包炎／肘関節の捻挫／上腕骨外側上顆炎／上腕骨内側上顆炎／肘関節離断性骨軟骨炎／尺骨神経症／肘関節脱臼／肘関節骨折／フォルクマン拘縮
- 前腕部の解剖学的構造　*419*
  骨／関節／筋肉

- 前腕部の傷害の評価　*419*
    - 事情聴取／視診／触診
- 前腕部の傷害の認識と管理　*421*
    - 打撲傷／フォアアームスプリントとその他の筋挫傷／前腕部の骨折／コーレス骨折
- 手関節、手部、指関節の解剖学的構造　*424*
    - 骨／靱帯／筋肉
- 手関節、手部、指関節の評価　*426*
    - 事情聴取／視診／触診
- 手関節と手部の傷害の認識と管理　*426*
    - 手関節の捻挫／手関節の腱炎／手根管症候群／月状骨の脱臼／舟状骨骨折／有鈎骨骨折／手関節ガングリオン／中手骨骨折
- 手指の傷害の認識と管理　*430*
    - マレットフィンガー／ボタンホール変形／ジャージフィンガー／ゲームキーパー母指／手指の側副靱帯の捻挫／指節骨脱臼／爪下出血／指節骨骨折
- まとめ　*434*　　頭の体操（エクササイズ）の答え　*435*
- 復習問題とクラス活動　*435*

Chapter 20　脊柱　　　　　　　　　　　　　　　　　　　　　　　　　　　　　　*436*

- 脊柱の解剖学的構造　*436*
    - 骨／靱帯／筋肉／脊髄と脊髄神経
- 脊柱の傷害予防　*442*
    - 頸椎／腰椎
- 脊柱の評価　*445*
    - 事情聴取／視診／触診／特殊テスト
- 頸椎の傷害の認識と管理　*449*
    - 頸部骨折／頸部脱臼／頸部および背部上方の急性筋挫傷／頸部の捻挫（むち打ち症）／急性斜頸／神経痛（腕神経叢症）
- 腰椎の傷害の認識と管理　*452*
    - 腰痛／腰椎の骨折と脱臼／腰部の筋挫傷／腰部の捻挫／背部の打撲傷／坐骨神経痛／椎間板ヘルニア／脊椎分離症と脊椎すべり症
- 仙腸関節機能不全の認識と管理　*456*
    - 仙腸関節の捻挫／尾骨損傷
- まとめ　*457*　　頭の体操（エクササイズ）の答え　*458*
- 復習問題とクラス活動　*458*

Chapter 21　胸部と腹部　　　　　　　　　　　　　　　　　　　　　　　　　　　*460*

- 胸部の解剖学的構造　*460*
- 腹部の解剖学的構造　*462*
- 胸部と腹部の傷害予防　*464*
- 胸部と腹部の評価　*464*
    - 事情聴取／視診／触診
- 胸部傷害の認識と管理　*467*
    - 肋骨の打撲傷／肋骨骨折／肋軟骨の傷害／肋間筋の傷害／肺の傷害／スポーツ選手の突然死症候群／胸部の傷害
- 腹部の傷害の認識と管理　*470*
    - 腹壁の傷害／ヘルニア／太陽神経叢への打撃／わき腹の差し込み／脾臓の損傷／腎臓の打撲／肝臓の打撲／虫垂炎／膀胱の損傷／陰嚢・精巣の打撲傷／女性生殖器の傷害

- まとめ　*475*　　頭の体操（エクササイズ）の答え　*476*
- 復習問題とクラス活動　*477*

Chapter 22　頭部、顔面、目、耳、鼻、咽喉　*478*

- 頭部、顔面、目、耳、咽喉への傷害の予防　*478*
- 頭部の解剖学的構造　*479*
  - 骨／脳／髄膜
- 頭部傷害の評価　*480*
  - 意識不明の選手の処置／事情聴取／視診／触診／特殊テスト
- 頭部の特定傷害の認識と管理　*483*
  - 頭蓋骨骨折／脳震盪（軽度頭部傷害）／脳震盪後症候群／二次的衝撃症候群／脳挫傷／硬膜外血腫／硬膜下血腫／片頭痛／頭皮の傷害
- 顔面の解剖学的構造　*488*
- 顔面の特定傷害の認識と管理　*488*
  - 下顎骨骨折／頬骨複合体の骨折／顔面の裂創
- 歯の解剖学的構造　*490*
- 歯の傷害の予防　*490*
- 歯の特定傷害の認識と管理　*491*
  - 歯の破折／歯の亜脱臼、脱臼、裂離　*492*
- 鼻の解剖学的構造　*493*
- 鼻の特定傷害の認識と管理　*493*
  - 鼻骨骨折と軟骨分離／鼻中隔の偏位／鼻血（鼻出血）
- 耳の解剖学的構造　*495*
- 耳の特定傷害の認識と管理　*495*
  - 耳血腫（カリフラワー耳）／鼓膜の破裂／水泳選手の耳（外耳炎）／中耳炎／耳垢の蓄積
- 目の解剖学的構造　*497*
- 目の特定傷害の認識と管理　*498*
  - 眼窩血腫（ブラックアイ）／眼窩骨折／眼中の異物／角膜剥離／前房出血／網膜剥離／急性結膜炎
- 咽喉の傷害の認識と管理　*501*
  - 咽喉の打撲傷
- まとめ　*501*　　頭の体操（エクササイズ）の答え　*502*
- 復習問題とクラス活動　*502*

Chapter 23　補足すべき健康問題と一般的処置法　*504*

- 皮膚感染　*504*
  - ウイルス感染
- 疣贅ウイルスといぼ　*506*
  - 細菌感染／真菌感染
- 呼吸器の症状　*509*
  - 風邪／副鼻腔炎／喉の痛み（咽頭炎）／扁桃炎／インフルエンザ／季節性アレルギー（鼻炎）／急性気管支炎／気管支喘息／運動誘発性喘息
- 胃腸障害　*514*
  - 消化不良／嘔吐／下痢／便秘／食中毒／出血性胃腸炎
- スポーツ選手に影響を及ぼすその他の症状　*516*
  - 伝染性単核球症／スポーツ選手の貧血症／糖尿病／癲癇／髄膜炎／高血圧症／伝染性ウイルス疾患
- スポーツ選手の薬物乱用　*521*

　　　　競技能力向上薬／ストリートドラッグ乱用／薬物検査プログラム
- 月経不順と女性生殖器系　*530*
　　　月経不順／フィメールアスレティック・トライアッド（女性選手の健康障害の三徴）／
　　　避妊薬／妊娠中の運動
- 性感染症　*533*
- まとめ　*535*　　　頭の体操（エクササイズ）の答え　*536*
- 復習問題とクラス活動　*537*

Chapter 24　青少年スポーツ選手の傷害予防と管理　　　*538*

- 文化的傾向　*538*
　　　傷害はどこで発生するか？
- 青少年選手のスポーツ適性評価　*541*
- 身体のコンディショニングとトレーニング　*542*
- 心理学的および学習上の配慮　*544*
- コーチの資格　*546*
- 青少年選手における一般的傷害　*546*
　　　成長軟骨板骨折／骨端症／剥離骨折／脊椎分離症
- スポーツ傷害の予防　*549*
- コーチのコーナー　*553*
- まとめ　*550*　　　頭の体操（エクササイズ）の答え　*553*
- 復習問題とクラス活動　*554*

付録　*557*
用語集　*562*
文献　*568*
図表クレジット　*594*
索引　*596*
略語集　*612*

カバーデザイン／ウィンドミル　西村和夫

効果的なスポーツ健康管理システムの準備と確立

Part *1*

Chapter *1*
スポーツ医学チームの構成とチームメンバーの役割

Chapter *2*
スポーツ健康管理プログラムの作成と管理

Chapter *3*
法的責任と保険

Chapter *4*
フィットネストレーニングによる傷害予防

Chapter *5*
栄養に関する配慮

スポーツ医学チームの構成とチームメンバーの役割

Chapter 1

この章を終えると、次のことが説明できるようになる。
- 包括的な用語、スポーツ医学の定義
- 各種のスポーツ関連団体の認知
- スポーツ医学チームと選手の関係
- 傷害予防、緊急措置、傷害管理におけるコーチの役割
- 負傷した選手の手当をするアスレティックトレーナーの責任
- チームドクターの役割とアスレティックトレーナーとの関係
- スポーツ医学チームのその他のメンバーと彼らの役割

　コーチとアスレティックトレーナーのそれぞれの責任は明確に定められるべきである。コーチはコーチングに専念し、アスレティックトレーナーは選手の健康管理に全責任を負うようにしたい。残念ながら、スポーツプログラムを提供する団体に予算上の制約があり、コーチが皆アスレティックトレーナーにアクセスできるとは限らない[10]。たとえ学校や競技団体がアスレティックトレーナーを1人雇ったとしても、学校や競技団体で戦っているすべてのチームの練習や試合を、たった1人でカバーするのは難しい。現状はこのように厳しい状況にあり、コーチはコーチの役割だけではなく、選手の健康管理にも責任を持つことが期待されている。それゆえコーチは傷害予防、緊急措置、傷害管理についてある程度知識を持たなければならない[19]。

　多くの人たちが、団体もしくは個人で定期的にスポーツ活動に参加している。皮肉なことに、スポーツに参加するということは、傷害が起こり得る状況に選手自身が身を置くことになる。幸い多くの場合、傷害は深刻なものではなく、速やかにリハビリテーションに入ることができる。団体スポーツに参加している選手は、自分たちの健康と安全を最優先に考える権利がある。コーチは選手の健康に配慮し、選手の健康のトータルケアを監督する責任を負う（図1-1）。本章を読むことで、コーチはスポーツ医学チームを構成するメンバーの役割と責任を理解するであろう。アスレティックトレーナーがいない場合、どのようにしてスポーツ医学チームを構成するかについてもガイドラインを示す。

図1-1
コーチはアスレティックトレーナーや医師と密接な連携を保ち、負傷した選手の健康管理に携わる。

スポーツ医学とは

　スポーツ医学という用語は、一般に身体活動やスポーツに関連した医療という幅広い分野を指している。スポーツ医学を「傘」にたとえてみよう。「傘」の下には身体的に活動する人たち、または選手に関連する多数の特化した専門分野が大きく2つに分かれて存在している。一つは成績向上であり、もう一つは傷害のケアと管理である（図1-2）。成績向上に主として関係する専門分野は、運動生理学、生体力学、スポーツ心理学、スポーツ栄養学、ストレングス＆コンディショニングである。選手特有の傷害のケアと管理を重点的に取り扱っている専門分野は、医療活動、アスレティックトレーニング、スポーツ理学療法、スポーツマッサージセラピー、スポーツ歯科、整骨療法、歯科矯正師／義歯専門歯科医、カイロプラクティックなどである。米国スポーツ医学会（American College of Sports Medicine：ACSM）は、スポーツ医学を「生理学的、

訳注）
osteopathy を直訳すると「整骨療法」となるが、日本では「柔道整復」が一般的であろう。

図1-2
スポーツ医学の「傘」の下に入る専門分野

スポーツ医学
Sports Medicine

成績向上	傷害のケアと管理
運動生理学	医療活動
生体力学	アスレティックトレーニング
スポーツ心理学	スポーツ理学療法
スポーツ栄養学	スポーツマッサージセラピー
ストレングス＆コンディショニング	スポーツ歯科
	整骨療法
	歯科矯正師／義歯専門歯科医
	カイロプラクティック

身体力学的、心理学的、および病理学的な運動とスポーツに関わる現象を扱う学際的学問（多岐の専門分野にわたる学問）」と位置付けている[1]。これらの専門分野の研究を臨床的に広く応用することで、身体活動、エクササイズ、スポーツに関する個人の身体機能を向上し維持することができる。臨床応用にはエクササイズやスポーツへの参加から起こり得る病気や傷害の予防と処置も含まれる。

スポーツ医学機構・団体

> 専門家として、アスレティックトレーナーは協会団体／専門家組織の会員となり、活動しなければならない。

多くの協会団体／専門家組織がアスレティックトレーニングやスポーツ医学に力を注いでいる。協会団体／専門家組織の目的は、(1)倫理規定を含め職業的水準を決定・維持することで分野のグレードアップを図る、(2)優秀な専門家を集め、意見を交換し、研究を促し、批評を求める、(3)専門家を集めてグループをつくることにより、個人では成就し得ない目標を達成させる、の3点である。スポーツ医学に関連する協会や団体の住所とウエブサイトのリストについてはフォーカスボックス1-1を参照のこと。選手の健康や安全に関心のある米国の全国的な組織は、多数が州および地区の関係組織と連携している。国、州、地区のスポーツ団体は一体となって、選手の病気や傷害の対策に取り組んでいる。

アスレティックトレーナーとは

トレーニングとアスレティックトレーニングという用語はかなり紛らわしい言葉である。昔から「トレーニング」はコーチングあるいは指導を意味してきた。それに比べて「アスレティックトレーニング」は伝統的に、身体活動から起こり得る傷害の予防、管理、評価、リハビリテーションを扱う専門分野の一つと考えられてきた[17]。

最近では、トレーナー、公認アスレティックトレーナー、パーソナルフィットネストレーナー、ストレングス＆コンディショニングコーチといった用語もあり、紛らわしい。トレーナーとは犬や馬を調教する専門家を指す。（資格認定協会によって認定された）公認アスレティックトレーナーは、健康管理に関連する専門家であり、アスレティックトレーナーとして専門的な教育を受けている。資格認定書「**ATC**」を有している。公認アスレティックトレーナーは、一般に身体活動家、特に選手の健康管理において重要な役割を演じる[16]。パーソナルフィットネストレーナーもまた、少なくとも50は存在するといわれている公認団体から何らかの資格証明を受けている。パーソナルフィットネストレーナーは、健康な人々のフィットネスや健康増進および体力の向上に努める。（全米ストレングス＆コンディショニング協会によって認定された）ストレングス＆コンディショニングコーチは主として、プロあるいは大学生選手などを対象に活動している。身体的コンディショニングのレベルを高め、競技能力を最大限に発揮できるようにトレーニングを行う。

> **ATC**
> （Athletic Trainer, Certified）アスレティックトレーナーとして公認機関であるNATAにより認定された個人の認定資格。

1-1 Focus Box　フォーカスボックス

米国のスポーツ医学専門機関のリスト

- American Academy of Pediatrics, Sports Committee（米国小児科学会）
　　1801 Hinman Ave., Evanston, IL 60204　http://www.aap.org
- American Board of Physical Therapy Specialists, American Physical Therapy Association（米国理学療法士協会）
　　1111 North Fairfax St., Alexandria, VA 22314
　　apta.edoc.com
- American College of Sports Medicine（米国スポーツ医学会）
　　401 W. Michigan St., Indianapolis, IN 46202-3233
　　http://www.acsm.org
- American Orthopaedic Society for Sports Medicine（米国整形外科スポーツ医学会）
　　Suite 202, 70 West Hubbard, Chicago, IL 60610
　　http://www.sportsmed.org
- National Athletic Trainers' Association（全米アスレティックトレーナーズ協会）
　　2952 Stemmons Freeway, Dallas, TX 75247　http://www.nata.org
- National Collegiate Athletic Association, Competitive Safeguards and Medical Aspects of Sports Committee（全米大学体育協会）
　　P. O. Box 1906, Mission, KS 66201　http://ncaa.org
- National Federation of State High School Associations（全米高等学校連盟）
　　P.O. BOX 690　Indianapolis, IN 46206　http://www.nfhs.org/
- National Strength and Conditioning Association（全米ストレングス&コンディショニング協会）
　　P. O. Box 38909, Colorado Springs, CO 80937-8909
　　http://www.nsca-lift.org
- American Osteopathic Academy of Sports Medicine（米国スポーツ整骨医学会）
　　7600 Terrace Ave., Middleton, WI 53562　http://www.aoasm.org

全米アスレティックトレーナーズ協会

　全米アスレティックトレーナーズ協会（National Athletic Trainers' Association：NATA）はプロフェッショナルな団体であり、多くのアスレティックトレーナーが所属している。
　　NATAの任務は次の通りである：
　「傷害の予防、評価、管理、リハビリテーションに関する教育と研究を通して身体的活動における健康管理の質を向上させる。」アスレティックトレーニングという職業は保健に関連する専門職として認められており、アスレティックトレーナーはアスレティックトレーニングの質およびステータスの向上

> 多くの協会団体／専門家組織はスポーツにおける健康管理と安全に力を注いでいる。

に日々努めている（「付録A」を参照のこと）。

スポーツ医学チームのメンバー

選手の健康を効率よく管理するにはグループ内で協力し合うことが必要である[2, 18]。スポーツ医学チームは多数のメンバーからなる。各メンバーは負傷した選手の手当においてそれぞれの役割を果たさなければならない[3]。負傷した選手に最も身近なメンバーは、コーチ、アスレティックトレーナー、チームドクターである（図1-3）。

> アスレティックトレーニングチームは主にコーチ、アスレティックトレーナー、チームドクターで構成される。

図1-3
スポーツ医学チームの主要メンバーは選手を中心に行動する。

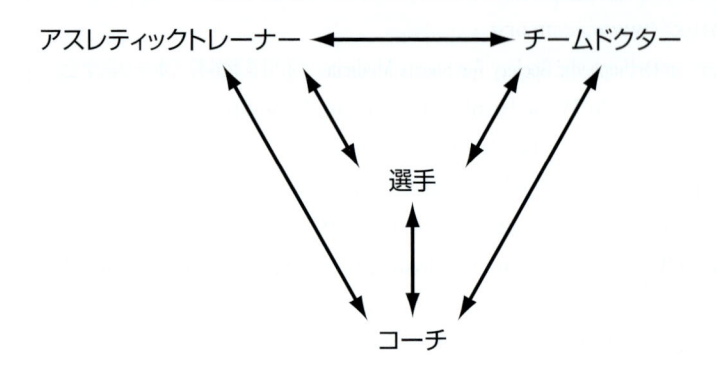

```
アスレティックトレーナー ←――――→ チームドクター
           ↖  ↕  ↗
              選手
              ↕
             コーチ
```

コーチ、アスレティックトレーナー、医師、選手の関係

コーチが選手の健康管理でアスレティックトレーナーもしくは医師と協働すると、チームあるいはアスレティックプログラムの成功に多大な影響を及ぼす[4]。スポーツ医学チームのメンバーは常に選手に最大の関心を払わなければならない。選手に関心を抱かないのであれば、コーチ、アスレティックトレーナー、医師はスポーツ医学チームとして何の意味もなさない。医師、コーチ、アスレティックトレーナーが下すいずれの決断も最終的に選手に影響を与える。アスレティックトレーナーと協力して治療にあたる医師は、選手が負傷した時から競技に復帰するまで、治療に関して最終決断を行う責任がある。コーチは選手の健康管理に関して何事も医療スタッフの決定に従い、その決定を支持しなければならない。

しかし、これはコーチが治療方針を決める際、まったく決定権がないということではない。たとえば、選手がリハビリテーション中、傷害が悪化しない範囲で、参加可能なドリルや技術指導のセッションを行ってもかまわない。コーチ、アスレティックトレーナー、チームドクターは、リハビリテーション中の選手が安全にできることと、できないことについて話し合うべきである。

コーチ、アスレティックトレーナー、医療スタッフから異なるアドバイスを受けて、板挟みになって苦労する選手も少なからず見られる。皆

> 訳注）
> 米国の大学や高校では、学校側が運営している部活動を統括する組織をアスレティックデパートメントと呼び、その活動内容をアスレティックプログラムという。

> **1-1 Critical Thinking**
> **頭の体操**――エクササイズ
> アスレティックトレーナーと一緒に活動するコーチが、傷害の発生を最小限に抑えるためにできることは何か？

の考えが統一されるように、コーチとアスレティックトレーナーは緊密なコミュニケーションをとることが重要である。

　信頼関係を築くにはある程度時間がかかる。コーチとアスレティックトレーナーとの関係も同様である。アスレティックトレーナーは、自分が傷害を正しく管理できること、またリハビリテーションプログラムをきちんと指導できることをコーチにアピールしなければならない。コーチの信頼を勝ち得るようになるまで多少時間を要するかもしれない。コーチは選手に対する自分の願いとアスレティックトレーナーの願いがまったく同じであることを理解しなければならない。その願いとは、できるだけ早く、できるだけ安全に、選手を元の健康な状態に戻し、練習に復帰させることである。

　一方、アスレティックトレーナーはコーチの仕事を尊重し、全力でコーチをサポートしなければならない。

　負傷した選手がリハビリテーションプログラムの全容を常によく理解し、そのプログラムコースをなぜ、どのように、いつ行うかといったような詳細を、リハビリテーションプログラムの流れに沿って管理しなければならない。コーチとアスレティックトレーナーはともに、傷害の予防と管理について選手の教育を優先すべきである。選手は傷害の発生を少なくするためにトレーニングやコンディショニングの正しいテクニックを学ばなければならない。選手は自分たちに起こり得る傷害について学び、傷害を予防するために身体が彼らに語りかけてくるメッセージに耳を傾けるべきである。

スポーツ医学チームにおける家族の重要性（米国でのケース）

　中学校や高校の場合、コーチ、アスレティックトレーナー、チームドクターは、傷害管理と予防について親にも説明すべきである[3]。小学校の高学年くらいの年齢の選手についていうならば、健康管理に関する親の決断は最優先で考慮されるべきである。

　米国の中学校や高校レベルでは多くの場合、親はチームドクターよりむしろ家庭医に診察してもらいたいと主張する。また負傷した選手の診察医が親が加入する保険プラン（HMO、PPOなど）によって決まるという事態も起こり得る。この場合、アスレティックトレーナーは多数の「チームドクター」にコンタクトし奔走することになる。家庭医がスポーツ傷害治療の経験がほとんどなくても、家庭医の意見は尊重されるべきだからである。

　コーチ、アスレティックトレーナー、チームドクターは、選手とその家族が医療保険の携行性と責任に関する法律（Health Insurance Portability and Accountability Act：HIPAA）を熟知しているか確認すべきである。この法律は、選手／患者の医療情報を有する人がその情報を他の人とシェアすることはできるがプライバシーを侵害してはならないと規定している[8]。HIPAAは患者の個人情報を保護し、患者の医療記録にアクセスできる人の数を制限するために制定された。HIPAAについて

訳注）
HMO、PPOについてはP.47を参照。

図1-4
コーチは自分の専門とするスポーツにおいて傷害を予防する直接的な責任がある。

ヘッドコーチもアシスタントコーチもCPRおよび応急処置の資格を取得すべきである。

は第2章で詳しく説明する。

コーチの責任

　コーチは、スポーツ医学チームに加わるメンバーのそれぞれの役割と責任を理解していることが重要である。健康管理を監督するアスレティックトレーナーが存在せず、コーチがその責任を果たさなければならない場合、スポーツ医学チームメンバーの役割と責任を理解していることはさらに重要となる。医療とは関係ない職員ができること、またできないことは法律上規制されている。**健康管理者として活動できる内容に限界があることを明確に理解していることはコーチの責任である。**

　コーチは選手の傷害を予防する直接的な責任があり、選手が傷害予防のためのコンディショニングプログラムを遂行したか確認する。コーチは、スポーツ用具（特に防具）が最高の品質のもので、選手の身体に正しく装着されていることと、防具の手入れがきちんとされていることを確認しなければならない[18]。また、自分の専門スポーツにおける傷害発生のメカニズムをよく把握し、それらの傷害を避ける手段を考えなければならない（図1-4）。必要があれば、適切な応急処置を施すべきである。応急処置についての知識は、頭部と脊椎の傷害の場合は特に大事である。**コーチは全員（ヘッドコーチもアシスタントコーチも含め）心肺蘇生法（cardiopulmonary resuscitation：CPR）の資格を持つべきである。**CPRは米国赤十字社、米国心臓協会、全国安全協議会から資格取得ができる。さらにコーチ全員が、米国赤十字社あるいは全国安全協議会で**応急処置の資格を取得すべきである**[19]。これらの資格を有することによって、負傷した選手に正しく、適切な応急処置を施すことができる。逆にこれらの資格を取得していないことが、コーチやコーチの雇用主にとって法的に不利になる場合もあり得る。

　コーチはスキルテクニックについて、また環境など選手に悪影響を及

ぼす恐れのある要因について精通しておくことが望ましい。投げる、走るといったスキル面でそのバイオメカニクスについての知識が乏しければ、腕や脚に使いすぎによる障害を招く危険性がある。また高温多湿にさらされすぎると、死亡する危険性もある。コーチとして長い経験があるからといって正しいスキルテクニックを理解しているとは限らない。自分の専門とするスポーツについての知識を深めるよう、常に研究を続けるべきである。スポーツプログラムや特定のスポーツがアスレティックトレーナー不在で実施される時、コーチはアスレティックトレーナーの役割をも果たすことになる。

コーチはアスレティックトレーナーと緊密な協力関係を保ち、そのことにより互いの責務を認知し、問題発生時には効率的に対処することができる。アスレティックトレーナーは辛抱強く、自分の対処法が十分受け入れられるようコーチからの信頼を勝ち得なければならない。また、コーチの能力に対して疑念を抱いてはならず、アスレティックトレーニングについてのみ意見を述べるようにする。協力関係を保つためには、コーチはコーチングに、アスレティックトレーナーはアスレティックトレーニングに専念すべきである。選手の健康に関していえば、チームドクターやアスレティックトレーナーが最終決定権を持ち、それは、いかなる状況下においてもアスレティックディレクターによって保障されるべきである。

訳注）
米国でアスレティックディレクターとは、コーチおよびアスレティックトレーナーの雇用主であり、スポーツクラブ組織の代表者を指す。

アスレティックトレーナーの役割と責任

アスレティックトレーナーの協力が得られるコーチは、選手の健康管理上トレーナーが担う役割と責任を理解することが大切である。アスレティックトレーナーがいない場合、アスレティックトレーナーが担うはずの責任の大部分をコーチが負うことになる。

選手の傷害予防や健康管理に携わる専門家のなかで、選手に最も身近なプロはおそらくアスレティックトレーナーである[18]。選手が負傷した場合、受傷の瞬間から、リハビリテーション期間を通じて、選手が練習や競技に完全復帰するまで見守り、運動に関する健康管理のすべての局面において最も直接的に責任を負う専門家である[23]。傷害の発生予防、応急処置、傷害管理、傷害評価（医師のみが診断を下すことができる）、選手が安全かつ速やかに運動に復帰できるよう的確なリハビリテーションプログラムを作成し、実行させる責任がある[13]。活躍の場は、学校および専門学校、各種大学、プロチーム、スポーツ医学クリニック、会社、全米自動車競争協会（NASCAR）、航空宇宙局（NASA）、軍隊、医療用品セールス／サポートなど多岐にわたる（付録B参照）。

アスレティックトレーナーの職場：
・学校
・専門学校
・大学
・プロチーム
・クリニック
・会社
・NASCAR、NASA、軍隊など

アスレティックトレーナーがいない場合、コーチは選手の健康管理責任を負う。

アスレティックトレーナーの資格

選手の傷害予防や傷害処置を効率的に行うには、アスレティックトレーナーがさまざまなスポーツ医学専門分野に精通していなければならない[1, 14]。資格認定協会は公認アスレティックトレーナーを希望する者に

アスレティックトレーナーの役割と責任：
- スポーツ傷害の予防
- 認識、判断、評価
- 応急処置
- 処置、リハビリテーション、リコンディショニング
- 準備と管理
- 専門性の向上と責任

アスレティックトレーニングは多分野からなるスポーツ医学の一専門分野である。

特定の要件を設けた[14]。要件には教科学習と実習が含まれる（付録C参照）。資格要件を満たし、資格試験に合格した者が**ATC**の肩書きを持てる（本書でアスレティックトレーナーという言葉を使用する場合、資格認定協会が設けた資格取得要件を満たした公認アスレティックトレーナーを指す）。アスレティックトレーナーの役割と責任は活動する状況によってさまざまな違いがあり、ある程度まで、その違いを明らかにすることができる[9, 13]。米国では州によってアスレティックトレーナーの要件が違う。選手と関わる仕事をするのであれば、公認アスレティックトレーナー（ATC）であるべきである。

リスク管理と傷害予防

スポーツに参加することは、選手にとって傷害が発生してもおかしくない状況に身を置くことを意味する。アスレティックトレーナーの重要な責任の一つは、傷害の発生を抑えるべく、できるだけ安全にスポーツに参加できる環境を整えることである。傷害の発生が食い止められれば、応急処置もそれに続くリハビリテーションも不要になる。

傷害予防に大事なことは、(1)選手にふさわしいトレーニングとコンディショニングの確保（第4章参照）、(2)安全にスポーツを行うための環境状況のモニタリング（第10章参照）、(3)正しい防具の選択と防具の手入れ（第6章参照）、(4)正しい食生活（栄養）の重要性についての説明（第5章参照）、(5)薬品の適切な使い方である。

傷害の認識、判断、評価

アスレティックトレーナーには次の2つのことに責任がある。一つは選手が傷害を起こしやすい状態にあるかどうか調べるために適性検査と参加前健康診断を行うこと（第2章参照）。もう一つは親、コーチ、選手に対してスポーツに参加することのリスクについてきちんと説明することである。

往々にしてアスレティックトレーナーは、負傷者をみる最初の人である。高い能力によって傷害の質と程度を的確に認識し、傷害を速やかに、そして正しく評価しなければならない（第7章参照）。この最初の評価から得たことは、時間が経過してから腫脹や痛みなどが現れた場合、傷害の基本的徴候を覆ってしまうので、後になって重要な情報となり得る。アスレティックトレーナーは医師の診察が必要と判断した場合、速やかに選手を受診させるべきである。

傷害、病気の応急処置

現場での評価後、アスレティックトレーナーは責任を持って、負傷者の応急処置を行い、急性傷害の管理においては的確な判断をする（第7章参照）。このようにアスレティックトレーナーは、生命を脅かすかもしれない深刻な傷害を最初に認識、判断するスキルだけではなく、応急処置のスキルを持っていることも必要である。

アスレティックトレーナーはCPRの資格を持ち、さらに米国赤十字社あるいは全国安全協議会による応急処置の資格も取得すべきである。アスレティックトレーナーのなかにはこれらの基本的な資格は取得したうえで、さらに救急医療技術士（Emergency Medical Technician：EMT）の資格を取得した者も多い。

処置、リハビリテーション、リコンディショニング

アスレティックトレーナーは、チームドクターと緊密に連絡をとり、リハビリテーションプログラムを作成し計画書を記入する際、どのようなリハビリテーション用具を用いるか、徒手セラピーテクニックを用いるか、物理療法を用いるかなどチームドクターの指示に従って活動しなければならない。アスレティックトレーナーはチームドクターと協力しながら、リハビリテーションから活動に完全復帰するまで選手を見守る責任を担う（第12章参照）。その際選手の復帰を目指して、理学療法士やストレングス＆コンディショニングの専門家と連携する。

健康管理

アスレティックトレーナーはアスレティックトレーニング・プログラムの準備や管理に責任を負う。これには、選手の健康・傷害記録の作成・保管、必要品の調達と目録作成、保険会社への保険情報の提示、アシスタント／学生アスレティックトレーナーの監督、そしてアスレティックトレーニング・プログラムを日々遂行するための方針や手順の確立などが含まれる（第2章参照）。

アスレティックトレーナーという職業の発展と責任

アスレティックトレーナーとは何なのか、そしてその役割と責任について、健康管理や医療に携わる人たちだけではなく一般の人たちにも理解してもらえるように努めなければならない。セミナーを開催する、学術雑誌に研究論文を掲載する、地域の団体と交流するなど、方法はいろいろある。そして最も重要なことは、負傷した選手の健康管理をする際、プロとしてよい仕事をすることである。

アスレティックトレーナーは品行と誠実さにおいて最高峰を行かなければならない[11]。アスレティックトレーナーの品位あるふるまいを確立するためにNATAは次のような倫理規約を定めた[15]。

1）アスレティックトレーナーは、いかなる人の権利、健康、品位も傷つけてはならない。
2）アスレティックトレーナーは、アスレティックトレーニングに関する法や規則を遵守しなければならない。
3）アスレティックトレーナーは、正しい判断の実行に関して責任を担う。
4）アスレティックトレーナーは、最高水準のサービスを目指さなければならない。

1-2 Critical Thinking 頭の体操――エクササイズ

バスケットボールの選手がシーズン半ば足首に第2度の捻挫をした。3週間のリハビリテーションの後、痛みと腫れはほとんど消えた。選手はできるだけ早く練習や試合に復帰したい。この選手が負傷した後、他の選手も負傷してしまった。そのため先に負傷した選手の試合復帰問題でコーチに圧力がかかっているが、この選手はまだバスケットボールの重要な技術であるカットとジャンプができない。
質問：この選手が練習と試合へ完全復帰する時期を決定する責任を負うのは誰か？

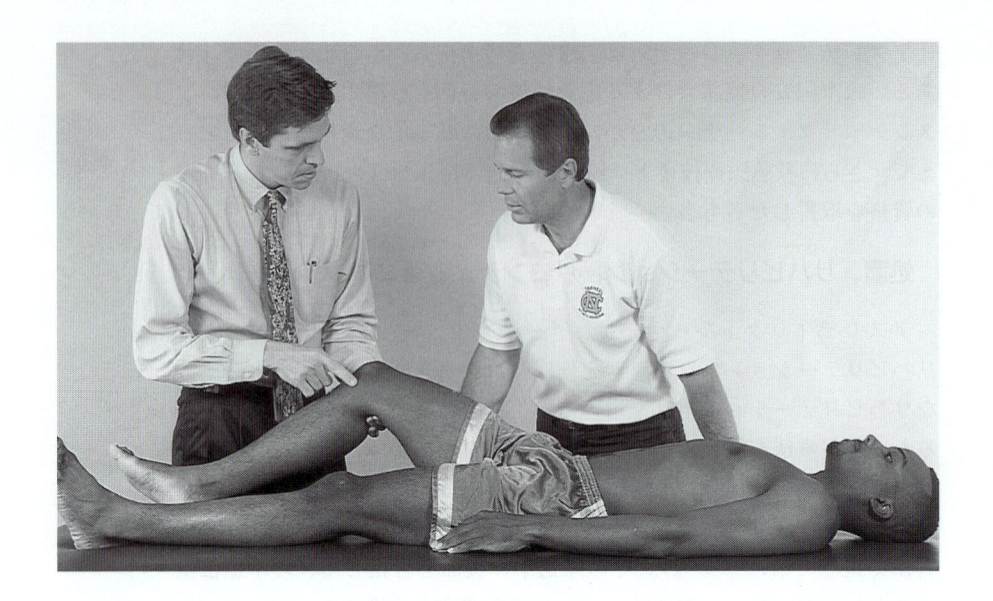

図1-5
選手の治療にあたっては、アスレティックトレーナーはチームドクターの指示に従う。

チームドクターは、スポーツプログラムに参加を希望する選手の健康状態を決定するすべての権限を有する。

5）アスレティックトレーナーは、利害で対立し、職業に悪影響を与える行動をしてはならない。

アスレティックトレーナーという職業にふさわしくない行動をとるアスレティックトレーナーは、資格認定を取り消されることがある。

チームドクターの責任

アスレティックトレーナーは、基本的にチームドクターの指示に従って行動する。チームドクターは選手の健康管理に関して最終的な責任を担う（図1-5）[21]。コーチやアスレティックトレーナーは、チームドクターと協力して、負傷した選手に直接関わる判断を下さなければならない[6]。

チームドクターはスポーツに参加を希望する選手の健康状態の判断において、絶対権限を有する。

また、選手の傷害予防と健康管理に関して多くの役割と責任を担っている[12, 20]。

アスレティックトレーナーとチームドクターの関係

アスレティックトレーナーおよびコーチにとって、チームドクターは監督者であり助言者でもある。しかしアスレティックトレーナーにも決定過程で自分の考えを表明する自由が与えられることが望ましい。チームドクターが不在で指示や助言を得られない場合があり、アスレティックトレーナーは自分で決断しなければならない場合がある。それゆえに両者の意見の相違や不一致を極力避けるために、チームドクターとアスレティックトレーナーが傷害管理やリハビリテーションプログラムについて同じ医学的見解を持つことが大事である。大多数のアスレティックトレーナーは、チームドクターのために働くことよりも、むしろチームドクターとともに働きたいと考えている。

病歴

 チームドクターは選手の病歴を調べ、健康診断を行う責任がある。そうすることで傷害発生を抑える貴重な情報を入手できる[21]。アスレティックトレーナーとチームドクターが事前に適性検査を行い基本情報を得ることは重要であり、万が一シーズン中に傷害が生じた場合、基本情報をもとに受傷部位を比較できる。

傷害の診断

 チームドクターは傷害を診断する責任を担い、診断後アスレティックトレーナーが作成するリハビリテーションプログラムに注意を払わなければならない[22]。アスレティックトレーナーは急性傷害が起きた際に正確な初期判断／評価ができなければならない。チームドクターは傷害が発生してから数時間あるいは数日間も負傷者を診察できないかもしれないのである。アスレティックトレーナーの初期判断／評価から得られる情報はチームドクターにとって貴重である。チームドクターは傷害を診断し、その診断に基づいてコーチやアスレティックトレーナーに指示を出す。アスレティックトレーナーが居合わせない場合にチームドクターが選手を診察することもあり得るので、そのような場合には、チームドクターは所見を文書にすべきである。アスレティックトレーナーはリハビリテーションについて正しい根拠が必要であり、効率的なリハビリテーションプログラムを作成し、実行させるのは他ならぬアスレティックトレーナーの役割だからである。チームドクターとアスレティックトレーナーの役割は密接に関係しているが、明らかに異なる。プログラムの最適化には両者の協力とコミュニケーションが不可欠である。

訳注）
日本ではリハビリテーションは、医師が計画を立て、理学療法士が行う。アスレティックトレーナーは健康状態まで回復した選手をトップコンディションにまで戻すためのアスレティックトレーニングのプログラム作成、実行の役割を担う。

不適性の決定

 医学的理由から選手の競技参加は不適当であると決断するのはチームドクターであり、選手の復帰許可を出すのもチームドクターである。選手を復帰させる決断をする際はアスレティックトレーナーの意見にも耳を傾けるべきである。アスレティックトレーナーのほうが負傷した選手のことをよくわかっている場合が多く、選手がどのように傷害に対し反応するか、またどのように行動し、どれほど安全に試合や練習などに復帰しようと努力しているかなどもよく観察している。選手がプレーを継続するのに必要な防具についても知識がある。チームドクターは医学的知識だけではなく、特定のスポーツの心理学的および生理学的な必要性に基づいた決定をしなければならない[1]。

練習および試合への関与

 チームドクターはできるだけ多くの練習、練習試合、試合に顔を出すように努めるべきである。20チーム、あるいはそれ以上の数のチームを抱えている団体では、毎回顔を出すのは不可能である。したがって（一

一般的にほとんどの練習や試合を見守っている）アスレティックトレーナーがアドバイスを求める時、チームドクターは直ちに対応できる態勢をつくるべきである[7]。

チームドクターとして求められる条件

チームドクターを選ぶ際の重要な判断基準は、スポーツに対して愛情を持っているかどうかという点である。チームドクターはスポーツをする若者に愛着がなければならない。チームドクターは、スキルレベルやスポーツの種目に関係なく、選手と関わることに興味がなければならない。大学などでは常勤のチームドクターを雇っている場合が多い。しかし高校では往々にして地域の医師のボランティア活動に頼っているのが実情である。もし、地域社会での社会的地位向上のためにチームドクターとして活動していたら、アスレティックプログラムに関係する誰にとってもマイナスで、危険ですらあり得る[5]。

スポーツ医学プログラムのいずれの段階にあっても、チームドクターは常に選手のために高い水準の健康管理体制を提供するべきである。

スポーツ医学チームのその他のメンバー

コーチ、アスレティックトレーナー、チームドクター以外にスポーツプログラムを支える専門家が多数いる。看護師、整形外科医、歯科医、足病医、医師のアシスタント、ストレングス＆コンディショニングコーチ、栄養士、スポーツ心理学者、運動生理学者、理学療法士、用具担当者、レフェリーなどである。

看護師

看護師は通常、スポーツ傷害の認識においては責任がない。しかし、皮膚病、感染症、ちょっとした炎症については知識も経験もある。看護師は医師の指示に従って、またアスレティックトレーナーや学校の養護教諭と協力して働く。

医師

選手の治療においてさまざまな専門分野の医師がスポーツ医学チームを支える。

整形外科医：筋骨格系の傷害に対処する。多数の大学がチームに専任の整形外科医を抱えている。

神経科医：神経系の傷害に対処する。頭部あるいは末梢神経障害といった状況では神経科医がコンサルタントとして相談にのる。

内科医：内臓に関する医術を専門とする。手術以外の手法で内臓疾患を治療する。

家庭医：家庭医学を専門とする医師は家族全員の健康管理に携わる。大学などの（特に高校レベルでの）チームドクターの多くが家庭医でもある。

選手の健康と安全に関わる人たち：
- 看護師
- 学校の保健担当者（養護教諭）
- 医師
- 歯科医
- 足病医
- スポーツカイロプラクター
- 歯科矯正師／義歯専門歯科医
- 医師のアシスタント
- ストレングス＆コンディショニングコーチ
- スポーツ心理学者
- スポーツ理学療法士
- 運動生理学者
- 栄養士
- マッサージセラピスト
- 救急医療専門員
- 用具担当者
- レフェリー

訳注）
欧米の家庭医は専門の科に特化せず、すべてを網羅する。日本では未発達な分野である。検眼医はアメリカやオーストラリアでは発達しているが日本にはない。

眼科医：目の傷害を治療する。検眼医は目の検査をし、メガネやコンタクトレンズを処方する。
小児科医：身体活動に携わっている小児および10代の若者の傷害や病気を治療する。
精神科医：精神疾患の診断、治療、予防を行う。
皮膚科医：皮膚のトラブルや損傷を手当する。
婦人科医：女性選手の健康問題に対処する。
整骨医：手技や関節のマニュピレーションを広範囲に用いて施術する。

歯科医

チーム歯科医の役割はチームドクターの役割と少し似ている。チームの歯科コンサルタントとして相談にのり、応急処置が必要な時は対処する。コーチやアスレティックトレーナーとの間のコミュニケーションが良好であれば、理想的な歯科管理体制ができる。チーム歯科医の責任は次の3つである：
  1）シーズン前の歯科検診を計画し実施する。
  2）応急処置が必要な時は対処する。
  3）マウスピースの製作、調整を担当する。

足病医

足病医学は足の研究や手当に関する専門分野で、スポーツ医学に欠かせない分野となってきた。多くの足病医が手術、足の生体力学、足用矯正具の調整と製作を学んできた。チーム歯科医同様、足病医は足のコンサルタントとしていつでも相談にのるべきである。

医師のアシスタント

医師のアシスタント（physicians' assistants：PAs）は、医師が旧来担ってきた患者に対する責任の一端を担うように訓練されている。患者の予備的評価や各種の診断テストを行い、適切な投薬治療をするなど医師をアシストする。近年多数のアスレティックトレーナーがPAsとなった。

ストレングス＆コンディショニングコーチ

多くの大学、そして少数ではあるが高校でも、選手にトレーニング／コンディショニングプログラムに対して指導できるよう常勤のストレングス＆コンディショニングコーチを雇っている。アスレティックトレーナーは、選手に発生しがちな傷害について、また特定の傷害に関連して回避や変更が望ましいエクササイズについて助言を行い、障害を持つ選手に関してストレングス＆コンディショニングコーチと定期的に情報交換すべきである。

1-3 Critical Thinking
頭の体操――エクササイズ

ある新設高校がアメリカンフットボールプログラムを計画し実施するためにコーチを雇った。だが学校にはコーチとは別にアスレティックトレーナーを雇う余裕がなかった。コーチは選手のために安全にプレーできる環境をつくる責任を負わなければならない。

質問：コーチは選手ができる限り安全な状況で練習や試合ができるようにするために、どういったことに配慮しなければならないか？

スポーツ心理学者

スポーツ心理学者はリハビリテーションの心理面に関連した事柄についてアスレティックトレーナーに助言する。選手の傷害のとらえ方、またそのとらえ方が社会的、感情的、知的、また肉体的に選手にどのような影響を与えるかということが、治療プログラムや選手の競技への復帰時期にかなり関係しているからである。スポーツ心理学者はさまざまな方法で選手が傷害と向き合っていけるよう尽力している。

スポーツ理学療法士

アスレティックトレーナーのなかには主に選手の練習や競技に専念し、負傷した選手のためのリハビリテーションプログラムの管理はスポーツ理学療法士に委ねる場合もある。アスレティックトレーナーの多くが理学療法士でもある。

公認アスレティックトレーナーで、かつ理学療法士としての免許も取得していれば、個人クリニックや大学なども含めてさまざまなスポーツ医学環境で働くことができる。

スポーツカイロプラクター

カイロプラクターは筋骨格の状態を改善するために脊柱や上下肢へのマニピュレーションテクニックを適用する。

歯科矯正師／義歯専門歯科医

歯科矯正師／義歯専門歯科医は、ともに医師の処方箋に基づいてブレイス（装具）、オーソティクス（矯正具）その他のサポート器具を考案、製作し、選手にフィットさせる。

運動生理学者

トレーニングやコンディショニングテクニック、身体組成分析、栄養上考慮すべき事項に関してトレーナーに助言する。運動生理学者はアスレティックトレーニング・プログラムに重要な影響を及ぼす。

栄養士

栄養学の専攻者で運動に関心を持つ人たちが増加している。大規模なアスレティックトレーニング・プログラムでは栄養士をコンサルタントとして雇い、それぞれのスポーツに合った食生活を提案させている。栄養士は栄養上の個別カウンセリングを必要とする選手の相談にのる。

スポーツマッサージセラピスト

有資格マッサージセラピスト*はマッサージについて訓練を受け、経験もある。試合前と試合後にマッサージを施すことが多い。

*英国RSA認定

救急医療専門員（Emergency Medical Specialist：EMS）

負傷した選手を医療施設に移送する場合なくてはならない人たちである。

用具担当者

スポーツ用具担当者は、用具の購入と選手のための正しい防具選びとその装着に関する専門家という評価を受けるようになった。用具担当者はコーチやアスレティックトレーナーと協力して仕事を進める。

レフェリー

レフェリーは、特に選手の健康や安全に関係のあるルールや規則について豊かな知識を持たなければならない。レフェリーはコーチやアスレティックトレーナーと協力して仕事を進める。試合会場の設備や用具を点検して選手に傷害が生じないように留意すべきである。選手が十分な防具を正しく装着しているか常に注意を払うべきである。

訳注）
EMSは基本的には救急車に乗る人の資格である。

訳注）
米国では用具担当者も職業の一つとして確立しており、AEMA（Athletic Equipment Managers Association）やNAERA（National Athletic Equipment Reconditioners Association）などの協会もある。

コーチのコーナー — Coach's Corner

コーチは次のチェックリストを活用して傷害の発生を最小限に抑えることができる。
- □ 適性検査と試合前の健康診断を行う。
- □ 選手に適切なトレーニングとコンディショニングを処方し、実施させる。
- □ 安全にスポーツに参加できるよう常に環境や競技場の状況を監視する。
- □ 体に合った防具を選択し、正しいメンテナンスを行う。
- □ スポーツに参加することはリスクを負うことであり、リスクについて親、コーチ、選手の理解を促す。
- □ 正しいテクニックを教える。
- □ CPRの資格を取得する。
- □ 応急処置の資格を取得する。

まとめ

- スポーツ医学チームは、コーチ、アスレティックトレーナー、チームドクターからなる。
- スポーツ医学という用語は広義で、その用語を使用するグループによって意味が変化する。この用語は、成績向上や傷害のケアと管理という両面に関連した多種多様なスポーツの専門分野をカバーする。
- 効果的な健康管理体制を構築するには、チームワークが大事である。

- コーチは、環境と用具が安全であること、傷害や病気を適切にケアする用意があること、スキルがきちんと指導されていること、コンディショニングは最高レベルにあることを確認しなければならない。
- アスレティックトレーナーは、傷害の予防、初期の応急処置と傷害管理、傷害評価、選手が安全に活動に復帰できるようリハビリテーションプログラムの作成と管理について責任を負う。
- チームドクターは、試合前の健康診断、病気や傷害の診断と治療、アスレティックトレーニングスタッフに対する助言と教育、試合・練習への帯同、健康問題に関する選手へのカウンセリングについて責任を負う。
- スポーツ医学チームメンバーは、他に看護師、整形外科医、歯科医、足病医、医師のアシスタント、ストレングス＆コンディショニングコーチ、栄養士、スポーツ心理学者、運動生理学者、理学療法士、カイロプロクター、用具担当者、レフェリーなどである。

> ### 頭の体操（エクササイズ）の答え　*Solutions to Critical Thinking Exercises*
>
> **1-1** アスレティックトレーナーは傷害を予防するために、(1)選手に傷害を引き起こしそうな状況を識別するために適性検査、試合前の健康診断を行う。(2)選手に適切なトレーニングとコンディショニングを処方する。(3)参加が安全であることを確認するために環境や状況を監視する。(4)選手の身体に合った防具を選択し、正しいメンテナンスを行う。(5)スポーツに参加することはリスクを負うことであり、リスクについて親、コーチ、選手の理解を促す。
>
> **1-2** 決定責任を担う人はチームドクターである。しかし決定する際には、コーチ、アスレティックトレーナー、選手の意見も尊重する。スポーツ医学チームのメンバーも皆まったく同じ目標を持っており、それは可能な限り迅速かつ安全に、選手を元の健康状態に戻し、競技に完全復帰させることである。
>
> **1-3** コーチは効率的なコンディショニングプログラムを作成する責任を負う。コーチは防具が最高の品質のもので、選手の身体によく合っていること、正しく手入れされていることを確認しなければならない。また適切な応急処置ができなければならない。またCPRと応急処置に関して資格を取得しなければならず、選手に悪影響を与える恐れのある環境要因に留意しなければならない。

復習問題とクラス活動

1．スポーツ医学という総見出しの下に入る専門分野は何か？
2．スポーツ医学関連団体／協会をいくつか列挙せよ。
3．選手に最高の健康管理を提供するためにスポーツ医学チームはどのように協力すべきか？
4．アスレティックトレーナーがいない場合、健康管理の役割を担う者としてのコーチの責任は何か？
5．選手の健康についてトータルケアをする場合、アスレティックトレーナーの特別な役割は何か？
6．スポーツ医学チームの重要なメンバーであるチームドクターの役割を述べよ。
8．選手の健康を管理する場合、スポーツ医学チームのその他のメンバーがなし得ることは何か？

スポーツ健康管理プログラムの作成と管理

Chapter 2

この章を終えると、次のことが説明できるようになる。
- アスレティックトレーニングの設備について
- スポーツ健康管理プログラムにおいて実施すべき運営規則
- 消耗品や用具購入の予算
- 参加前健康診断の重要性
- アスレティックトレーナーが保管すべき記録類

　スポーツ健康管理プログラムを効率的に運営するには、レベル（高校、大学、プロチーム）に関係なく、プログラムの作成と管理に十分配慮することが重要である。プログラムを監督するアスレティックトレーナーがいない場合、健康管理プログラムの作成において、コーチが管理と監督の両方を担う[10]。本章では、プログラムを上手に運営するためにコーチがしなければならない管理業務について説明する。管理業務には設備設計、方針と手続き、予算上の配慮、シーズン前の健康診断の準備、記録の保管などが含まれる。

アスレティックトレーニング設備計画

　アスレティックトレーナーが参画しない場合、アスレティックトレーニング・ルームの設備計画に責任を負わなければならないコーチは、設備に必要な備品について理解を深める。

　いかなるスポーツプログラムでも、設備を最大限利用すること、用具や物品を最も効果的に利用することが重要である。アスレティックトレーニングの設備は、アスレティックトレーニング・プログラムが求める多種多様な要求に応えられるよう特別に設計されなければならない（図2-1）[13]。設備のサイズやレイアウトは、プログラムの規模次第である。チームの規模や数、選手の人数、種目、利用者の行動パターンといったことが考慮される。アスレティックトレーニング・ルームは選手にとって健康管理センターであり[16, 19]、米国労働安全衛生局（Occupational Safety and Health Administration：OSHA）が定めた規則やガイドラインに従わなければならない。

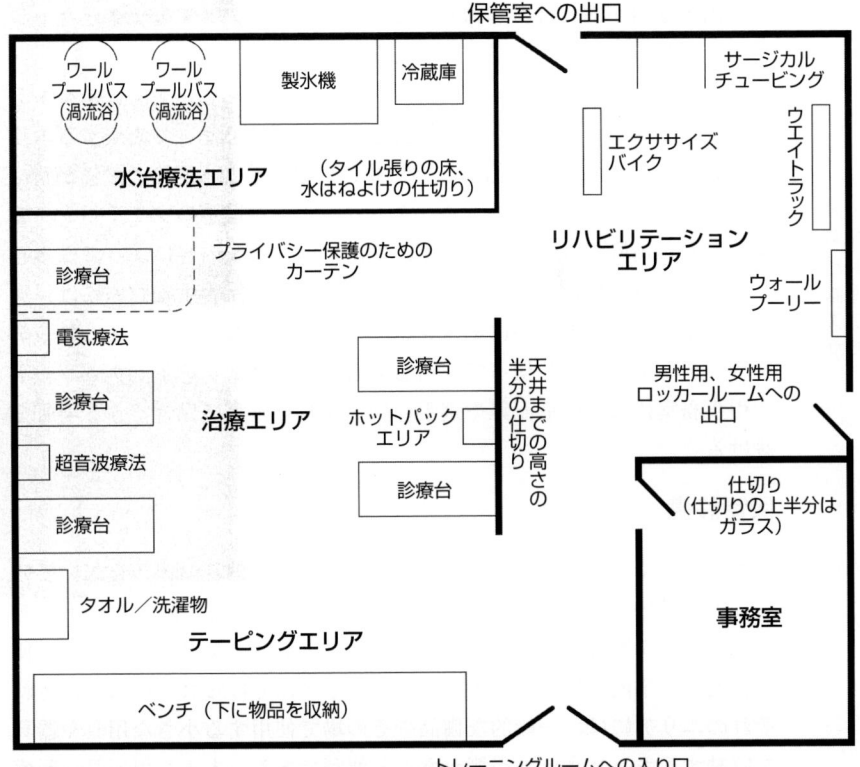

[図：トレーニングルームのレイアウト図]

主な構成要素：
- 水治療法エリア：ワールプールバス（渦流浴）×2、製氷機、冷蔵庫、診療台（タイル張りの床、水はねよけの仕切り）
- 保管室への出口
- プライバシー保護のためのカーテン
- 治療エリア：電気療法、診療台、超音波療法、診療台、ホットパックエリア、診療台（天井までの高さの半分の仕切り）
- リハビリテーションエリア：サージカルチュービング、エクササイズバイク、ウエイトラック、ウォールプーリー
- 男性用、女性用ロッカールームへの出口
- 仕切り（仕切りの上半分はガラス）
- 事務室
- タオル／洗濯物、テーピングエリア、ベンチ（下に物品を収納）
- トレーニングルームへの入り口

図2-1
トレーニングルームの設備は最も利用しやすいように、設計には工夫を凝らす。

訳注）
1フィート＝30.48cm

　アスレティックトレーニングの設備は新しい場所を確保して設計されることが望ましい。しかし実際は、高校では既存の教室、古いロッカールーム、ウエイトルーム、部室、カフェテリア、または図書館、体育館の一角、はたまた倉庫や用務員室の物置などに設けられることもある。それゆえ新設されたとはいえ、そのような場所に設けられたアスレティックトレーニング・ルームは、既存の電気や水回りの設備、そして排水溝などを利用しなければならない。ただ、強調しておきたいことは、アスレティックトレーニング・ルームがどのような場所に設けられようとも、それは医療設備であり、医療設備としてふさわしく整備されるべきである。

　1,000平方フィート（約90㎡）より狭いアスレティックトレーニング・ルームは実用的ではない。1,000～1,200平方フィート（40フィート×30フィート）の広さがほしい。それだけの広さがあれば、一度にたくさんの選手に対応でき、かさばる用具も収容することができる。この広さのアスレティックトレーニングの設備であれば、試合前の準備でも混乱することはない。綿密な計画を立ててシミュレーションをすれば、必要な広さは計算できる[3, 5, 20]。

　アスレティックトレーニングの設備は、男性用、女性用ロッカールームのすぐそばに位置することが望ましい[22]。また、建物のなかを通らなくても負傷者を運び込めるように、アスレティックトレーニングの設備には競技場、コートなど外部から直接入る入り口が必要である。このよ

アスレティックトレーニングの設備は多目的な場所であり、応急処置、治療／エクササイズ・リハビリテーション、傷害予防、健康診断といった医療措置、そしてアスレティックトレーニングの管理などに利用される。

うな出入り口があれば、建物が閉められていても、アスレティックトレーニングの設備だけは利用することができる。

アスレティックトレーニング・ルームは、(1)テーピングや包帯をするエリア、(2)リハビリテーション用具もしくは器具を使って治療するエリア、(3)ワールプール（渦流浴）、冷蔵庫、製氷機など水回りの設備が整ったエリア、(4)医師やアスレティックトレーナーが選手のプライバシーを保ちながら措置できるエリアなど、使用目的／作業内容によってはっきりと使う場所が分けられている。プライバシーを保護するためには、別室を用意しても、あるいはアスレティックトレーニング・ルームの一部をカーテンや衝立で仕切って使用してもよい。アスレティックトレーナー用事務室には、医療記録や選手のファイルを確実に保管できる場所を設ける。

保管設備

アスレティックトレーニングの設備は十分な収納スペースを欠いていることが多い（図2−2）。往々にして保管設備は非常に離れた場所にあり、たいへん不便である。アスレティックトレーニング・ルームは、使用目的／作業内容によって主に4つのエリアに分けられているが、それぞれのエリアには、一般的な備品やその場で使用する小さな用具や器具を収納するキャビネットや棚があると便利である。大きな用器具、医療品、粘着テープ、包帯、防具などを保管するために広いウォークインクローゼットが必要である。アイスマッサージなどに使う発泡スチロールのカップに入った氷などを保管しておくために冷凍庫も必需品である[14]。

アスレティックトレーニングの設備にはさまざまな物品や用具を収納する十分なスペースが不可欠である。

スポーツ健康管理プログラムの運営規則の確立

すべてのスポーツ健康管理プログラムは、日常の業務をきちんと説明できるように方針と手順を明確にすべきである。これは、健康問題や傷

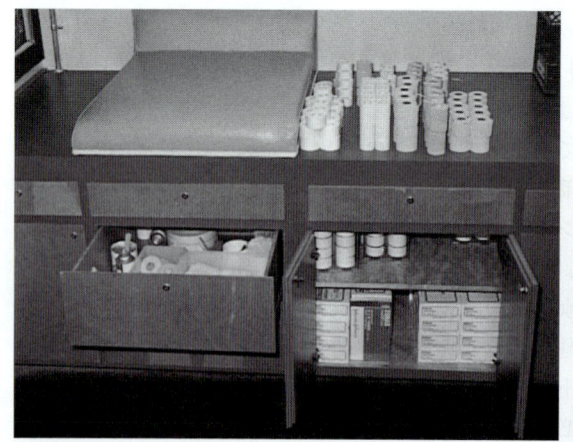

図2−2
効率的な健康管理プログラムには、完備された保管設備が必要である。

害を扱ううえで絶対に欠かすことができない(1, 11)。

　アスレティックトレーニング・ルームで誰がケアされるのかということを最初にはっきりと決定する。アスレティック管理者または校長は、選手はどこまでケアされるかということを決めなければならない。たとえば、夏期休暇や他の休暇も含めて１年中選手に対して傷害予防と手当を行うのか、あるいはシーズン中だけなのか？　選手以外の学生、他校の選手、教職員、スタッフはケアを受けることができるかどうかについて、方針を明らかにするべきである(12)。選手以外のケアの対象者については、法的また学校の損害賠償責任保険で決定されることも多い。

すべてのスポーツ健康管理のプログラムは、日常のプログラムをきちんと説明できるように運営方針を明確にすべきである。

訳注）
米国のスポーツ現場ではアスレティックアドミニストレーター（管理者）とアスレティックディレクター（雇用主；第１章P.9参照）は同義語として使われているようである。ただし、大規模な大学やプロチームには多くのアシスタントディレクターや事務官が存在し、彼らの総称が「アドミニストレーター」であるのに対し、「アスレティックディレクター」はトップの人物だけを指す。

> **2-1　Focus Box　フォーカスボックス**
>
> **アスレティックトレーニング・ルームの使用規則と方針**
> - スパイクシューズで入室してはいけない。スパイクシューズには泥や小石がつきやすい。入る前にスパイクシューズを脱ぐ。
> - 競技に使う用具を持ち込まない。ボールやバットといった競技用具は衛生上問題があり、外に置かれるべきである。選手は、アスレティックトレーニング・ルームはスポーツ用具を保管する場所ではないことを常に頭に入れて置くべきである。
> - 靴を履いたまま診療台に上がってはいけない。診療台を汚す恐れがあるので、選手はケアを受ける前に靴を脱ぐ。
> - 緊急事態でない限り、選手は治療を受ける前にシャワーを浴びる習慣をつける。それによって、診療台や治療器具を清潔に保つことができる。
> - 悪ふざけをしたり、みだらな言葉を使ったりしてはいけない。アスレティックトレーニング・ルームは傷害のケアと予防の場所であることを、選手は常に頭に入れて置く。ばか騒ぎや汚い言葉はアスレティックトレーニング・ルームの基本的な目的にふさわしくない。
> - 飲食物やタバコの持ち込みを禁止する。

ケア担当

　スポーツ部門の主な関心は、選手にできるだけ良質な健康管理を実施したいということである。第１章で述べたように、誰が選手の健康管理プログラムを監督するかということは、残念ながら予算の都合で決定されることが多い。理想をいえば、本来責任を担う公認アスレティックトレーナーが雇われるとよい。ケア担当者として看護師に頼る学校も散見される。さらにはアスレティックトレーナーも看護師も雇われず、健康管理がおおむねコーチの責任になっている学校もある。健康管理プログラムを担当するのが誰であっても、種々のスポーツチームに対して最善のケアを与えられるような方針が確立されるべきである。監督態勢が限

られている高校では、アスレティックトレーニングの設備が午後と休暇中のみ開放されるかもしれない。理想的には、リスクの高いスポーツにおいては、すべての練習と競技を、公認アスレティックトレーナーとチームドクターが見守るべきである。

アスレティックトレーニング・ルームの方針

　アスレティックトレーニング・ルームはスポーツ傷害の予防とケアのためだけに利用されることが望ましい。チームや選手のなかにはミーティングのために、また部室として使う人たちもいる。ルーム使用に明確な規則があって実行されていなければ、アスレティックトレーニング・ルームの衛生状態を保つことはできない。フォーカスボックス2-1に、ルーム使用の方針を掲げた。緊急時における特別方針（第7章）、雷（第10章）、熱障害（第10章）、水分補給（第10章）については、各章を参照されたい。

アスレティックトレーニング設備の衛生

　スポーツ健康管理プログラムにおいて、清潔・衛生を維持することは最重要課題である。感染症の予防はコーチの直接責任である。選手全員ができるだけ清潔な環境にいるようにすること、各選手が健康的な習慣を正しく身につけるよう指導することはコーチの義務である。第8章にて血液媒介病原体について説明する。コーチはOSHAの規定に従って、設備の運営ガイドラインを遵守しなければならない。フォーカスボックス2-2で、清潔な環境を維持するためのガイドラインを示す。

2-2　Focus Box　フォーカスボックス

清潔な環境を維持するためのガイドライン
- 体育館の床を毎日清掃する。
- 水飲み場、シャワー、洗面台、トイレを毎日きれいにし、消毒する。
- ロッカーの換気を頻繁に行い、きれいにする。
- レスリングマット、壁マットを毎日掃除する。
- 選手に毎日清潔で乾いた専用のタオルを使用させる。
- スキントラブルを避けるために専用の用具と衣類を各選手に支給する。
- 選手間での用具および衣類の交換を禁止する。
- 衣類を頻繁に洗濯し、着替える。
- 濡れた衣類は完全に乾かしてから着用する。

　ほとんどの学校では、清掃責任はアスレティックトレーニング／コーチングスタッフと清掃担当者が担う。建物の構造に関わることやごみの

2-1　Critical Thinking　頭の体操──エクササイズ

オールアメリカン・ハイスクール教育委員会のメンバーは、25フィート×40フィートの保管スペースの刷新と、アスレティックトレーニング・ルーム用に新しい備品購入を決定し、25,000ドルを割り当てた。コーチは希望品目のリストを校長に提出するよう依頼された。建物自体の改装におよそ17,000ドルかかる。

質問：このスペースの最善の利用法と、アスレティックトレーニング・ルームを最も機能的にするためにどういった備品を購入したらよいか考えよ。

アスレティックトレーニング・プログラムにとって重要なことは清潔・衛生である。

処理は通常清掃担当者の責任である。一方、専門的備品の維持管理はコーチやアスレティックトレーナーの責任である。清掃責任の分担についてはフォーカスボックス2-3を参考にしてほしい。

2-3 Focus Box　フォーカスボックス

清掃責任

整備担当者は：
- 床を毎日清掃する。
- 洗面台と浴槽を毎日洗浄し、消毒する。
- 週に2回、水治療エリアをモップで掃除し、消毒する。
- 必要に応じてペーパータオルやカップを補充する。
- ごみ箱を空にして、毎日ごみを処理する。

アスレティックトレーニング・スタッフは：
- 診療台を毎日清掃し、消毒する。
- 水治療の器具を毎日洗浄し、消毒する。
- その他の治療器具を週1回清掃し、磨く。

健康的な習慣の確立

　選手の健康を増進させるには、コーチやアスレティックトレーナーは選手が健康的な習慣を正しく身につけるよう指導しなければならない。フォーカスボックス2-4にチェックリストを掲げた。コーチ、アスレティックトレーナー、選手にとって指針となるであろう。

2-4 Focus Box　フォーカスボックス

健康的な習慣のチェックリスト
- 選手は練習や試合に参加しても医学的に問題はないか？
- 選手は保険に加入しているか？
- 選手は傷害、病気、スキントラブルをコーチやアスレティックトレーナーにすぐに報告しているか？
- 選手は休息、睡眠、食事に関してよい生活習慣を守っているか？
- 選手は練習後シャワーを浴びているか？
- 選手は体育館を出る前に、身体を十分に乾かし、落ち着いているか？
- 選手は公共の水飲み場の水を飲まないようにしているか？
- 選手はタオルを共用しないようにしているか？
- 選手はチームメイトと練習着を交換したりしていないか？
- 選手は足の衛生に気を配っているか？
- 選手は感染症を患っているチームメイトとの接触を避けているか？

緊急電話の設置

　活動拠点の近くで一般電話か携帯電話を使えることは重要である。電話は外部に緊急援助を要請したり、さらに助けが必要な場合アスレティックトレーニング・ルームと連絡をとったりすることができる。練習や試合が複数の場所で同時に行われている時などはトランシーバなども重宝する。これらの器機を利用すれば、コストもさほどかからずにコミュニケーションをとることができる。

緊急傷害の管理計画

　すでにある地域密着型の救急医療搬送システムと連携して、スポーツ健康管理プログラムを推進する担当者は、救急医療システムにアクセスし、負傷者を救急医療施設へ搬送するための組織的計画を立てなければならない[1]。地域で活動する救急医療技術士（Emergency Medical Technicians：EMT）や救急医療補助員が緊急医療の担い手としての役割をよく理解していることを確認するためにも、彼らと定期的に合同ミーティングを持つべきである。スポーツ用具の取り扱いについて緊急事態が発生する前に連絡をとり合うことは大事である[2]。緊急管理計画については第7章で詳述する。

記録の保管

記録の保管はスポーツ健康管理プログラムにおいて重要である。

　スポーツ健康管理プログラムでは記録を保管する責任は重い。**記録の保管は必須である**。コーチやアスレティックトレーナーのなかには、時間もないし、記録係ではないといって記録をつけることを嫌がる人たちもいる。しかし、訴訟が一般的になってきた昨今、正確で最新の記録は絶対に必要である。コーチやアスレティックトレーナーは、医療記録をつけるだけではなく、傷害報告書、治療記録、個人情報カード、傷害評価／過程記録、備品在庫表、そして年次活動報告書も準備し慎重に管理しなければならない。

参加前健康診断

参加前健康診断：
- 既往歴
- 身体検査
- 成熟度評価
- 整形外科メディカルチェック

　シーズン前の健康診断の主な目的は、特定のスポーツに参加する前にそれが選手にとって危険ではないかをチェックすることである[6, 7]。参加前健康診断は既往歴チェック、身体検査、簡単な整形外科メディカルチェックからなる。この検査から得られた情報は、万が一傷害が起きた時に比較検討するための基本情報となる。検査によってある種のスポーツに参加してはいけないことが明らかになるかもしれない。検査は保険と責任問題の要件も満たす（第3章参照）。

　参加前健康診断には、普段から個人的に診察を受けている医師が行う個人ベースのものと、複数の医師と他のメンバーによるステーション検

査がある[9]。かかりつけの医師による検査には、既往歴を熟知していること、医師と患者がよい関係にあることなどのメリットがある。しかし（医師が1人であるため）傷害を起こす要因を見逃す恐れもある[21]。

参加前健康診断でスポーツ特有でかつ綿密な検査法はステーション検査である[9]。ステーション検査では、選手は短時間で詳しい検査を受けることができる。30人以上の選手を検査するには、9人編成のチームが必要である。医師2人、医療訓練を受けた人2人（看護師、アスレティックトレーナー、理学療法士、医師のアシスタントなど）、そしてマネージャー、学生アスレティックトレーナーまたはアシスタントコーチなど5人である。この5人は技能に応じて特定の役割をする。

参加前健康診断には次の項目が含まれる。

既往歴

既往歴記入票は身体検査、整形外科メディカルチェックが行われる前に必要事項が記入されていなければならない。記入の目的は、過去および現在の医学上の問題を明確にすることである。記入票は選手ごとに毎年更新される。万が一緊急事態が発生した場合に備えて医師、コーチ、アスレティックトレーナーは既往歴記入票にきちんと目を通すことが望ましい。参加委任状や保険情報も既往歴記入票と一緒に収集すべきである（図2-3）。

身体検査

身体検査には次の項目がある。身長、体重、身体組成、血圧、脈拍、視力、皮膚、歯、耳、鼻、喉、心肺機能、腹部、リンパ腺、生殖器、成熟度指数、尿検査および血液検査などである（図2-4）。

成熟度評価

若い選手を守る手段として身体検査時に成熟度評価を行うべきである。最も広く利用されている方法は、性成熟評価、骨格評価、歯牙評価である。この3つの評価のなかで、第二次性徴の成熟度で判断するタナーⅠ～Ⅴ期評価法が、ステーション検査においては最も便利である。タナーは男子の場合は恥毛と生殖器の発達、女子の場合は恥毛と乳房の発達によって評価する。顔面の毛と腋毛の場合もある。タナーステージⅠ期では思春期はまだ顕著でない。Ⅴ期では完全に発達している。コリージョンスポーツや激しいノンコンタクトスポーツで問題となるのがタナーステージⅢ期である。骨の成長速度がピークに達するこのステージでは、骨の成長端は関節包や腱付着部の強度の半分から1/5ほどである[23]。中学生・高校生の若い選手は年齢ではなく、成熟度に留意するべきである。

整形外科メディカルチェック

整形外科メディカルチェックは、身体検査時に、あるいはそれとは別の機会にアスレティックトレーナーによって行われる。手早い整形外科

2-2 Critical Thinking
頭の体操——エクササイズ

オールアメリカン・ハイスクールのスポーツは18種類で、秋、冬、春のそれぞれ6つある。学校の選手は約500人で、そのうち200人が秋のスポーツに所属する。各選手が競技に出ても大丈夫かチェックするために参加前健康診断を行う予定である。コーチがその準備と管理を任された。
質問：200人の参加前健康診断を効率的に行うにはコーチはどうすればよいか？

図2-3
既往歴記入票のサンプル

既往歴記入票

頭
1. 頭痛がしますか？＿＿＿＿＿＿＿＿＿＿＿＿＿＿＿
   「はい」と答えた場合は、どのくらいの頻度で頭痛がしますか？＿＿＿＿＿＿＿＿＿＿
   どのあたりが痛みますか？＿＿＿＿＿＿＿＿＿＿
   痛みを和らげるために薬を飲みますか？＿＿＿＿
   「はい」と答えた場合は、どのような薬を飲みますか？＿＿＿
2. 目まい、発作、痙攣を起こしますか？＿＿＿＿＿
3. 失神したことがありますか？＿＿＿＿＿＿＿＿＿
4. 頭や首に傷害を負ったことがありますか？＿＿＿
   「はい」と答えた場合は、意識を失いましたか？＿
   「はい」と答えた場合は、どのくらい意識を失っていましたか？＿＿
   医師の診察を受けましたか？＿＿＿＿＿＿＿＿＿
   入院しましたか？＿＿＿＿＿＿＿＿＿＿＿＿＿＿
   麻痺はありましたか？＿＿＿＿＿＿＿＿＿＿＿＿
   四肢にしびれ、チクチク感、無力感がありましたか？＿
   普通の生活に戻るまでどのくらいかかりましたか？＿

眼
1. これまで眼に問題がありましたか？＿＿＿＿＿＿
   外傷でしたか？＿＿＿＿＿＿＿＿＿＿＿＿＿＿＿
   視力が落ちましたか？＿＿＿＿＿＿＿＿＿＿＿＿
   急性カタル性結膜炎でしたか？＿＿＿＿＿＿＿＿
   痛みはありましたか？＿＿＿＿＿＿＿＿＿＿＿＿

耳
1. これまで耳に問題がありましたか？＿＿＿＿＿＿
   感染症でしたか？＿＿＿＿＿＿＿＿＿＿＿＿＿＿
   外耳炎でしたか？＿＿＿＿＿＿＿＿＿＿＿＿＿＿
   痛みはありましたか？＿＿＿＿＿＿＿＿＿＿＿＿
   耳だれが出ましたか？＿＿＿＿＿＿＿＿＿＿＿＿
   難聴の症状がありましたか？＿＿＿＿＿＿＿＿＿

鼻
1. これまで鼻に問題がありましたか？＿＿＿＿＿＿
   骨折しましたか？＿＿＿＿＿＿＿＿＿＿＿＿＿＿
   くしゃみが出ましたか？＿＿＿＿＿＿＿＿＿＿＿
   鼻血が出ましたか？＿＿＿＿＿＿＿＿＿＿＿＿＿

喉
1. どのくらい頻繁に風邪をひいたり、喉が痛んだりしますか？＿

皮膚
1. 発疹が出たことがありますか？＿＿＿＿＿＿＿＿
   「はい」と答えた場合は、その時の症状を説明してください。

胸
1. 胸が痛んだことがありますか？＿＿＿＿＿＿＿＿
   「はい」と答えた場合は、その時の症状を説明してください。
2. 慢性的に咳が出ますか？＿＿＿＿＿＿＿＿＿＿＿
   喘息ですか？＿＿＿＿＿＿＿＿＿＿＿＿＿＿＿＿
   花粉症ですか？＿＿＿＿＿＿＿＿＿＿＿＿＿＿＿
   咳をした時血が出ましたか？＿＿＿＿＿＿＿＿＿

心臓
1. 心雑音があると診断されたことがありますか？＿
   「はい」と答えた場合は、どのように診断されたか説明してください。
2. 血圧が高いと診断されたことがありますか？＿＿
   「はい」と答えた場合は、症状を説明してください。
3. 家族に心臓病の方がいますか？＿＿＿＿＿＿＿＿
   「はい」と答えた場合は、症状を説明してください。
4. 家族に突然死や、若くして心臓発作を起こした方がいますか？＿
5. 家族に糖尿病の方がいますか？＿＿＿＿＿＿＿＿

胃腸
1. 胸やけなどのトラブルを抱えていますか？＿＿＿
   消化不良は？＿＿＿＿＿＿＿＿＿＿＿＿＿＿＿＿
   吐き気は？＿＿＿＿＿＿＿＿＿＿＿＿＿＿＿＿＿
   嘔吐は？＿＿＿＿＿＿＿＿＿＿＿＿＿＿＿＿＿＿
   便秘は？＿＿＿＿＿＿＿＿＿＿＿＿＿＿＿＿＿＿
   下痢は？＿＿＿＿＿＿＿＿＿＿＿＿＿＿＿＿＿＿
   血を吐いたことがありますか？＿＿＿＿＿＿＿＿
   「はい」と答えた場合は、説明してください。＿
2. 排便の時出血したことがありますか？＿＿＿＿＿
   「はい」と答えた場合は、説明してください。＿

泌尿器
1. 排尿の時ヒリヒリする痛みがありましたか？＿＿
   急な痛みですか？＿＿＿＿＿＿＿＿＿＿＿＿＿＿
   頻度は？＿＿＿＿＿＿＿＿＿＿＿＿＿＿＿＿＿＿
   夜、排尿のために起きますか？＿＿＿＿＿＿＿＿
   夢精は？＿＿＿＿＿＿＿＿＿＿＿＿＿＿＿＿＿＿
   尿に血液が混じっていませんか？＿＿＿＿＿＿＿
   腎臓結石は？＿＿＿＿＿＿＿＿＿＿＿＿＿＿＿＿

骨格
1. 関節炎を患っていたことがありますか？＿＿＿＿
   足首を捻挫したことはありますか？＿＿＿＿＿＿
   「はい」と答えた場合は、説明してください。＿
   膝を負傷したことは？＿＿＿＿＿＿＿＿＿＿＿＿
   「はい」と答えた場合は、説明してください。＿
   肩を負傷したことは？＿＿＿＿＿＿＿＿＿＿＿＿
   「はい」と答えた場合は、説明してください。＿
   骨折したことはありますか？＿＿＿＿＿＿＿＿＿
   「はい」と答えた場合は、説明してください。＿
   首を負傷したことは？＿＿＿＿＿＿＿＿＿＿＿＿
   「はい」と答えた場合は、説明してください。＿
   背中に何かトラブルを抱えていますか？＿＿＿＿
   「はい」と答えた場合は、説明してください。＿
   手術を受けたことがありますか？＿＿＿＿＿＿＿
   「はい」と答えた場合は、説明してください。＿
   脱臼をしたことがありますか？＿＿＿＿＿＿＿＿
   「はい」と答えた場合は、説明してください。＿
2. 関節に違和感がありますか？＿＿＿＿＿＿＿＿＿
3. 体にピン、プレート、ネジといった金属類は入っていますか？＿
   「はい」と答えた場合は、説明してください。＿

一般
1. 薬のアレルギーはありますか？＿＿＿＿＿＿＿＿
2. 虫に刺された時アレルギー症状を起こしますか？＿
3. アレルギーを起こしやすいものがありますか？＿
4. 肝炎を患ったことがありますか？＿＿＿＿＿＿＿
   伝染性単核症は？＿＿＿＿＿＿＿＿＿＿＿＿＿＿
   糖尿病は？＿＿＿＿＿＿＿＿＿＿＿＿＿＿＿＿＿
   家族に糖尿病患者はいませんか？＿＿＿＿＿＿＿
5. 以前重い病気にかかったことがありますか？＿＿
   「はい」と答えた場合は、説明してください。＿
6. 日射病などにかかったことはありますか？＿＿＿
7. 家族で日射病にかかった人はいませんか？＿＿＿
8. 麻酔薬に対してアレルギーだと診断された家族はいませんか？＿
9. 医師や歯科医による局部麻酔でアレルギーを起こしたことはありませんか？＿
10. この3カ月の間に体重の変化がありましたか？＿

メディカルチェック検査例は表2-1を参照されたい。90秒ほどで終了する。さまざまな関節の強度、可動域、安定性を調べるためにより詳しい整形外科検査が行われることもある。

スポーツ不適性

前にも述べたように、スポーツに参加することはリスクを伴う。参加不適性と判断されるほとんどの状況は、参加前健康診断で明らかにされるので、既往歴に記入しておくべきである[21]。米国障害者法（Americans with Disabilities Act：ADA）によって、医師は医学上の問題があるからといって選手の出場を不適性と判定することは法的にできない。医師は選手が自発的に参加を取り止めるよう助言できるだけである。一般に眼や腎臓のような臓器の片方を失っている選手は、コリージョンスポーツやコンタクトスポーツをしないように注意され[21]、ノンコンタクトスポーツに参加するように忠告される。睾丸が1つしかない、あるいは1つまたは2つとも停留睾丸の選手は、睾丸に外傷を受けるリスクは小さい。またサポーターや防具を使うことでリスクを大幅に軽減することができる。

医療記録の開示

コーチ、アスレティックトレーナー、あるいはスポーツ医学チームの他のメンバーは、同意書なしでは書面・口頭のいずれによっても選手の医療記録を何人にも開示してはならない。選手が、大学、プロスポーツ機構、保険会社、メディア、その他の団体や個人に医療記録を開示することを希望する場合には、選手、親または保護者は開示したい情報の権利放棄証書に署名しなければならない。

HIPAA規則

医療保険の携行性と責任に関する法律（Health Insurance Portability and Accountability Act：HIPAA）は、選手の医療情報を持っているコーチ、アスレティックトレーナー、医師、スポーツ医学チームの他のメンバーが、その情報を他人とどのようにシェアするかを規定している。規則によって、選手が自分たちの医療記録を見ることができること、その医療情報がどのように利用されるか、利用制限はあるのか、選手がよりコントロールできること、それから、自分たちの医療プライバシーが侵害された場合、遡及のための道筋がはっきりと定められていることなどが保証されている。傷害発生ごとに選手による医療情報開示の承諾を得る必要はない。年初に選手が包括的承諾書に署名したならば、その年の全傷害および治療に有効である。これらの包括的承諾書は、開示される情報はどれか、誰に開示されるのか、開示期間などを明らかにしている[8]。

氏名 _____ 日付 _____
身長 _____ 体重 _____ 体脂肪率 _____
　　　　　　　　　　　　　　　　　　　　　（ネガティブの場合チェック）

1. 血圧 _____／_____
2. 脈拍 _____
3. 視力
    裸眼 _____　　_____
    眼鏡矯正 _____　　_____
4. 皮膚 _____
5. 歯／口 _____
6. 耳 _____
7. 鼻 _____
8. 喉 _____
9. 胸部 _____
    心拍リズム _____
    肺 _____
    乳房 _____
10. 腹部 _____
    肝臓 _____
    脾臓 _____
    腎臓 _____
    胃 _____
    腸 _____
11. リンパ腺 _____
    頸部 _____
    腋窩 _____
    大腿部 _____
12. 生殖器 _____
13. 成熟度指数 _____
14. 尿 _____
    タンパク _____
    糖 _____
15. 血液 _____
    ヘマトクリット _____
    ヘモグロビン _____
16. その他 _____

所見
　　不参加 _____
　　制限参加 _____
　　参加許可保留 _____
　　参加許可 _____
コメント _____
_____

　　　　　　　　　　医師の署名 _____

　　　　　　　　　　日付 _____

図2−4
健康診断用紙のサンプル

表2-1　整形外科メディカルチェック

行動および指示	決　定
検査者に向かって立つ	肩鎖関節；全体的なシンメトリー（左右対称でバランスがとれているか）
左右の肩越しに天井、床を見る；耳を肩につける	頚椎の動き
肩をすくめる（検査者は抵抗を加える）	僧帽筋の強さ
肩を90度外転させる（検査官は90度で抵抗を加える）	三角筋の強さ
上腕の内・外旋	肩の動き
肘を屈曲・伸展させる	肘の動き
上腕を体側に、肘を90度屈曲させる；前腕を回内・回外させる	肘と手の動き
指を広げる；こぶしを握る	手と指の動き、奇形
大腿四頭筋を収縮させる；大腿四頭筋をリラックスさせる	シンメトリーと膝関節の腫れ；足関節の腫れ
左右の足のランジをする	股関節、膝関節、足関節の動き
検査者に背を向ける	肩シンメトリー；脊柱側弯症
膝を曲げずに足趾に触れる	脊柱側弯症；股関節の動き、ハムストリングスの硬さ
爪先立ちをし、踵を上げる	ふくらはぎのシンメトリー；脚の強さ

傷害報告書

　傷害報告書は後で参考になる記録である（図2-5）。後日緊急処置が問題になった場合、細かい部分の個人の記憶は曖昧になってしまうが、現場で記入された報告書は具体的な情報となる。訴訟においては、コーチやアスレティックトレーナーは過去3年間に起きた傷害について尋問される。アスレティックトレーナーはすべての傷害報告書を自分のオフィスにファイルすべきである。報告書は3部作成し、1部は学校の保健室に、もう1部は医師に送り、残りの1部をアスレティックトレーナーが保管する。

治療記録

　スポーツ健康管理施設では、治療を受ける選手は治療記録をチェックすべきである。負傷して日々治療を受ける選手にとって治療記録は重要である。傷害記録同様、治療記録も、傷害後起こり得る民事訴訟、保険訴訟、刑事訴訟においては重要な記録であり、事実を立証する法的書類となる。これらはHIPAA規則に従うものとし、プライバシーは守られる。

訳注）
傷害報告書は「カルテ」や「治療記録」とは別の書式で、報告書として提出するための書類。ここでは傷害報告書の「1部は学校の保健室に」と訳しているが、実際は雇用主や監督にも報告される内容を含む。

2-3　*Critical Thinking*　頭の体操——エクササイズ
スポーツ健康管理プログラムの監督責任の一つは、すべての選手の正確な記録を保管することである。
質問：これらの記録には、どのような情報が含まれるべきか？

個人情報カード

コーチあるいはアスレティックトレーナーは、選手の個人情報カードをファイルしておくことが望ましい。健康診断時に選手がカードに記入する。このカードは緊急時、家族、家庭医、保険会社と連絡をとる際に役に立つ。もしPDA（携帯用小型コンピュータなど）に保存できたら効率的に情報を取り出すことができる。

PDA：personal digital assistant

傷害評価および過程記録

選手が負傷した場合、アスレティックトレーナーか医師が対処し、定められた書式に情報を記録すべきである。アスレティックトレーナーも医師もいない場合は、コーチが親と連絡をとるか、選手自身が手配しかかりつけの医師の診察を受けられるようにすべきである。かかりつけの医師はカルテに診断を記録しなければならない。

訳注）
傷害評価および過程記録は日本でいう「カルテ」と「治療記録」のこと。

備品在庫表

スポーツ健康管理監督担当者の責任の一つに、予算の管理がある。予算の多くは備品購入に当てられる。毎年棚卸を行うべきである。新たに必要となった備品、交換や修理が必要な備品、補充が必要な消耗品などについて記録すべきである。

年次活動報告書

多くのスポーツ部門はアスレティックトレーニング・プログラムの年次活動報告書を要求する。報告書はプログラムの変更や改善に役立つ。一般的には、負傷者数、傷害の数と種類、プログラム分析、今後の課題などが報告される。

予算案

アスレティック管理者が直面する重要問題の一つは、選手に対して健康管理を可能にする十分な予算を確保できるかどうかということである。多くの高校では、アスレティックトレーニングのための予算は限られており、テープ、ラップ、最小限の物品の詰まったトレーニングバッグを購入しているにすぎず[16]、トレーニングルームを用意することも、効率的なアスレティックトレーニング・プログラムを確立するのに必要な設備を用意することもできない。一部の教育委員会、管理者は、アスレティックトレーニング設備の機能がプログラムの重要な部分をなし、専門家がいなくても設備は必要なものであることを理解していない[15]。この種の無理解は大学では高校ほどひどくはなく、アスレティックトレーニングは大学のアスレティックプログラムの重要な一面であると通常は認識されている。

アスレティック管理者が直面する重要問題は、十分な予算の確保である。

図2-5
スポーツ傷害記録用紙

氏名_____ スポーツ種目_____ 日付___/___/___ 時間_____ 傷害番号_____
選手I.D._____ 年齢_____ 場所_____ インターカレッジ・ノンインターカレッジ
初傷害　再検査　再傷害　　　シーズン前―練習―試合　　スポーツ参加中発生：はい　いいえ
どのような状況で負傷したか？_____
_____
最初の印象：_____
_____

傷害の位置	身体部位		構造	治療
1．右	1．頭	25．MP関節	1．皮膚	_____
2．左	2．顔	26．PIP関節	2．筋肉	_____
3．近位	3．眼	27．腹部	3．筋膜	_____
4．遠位	4．鼻	28．股関節	4．骨	_____
5．前	5．耳	29．大腿	5．神経	_____
6．後	6．口	30．膝関節	6．脂肪体	_____
7．内側	7．首	31．膝蓋骨	7．腱	_____
8．外側	8．胸	32．下肢	8．靭帯	_____
9．その他	9．肋骨	33．足関節	9．軟骨	_____
	10．胸骨	34．アキレス腱	10．関節包	_____
評価の場所	11．上背部	35．足	11．コンパートメント	_____
1．SHS	12．腰	36．足趾	12．歯	_____
2．アスレティックトレーニング・ルーム	13．肩	37．その他	13．_____	_____
	14．ローテーターカフ			薬物治療_____
3．競技場	15．AC（肩鎖）関節			_____
4．_____	16．肩関節			_____
	17．胸鎖関節			_____
処置	18．上腕	非外傷性	傷害の性質	_____
1．診察	19．肘	1．皮膚	1．打撲傷	_____
2．X線	20．前腕	2．アレルギー	2．筋挫傷	_____
3．副子	21．手関節	3．インフルエンザ	3．捻挫	_____
4．包帯	22．手	4．URI	4．骨折	_____
5．ギプス包帯	23．母指	5．GU	5．断裂	処方薬
6．吸引	24．手指	6．全身感染症	6．腱炎	1．抗生物質　5．筋肉弛緩剤
7．その他		7．局部感染症	7．滑液包炎	2．抗炎症剤　6．酵素
		8．その他	8．筋炎	3．充血除去剤　7．_____
			9．裂傷	4．鎮痛剤
所見	受診	傷害所見	10．脳震盪	
1．SHS	1．関節造影写真	1．特に問題なし	11．剥離	注射
2．トレーナー	2．神経科	2．一部問題あり	12．擦過傷	1．ステロイド
3．病院	3．内科	3．大いに問題あり	13．_____	2．抗生物質
4．H.D.	4．整形外科		度	3．ステロイドキシロ
5．その他	5．EENT（耳鼻咽喉科＋眼科）		1度、2度、3度	4．_____
	6．歯科	前回の傷害_____		
	7．その他	_____		

訳注）
SHSは日本でいう保健室。H.D.はホームドクターの略。

予算の必要性はプログラムによってかなり違ってくる。数十万円でよいものもあれば、数百万円もかかるものもある。もちろん建物やトレーニング設備を準備するための費用は、チームの規模や選択する物品次第で変わる。用具の購入にあたり、緊急に必要な用具なのか、またその用具に在庫があるのか、特別な用具であるならばそれに対応できる職員がいるのかなど、考慮すべきである[18]。

次年度の予算を立てる際利用できるように決算記録を保管すべきである。決算記録は今年度の予算の使い道を明らかにし、次年度以降の指針となる。個々のアイテムに対する支出は、運営方針によって違ってくる。予算の大半をテーピングテープなどの消耗品の購入に当てるコーチもいる。年末または物品を補充する前に、年に一度は棚卸を行うべきである。正確な記録は次年度以降の予算請求の際に役に立つので、記録をきちんと保管すべきである[17]。

備品と用具の注文

備品は消耗品であり、通常、傷害予防、応急手当、処置に使用される。消耗品の例としては、テーピングテープ、殺菌液、マッサージローションなどが挙げられる。用具とは、消耗品でない品目を指す。用具には固定されているものと固定されていないものがある。固定された用具とは必ずしも動かすことができないという意味ではなく、通常アスレティックトレーニングの設備から運び出さないものという意味である。固定された用具としては、製氷機、ウエイトトレーニング用具、電気治療器具などがある。固定されていない用具とは、固定度の低いアスレティックトレーナー・キットの中身や運動場にある非消耗品などを指す。毛布、はさみ、トレーニング・キットなども含まれる。フォーカスボックス2－5および2－6は、アスレティックトレーニング・ルームやフィールドキットの備品リストである。

> 用具には固定されるものと、固定されないものとがある。

購入システム

物品の購入には直接購入と競争入札がある。高額品の購入は入札による。最低価格入札者へ受注する。少額の場合あるいは急ぎの購入においては、1社から直接購入する。

> 購入には直接購入と競争入札がある。

その他の予算

物品の購入費に加えて、コーチはスポーツ健康管理プログラムの進行上必要なその他のコストも考慮しなければならない。その他のコストには電話代、郵送料、医師やクリニックとの契約代、治療器具の維持費、損害賠償責任保険、団体の会員費、雑誌や本の購入費、出張費、アスレティックトレーニング・ルームで着用する衣類代などが含まれる。

2-5 Focus Box　フォーカスボックス

これだけは備えておきたいアスレティックトレーニング・ルームの備品

テープ
ホワイトテープ、3.75cm
ホワイトテープ、2.5cm
ライトガード、5cm
伸縮テープ、5cm
伸縮テープ、2.5cm
プリラップ（アンダーラップの別称）

包帯
カバーレット、3.75×5cm
カバーレットストリップ
テルファ（非粘着ガーゼ）、5×7.5cm
バンドエイド透明パッチ
ガーゼ、10×10cm（滅菌）
弾性包帯、7.5cm、10cm、15cm
ステリストリップ（傷口用テープ）、0.6cm

フォームおよびフェルト
2.5cmフェルト
0.3cm粘着フォーム
モールスキン

ブレイス（ギプス）およびスプリント（副子）
指副子
エアスプリント、脚
ベルクロ（マジックテープ）、2.5cm（両面）
膝イモビライザー
エアキャスト、左
エアキャスト、右
ヘクサライト、10cm
頚部カラー（S、M、L）
ヒールカップ（M、L）
膝蓋骨ストラップ（L）
手首イモビライザー（左、右、両用）
足首ブレイス（XXS、XS、S、M、L、XL）
三角巾
つり包帯

ノーズガード
肘用サポーター
太腿用サポーター
腰用サポーター（XS、S、M、L、XL）
膝用サポーター
メリヤス、7.5cm

用具
フレックスオール（保温用クリーム）、3.8ℓ
クラマージェシック（保温用軟膏。塗ると熱くなる）、2.2kgタブ
スキンルーベ、2.2kgタブ
灰色セラバンド
黒色セラバンド
ヒートパック（M、L）
アイスバッグ
フレックシーラップ（弾性包帯）（S、L）
ローション、3.8ℓ

応急手当
コットンロール（鼻栓用巻き綿）
舌圧子
綿棒
ラテックス製でない手袋（M、L）
綿ボール
スキンプレップ
セイブアトゥース（歯を保存する小さなケース。保存液が入っている）
ペン型懐中電灯
医療用ごみ袋
安全ゴーグル

テーピング用品
ヒールアンドレースパッド
テープ粘着スプレー
テープリムーバー

鋭利な用具
はさみ
ピンセット

爪切り（L、S）
テープカッター
カッターの替刃

消毒剤
過酸化水素水
アルコール
殺菌水

皮膚治療
ポリスポリン（消毒軟膏）
セカンドスキン
ベビーパウダー

眼治療
洗眼液
ペン型懐中電灯

松葉杖
L
M
S
大アルミニウム

水
ボトルキャリアー
ウォーターボトル
クーラー（11.4ℓ、26.6ℓ、38ℓ）
水貯蔵庫

その他
スツール（椅子）
スプレーボトル
バケツ
タオル

2-6 Focus Box　フォーカスボックス
これだけは備えておきたいフィールドキット

- テーピングテープ
- テープカッター
- はさみ
- 眼帯
- セイブアトゥース
- ワセリン
- かみそり
- 洗眼剤
- ラテックス製でない手袋
- 医療用ごみ袋
- 粘着スプレー
- スキンルーペ
- ガーゼパッド、5×5cm、7.5×7.5cm、10×10cm
- ヒールカップ
- つり包帯
- 過酸化水素水
- 指副子
- 綿棒
- 舌圧子
- フレックスオール
- ローション
- 日焼け止め剤
- テープ類
  - ホワイトテープ、2.5cm、3.75cm
  - ヒールアンドレースパッド
  - プリラップ
  - 伸縮粘着テープ、2.5cm、5cm、7.5cm
  - 弾性包帯：
    5cm、7.5cm、10cm、15.2cm、倍長10cm、倍長15.2cm
- アルコール
- クラマージェシック
- フレックスラップ
- 粘着フォーム
- 粘着フェルト
- ペン型懐中電灯
- コンタクトレンズケース
- コンタクトレンズソリューション

高等学校における有資格アスレティックトレーナーの採用

　すべての高等学校が公認アスレティックトレーナーを雇うことが望ましい。はじめにアスレティックトレーナーから適切なケアが与えられていれば、不適切にケアされることによって生じたスポーツ障害の多くが回避できるはずである。アスレティックトレーナーがいない場合は、一般にコーチがスポーツ健康管理の責任を担わなければならない。場合によっては、コーチはアスレティックトレーニングを補佐する責任も負い、アスレティックトレーナーを目指す高校生の手を借りることもある。

　1995年に全米アスレティックトレーナーズ協会（NATA）は、高等学校におけるアスレティックトレーナーの採用に関して以下の立場を明らかにした。

<u>　身体的活動をする者の健康管理リーダーとしてNATAは、学生選手に対する傷害の予防と治療を優先事項とする。学生選手に対する傷害の認識および治療は急務である。負傷した学生選手のための医療供給体制は、スポーツに関連した傷害の予防、認識、治療、リコンディショニングを管理する学区内コーディネーターを必要とする。それゆえ、高等学校は学生選手のために常勤かつ学校内で活動する公認アスレティックトレーナー（ATC）を採用すべきである。</u>

米国小児科学会（American Academy of Pediatrics：AAP）の提言を受けて、1998年全米医学協会（American Medical Association：AMA）は、高校アスレティックプログラムのすべてにおいて公認アスレティックトレーナーを採用すべきであるという方針を採択した。この方針は単に勧告であって、強制される条件ではないが、高等学校におけるアスレティックトレーナーの存在感を強くアピールするものとなった。高等学校におけるアスレティックトレーナーの採用状況については、フォーカスボックス2-7を参照されたい。

2-7 Focus Box　フォーカスボックス

公認アスレティックトレーナーの採用に向けて

1. 教員として公認アスレティックトレーナーを採用：通常、学級の担任教師として雇用され、パートタイムあるいは課外ベースでアスレティックトレーニングを行う。報酬はトレーナーとして活動した時間に対し支払われるか、コーチとしての固定給か、あるいはその両方である。
2. 近隣の大学から公認大学院生を採用：大学院生は、高等学校あるいはコミュニティカレッジが支払う固定給と助手手当を受け取る。大学院生と学校の双方に利益となる。しかし、学校から常勤のアスレティックトレーナーを採用する機会を奪っているのも事実である。
3. 学区が公認アスレティックトレーナーを雇用する：この場合、常勤であれパートタイムであれ、アスレティックトレーナーは複数の学校で活動をするが教員ではない。メリットは経費の節約である。デメリットは1人のトレーナーが複数校の面倒をみるためにサービスレベルが低下することである。
4. 公認アスレティックトレーナーを配備するクリニックと学校が契約する：通常クリニックのアスレティックトレーナーは午前中、スポーツで負傷した患者をクリニックで対応する。午後は地域の高校、小規模大学の試合や練習でアスレティックトレーナーとして活動する。

コーチのコーナー — Coach's Corner

　コーチがスポーツ健康管理プログラムの準備と確立においてしなければならない事柄のチェックリストである。

- ☐ アスレティックトレーニング・ルーム用に適度な広さ、空間を確保する。
- ☐ アスレティックトレーニング・ルームに関する規則と方針を設定する。
- ☐ メンテナンススタッフと協力して設備を清潔に保つ。
- ☐ 選手に健康的な習慣を習得させる。
- ☐ 緊急時に使用する電話を用意する。
- ☐ 選手全員の参加前健康診断を行う。
- ☐ 適切な傷害記録（傷害報告書、既往歴など）を保管する。
- ☐ 備品購入のための予算を組む。
- ☐ 必要な備品を入れたフィールドキットを用意する。

まとめ

- スポーツ健康管理プログラムの準備には、コーチの時間と努力に依存する面が多い。
- アスレティックトレーニング・プログラムは、利用できるスペースを最大限活用したり、設備を一新することによって、効率を高めることができる。
- アスレティックトレーニング・プログラムは、サービスの方針や規則を設けることによって、効率化を図ることができる。
- 参加前健康診断を選手に対して行う。既往歴調査、身体検査、整形外科メディカルチェックが行われる。
- スポーツ健康管理プログラムを監督する人は、アスレティックトレーニング・プログラムの進行に必要な事務手続きを行うとともに、正確かつ最新の個人情報を管理しなければならない。
- 予算は選手の傷害予防やリハビリテーションに不可欠な用具や備品の購入に当てられるべきである。

頭の体操（エクササイズ）の答え　Solutions to Critical Thinking Exercises

2-1　アスレティックトレーニング・ルームは、テーピングと治療準備、治療とリハビリテーション、そして水治療法を行う場所など目的によって使うエリアに分けられることが望ましい。また、アスレティックトレーニング・ルームには施設内に仕事の流れを妨げない十分な保管場所も設けられるべきである。トレーニングルーム内の用具として、診療台（4〜5台）、テーピング台（2〜3台）、大容量の製氷機、超音波／電気治療器、ワール

プール（渦流浴）、種々のフリーウエイトやエクササイズチューブなどを購入するとよい。

2-2 参加前健康診断として、既往歴、身体検査、簡単な整形外科メディカルチェックを行うべきである。参加前健康診断は、ステーション検査法によって効率的に行う。ステーション検査では、選手に詳しい検査を短時間で受けさせることができる。多数の選手を検査するにはチームが必要である。チームは、医師、医療訓練を受けた人（看護師、アスレティックトレーナー、理学療法士、医師のアシスタントなど）、そしてマネージャー、学生コーチ、アシスタントコーチなどで構成される。

2-3 スポーツ健康管理システムの管理担当者は、既往歴記録票、傷害報告書、個人情報カード、治療記録、傷害評価／治療過程記録、医療記録開示承諾書などを保管しなければならない。

復習問題とクラス活動

1. スポーツ健康管理プログラムを監督する際、コーチの主な役割は何か？
2. 中規模大学と大規模大学のアスレティックトレーニング設備をそれぞれ立案せよ。
3. アスレティックトレーニング設備における活動を観察せよ。非活動時と活動時の両方を観察せよ。
4. アスレティックトレーニングにおいて、なぜ清潔・衛生が大切なのか？ 設備のメンテナンスはどうあるべきか？
5. 新設の中規模高校あるいは大学のアスレティックトレーニング設備またはクリニック設備を担当すると仮定して、最新のカタログから用具を選択せよ。
6. 小規模高校、大規模高校、大規模大学の適正な健康管理予算を算出せよ。
7. アスレティックトレーニング設備でサービスを受ける人たちはどのような人たちか？
8. アメリカンフットボール選手90名の参加前健康診断を準備せよ。
9. 記録保管はアスレティックトレーニングの重要な機能である。どのような記録を保管する必要があるか？
10. スポーツ参加が不適当だと考えてもよい医学上の理由とはどのようなものか議論せよ。

Chapter 3 法的責任と保険

この章を終えると、次のことが説明できるようになる。
- 健康管理担当者として活動するコーチに対する法的な考慮
- 責任、過失、不法行為、「危険引き受け」などについて法的概念の定義
- コーチおよびアスレティックトレーナーが告訴される可能性を最小限にするためにとるべき行動の認知
- 製造物責任について
- 選手を保護するための重要な保険要件の認知
- 健康管理担当者として活動するコーチを守るために必要な保険の種類について

コーチおよびアスレティックトレーナーの法的懸案事項

近年、教師、コーチ、アスレティックトレーナー、学校職員、医師を訴える、スポーツ傷害に起因する過失訴訟が急増しており、賠償額も増加している[4, 5]。身体活動に伴う多くの危険要因についての意識の高まりが、特にアスレティックトレーナーに大きな影響を与えるようになった。**責任**とは他人に行った不法行為に対して法律上責任を負うことを意味する[7]。選手に告訴されるリスク、また過失ゆえに責任を負うべきであると判断されるリスクを減らすために、アスレティックトレーニングの手順には細心の注意が必要である[11]。自分が働いている州の法や規則に従ってスポーツ健康管理を担当する場合、自分たちの責任の法的限界について理解しておくことは、コーチやアスレティックトレーナーの義務である。

常識的な対処の基準

過失とは通常の、あるいは常識的な対処を怠ることである。似たような状況の下で自分達、あるいは他の人達に対する傷害を回避するために、人が普通は行うであろうケアが「常識的な対処」と呼ばれるものである。「常識的な対処」の基準は、特別な熟練者や、ことのほか注意深い人を想定しているのではなく、常識的な、通常の良心を持っている人を想定している。いい換えるならば、期待されていることは、人が眼前の状況に常識を持って対処し、当然のケアを行うことである。過失という理由で告訴された大半の場合、たいてい被告の行動は常識的な、注意深い人物を想定し、その行動と比較される。つまり被告の一連の行動が、その人

責任（liability）
他人に行った不法行為に対して法律上責任を負う状態。

過失（negligence）
通常の、あるいは常識的な対処を怠ること。

常識的な対処の基準
（standard of reasonable care）
人は常識的な、通常の良心を持っていると想定する。

図3-1
コーチは負傷者に常識的な、注意深いケアを行うことで告訴される機会を減らすことができる。

物の行動と一致していたかどうかが究明されるのである。

常識的な対処の基準は、コーチまたはアスレティックトレーナーが、似たような教育的バックグラウンドを持つ人、あるいはトレーニングを積んだ人のケアの基準に従って行動することを意味する[15]。長い経験を持ち、その分野の知識もあり、認定された、あるいは免許を持つコーチやアスレティックトレーナーは、その資格にふさわしい行動をとらなければならない（図3-1）。

過失を訴える人は、次の3つの事柄を立証しなければならない、(a)傷害を受けた人と、傷害に責任がある人との間に**ケアの義務**が存在した、(b)被告の行動は、そのケアの義務に達しなかった、(c)その結果、不利益が生じた。

ケアの義務（duty of care）
傷害をケアする責任を負う。

不法行為

不法行為は、他人または他人の所有物に対する法的に不正な行為を指す[7]。いかなる人も他人を傷つけてはならない。意図的であれ過失（不注意）であれ、他人を傷つけた場合は、損害を受けた側に金銭を支払うよう裁判所によって命じられる（「損害賠償金」）。不法行為をすれば賠償しなければならない。不法行為裁判は、どういった行動が受容できない行動なのか社会にメッセージを送ることにもなり、不法行為の発生を抑止する力となる。

不正行為は**不作為**（脱漏行為とも呼ばれる）からも生じる。人が法的義務を行わない場合、不作為という。不正な行為は**違法行為**からも、あるいは**失当行為**からも生じる。違法行為とは法的に許されない事柄を行うことであり、失当行為とは法的に有する権利を不適切な方法で行うことである。いずれの場合も、万が一結果として傷害が生じた場合、そのような不正行為をした人は損害賠償を請求される。コーチやアスレティックトレーナーが重傷を負った選手に適切な医学的ケアを受けさせない場合、コーチやトレーナーは不作為を犯したことになる。違法行為の場合は、法的に許されない医療を行い、状態をひどく悪化させてしまう。

不法行為（torts）
他人に対する法的に不正な行為。

不作為または脱漏行為（nonfeasance or an act of omission）
人が法的義務を行わないこと。

違法行為または犯罪行為（malfeasance or an act of commission）
法律上許されないことを行うこと。

失当行為（misfeasance）
法的に有する権利を不適切な方法で行うこと。

3-1 Critical Thinking 頭の体操——エクササイズ

ピッチャーの投げたボールがバッターの右目を直撃し、すぐさまバッターは地面に倒れた。コーチはバッターに駆け寄り目を調べた。目は腫れ、眼窩の周囲にはあざができていた。しかし見た目の様子は通常と変わらないようだった。バッターはコーチに「大丈夫だからこのまま続けられる」と主張した。試合後、コーチはバッターに対し、部屋に戻って氷で目を冷やし、明日検査を受けるように指示した。その夜、バッターは前眼房出血し、取り返しのつかないほど目にダメージを受けた。

質問：バッターが受傷直後に検査を受けていれば出血もコントロールできて、視力にダメージを受けることもなかっただろうと眼科医は述べた。バッターがコーチ相手に訴訟を起こす場合、勝訴するにはどういったことを証明しなければならないか？

善きサマリア人の法律
(Good Samaritan Law)
自発的に応急手当を行う人を擁護する法律。

失当行為の場合だと、習得していたはずの応急処置を不適当なやり方で行ってしまう。

過失

　選手がコーチやアスレティックトレーナーを告訴する場合、過失という不法行為に対して告訴することが多い。次の場合は過失で訴えられるであろう。(1)一般的な注意力を持つ人ならば行わないであろうことを行う、あるいは(2)似たような状況において一般的な注意力を持つ人ならば行うであろうことを行わない[4]、の2点である。過失裁判で勝訴するには、選手は次のことを証明しなければならない。まず、コーチあるいはアスレティックトレーナーは常識的な対処を行う義務があったにもかかわらず、常識的な対処を行わず、その義務を怠ったということを証明しなければならない。また、常識的な対処を行わなかったことと、選手の受けた傷害との間に妥当な関係が認められることを証明しなければならない。そして、コーチやアスレティックトレーナーのとった行動が傷害を悪化させたことを証明しなければならない。コーチやアスレティックトレーナーが常識的な対処を行う義務に違反したが、常識的な対処を行わなかったことと、選手の受けた傷害との間に妥当な関係が認められない場合、選手は過失を訴える裁判で勝訴できない。

　スポーツにおいて頻繁に起こる過失の例を挙げると、次の通りである。コーチやアスレティックトレーナーが、試合や練習を続行するために、重傷を負ったかもしれない選手をフィールドから移動させてしまうことである。しかも不適当なやり方で移動させてしまうか、正しい手順で状況判断が下せる有資格者の到着前に移動させてしまう。その移動が原因で日常生活に支障をきたすほどの深刻な障害が結果として生じたら、コーチあるいはアスレティックトレーナーは責任を問われるであろう。

　ある団体に雇われているコーチやアスレティックトレーナーは、団体に所属する選手に対してスポーツ健康管理を行う義務がある。選手をケアする義務をいったん引き受けた以上、選手に適切なケアが与えられていることを確認する義務がある。一方、コーチ、アスレティックトレーナー、あるいは誰であっても、雇用されている団体とは関係がない負傷者に応急処置を施す義務はないといってよい。しかし、もし彼らが負傷者に対してケア提供者として関わりたいと願うならば、自分たちの力量に合った、常識的な対処を提供すればよい。万が一何か不都合なことが起きた場合、自発的に応急手当を行う人を法的責任から擁護するために、米国のほとんどの州では**善きサマリア人の法律**が採択されている。自分のレベルの範囲内で応急手当をし、その状況において常識的な対処と思われることを行う限り、自発的に応急手当を行う人が罪に問われることはない。

　ある一定の分野でより多くのトレーニングを積んだ人は、たとえば学生などより高いレベルの適性を備えていると考えられる。それゆえ法的責任が問われるかもしれない状況においては、人はパフォーマンスの観

点から判断されるであろう。責任それ自体は全国同じレベルで問われるのではなく、州によっても、さらに地域によっても解釈が異なってくることを認識しなければならない。それゆえ、ある特定の地域で期待される技能のレベルを知り、身につけることが望ましい。本質的に過失は「他人に理不尽な危険」をもたらす行為である[12]。

出訴期限法

出訴期限法は人が過失に対して損害賠償訴訟を起こすことのできる一定の期間を定める。訴訟に持ち込むことのできる期間は州によって異なる。しかし一般に、提訴人が過失に対して訴訟を起こすことのできる期間は1～3年である。訴訟の原因となった過失があった時、あるいは過失によって引き起こされた傷害に気づいた時のいずれかの時点から、提訴人の過失に対する出訴期間は計算される。州によっては、負傷した未成年者が18歳に達した後3年間訴訟することを認めている。それゆえ、負傷した未成年選手の過失に対する提訴期間は、過失のあった時、あるいは過失によって引き起こされた傷害に気づいた時から長い間有効である。

危険引き受け

スポーツの危険を認識・理解し、なおかつ自由意志でそういった危険にさらされることを選ぶ場合、選手はスポーツに参加することの危険を引き受けることになる[1]。**危険引き受け**は、選手、または親、または保護者が権利放棄書に署名することで明示され得る。あるいは危険引き受けはスポーツに参加中の選手の行為から黙示され得る[9]。

負傷した選手が過失訴訟を起こした場合、危険引き受けは弁明として強く主張されるかもしれない。コーチやアスレティックトレーナーは、選手、または親や保護者が権利放棄書に署名することで危険を引き受けたということを証明しなければならない。あるいは選手はスポーツの危険を認識・理解しており、自由意志でそれらの危険を引き受けたということを証明しなければならない。

しかし、裁判所は危険引き受けについてさまざまな解釈をしている。スポーツの危険について十分な判断ができないという理由から、特に未成年者が関わっている場合、裁判所の解釈は一様ではない。スポーツプログラムに参加する選手は、通常の危険は引き受けているとみなされる。しかし、これは監督が活動において常識的なケアをせず、また注意深くなくてもよいというわけでは決してない。また事故が起こりやすい環境に対して予防策をとらなくてもよいということでも決してない。一般に裁判所は、詐欺、虚偽の陳述、強制といったことがない限り、成人に対して責任の権利放棄書や権利譲渡書は支持する傾向にある[7]。

出訴期限法
(statute of limitation)
過失に対して損害賠償訴訟を起こすことのできる一定の期間を定める。

危険引き受け
(assumption of risk)
明示あるいは黙示の同意によって、選手はスポーツには危険があることを認知していると考えられる。すなわち選手はスポーツに参加するという時点ですでに危険を冒している。

3-2 Critical Thinking 頭の体操——エクササイズ
コーチが昔のチーム記録の入ったキャビネットを整理している。古い医療記録ファイルを処分しようと決断する。法的にこれらのファイルをどのくらいの期間保存しておかなければならないのかが問題である。
質問：未成年者にとって告訴の出訴期限は？

傷害が起きた場合、コーチは選手が医療を受けられるまで、傷がさらに悪化しないように常識的な対処をしなければならない。

コーチのコーナー — Coach's Corner

　コーチはいくつかのキーポイントに注意を払うことで告訴されるリスクを著しく減らすことができる[7]。告訴されるリスクを減らすためにコーチができる事柄のチェックリストを次に掲げる。

☐スポーツにつきものの危険について選手に注意を促す。
☐常に注意深く指揮をとる。
☐適切な準備を怠らず、選手のコンディションを調整する。
☐スポーツのスキルを選手に正しく指導する。
☐選手がいつでも適切で安全な用具や施設を使用できるようにする。
☐選手、親、同僚とよい人間関係を保てるように努める。
☐アスレティックトレーニング設備の運営に関して方針とガイドラインを決定する。そしていかなる時もアスレティックトレーニング・ルーム、ルームの環境、施設、用具を適切に管理する[4]。
☐緊急時対応計画を準備し、計画に注意深く従う。
☐起こり得る緊急事態に即座に対処できるように、選手の健康状態に目を配り、既往歴に目を通しておくように努める。既往歴、参加前健康診断、傷害記録のファイルを保管しておく。
☐すべての傷害およびリハビリテーションの経過を記録し、保管しておく。
☐安全な競技環境をつくるための取り組みを文書にする。
☐仕事の内容を詳しく説明した文書を用意する。
☐健康管理を行うことに対する同意を、特に未成年者の場合、文書にしてもらう。
☐守秘義務を守る。
☐処方箋薬を調合してはならない。法が認可している場合でも、非処方箋薬の扱いは細心の注意を払う。
☐コーチが使用することを認可しており、かつ法律がその使用を許可している治療法のみを用いる。
☐欠陥のある、害を及ぼす用具は使用させない。
☐スポーツ防具の選択と使用においてはチームドクターかアスレティックトレーナーと協議する。最高の防具を購入し、選手に正しく装着させ、きちんとメンテナンスすることが大事である。
☐チームドクターが診断して許可を出さない限り、負傷した選手を競技に戻してはならない。頭部に損傷を受けた選手は試合に再出場させてはならない。州によっては、脳震盪を起こした選手はシーズンの残りの試合に出場できない。
☐チームドクターやアスレティックトレーナーが心理的にも身体的

にも出場可能と診断しない限り、負傷した選手は試合に再出場できないことを理解する。医師に出場可能だと診断されるまで、コーチは負傷した選手の出場を急いではならない。
- □いつでもチームドクターやアスレティックトレーナーの指示に従う。
- □訴訟から身を守るために損害賠償責任保険に加入する。また保険証書の限界を理解する。
- □自分の専門領域の限界、該当する州の規則、自分の活動を限定する制約を知る。
- □選手の健康と安全について決断する際は常識を働かせる。

製造物責任

　製造物責任とは製造物から生じた損害に対して製造者などが負う責任である[6]。これには部品製造業者、組み立て業者、卸商、小売店のオーナーなどが含まれる。製造物の購入者、あるいは製造物を貸与されたり、付与されたりした者に損害が生じる欠陥品は、製造物責任訴訟の対象となる。製造物責任賠償金請求は、管轄区域にもよるが、過失、厳格責任、あるいはフィットネスの保証違反などに基づいてなされる。多くの州は、包括的製造物責任法を制定している。これらの包括的製造物責任法による規定は多岐にわたる。合衆国全体の製造物責任法は制定されていない。

　あらゆるタイプのスポーツ、フィットネス用具の製造業者は、誤った使われ方がされない限り傷害を引き起こさない用具を設計し、製造する義務がある。製造物は安全であるという製造業者の書面による保証が明示されている。アメリカンフットボールのヘルメットには、どんなヘルメットでもすべての傷害を防ぐことはできないという警告文が貼られている。選手はそれに目を通し、自分は注意書きを読み理解したという旨の書面に署名しなければならない。全米スポーツ用具安全基準委員会（National Operating Committee on Standards for Athletic Equipment：NOCSAE）は、用具の安全性を確かなものとするために最低基準を設けている。

訳注）
厳格責任
自ら危険をつくり出したことによって引き起こされた損害については、危険をつくり出した者が全面的に責任を負わなければならないとするもの。故意や過失を要件としない。米国法において被害者救済を図って判例上形成された法の概念。

選手を保護するためにはどのようなタイプの保険が必要か？

　医療費は高額ゆえに、すべての選手は、万が一傷害が発生した場合、保険給付金ができるだけ多く受け取れる妥当な保険契約を結ぶべきであ

マネージドケア
(managed care)
保険業者は健康管理費用を精査する。

訳注)
日米の健康保険制度の違い
日本では公的な健康保険制度によってすべての人が自由に医療を受けられるが、米国は民間保険会社(マネージドケア組織)の健康保険に加入しなければならない。さらに加入する民間保険会社によって受ける医療が管理・制限されている。

医療保険(medical insurance)
保険会社と保険契約者との間で交わされる医療に関する契約。

選手は全員、病気、入院、救急治療をカバーする一般健康保険に加入しなければならない。

保険会社は保険契約者の受けたサービスに対して補償金を支払う。

る。過去40年間、保険業は著しい発展を遂げた。1990年代に始まった医療改革は、**マネージドケア**(管理型医療)という考え方に注目している。マネージドケアにおいて、保険業者は健康管理担当者の医療コストを綿密に調べている。往々にして健康管理が行われる前に事前承諾が要求される。1971年以降裁判件数は著しく増加した。スポーツ人口が着実に増加していることも一因である。同時期に、保険料もまた著しく増加している。裁判がこれ以上増えて、医療費も大幅に増えるとなると、保険業界に危機が生まれるであろう[8]。**医療保険**は保険会社と保険契約者との間で交わされる契約である。保険会社は、保険契約者が免責金額を支払った後で、全医療費の一部を補償することに同意する。コーチが理解しておかなければならない保険には、一般健康保険、大規模災害保険、傷害保険、損害賠償責任保険、過失脱漏保険などがある。スポーツ健康・安全に関わる人達は、十分な保険に加入する必要がある。

一般健康保険

　選手は全員、第一保険として病気、入院、緊急治療をカバーする一般健康保険に加入しなければならない。多くの団体は、選手個人の保険会社が支払いをした後、残りの医療費を支払う第二保険を提供している。第二保険は常にそのプランではカバーされない免責金額を含む。チームによっては、全医療費が所属団体によって支払われる補償内容の保険を提供している。この種の補償内容ゆえに団体は非常に高い保険料を支払う。

　多くの選手は何らかの家族健康保険に加入している。家族健康保険で保障されていない選手が個人的に健康保険に加入しているかどうか、学校は確認しなければならない[13]。適切な保障が受けられるかどうかを確認するために、選手全員の親に書簡を送り、記入を済ませた後、書簡が団体に返却されるようにしなければならない(図3-2)。ある種の包括的プランはすべてのニーズを保障しない。たとえば、医師の診察代は保障するが、入院費は保障しない。保険が発効する前に、多額の前払いを要求する。傷害保険や大規模災害保険のような補足的契約は、一般健康保険がカバーしないところを引き継ぐようになっている。

補償金の支払い

　補償金は米国において医療サービスに対する支払いの第一メカニズムである[11,14]。健康管理専門家は、サービスに対して保険契約者の保険会社から補償金が支払われる。医療保険会社は、雇用者やその家族をグループまたは個人的にカバーする。支払いコストを削減するために、多くの保険会社は(入院の必要を減らすために)予防的ケアに対して支払いを始め、またケアを受けられる施設を制限することも始めた。マネージドケアは質の高いケアを維持しながらコストをコントロールするために考案された健康管理システムである。コストを抑制するために、さまざまな健康管理システムが開発されてきている[3]。

```
┌─────────────────────────────────────────────────────────────────────┐
│ 学生選手に関する保険情報                                                │
│ 学生の氏名 _____  生年月日 _____        │
│ 住所 _____      │
│ 社会保険番号 _____  性別：男 _____ 女 _____         │
│ 保険会社の名称 _____        │
│ 保険会社の住所 _____        │
│ 証明書番号 _____ グループ _____ タイプ _____  │
│ 保険契約者 _____ 学生との関係 _____    │
│ 雇用者または保険契約者 _____      │
│ 医療手続きに事前承認が必要ですか？ _____ はい _____ いいえ       │
│                                                                     │
│   私の息子／娘がスポーツメディシンプログラムでカバーされるサービス以上のサービス │
│ が必要となった場合、上記の健康管理保険会社に同サービスに対して支払いを請求する │
│ ことをスポーツメディシン部に許可します。                             │
│   NCAA規則に従って、私は、私が受け取る保険金は私の子供の口座に入金されることを │
│ 承諾します。                                                        │
│                                                                     │
│ 日付 _____ 親の署名 _____     │
└─────────────────────────────────────────────────────────────────────┘
```

図3－2

保険情報書式のサンプル

健康維持機構　健康維持機構（health maintenance organizations：HMO）は、予防的方法を提供し、また個人がケアを受けることができる施設を限定している。緊急の場合を除いて、別の医療施設に行く場合は前もって許可をとらなければならない。HMOは、HMO施設でケアを受ける限り医療費を全額支払うのが普通である。多くの補足的保険証書は、一般保険証書によって通常支払われる医療費をカバーするものではない。それゆえ、HMO以外で治療を受ける選手は、保険金が給付されない。多くのHMOは特別なサービスに対して支払う額を制限する1人当たり定額を支払う均等割を採用している。アスレティックトレーナーは各団体の補償範囲の限界や補償における制限について理解しておかなければならない。

優先医療給付機構　優先医療給付機構（preferred provider organizations：PPO）は、割安で医療を提供する一方で治療できる医療機関を限定している。コーチやアスレティックトレーナーは、負傷した選手をどの施設に移送するか前もって確認しておく。承認リストにない施設に移送された選手は、治療費を請求されるが、優先施設に移送されると、全額が補償される[3]。理学療法のような追加的サービスは、容易にサービスを受けることができ、無料か他の保険よりはるかに安い。PPOは診療ごとの支払い方式を採用している。

サービスプランのポイント　サービスプランのポイントは、HMOとPPOプランとを組み合わせることである。それはHMO方式に基づいているが、メンバーは一定の条件を満たせばHMO関連以外の施設でもサービスを受けることができる。

3-3 Critical Thinking
頭の体操──エクササイズ

高校の体操競技大会で、選手が段違い平行棒から前腕を下にして落ちた。コーチは骨折を疑い、X線写真を撮ることが必要だと判断した。選手の親はPPOを通して一般健康保険に入っているが、選手の痛みがひどいので、選手は近くにある救急治療室に移送された。不幸なことに、その救急治療室はPPOのリストに載っていなかった。保険会社は保険金の支払い請求を却下した。コーチは両親に、保険でカバーされない医療費については学校が面倒をみることを確約していた。

質問：PPOは保険金の支払い請求を却下したのであるから、学校は医療費をカバーするためにどのようなタイプの保険契約を利用すべきか？

補償金プラン マネージドケアタイプではないが、補償金プランは健康管理請求書作成の最も古い様式である。医療関係者は患者か第三者支払人にサービス料金を請求する。料金請求は所定の料金体系に基づく。

均等割方式 均等割方式は、マネージドケアで行われる補償金支払い方法である。この方法では、サービスの程度に関係なく、メンバーが毎月標準額を支払う。クリニックのセラピストの場合、通常週に3回患者を治療するが、アスレティックトレーニングの場合は、負傷した選手が1日に2回ケアしてもらうこともある。アスレティックトレーニング・サービスを受ける学生に対して、この方式を採用する高校もある。

> 第三者支払人：民間保険業者、HMO、PPO

傷害保険

一般健康保険の他に、学生は低コストの傷害保険を利用できる。この保険は学校での災害を補償する。この保険の目的は、医療費、入院費による経済的損失から学生を守ること、負傷した学生が速やかに医療を受けられるようにすること、傷害を速やかに報告するようにすること、経済的責任を有する学校を救済することである。

学校の一般保険は限られている。それゆえスポーツのような特別な活動に対する傷害保険は保護を追加するという意味で必要である[8]。この種の補償は限られていて、過失について問われることもないので傷害保険が支払う金額も限られている。手術や長期間のリハビリテーションが必要な深刻なスポーツ傷害に対し、傷害保険は十分でないことが多い。そのため裕福でない家庭は経済的苦境に陥ることもあり得る。大規模災害の場合、十分に補償しない保険は特に心配である。

コーチ、アスレティックトレーナー、その他のメンバーを保護するための保険

個人損害賠償責任保険

大多数の学校や学区は、学校内で起こる傷害から生じる損害賠償から守るために一般損害賠償責任保険に加入している。損害賠償責任保険は、個人の過失に対する支払い請求を補償する。監督は常識的な対処をしていたかどうか、またスポーツ参加者は傷害に理不尽なリスクを感じていたかどうかが主な焦点となる[13]。

過失申し立て訴訟は増加しているので、学校によっては保険料が非常に高額に感じられる。負傷者が訴訟を起こす場合、コーチ、アスレティックトレーナー、医師、学校管理者、学区などを相手どり「むやみやたらに訴える」ことが多い。用具に関しては、製造業者も訴えられる。

すべてのコーチはプロ損害賠償責任保険に加入すべきであり、補償の限界をきちんと理解していなければならない[2]。一般に損害賠償責任保険は民事裁判において過失を補償する。しかし、もし刑事告訴も行われたら補償しきれないであろう。

> 過失申し立て訴訟は増加しているので、スポーツプログラムに関わる専門家は損害賠償責任保険に加入し、自らを守らなければならない。

大規模災害保険

　スポーツに参加することから生じる致命的な傷害の発生は比較的まれなことではあるが、万が一発生した時は、選手、家族、団体、社会の受ける被害は驚くほど甚大である。以前は、利用できる資金が完全に尽きてしまった時、家族はかかった経費を捻出するために訴訟という方法をとらざるを得なかった。全米大学体育協会（National Collegiate Athletic Association：NCAA）、全米大学運動選手協会（National Association of Intercollegiate Athletics：NAIA）は、永久的な能力喪失状態のための生涯にわたる医療、リハビリテーションのプランを用意している[5]。費用が25,000ドルに達した時に給付は始まり、その後生涯給付金が支給される。高校のレベルでは、全米高等学校連盟（National Federation of State High School Associations：NFHS）が地区にプログラムを提供している。このプランは、10,000ドル以上費用がかかり、他の保険給付金で補償されないリハビリテーション、交通費を支給する[13]。大規模災害保険のコストは団体が提供しているスポーツの数および危険なスポーツの数をもとに算出される。

　政策・過失脱漏賠償責任保険は、むやみに訴訟が起きないように、また一般責任保険でカバーされない事柄を補うために発展した。医療事故、不正行為、過失、脱漏行為（または不作為）の訴訟に対して、学校や地区の関係者を守るために考案されたものである[13]。賠償責任がかなり補償されるプログラムのなかで活動する場合でも、学生と活動をともにする人は自分自身の損害賠償責任保険に加入すべきである。

　先述したように、選手の健康と安全を補償する保険は非常に複雑である。コーチは、選手一人一人が信頼のおける保険会社によって十分に守られるよう気を配るべきである。賠償請求申し立て、そしてそれに続く親、医師、保険業者とのやりとりは煩雑で時間もかかることから、コーチ以外のスタッフが責任を持って対処すべきである。アスレティックプログラムによっては、賠償請求申し立てはアスレティックトレーナーの仕事になる。これは非常に時間がかかる仕事なので、選手と直接関わって活動するという本来の役割からアスレティックトレーナーを遠ざけてしまう恐れがある。

保険請求書作成

　保険支払い請求は直ちに、正しく行われることが肝要である[9]。教育現場においてスポーツ健康管理プログラムを監督する人、管理者は、年度始めに選手全員から保険情報を集めておくことで、請求を速やかに行うことができる。選手の親に書簡を送り、傷害が発生した場合の学校の保険の限界、そして親が行う支払い請求の手順を説明する。学校は、親がすべての請求書を自分達の保険会社に提出した後、残額を学校へ提出

するよう親に指示しなければならない。多くの教育機関においては支払い請求は保険会社一社にされる。保険会社は個々の健康管理施設の医療サービスに対して支払いをすることになる。

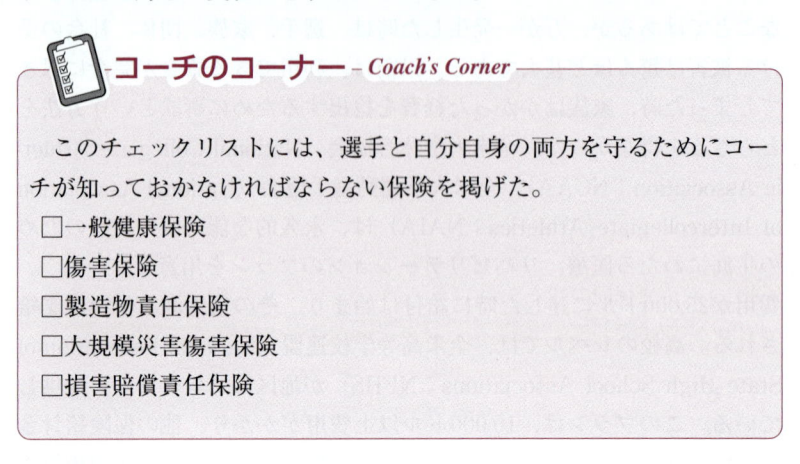

> **コーチのコーナー** — *Coach's Corner*
>
> このチェックリストには、選手と自分自身の両方を守るためにコーチが知っておかなければならない保険を掲げた。
> ☐ 一般健康保険
> ☐ 傷害保険
> ☐ 製造物責任保険
> ☐ 大規模災害傷害保険
> ☐ 損害賠償責任保険

まとめ

- 責任の基準となる法的ガイドラインに一致するコーチングやアスレティックトレーニングの手順に従うには、細心の注意を払われなければならない。
- 責任とは、他人に対する不法行為に法律上責任を負う状態のことである。常識的な対処法は、コーチが、似たような教育的バックグラウンドを持つ人、あるいはトレーニングを積んだ人の常識的な対処法に従って行動することを想定している。
- 通常の、あるいは常識的な対処を怠るコーチは、過失を犯したと判断される。通常の、あるいは常識的な対処とは、似たような状況の下で自分達や他の人達に対する傷害を回避するために、人が普通は行うであろうケアを指す。
- スポーツプログラムに参加する選手は、「危険引き受け」を心得ているとみなされるが、監督が常識的な対処をしなくてもよいというわけでは決してない。
- コーチは負傷した選手に常識的な対処を行うためにできる限りのことをすることによって、告訴されるリスクを大幅に減らすことができる。
- コーチが理解しておかなければならない保険には、一般健康保険、大規模災害保険、傷害保険、損害賠償責任保険、過失脱漏保険などがある。
- 補償金制度は米国において医療サービスに対する支払いの主たる仕組みである。保健維持機構（HMO）、優先医療給付機構（PPO）、サービスプランのポイント、補償金プラン、均等割方式などさまざまな健康管理方式が、コストを抑えるために開発されてきた。
- コーチ、アスレティックトレーナーあるいはスポーツ健康管理プログラムの監督者は保険支払い請求を直ちに、正しく行うことが肝要である。

頭の体操（エクササイズ）の答え　*Solutions to Critical Thinking Exercises*

3-1　コーチが選手をケアするという義務を引き受けている時、そのコーチは適切なケアができているかどうかを自分自身で確認する義務がある。常識的な対処を実施できないコーチは、義務を履行していないことになる。この選手（バッター）は、このコーチの義務不履行（不作為）が傷害を招いた、あるいは傷害を悪化させたということを証明しなければならない。

3-2　一般に、選手は過失を告訴するために1～3年の期間が認められている。しかし、未成年者の場合は18歳になってから3年の期間である。

3-3　一般健康保険の他に、低コストの傷害保険も選手が学校で起こった競技中の事故に対して補償する。この保険の目的は、医療費、入院費の負担による経済的損失から学生を守ること、負傷した学生が速やかに医療を受けられるようにすること、傷害を速やかに報告するようにすること、経済的責任を負う学校を救済することである。

復習問題とクラス活動

1．責任、過失、危険引き受け、そして不法行為の点から見てコーチに関係する主な法的事項は何か？
2．万が一選手が負傷した場合、告訴される可能性を最小限にするにはコーチはどのような手段をとることができるか？
3．訴訟からどのようにして自分自身を守るかを議論するために、スポーツ訴訟に詳しい弁護士をクラスに招く。
4．負傷した選手に対して、コーチはどのようにしたら常識的で慎重なケアができるか議論せよ。
5．選手にとって、なぜ一般健康保険と傷害保険の両方が必要か？
6．第三者補償金のさまざまな方法について簡単に論ぜよ。
7．コーチはなぜ個人損害賠償責任保険に加入しなければならないのか？
8．保険金支払い請求で考慮することは何か？

フィットネストレーニングによる傷害予防

Chapter 4

この章を終えると、次のことが説明できるようになる。
- 期分けと各段階で行われるべき練習の種類の認知
- コンディショニングの原則の認知
- ウォームアップおよびクールダウンの重要性
- 傷害予防において柔軟性、筋力、全身持久力の重要性
- 柔軟性、筋力、全身持久力を高めるための特定のテクニックと法則

コーチが最も心を砕くのは選手の傷害予防である。選手が高いレベルで成功裡にプレーするためには、選手の体調がよくなくてはならないということを、多くのコーチは理解している。同時に、体調が万全でない選手が傷害を負いやすいこともまた事実である。コーチは間違ったコンディショニング方法が、スポーツ傷害の主な原因の一つであることを認識している。緻密なコンディショニングプログラムを処方することによって、柔軟性、筋持久力、パワー、全身持久力を向上させ、傷害の危険性を軽減することができる。好体調は一夜にしてできあがるものではない。選手がシーズン初期段階で傷害を起こさないような好体調に仕上げていくには、十分な時間と入念な準備が必要である。コーチは、傷害の危険性を最小限度に抑え、競技力を最大限に発揮するための、トレーニングおよびコンディショニングプログラムを処方すべきである。

コンディショニングシーズンと期分け

真剣に取り組んでいる選手達のなかで、シーズン前とシーズン中のみ、コンディショニングを行っている者はいない。スポーツコンディショニングは年間を通して行われている。**期分けの概念は**、さまざまなスポーツシーズンの各期間の流れに沿ってトレーニングやコンディショニングのプログラムを処方することで、選手の傷害予防を図り、過剰なトレーニングを抑制して、最高の成果を上げようとするコンディショニングへのアプローチである[12]。シーズンを期分けするという考えでは、各期間におけるスポーツ選手のさまざまなトレーニングやコンディショニングの必要性が考慮され、個人に合わせてプログラムが調整される（表4-1）。

> **期分け**（periodization）
> 選手は年間を通して、傷害や不調のリスクの少ないトレーニングができる。

表4-1 シーズン別トレーニング

シーズン	期間／局面	トレーニングのタイプ
オフシーズン	移行期間	体系化されていないレクリエーション的なもの
	準備期間	クロストレーニング
	筋肥大／ 　筋持久力	低負荷 高反復回数 特定のスポーツに限らないもの
	筋力	中負荷 中反復回数 やや特定のスポーツ関連のもの
シーズン前	パワー	高負荷 低反復回数 スポーツ関連のもの
シーズン中	競技期間	高負荷 低反復回数 技術トレーニング 戦略 オフシーズンに得た筋力強度とパワーの維持

　シーズンをこのように期分けすることで、トレーニングおよびコンディショニングプログラムをサイクルに組み込むことができる。トレーニング総期間は、シーズンスポーツにとっては1年、オリンピック選手にとっては4年で、シーズン前、シーズン中、オフシーズンに分けられる。このサイクルの各コースに従って、選手が試合の際に最高の状態となるように、トレーニングの質と量、内容の専門性を調整する。トレーニング内容は、低負荷で高反復回数の専門的でない活動内容から、試合が近づくにつれ、徐々に高負荷で反復回数が少ない専門性の高いトレーニングへと変化する[12]。

　1年を通したトレーニングサイクルには、一連の期間や局面があり、準備、競技、移行期を含めてそれぞれ数週間や何カ月にも及ぶこともある[7]。

　準備期間　準備期間は主に、試合のないオフシーズンにあたる。準備期間にはオフシーズンの筋肥大および筋持久力、筋力、シーズン前のパワーの3つのトレーニング段階がある。

　筋肥大および筋持久力は、オフシーズンの初期に行い、当該スポーツに直接関係するしないにかかわらず、低負荷のトレーニングを高反復回数で行う。この局面での目標は、今後程度の高くなるトレーニングに向けて、持久力の基礎を築くことである。これは数週間から2カ月に及ぶ。

　筋力も同じくオフシーズン中に行うトレーニングであるが、トレーニングの質と量は中程度まで進む。ウエイトトレーニングの内容は、当該スポーツや競技レベルに即したものになってゆく。

　パワーは、シーズン前に取り組む。選手は高負荷で、試合と同等もしくはそれに近い質のトレーニングをする。練習中に身体が完全回復するように、トレーニング量は少なめにする。

　競技期間　競技期間は1週間またはそれ以内の場合もある。しかしシ

ーズンスポーツの場合、競技期間は数カ月に及ぶ。一般的にこの期間には質が高く量が少ないトレーニングが行われる。トレーニング量が減少するにつれ、技術的な練習、作戦会議、オフシーズンに養った柔軟性、筋力、全身持久力の維持などに多くの時間が費やされるようになる。競技期間中には、1週間単位のトレーニングサイクルを設定することが必要である。この1週間のサイクルのなかで、はじめに厳しいトレーニングを集中させ、徐々に緩和し、最終的に試合前には軽いトレーニングにしなくてはならない。目標は試合の際に選手が最高の状態で競技力を発揮できるようにすることである[7]。

移行期間 移行期間は最終試合後から始まり、オフシーズンの初期にわたる。移行期間は一般的に体系化されておらず、選手にはレクリエーションとしてスポーツ活動に参加することが勧められている。この目的は、それまでの計画された過酷な日々から、選手を身体的にも心理的にも解放することである。コーチは長い競技期間後の、この時期の休息とリラクゼーションを軽く見るべきではない。

クロストレーニング

クロストレーニングの概念は、当該スポーツにとってもプラスになる活動内容を含んだ、専門種目以外の特定スポーツを通じて行うトレーニングとコンディショニングの方法である。たとえば水泳選手は心肺機能を維持するために、ジョギング、ランニング、有酸素性運動を行う。クロストレーニングは、特にシーズン後とオフシーズンの選手の体力の維持に適している。シーズン直前や競技期間中に行っている厳しいトレーニングやコンディショニングとはまったく違う種目を取り入れることで、気分転換をしながら目的を達成できるからである。

コンディショニングの確立

> SAIDの法則によれば、身体は徐々に特定の要求に適応していく。

SAIDの法則はトレーニングとコンディショニングのプロセスに関連するものである。SAIDはSpecific Adaptation to Imposed Demands（特異性の原則）の頭文字である。SAIDの法則によれば、身体に刺激を与えたり過負荷（オーバーロード）をかけると、その程度にかかわらず、時間の経過につれ身体は徐々にそれに適応し、順化して傷害の危険性は減少するとされている。

過負荷はトレーニングやコンディショニングには必須の要因であるが、急激に過度なストレスを与えると、増大する要求に身体が適応する時間がないまま、身体を壊したり、傷害を負ったりすることがある。そのため、ストレスは適度な過負荷でなければならない。傷害の危険性を減らすために、コーチはトレーニングとコンディショニングの法則を認識すべきである（フォーカスボックス4-1参照）。

4-1 Focus Box　フォーカスボックス

コンディショニングの法則

1. **ウォームアップとクールダウン**　選手が活動に入る前に、ウォームアップに十分な時間をとること。練習後や試合後のクールダウンの時間もないがしろにすべきではない。
2. **モチベーション**　選手はそのスポーツでよい成績を収めたいので、通常、高いモチベーションを持って熱心に取り組んでいる。トレーニングプログラムに変化を持たせ、種々のコンディショニングを組み合わせることによって、決まりきった退屈なものでなく、楽しいプログラムにすることができる。
3. **過負荷**　生理学的な見地からしても、身体は普段かかる以上の負荷をかけると、それに対して順応し変化する。向上のためには適度な過負荷を徐々にかけていく必要がある。
4. **一貫性**　効果的なプログラムは一貫性に基づいている。選手は一貫性のあるトレーニングとコンディショニングプログラムに継続的に取り組まなくてはならない。
5. **発展**　各選手の能力が耐えられる範囲で徐々にコンディショニングプログラムの負荷を増やしていく。
6. **質**　練習量よりも、質に重点を置く。コーチやスポーツ指導者はしばしば一生懸命練習することと長時間練習することを混同する。テンポや練習の質を高めるのではなく、練習時間を引き延ばすという間違いを犯す。疲労した選手は傷害を受けやすい。
7. **専門性**　トレーニングプログラムには具体的な目標が示されなくてはならない。プログラムは選手が関わるスポーツ種目に合わせ、個々の身体の特定要素（たとえば筋力、柔軟性、全身持久力）に働きかけるように作成されていなければならない。
8. **個別性**　選手個人のニーズはさまざまである。優れたコーチというのは、個人の特性を認識し、各選手の最高の能力を引き出すようにトレーニングおよびコンディショニングプログラムを処方し、調整できるコーチである。
9. **ストレス**　選手達が体力の限界まで練習するということを想定する。選手を後押ししながらも、選手生活には他のストレスが存在することも考慮する。つまり選手達に、その競技のコンディショニングが要求されない自由な時間を持たせることも重要である。
10. **安全**　練習環境をできる限り安全なものとする。選手達に正しい技術と、練習中にどのように感じるべきか、また、いつがんばり、いつ力を抜くべきかを教育する時間をとること。

ウォームアップ

ウォームアップの時間は練習が始まる前にとるべきである。ウォームアップは体温を上昇させ、腱や筋肉を伸展し、柔軟性を向上させる。そのスポーツの動きと同じような動作を含むウォームアップは、練習や実践で同じ効果が得られるので、関係のない動きよりも望ましい。

ウォームアップが傷害や筋肉痛を最小限に抑えるために重要であることがわかってきた[32]。筋肉の傷害は、激しい運動の前に適切なウォームアップが行われなかった際に起こり得る。動きの速いウォームアップも、有効な刺激となる。選手がウォームアップに満足できれば、練習への参加意欲が向上する。その反面、つまらないウォームアップは疲労と退屈につながり、選手の気持ちを途切れさせ、結局好ましくないプログラムとなる。また、よいウォームアップはある面で競技力を向上させるであろう[34]。

ウォームアップの役目は、運動する前に、身体を生理学的に準備させることである。多くのコーチがウォームアップを、無用な筋骨格傷害と筋肉痛に対する予防手段ととらえているが、実際の目的は心肺機能を徐々に刺激し、活動中の骨格筋への血流を増やし、筋肉の温度を上昇させることである。

適度な運動は、身体のコア（深部）の温度を上昇させる代謝プロセスのスピードを高める。骨格筋の温度の上昇によって、神経の刺激伝導速度が高まり、収縮と弛緩のスピードが上昇する。筋肉の伸展性が高まり、その反対に、粘性（筋肉が変形する率）は減少する。

どんな運動もウォームアップを済ませた後に行うのがよい。特定的なウォームアップの前には一般的なウォームアップが行われるべきである。一般的なウォームアップで身体の深部から温度を上げ、その後、静的ストレッチングを行う。特定的なウォームアップにはウォームアップ後に行うスポーツに関連した動きが含まれる。ここではそのスポーツ特有の動作が含まれており、徐々にその強度を高めていく。たとえばサッカー選手は下肢に比べ、上肢を使わないので、彼らの普段のウォームアップは下肢中心にするべきで、下肢のストレッチングを増やすことになる。バスケットボール選手は、レイアップやジャンプシュート、ドリブルなどを行い、テニスの選手はフォアハンドやバックハンドショット、サーブでウォームアップを行う。

ウォームアップは少なくとも10〜15分続けることが望ましい。その効果は一般的には45分くらい続くが、選手は15分以内に活動に入るべきである。試合前にウォームアップをしたアメリカンフットボールの控えの選手が、自分の出番を待っている間に立ったり歩いたりくらいしかせず、第4クォーターに突然出場すると傷害を負う危険性がかなり高くなる。選手はウォームアップ状態を保ち、ゲームの間中いつでもプレーできるように準備しておくべきである。一般的には発汗が、身体が十分に温まって激しい活動への準備が整ったという目安となる。

4-1 Critical Thinking 頭の体操——エクササイズ

ある陸上選手は練習の際にいつも自分の下肢が硬いといっている。ウォームアップが思うようにできずほとんど練習が終わる頃まで「ほぐれる」ことがないといっている。また、常に「肉離れをする」直前にあると感じている。

質問：コーチはこの選手が練習を始める前にいつも行う特定的ウォームアップとして、どのようなことを勧めるべきか？

ウォームアップは通常、スポーツの必要に応じて全身や身体の必要な部位を十分に温めることを意味する。

ウォームアップは以下の特性を徐々に増大させることによって傷害を防ぐ：
・柔軟性
・筋力
・パワー
・持久性

ウォームアップは代謝率と体温を上げるために、2、3分の軽いジョギングから始める。ジョギングの後、選手は筋肉の柔軟性を高めるためにストレッチングを行う。最後にウォームアップの強度を徐々に高め、選手がこれから行うスポーツ特有の動きと技術で締めくくる。

少しずつ運動負荷を増やしていき、徐々にコンディショニングを行う。

クールダウン

激しい運動の後はクールダウンが不可欠である。クールダウンはトレーニングプログラムのなかで、再び全身に酸素供給をするため血液を心臓に戻すのに役立ち、四肢のうっ血を防ぐ。四肢のうっ血は心臓に余分なストレスと緊張をもたらす。激しい運動の後は、十分な血液が脳、心臓、腸に行き渡らないことがあるので、クールダウンの時間をとらないと、眩暈やふらつきのような症状が起きる。クールダウンを行うことにより身体を静め、安静時の状態に戻すことができる。少なくとも5～10分は続けるべきである。

ウォームアップと練習時間の必要性はよく理解されているが、そのあとのクールダウン時間の重要性がしばしばないがしろにされている。ストレッチングはクールダウンの重要な要素の一つである。クールダウンの際にしっかりストレッチングをすれば、激しい運動後の筋肉痛がほとんど起こらない(32)。

正しいクールダウンは血液と筋肉中の乳酸レベルを、より速く減少させる。

優れた柔軟性がなぜ重要か

スポーツ選手にとって、優れた柔軟性は、競技力の発揮と傷害予防の両面で重要であると考えられている。柔軟性が欠けているとぎこちない動きになり、筋挫傷が起きやすい。

筋肉や腱の傷害予防には優れた柔軟性を保つことが重要であると多くのコーチが考えており、激しい活動に入る前にはウォームアップの一部としてストレッチングを行うように指導している。

柔軟性とは、一つの関節や一連の関節の可動域として定義されている(21)。たとえば膝などの一関節のみの動きや、脊椎のようにすべてが一緒に動くことによって体幹をスムーズに折り曲げたり回したりするような、一連の関節全体を含む動きに関連するものとして論じられることもある。柔軟性は一関節やその動きに特定的なものである。ある人は、足関節、膝関節、股関節、背中と片方の肩関節の可動域が広いかもしれない。しかし、もう片方の肩関節が標準的な動きができなかったら、通常に運動に参加する以前に、この人には改善すべき問題があるということになる。

柔軟性の欠如は、選手の競技力を潜在的に悪化させる。たとえば硬い、柔軟性のないハムストリングスの短距離選手は、硬いハムストリングスが股関節の屈曲を制限しストライドを短くしてしまうので、最高速度で走るには問題がある。ほとんどのスポーツでは一般的な柔軟性が求められるが、体操、バレエ、高飛び込み、空手、ヨガなどのスポーツではよ

「硬い」または柔軟性のない選手は、動きの面でかなりのハンディキャップを負っている。
傷害予防には優れた柔軟性が重要である。

図4-1
スポーツのなかには、優れた成績を残すために、かなりの柔軟性が要求されるものがある。

り高いレベルの柔軟性の向上が必要である（図4-1）。柔軟性を高めることで、バランスと反応時間を向上させ、選手の競技能力が上がる。一般的にトレーニングおよびコンディショニング分野の専門家は、優れた身体能力を発揮するためには高い柔軟性が不可欠であるという点で一致している[1]。

身体のどのような構造によって柔軟性が制限されるのか

　身体の解剖学的構造によって、関節は全可動域に無制限に動くことはない。正常な骨格、脂肪、皮膚、または瘢痕組織により、全可動域に及ぶ動きは制限される[13]。

　筋肉とそれに付随する腱が、可動域を制限する一番の原因である。特定の関節の柔軟性向上のためにストレッチングをすることは、筋肉の柔軟な特質を活用している。時間をかけて筋肉のストレッチングをし、その伸展性や弾力性を高めることは可能である。特定関節の可動域が大きい選手は、筋肉の伸展性と弾力性に優れている。

　靱帯や関節包などの、関節周囲の結合組織は拘縮を受けやすい。靱帯と関節包にはいくらか弾力性があるが、傷害を負った関節をある期間固定していると、これらの構造は弾力性を失い、実際に短縮する傾向がある。この状態は、外科的な処置の後に最もよく見られるが、長期間運動しなかった場合にも起こる。

　また、選手の靱帯や関節包が緩んでいることもある。この場合は一般的に動揺関節とされる。肘または膝の過伸展が例に挙げられる。動揺関節のための不安定性は、硬すぎる関節と同様、しばしば大きな問題となる。

自動的可動域および他動的可動域

　筋肉が自動的に収縮すると、特定可動域内での関節の動きが発生する。しかし、腕や足に他動的な圧力がかかると、可動域内でより大きな動きが可能になる。自動的可動域とは、全可動域の一部分であり、関節が筋肉の自動的収縮によって動く範囲をいう。自動的可動域で動く能力は、動きに対してわずかな抵抗があっても関節を十分に動かそうとする力を持っているので、必ずしも関節の硬さや緩みの指標とはならない。他動的可動域も、全可動域の一部分であるが、関節を他動的に動かせる範囲をいう。他動的可動域の範囲では、関節を動かすための筋肉収縮は必要でない。他動的可動域は自動的可動域の限界から始まり、それを超える。

　スポーツ活動において、四肢が制限のない可動域で動けることは、傷害の危険性を減らし、競技力を高めるために重要である[30]。たとえば、一般的な歩幅で、膝関節を十分に伸展できないハードル選手は、歩幅やスピードが顕著に減少するため、かなり不利である。他動的可動域は傷害予防に重要である。スポーツには、筋肉の一般的な限界を超えて伸展することを求められる場合が多い。筋肉にこの追加の伸展分を補う十分な弾力性がないと、筋肉や腱が傷害を負いやすい。

主働筋と拮抗筋

　3つのタイプのストレッチング方法を論じる前に、主働筋と拮抗筋という用語の定義が必要である。身体のほとんどの関節は一つ以上の動きができる。たとえば膝関節は、屈曲と伸展が可能である。大腿四頭筋の筋収縮が膝関節の伸展をさせるのに対して、大腿後面のハムストリングスが収縮して膝関節の屈曲をする。膝関節を伸展するために収縮する大腿四頭筋は主働筋とみなされる。反対に、主働筋の収縮に対応して伸展する筋肉が拮抗筋である。この膝関節の伸展の例では拮抗筋はハムストリングスにあたる。

　主働筋と拮抗筋の間には、筋力のバランスが存在する。正常でスムーズな調和のとれた動きをするため、あるいは筋肉のアンバランスから起こる筋挫傷の危険性を減少するために、この筋力のバランスが必要である。主働筋と拮抗筋の関係を理解すれば、3つのストレッチング方法を理解しやすい（フォーカスボックス4－2参照）。

さまざまなストレッチング方法

　十分な、制限の少ない全可動域を維持することは、万全な体調と傷害予防に重要な要素であると、長い間認識されてきた。柔軟性は競技力発揮のためだけでなく、傷害予防にとっても不可欠である。どんな効果的な柔軟性向上のプログラムも、目標は、関節の動きをつくり出す筋肉と腱の伸展性を変化させ、その関節の可動域を向上させることである。これらの筋肉や腱を長期間ストレッチングし続けると、その関節の可動域は広くなる。

　柔軟性向上のためのストレッチング方法は、何年もの間に進化してきた。旧来のストレッチング方法は**バリスティック・ストレッチング**と呼ばれ、反動をつけた動きを反復して行う。第二の方法は**スタティック・ストレッチング**として知られ、多少の痛みを感じるところまで筋肉のストレッチングを行い、そのまましばらく保持することである。この方法は何年もの間利用されてきた。近年では他のストレッチング方法が勧められている。これは総合して**固有受容器神経筋促通法**（proprioceptive neuromuscular facilitation：PNF）として知られており、収縮と伸展を交互に行うものである。可動域向上のためにどの方法が最も効果的かについては、これまで研究者の間で多くの議論が行われてきた。

バリスティック・ストレッチング（ballistic stretching）
反復的な反動動作を用いるストレッチング法。

スタティック・ストレッチング（static stretching）
筋肉を伸展できるところまで最大限に伸展し、しばらく保持し、他動的に拮抗筋をストレッチングする。静的ストレッチングともいう。

PNFストレッチング（固有受容器神経筋促通法：proprioceptive neuromuscular facilitation〈PNF〉）
収縮と伸展を交互に行うなどさまざまなテクニックがあるストレッチング法。

4-2 Focus Box　　フォーカスボックス

ストレッチングについてのガイドラインと注意

　以下のガイドラインと注意を、ストレッチングプログラムに組み入れなくてはならない。
- 本格的なストレッチングの前に、ゆっくりとしたジョギングまたは速歩きをしてウォームアップをする。
- 柔軟性向上のために、痛くない程度に筋肉を通常の可動域以上に伸展させる。
- 硬さ、抵抗、または多少の痛みを感じるところまでを伸展の限界とする。ストレッチングは苦痛であってはならない。
- 可動域の増大は、どの関節を伸展させるかによってそれぞれ異なる。
- 痛みのある関節の周辺筋肉を伸展させる際には注意すること。痛みはどこかが悪いという徴候なので無視してはならない。
- 靱帯と関節包を伸展しすぎないこと。
- 腰部と頚部のストレッチングには気をつけること。椎骨や椎間板を圧縮する運動で損傷を起こすことがある。
- ストレッチングは立位よりまず座位から始めるほうが好ましい。座位で行うストレッチングのほうが、腰部へのストレスが少なく、腰の傷害を起こす危険性が少ない。
- 硬く柔軟でない筋肉のストレッチングをする。
- 弱く緩んだ筋肉を強化する。
- 常にゆっくり調整しながらストレッチングをする。
- ストレッチングの間、必ず通常の呼吸を続ける。
- スタティックあるいはPNFは、可動域向上を望む人に最も勧められる。
- バリスティック・ストレッチングはすでに柔軟であるか、またはこのストレッチングに慣れている人にのみ勧める。必ずスタティック・ストレッチングの後に行うことが望ましい。
- ストレッチングは最小限の向上のためにも少なくとも週に3回行い、最大限の効果を得るためには週に5、6回行うことが望ましい。

バリスティック・ストレッチング

　春または秋の午後、陸上競技場で、ランナーが特定の筋肉を伸展させるために反動をつけた動きでストレッチングをしながらウォームアップする姿が見られる。この反動をつけたやり方がバリスティック・ストレッチングとして知られている。バリスティック・ストレッチングは、可動域向上に効果的なように見受けられるが、普段座ることが多く活動的でない人は、抵抗する筋肉組織を急に収縮したり伸展したりするので注意が必要である。そのような急な張力が組織の伸展性より大きいと、筋

肉に傷害が起こる。普段から身体を鍛えている選手にとっては、一般的にバリスティック・ストレッチングは有害でなく、実際、ダイナミックな動きを必要とするほとんどのスポーツにおいて、最も適したストレッチング法といえる[30]。

　無理な力がかかるストレッチングを継続的に行うことは筋肉痛の原因となる。たとえばサッカーボールを50回も強く蹴ると、大腿四頭筋のダイナミックな動きをコントロールしようとハムストリングスが伸張性収縮をするために筋肉痛となる。通常、きちんと管理されたバリスティック・ストレッチングは筋肉痛の原因とはならない。

スタティック・ストレッチング

　スタティック・ストレッチングは非常に効果的であり、最も広く利用されているストレッチング法である。この方法では、筋肉を最大限まで伸展させ、しばらく保持することで受動的に筋肉を伸展させる[13]。保持の時間はさまざまで、3秒から60秒の幅があるが、20〜30秒が最適のようである。それぞれの筋肉のスタティック・ストレッチングを、3、4回繰り返す。

　柔軟性向上に関してバリスティック・ストレッチングとスタティック・ストレッチングを比較する多くの研究が行われてきた。その結果、スタティック、バリスティック双方のストレッチング法は、ともに柔軟性を高めるには有効であり、両者に顕著な差異は見られない。ただし、スタティック・ストレッチングは制御しやすいために、関連する関節の伸展性の限度を超える危険は少ない。バリスティック・ストレッチングは、筋肉痛を引き起こすこともあるが（選手が万全の体調でない場合）、スタティック・ストレッチングは一般的に筋肉痛にはならず、通常、痛みや筋挫傷を起こした後のリハビリテーションにも利用される。

　スタティック・ストレッチングは確かに、身体の硬い選手にとっては安全なストレッチング法である。しかし、多くの運動にはダイナミックな動きが含まれているため、ウォームアップとしてストレッチングを行う場合には、スタティック・ストレッチングの後に行うスポーツの実際の動きに近い動作を含むバリスティック・ストレッチングを続けて行うことが望ましい。

PNFストレッチング（固有受容器神経筋促通法）

　PNFは、はじめは理学療法士がさまざまなタイプの神経筋麻痺の患者を治療するために使用していた[21]。PNFストレッチングが柔軟性向上のために使われるようになってきたのはつい最近である。現在では、スロー・リバーサル・ホールド・リラックス、コントラクト・リラックス、ホールド・リラックスなどさまざまなPNFのテクニックがストレッチングに使用されている。これらはすべて、主働筋と拮抗筋の収縮とリラックスが絶妙なタイミングで組み合わされている（10秒間徒手抵抗をかけ、10秒間弛緩させる）。

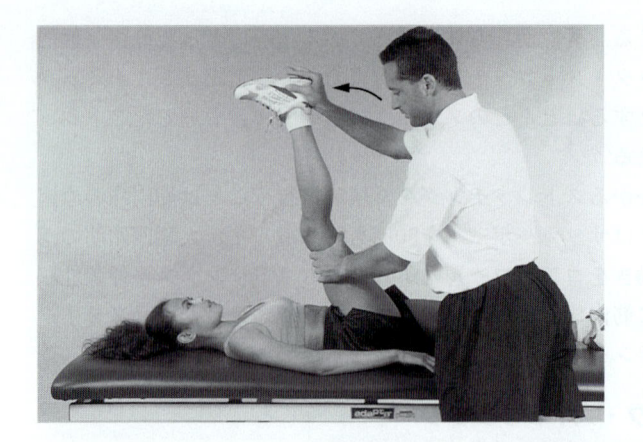

図4-2
スロー・リバーサル・ホールド・リラックスのテクニックがハムストリングスを伸展させるのに利用できる。

　ハムストリングスのストレッチング例を見てみると（図4-2）、スロー・リバーサル・ホールド・リラックスのやり方は次のように行われる。選手は背臥位（仰向け）で膝を伸ばし足首を90度まで曲げる。選手が筋肉に多少痛みを感じるところまで、アスレティックトレーナーが他動的に股関節を屈曲する。この時点で選手はアスレティックトレーナーの抵抗に対して、ハムストリングスを収縮させて押し始める。10秒間押した後、パートナーがさらにハムストリングスを伸展させようと他動的圧力をかけるが、その間選手はハムストリングスをリラックスさせ、大腿四頭筋を収縮させる。この他動的圧力は、たとえわずかでも股関節屈曲の増大を目指す。10秒間の弛緩の後、この角度から、選手は再びパートナーの抵抗に対して押し始める。抵抗とリラックスのサイクルは、少なくとも3回繰り返す[21]。
　コントラクト・リラックスおよびホールド・リラックスの方法は、スロー・リバーサル・ホールド・リラックスの変形である。コントラクト・リラックスの方法ではハムストリングスは等張性収縮するので、押している間、足は床のほうに動くことになる。ホールド・リラックスでは不動の抵抗に対して押しているので、ハムストリングスの等尺性収縮が起こる。どちらのテクニックでも弛緩中はハムストリングスと大腿四頭筋をリラックスさせ、ハムストリングスが他動的に伸展する。身体のどの筋肉を伸ばすのにもこれと同様の基本的PNFが利用される。PNFストレッチングは、壁を（抵抗として）利用することもできるが、パートナーの存在があって最大の効果が得られる[21]。

実際の利用法

　これら3つのストレッチング法が、実際に柔軟性の向上に効果的であると示されてきたが、どのストレッチング法が最大限に可動域を拡大させる方法かについては、現在もかなり議論が行われている[33]。バリスティック法は筋肉痛を起こす場合もあるためほとんど勧められていない。しかしながらほとんどのスポーツは本来バリスティックなものである（蹴る、走るなど）。よって、トレーニングを積んだ人は、バリスティッ

ク・ストレッチングで筋肉痛が起こる可能性は低い[28]。スタティック・ストレッチングは最も広く使われているシンプルな方法であり、1人でできる。時間をかければ、十分な可動域を得ることができる。

PNFストレッチングは1回のセッションで劇的な可動域の拡大を生み出すことが可能である。スタティック・ストレッチングとPNFストレッチングの比較研究の結果では、長期間のトレーニングにおいてもPNFストレッチングがより高い柔軟性を生み出せると提唱されている[9]。PNFストレッチングの最も不便な点はパートナーが必要なことだが、パートナーとストレッチングを行うことはモチベーションを高めるという利点がある。柔軟性向上の方法としてPNFを取り入れているスポーツチームが、ますます多くなっているようである。

ストレッチング運動

図4-3から図4-14に、身体の特定関節の柔軟性向上に使われるストレッチングを示す。ここに示されているようにスタティックに行うこともできるし、若干の工夫をすればパートナーを伴うPNFも応用できる。

これらのストレッチングは多くのバリエーションが考えられる。ここに抜粋されたストレッチングは、さまざまな筋肉群のストレッチングをするのに最も効果的と思われる実例である。

柔軟性の評価

選手の柔軟性については、長座体前屈テスト（図4-15）、上体そらし（図4-16）、肩上げテスト（図4-17）を利用することによって、コーチはおおまかな情報を得られる。これらのテストは選手個人でもグループでも簡単に行うことができる。

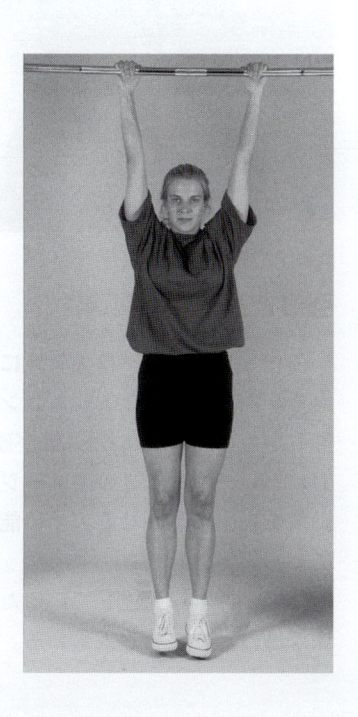

図4-3
ぶら下がり運動
ストレッチされる筋肉：肩甲帯全体
方法：鉄棒を使用し、肩と腕を十分に伸ばし30秒ぶら下がる。5回繰り返す。

図4−4
タオルを使った肩のストレッチング

ストレッチされる筋肉：内旋筋および外旋筋

方法：手を肩幅に開き、頭上にタオルを持って始める。

A-B．初めは右手で、次に左手で、タオルを背中の後ろに引っ張り、下ろす。

B-C．最終的にCの位置まで持ってくる。

C-A．Aの位置まで戻す。両側5回ずつ繰り返す。

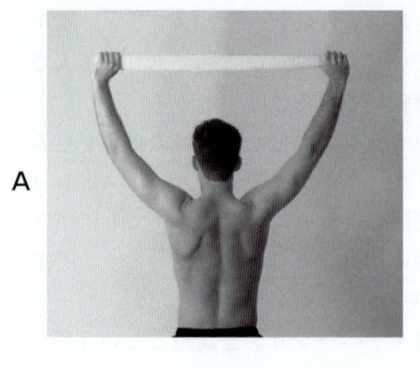

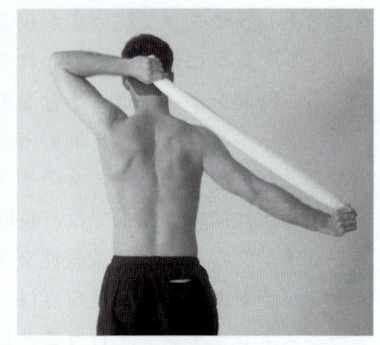

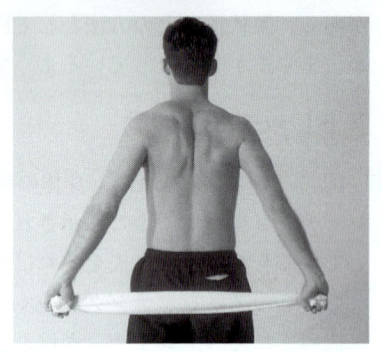

図4−5
胸と肩のストレッチング

ストレッチされる筋肉：胸筋と三角筋

方法：壁のコーナーに立ち、壁に腕をつけ、前面に寄りかかる。30秒保つ。3回繰り返す。

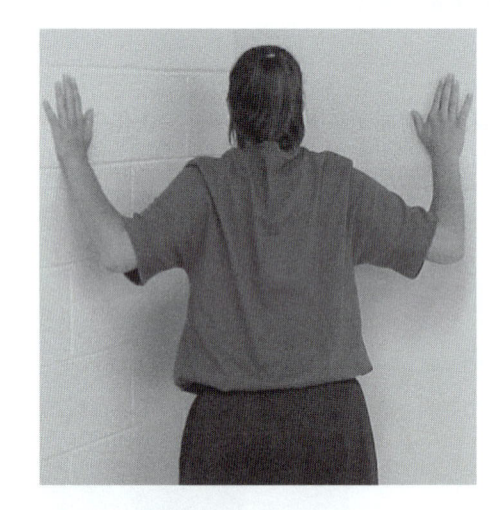

強度と柔軟性の関連性

　強化トレーニングは柔軟性においては逆効果であるといわれることがある。たとえば強化トレーニングによって体格がよくなった人は筋が硬直しがちだといわれる。「筋が硬直する」という表現は、その人の動く能力においてマイナスのイメージを持つ。発達した筋肉を持つ人は、全可動域を自由に動かせる大半の能力を失っているのではないかと想像されている。

　体格が非常に発達しているために、筋肉の大きさによって通常の可動域が妨げられている人もいる。強化トレーニングが正しく行われていな

図4-6
腹筋と胸前部のウォールストレッチング
ストレッチされる筋肉：胸郭の呼吸筋および腹筋
方法：上体を伸ばし肘で体重を支え、骨盤を床から離さない。30秒保つ。3回繰り返す。

図4-7
ウィリアムの屈曲運動
ストレッチされる筋肉：腰部と殿部の伸筋
方法：A．あごを右膝につけ静止、次に左膝につけ静止。
B．あごを両膝につけ静止。それぞれの位置で30秒保持する。

いと、正常な動きが損なわれることもある。しかしウエイトトレーニングは、全可動域において正しく行われれば、柔軟性を損なうことはない。正しい強化トレーニングは動的な柔軟性を拡大し、厳密なストレッチングプログラムと組み合わせれば、多くのスポーツで成功を収めるために不可欠な、かつ力強く調和のとれた動きを十分に強化することができる[21]。すべての状況においてハードなウエイトトレーニング・プログラムは、効果的な柔軟プログラムと一緒に行われなければならない（図4-18）。

図4-8
腰部をひねる運動
ストレッチされる筋肉：腰部回旋筋と殿部外転筋
方法：ベッドまたはテーブルの縁に背臥位になる。肩と腕を床面から離さない。足先が一番高いところを通るように足を上げ、その足をベッドの縁から一番遠くに足をクロスさせ、ベッドの端から下ろし、膝は曲げない。30秒保持する。もう一方の足でも行う。それぞれの足で3回繰り返す。
注意：足をまっすぐにすると痛い場合は、足を曲げて行う。はじめの位置に足を戻す時も同様である。

図4-9
フォワードランジ
ストレッチされる筋肉：股関節屈筋群および大腿四頭筋
方法：片膝を地面につけて行う動作で、骨盤を前に突き出す。30秒保持する。3回繰り返す。

図4-10
体幹の側部を伸ばす運動
ストレッチされる筋肉：腹筋の側部と肋間部
方法：足を肩幅に開いて立ち、右手をまっすぐ天井に伸ばす。30秒保持する。両側3回繰り返す。

図4-11
体幹をひねる運動
ストレッチされる筋肉：体幹および股関節の回旋筋群
方法：片足を伸ばして座り、一方の足を伸ばした足の膝上で交差させて膝の外側に置く。曲げた膝側に上体を回す。

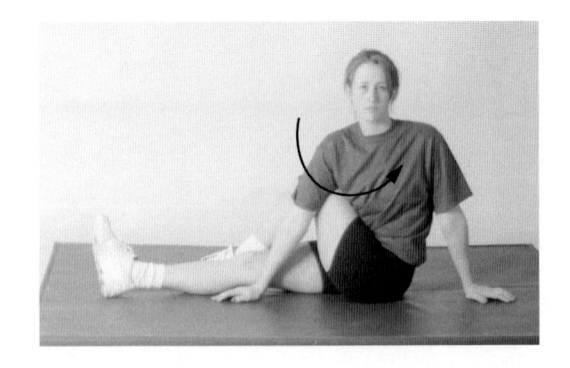

図4-12
ハムストリングスのストレッチング
ストレッチされる筋肉：股関節伸筋群および膝関節屈筋群
方法：背臥位になり、一方の膝関節を伸ばしてまっすぐ上げ、足関節を90度に曲げる。ふくらはぎのあたりをつかみ、頭の方向に引っ張る。30秒保持する。それぞれの足で3回ずつ繰り返す。

図4-13
鼠径部のストレッチング
ストレッチされる筋肉：鼠径部の股関節内転筋群
方法：背すじを伸ばして座り、膝を曲げ、足の裏を合わせる。膝が床面につくように、平らにするように膝頭を押す。はじめから平らになる人は顔が床面につくようにする。30秒保持する。3回繰り返す。

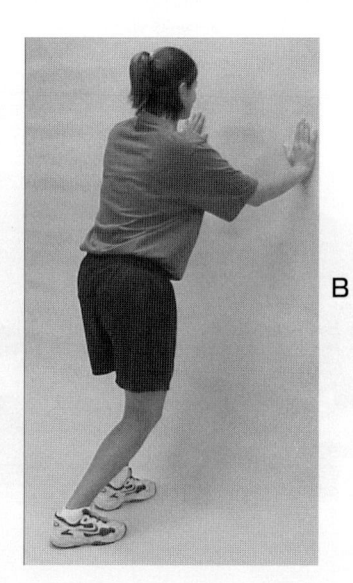

図4-14
アキレス腱のストレッチング
ストレッチされる筋肉：足底屈筋群。A．腓腹筋　B．ヒラメ筋
方法：A．壁に向かって立ち、つま先をまっすぐにし、膝を伸ばす。一方の足を半歩前に出し、踵は床につけたまま、両手を壁につけ、寄りかかる。ふくらはぎの上部が伸びていることを感じること。
B．壁に向かって立ち、つま先をまっすぐにし、膝を曲げる。一方の足を半歩前に出し、踵を床につけたまま、両手を壁につけ、寄りかかる。ふくらはぎの下部が伸びていることを感じること。
　それぞれの位置で30秒保持する。それぞれの位置で、各足3回ずつ繰り返す。

図4-15
長座体前屈テスト
方法：床に足をそろえ膝を伸ばして座り、垂直面に足底を当てる。前屈し手指をできるだけ前方に伸ばす。
計測：垂直面からどれくらい手前か、あるいは越えているか、その長さを測る。
平均値：3〜8インチ（7.5〜20cm）

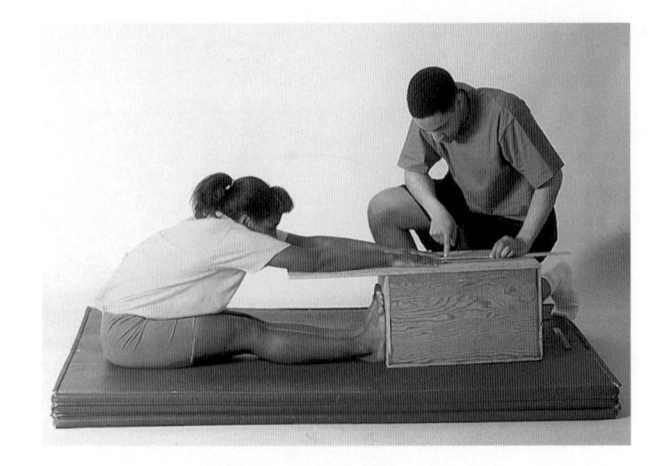

図4-16
上体そらし
方法：床に腹臥位になる。膝の下が浮き上がらないように、パートナーに足を押さえてもらう。手を首の後ろで組み、息を吸い、上体をできるだけ床面から離すように持ち上げる。
計測：床からあごまでを測る。
平均値：19〜24インチ（47.5〜60cm）
訳注）最近ではこの方法は禁忌となっているケースもある。腰が悪い人は測定しないほうがよい。

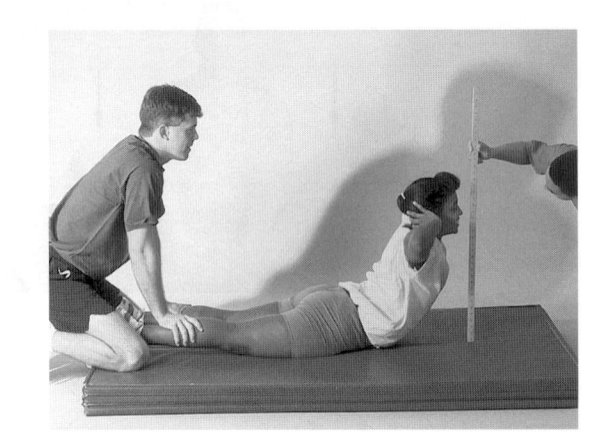

図4-17
肩上げテスト
方法：床に腹臥位になり、棒か鉛筆を両手で持ったまま腕を頭上に伸ばす。顔と胸を床につけたまま、棒をできるだけ高く上げる。
計測：床から棒までの長さを測る。
平均値：23〜27インチ（57.5〜67.5cm）

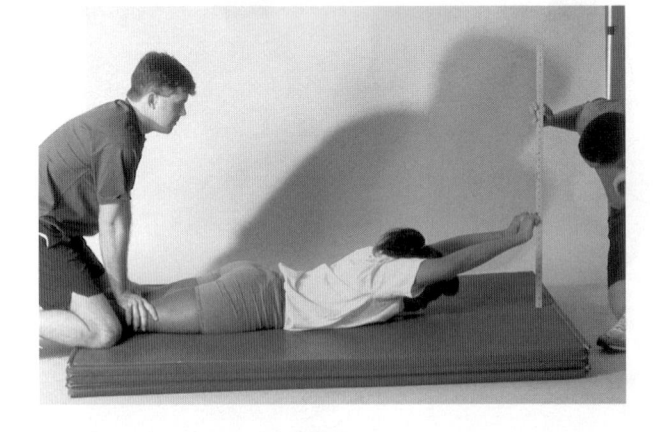

なぜ筋力、持久力、パワーがスポーツ選手にとって重要なのか

あらゆるスポーツ選手にとって、筋力の強化はトレーニングプログラムにおいて基本的要素である[24]。十分な筋力、持久力とパワーのない選手は、傷害を負いやすい。定義によると、**筋力**とは抵抗に対して力を生み出す筋肉の能力である。**筋持久力**とは、抵抗に対して長時間繰り返し筋肉が収縮する能力である。筋力が増大するにつれて、持久力もそれに応じて向上する傾向にある。たとえばある選手が25回バーベルを持ち上げるとする。ウエイトトレーニングによって筋力が10％増えたとしたら、選手にとってそのウエイトを持ち上げることは容易になるので、最大反復回数が増えることになる。

スポーツのほとんどの動きが爆発的であり、筋力とスピードが効率的に組み合わされて発揮できる。瞬時に大きな力を出すことを**パワー**のある動きという。選手にパワーを生み出す能力がないと、十分な競技力を発揮することはできない[19]。パワーを生み出すことなく、野球のボールを打つことや、ゴルフボールを飛ばすこと、またはサッカーボールを蹴ることは難しい。ほとんどのスポーツ選手にとって、単に筋力や筋持久力を備えることよりも、パワーを生み出す能力を身につけることが競技力を発揮するためには重要である。

> **筋力**（musclar strength）
> 抵抗に対して力を生み出す筋肉の能力。1回の最大収縮間に、一つの筋肉によって発揮される最大限の力は1R〈最大能力〉と表記する。

> **筋持久力**（muscular endurance）
> ある抵抗に対して筋肉の収縮を繰り返し行う能力。

> **パワー**（power）
> 瞬時に大きな力を生み出す能力。

骨格筋の収縮の種類

骨格筋の収縮には3種類ある。(1)等尺性収縮、(2)短縮性または求心性収縮、(3)伸張性または遠心性収縮である。等尺性収縮は筋肉が緊張する時に起こるが、筋肉の長さには変化がない。不動の抵抗に対してかなりの力が生み出されるが、関節の動きはまったくない。短縮性（求心性）収縮では、抵抗に対し動かそうとして緊張する時に、筋肉が短くなる。伸張性（遠心性）収縮では、抵抗が生み出された筋肉の力より大きく、緊張しながら筋肉が伸ばされていく。たとえば手に持ったウエイトを持ち上げる際に、上腕二頭筋は収縮しながら短くなる。これを短縮性（求心性）収縮という。ウエイトを下ろす際には上腕二頭筋はまだ収縮しているが、長くなっている。この動きが伸張性（遠心性）収縮である。ほとんどの動きは短縮性及び伸張性収縮による。

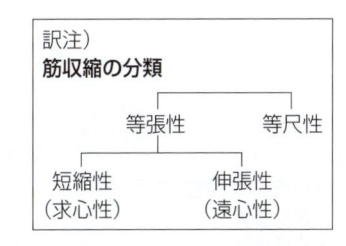

> 訳注）
> **筋収縮の分類**
>
> ```
>         筋収縮
>        /    \
>     等張性   等尺性
>     /    \
> 短縮性    伸張性
> (求心性)  (遠心性)
> ```

筋力を決めるものは何か？

筋肉の大きさ

筋力は、筋線維の筋断面積によって表される筋肉の大きさに比例する[16]。筋断面積が大きければ大きいほど、筋肉はより強く、より大きな力が生み出せるということである。筋肉全体の大きさはウエイトトレーニングによって、筋断面積が増加し大きくなる。この筋肉のサイズアップは肥大を指し、逆に筋肉のサイズダウンは萎縮を指す。

図4-18
ウエイトトレーニングとストレッチングを組み合わせると、十分な可動域が得られる。

筋線維には2種類ある：
・遅筋線維
・速筋線維

筋線維の数

筋力とはある筋肉を構成する筋線維数と筋断面積による。線維数は遺伝的な特徴であり、そもそも多くの筋線維を持つ人は、筋線維が比較的少ない人よりもかなりの確率で筋肥大の可能性がある。しかし誰でもトレーニングを通して自分の筋力を増大することができる。

神経筋の効率

筋力は、神経と筋肉システムの両方（あるいは神経筋システム）の効率性と、筋力を生み出すモーターユニット機能にも直接関係している。初期のウエイトトレーニング・プログラムでの筋力増大は、主に神経筋の効率がよくなったことに起因する。収縮する筋肉には、神経の刺激が神経システムから筋肉に伝達されなければならない。各々の筋線維が、特定のモーターユニットにより刺激される。ウエイトトレーニングなどによって特定の筋肉に過負荷をかけることで、筋肉は効率的に働くように強いられる。より多くのモーターユニットが興奮状態になると、強い筋収縮が得られるようになり、効率性が高まる[11]。

生体力学的要素

筋力は、身体的能力によってだけではなく、生体力学的要素によって決定される。骨は筋肉や腱などとともに、総合的に外部の物体を動かす力を生み出す、いわばレバーと滑車を形成する。特定の筋腱が骨に付着している位置で、この筋肉がどれくらいの力を生み出せるかが大きく決定される。

遅筋線維と速筋線維

筋肉を構成している線維は遅筋線維と速筋線維である[16]。特定の筋肉においては、両方のタイプの筋線維が存在し、それぞれの筋肉の比率は人によって異なる。主に持久性が必要とされ、重力に対して姿勢を保つという役割を持つ筋肉は、遅筋線維の割合が高い。力強く、爆発的な動きを生み出す筋肉は、速筋線維の割合が高い。

この割合は遺伝で決まり、スポーツ活動の能力を決定するのに大きな影響を及ぼす。たとえば短距離走者や重量挙げの選手は、遅筋線維に比べ速筋線維の割合が大きい。ある研究では、短距離走者の一部の筋肉に95％の速筋線維が含まれていたと示している。それに対して、長距離走者は一般的に遅筋線維の割合が高い。トレーニングによって筋線維のタイプが変わるか否かについては、完全には解明されていない[16]。しかし、双方のタイプとも、強度と持久性を増す特別なトレーニング法によって新陳代謝能力を高めることができる。

運動レベル

筋力の喪失は個人の身体活動のレベルと直結している。より活動的な、

あるいは筋力トレーニングを続けている人は、筋力が衰える傾向をかなり抑えることができる。さらに運動は、加齢とともに起こりやすくなる体脂肪の増加を抑えるとともに、全身持久力や柔軟性の衰えを抑える効果もある。よって、全身的な健康が最終的な目標であるならば、筋力の維持は、年齢や競技レベルに関係なくすべての人にとって重要である。

オーバートレーニング

オーバートレーニングは筋力向上という点でマイナスに作用することにもなる。「過ぎたるは猶及ばざるが如し」という表現がまさに当てはまる。オーバートレーニングは**不調**を引き起こし、精神的にも身体的にも機能が低下する。本来の競技能力の低下によって、不調は筋骨格の傷害や、慢性疲労、無気力、食欲低下、消化不良、体重減少、睡眠および休息障害などを引き起こす危険性がある。正しく効果的なウエイトトレーニング、正しい食生活、適度な休息をとることが、オーバートレーニングでマイナス効果が出る可能性を最低限に抑えることができる。

ウエイトトレーニングによってついた筋力は元に戻ることもある。ウエイトトレーニングをすべて中断したり、トレーニング自体をすべてやめてしまうと急激に筋力が減少してしまう。「使わなければ失う」のである。

不調（staleness）
本来の競技能力が発揮できない状態。

筋力向上にはどんな生理学的変化が起こるか

筋力を高めるウエイトトレーニングは、確かに筋肉の増大、すなわち肥大をもたらす。筋肥大の原因は何か？　何年もの間、その説明をするための多くの理論が発表されてきたが、その大部分は受け入れられなかった。

主な筋肥大に関する説明は、筋フィラメントと呼ばれる収縮性のある小さなタンパク質組織の大きさと数の増大に起因するというものである。筋力を高めるトレーニングによる筋フィラメントの大きさと数の増大は、それぞれの筋断面積が拡大したことが要因となっている(16)。この筋肉増大は特に男性に典型的であるが、女性にもいくらかのサイズアップが見られる。筋肥大の特定原因を解明するためには、さらなる研究が必要である。

Critical Thinking
4-2 頭の体操――エクササイズ
ある水泳選手が、筋力と持久力を高めるために、オフシーズンにウエイトトレーニング・プログラムに没頭している。筋力面では向上が見られたが、自分の競技にとって重要である肩の柔軟性が失われたようだと心配している。彼女は自分の筋肉がかなり肥大しつつあることに気づいており、それが柔軟性を失う原因ではないかと心配している。彼女はウエイトトレーニング・プログラムをすべてやめようと決心した。
質問：コーチは彼女の柔軟性を維持、向上させながらも、筋力と持久力を高めるために、何を勧めたらよいか。

体幹の安定性を高めるコア・スタイビライゼーショントレーニング

総合的な筋力アップの全プログラムのなかで、コア・スタイビライゼーショントレーニング・プログラムは重要である(11)。コアとは体幹、つまり身体の中心であり、ここからすべての動きが始まる。体幹は身体の中心を形成する筋肉からなっており、腰部、骨盤、腹筋および殿部が含まれる。鍛え上げられた上下肢の筋力、パワー、安定性および筋持久力

を効果的に発揮するために、身体を安定させるシステムが機能を十分に果たさなくてはならない。四肢の筋肉が強くても体幹が弱ければ、効果的な動きを生み出すための十分な力は発揮できない。弱い体幹は非効率的な動きの元となり、傷害の原因となりかねない[11]。

コア・スタイビライゼーショントレーニング・プログラムは、個人個人の体幹を形成する筋肉が、筋力、神経筋コントロール、パワー、持久力を得られるように考慮されている。安全で、かつ取り組み甲斐があり、さまざまな負荷をかけながら行う。エクササイズボール（スイスボール）、ダンベル、チューブなどのツールが使われる[15]。図4－19に体幹の安定向上のために行われる運動の例を示す。

図4－19
体幹安定強化運動（コア・スタビライゼーショントレーニング）
A．片足ブリッジ　B．デッドバグ　C．スイスボールブリッジ　D．スイスボールクランチ　E．スイスボールを使った体幹伸展　F．スイスボールを使ったヒップアップ

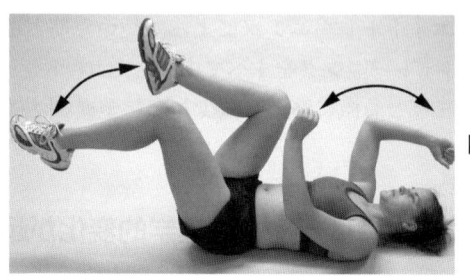

筋力トレーニングにはどんな方法があるか

　筋力をアップするための筋力トレーニングには、等尺性運動、漸増性抵抗運動、等速性運動、サーキットトレーニング、プライオメトリクス、健康体操など、多くの方法がある。どの方法が使われるかにかかわらず、トレーニングの基本原則が非常に大切である。つまり筋力を向上させるには、筋肉が普段慣れているレベルよりも大きな負荷をかけなくてはならないということである。いい換えれば、筋肉には過負荷（オーバーロード）が必要である。過負荷をかけなくても、筋肉はいつも慣れている抵抗レベルのトレーニングを続けていれば、現時点の筋力を保つことができる。しかしながら、筋力が向上することはない。筋力を現状レベルで維持することは、筋持久力に重点を置くウエイトトレーニング・プログラムにおいては、さらなる筋力を得ることよりも重要なことである。筋持久力の向上に集中することで、多くの人が健康の維持・増進という点で利益を得る。しかし、最も効果的に筋力を確立するためには、ウエイトトレーニングは漸増的な抵抗に対して継続的な努力をしなくてはならない。漸増性抵抗運動は、基本的に過負荷の原則に基づいているが、過負荷の原則は等尺性運動とプライオメトリクスにも適用されている。この3つのトレーニング方法は時間をかけることによって筋力を強化できる。表4-2に筋力強化のための6つの方法をまとめる。

訳注）
プライオメトリクス
P.90参照。爆発的な筋力・瞬発力を発達させるためのトレーニング法。そのほとんどがジャンプの動作を含む（図4-50参照）。

表4-2　筋力強化の方法

分類	動作	器具／活動
等尺性運動	筋肉の長さは一定で力は増す	不動抵抗物
漸増性抵抗運動（PRE）	筋肉が伸縮し、力は増す	フリーウエイト、ノーチラス（図4-22）、サイベックス（図4-22）、イーグル*、ボディマスター*
等速性運動	筋肉が一定速度で収縮し、力は増す	サイベックス*、オーソトロン*、キンコム*、バイオデックス（図4-48）
サーキットトレーニング	等尺性、PRE、等速性運動を組み合わせて一連の動きにする	上記用具を使用
プライオメトリクス	爆発的な短縮性収縮を誘発するために筋肉の速い伸展性ストレッチングをする	ホップ、バウンディング、デプスジャンプ
健康体操（徒手体操）	抵抗物として身体を使用	用具不要（腹筋、腕立て伏せ等）

訳注）＊はマシン製造メーカーの名称。図と同タイプの器具を指す。

等尺性運動

等尺性運動では筋肉が収縮するが、不動の抵抗物に対して最大限に緊張度が増していく間、筋肉の長さは一定である（図4－20）[2]。筋力アップのために、1回に10秒間最大限の力を出し、この収縮を1日に5～10回繰り返す。

等尺性運動によって筋力アップが可能であるが、残念ながら、負荷をかけている特定の角度の筋力だけが強くなる。可動域の他の角度では、その角度での運動性の活動がないために、強度曲線は極端に落ち、筋力の増加は見られない。

他に、等尺性運動の主な欠点は、命に関わる心臓血管の事故につながる可能性のある棘波を起こしがちなところである。これは、息を止め胸郭の圧力が増大することにより起こる。これにより心臓は急激な血圧上昇が起きる。この血圧の急上昇はバルサルバ作用と呼ばれてきた。この作用を避ける、あるいは軽減するためには筋肉の最大収縮の間も呼吸をしなくてはならない。

等尺性運動は確かにトレーニングプログラムの一環である。等尺性収縮が特定の動きを大きく強化する場合もある[2]。等尺性運動は一般的に傷害のリハビリテーションやリコンディショニングに利用される。損傷や使いすぎ、ちょっとした疾患の多くは、筋力強化運動によって対処されなくてはならない。しかし、可動域いっぱいでの筋力強化運動では、これらの状態は悪化することがある。傷害が可動全域での活動ができる程度に治るまでは、等尺性運動を利用することがより望ましい。

漸増性抵抗運動（PRE）

筋力強化のために、漸増性抵抗運動がおそらく最も一般的に利用されている。漸増性抵抗運動は、ダンベル、バーベル、ウエイトマシン、チューブ（セラバンド）などの道具による固定の抵抗を上回る筋収縮によって筋肉を強化する運動である。漸増性抵抗運動は、筋肉の長さを変化させながら力を発生する等張性収縮を利用する[14]。

等張性収縮は短縮性、伸張性の両方がある。スポーツ選手が行う上腕二頭筋のカールを思い浮かべてみよう（図4－31参照）。ウエイトを持ち上げるために、上腕二頭筋は収縮し、短くなる（**短縮性**あるいは**求心性収縮**）。ウエイトを下ろす時に、もし上腕二頭筋が収縮し続けなければ、重力によってこのウエイトは落ちるのみである。このようにウエイトを下ろすようコントロールするために、上腕二頭筋は徐々に長くなりながら収縮を続けなくてはならない（**伸張性**、または**遠心性収縮**）。

フリーウエイト（バーベル、ダンベル）やエクササイズマシンなど、さまざまなタイプの器具が漸増性抵抗運動に使われる。マシンの例を挙げれば、ユニバーサル、サイベックス、タフスタッフ、イカリアンフィットネス、キングフィットネス、ボディソリッド、プロエリート、ライフフィットネス、ノーチラス、ボディクラフト、ユーコン、フレックス、

等尺性運動
（isometric exercise）
筋肉の長さを変えずに静的に筋収縮すること。

図4－20
等尺性運動は不動の抵抗物に対して最大限の力を出す。

短縮性（求心性）収縮
（concentric〈positive〉contraction）
抵抗に対して収縮する際に筋肉は短縮する。

伸張性（遠心性）収縮
（eccentric〈negative〉contraction）
抵抗に対して収縮する際に筋肉は伸張する。

図4-21
A. このサイベックスのマシンは等張性である。
B. 抵抗は積み重なったウエイトのキーを差し替えることで簡単に増減できる。

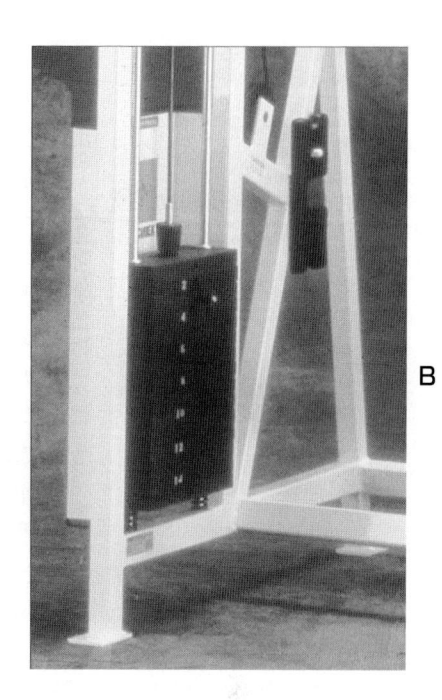

カムバー、ジムプロス、ニュジム、ボディワークス、DP、ソロフレックス、イーグル、ボディマスターなどである（図4-21A）。ダンベルとバーベルは、バーの両端に同じ重さを付け足したり、取り除いたりして簡単に重さの総量を変えられる、さまざまな重さの鉄のプレートが必要である。

ウエイトマシンには一連のレバーと滑車を通って上がるおもりが積み重なっている。重ねたおもりが、一面に対してのみ動く一対のバー上をスライドして上下する（図4-21B）。ウエイトキーの位置を差し替えることによって、おもりの増減ができる。

フリーウエイトとマシンは双方に長所と短所がある[20]。ウエイトマシンはフリーウエイトに比べ、より安全に使用できる。たとえば、フリーウエイトを使ってベンチプレスをする選手は、誰かにアシストしてもらわなくてはならない（ウエイトを持ち上げるのに十分な余力がない場合に、サポートラックに戻すのを手伝ってもらう）。さもないとウエイトが胸の上に落ちることもある。ウエイトマシンは選手が傷害の心配をすることなく、容易かつ安全にウエイトを下ろせるようになっている。また、一般的にウエイトの増加はわずか10または15ポンド（約4.5kg～6.8kg）ずつ行われるが、マシンではウエイトの増減方法も、ウエイトキーを動かすだけで簡単である。フリーウエイトではバーベルの両側に、鉄のプレートをつけたり外したりしなくてはならない。

選手はフリーウエイトとウエイトマシンでは持ち上げられるウエイト総量に違いがあることに気づくであろう。ウエイトマシンと違って、フリーウエイトでは動きに何の制限もないので、力次第であらゆる方向に動かすことができる。また、フリーウエイトは、持ち上げる人が自らの筋肉をコントロールし、垂直以外の方向に動かないようにしなければな

らない。通常、このコントロールによってフリーウエイトのほうがマシーンウエイトよりもウエイト総量を減少させる。どのタイプの機器を使用するかにかかわらず、**等張性運動**の原則が適用される[20]。

　負荷を与える方法としてのサージカルチューブやセラバンドは、トレーニング、コンディショニングに広く使われている。サージカルチューブやセラバンドを使ったエクササイズの長所は、フリーウエイトやウエイトマシンに比べ、動きの方向が限定されないことである。よって負荷に対してより機能的な方向（面）の動きで運動を行うことができる。サージカルチューブを使用したプライオメトリクスやPNFストレッチングは、この章で示した大部分のトレーニングと同様、非常にポピュラーなものである。

　漸増性抵抗運動には短縮性、伸張性収縮の両方が含まれなくてはならない[14]。伸張性収縮では、短縮性収縮に比べて、負荷に対してより大きな力を生み出すことが可能である。伸張性収縮は短縮性収縮よりも疲労に強い。伸張性運動の物理的効果は短縮性運動よりも数倍も高い。筋肉を最大に強化するためには、短縮性、伸張性ともに、過負荷されていることが必要であると研究ではっきりと示されている。

　特に筋力強化トレーニングは、運動の際に起きる短縮性あるいは求心性収縮が1〜2秒必要とするのに対し、リフトの際に起きる伸張性あるいは遠心性収縮は2〜4秒必要である。短縮性1に対しておよそ伸張性2の割合である。生理学的に筋肉は、伸張性よりも短縮性収縮の際にかなり早く疲労する。

　等張性運動でどんなタイプにも挙げられる短所は、抵抗物を動かすために必要な力が可動範囲内で常に変化することである。数年前にノーチラス社が滑車内のカムを使って、動作中に力が変化するこの問題に取り組もうとした（図4−22）。可動範囲内で可変抵抗であるように、カムは機器ごとに個々に設計された。範囲内のさまざまなポイントで抵抗を変化することは、適応抵抗、または**可変抵抗**と名付けられた。この設計が必要かどうかについては議論の余地があるが、実生活では抵抗が変化するかどうかは問題ではない。

等張性運動
（isotonic exercise）
全可動域において一定の荷重に対して筋肉が収縮したり伸展しながら行う運動。

可変抵抗
（variable resistance）
可動範囲内で抵抗が変化する。

図4−22
ノーチラスマシンのカムは、全可動範囲内で抵抗が同じになるように設計されている。

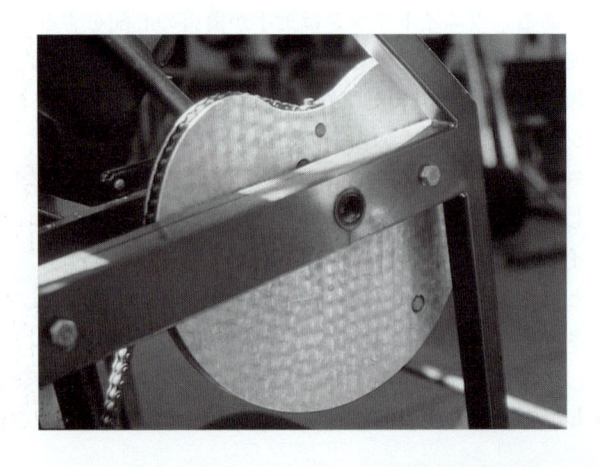

表4-3　漸増性抵抗運動の用語

用　語	定　義
反復回数	特定の動きが繰り返される回数
最大反復（RM）	使用ウエイトでの最大反復数
セット	反復を行う回数
強度（負荷）	持ち上げるウエイトまたは抵抗物の総量
回復時間	セット間の休息期間
頻度	1週間に行われる運動の回数

漸増性抵抗運動の方法

おそらく漸増性抵抗運動の最も分かりにくい点は、特別なプログラムを説明するために使われる専門用語である。明解にするために表4-3に専門用語と使用上の定義のリストを示す。

負荷抵抗運動の分野で、(1)使用されるウエイトの強度と負荷の総量、(2)反復回数、(3)セット数、(4)回復時間、(5)トレーニングの頻度について最適なものを決定するために膨大な研究がなされてきた[23]。

しかしながら最適な筋力強化トレーニングというようなものはない[4]。反復回数、セット数、強度（負荷）、回復時間、頻度などに関する特定の推奨も含めて、トレーニングのプログラムについて、研究者やトレーニング専門家の間で意見が一致することは不可能である。しかし、一般的に勧められている次のようなことが、効果的なトレーニングプログラムをもたらす。

どんな種目でも選択したウエイトの総量は、最大6～8回を3セット繰り返し、セットの合間に60～90秒休むことができる程度にする。初めてのウエイトを選ぶ際には、この6～8回の最大反復（RM）に達するまでに試行錯誤が必要である。もし最低6回を3セットできない場合は、ウエイトが重すぎるので減らさなくてはならない。もし8回3セットより多くできる場合には、ウエイトが軽すぎるので増やす必要がある。3セットのうちいつでも最低8RMの力がある場合には、重いウエイトに進むよう決定する。ウエイトを重くする際には、現在持ち上げているウエイトの約10％の増量で、やはり3セットすべて最低6RM行わなくてはならない[4]。

筋持久力は、抵抗に対して長時間、筋収縮を繰り返すことのできる能力と定義される。トレーニングの専門家の大多数が、筋力と筋持久力に密接な関係があると信じている。一方の要素が向上すると、もう片方の要素もよくなる傾向がある。最大筋力のためのウエイトトレーニングは、ウエイトを重くして反復回数を減らすべきである。逆に筋持久力のトレーニングの場合はウエイトを軽くして、反復回数を増やす[4]。

筋持久力のトレーニングは、ウエイトの選択、増やし方、頻度については、漸増性抵抗運動で勧めているのと同様の基準で10～15回を3セット行うべきである[25]。このように筋力と筋持久力のためのトレーニング

は、セットや反復回数の用語については同じである。非常に大きな筋力を持つ選手は、抵抗に対する収縮を繰り返す要求をされれば、優れた筋持久性を見せる傾向がある[4]。

　ある筋肉、またはその筋肉群は、一貫して1日おきに鍛えなくてはならない。よってウエイトトレーニングの頻度は少なくとも週に3回で、4回を超えてはならない。熱心にウエイトトレーニングを行う人は通常毎日リフトをしているが、1日おきに異なる筋、たとえば、月、水、金曜日は上半身の筋力、火、木、土曜日は下半身の筋力を鍛えるほうがよい。

　どんな方法を使うにせよ、筋力を高めるには、漸増性をもって過負荷をかけなくてはならない。漸増性抵抗運動の基礎をもとに行う。ウエイトの総量と反復回数は、慣れている程度よりもレベルアップをするのに十分なものでなくてはならない。これが、どんな筋力強化プログラムにおいても、唯一かつ最も重要な要素である。

　図4-23から図4-46に、肩関節、股関節、膝関節、足関節のトレーニングの実例を紹介する。これらの種目はフリーウエイト（バーベル、ダンベル、ウエイトおよびマシンのおもり）を使用して示される。これらの種目は、サイベックスやボディマスターなどの市販のウエイトマシンを使って行うこともできる。もちろん、チューブや伸縮性のある抵抗物を使って行うこともできる。異なる用具を使うと、姿勢が微妙に異なることがある。しかし筋肉に作用する関節の動きは基本的に同じである。

図4-23
ベンチプレス
作用を受ける関節：肩、肘
動作：押し上げる。
姿勢：背臥位、足裏を床につけ、背中をベンチに平らにつける。
主要な筋肉：大胸筋、上腕三頭筋

図4-24

インクラインプレス
作用を受ける関節：肩、肘
動作：上に押し上げる。
姿勢：傾斜した面に背臥位になり、床面に足裏をつけ、ベンチに背中を平らにつける。
主要な筋肉：大胸筋、上腕三頭筋

図4-25

ショルダーローテーション
作用を受ける関節：肩
動作：外旋
姿勢：背臥位になり、肩を90度の角度にし、肘を90度屈曲させる。
主要な筋肉：棘下筋、小円筋

図4-26

ミリタリープレス
作用を受ける関節：肩、肘
動作：ウエイトを頭上に押し上げる。
姿勢：背中をまっすぐにして立つ。
主要な筋肉：三角筋、僧帽筋、上腕三頭筋

図4-27
ラテラルプルダウン
作用を受ける関節：肩、肘
動作：顔の前でバーを引き下げる。
姿勢：背中を伸ばして座り、頭を上げる。
主要な筋肉：広背筋、上腕二頭筋

図4-28
フライ
作用を受ける関節：肩
動作：顔の上で両手が合うように水平に上げる。
姿勢：背臥位になり、足裏を床面につけ、背中はベンチに平らにつける。
主要な筋肉：三角筋、大胸筋

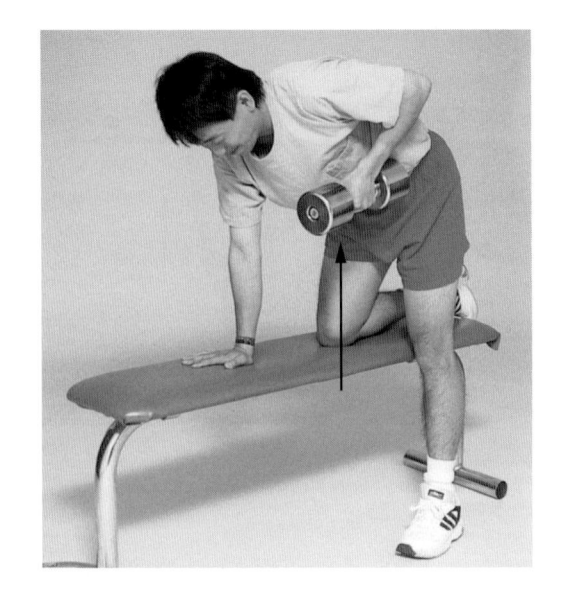

図4-29
ベントオーバーロー
作用を受ける関節：肩
動作：肩を伸展し、肘を曲げる。
姿勢：膝をベンチにつけ、ウエストのところで上体を曲げる。
主要な筋肉：僧帽筋、菱形筋、広背筋

図4−30

ショルダーメディアルローテーション
作用を受ける関節：肩
動作：肩を内旋しながらウエイトを床から持ち上げる。
姿勢：背臥位になり、肩を外転させ、肘を屈曲する。
主要な筋肉：肩甲下筋

図4−31

バイセプスカール
作用を受ける関節：肘
動作：肘を屈曲し、肩のところまでウエイトを上げる。
姿勢：足を肩幅に開き立ち、背中を伸ばし、腕を伸展、屈曲させる。
主要な筋肉：上腕二頭筋

図4−32

トライセプスエクステンション
作用を受ける関節：肘
動作：肘を伸展し、天井方向にウエイトを押し上げる。
姿勢：立って、肘が耳横にくるようにし、肘だけを屈曲した状態から伸展し、まっすぐに天井方向に腕を上げる。
主要な筋肉：上腕三頭筋

図4-33
リストカール
作用を受ける関節：手関節
動作：手関節を屈曲し、ウエイトを持ち上げる。
姿勢：座って前腕をテーブルにのせ、手のひらを上向きに置く。
主要な筋肉：前腕の屈筋群。

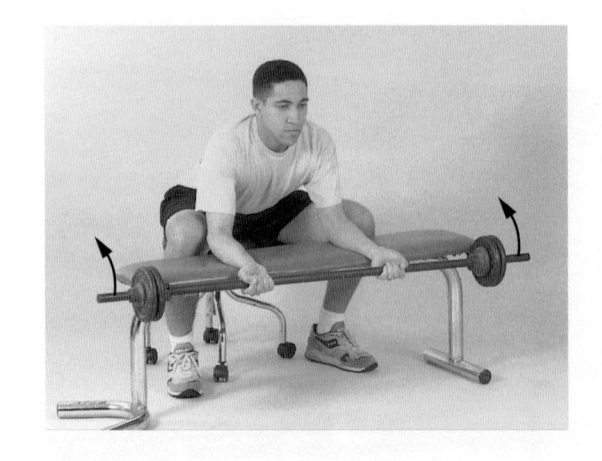

図4-34
リストエクステンション
作用を受ける関節：手関節
動作：手関節を伸展してウエイトを上に持ち上げる。
姿勢：座って手のひらを下向きにして、前腕をテーブルに置く。
主要な筋肉：前腕の伸筋群

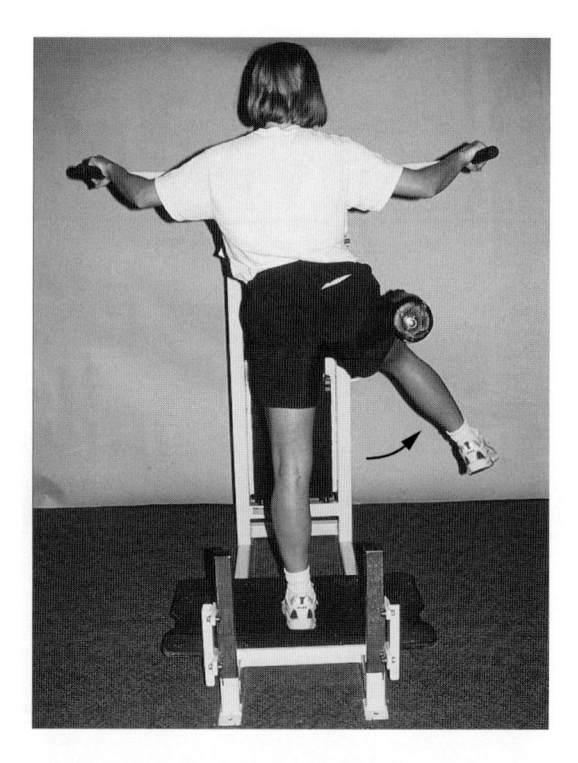

図4-35
レッグリフト
作用を受ける関節：股関節
動作：足で抵抗を持ち上げるように、股関節を外転させる。
姿勢：ヒップマシンの上に立ち、抵抗を大腿外側に当てる。
主要な筋肉：股関節外転筋群

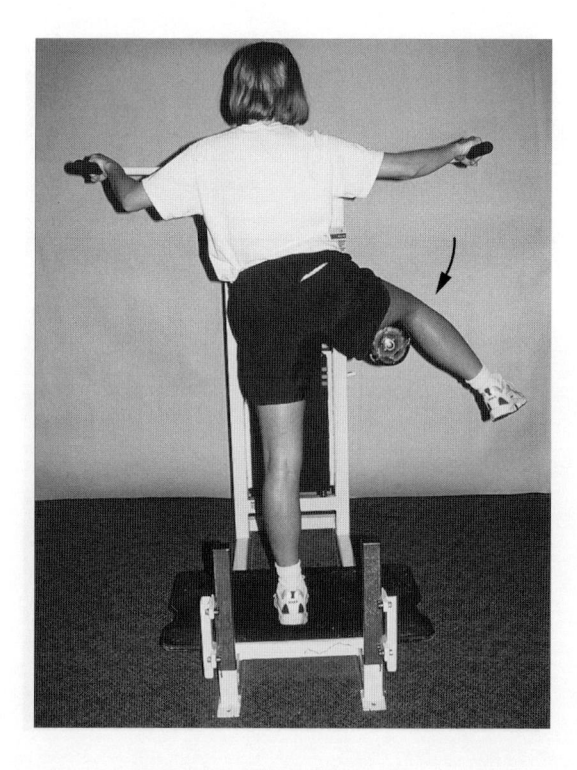

図4-36
レッグプル
作用を受ける関節：股関節
動作：足で抵抗を押し下げるように、股関節を内転させる。
姿勢：ヒップマシンの上に立ち、抵抗を大腿内側に当てる。
主要な筋肉：股関節内転筋

図4-37
ベントニーレッグリフト
作用を受ける関節：股関節
動作：膝を上げ、股関節を屈曲する。
姿勢：膝を曲げ、抵抗を膝上に当てて立つ。
主要な筋肉：腸腰筋

図4-38
リバースレッグリフト
作用を受ける関節：股関節
動作：足で抵抗を押し下げ、股関節の伸展をする。
姿勢：マシンの上に立ち、抵抗を膝の裏に置き、膝で押し、股関節を伸展する。
主要な筋肉：大殿筋、ハムストリングス

図4-39

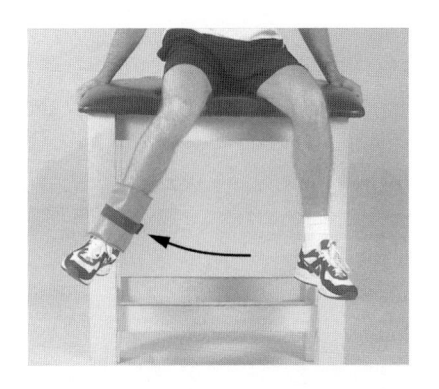

股関節の内旋
作用を受ける関節：股関節
動作：膝から下を外側に向かって内旋する。
姿勢：座って足関節にウエイトをつけ膝を曲げる。
主要な筋肉：内旋筋群

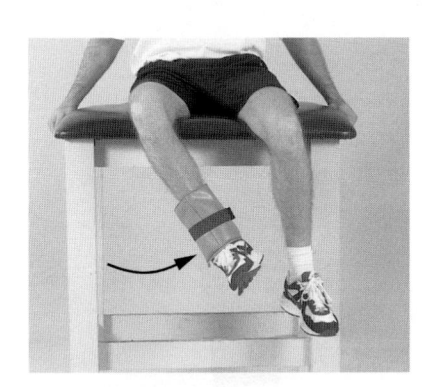

図4-40

股関節の外旋
作用を受ける関節：股関節
動作：膝から下を内側に向かって外旋させる。
姿勢：座って、ウエイトを足関節につけ、膝を曲げる。
主要な筋肉：外旋筋群

図4-41

レッグエクステンション
作用を受ける関節：膝
動作：膝を伸展する。
姿勢：ニーマシンの上に座る。
主要な筋肉：大腿四頭筋

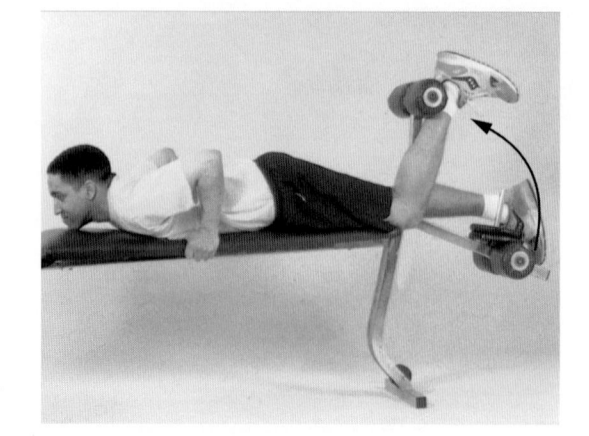

図4-42
ハムストリングスカール
作用を受ける関節:膝
動作:膝を屈曲してウエイトを持ち上げる。
姿勢:ニーマシンに腹臥位になる。
主要な筋肉:ハムストリングス

図4-43
爪先立ち(カーフレイズ)
作用を受ける関節:足関節
動作:足関節を底屈し、爪先で押し上げる。
姿勢:両足で立ち、ボディウエイトを持ち上げる。
主要な筋肉:膝を十分に伸ばした際には腓腹筋、膝が曲がっている際にはヒラメ筋

図4-44
足関節の内反
作用を受ける関節:足関節
動作:足裏を上や内側に向けて、内反する。
姿勢:座って膝を曲げ、足関節を内側に捻る。
主要な筋肉:前脛骨筋

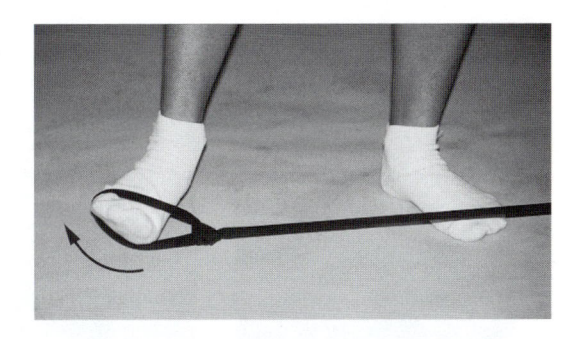

図4-45

足関節の外反
作用を受ける関節：足関節
動作：足裏を外に向けて、外反する。
姿勢：座って膝を曲げ、足関節を外側に捻る。
主要な筋肉：腓骨筋

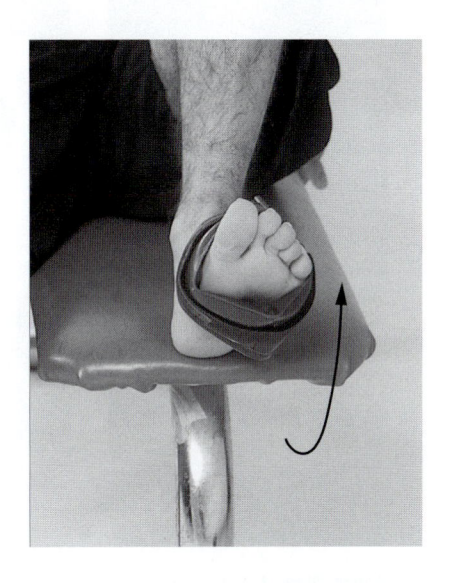

図4-46

足関節の背屈
作用を受ける関節：足関節
動作：爪先を持ち上げ、足関節を背屈する。
姿勢：座って膝を曲げ、足部にウエイトをつけ、テーブルの端に踵を置く。
主要な筋肉：背屈筋（前脛骨筋、長母趾伸筋、長趾伸筋）

開放運動連鎖（オープンキネティックチェーン）と閉鎖運動連鎖（クローズドキネティックチェーン）による運動

　運動連鎖の概念は、上肢と下肢の機能解剖学上の関係に基づいている。開放運動連鎖は足または手が地面や他の表面に接していない際の運動である。閉鎖運動連鎖では、足や手で体重を支えている（図4-47）。多くのスポーツ活動では手や足で体重を支えているので、その点でより機能的である閉鎖連鎖強化法が、トレーニング、コンディショニングで広く使われている。閉鎖運動連鎖による運動は、連鎖のなかで筋肉群が同時に起こす等尺性、短縮性、伸張性の収縮を組み合わせて使用されている。

等速性運動

　等速性運動では筋肉の長さが変化する筋収縮が起きている間、その筋収縮の速さが終始一定である。原理的には、マシンによって全可動域に最大抵抗が与えられる。マシンによって与えられた抵抗は、人によってどんな力がかけられているかに関係なく、セットされたある速さでのみ動く。よって等速性運動の鍵は抵抗ではなく、抵抗が動く速さにある[8]。

等速性運動
（isokinetic exercise）
一定の速度の動きで適応抵抗が与えられる運動。

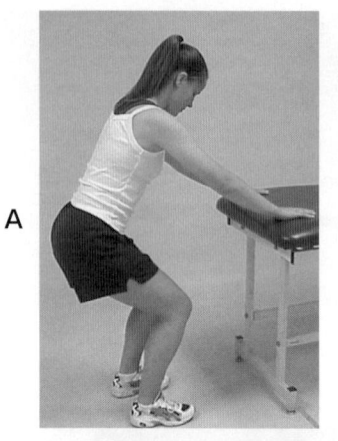

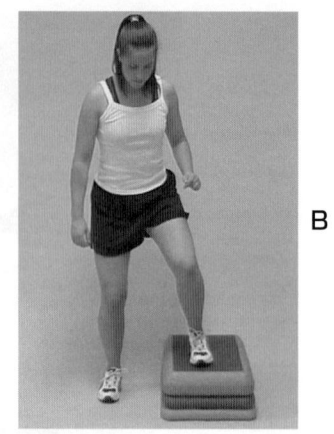

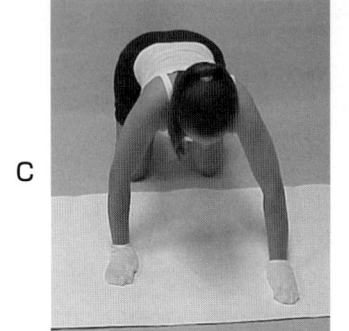

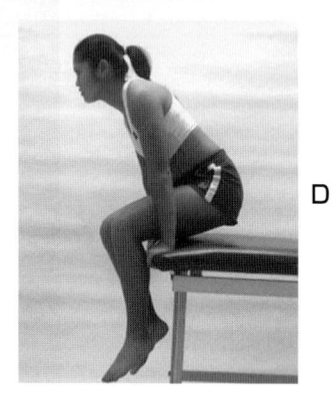

図4-47
閉鎖運動連鎖
- A. ミニスクワット
- B. ラテラルステップアップ
- C. 上肢のスライドボード
- D. 座位腕立て

　等速性運動はトレーニングやコンディショニングの方法としては広く利用されてこなかった。最近では、リハビリテーションとしても人気がなくなり、現在唯一、等速性運動の用具を製造しているのは、バイオデックス社である（図4-48）。

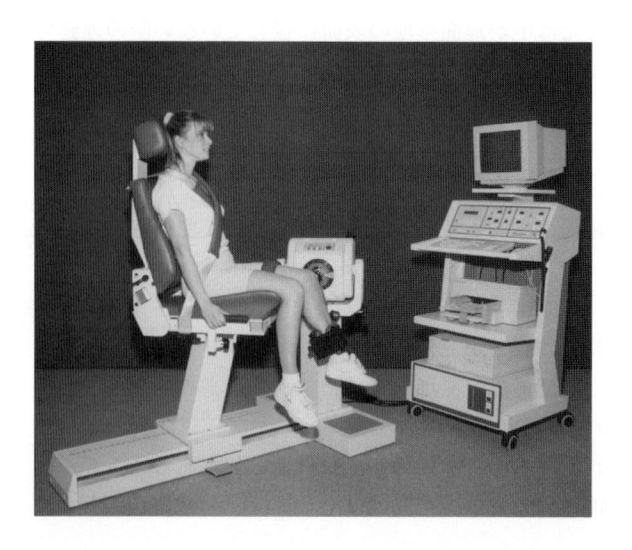

図4-48
バイオデックス社は等速性運動機器を製造しているメーカーの一つである。

サーキットトレーニング

　サーキットトレーニングは一連のステーションを使用してウエイトトレーニングや柔軟、徒手体操、短い有酸素性運動などを組み合わせて行う。サーキットはさまざまなトレーニング目標を達成するために設計されることもある。サーキットトレーニングでは選手は一つのステーションから次のステーションへと素早く移動し、どんな運動も決まった時間内に行う。典型的なサーキットには8〜12カ所のステーションがあり、ステーション全体を三巡する。

　サーキットトレーニングが筋力と柔軟性を高めるのに効果的な方法であることは確かである。もちろん、ペースやステーション間の合間が短く、ワークにおける心拍数や目標のトレーニングが高いレベルで維持されるならば、心肺機能はこれに利するところがある。しかしながら、サーキットトレーニングが全身持久力向上に非常に有効であるという研究成果は示されていない。サーキットトレーニングは、筋力と筋持久力を高める方法として当然有効であり、最もよく使用されている。図4－49に簡単なサーキットトレーニングの例を示す。

> **サーキットトレーニング**
> （circuit training）
> ウエイトトレーニングや柔軟、徒手体操、有酸素性運動などを組み合わせて行うステーション方式のトレーニング。

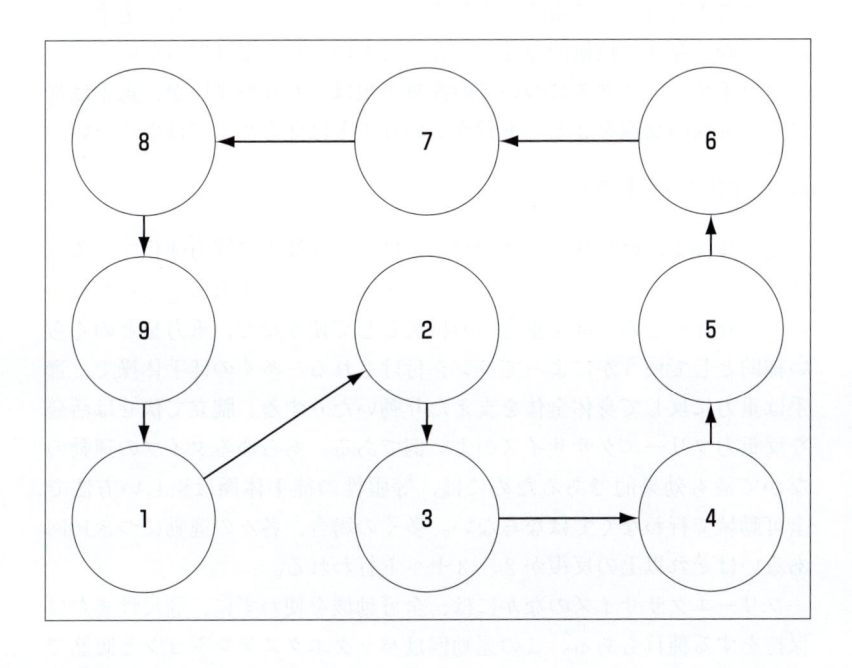

図4－49
サーキットトレーニングのプログラム例
ステーション1．スクワットスラスト、1分間の最大回数の75％
ステーション2．一般的なフレックス運動、1分間
ステーション3．縄跳び、1分間
ステーション4．ウエイトを利用しての腹筋カール、最大回数の75％
ステーション5．両腕のカール、最大回数の75％
ステーション6．垂直跳び、（サージェント）、1分間の最大回数の75％
ステーション7．ウエイトを利用してのリストカール、1分間
ステーション8．踵を上げ、ウエイトを利用してのハーフスクワット、最大回数の75％
ステーション9．一般的なフレックス運動、1分間

プライオメトリクス

プライオメトリクスでは、短時間に力強い爆発的な動きを生み出すために、まず筋肉に対し素早く伸張性ストレッチングをした後、迅速な短縮性収縮をする[10]。プライオメトリクスには下肢のホップ、バウンド、デプスジャンプなど、上肢にはメディシンボールや他のタイプのツールを使ったものなどがある。デプスジャンプはプライオメトリクスの一例であり、特定の高さから地面に飛び降り、着地したらすぐに再び全力で跳び上がる独特なジャンプである（図4-50）。

短縮性収縮に移る直前に、休息状態にある筋肉にかけるストレッチングが大きいほど、筋肉はより大きな抵抗を克服できるようになる。プライオメトリクスはストレッチングの際のスピードに重点を置く。ストレッチの量よりも程度が強調されるのである。プライオメトリクスの優れた点は、動的な動きのなかでの伸張性コントロールの向上に役立つことである。しかし、筋骨格に多大な圧力を与える。このプログラムを実行するコーチは、初期の段階に選手が筋肉痛を発生する可能性があることをよく認識すべきである。これは、まだ選手が慣れないプライオメトリクスの伸張性要素のせいで起こる。特別なジャンプ法や他のプライオメトリクスの習得は、技術的に正しくなくてはならない。そして選手の年齢、活動、身体、技術的な発達に合ったものでなくてはならない[29]。

プライオメトリクスについての推奨事項は変わりやすいが、選手は常に6～8回の反復を3セット行うということは守らなくてはならない。

筋力強化の徒手体操

徒手体操またはフリーエクササイズは、より簡単に筋力強化できる方法の一つである。等張性運動は、重力を除いたり、重力に逆らって動いたり、身体やその一部を重力への抵抗として使うなど、重力をどのくらい補助として使うかによってランク付けされる。多くの徒手体操で、選手は重力に反して身体全体を支えたり動いたりする。腕立て伏せは活発な反重力フリーエクササイズのよい例である。あらゆるタイプの運動のなかで最も効果的であるためには、等張性の徒手体操は正しい方法で、全可動域で行わなくてはならない。多くの場合、各々の運動につき10回あるいはそれ以上の反復が2、3セット行われる。

フリーエクササイズのなかには、全可動域を使わずに、等尺性または保持をする種目もある。この運動例はバックエクステンションと腹筋である。最大限の筋緊張をもたらす角度で6～10秒保持し、それを1～3回繰り返す。図4-51から図4-59の運動は、特定の筋肉群に、特定の目的で働くので推奨されている。選手は、一つの運動から次の運動へと素早く動かなくてはならない。

プライオメトリクス
（plyometric exercise）
短縮性収縮を容易にするために筋肉の迅速な伸張性ストレッチングを利用したトレーニング法。

プライオメトリクスは初期の段階では筋肉痛を引き起こす可能性がある。

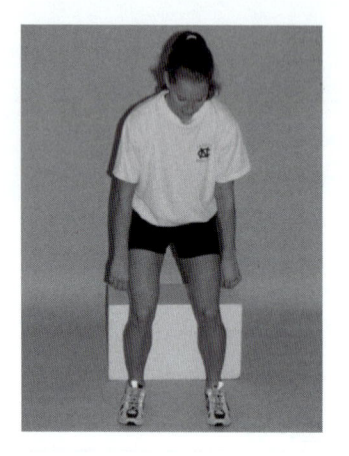

図4-50
ボックスや台からのデプスジャンプはプライオメトリクスの一つである。

徒手体操またはフリーエクササイズは重力を抵抗として利用する。

図4-51

カールアップ
A．初級者向け
B．中級者向け
C．上級者向け
作用を受ける関節：脊椎関節
動作：体幹の屈曲。
説明：背臥位になり、両手を胸または背中につけ、膝を90度曲げ、足を床につける。頭が約45度の角度になるまで上体を起こす。
主要な筋肉：腹直筋

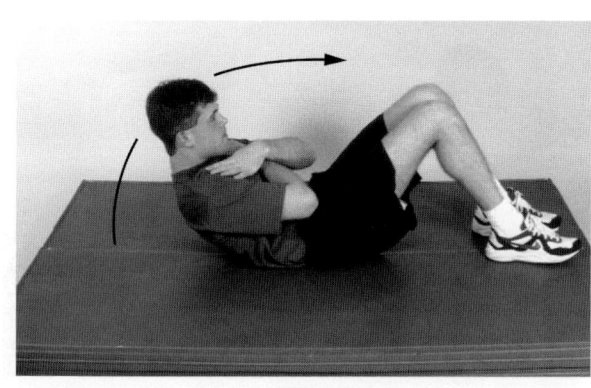

図4-52

A：腕立て伏せ　B：変形腕立て伏せ

目的：筋力強化
筋肉：上腕三頭筋および大胸筋
反復数：初級者―10回、中級者―20回、上級者―30回
説明：上体と足を直線上に伸ばし、胸を床につける。
注意：特に変形腕立て伏せでは背中を反らさないこと。

A

B

図4-53

バックエクステンション（上腕三頭筋の伸展）

目的：肩関節の強化と可動域拡大
筋肉：上腕三頭筋および僧帽筋
反復数：初級者―7回、中級者―12回、上級者―18回
注意：腕を伸ばし、身体をまっすぐにした状態から始める。殿部が床面につくまで下げてから、押し上げる。

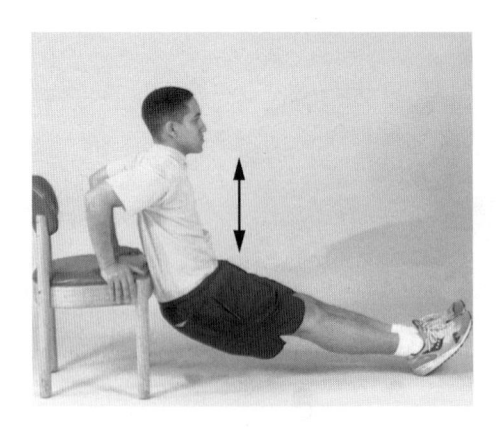

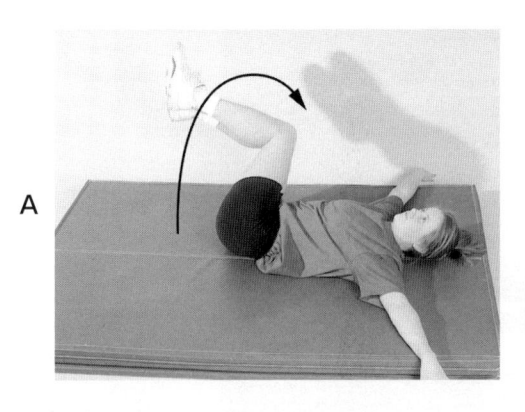

図4-54
トランクローテーション　A．初級者　B．上級者
筋肉：内腹斜筋、外腹斜筋
反復数：初級者―両側各10回、中級者―両側各15回、上級者―両側各20回
説明：膝をわずかに曲げたまま、膝が床面につくまで胴を左右に回す。
注意：すでに腹筋が強い人のみ行う。

図4-55
シッティングタック
筋肉：内側、外側の斜筋
目的：腹筋を強化し、腰部を伸ばす。
筋肉：腹直筋および腰部の脊柱起立筋
反復数：初級者―10回、中級者―20回、上級者―30回
説明：脚と上背部を床面から浮かし、膝を胸に引き寄せる。
注意：すでに腹筋が強い人のみ行う。

図4-56
自転車
目的：股関節屈筋群強化および腰部の伸展
筋肉：腸腰筋
反復数：初級者―両側各10回、中級者―両側各20回、上級者―両側各30回
説明：自転車をこいでいるように脚を曲げたり伸ばしたりする。

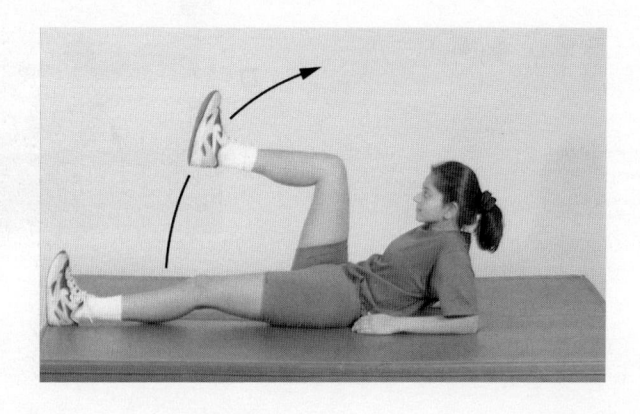

図4-57
レッグリフト（ストレートレッグレイズ）

A．前方　B．後方　C．横（脚を開く）　D．横（脚を閉じる）

目的：次の筋力を強化する。
A．股関節屈筋　B．股関節伸筋　C．股関節外転筋　D．股関節内転筋

筋肉：A．腸腰筋　B．大殿筋　C．中殿筋　D．内転筋群

反復数：初級者―各足10回、中級者―各足15回、上級者―各足20回

説明：動かす脚を各方向にできるだけ遠くに上げる。

注意：もしAの姿勢が腰痛を起こす場合は反対の膝を立てる。

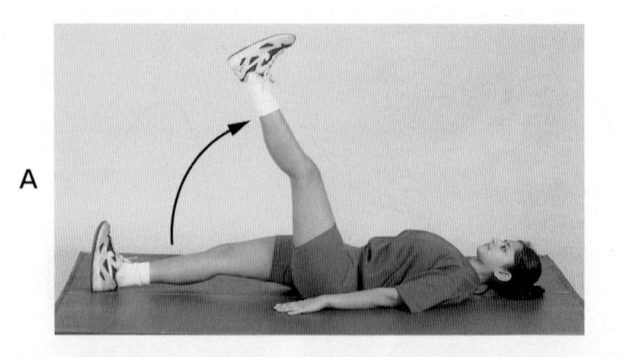

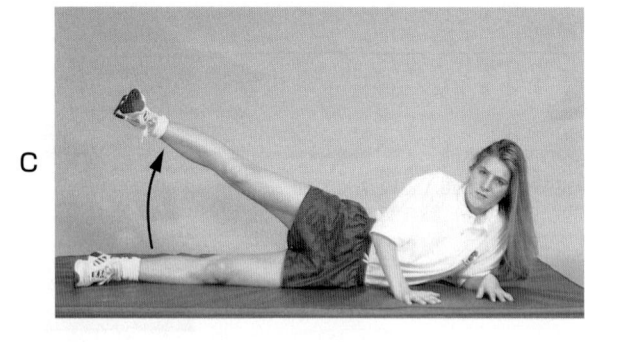

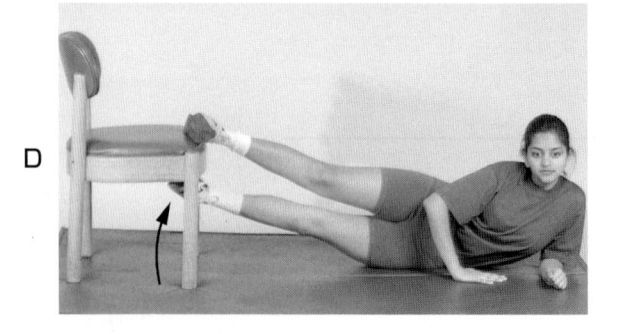

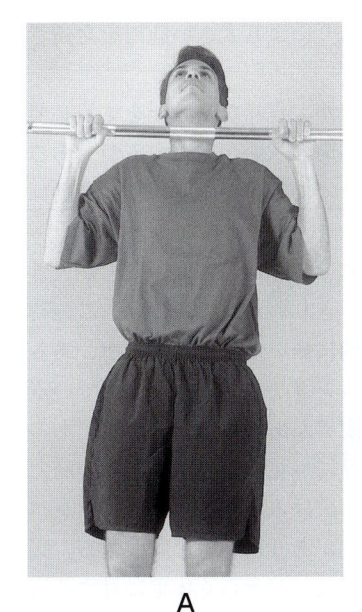

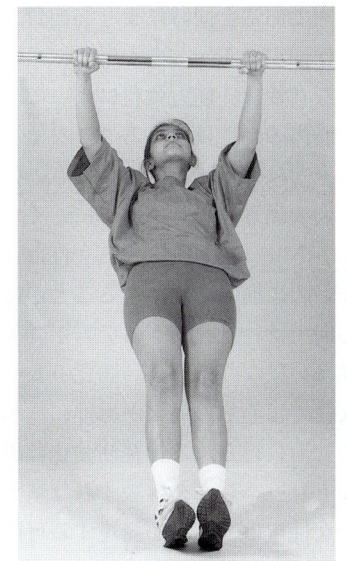

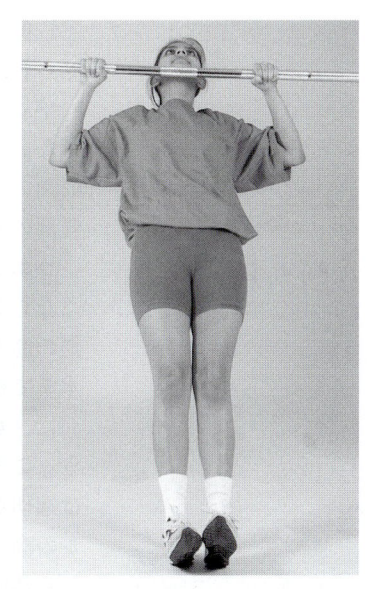

図4-58
A．懸垂　B．ななめ懸垂
目的：肩関節の強化とストレッチング
筋肉：上腕二頭筋、上腕筋、広背筋
説明：初級者—7回、中級者—10回、上級者—15回
注意：あごが鉄棒の上部に触れるまで引き上げる。

図4-59
バトックタックス
目的：殿筋の強化
筋肉：大殿筋およびハムストリングス
反復数：初級者—10回、中級者—15回、上級者—20回
説明：背中を床面につけて膝を曲げ、背中を弓なりにして骨盤を突き上げる。

女性選手の強化トレーニングについての考察

　女性スポーツ選手にとっても、筋力は男性選手同様、傷害を防ぎ競技能力を高めるために重要である[14]。平均的な女性はウエイトトレーニングによって筋肉を極度に大きくすることはできない。多大な筋肥大はテストステロンという筋肉増強ホルモンの存在による。テストステロンは男性ホルモンとしてみなされているが、女性もいくらかのテストステロンを体内に持っている。テストステロンレベルの高い女性は、体毛が濃

く、低い声であると同時により筋肉質であり、より大きい筋肉を発達させられる傾向がある。

　平均的な女性は、筋力強化によって筋肉が大きくなる心配をする必要はない。筋肉のかさは増えることなく、筋肉の状態が向上するのである。筋肉の状態とは、緩和状態での硬さ、張りである。たとえば腹筋運動は腹部の筋肉の硬さを増し、疲れにくくする。

　ウエイトトレーニングをする女性は、おそらくはじめは、筋肉が大きくならないのに筋力が向上することがはっきりわかるであろう。この初期の筋力向上は、神経筋システムが効果的に働いた結果であるが、ある水準で横ばいになり始める。強化トレーニングプログラムを続けている間に、女性では筋力の向上が男性に比べ限界があることに気づくであろう。この初期に得られる神経筋強化は男性にも見られるが、男性の筋力は適切なトレーニングを継続すれば増大し続ける。テストステロンレベルの高い女性では、筋肉が発達する可能性があり、筋力が向上する。

> おそらく男女で最も差が出るのは体重に対する筋力の割合である。

　身体的な性能で男性と女性の最たる違いは、おそらく体重に対する筋力の割合である。女性が体重に対して筋力の割合が低いのは体脂肪率が高いからである[14]。体重に対する筋力の割合は、ウエイトトレーニングによって体脂肪が下がり、除脂肪体重が増えることによってかなり向上する。女性の強化トレーニングも男性のものと同じガイドラインに従う。

全身持久力はなぜスポーツ選手にとって重要なのか

　健康な心肺機能は、選手の競技力発揮のためだけでなく、傷害を誘発する過度の疲労を避けるためにも重要である[17]。定義によれば全身持久力は身体全体の大きな筋肉を長時間活動させる能力である。心肺機能が体内のさまざまな組織に酸素を供給している。

> 全身持久力の向上は、傷害を誘発する疲労を軽減させるうえで重要である。

　有酸素性運動（エアロビクス）は心肺機能を向上する運動として優れている。有酸素性運動の動きは活動強度が低いので、心肺機能が長時間活動を続けるのに十分な酸素を供給できる。活動強度が高い動きでは、身体の酸素供給する能力より要求される酸素量が多く、無酸素性運動と呼ばれる。短距離走、水泳（短距離）、ウエイトリフティングなどの瞬発的な筋収縮を必要とする競技では、圧倒的に無酸素性のシステムが利用される。しかし、持久性を必要とする活動のほとんどは有酸素性システムである。多くの活動では有酸素性、無酸素性システムの双方が同時に機能する。表4−4に有酸素性、無酸素性運動の比較をまとめて示す。

> 全身持久力とは、酸素を効率的に供給し使用する身体能力を表す。

　酸素を身体中に運ぶ心肺機能能力は4つの器官、(1)心臓、(2)血管、(3)血液、(4)肺の機能の組み合わせ次第である。運動による全身持久力の向上は、この4つの各器官が働いている組織に必要な酸素を供給する能力の向上による[3]。心臓におけるトレーニング効果と運動に対する反応についての基礎的な議論によって、のちに議論されるトレーニング方法がなぜ全身持久力向上にとって効果的であるか理解しやすくなるであろう。

表4-4　有酸素性運動と無酸素性運動の比較

形　態		相対的程度	程　度	頻　度	継続時間	その他
有酸素性運動	継続的、長い時間続く活動	弱め	最大心拍数の60〜90%	週最低3回6回まで	20〜60分	座りがちな人、または年長者にはリスクが少ない
無酸素性運動	瞬発的、短時間の激しい活動	強め	最大心拍数の90〜100%	週3、4回	10秒〜2分	スポーツおよびチーム活動で利用

運動は心臓の機能にどのように作用するか

　心臓は主要なポンプ機能であり、酸素を含んだ血液を全身のさまざまな組織に循環させる。心臓は酸素の乏しい血液を静脈システムから受け取り、肺に向かう血管を通して送り出し、そこで二酸化炭素を酸素に変える。酸素の豊富な血液は心臓に戻り、そこから動脈に向かう大動脈を通って、組織に酸素を供給しながら全身を循環する（図4-60）[3]。

　運動の間、筋肉は酸素をより多く使うので、心臓はこの要求に応えて、酸素が豊富な血液をより多く送り出さなくてはならない。

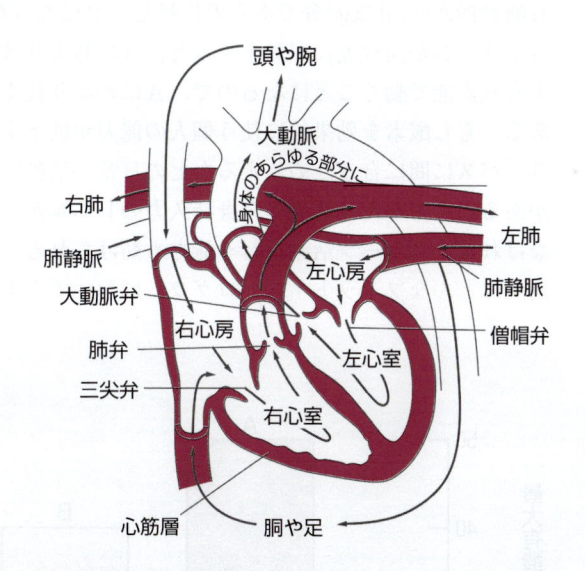

図4-60
心臓解剖図

身体の効率的な酸素使用方法を決定するものは何か

　運動中に酸素が取り込まれ、使われる最大割合を最大有酸素能という[5]。最大有酸素能は最大運動量の1分間にどれくらいの酸素が使われ得るかを測定する。この割合は、一定時間内の体重に対する酸素消費量（ml/kg/分）というかたちで最もよく表される。15〜25歳の男女の標準的な最大酸素能は、38〜46ml/kg/分である。ワールドクラスの男性マラ

ソンランナーの最大有酸素能は70～80ml/kg/分であり、女性マラソンランナーは60～70ml/kg/分である。

どんな活動で実績を上げるにせよ、ある程度の酸素量は誰にでも必要である。一般的に活動強度が高いほど、多くの酸素量が必要である。最大酸素消費量は各人それぞれで、競技力を発揮できる能力はその活動に必要とされる酸素総量と密接な関係がある。

最大に酸素が使われ得る割合は遺伝的な影響が大きにある。各人の最大有酸素能は一定の幅に落ち着く。選手がより活動的であれば、現在の最大有酸素能より高い値になるであろう。選手が活動的でないと値は低くなる。真剣にトレーニングプログラムに従事している選手は、個々の可能性の幅のなかで最大限、有酸素能を高めることができる。

遺伝で受け継がれた最大有酸素能は、遅筋線維に対する速筋線維の割合によって、かなり決定付けられる。遅筋線維の割合が高い選手はより疲れにくく酸素をより効果的に使う。つまり最大有酸素能がより高いといえる。

疲労はある特定の活動が必要とする最大有酸素能と密接な関係がある。活動中に必要とされる最大有酸素能の割合が大きいほど、活動は短時間しか行うことができない。疲労は筋肉に酸素が十分に行き渡っていない部位で起こる。例として図4－61にA、Bの選手の値を示す。Aは最大有酸素能が50ml/kg/分であるのに対し、Bはたった40ml/kg/分である。もしAとBが同程度に運動をすると、AはBよりはるかに低い割合の最大有酸素能で動くことになるので、Aはかなり長く活動を保てるはずである。もし酸素を効果的に使う個人の能力が低下すると、階段を上ったり、バスに間に合うために走るなどの日常の活動に悪影響を及ぼすことがある。もちろん、選手の全身持久力のレベルがそれに見合ったものでなければ、スポーツ活動を行う能力も妨げられる。よって全身持久力の向上はどんなフィットネスプログラムにおいても重要な要素である。

4-3 Critical Thinking 頭の体操──エクササイズ

ある高校生の砲丸投げ選手は、筋力強化のためにウエイトトレーニングを熱心に行っている。特に反復数を少なくした重いフリーウエイトのリフティング（6～8回を3セット）を集中してやっている。この数カ月で彼の筋力はかなり上がり、コーチにも技術は素晴らしいといわれたが、記録は筋力が上がったぶんに見合うようには伸びていない。

質問：この選手は自分の記録に不満であり、記録を伸ばすために、トレーニングプログラムに何を付け加えたらいいのかを知りたがっている。何を付け加えるべきか？

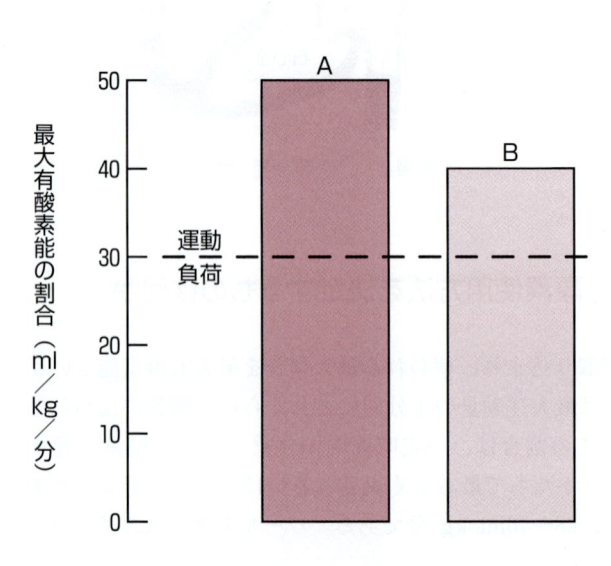

図4－61
選手Aは最大有酸素能を使用する割合が低いので、選手Bより長時間活動できる。

最大有酸素能はどのように決まるか

　有酸素能を最も正確に計測するには、実験室での計測が必要である。この方法では、被験者に特定の強度でトレッドミルまたは自転車エルゴメーターでのエクササイズを行ってもらい、心拍数を測り、やや高価だが精巧な機器を利用して呼気を収集する。当然ながら、標準的な被験者にとってはこの方法はあまり実用的ではない。心拍数を測定することにより、最大有酸素能を概算する方法が最もよく使われている[5]。

　心拍数の測定は最大有酸素能を概算する間接的な方法である。一般に、心拍数と有酸素能は正比例の関係にあるが、運動強度がとても低い、あるいは高い場合にはこの関係は成り立たない（図4-62）。運動強度が高ければ高いほど、心拍数は上がる。この関係を利用して心拍数を測ることによって酸素消費量は概算される。

心拍数の測定

　心拍数は特定の位置で脈拍を取ることで測定される。最も正確に脈拍を測ることができる場所は、手関節の母指側にある橈骨動脈である（図4-63）。10秒間脈拍を数え、6倍して測定される。心拍数は運動を止めてから15秒以内に測定する。

訳注）
トレッドミルは、モーターで回転するベルトの上で歩く、走るなどの有酸素性運動ができるランニングマシーン。

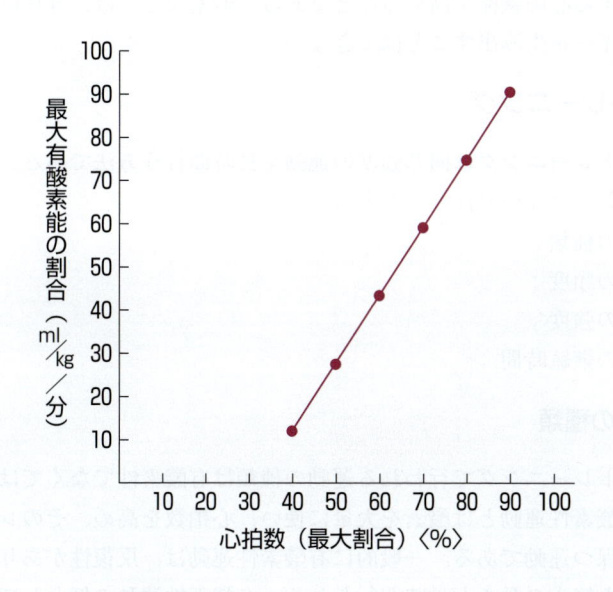

図4-62
最大心拍数は有酸素能が最大になった時に得られる。

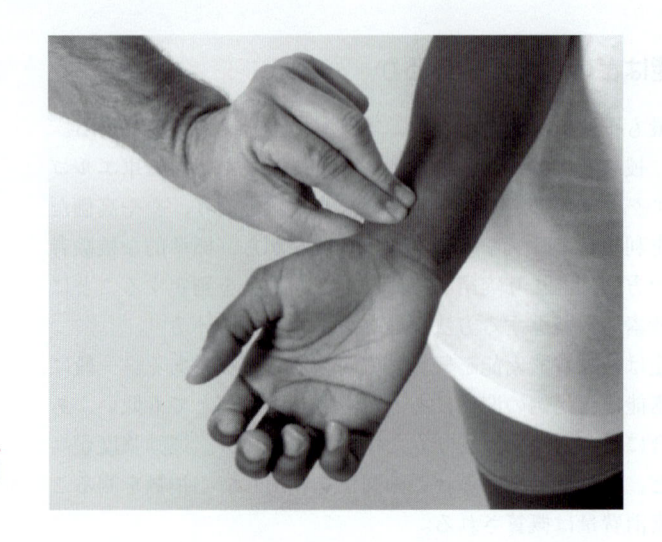

図4-63
橈骨動脈で最も正確な心拍数を測ることができる。

4-4 Critical Thinking
頭の体操——エクササイズ

ある女性サッカー選手は、第1度の足関節の捻挫を起こしているため、1週間練習を休まなくてはならない。彼女はたいへん熱心にフィットネスのレベル向上に努めてきたので、1週間ずっと走らないでいると自分の全身持久力低下につながるのではないかと非常に気にかけている。
質問：彼女のリハビリテーション期間に、現在の全身持久力を保つためにコーチは何を勧めるべきか？

どのようなトレーニング方法が全身持久力を高めるか

全身持久力を高めるには、(1)継続トレーニング、(2)インターバルトレーニング（P.102）、(3)ファルトレクトレーニング（P.103）などの多くの方法がある。トレーニング方法にかかわらず、全身持久力を高めるためのトレーニングの主な目標は同じで、働いている筋肉に十分な量の酸素を供給する心肺機能を高めることである。酸素なしには、身体は長時間エネルギーを生み出すことはできない。

継続トレーニング

継続トレーニングは同じ強度の運動を長時間行う方法である。継続トレーニングは4つの注意点がある。
- 運動の種類
- 運動の頻度
- 運動の強度
- 運動の継続時間

運動の種類

継続トレーニングで行われる運動の種類は有酸素性でなくてはならない。有酸素性運動とは酸素を大量に使い、心拍数を高め、そのレベルを長時間保つ運動である。一般的に有酸素性運動は、反復性があり、全身や大きな筋肉の動きが長時間行われる。有酸素性運動の例として、ウォーキング、ランニング、スイミング、サイクリング、ボート漕ぎ、クロスカントリースキーなどがある。ラケットボール、スカッシュ、バスケットボール、テニスなどの間欠的運動と比べ、これらの有酸素性運動の利点は、速度を速めたり、遅くしたりすることで強度を調節しやすいこ

とである。運動の強度によって心拍数が決まることはよく知られているので、有酸素性運動では選手が心拍数を特定の目標レベルに維持することができる。間欠的運動は速度や強度がさまざまに変化するため、心拍数がかなり不規則となる。間欠的運動は全身持久力を高めるが、強度を監視し調整するのは有酸素性運動よりはるかに難しい。

運動の頻度

全身持久力を少しでも高めるためには、平均的な人でも週に3回以上の運動を行う必要がある。競技選手は週6回のトレーニングに備えなくてはならない。トレーニングにより酷使された身体組織の修復のためには、どんな人でも最低週1日は休息するべきである。

運動の強度

運動の強度についてさまざまな議論があるが、これもまた重要な要素である。増加する負荷要求に身体が適応を強いられるトレーニング初期の段階には特に重要である。

● 心拍数を測定することによって運動強度を測る

有酸素性運動の目的は心拍数（HR）を特定の目標まで高め、そのレベルを運動の間保つということである。心拍数は運動の強度や酸素消費率と直接関連しているため、心拍数を目標レベルに安定させるための、特定運動負荷（ペース）を確定する目安として比較的利用しやすい。心拍数を測ることによって、選手は、心拍数が目標域に達するためにペースが速すぎないか、遅すぎないかがわかる。

心拍数はペースを速めたり遅くしたりすることで増減できる。前述のように、心拍数は運動の負荷割合と同率で高まり、運動の2、3分後に一定水準に達する。よって選手は脈拍を測る前の2、3分間は積極的に運動に励むべきである。

トレーニング中の目標心拍数を確定するためにいくつかの式が用いられる[23]。特定の目標心拍数を計算するためには、まず最大心拍数を計算しなくてはならない。最大心拍数を正確に測るには、最大限に運動してもらい、心電計を使って心拍数を計測する。実験室の外でこの方法を行うのは困難である。男性、女性ともに対象集団の最大心拍数の適切な概算値は1分間に約220拍である。年齢が上がるにつれ、最大心拍数は減少する。簡単な最大心拍数の計算法は、220－年齢で概算される。20歳の人では最大心拍数は1分間に200拍（220－20＝200）となる。よってトレーニングの強度が最大心拍数の70％である時、目標心拍数は〔0.7×(220－年齢)〕で計算される。

他に、フィットネスレベルを考慮した式でよく使われるのがカルボネン方程式である[22]。

訳注)
HR：heart rate

目標心拍数＝休息時心拍数*＋〔0.6×(最大心拍数－休息時心拍数)〕

*正確な休息時の心拍数は被験者が横になっている状態で測定される。

> **トレーニング効果**
> (training effect)
> 一定の運動負荷で心拍数が減少した時には、心臓は1回の血液の拍出量が増大している。

訳注）
RPE
(Ratings of Perceived Exertion)
運動を行っている本人が自覚する疲労感や「きつさ」の指標。

表4-5　主観的運動強度

目盛り	口頭式評価
6	
7	非常に楽である
8	
9	かなり楽である
10	
11	楽である
12	
13	ややきつい
14	
15	きつい
16	
17	かなりきつい
18	
19	非常にきつい
20	

通常、休息時心拍数は1分間に60〜80拍に落ちる。休息時心拍数が70拍である20歳のスポーツ選手は、カルボネン方程式により、目標心拍数は1分間に148拍となる〔$70+0.6(200-70)=148$〕。

どの式を使用するかにかかわらず、米国スポーツ医学会（American College of Sports Medicine：ACSM）は、若く健康な人には継続してトレーニングをする際は目標心拍数を60〜85％にすることを推奨している。70％で運動することが、わずかに苦痛を感じながらも長く運動を続けられ、かつ**トレーニング効果**も出る適切なレベルであると考えられている。しかし、よく鍛えられた選手にとっては、心拍数85％のレベルを維持することもそう大変なことではない。

● 主観的運動強度により運動強度を測定する

心拍数の測定に加えて、主観的運動強度（RPE）は運動の強度を決めるために使用できる[26]。運動中に被験者は、自分の運動レベルについて正確にどのように感じるか、6〜20の目盛りで主観的に評価することを求められる（表4-5）。酸素とエネルギーの消費がより多い、強度の高い運動は主観的運動強度がより高く評価されることになる。時間が経つにつれ、運動強度の客観的な尺度として特定のRPEを使い、適切なレベルで運動ができるようになる。

運動の継続時間

ACSMは、わずかでも効果を期待するならば心拍数がトレーニングレベルに上がった状態で、20〜60分のトレーニングや運動を行うことを勧めている[18]。通常、運動の継続時間が長いほど全身持久力が高まる。競技選手は1セッションにつき少なくとも45分間のトレーニングをしなくてはならない。

上級トレーニング方法

インターバルトレーニング

> **インターバルトレーニング**
> (interval training)
> 運動時間を活動性回復とともに変化させる。急走と緩走を交互に行うトレーニング方法。

継続トレーニングと異なり、**インターバルトレーニング**には断続的な運動が含まれる。インターバルトレーニングは比較的強度の高い運動期と活動性回復期から構成される。競技能力を上げるために、長時間行う継続的な運動よりも、多くの運動を高いレベルで凝縮して行うことができる[6]。継続トレーニングでは選手は最大心拍数の60〜85％の程度で運動を行うよう努める。20分以上も高強度の運動をし続けるのは非常に困難であることは明らかである。インターバルトレーニングの利点は、80％または80％以上のレベルで短時間運動を行い、ひき続き最大心拍数30〜45％の運動を行える活動性回復期が続くことである。よって継続トレーニングよりも運動の強度を高め、継続時間を長くすることもできる。

多くのスポーツは無酸素性運動であり、瞬発的な強度の高い運動と活

動性回復期のようなものを含む（アメリカンフットボール、バスケットボール、サッカー、テニスなど）[27]。インターバルトレーニングでは、運動期の間に選手はより自分のスポーツに関連した動きができる。インターバルトレーニングでは過負荷の原則が適用されるため、トレーニング期をより強度の高いものにすることができる。インターバルトレーニングにはいくつかの重要な考慮すべき点がある。トレーニング期は継続的な運動が実際に行われている時間であり、回復期はトレーニング期の間の時間である。セットとはトレーニング期と回復期を組み合わせた一つのくくりであり、反復とは1回のセッションで行うセット数を指す。トレーニング時間または距離とはトレーニング期の強度または距離のことである。回復期に対するトレーニング期の割合とはトレーニング期の回復期に対する時間の割合を示す。

　インターバルトレーニングの例としてはサッカー選手のランニングスプリントがある。インターバルの運動期には、20秒以内での120ヤード（約100m）のスプリントを10本、そして1本ごとに1分間のウォーキングによる回復期がある。このトレーニングセッションの間にサッカー選手の心拍数は、スプリント中には最大心拍数の85〜90％のレベルになり、回復期にはおそらく35〜45％に落ちる。

ファルトレクトレーニング

　ファルトレクとは、クロスカントリーランニング・タイプのトレーニング方法であり、スウェーデンから始まった。ファルトレクの字義は「スピードプレー」である。これはインターバルトレーニングと同様、選手は一定時間走らなくてはならない。しかしながら、特定のペースや速度は示されない。ファルトレクのコースは、平地でのランニング、上り坂、下り坂、木や岩などの障害物のある場所でのランニングなど、変化のある地形で行われる。対象者は、各々の目的に合わせてランニングの長さやコースの起伏を変えることにより、ランニングトレーニングに変化をつくることができる。ファルトレクトレーニングの大きな利点は、ペースや地形に変化があるので、トレーニングセッションが画一的でなく、バリエーションに富んだトレーニングのなかで効果が得られることである。自分の住む地域でジョギングやウォーキングをする多くの人は、まさにファルトレクタイプのトレーニングをしているといえる。

　さらに、ファルトレクトレーニングで全身持久力を向上するには、心拍数を少なくとも最低トレーニングレベル（60〜85％）まで上げなくてはならない。ファルトレクは、オフシーズンコンディショニングや毎日同じ運動を行うトレーニングプログラムの退屈さを緩和するためのトレーニングとしてとしてよく利用される。

コーチのコーナー — Coach's Corner

　以下は、選手の体調管理と傷害予防のために、コーチが行うトレーニングおよびコンディショニングプログラムにおける要点のチェックリストである。

☐ 1年を通してのトレーニングおよびコンディショニング計画を期分けすることの概念を理解し立案する。
☐ 選手がトレーニング前のウォームアップとトレーニング後のクールダウンを正しく行うことを確認する。
☐ 柔軟性向上のためのトレーニングを組み入れる。
☐ バリスティック、スタティック、PNFストレッチングを利用する。
☐ 柔軟性向上のための適切なストレッチングを選択する。
☐ 筋力、持久力、パワー向上のためのトレーニング方法を組み入れる。
☐ 筋力向上のために、等尺性、漸増性抵抗運動、等速性、プライオメトリクス、徒手体操や、これらを組み合わせたものを利用する。
☐ 特定の筋力強化のための種目を選び、ワークアウトに組み込む。
☐ 全身持久力を向上させるトレーニング方法を組み込む。
☐ 有酸素能向上のための継続トレーニングを利用する。
☐ 無酸素能向上のためにインターバルトレーニングやファルトレクトレーニングを利用する。

まとめ

- スポーツを行う人のための正しいフィジカルコンディショニングは、スポーツに付きものである傷害を予防しつつ、選手に高い競技力を発揮できるようにするものである。
- 多くのスポーツの傷害予防には、1年を通してのコンディショニングが不可欠である。期分けとは、後に続くさまざまなシーズンに向けての、トレーニングおよびコンディショニングプログラムを発展させ、選手の傷害やオーバートレーニングを軽減し、最高の競技力向上をもたらそうとするコンディショニングへのアプローチの一つである。
- フィジカルコンディショニングはSAID—Specific Adaptation to Imposed Demands：［加えられた負荷に対する特異的な適応］—すなわち「特異性の原則」に従わなくてはならない。
- 通常、傷害予防には正しいウォームアップ、コンディショニング、クールダウンと続くように理解されている。激しいスポーツトレーニングや運動ができる状態に身体をもっていくための緩やかなウォームアップは、少なくとも15～30分かかる。ウォームアップはそのスポー

ツに関連しない一般的なものから構成され、その後そのスポーツ関連する動作を組み込む。

- 多くのスポーツの傷害予防には最適な柔軟性が必要である。柔かすぎても関節の傷害を引き起こすことがあり、硬すぎると筋断裂や筋挫傷を起こす危険性がある。柔軟性向上のための最も安全で効果的な方法はスタティック・ストレッチングとPNFである。
- 筋力は抵抗に対して力を発揮する能力であり、運動を成し遂げる力である。筋力を高めるには多くの方法があるが、等尺性運動、漸増性抵抗運動、等速性運動、サーキットトレーニング、プライオメトリクス、徒手体操などがある。
- 全身持久力は、全身や、身体の大きな筋肉の運動を繰り返し長時間行える能力である。最大有酸素能が全身持久力のレベルを決定する最大の要因である。全身持久力の向上は継続、インターバル、ファルトレクトレーニングなどによって達成される。

頭の体操（エクササイズ）の答え　Solutions to Critical Thinking Exercises

4-1 ウォームアップは軽く汗をかくような5〜7分のゆっくりとしたジョグから始める。その後、大腿四頭筋、ハムストリングス、鼠径部、股関節外転筋を集中的にストレッチング（スタティックまたはPNFのどちらか）を行う。特定のストレッチングで15〜20秒保持を4回繰り返す。練習に入ったら、徐々に、かつ適度に運動強度を上げていく。コーチは練習後のクールダウンのなかでのストレッチングの重要性も強調する。

4-2 ウエイトトレーニングは、リフティング方法が正しければ柔軟性にマイナス効果はない。関節の全可動域でウエイトトレーニングを実施していれば、筋力を向上させるだけでなく、同時に可動域も維持できる。この女性水泳選手は筋肉のサイズによって可動域が影響を受けるほど、筋肉が肥大する可能性は低い。コーチは厳しいトレーニングには積極的なストレッチングを組み入れ続けることも勧めるべきである。

4-3 砲丸投げは、他のスポーツの動的な動きと同様に、筋力だけでなく非常に素早く力を生み出す能力（パワー）を求められる。筋肉のパワーを上げるためには、選手はその能力を向上するために、動的で爆発的なトレーニング方法を行わなくてはならない。スクワットやパワークリーンのようなパワーリフティング系のトレーニングも役に立つ。さらに、抵抗を加えるためにウエイトを利用したプライオメトリクスは、抵抗に対する筋収縮のスピードアップを学ぶのに役立つであろう。

4-4 水泳や固定のエクササイズバイクなどの運動を、選手のリハビリテーションプログラムにすぐにでも組み込むべきである。もしエクササイズバイクに乗る時に足関節への負担が痛みを起こす場合は、上肢だけでこぐ専用のバイクを利用すべきである。コーチは、有酸素性と無酸素性の働きを維持するために、そのサッカー選手に30分間の継続トレーニングと、高度なインターバルトレーニングを勧める。

訳注）
一般にはあまり普及していないが、手でこぐ上肢用のエアロバイクがある。
　例：UBEマシン

復習問題とクラス活動

1. 年間を通してのコンディショニングが、なぜ傷害予防にとって重要であるのか？
2. 傷害予防の面で、コンディショニングについて、できるだけ多くの利点を挙げよ。
3. SAIDの原則がスポーツコンディショニングと傷害予防にどのように関係するか？
4. 正しいウォームアップとクールダウンは、傷害予防に対してどのような価値があるか？
5. スポーツの種類によってどのようなウォームアップとクールダウンを行っているか？
6. 柔軟性向上のための具体的なトレーニング方法を比較せよ。これらによって選手の受傷の危険性がどのように増減するか？
7. 筋力向上は受傷の危険性をどのように軽減するか？
8. 筋力向上のためのさまざまなトレーニング方法を比較せよ。それぞれの方法は傷害予防という点で選手に対してどのような長所、短所があるか？
9. 最大有酸素能と心拍数の関係を議論せよ。
10. 有酸素性運動と無酸素性運動の違いを述べよ。
11. 継続トレーニングはインターバルトレーニングとどのように違うか？
12. シーズン前のトレーニングとコンディショニングプログラムを処方せよ。

5 栄養に関する配慮

Chapter 5

この章を終えると、次のことが説明できるようになる。
- 6群の栄養素の認識とそれぞれの主な働き
- 競技力向上と傷害予防のために正しい栄養補給をすることの重要性
- スポーツ選手の食生活におけるさまざまな栄養サプリメントの是非
- 試合直前食の長所と短所
- 体重と身体組成の違い
- カロリーバランスの原則と評価
- 体重の増減方法
- 過食症と拒食症のサイン

　健康と体調管理において、栄養補給や食事療法および体重管理は、スポーツ選手のトレーニングとコンディショニングプログラムの重要な一要素である。正しい食習慣を送る選手は、健康的な生活レベルを高く保ち受傷の危険性を軽減している。バランスのとれた食生活は筋力、柔軟性、全身持久力を発達させるのに役立つ[4]。残念ながら栄養補給についての誤解、流行、迷信などがスポーツ選手達の食習慣に悪影響を与えている。

　多くの選手は、成績を上げることと特別な食べ物やサプリメントを摂取することには関連があると考えている[10]。よい成績を上げている選手のなかには、食事が健康にも、また生理学的にも有益だと理解していても、食習慣を変えたがらない選手もいる。選手にとって好きな食べ物を摂ることの許可を得ることは精神的な安定につながり、成績にも多大な影響を及ぼす可能性もある。問題は、特別なものを摂る食習慣を有益とみなすことが慣習的になってきており、実際には選手の生理学的機能に支障をもたらし、成績にも影響するということである。このように、多くの栄養の「専門家」が研究に基づく情報よりも経験的な情報を広めてしまうことがある。コーチは選手達に栄養に関する正しい知識を与えられるように、選手の情報源として確固とした知識を持っていなくてはならない。

　この章では栄養に関する基本的な情報をコーチに提供しているが、この情報が選手にどのように提供されるかというのが重要な点である。それぞれの選手の食物嗜好には大きな違いがあるうえに、必要な栄養素を得る方法も一つではない。だが、実際に栄養不足の傾向がある選手は、最高の競技力を発揮することはできない。

栄養素

ダイエットというと、一般的に体重を減らすことを思い浮かべる。実際ダイエットとは、普段の食品選択、要するに何を選んで食べているかである。人によって食べ物の好き嫌いがあるが、誰もが生きていくために食べなくてはならない。栄養学とは食物の科学、つまり**栄養素**が体内でどのような働きをするかを研究する[31]。栄養素は次の3つの大きな役割を果たしている[29]。

1. 体細胞の成長、修復および維持
2. 身体機能の調整
3. 細胞にエネルギーを供給

栄養素は大きく6つに分類される。**炭水化物**、**脂肪**（脂質とも呼ばれる）、**タンパク質**、**水分**、**ビタミン**および**ミネラル**である。ほとんどの食物はこの栄養素が混合している。身体によってつくられる栄養素もあるが、**必須栄養素**は食事によって供給されなくてはならない。食物に含まれるすべての要素が栄養素と考えられているわけではない。完全食品というものはなく、つまり、一つの食物に健康に必要なすべての栄養素が含まれているものはない。炭水化物、脂肪、タンパク質からの摂取カロリーの実際の割合と、推奨されている割合をまとめて図5-1に示す。

全摂取カロリーのうち55～60％を炭水化物から摂ることが勧められている。脂肪は25～30％であるべきで、タンパク質からはわずか15～20％である。1日のうち追加的なエネルギーを必要とするスポーツ選手にとっては、余分なカロリーは炭水化物で摂るべきである。

炭水化物（CHO）

スポーツ選手にはより多くのエネルギーが必要である。**炭水化物**は身体の最も重要なエネルギー源であり、必要なぶんを満たすべきである[9]。

栄養素6群：
- 炭水化物
- 脂肪
- タンパク質
- ビタミン
- ミネラル
- 水

栄養分の豊富な食品は熱量に応じて十分な量のビタミンとミネラルを供給する。

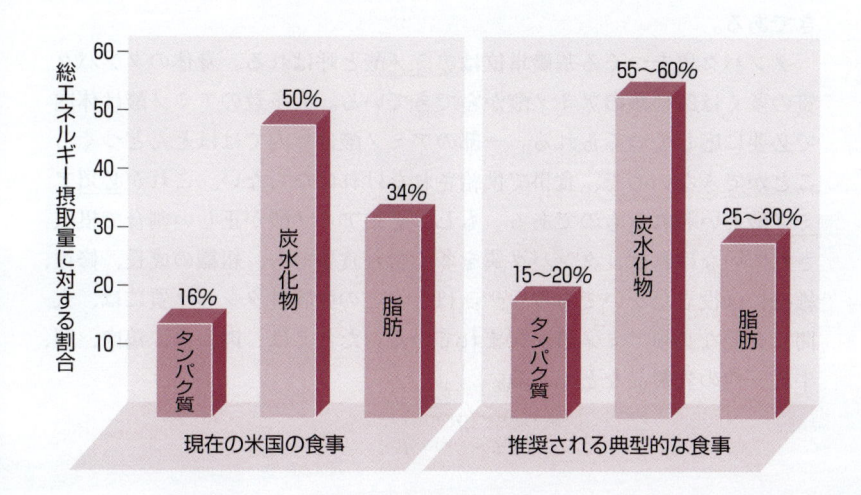

図5-1

炭水化物、脂肪、タンパク質から得るカロリー比較

炭水化物とは糖分、でんぷん、食物繊維である。

炭水化物は総カロリー摂取量の最低55％以上を占めており、60％までを勧めることもある。炭水化物は単糖類（糖分）と多糖類（でんぷん、食物繊維の大部分）に分類される。消化中に複合炭水化物は<u>グルコース</u>に分解される。すぐにエネルギーとして必要とされなかったグルコースはグリコーゲンとして肝臓や筋細胞に貯蔵される。グルコースは必要な時に応じてグリコーゲンから放出される。ただし体内にグリコーゲンとして蓄えられるグルコースの量には限りがある。それ以上の過剰なグルコースは脂肪として蓄積される。炭水化物の摂取が不十分であると、グルコースをつくるためにタンパク質を使ってしまう。グルコースの供給は、タンパク質が分解されることがないよう十分でなくてはならない。

脂肪

<u>脂肪</u>は食物のもう一つの重要な要素である。エネルギー源として最も凝縮されているものであり、炭水化物やタンパク質に比べ１g当たり２倍以上のカロリーを供給する。脂肪は第一のエネルギー源として利用されている。脂肪の種類によっては食べ物をよりおいしくし、また脂溶性ビタミンのもととして必要である。また最低限の脂肪は正常な成長と発達のために重要である。

5-1 Critical Thinking　頭の体操——エクササイズ

ある女性ソフトボール選手は少し体重がオーバーしており、数ポンド落とすようにコーチにいわれた。その選手は、減量するには脂肪の摂取を制限する食生活がいかに大切であるかということをテレビで見たり本で読んだりしている。彼女は基本的に脂肪なしの食事制限をすることを決心し、それが自分の減量に役立つだろうと確信している。
質問：減量の手段として脂肪摂取のみを避けることについて、コーチはどんな話をすべきか？

米国では、食事の脂肪が総カロリー摂取量のなかで高い割合を占めている（図５−１参照）。多くのアメリカ人にとって、かなりの量の脂肪が飽和脂肪酸である。この摂取量が高いと、肥満、ある種の癌、冠状動脈疾患の罹患率を上げる危険性がある。推奨される脂肪の摂取量は総カロリー量の25％未満、飽和脂肪酸は総カロリー量の10％未満である。

脂肪には飽和と不飽和のものがある。

タンパク質

<u>タンパク質</u>は身体の主たる構造的要素をつくり上げる。そして身体組織の成長、維持、修復に必要である。さらにタンパク質は酵素や多くのホルモン、病原菌と闘うのを助ける抗体をつくるのに必要である。エネルギーとして通常は、タンパク質は使われない傾向にあり、脂肪や炭水化物に依存している。タンパク質の摂取は総カロリー量の約15％にすべきである。

食生活についての推奨
- 炭水化物　55〜60％
- 脂肪　25〜30％
- タンパク質　15％

タンパク質をつくる基礎単位は<u>アミノ酸</u>と呼ばれる。身体のタンパク質の多くは20種類のアミノ酸からできている。大多数のアミノ酸は体内で必要に応じてつくられる。一部のアミノ酸は体内ではほとんどつくることができないので、食事で供給されなければならない。これが<u>必須アミノ酸</u>といわれるものである。もし、必須アミノ酸が正しい割合で摂取されていなければ、タンパク質を多く含む食事でも、組織の成長、修復、維持には役立たないであろう[30]。ほとんどの動物性タンパク質には、人間に必要な必須アミノ酸が含まれている。たとえば、肉、魚、鶏肉、卵、牛乳、他の乳製品などである。

ビタミン

ビタミンは、炭水化物、脂肪、タンパク質、水分に比べると、必要な量は非常に少ないが、第一に体内作用を調整するものとして重要な役割を果たしている。ビタミンは、組織の治癒と修復という重要な役割も担う。研究者によってこれまでに13種類のビタミンが確認され、体内でのそれぞれの役割が特定された。

ビタミンはエネルギーを供給していると誤解されがちだが、身体はビタミンを分解してエネルギーを産出することはできない。表5-1にビタミンについて、多く含まれている食品、不足した時の症状、摂りすぎによる毒性などをまとめた。

ビタミンは2つのグループに分類される。脂溶性ビタミンは脂肪に溶け、体内に貯蔵される。水溶性ビタミンは水分に溶けるが、体内には貯蔵されない。水よりも脂肪に溶ける脂溶性ビタミンは、ビタミンA、E、DおよびKである。余分な脂溶性ビタミンは、水に溶けないので尿から排出されることは難しい。必要とされるまで肝臓や体脂肪に貯蔵されるが、毒性のあるものに変わる危険性がある[29]。

水溶性ビタミンはアスコルビン酸として知られるビタミンCや、チアミン、リボフラビン、ナイアシン、B_6、葉酸、B_{12}、ビオチン、パントテン酸などのビタミンB複合体である。ビタミンCは、骨や歯の形成、筋肉と他の組織を一緒に保つ組織（結合組織）の維持、免疫システムの強化に使われる。脂溶性ビタミンと違って水溶性ビタミンはほとんど体内に貯蔵されないので、毎日の食事で供給しなくてはならない。

抗酸化栄養素

抗酸化栄養素は、早すぎる老化、ある種の癌、心臓病などの健康問題を予防する[23]。抗酸化栄養素は生きている細胞を、活性酸素を含むある種の作用物質による破壊的影響から保護する。ビタミンCとE、ベータカロチンは抗酸化栄養素である。ベータカロチンは深緑や濃い黄色、オレンジ色の果物や野菜に見られる植物色素である。体内でベータカロチンをビタミンAに変えることができる[23]。1980年代初頭、研究者は、カロチンを多く含んだ果物や野菜を大量に摂る喫煙者は他の喫煙者に比べ、肺癌が進行しにくいと発表した。以来、抗酸化栄養素を多く含む食事の利点についてさまざまな証拠が集められている。

スポーツ選手はサプリメントでもよいから抗酸化栄養素の摂取を増やすべきだと示唆する研究もある。また、サプリメントの摂取には注意が必要だとする反対意見もある。過度のベータカロチン色素は体内で循環し、皮膚を黄色にする可能性がある。だが色素には、よく似た栄養素のビタミンAとは違って、毒性があるとは考えられていない。その反面、ビタミンCとEの摂取増加にリスクがないわけではない。過度のビタミンCはよく吸収されずに、余剰分が腸を刺激し下痢になる。ビタミンAとDより毒性は少ないが、ビタミンEも過剰に摂取すると健康に問題を

5-2 Critical Thinking
頭の体操──エクササイズ

あるバレーボール選手は、きちんと食べ、十分な睡眠をとっていると自分で思っているのに、いつも疲労と倦怠感を訴えている。活力アップのためと、疲れにくくなるためにチームメイトがビタミンのサプリメントを摂ることを勧めている。選手はコーチにどんな種類のビタミンを摂るべきかアドバイスを求めにきた。

質問：コーチは、ビタミン補給についてどんな説明し、何を勧めるべきか？

脂溶性ビタミン：
- ビタミンA
- ビタミンD
- ビタミンE
- ビタミンK

水溶性ビタミン：
- ビタミンC
- チアミン
- リボフラビン
- ナイアシン
- 葉酸
- ビオチン
- パントテン酸
- ビタミンB_6
- ビタミンB_{12}

抗酸化栄養素：
- ビタミンC
- ビタミンE
- ベータカロチン

表5-1 ビタミン

ビタミン	主な機能	主要供給源	欠乏	過剰（毒性）
A	皮膚と体内に並ぶ他の細胞を保つ、骨と歯の発達、成長、薄暗い場所での視力	レバー、牛乳、卵黄、緑黄色の果物、野菜	鳥目、乾燥肌、成長障害	頭痛、吐き気、抜け毛、乾燥肌、下痢
D	正常な骨の成長と発達	日光に当たること、強化乳製品、卵、魚の肝油	小児くる病——変形を起こす骨形成不全	食欲不振、体重減少、成長不全
E	酸化剤にさらされることによる多価不飽和脂肪酸の破壊を防ぐ、破壊から細胞膜を守る	植物性油、果物と野菜（少量）、全粒の穀類	貧血を起こす赤血球の破損	吐き気、下痢。もしビタミンDも不足するとビタミンKを妨害する。他の脂溶性ビタミンほど毒性はない
K	血液凝固物質の生成	緑の葉もの野菜；腸の正常なバクテリアが吸収されるビタミンKをつくる	出血時間が長くなる	
チアミン	炭水化物、脂肪、タンパク質からのエネルギー放出のために必要とされる	穀物製品、豚肉、豆類、乾燥豆	エネルギー欠乏、神経のトラブル	
リボフラビン	炭水化物、脂肪、タンパク質からのエネルギー	牛乳、レバー、果物と野菜、栄養強化パン、穀物	乾燥肌、唇の割れ	
ナイアシン	炭水化物、脂肪、タンパク質からのエネルギー	レバー、肉、鶏肉、ピーナッツバター、マメ科の野菜、栄養強化パン、穀物	肌のトラブル、下痢、精神的な落ち込み、突然死（米国では稀）	肌のほてり、腸の不調、神経質、腸の潰瘍
B_6	タンパク質の代謝、ヘモグロビン生成	白身の肉、全粒穀物、レバー、卵黄、バナナ	発達不全、貧血	神経損傷によって調整機能を失う
B_{12}	遺伝性物質の生成、中枢神経システムの維持	動物性由来食品	神経系トラブル、貧血	神経系トラブル、貧血
葉酸	遺伝性物質の生成	小麦胚芽、レバー、イースト、マッシュルーム、緑の葉もの野菜、果物	貧血	
C（アスコルビン酸）	結合組織の形成と維持、歯や骨の形成、免疫作用	果物、野菜	壊血病、（稀に）関節の腫れ、歯茎からの出血、疲労、あざ	腎臓結石、下痢
パントテン酸	炭水化物、脂肪、タンパク質からのエネルギー	食物に広く含まれる	通常、人には見られない	
ビオチン	脂肪の利用	食物に広く含まれる	通常、稀	

引き起こす。

ミネラル

食事で20種類以上のミネラル成分が供給される必要がある[10]。これらのミネラルのいくつかを表5-2に示す。他のミネラル成分は体内に見られる。ミネラルの役割ははっきりしていない部分もあるが、強い骨や歯をつくる、エネルギーを生み出す、酵素を活性化する、水分バランスを保つなどのさまざまな役割のために必要とされる。多くのミネラルは体内、特に骨や肝臓に貯蔵される。これらのミネラルはそれぞれ重要であるが、カルシウムと鉄の2つには特に注目しなくてはならない。

水分

水分は最も重要な栄養素である[31]。人は何週間、何カ月、何年でさえも、他の栄養素がなくとも生きられるが、水がないと2、3日で死んでしまう。大人の体重の約60％が水分である。体内で使われる多くの成分が水溶性、つまり水に溶けるということである。水はカロリーをまったく供給しないが、十分な水の供給がエネルギーの産生には不可欠である。水は消化と細胞内外の適切な環境を維持する役割をする。身体が燃料を燃やす際に、多くの熱エネルギーを発する。身体のオーバーヒートを避けるために身体が水分を使用する方法が、発汗である。

平均的な大人は1日に最低2.5ℓ、グラス約10杯分の水を必要とする[31]。水分は非常に重要であるので、健康的な体内では水分レベルを注意深くやりくりする。身体の水分量が1～2％落ちると、喉が渇き始める。水分補給により体内の水分量は標準に戻る。もし、喉が渇いたというシグナルを無視し、体内の水分が減少し続けると脱水症となる。<u>脱水症になった人は十分なエネルギーを生み出すことができず、虚脱感に襲われる。他の症状は吐き気、嘔吐、失神などである。</u>

脱水症は屋外で激しい運動を行い、汗をたくさんかいている時に起こりやすい。脱水症を避けるためには、十分な水分を摂取して失われた水分を補う必要がある。水分を摂るシグナルとして喉の渇きだけに頼ってはならない。喉の渇きを感じた時には、すでにやや脱水状態に陥っている。多くの人が喉の渇きを無視するか、あるいは気にしていても適切な量の水を飲まずにいる。ほとんどの人が発汗で失った約50％の水分量しか補っていないのである[18]。脱水症の危険を減らすために、スポーツ選手は水のボトルをいつも持ち歩き、1日中こまめに水分を摂ることが望ましい。選手は練習や試合前、試合中、試合終了後に水分補給する必要がある。水分補給は水かスポーツドリンクで行うべきであり、このことは第10章で述べる。

電解質の必要性

電解質とはナトリウム、塩化物、カリウム、マグネシウム、カルシウムであり、溶液中では電荷したイオンである。これらは細胞外の水分バ

激しく汗をかいた後の水分補給は電解質の補給と同じくらい重要である。

電解質：
ナトリウム、塩化物、カリウム、マグネシウム、カルシウム

表5-2 主要なミネラル

ミネラル	主な役割	主要供給源	欠乏	過剰
カルシウム	骨と歯の形成、血液凝固、筋収縮、神経機能	乳製品	骨粗鬆症	カルシウムは軟部組織に沈着する
リン	骨格の発達、歯の形成	肉、乳製品、その他タンパク質を多く含む食品	ほとんど見られない	
ナトリウム	水分バランスの維持	食品添加塩（塩化ナトリウム）、塩化ナトリウムを含む保存料		高血圧が進む原因になり得る
鉄	ヘモグロビンの形成、炭水化物、脂肪、タンパク質からのエネルギー	レバー、赤身の肉、栄養強化パン、穀物	鉄欠乏性貧血	サプリメントの過剰摂取で子供が死亡することもある
銅	ヘモグロビンの形成	レバー、ナッツ、甲殻類、さくらんぼ、マッシュルーム、全粒穀物パン、シリアル	貧血	吐き気、嘔吐
亜鉛	正常な成長と発達	海産物、肉	肌のトラブル、発達の遅れ、成長のトラブル	銅の使用を妨げる、HDLレベルを減少させる
ヨード	チロキシンホルモンの産生	ヨード塩、海産物	心身の成長の遅れ、エネルギー不足	
フッ素	骨と歯の強化	フッ素添加水	むし歯になりやすい	歯のエナメル質を損なう

訳注）
HDL
（high density lipoprotein）
高比重リポ蛋白。善玉コレステロール。過剰なコレステロールを末梢組織から肝臓へ運ぶ。

ランスを保つ。電解質の補給は体調不良、ひどい水分不足、マラソンに参加する、練習を終えたばかりだが2、3時間以内に再び最高に近い競技力を発揮しなければならない、などの状況下では必要である。一般的に、電解質はバランスのよい食事から十分に摂取できる。活動前、活動中、活動後に水分を自由に（随意に）補給できることが鉄則である。電解質の不足は、筋肉の痙攣、暑熱に対する耐性の低下などの原因となる。発汗は単に体内の水分を失うことだけでなく、同時に電解質も失っているのである[18]。

栄養素からエネルギーをつくる

細胞が炭水化物、脂肪、タンパク質を分解する際にエネルギーがつくられ、これらの混合物に蓄えられていたエネルギーが放出される。図5-2に見られるように、炭水化物は、短時間の高度な筋収縮に使われるエ

ネルギーの大部分を供給している。時間が長くなり、活動の程度が増すにつれ、呼吸も増え、細胞への酸素供給がより多くなり、エネルギーの産出が最大になる。持久力の必要なスポーツなどのように活動が長くなると、燃料として使われる脂肪と炭水化物の割合が同様になる。通常の状態では、タンパク質がエネルギーの約5％以下を供給する。ただし持久力を求められるスポーツを行っている選手は、必要なエネルギーの10～15％ほどをタンパク質から得ている[19]。

図5-2

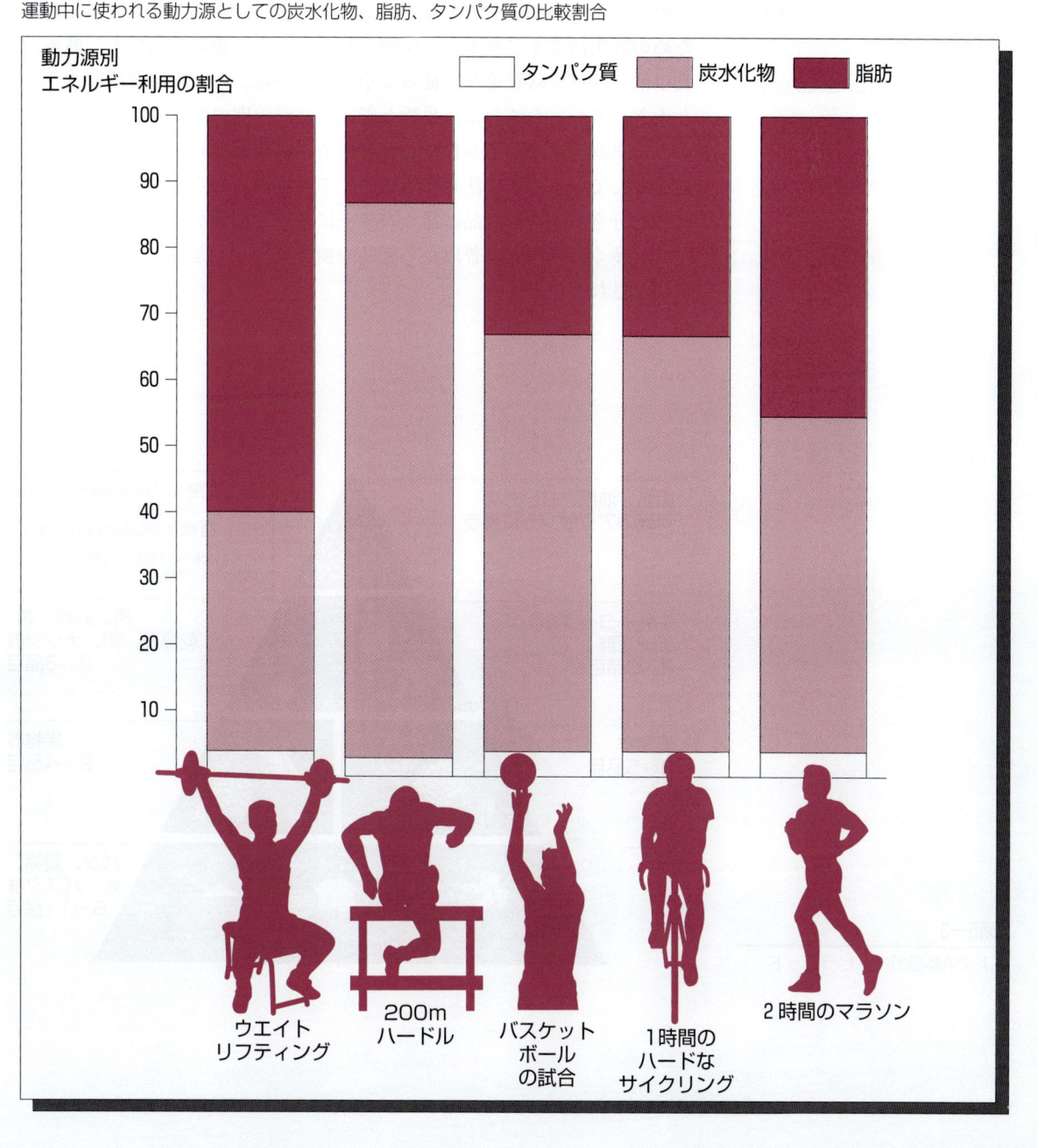

運動中に使われる動力源としての炭水化物、脂肪、タンパク質の比較割合

動力源別エネルギー利用の割合

凡例：タンパク質／炭水化物／脂肪

- ウエイトリフティング
- 200mハードル
- バスケットボールの試合
- 1時間のハードなサイクリング
- 2時間のマラソン

栄養豊富な食事とはどんなものか

フードピラミッド

　4大基礎食品群プランは1950年代半ばに初めて紹介され、その後健康と食品選択の関係をアメリカ人に教育するのに役立つと考えられたフードピラミッドとして、その概念が再構築された。図5-3は食品のグループ分け、毎日食べるべき最低量、各群からの食品例を示している。炭水化物を多く含む食品（パン、穀物群）が食事の基礎となるが、総カロリーのうち多くの割合をこの群から消費する必要があると勧めた米国人のための食生活ガイドラインが反映されている[28]。他の食品群も、健康な食生活に関連する重要度に従って示されている。4大基礎食品群プランと大きく変わったことは、果物と野菜が2つの別の群に分けられ、それぞれに摂取する量が示されたことである。脂肪と糖分がピラミッドの頂点をなしていることに注意すること。この位置にあるということは、脂肪や糖分を多く含む食品は総カロリーに占める割合が最も少ないことを示す。多くの米国人は普段から脂肪や糖分を摂りすぎるので、最低摂取量は示されていない[29]。

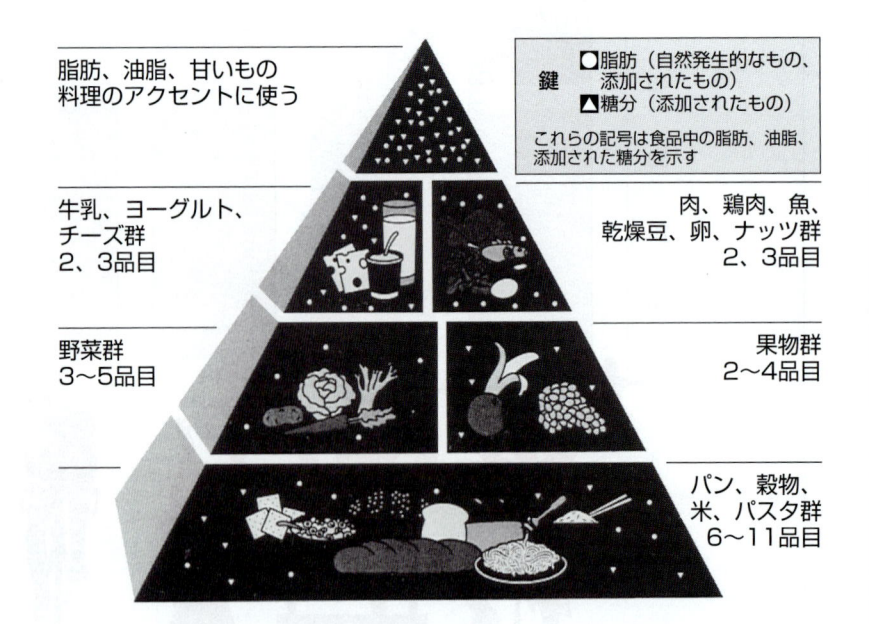

訳注）
「フードピラミッド」とは米国農務省（USDA）が示す食事のガイドラインのことで、5年ごとに見直される。図5-3は1992年に作成され、長年使われてきたもの。2005年4月に発表されたフードピラミッドは「マイピラミッド」と名付けられた。
〈参照サイト〉
http://www.mypyramid.gov/

図5-3
USDA食品ガイドピラミッド

栄養豊富な食物とジャンクフード

　カロリー含有量に対してビタミン、ミネラル、タンパク質を多量に含む食物は栄養豊富な食物とされる。キャンディ、チップス、ドーナツ、ケーキ、クッキーなどはジャンクフードとみなされることがある。これらの食物は栄養分が豊富ではなく、ビタミンやミネラルのわりに脂肪や糖分のカロリーが多すぎる。スポーツ選手の食生活が栄養的にバランスがとれていて、選手の摂取カロリーに余裕があるならば、時々油っぽく甘い食品を食べても問題ない。ただし、これらの食品を多く摂る食生活をしている人は、栄養的に優れた食品を摂る食生活に変えるべきである。ジャンクフードを多く摂る食習慣を長期間続けることは健康的でない[25]。

栄養補給と運動についての誤った神話と解釈

　スポーツ選手はよく、練習量の増加がタンパク質、ビタミン、ミネラルなどの栄養素を多く必要とし、またこれらの栄養素で身体を十分に満たすことが望ましいことだと考えている[30]。これらの栄養素の摂取レベルが食事摂取基準（dietary reference intake：DRI）レベル以上であるべき科学的根拠は何もない[16]。運動量の増加は必要なエネルギー量を増大させるが、それがタンパク質、ビタミン、ミネラルの摂取増加にはつながらない[19]。よって選手の身体能力の向上に関わる栄養補給の役割について、より一般的な通念に基づいてよく検討する必要がある。

　スポーツで好成績を出すための栄養補給に関する神話のほうが、選手に関わる他のどのトピックよりも多く存在する。競技力が向上するためのサプリメントの使用に関するアドバイスが、人気のある本や雑誌の記事に紹介されている。残念なことに消費者が目にする栄養補給についての情報には、事実に基づいた信頼できるものより、信用できないもののほうが多い。スポーツ選手が本当に栄養パウダーや錠剤、ドリンクを「成功への鍵」であると信じるなら、成功するかもしれない。信じることは、その物自体に本当は何も効果がなくても、実際に望んだ効果へと導くことがある。これはプラシーボ効果として知られており、非常に力がある。サプリメントは精神的な高揚をもたらし、多くの場合害はない。ただし多くの人があまり価値のないサプリメントにかなりの金額を使い、製品のなかには本当に身体を蝕むものもある[24]。

　サプリメントについて議論する前に、まず**コーチはどの種目の選手に対しても栄養補給サプリメントを供給したり、配ったりするべきではない**ということを強調しておかなくてはならない[2]。そのようなことは違法であり、米国では州によって州法に違反する可能性がある。またNCAAなどのような国や州の管理機関の規則に触れる可能性もある。

運動中にビタミンの必要量は増えない。

米国RDAは食品の栄養価を消費者に比較しやすいようにしている。

訳注）
RDA：recommended dietary allowances

ビタミンの補給

多くのスポーツ選手が、大量のビタミンのサプリメントを摂ることでより健康になり、より成績を上げることにもつながると思っている。栄養サプリメントを多く摂取すると本質的に摂りすぎとなり、栄養素の摂取量は、DRIレベルを超えることになる。このような過剰摂取は、そのサプリメントがビタミン、ミネラルそれぞれについて、DRI推奨の量で選手が健康になるならDRI推奨の10倍のサプリメントを飲めば10倍健康になる、というような考えを正当化して行われる。この種の論理に真実はない。バランスのよい食事をしている選手は、ビタミン補給の必要はない。コーチは栄養サプリメントを供給したり配ったりしてはならない。しかし、もし選手が理想的な食生活をしていない場合は、マルチビタミンのサプリメントが有効となる。脂溶性ビタミンの過剰補給は毒性をもたらすこともある。

ミネラルの補給

ミネラルを十分摂取することが問題となる選手もいる。乳製品、赤身の肉、栄養強化パン、穀物などを含まない食生活を送る選手は、カルシウムや鉄の摂取量が少ない。しかし選手はまず金銭の無駄使いや過剰摂取を防ぐために、ミネラルが余分に必要かどうかを判断しなくてはならない。次のセクションでは食事で不足がちないくつかのミネラルについて探究し、サプリメントを必要としないように食事の質を高める方法を説明する。

カルシウム不足

カルシウムは体内で最も豊富なミネラルである。骨や歯、筋収縮、神経刺激伝導に不可欠である。カルシウムの摂取が必要量に満たないと、身体は骨からカルシウムを奪ってしまう。時間が経つと骨は弱り、レントゲンフィルムで小孔が見えるようになる。この骨はもろく、自然に折れてしまうこともある。この状態が**骨粗鬆症**と呼ばれ、男性の8倍も女性に起こりやすい。骨粗鬆症は閉経後の女性にとって深刻な問題である[11]。

運動はカルシウムを骨に留めるので、身体を動かすことは有効的である。ただし若い女性が極度に激しい運動を行い、正常なホルモンバランスが狂ってしまうと、骨粗鬆症が早まりやすい。骨粗鬆症の家系にある女性には、カルシウムの補給としてリン酸塩よりもむしろ炭酸カルシウムやクエン酸塩を勧める[22]。

乳製品は最も好ましいカルシウム源である。多くのスポーツ選手が牛乳を嫌ったり、胃の調子が悪くなるとこぼしたりする。このような選手には、乳糖（ラクトース）を分解する**ラクターゼ**と呼ばれる酵素がない。この状態は乳糖不耐症、または**ラクターゼ欠乏症**とされる。消化されないラクトースが大腸に入り、普段からそこに存在するバクテリアがラクトースをエネルギーとして利用する。バクテリアは大量の腸内ガスをつ

骨粗鬆症（osteoporosis）
骨密度の減少。

ラクターゼ欠乏症
（lactase deficiency）
乳糖分解酵素欠損症。乳製品の吸収不全。

くり出し、これが不快感や痙攣の原因となる。多くの乳糖不耐症の人は下痢にも悩まされる。幸いなことに科学者が、不足している酵素、ラクターゼをつくり出した。ラクターゼは処方箋がなくても購入できるので、食事前または食事と一緒に摂取することができる。

鉄分不足

特に若い女性にとっては、鉄分不足もまたよくある問題である。鉄の欠乏は**鉄欠乏性貧血**を起こす[21]。鉄はヘモグロビンをきちんとつくるために必要である。貧血になると赤血球の酸素運搬能力が低下するために、筋肉がエネルギーを生み出すための必要な酸素を得ることができなくなる。貧血の人は疲れやすく虚脱感がある。当然ながらスポーツ選手が鉄分不足の時には、最高の競技レベルで戦うことができない。

> **貧血**（anemia）
> 鉄分の欠乏（血液中の赤血球数、ヘモグロビン量、ヘマトクリット値が正常よりも減少した状態）。

タンパク質の補給

スポーツ選手のなかでは、筋を肥大させるためにはより多くのタンパク質が必要であるとしばしば考えられている。しかし、筋肉を発達させるためには比較的少量のタンパク質でよいというのが真実である。特に激しいウエイトトレーニングやボディビルをしている多くの選手が、市販されているタンパク質のサプリメントを常用している。筋を肥大させるには、選手は毎日、体重1kg当たり1〜1.5g（体重1ポンド当たり0.5〜0.7g）のタンパク質を余分に摂るべきである[30]。この数値は、タンパク質DRI（理想体重1kg当たり0.8g）の約2倍よりもやや多いだけである。タンパク質を含む食品を好む人は、無理なく通常以上のタンパク質量を得ることができる。したがってスポーツ選手の食生活では、すでに多めのタンパク質の推奨量さえも超えていることが多く、タンパク質サプリメントの補給は必要ではない[14]。

クレアチンの補給

クレアチンは腎臓、肝臓、膵臓で自然に生成される物質で、95%が骨格筋に蓄えられている。身体は主に肉や魚の摂取からクレアチンを得ている。クレアチンの重要な役割はエネルギー代謝と骨格筋の収縮である。クレアチンの補給は、体力の消耗を遅らせ、通常の代謝経路の維持により競技力を強化する。クレアチンをサプリメントのかたちで身体に補給するにはいくつかの問題があり、特にクレアチン一水和物は体重増加、時々起こる筋肉の痙攣、胃腸障害、腎不全などを起こす。しかし現在のところ他の長期使用による副作用はわかっていない[26]。

クレアチンの生理学的効果には、練習の強度アップ、最大出力の持続時間の延長、最大強度での活動後の回復時間短縮、タンパク質合成の促進、総コレステロールの減少、除脂肪体重の増加などがある[13]。クレアチンの経口摂取と高負荷運動によって筋力が高まる。

2000年8月、競技のセーフガードとスポーツ医学に関するNCAA委員会は、学生選手にクレアチンを含むすべての筋肉増強剤の配布を禁止し

た。クレアチンの使用自体は禁止されていない。

糖分と競技能力

　運動の直前に蜂蜜、キャンディバー、または純糖のかたちでグルコースを多量に摂取することは、競技力に大きな影響を与える。炭水化物が消化される際に、大量の血糖が血液中に入る。この血糖（グルコース）値の増加が、インスリンホルモンの分泌を刺激する。インスリンが循環するグルコースを細胞が使用することを促すことにより、血液中のグルコースレベルはすぐに正常に戻る。これまでこの血糖値レベルの減少が競技力や持久力を阻害すると考えられていたが、最近では炭水化物を多量に摂取することは、多量摂取による弊害を上回る効果があることが示唆されている[9]。

　ただし、炭水化物の多量の摂取やインスリンレベルの増加に敏感な選手もいる。また単糖のフラクトースの多量摂取に耐えられない選手もいる。このような選手は、多すぎるフラクトースが胃腸障害や下痢を引き起こす。選手は自分が高炭水化物食に影響を受けるかどうかを知っておくべきであるが、試合前にはこのテストをすべきではない[31]。

カフェインと競技能力

　カフェインは中枢神経システムを刺激する。コーヒー、紅茶、炭酸水でカフェインを摂っている多くの人は、神経が鋭敏になり、疲れが減少するという効果に気づいている。チョコレートもカフェインと同類で同じような刺激効果を持つ成分を含んでいる。ただし大量のカフェイン摂取は神経症、いらつき、心拍数の増加、頭痛の原因となる。頭痛は、人がカフェインを含んだ製品の摂取をやめようとする時に起こる禁断症状でもある。

訳注）カフェインの扱いは、世界アンチ・ドーピング機構（WADA）や日本アンチ・ドーピング機構（JADA）に確認する。

　少量のカフェインは競技能力を阻害するようには見えないが、吐き気や軽い頭痛は報告されている。カフェインは持久力を必要とする運動中に脂肪の使用を促進する可能性があるので、貯蔵されたグリコーゲンの消耗を遅らせ、持久性を高める働きをする。またカフェインは筋収縮の際にカルシウムをつくり、筋肉の効果的な働きに役立っているようである。しかしアンチドーピング機構は、カフェインを薬物として扱っている。オリンピックに出場する選手は血液中にコーヒー5、6杯分以上のカフェインが含まれていてはならない。

アルコールと競技能力

　アルコールは身体にエネルギーをもたらし、純アルコール（エタノール）1gは7カロリーを供給する。しかしアルコール源にはビタミン、ミネラル、タンパク質の栄養的価値はほとんどない。アルコールの中枢神経に対する機能低下作用には、身体の調整力の減退、反応時間の遅れ、精神的鋭敏性の減少などが含まれる。またこの成分は尿の生成を促し、その結果身体の水分が失われる（利尿作用）。よってスポーツ選手による

アルコール飲料の使用は、運動前、運動中、運動後とも勧められない。

有機、自然、健康食品

多くのスポーツ選手は、自分達の食べる食品の質や栄養価だけでなく、その安全性にも配慮している。有機食品は化学肥料や殺虫剤を使用せずに育てた食品である[29]。有機栽培を推奨する人々は、これらの食品は殺虫剤や化学肥料などの化学的なものを使用して育てた同じ食品よりも栄養的にも優れており、安全であると強調している。

厳密にいえば、有機食品という説明にはあまり意味がない。すべての食品（水を除く）は有機的、つまり炭素を含んでいる。有機的につくられた食品は、従来の方法でつくられたものに比べて高価である。有機的な食品を摂取することに利点はない。従来の方法でつくられた食品より栄養価が高いわけではない。にもかかわらず、ある人たちにとっては身体に何か「よい」ことをしていると信じる心理的効果によってその余分なコストは正当化される。

自然食品はほとんど加工せず、保存料や人工香料のような添加物を含まない、ということを条件としてきた。加工は栄養価を保護する。保存料は食品の変質や腐敗を防ぐ。さらに多くの食品は、それ自体の自然なかたちでは毒性がある。ジャガイモの皮の下にある緑色の部分は、多量に食べれば毒となる。肝臓癌の原因となる毒キノコやピーナツのカビもある。

有機的自然食品は健康食品とされてきた。しかしスポーツ選手にとっては、健康食品だけの食生活を送ることに利点はない。

ハーブ

薬物や医薬品の代わりになる自然なものとしてハーブの使用は、米国の消費者のなかで流行になっていることは明らかである[15]。ハーブの多くは食品として摂取しても安全であり、自然な医薬品として副作用がほとんどないと主張されているが、稀に弱いアレルギー症状が出ることがある。ハーブからつくられたサプリメントの使用によって死亡するというケースもあった。

栄養的には、ハーブは脳や身体の分泌腺に影響を与え、ホルモンの生成を助けると報告された栄養源を供給することができる。食品と一緒に摂取することにより最大限に働くビタミンとは違って、ハーブは他の食品と一緒に摂る必要はない[15]。

ハーブはそのままのかたちでは薬物ではない。医薬品として、ハーブは基本的に身体の機能とともに働き、バランスをとり、治癒や調整を助ける。全体的な体力、栄養補助、あるいはちょっとした疾患や体調改善のために、ハーブを処方することは一般的である。

今日、何百ものハーブが広く利用されている。これらは簡単に健康食品店で入手できる。しかし食品や医薬品と異なり、販売を規制し、市販されている製品の品質を管理する制度や法律がない。よって消費者は細

心の注意を払ってハーブ製品を利用する必要がある。

　フォーカスボックス5-1に、最も一般的で広く利用され、健康食品店で販売されているハーブ製品を挙げる。トウガラシ、ロベリア、サッサフラス、マンドレイク、ヨモギギク、カナダヘビ根、ヨモギ、クルマバソウ、ヤマゴボウ、ヘンルーダなどの、付加的な効能のある複雑なハーブは、少量で触媒として利用できるが、それ一品だけで使用してはならない。

5-1　Focus Box　フォーカスボックス

最も広く使われているハーブと使用目的

カイエンヌ——減量に使用。
カスカラ——下剤として使用、脱水症を起こす可能性あり。
ドンカイ——月経症治療。
エキナセア——傷の治癒を早め、免疫システムを強化。
ナツシロギク——片頭痛、関節炎、月経前症候群の予防と軽減。
ニンニク——血中コレステロールとトリグリセライドレベルを下げ、HDLレベルを上げ、抗生剤、抗菌剤、殺菌剤として冠状動脈の疾患の予防と軽減。
ガルシニアカンボジア——脂肪の燃焼促進のために使用。
イチョウ——特に脳の血液の循環をよくする。
ヤクヨウニンジン——インポテンツ、虚弱、無気力、疲労の軽減。
ガラナ*——刺激剤として使用、カフェインを多く含み、減量目的の商品によく含まれる。
カバ——不安の軽減、筋肉の緊張をほぐす、鎮痛効果、局所麻酔としての働き、抗菌作用。
マオウ（エフェドリン）*——麻黄の木から採れ、中国で活力増進、食欲抑制、脂肪燃焼促進、筋組織の衰えを防ぐなどの医療目的で使用されてきた。中枢神経システムを刺激する薬物で多くのダイエット薬に用いられている。1995年、FDAは心臓発作、脳卒中、被害妄想、吐き気、発熱、動悸、ひきつけ、昏睡などの副作用を明らかにした。2003年にFDAによって禁止。
マテ茶——中枢神経システムの刺激剤。
ノコギリパルメット——炎症を抑える。利尿剤、性欲増進としても使用。
センナ——下剤として使用。水分、電解質を失う可能性あり。
オトギリソウ——抗鬱剤として使用。神経症、意気消沈、神経痛、腎不全、傷、やけどにも使用。
カノコソウ——不眠症、不安、ストレスの治療。
ヨヒンベノキ——性欲および男性性器の血液の流れを増進する。

---

*FDAや他のスポーツ機関のどちらか、または双方によって禁止。

エフェドリン

　エフェドリンは錠剤のかたちで摂取される刺激剤であり、ダイエットや気晴らしのための非合法的な薬物であるが、充血や喘息に対しては合法的な一般市販薬である[16]。エフェドリンはアンフェタミンに似ている。数年の間、FDAはエフェドリンを使用する危険性について消費者に警告してきた。近年では、NCAAと野球のマイナーリーグはサプリメントとしてのエフェドリンの使用を禁止した。2003年12月にはFDAもサプリメントとしてのエフェドリンを使用禁止にしている。いくつかの会社は、エフェドリンと他の刺激剤を含むサプリメントの販売を続けている。これらのエフェドリン・サプリメントが多くの問題を引き起こしているにもかかわらず、まだ市場に出回っているものがある。エフェドリンは心臓発作、脳卒中、頻脈、被害妄想、鬱状態、ひきつけ、昏睡、発熱、嘔吐、動悸、躁状態、呼吸低下のような副作用を及ぼす。

訳注）
FDA：米国食品医薬品局（Food and Drug Administration of the United States Department of Health and Human Service）

菜食主義

　多くのスポーツ選手が健康に留意しており、身体によいことをしようとする。米国の一般的な食事療法として菜食主義が現れた。すべての菜食主義者は、食生活の基礎として植物性食品を利用し、動物性食品を一切排除するか、さまざまな食事パターンに含めたりしている。菜食主義者になる選択をしたスポーツ選手は、経済的、哲学的、宗教的、文化的、健康的な理由による。理にかなって行われているのであれば、菜食主義はもはや単なる流行とはみなされない。ただし必要な栄養素がきちんと考慮されていなければ、菜食主義の食事はカロリー不足をもたらす。この食生活を送るスポーツ選手は、自分達の食生活から必要なカロリーや栄養素が摂取できるよう十分な配慮が必要である。

試合直前食

　試合前の食事の重要性と内容については、コーチ、アスレティックトレーナー、選手の間で激しく議論されてきた。選手のハードワークへのご褒美として、競技力の発揮を妨げる可能性がある食事であっても、「試合前くらい好きなものを食べさせてやれ」といった風潮や伝統が支持され、何を試合前に食べるべきかについての論理的な判断は無視されてきた。よくある別の問題点は、試合直前の食事が第一に考えられ、試合前の数日間で摂る栄養素のほうが、試合3時間前に食べるものよりも重要であることが認識されていない傾向である。試合直前食の目的は、食物の消化のよさと、選手それぞれの嗜好という最も重要なことを考慮しながら、選手に試合のための十分なエネルギーと水分を与えることである。図5-4に試合直前食の例を示す。

　選手自身が自分達の食生活に気をつけるように促す必要がある。しかし、基本的によいとされている食生活に変えたことによって成績が上がったという実験的な証拠はない。栄養豊富な食生活はいくつかの観点か

食事1 オレンジジュース　3/4カップ シリアル1/2カップに砂糖スプーン1 全粒パンのトースト　1枚 　マーガリン　スプーン1 　蜂蜜またはジャム　スプーン1 スキムミルク 　または低脂肪乳　8オンス 水 （約450〜500kcal）	または	オレンジジュース　3/4カップ パンケーキ1、2枚 　マーガリン　スプーン1 　シロップ　スプーン2 スキムミルク 　または低脂肪乳　8オンス 水 （約450〜500 kcal）
食事2 野菜スープ　1カップ ターキーサンドイッチ　1個 　パン　2枚 　ターキー　2オンス（ホワイトミートかダークミート） 　チーズスライス　1オンス 　マヨネーズ　スプーン2 スキムミルク 　または低脂肪乳　8オンス 水 （約550〜600 kcal）	または	トマトソースとチーズのスパゲティ　1カップ カッテージチーズ1/4カップに 　洋梨（缶詰）のスライス1/2カップをのせたもの イタリアンブレッド　1、2枚 　マーガリン（ガーリックは避ける）　スプーン1、2 シャーベット　1/2カップ 砂糖がけクッキー　1、2枚 スキムミルク 　または低脂肪乳　4オンス 水 （約700 kcal）

図5-4
試合直前食例

ら好ましい成果が上がるかもしれないが、すべての選手に最適というわけではない。多くの場合、試合前や練習前に何を食べ、何を食べるべきでないか判断するのは本人である。その人にとっての最適な基準とは、その人にとって何が一番快適かということである。

流動食サプリメント

　流動食のサプリメントは試合前の非常に効果的な食事として勧められ、実際に成功を収めながら、高校、専門学校、大学およびプロチームで使われてきた。これらのサプリメントは1袋平均225〜400カロリーである。使用してきた選手は、口の乾き、腹部の痙攣、足の痙攣、神経性排便、吐き気などの試合前によくある症状が軽減したとしている。

　通常の状態では摂取した食物が胃腸を通過するのに約4時間かかる。試合前の「興奮した状況下」では、胃を空にするにはさらに時間がかかる。未消化の食べ物の塊が、試合直前や試合時間中にまで胃や腸上部に残り、しばしば吐き気、嘔吐、痙攣の原因となる。未消化の食べ物は選手にとって何の価値もない。流動食サプリメントを使用させた経験のあるチームドクターによると、最もよいのは、試合前には胃にも腸上部にも残っていないのに使用可能なエネルギーが残っていることである。試合直前食にこのようなサプリメントを使用するメリットはある。

ファーストフードを食べること

　ファーストフードを食べることはアメリカ社会の生活様式の一つである。スポーツ選手、特に若い選手はほとんどファーストフードを常食して育ってきている。さらに、遠征の予算や厳しいスケジュールのために、車で移動する遠征の際によくコーチがファーストフードを選ぶことがある。たまに摂るような調味料の問題は別として、ファーストフードを摂ることの最大の問題は、カロリーの40～50％を脂肪から摂取することに

5-2　Focus Box　フォーカスボックス

ファーストフードを選ぶコツ

- 脂肪の多いフィッシュサンドやチキンサンド、チキンナゲットのような多量の油で揚げたものよりプレーンなバーガーを選ぶこと。フライドチキンを頼んだ場合は衣を除いて食べる。
- 普通のバーガーよりも脂肪分の少ないローストビーフ、ターキー、網焼きチキンなどがあればそれを頼むこと。
- フライドポテトはLサイズでなく、Sサイズを選び、塩をかけない。もし塩分がほしいならば、自分で少量かけること。油を多量に使って揚げた具のサンドイッチやチーズやソースの入ったものを頼む時は、フライドポテトはやめ、ベイクドポテト（バターと塩は少量）にするか、ビスケットの代わりにロールパンにする。また食事に添えるものとしてはサラダを選ぶ。
- 「ダブル」や「ジャンボ」「デラックス」「最高級」の代わりに、並みのサンドイッチを頼むこと。チーズ、ベーコン、マヨネーズ、スペシャルソースなどの具が一揃い入ったものでなくプレーンなものにする。ピクルス、マスタード、ケチャップ、その他の調味料などは塩分が多い。レタス、トマト、オニオンを選ぶこと。
- サラダバーでは、新鮮な葉もの、フルーツ、野菜を選ぶこと。サラダドレッシング、トッピング、クリーミーなサラダ（ポテトサラダ、マカロニサラダ、コールスロー）に注意する。これらはカロリーと脂肪分を他のメニューのレベルもしくはそれ以上にしてしまう。
- ファーストフードの品は、塩とその他の材料に多量の塩分を含んでいる。ファーストフードを食べた後は、その日の他の食事で塩分量を調整すること。
- ソーダやシェイクでなく水、低脂肪乳またはスキムミルクを選ぶ。
- デザート、または食事中に摂る甘いものとしては、低脂肪のフローズンヨーグルトがあればそれを選ぶ。
- 1日のうちで他の食事とのバランスを考えてファーストフード店で食べるものを選ぶこと。

なることである。これらはすでにかなりの分量の食事であるのに、そのうえ今はより手頃な値段で一気に最大限の脂肪、塩分、カロリーを摂ることができる「スーパーサイズ」化しつつある。

よい面は、ファーストフード店は全粒パンやロールパン、サラダバー、低脂肪乳製品などを含むメニューを拡充していることである。大手のファーストフード店の多くは、申し出に応じて、あるいは専用ラックに自由に持ち帰ることができる資料として、栄養についての情報を提供している。フォーカスボックス5-2「ファーストフードを選ぶコツ」にファーストフード店でより健康的に食事をするための提案を示した。

グリコーゲンの大量補給（グリコーゲンローディング）

> **グリコーゲン大量補給**
> （glycogen supercompensation）
> 高炭水化物の食事。

持久力を必要とする試合の場合、特に筋肉に蓄えられるグリコーゲンの量を最大化できるか否かが、1番になるか「集団のビリ」になるかの明暗の別れ道となる。筋肉や肝臓に貯蔵されるグリコーゲンは試合前の2、3日のトレーニングプログラムを軽いものにしたり、試合1週間前からの炭水化物の摂取量をかなり増やしたりすることによって増える。少なくとも試合前48時間のトレーニング量を軽減することによって、身体の活動性を妨げるような代謝老廃物を除去できる。高炭水化物の食事は筋肉や肝臓のグリコーゲンのレベルを復活させる。この働きは**グリコーゲン大量補給**と呼ばれる（以前はこの働きはグリコーゲンローディングと呼ばれていた）。基本は、筋肉に蓄えられたグリコーゲン量が直接その筋肉の持久力に影響することである。

グリコーゲン大量補給は6日間を3段階に分けて行われる。まず第1段階（1〜2日目）は、トレーニングは非常にハードで、食事での炭水化物補給は通常どおり総カロリーの60％を占める。第2段階（3〜5日目）では、トレーニングを減らし、選手は総カロリーの70％以上を炭水化物から摂る。研究により、グリコーゲンの蓄えが50〜100％に増える可能性があり、理論的には長時間に及ぶ試合に必要な持久力が高まることが指摘された。第3段階（6日目）は試合当日であり、通常の食生活がなされる。

持久力を必要とする活動でグリコーゲン大量補給が競技力の発揮に及ぼす影響はまだ明確には示されていない。グリコーゲン大量補給は1年に2、3回以上行ってはならない。グリコーゲン大量補給は、マラソンのようにグリコーゲンを消耗するような長時間続く試合においてのみ価値がある。

脂肪ローディング

持久力を必要とするスポーツで、最近では炭水化物の代わりに脂肪をローディングする選手がいる。彼らは自分の判断でエネルギー源をよりよいものにしようとする考えに基づいて補給している。この方法では、

結果として得られるのは、効果よりも有害な作用のほうが多い。脂肪のローディングは、バター、チーズ、乳脂肪、霜降りの牛肉などを摂った結果、心臓でのタンパク質やカリウムの消耗を引き起こし、不整脈を誘発し血清コレステロールレベルを上げることになる。

体重管理と身体組成

スポーツ選手において体重調整の必要性は、各々に染み込んでいる食習慣を変えることが難しいため、しばしば問題の原因となる。選手の食事プログラムのバランスや量について、コーチが十分に監督することはできないので、問題はさらに複雑なものとなる。体重管理については的確かつ注意深い方法をとるうえに、コーチ、選手の双方がそれぞれ何をすべきかを知っていることが必要である。このような理解によって、選手は摂るべき食物の量と種類について自分でコントロールできるようになる。

身体組成

身体組成は身体の脂肪と脂肪ではない部分の両方を指す。全体重に対する、脂肪組織からなる部分の割合が体脂肪率である。無脂肪または脂肪のほとんどない部分、つまり筋肉、腱、骨、結合組織などであるが、この部分の重さを除脂肪体重という。身体組成の測定は、選手がどのくらい体重増減をすべきかを決める最も正確な方法である[12]。

大学生の年代の女子の平均体脂肪率は、20〜25％である。大学生の年代の男子の平均体脂肪率は12〜15％である。持久力の必要な種目の男性選手は8〜12％と低く、女性の場合は10〜18％である。体脂肪率が男性は5％、女性は12％より低くならないよう勧められており、この数値より下がると、内臓器官は不可欠な脂肪分でできた緩衝材を失うこととなり、障害を引き起こす危険性がある。

身体組成の評価

皮下の厚みを測定する方法は、体内の脂肪の50％が皮下脂肪層にあり総脂肪量に密接に関係しているという事実に基づいている。体内の他の脂肪分は臓器や管の周囲にあり、衝撃吸収の役割を果たしている。この測定方法では皮下脂肪層の厚みを専用カリパスを用いて測る[12]。

身体組成を評価する第二の方法は、生体電流インピーダンスを測ることである。この方法は体内の選んだ箇所間での電流に対する抵抗量を見ることによって体脂肪率を予測する。この測定機器は比較的高価であるにもかかわらず、幅広く使われるようになっている。

身体組成（body composition）
体脂肪率と除脂肪体重。

カロリーバランスの評価

体重の変化はほとんどすべてがカロリーバランスの変化の結果である。

正のカロリーバランス＝体重増加
負のカロリーバランス＝体重減少

| カロリーバランス | ＝ | 摂取カロリー量 | － | 消費カロリー量 |

カロリーは3つのプロセスによって消費される。(1)基礎代謝、(2)労働（睡眠よりエネルギーを必要とする活動を労働と定義する）、(3)排泄の3つである。消費カロリーより摂取カロリーが多いと、正のカロリーバランスが体重増加となる。反対に体重減少は、摂取カロリーより消費カロリーの多い、負のカロリーバランスから生じる。

カロリーバランスは、カロリーが脂肪、炭水化物、タンパク質のどれに含まれるかにかかわらず、摂取カロリー量によって決まる。この3つの栄養素のカロリー内容には違いがある。

炭水化物＝1g当たり4カロリー
タンパク質＝1g当たり4カロリー
脂　　肪＝1g当たり9カロリー
アルコール＝1g当たり7カロリー
（アルコールは栄養素と考えるべきではないが、他の項目に分類することができない）

大学生選手のカロリー摂取は2,000〜5,000カロリーに、と想定されている。一般的なカロリー消費の幅は平均2,200〜4,400カロリーである。必要とされるエネルギーは、持久力を必要とする種目のスポーツ選手ではかなり多く、7,000カロリーを必要とすることもある。

減量方法

減量にはいくつかの方法がある。(1)食事療法、(2)運動量を増やす、(3)食事療法と運動を組み合わせる、などである。

食事療法のみによる減量は難しく、多くの場合、食事療法は体重管理に効果的でない。食事療法のみでの長期間にわたる体重管理は、その期間の20％しか有効に持続できない[20]。食事療法での減量の35〜45％が、除脂肪組織を失った結果である。1日の最低カロリー摂取量は女性で1,000〜1,200カロリー、男性で1,200〜1,400カロリーを下回ることは望ましくない[3]。

運動による減量は、除脂肪組織を失うことなく、減量したぶんの80〜90％は脂肪組織の損失による。運動だけで減量することは、食事療法のみでの減量と同程度に難しいものである。ただし運動は体重の減少のみでなく、心肺持久力を高め、筋力を強め、柔軟性の向上をもたらす[4]。このため、運動はどんな減量プログラムにおいても、食事療法に比べて明らかに優れている。

体脂肪を減らす最も効果的な方法は食事療法と運動を組み合わせたものである[20]。ゆるやかにカロリー消費量を増やし、ゆるやかにカロリー制限をすると、負のカロリーバランスとなる。ゆるやかに習慣が変化するので、他の方法と比べてこの方法は比較的早く効果があり簡単である。

どんな減量プログラムにおいても、目標は週に1.5〜2ポンド（680〜907g）程度体重を落とすことである。週に4〜5ポンド（1,814〜2,268g）以上の減量は、体脂肪の減少によるものでなく脱水に起因する。米国スポーツ医学会（ACSM）は減量についての特別なガイドラインを作成しており、フォーカスボックス5-3に示す[20]。

体重増加の方法

体重増加プログラムは身体の除脂肪部分を増やす、つまり体脂肪に対する筋肉を増やすことである。適切な食事の摂取量増加と並行して筋肉のトレーニングをすることで、筋肉は増える。特別な食物やビタミンを摂ることによってのみ増加するものではない[7]。

5-3 Focus Box　フォーカスボックス

減量についてのガイドライン

米国スポーツ医学会（ACSM）は減量について以下の発表と勧告を行った[20]。

- カロリー摂取を厳しく制限するような長期にわたる断食や食事療法プログラムは科学的に望ましくなく、医学的にも危険となり得る。
- カロリー摂取を厳しく制限する断食や食事療法プログラムは、多量の水分、電解質、ミネラル、貯蔵グリコーゲン、他の除脂肪組織（除脂肪組織にはタンパク質が含まれる）を失わせ、脂肪の減少は少ない。
- ゆるやかなカロリー制限（普段の1日の摂取量より500〜1,000カロリー減らす）は水分、電解質、ミネラル、他の除脂肪組織の損失がより少なく、栄養失調を起こしにくい。
- 大きな筋肉の動的な運動は除脂肪組織、筋肉の大きさや骨密度の維持を助け、減量となる。エネルギー消費の増大による減量は、主に脂肪量の減少による。
- 減量には、現在の食習慣を変えるとともに、ゆるやかにカロリー制限をする栄養的に優れた食事療法を、持久力を必要とする運動プログラムと組み合わせて行うことが勧められる。1週間に2ポンド（907g）を超える減量を続けてはならない。
- 正しい体重管理と体脂肪レベルを維持するには、生涯を通して正しい食習慣と規則的な運動を行うことが必要である。

| 5-3 | **Critical Thinking**　頭の体操──エクササイズ |

あるアイスホッケーのアタックマンは最高レベルの状態にあり、優れたスケーティング技術とスティックワークを持っている。彼は、次の段階にいくのを阻む唯一のものは体重だと信じている。筋力よりも持久力をつけるために、近年ウエイトトレーニングにより励んでいる。

質問：彼の体重増加のための努力がうまくいくように、コーチは彼にどんなことを勧めたらよいか？

推奨される体重増加率は1週間に1～2ポンド（454g～907kg）である。体内の増えた除脂肪部分は正のカロリーバランスを表し、これは、およそ2,500カロリーの消費を上回る摂取である。脂肪1ポンドは3,500カロリーと同等であるが、身体の除脂肪組織は脂肪が少なく、タンパク質、水分が多く、およそ2,500カロリーである。筋肉を1ポンド増やすには、2,500カロリーが余分に必要であり、脂肪を1ポンド減らすには、摂取を上回る運動で3,500カロリーを消費しなければならない[7]。通常の食事に毎日500～1,000カロリー加えることは、1週間に1～2ポンド増やすエネルギーを提供することであり、かつウエイトトレーニング・プログラムのエネルギー消費増を進めることになる。ウエイトトレーニングはこの体重増加プログラムに組み込まれていなければならない。そうでないと、過剰なエネルギー摂取は脂肪に変わってしまう。

摂食障害

社会、特にスポーツ界には流行がある。ここで問題になるのは、オーバーウエイトであることを極端に気にする風潮である。この強迫観念が摂食障害の過食症、拒食症となって現れる（女性選手における摂食障害、無月経、骨粗鬆症の関係については第23章で述べる）。スポーツ選手にこの2つの摂食障害が増えてきている[20]。フォーカスボックス5-4に摂食障害である選手の見分け方のコツを示す。

5-4　Focus Box　フォーカスボックス

選手の摂食障害を見極める

選手の以下のような行動に留意する。
- 社会的に孤立している、友人家族からも離れている。
- 選手の能力に自信が見られない。
- 食事時の儀式的なふるまい（例：皿の上の食べ物を並べる）。
- カロリー計算にこだわる。
- 常に運動をすること、特に食事前に運動することにこだわる。
- 自分で体重を測ることにこだわる。
- 常に身体のサイズを大目に見積もる。
- 食事の後すぐに食卓を離れ、トイレに行く。
- 摂食障害に関連した問題（栄養失調、月経不順、慢性疲労など）がある。
- 摂食障害の家族歴がある。

過食症

　過食症は一般的に、思春期から中年の年齢層の女性に多い。米国の12歳から18歳までの女子（人口の1～2％）の200人に1人が過食症または拒食症に陥る傾向を示す[3]。過食症の人は断食期間後何千カロリーも詰め込み、その後に嘔吐を起こしたり下剤や利尿剤を使ってさらに断食したりして、すべて出し切ってしまうのが典型的である。隠しながら、この暴食と排出の繰り返しが何年も続く。

　過食症のスポーツ選手は白人で中流か、中流の上クラスの家庭に属していることが多い。彼女は完璧主義で、服従的で、従順であり、高いモチベーションを持ち、学業でも優秀であり、同僚に好かれ、よい選手である[8]。通常は体操、陸上、ダンスの競技をしていることが多い。男性レスラーや体操選手も過食症を示すことがある。過食症の定義は、短時間で大量の食物を抑制できずに早く摂取することを定期的に繰り返し、その後必ず無理な嘔吐や下剤、利尿剤を乱用して排出する。

　暴食と排出を繰り返すこの食事パターンは、胃を壊し、心拍を乱し、肝臓を傷めることがある。嘔吐による胃酸が虫歯や慢性的な口腔や喉を覆う粘膜の炎症を起こす[27]。

拒食症

　拒食症と診断された30～50％の人が、何らかの過食症の症状も示している。拒食症はゆがんだ身体のイメージを持ち、減量が主な関心事であることが特徴である。過食症と同様、拒食症も女性に多い。思春期に始まり、ひどくならなければ治まっていくが、命に関わることもある。拒食症と診断された15～21％の人がこの摂食障害で最終的に命を落としている。ひどくやせているにもかかわらず、自分を太りすぎだと思う。これらの人々は空腹を否定し、異常に活動的になり、尋常でない量の有酸素性運動や長距離走などを行う[3]。一般に拒食症の人はひどく秘密主義であるので、コーチやアスレティックトレーナーは選手の食の問題について気をつけなくてはならない。早い時期に介入することが基本である。過食症や拒食症のサインが見られる選手には、コーチは親切かつ温かい態度で向き合わなくてはならない。摂食障害が疑われる時は、心理学や精神医学的治療を受けさせなくてはならない。残念ながら、拒食症の人を健康教育クリニックに行かせるだけでは、通常はあまり効果的でない。拒食症の治療の鍵は、問題の存在と外部からの専門的な治療が役立つことを患者に気づかせることである。改善のためには、患者はこのような治療を自発的に受け入れなければならない[3]。

5-4 *Critical Thinking* 頭の体操——エクササイズ

テニスコーチは、ある選手の体重がかなり減ったことに気づいている。またその選手のプレーのレベルも落ち始めている。他のプレーヤーが最近の遠征時に、ルームメイトであるその選手がチームの食事の後に故意に吐いていたと聞いて、コーチは真剣に考え始めている。

質問：コーチはこの状況をどう扱ったらよいか？

コーチのコーナー — Coach's Corner

選手が栄養的な食事を摂っているかチェックするためのリスト
☐ 選手が普段から、バランスのとれた食事をしているか？
☐ 選手は毎日ビタミンのサプリメントを摂る必要があるか？
☐ 何らかの栄養不足のために、選手は毎日ミネラルのサプリメントを摂る必要があるか？
☐ 選手は十分な量の水分を補給しているか？
☐ 選手は、失われた水分と電解質を補うためにスポーツドリンクを使用しているか？
☐ 選手は競技力を高めるために、余分なカフェイン、糖分、タンパク質を摂取しているか？
☐ 選手はハーブや他のタイプの健康食品を摂っているか？
☐ 試合直前食として選手は何を食べるか？
☐ 選手は、体重と身体組成を適切なレベルに保つために、エネルギー源としての食品の摂取バランスを意識しているか？
☐ 摂食障害の疑いがあるか否か？

まとめ

- 栄養素の分類は炭水化物、脂肪、タンパク質、ビタミン、ミネラル、水である。
- 炭水化物、脂肪、タンパク質は筋肉の活動に必要なエネルギーを供給し、身体の組織の機能と維持を担う。
- タンパク質のサプリメントは必要ではない。
- ビタミンは食物にある物質であり、熱量的な価値はないが体内作用の調整に必要である。
- 抗酸化栄養素は身体をさまざまな破壊的物質から守る。
- ミネラルは身体の機能調整に使われ、重要な身体の構造をつくる際に使用される。
- 水は最も基本的な栄養素であり、水分補給の際にスポーツドリンクとともに使用されるべきである。
- 栄養豊富な食事には、フードプラミッドで勧められている量のさまざまな食物が含まれている。この推奨に沿った食生活を送っているスポーツ選手には、栄養サプリメントは必要ない。
- 鉄分とカルシウムを余分に必要とする人もいる。
- 試合前の食事の必要条件は、(1)高炭水化物である、(2)消化しやすい、(3)試合の2〜4時間前に食べる、(4)選手に受け入れられることである。
- グリコーゲンの大量補給は、試合前に筋肉、肝臓における炭水化物の

- 貯蔵を最大にする。
- 身体組成の分析は脂肪組織からなるものの重量と、除脂肪組織からなるものとの割合を示す。
- 体重の変化は、カロリーバランスの変化によることが多く、摂取カロリー量と消費カロリー量の作用による。
- 食物の摂取を減らすことでカロリー摂取を減らし、運動をすることでカロリー消費を増加すると体重は減るが、最も効果的なのは、毎日のゆるやかなカロリー制限と運動をゆるやかに増やすことである。
- 過食症は、周期的な暴食とそれに続く排出を含む摂食障害である。
- 拒食症は、食物の摂取を減らし、エネルギー消費を増やし、異常に減少した体脂肪が健康や命まで脅かすような精神的な病である。

頭の体操（エクササイズ）の答え　*Solutions to Critical Thinking Exercises*

5-1 体重管理に関して重要なことは、その選手の総消費カロリー量に対して総摂取カロリー量を考えることである。摂取カロリーが炭水化物、脂肪、タンパク質のいずれであっても同じである。脂肪には炭水化物、タンパク質の2倍以上のカロリーが含まれるので、この選手はもっと多くの量の食事を摂っても、高炭水化物の食事であるならば、まだ同程度のカロリーを摂る余裕がある。またコーチは、酵素とホルモンの製造に不可欠である脂肪を、食事で多少は摂取する必要があることを強調すべきである。

5-2 もしこの選手がバランスのとれた食生活に近いものを行っているならば、ビタミンのサプリメントは一般的には必要ない。しかし1日に1回ビタミンのサプリメントを摂取することで、彼女の気分がよくなるのであれば悪いことではない。彼女が疲れを感じているということは何らかの健康問題を抱えている可能性もある（たとえば単核症）。鉄欠乏による貧血は病院での血液検査で見つかる。血液に関する問題については、コーチは選手を医者に見せる。

5-3 この選手は、体脂肪率を増やすことよりも除脂肪組織の筋肉量を増やす重要性を理解しなくてはならない。1日につき正の500カロリーとなるように、カロリー摂取量を増やさなくてはならないのは事実であるが、カロリー摂取は主に炭水化物を増加させる。タンパク質のサプリメントは特に必要はない。この選手が筋肉に過負荷をかけ、時間をかけて筋肥大を目的としたウエイトトレーニング・プログラムを行わなくてはならないこともきわめて重要である。

5-4 摂食障害の治療は、特別に患者のカウンセリングをする訓練を受けているような健康管理のプロにとっても難しいことである。コーチは選手を非難するのではなく、支えるものとしてアプローチをし、選手の体重減少について心配していることを示し、安全で適切な相談によって助けたいと願っていることを伝える。治療前に、彼女が摂食障害であることを自分で認めなくてはならず、そのことが治療を効果的にすることを忘れてはならない。親しい友達や家族の協力を引き出すことが治療の助けとなる。

復習問題とクラス活動

1. 選手の競技力向上と傷害予防の点で、優れた栄養補給にどのような価値があるか？
2. いろいろな種目のコーチに、選手に勧める食生活とその理由について尋ねよ。
3. 食物についての神話と間違った考えについて、クラスで栄養士の話を聞く。
4. クラス全員に1週間の献立をつくらせる。他のクラスの献立と比べよ。
5. 毎日の食事について、フードピラミッドに合ったものにするにはどんなことが必要か？ スポーツ選手の典型的な食事は、フードピラミッドのものと違う必要があるか？ もしそうであれば、どのように？
6. ビタミンとミネラルのサプリメントの必要性についてクラスで話し合う。
7. 鉄とカルシウムのサプリメントの長所と短所を説明せよ。
8. 試合前に栄養補給することについて何か利点はあるか？
9. スポーツ選手の菜食主義について、長所と短所があるか？
10. 選手の身体組成を観察することについての重要性を議論せよ。
11. 減量の最も効果的な方法を説明せよ。
12. 過食症と拒食症のサインと症状を比較せよ。選手に摂食障害があると気づいたら、コーチはどうすべきか？

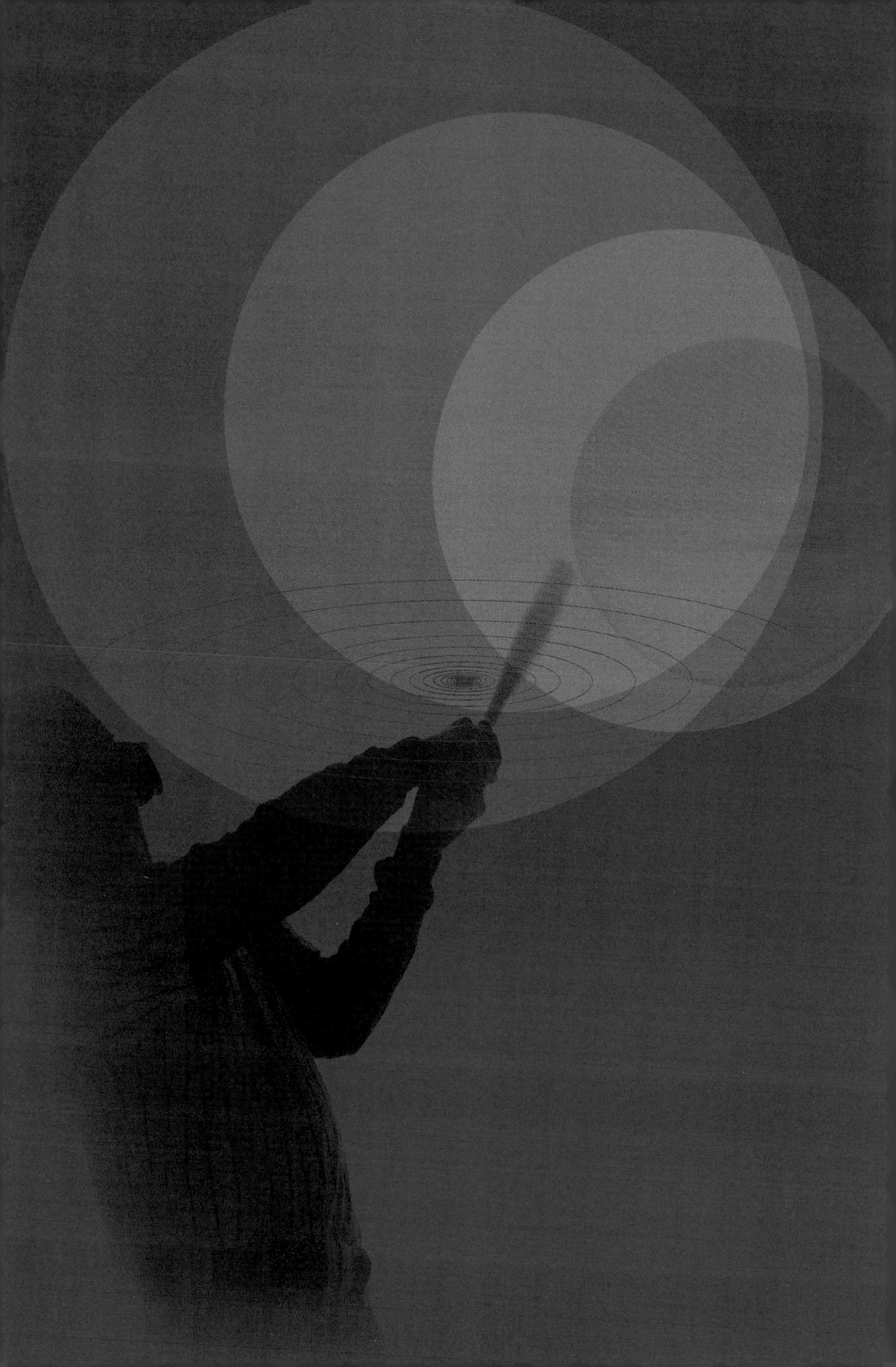

Part 2

スポーツ傷害の予防および傷害を最小限に抑えるテクニック

Chapter 6
スポーツ用防具の選び方と使用法

Chapter 7
緊急事態と傷害の評価

Chapter 8
血液媒介病原体、普遍的予防措置および傷の手当

Chapter 9
負傷した選手に対する心理的支援

Chapter 10
環境の悪条件に潜む危険に対する理解

Chapter 11
テーピングテクニック

Chapter 12
リハビリテーションの基礎

スポーツ用防具の選び方と使用法

Chapter 6

この章を終えると、次のことが説明できるようになる。
- 防具利用に関する法的な事柄について
- 身体部位に使用される防具の認識
- アメリカンフットボールのヘルメットとショルダーパッドの正しい装着方法
- 靴を選択する際の注意事項
- 傷害を軽減するための膝関節と足関節の装具の効果について

訳注）
- **コンタクトスポーツ**
  （接触スポーツ）
  コリージョンスポーツ
  （直接接触または衝突する）
  　フットボール、ボクシングなど
  インダイレクトコンタクトスポーツ
  （間接接触）
  　バスケットボール、サッカーなど
- **ノンコンタクトスポーツ**
  （非接触スポーツ）
  　テニス、バレーボール、スキーなど

　スポーツ活動の性質上、傷害は起こるものである。コーチの主な責任の一つは、傷害の危険性を軽減するように努力することである。傷害にはさまざまな要因があり、単独でも、いくつかの要因が組み合わさった場合でも起こる。もちろん傷害の予防には、防具の選び方、装着方法、保守点検も重要である[14]。したがってコーチは、起こり得るスポーツ傷害を軽減するために、そのスポーツに合った防具のタイプについて、また装着方法や点検方法について、正しい知識を持っていることが不可欠である。

　このようなスポーツ用防具からなる保護は、コンタクトスポーツやコリージョンスポーツであるアメリカンフットボール、ホッケー、ラクロスなどでは特に重要であるが、インダイレクトコンタクトスポーツ、たとえばバスケットボールやサッカーでも重要である。スポーツ選手の健康と安全のために、スポーツ用防具の選択や購入の責任は重い[18]。

スポーツ用防具および設備の安全基準

　スポーツ用防具の安全基準、特に材質の耐久性基準は重要な問題である。また誰がこれらの基準を定めるのか、防具の大量生産、検査方法および装着条件なども問題となる。

　また防具のメンテナンス、つまり良好な補修状態を保つことや、廃棄の時期についての基準も必要である。古くなったり擦り切れたりしてうまく装着できない防具が、一軍の選手から若い選手や経験の浅い選手に回ってくることがよくあるが、これによって傷害の危険度は増す[17]。コーチは用具の色や外観やスタイルでなく、傷害を防ぐという点にこそ

6-1 Focus Box　フォーカスボックス

米国のスポーツ用具行政機関リスト

- **American National Standards Institute**
  （米国規格協会）
  1819 L Street NW
  Washington, DC 20036
  (202) 293-8020
  http://www.ansi.org

- **American Society for Testing Materials**
  （全米材料試験協会）
  100 Barr Harbor Drive
  West Conshohocken, PA 19428-2959
  (610) 832-9585
  http://www.astm.org

- **Athletic Equipment Managers Association**
  （全米エクイップメント・マネジャー協会）
  Dorothy Cutting
  AEMA National Office
  460 Hunt Hill Road
  Freeville, New York 13068
  (607) 539-6300
  http://www.aemal.com

- **Hockey Equipment Certification Council**
  （ホッケー用具認定委員会）
  18103 TransCanada Highway
  Kirkland, QC H9J 324
  Canada
  (514) 697-9900
  http://www.hecc.net

- **National Athletic Trainers Association**
  （全米アスレティックトレーナーズ協会）
  2952 Stemmons Freeway
  Dallas, TX 75247-6196
  (214) 637-6282
  http://www.nata.org

- **National Collegiate Athletic Association**
  （全米大学体育協会）
  700 W. Washington Street
  P.O.Box 6222
  Indianapolis, IN 46206-6222
  http://www.ncaa.org

- **National Association of Intercollegiate Athletics**
  （全米大学対抗体育協会）
  6120 S. Yale Avenue
  Suite 1450
  Tulsa, OK 74136
  (918) 494-8828
  http://www.naia.org

- **National Federation of State High School Association**
  （全米高等学校連盟）
  P.O.Box 690
  Indianapolis, IN 46200
  (317) 972-6900
  http://www.nfhs.org

- **National Operating Committee on Standards for Athletic Equipment**
  （全米スポーツ用具安全基準委員会）
  P.O.Box 12290
  Overland, KS66282-2290
  http://www.nocsae.org

- **Sporting Goods Manufacturers Association**
  （スポーツ用具製造者協会）
  200 Castlewood Drive
  North Palm Beach, FL 33418
  (561) 842-4100
  http://sgma@ix.netcom.com

- **U.S. Consumer Product Safety Commission**
  （米国消費者製品安全委員会）
  4330 East-West Highway
  Bethesda, MD 20814-4408
  (301) 504-0990
  http://www.cpsc.gov

関心を払うべきである。多くの行政がこの問題に言及している。スポーツ用具と設備の安全基準特有の問題を解決するために、エンジニアリング、化学、身体力学、解剖学、生理学、物理学、コンピュータサイエンスおよび各関連分野が取り組んでいる。フォーカスボックス6-1に行政機関の一覧を挙げる。

古く、擦り切れ、うまく装着できない防具は若い選手や経験の浅い選手などに回すべきではない。傷害の危険度が増すからである。

用具の修理と再検査

米国スポーツ用具安全基準委員会（NOCSAE）は、頭部への傷害を軽減する任意のテスト基準を設けた。この基準に沿い、アメリカンフットボール用ヘルメットとフェイスマスク、野球およびソフトボール用バッティングヘルメット、野球とソフトボールの使用球、ラクロス用ヘルメットとフェイスマスクの最低限の安全基準が打ち立てられた。これらの基準は、NCAAや全米高等学校連盟（NFHS）など、さまざまな行政機関で採用されている。ヘルメットのタイプ、使用回数および使用頻度などによって、一定期間使用したヘルメットのそれぞれの状態が判定される。NOCSAEのヘルメットの基準が保証になるわけではないが、そのヘルメットの型が製造および修理時に性能テストの条件を満たしたことを示す。NOCSAEは、消費者が使用中のヘルメットを定期的に修理し、再検査プログラムに従うことを強く勧めている。消費者はそれぞれのヘルメットの使用回数や使用頻度の違いによって、修理や再検査の時期を決定することが望ましい。定期的に修理、再検査されたヘルメットは、型や使用法にもよるが、何シーズンもその性能基準を満たすことが可能である。フォーカスボックス6－2でヘルメットの購入と修理についてのガイドラインを示す。

> **6-1 Critical Thinking**
> **頭の体操**——エクササイズ
> 学生コーチはスポーツ用防具についての基礎的な知識が必要である。
> **質問**：コーチにはスポーツ用防具に関するどのような能力（知識・技術）が必要か？
>
> 訳注）学生コーチとはコーチをする学生のスタッフのこと。

6-2 Focus Box　フォーカスボックス

ヘルメットの購入および修理についてのガイドライン

- NOCSAE認定のヘルメットのみを購入する。
- 技術レベルに合ったヘルメットを購入する（高校のアメリカンフットボールにユースのヘルメットを使用しない、など）。
- 購入したヘルメットにコード番号を入れ、それぞれのヘルメットの購入日を記録する。
- メーカーの勧めに従ってヘルメットを装着する。
- 正しく装着するためにシーズン中も装着方法を再チェックする。
- 保証書の内容をよく読み、クリーニング、修理、再検査などのメーカーの使用条件を満たす。
- 壊れたり損傷したヘルメットは使用せずに修理するか買い換える。
- 各ヘルメットの使用、点検、修理、再検査、廃棄などの報告書を作成する。
- シーズン中、およびシーズン終了時はオフシーズンの保管に備えて、定期的にメーカーの勧めに従ってヘルメットをクリーニングする。
- メーカーの保証書に従って各ヘルメットを再検査、修理する。
- 保証書を紛失したり保証期限が切れたりした場合には、NOCSAE認定販売者を利用して、2年おきにヘルメットの再検査、修理をする。

スポーツ用防具の使用に関する法的事項

　スポーツのもう一つの側面として、防具の使用に関する訴訟の増加が挙げられる。スポーツ用品メーカーと購入者は、考えられる使い方と誤った使い方を予測し、使用および誤使用による危険性を使用者に警告しなくてはならない。

　用具を使用している時にスポーツ選手が負傷して、その用具に欠陥があったり、防具としての使用目的に対して構造上不十分だとみなされた場合、メーカーに責任が課せられる。もし防具が、何らかの方法で選手またはコーチによって改造されていた場合は（たとえばアメリカンフットボールヘルメットの内側のパッドを取り除くなど）、メーカーのそれに対する責任はなくなり、改造させた当事者が責任を負うことになる。

　コーチが用具を多少なりとも改造し、それを装着している選手が負傷した場合は、コーチ当人とコーチを雇用している組織の両方が訴訟に関わることになる。これは不法行為のケースとなり（第3章で説明）、コーチが用具を改造するという決定を下す際に過失があり、その過失が傷害の原因になったということを、負傷した選手は示さなくてはならない。この場合、コーチは法的に責任を負うことになる。

市販品の防具の使用と特注品の防具の使用

　防具はスポーツ用品メーカーや医療用具取扱業者を含むさまざまなメーカーや販売店から購入することができる。市販品はメーカーによって前もって製造、梱包されていて、箱から取り出された時には特に調整することなくそのまま使用できる。市販品の例として、ネオプレンサポーター、ソルボセインの中敷、アンクルブレイスなどがある。オーダーメイドの装具はスポーツ選手個人の特性に合わせてつくられる。市販品を使用する場合、サイズや装着感が必ずしも合うとは限らない。これに対してオーダーメイド品はサイズ、装着感も個人に適し、個人の必要に応じた保護力や支持力を備えている。

頭部の保護

　直接衝突するアメリカンフットボールやホッケーのようなコリージョンスポーツは、特に頭部に関して特別な防具を必要とする。アメリカンフットボールはホッケーより身体の接触が多いが、ホッケーの選手は一般的に素早く動くので、より大きな衝撃がかかる。ボードに衝突することから生じる直接的な接触に加えて、スイング中のスティックや素早く飛んでくるパックによる損傷もある。他に、高速で動く投射物などを含むスポーツの代表例として、野球のバットやボール、陸上競技の槍投げ、円盤投げ、砲丸投げなどがあり、頭部に重大な損傷を引き起こす危険性

6-2 Critical Thinking 頭の体操──エクササイズ

高校のアメリカンフットボールの2軍選手に防具が与えられる。選手とその保護者達は防具がどのような役割をするのかについてあまり知識がない。
質問：防具の安全性の限界についてチームと保護者を教育するうえで、コーチの責任は何か？

がある[18]。

アメリカンフットボールのヘルメット

アメリカンフットボールヘルメットの認定基準は、NOCSAEによって制定された[9]。認定されたヘルメットは、脳に損傷を起こすような衝撃から頭部を守るものでなければならない[11]。

学校では、質の高い用具を選手に支給するべきである。特にアメリカンフットボールのヘルメットに関しては、質のよいものではなくてはならない。すべてのヘルメットにNOCSAEの認定がなくてはならない。しかし、ヘルメットが認定を受けていれば完全に安全が保障されるというわけではない。どのスポーツにおいても、特にアメリカンフットボールは危険と隣り合わせであるということを、選手とその保護者には知らせなければならない。特にこの点を明確にするために、NOCSAEはすべてのアメリカンフットボールヘルメットに以下の警告文を貼付することにした。

> **警告**：このヘルメットとフェイスマスクを装着して対戦相手に体当たりをしてはならない。これはアメリカンフットボールのルールに違反する行為であり、あなたの脳や首の損傷—麻痺や死亡を含む—を引き起こす危険性がある。こうした損傷はプレー中に偶発的に発生する危険性がある。このような損傷はいかなるヘルメットでも防げない。あなたの責任においてヘルメットを使用すること。

各プレーヤーのヘルメットには、アメリカンフットボールの試合中のリスクをよく認識していることを確認する警告ラベルが外側に貼られている。メーカーと修理担当者の双方が、すべてのヘルメットにこのラベ

アメリカンフットボールヘルメットは、低速でも何度も繰り返される大きな衝撃に耐え得るものでなくてはならない。

図6-1
A．アメリカンフットボールヘルメットのパッドとして液体と気体が入っているもの。
B．エアヘルメット用空気入れ。

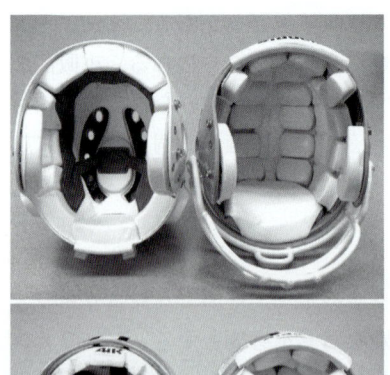

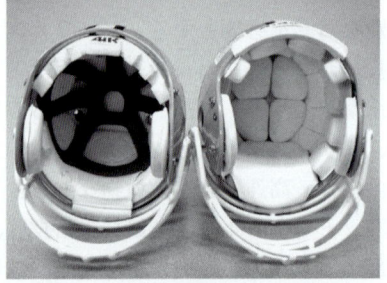

ルを貼ることになっている[11]。

　コーチまたは用具管理者がこの警告文を音読した後、各選手はこれを読まなければならない。その後選手はこの警告を理解したという承諾書にサインする。

　ヘルメットを製造している会社は数社であるが、アメリカンフットボールに使用できるヘルメットは多種多様である（図6-1）。ヘルメットを試着する際は、競技中と同じ条件にするためにまず髪を濡らす。こうすることで最初の装着を容易にすることができる。正しい装着法についてはメーカーの指示によく従うこと（フォーカスボックス6-3参照）。

　アメリカンフットボールのヘルメットを正しく装着できているかどうか定期的に確認しなくてはならない。特に使用開始後2、3日は、必ずチェックしなくてはならない（図6-2）。エアヘルメットを使用しているチームが、異なる高度や気圧のところに遠征する際は、ヘルメットの装着具合を必ず再チェックしなくてはならない。

　チンストラップ（あごひも）もまた、頭部とヘルメットを正しい位置に保つために重要である。今日では基本的に2種類のチンストラップが用いられており、スナップが2つのものと4つのものがある。コーチの多くはヘルメットが前後に傾くのを防ぐため、4スナップを好む。

　あごパッドもヘルメットが横に動くのを防ぐために重要である。これは選手の頬骨にぴったりと合うことが望ましい。ヘルメットがゲーム中

高品質であっても、サイズの合わないヘルメットや適切に保守管理されていないヘルメットは使用してはならない。

アイスホッケーのヘルメットは、スティックやパックの高速衝撃と転倒やボードへの衝突のような低速衝撃に耐えられなければならない。

6-3　Focus Box　　フォーカスボックス

アメリカンフットボールのヘルメットの正しい装着法

アメリカンフットボールヘルメットを正しく装着するには：

- ヘルメットは選手の頭部のあらゆる部分（額、側面、頭頂部）にぴったりとフィットしなくてはならず、パッドと頭部や顔面の間に隙間があってはならない。
- ヘルメットは頭蓋骨基底部を覆わなくてはならない。首の後ろにあるパッドは不快でない程度にぴったりとしていなくてはならない。
- ヘルメットは目にかかってはならない。前縁が選手の眉毛から3/4インチ（1.9cm）上にくること。
- ヘルメットの耳穴と耳の位置が一致すること。
- 徒手の圧力では位置がずれない。
- 衝撃でヘルメットがはね返らない。
- チンストラップ（あごひも）の長さが、ヘルメットの中心部からの距離と均等であること。
- ヒモはヘルメットを上下左右に動かないようにする。
- 頬部分のパッドは顔の両側にぴったりと収まること。
- フェイスマスクは視界を妨げないように、ヘルメットにしっかり取り付けなくてはならない。

6-3　Critical Thinking　頭の体操——エクササイズ

コーチは選手にアメリカンフットボールヘルメットを装着することで起こり得るリスクについて説明する義務がある。

質問：強調しなくてはならない最も重要な点は何か？

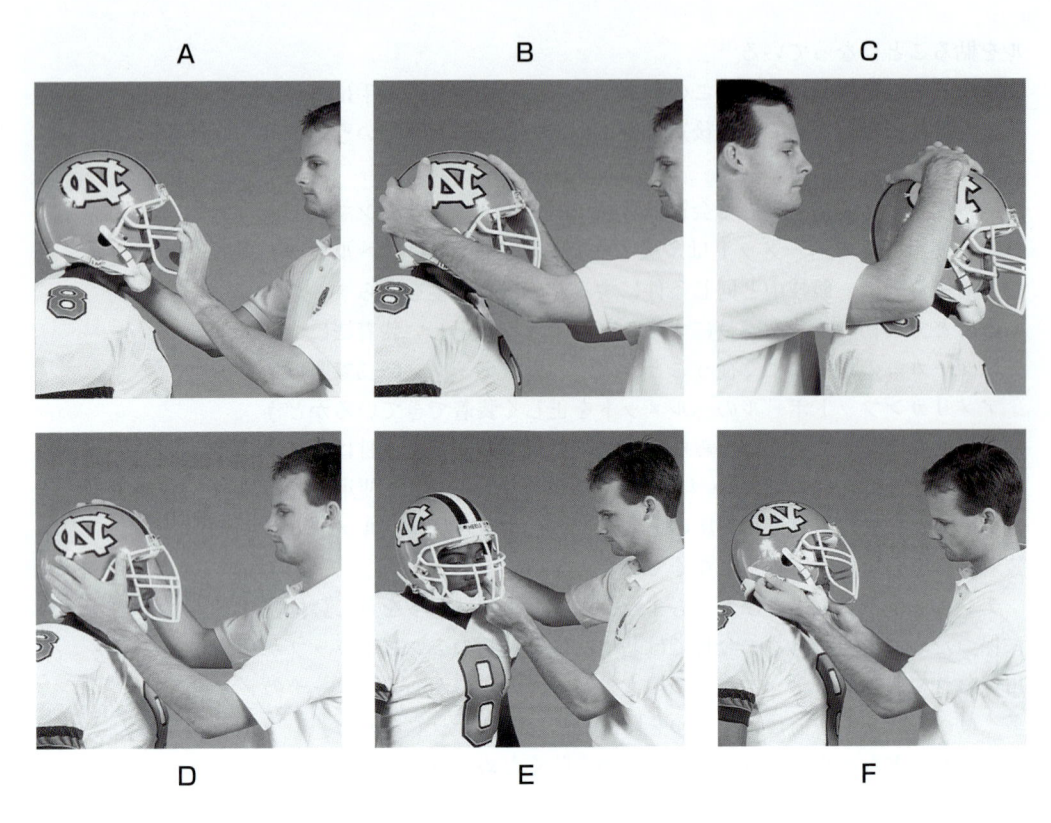

図6-2

アメリカンフットボールのヘルメットの装着：
A．フェイスマスクを引き下げる。この際、ヘルメットが動いてはならない。
B．ヘルメットを選手の頭部の上で回す。
C．ヘルメットを押し下げる。この際、動いてはならない。
D．ヘルメットを前後に動かそうとしてみる。この際、動いてはならない。
E．あごパッドがぴったりと合っているかどうかチェックする。
F．ヘルメットをぴったりと合わせるために、チンストラップの調整が必要である。

に加わる外力に耐え得るものであると証明されていても、ヘルメットが正しく装着され、管理されていなければ何の役にも立たない。

アイスホッケーのヘルメット

　アイスホッケーのヘルメットには、アメリカンフットボール用のヘルメットと同様に、性能向上と基準づくりが行われている[13]（図6-3）。フットボールとは対照的に、アイスホッケーでは頭部に対する衝撃は複数回ではなく1回だけという場合が多い。アイスホッケーのヘルメットは速い衝撃（たとえば、質量は小さいが非常に高速で動くスティックやパックによる強打）と、サイドボードにぶつかったり、氷の上に倒れたりするといった、低速だが大きな衝撃の両方に耐えるものでなくてはならない。いずれにしてもアイスホッケーのヘルメットは、アメリカンフットボールのヘルメットと同様に頑丈な外面で衝撃を広く分散し、同時に

図6-3

アイスホッケー用ヘルメット

図6-4
野球のバッター用ヘルメットが高速のボールに対して、どの程度の効果があるのかについて、疑問視する傾向もある。

内部は頭部への衝撃を吸収しなければならない。ホッケー選手はすべてカナダ規格協会（Canadian Standards Association：CSA）の印のある防護ヘルメットを装着しなくてはならない。

野球とソフトボールのバッターのヘルメット

アイスホッケーと同様、野球およびソフトボールのヘルメットも高速の衝撃に耐えなければならない。アメリカンフットボールやアイスホッケーと違って、野球やソフトボールのヘルメットは衝撃をあまり吸収しないと指摘する声がある。にもかかわらず野球やソフトボールのヘルメットのデータ収集は進んでいない（図6-4）。これに対する改善策は、外側にパッドを加えるか、ヘルメットの対衝撃構造を改良することである。耳当てのついたヘルメットの使用は、バッターにとっていくらかの保護が付加される。ウエイティングサークルにいるバッターとランナーも、アメリカンフットボールのヘルメットと同様、NOCSAEの認証印のある野球、ソフトボール用ヘッドプロテクターを被ることが求められている。

サイクリングのヘルメット

他のヘルメットの論点とは異なり、サイクリングのヘルメットは1回の衝撃から頭部を守るように設計されている。アメリカンフットボール、ホッケー、野球のヘルメットは耐久性に優れ、繰り返しの衝撃に耐え得る。多くの州で、特に子供にはサイクリングのヘルメットの装着が求められている（図6-5）。

図6-5
サイクリングヘルメット

顔面の保護

顔面の保護をする防具は4種に分かれる。顔全体をガードするもの、口をガードするもの、耳をガードするもの、目を保護する防具である。

フェイスガード

フェイスガードは、相手選手や投射物との衝突から顔面を保護する目的で各種のスポーツに用いられている（図6-6）。アメリカンフットボ

スポーツにおいて顔面は以下のものによって保護される：
・フェイスガード
・マウスガード
・イヤガード
・アイガード

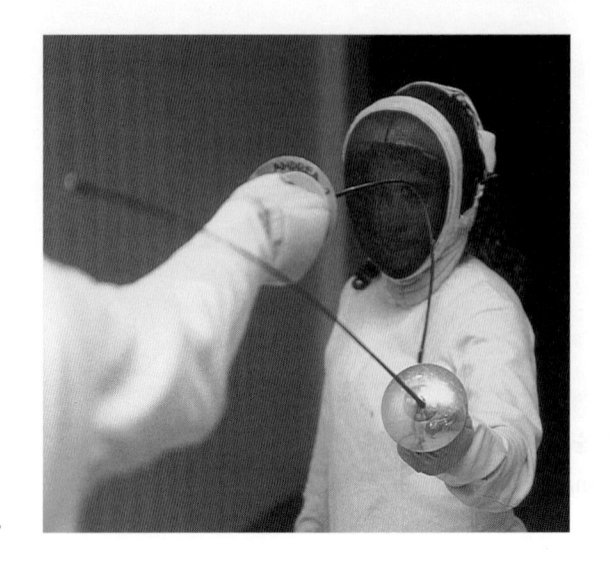

図6-6
フェンシングのようなスポーツでは完全な顔面の保護が必要である。

ールでは、フェイスガードとマウスピースの使用によって、口の受傷件数が50％以上減少した（図6-7A）。野球のキャッチャーやホッケー選手、ラクロスの選手、アメリカンフットボールの選手は、顔面の外傷、特に裂傷や骨折を防ぐため、顔面の保護を十分に行うべきである（図6-7B）。

選手が装着できるフェイスマスクとバーの種類は、プレーするポジションと保護が必要な部位によって異なる。アメリカンフットボールでは顔面の保護に2本以上のバーが必要である。最大の安全性を確保するには、フェイスマスクとバーを正しく装着することが重要である。バーの取り付け部分がヘルメット内部では平らになるように装着する。フェイスガードの上部とヘルメットの下端の間に3インチ（7.5cm）の隙間が

図6-7
A．アメリカンフットボールのフェイスマスク
B．野球のキャッチャー用フェイスマスク
C．アイスホッケー用フェイスマスク
D．ラクロス用フェイスマスク

なくてはならない。ヘルメットの両サイドに穴はそれぞれ1つしか開けてはならない。また穴開けはメーカー指定の修理業者が行う。バーやフェイスマスクの取り付け部分が、元来のヘルメットの設計に基づいていない場合、メーカーの保証が無効になることもある。

アイスホッケーのフェイスマスクによって、顔面の受傷事故が減少したことはすでに述べたが、高校ではゴールキーパーだけでなくすべての選手にフェイスマスクの装着を義務付けている。ヘルメットは市販のプラスチックコーティングされたワイヤーメッシュが装備されていなくてはならない。これはホッケーの用具認定委員会（Hockey Equipment Certification Coucil：HECC）と全米材料試験協会（American Society for Testing Materials：ASTM）（図6-7C）が定めた基準に見合っているものである。ガードの開き部分はホッケーのスティックが入らない幅でなくてはならない。ポリカーボネートのフェイスシールドなどのプラスチックガードは、ホッケーの防具に関するHECC、ASTM、CSA委員会によって認定されてきた。ゴールキーパーはフェイスプロテクターに加えて、市販の咽頭部のプロテクターも装着しなくてはならない。

咽頭部の保護

咽頭や気管部への傷害は一般的ではないが、致命的になり得る。野球のキャッチャーやラクロス、アイスホッケーのゴールキーパーは最も危険度が高い。これらのスポーツでは咽頭部の保護が義務付けられている[18]（図6-8）。

図6-8
咽頭部のプロテクターはフェイスマスクに取り付けられる。

口の保護

歯の外傷の大半は、選手が適切な口腔内用のマウスピースを使用することによって防ぐことができる[10]（図6-9）。マウスピースは歯を保護することに加えて、顎に対する衝撃を吸収して脳震盪も未然に防ぐ。また、唇や頬の裂創、下顎の骨折を軽減するのに役立っている[2]。

マウスピースはぴったりと合って、快適で、呼吸を妨げず、競技中に会話ができるものでなければならない[1]。マウスピースによって選手の

正しく付けられたマウスピースは歯を守り、顎への衝撃を吸収し、脳震盪を防ぐことができる。

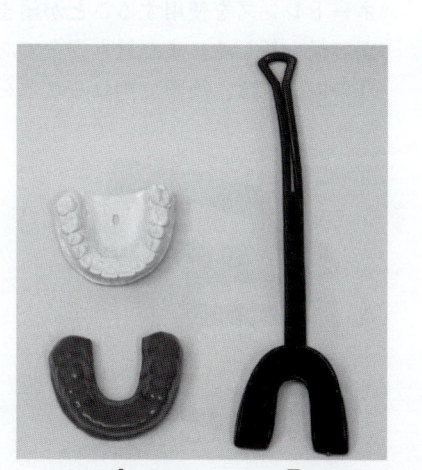

図6-9
A．オーダーメイドのマウスピース
B．変形可能マウスプロテクター

気道が妨げられるようなことは、いかなる場合でもあってはならない。マウスピースが上顎に保持され、一番奥の臼歯までカバーしているのが最良の状態であり、これならば会話ができる。

前歯の4本だけ保護するように、マウスピースを切り取ることは決して認めてはならない。これは歯の損傷に対するメーカーの保証を無効にするもので、切り取られたマウスピースは簡単にはずれてしまい、気道を塞ぐ危険性もあり、選手の命に関わる深刻な状況を引き起こす。マウスピースが柔軟で弾力に富む素材でつくられていて、上顎の歯にぴったり合った場合に最大の効果が発揮される[2]。

一般的にスポーツで用いられるマウスピースは、市販されているもの、熱可塑性の市販のマウスピース、また選手の上顎から歯型を取ってつくるオーダーメイドの3種類がある。

現在多くの高校や大学で、試合中は常にマウスピースを装着することが求められており、(特にアメリカンフットボールでは)審判員に装着していることを見せなくてはならない。

耳の保護

ボクシングやレスリングを除くと、大半のコンタクトスポーツでは特に耳の保護に注意を払う習慣はない。ボクシングやレスリングは永久的な耳の変形を招くような外傷を負う危険性を持っている(図22-14参照)。この問題を防ぐために、日常的に専用の防具を装着するべきである。最近では水球選手用に非常に効果的な耳の防具が開発された(図6-10)。

眼鏡

視力矯正用のレンズを装着しなくてはならないスポーツ選手にとって、眼鏡はありがたいものであると同時に、煩わしいものでもある。汗で滑るし、衝突すれば曲がる。汗で曇ることもあれば、周辺視野が狭まり、ヘッドギアの装着が困難となることもある。こうした欠点にもかかわらず、度数とデザインの合った眼鏡は目を十分に保護し、スポーツで受ける力に耐え得る。スポーツ選手はほとんど壊れることのないポリカーボネートレンズを使用することが望ましい。これは入手可能なレンズのなかで最も新しく、また最も安全である。もし選手がガラスのレンズを使うのであれば、衝撃で割れることを避けるために硬質加工したものを選

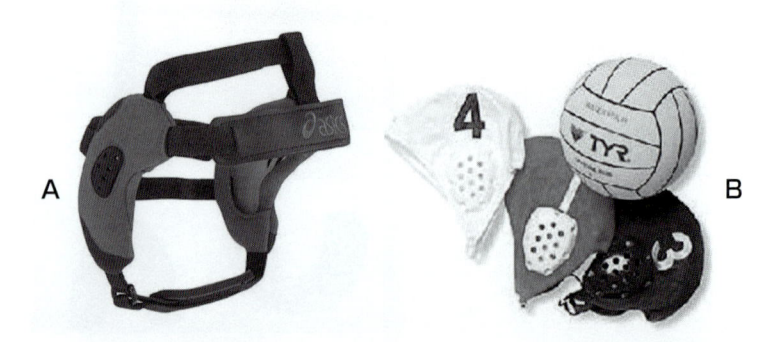

図6-10
耳の防具
A. レスリング用
B. 水球用

ぶべきである。この硬質レンズは万が一割れた場合、ボロボロに崩れ鋭い破片が目を突き刺すことのないようになっている。加工コストも比較的安い。唯一の欠点は、平均的な眼鏡よりも重く、表面に傷がつきやすいということである[9]。

スポーツ中にガラスレンズの眼鏡を使用するもう一つの利点は、太陽光に当たるとレンズに色が付き、太陽光が当たらなくなれば透明に戻ることである。このレンズは調光レンズと呼ばれている。最近はプラスチックレンズがスポーツ選手の間で人気を集めている。ガラスレンズよりはるかに軽量で、特殊コーティングをすれば傷がつきにくくなる。

訳注）
調光レンズは紫外線量によって色が変わる。プラスチックの調光レンズもあるが、ガラスのほうが濃度変化が早い。

コンタクトレンズ

コンタクトレンズを不快感なく装着できる選手は、眼鏡の持つ多くの不便さから解放される[8]。最大の長所は「目の一部となって」眼球と一緒に動くことである。

コンタクトレンズは主に2つのタイプがある。目の虹彩部分のみを覆うハードプラスチックレンズの角膜タイプと、少し大きめのソフトプラスチックレンズの強膜タイプである。コンタクトレンズの使用によって、周辺視野だけでなく乱視および角膜のゆがみも矯正ができる。コンタクトレンズは、通常の眼鏡のように気温の変化によって曇ったりしない。また、まぶしさを軽減するために着色することも可能である。たとえば、氷の反射に対しては黄色のレンズが、雪の反射に対しては青色のレンズが用いられる。一般的に選手はハードタイプより含水性のあるソフトタイプレンズを好んで使う傾向がある。ソフトレンズはハードレンズに比べて、調整期間が短くて済むし、容易に取り替えられるため、スポーツの環境に適しているといえよう。コンタクトレンズを使用する選手は予備のレンズ、また必要に応じて小さな鏡と専用保存液か生理食塩水を携帯すべきである。

アイガードとグラスガード

特に動きの速い投射物や道具を使用するスポーツでは、選手が自分達

図6-11

AおよびB．動きの速い小さな投射物やボールを用いるスポーツでは、目を保護するための防具を装着しなくてはならない。
C．アメリカンフットボールのヘルメット用のポリカーボネートシールド

アイガードは、動きの速い小さな球などを使用するスポーツの選手全員が装着する必要がある。

の目を守るために、特別な注意を払うことは不可欠である（図6-11）。アイスホッケー、ラクロス、野球などだけでなく、ラケットスポーツにおいても深刻な目の損傷を受ける危険性がある。眼鏡をかけていない選手は、眼窩を保護するためアイガードを使用すべきである。通常、プラスチック製や硬質レンズの眼鏡を使用している選手は投射物や道具による目の損傷に対して、すでにある程度保護されているが、選手の眼鏡を取り囲むポリカーボネートフレームのグラスガードを使用することによって、より高い安全性が得られる。このアイガードがもたらす保護力は素晴らしいが、見る面によっては視界をいくらか妨げる[9]。

ポリカーボネートのアイシールドは、アメリカンフットボールのフェイスマスク、アイスホッケーヘルメットや野球やソフトボールのヘルメットに取り付けることができる（図6-11C）。

体幹と胸部の保護

接触や衝突が多いスポーツにおいては、体幹と胸部の保護が大切である。衝撃に最も煩雑にさらされる部位は、軟部組織への圧迫を防ぐために防具で覆うべきである。

アメリカンフットボールのショルダーパッド

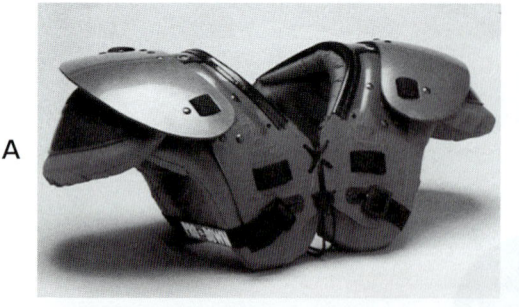

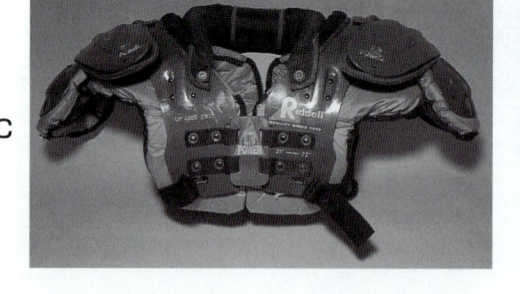

ショルダーパッドは一般的に、フラットタイプとキャンティレバータイプの2種類がある。ブロッキングやタックルで肩を煩雑に使用するポジションの選手にはキャンティレバータイプ、クォーターバックやレシーバーはフラットタイプを使用する（図6-12）。長年の研究の結果、シ

図6-12
アメリカンフットボールショルダーパッドは肩と胸部の両方を保護する。
A．B．C．フットボール用ショルダーパッド
D．ラクロス用ショルダーパッド

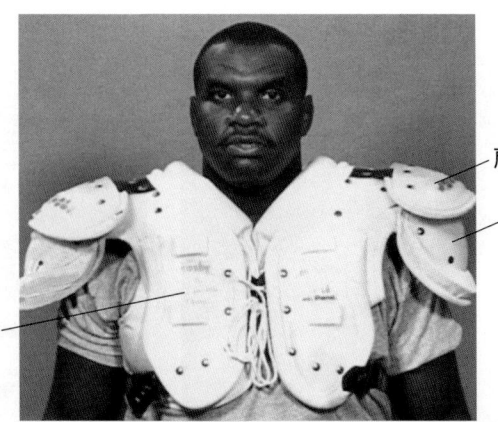

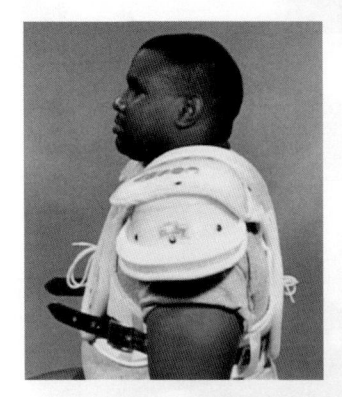

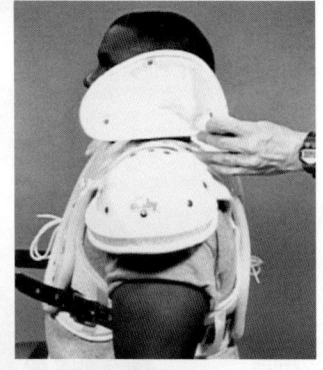

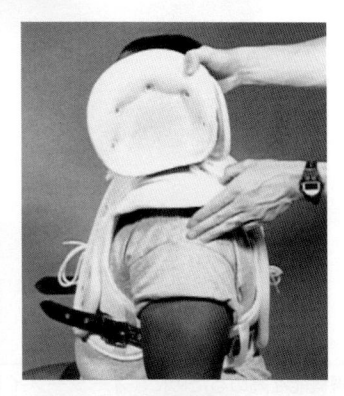

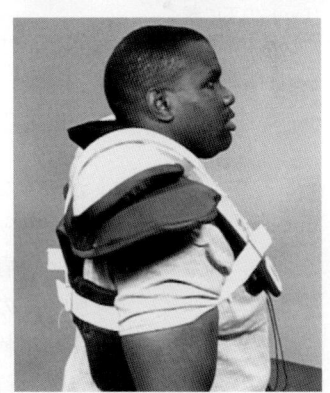

ョルダーパッドはキャンティレバーと同様に前後のパネルが長くなってきた。以下にフットボールのショルダーパッドの正しい装着を示す[18]（図6-13）。

- パッドの正しいサイズを得るために肩幅を測る。
- ショルダーパッドの内側が肩側面に直接当たるように、肩峰部をカバーしなくてはならない。
- 肩章とカップ部分は三角筋をカバーし、選手の各ポジションに必要な動きができるものでなくてはならない。
- 首回りは、選手が首に過度の圧力を感じないで頭上に手を伸ばすこと

図6-13
アメリカンフットボールのショルダーパッドは、肩全体にかかる直接的な力から選手を守るようにつくられていなくてはならない。

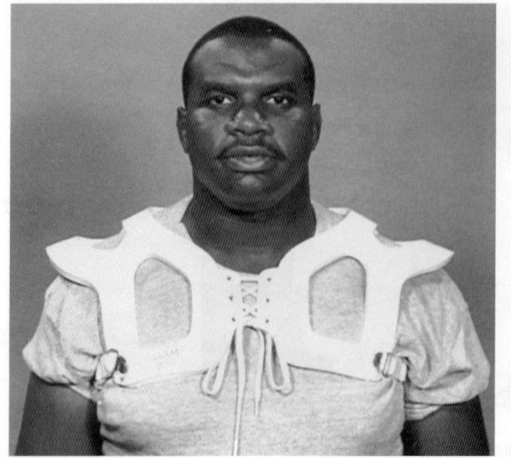

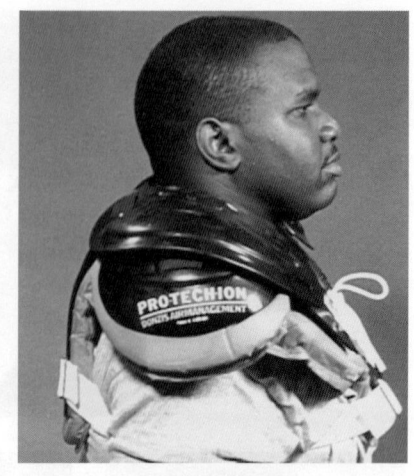

図6-14
A．さらに保護機能を高めるために、オーダーメイドの発泡体をショルダーパッドの下に置く。
B．カウボーイカラーをショルダーパッドに取り付けることができる。

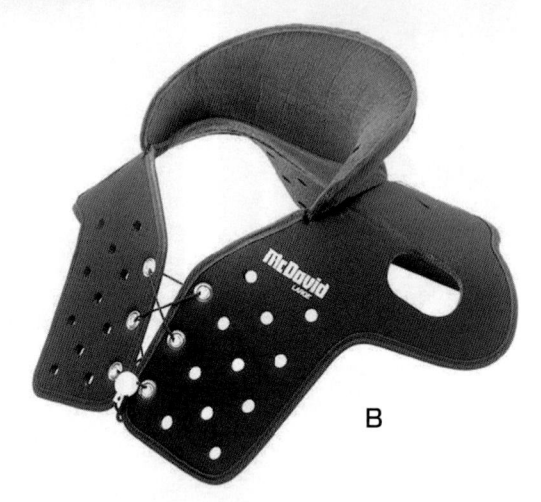

ができなければならない。ただし、パッドが前後にずれてはいけない。
- スプリット・キャンティレバータイプのショルダーパッドを使用する時は、肩の上のチャネル部分が正しい位置にくるべきである。
- 脇の下のストラップがパッドをしっかり押さえなければならない。ただし、軟部組織を締めつけてはならない。より高い安全性のためにカラー（首を固定する防具）やパッドを追加することもできる。

　コーチのなかには、上腕上部や肩の傷害を防ぐために、アメリカンフットボールとアイスホッケーのショルダーパッドを組み合わせて使う人もいる。一般的なアメリカンフットボールパッドの下に予備のショルダーパッドを着ける。ホッケーの三角筋のカップは、ホッケーパッドの主要部分に、調節可能なひもで取り付けられる（図6-14A）。三角筋カップの遠位端は、Velcro（日本では「マジックテープ」という）ストラップによって固定される。胸部パッドは選手のどんな体格にも必ずフィットするよう調節ができる。アメリカンフットボールのショルダーパッドはホッケーパッドの上に置く。コーチは、パッドが身体にきちんと合っているかどうか確認しなくてはならない。大きめのアメリカンフットボ

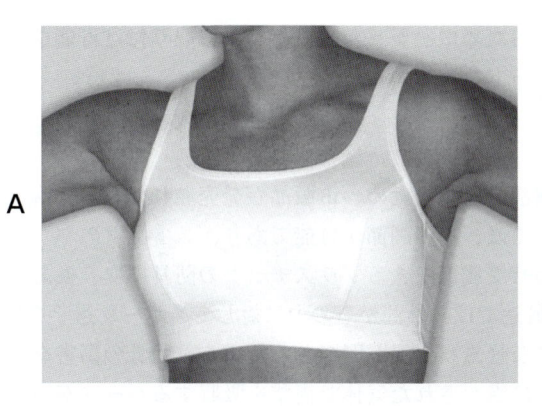

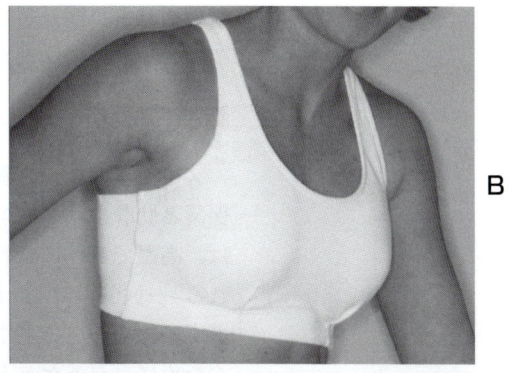

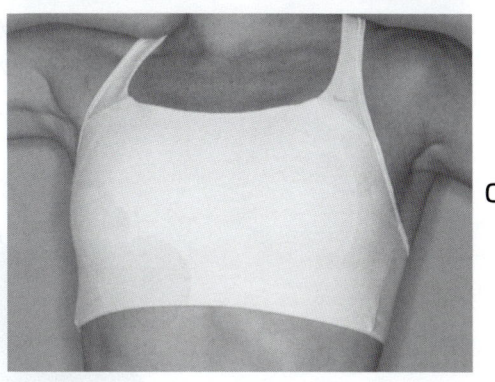

ールパッドが必要になることもある。ネックカラー（首の固定用具）はショルダーパッドに取り付け、首の動きを最小限に抑える（図6-14B）。

スポーツ用ブラジャー

メーカーは、スポーツに携わる女性のために、スポーツ用サポートブラジャーの開発に多大な努力をしてきた[6]。以前の主な課題は、打撲傷を引き起こすような外部からの力に対する胸部の保護であった。現在、ほとんどのスポーツ用ブラジャーが、走ったり跳んだりする際の、垂直、水平の胸部の過度な動きを抑制するために設計され、いくつかの型のスポーツ用ブラジャーが市販されている[13]。

1. 圧縮タイプが最も一般的であり、中サイズの胸の女性に適している。圧縮タイプのブラジャーは広い伸縮性の包帯のようなもので、胸壁に胸を押さえつけるような形状である（図6-15A）。
2. サポートブラジャーは、機能性に富み、胸を伸縮性のある素材でしっかり上方向に支えている。アンダーバストと肩ストラップの部分が幅広にできていることが多い。大きい胸の女性向けにデザインされている（図6-15B）。
3. 小さい胸の女性には、圧縮やサポート性はそれほど必要とされず、伸縮性があり軽量なタイプが好まれる（図6-15C）。

コンタクトスポーツなどで必要ならばスポーツ用の予備パッドをカップに入れることができる。たとえばアイスホッケーなどをする女性は、

図6-15
女性のスポーツ選手は伸縮性のある素材のスポーツ用ブラジャーを着用しなくてはならない。
A．圧縮性のあるブラジャー
B．サポート性のあるブラジャー
C．軽量ブラジャー

胸部組織を打撲から守るために、ショルダーパッドに取り付け可能なプラスチック製の胸部ガードを装着する。

胸部の保護

メーカー数社から胸部の保護のための市販品が発売されている。胸部保護と肋骨ベルトの多くは、形の調節が可能であり、ストックのパッドは、高温で身体に合わせて変形できるプラスチックの防具に取り換えられる[13]（図6-16A）。最近では、外部からの力に対してスポーツ選手を保護するためのさまざまな軽量パッドが開発されている。肋骨の傷害を防ぐために、ジャケットに満たされた気体で衝撃を吸収するパーツが組み込まれており、外部からの強い力に対して保護機能が働く（図6-16B）。これと同じ原理が他の保護パッドでも利用されている。思春期前の野球のバッターは、胸部プロテクターを装着するべきである。

図6-16
A．胸部プロテクター
B．肋骨プロテクター

殿部

殿部のパッドは、衝突が多く、高速で移動するアイスホッケーやアメリカンフットボールなどのスポーツで必要である。殿部の保護を必要とする他のスポーツ選手には、アマチュアのボクサー、スキーヤー、乗馬者、騎手、水上スキーヤーなどがいる。パッドはガードルタイプとベルトタイプの2種類が市販されている（図6-17）。

図6-17
殿部および尾骨のガードル型パッド

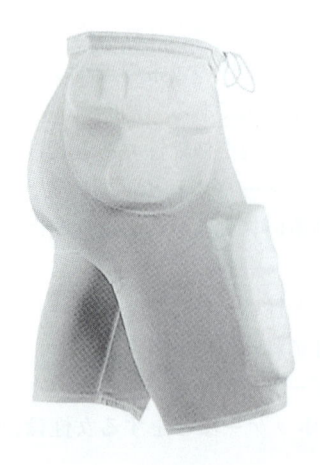

股間部および外性器

　動きの速い投射物を使用するスポーツ（アイスホッケー、ラクロス、野球など）では、男性の選手に外性器を保護するカップが必要である。カップはトランクス下のスポーツ用サポーター内に入れる標準的なアイテムになりつつある（図6－18）。

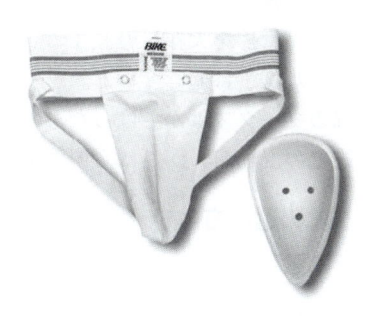

図6－18
カップはサポーターのなかに入れ、動きの早い投射物から外性器を保護するために用いられる。

足元の防具

フットウエア

　コーチや用具スタッフが、選手に適切な靴やソックスを選択することは重要である（図6－19）。

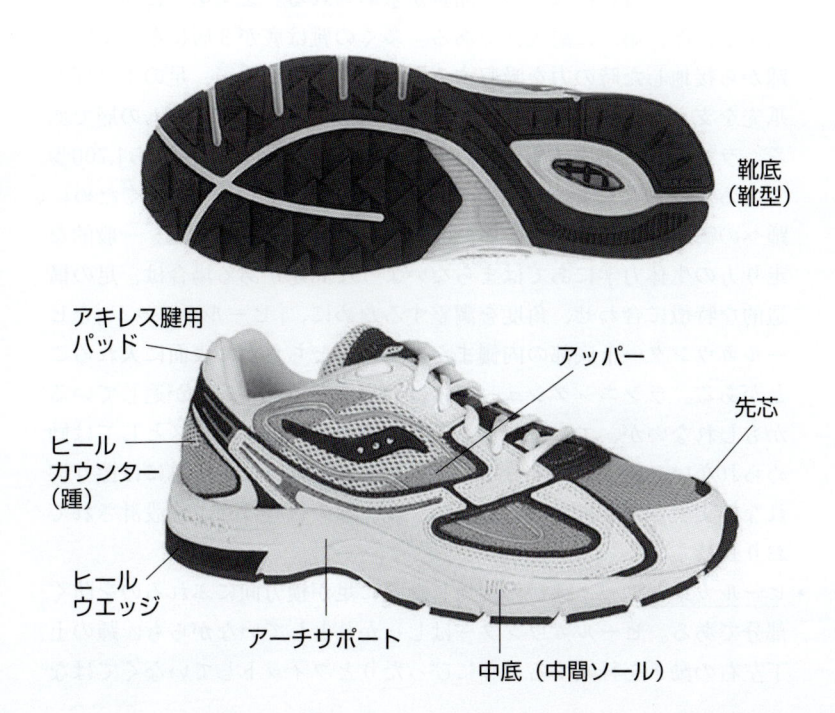

靴底（靴型）
アキレス腱用パッド
アッパー
先芯
ヒールカウンター（踵）
ヒールウエッジ
アーチサポート
中底（中間ソール）

図6－19
よく設計されたスポーツシューズの各名称

ソックス

足に合っていないソックスは、足にさまざまな問題を引き起こす。たとえば小さすぎるソックスは第4趾と5趾を過度に圧迫する。大きすぎるものはしわが皮膚を刺激する。皮膚への刺激を避けるため、ソックスは洗濯、乾燥した状態で、穴が開いていないものでなければならない。二重に編んだ、踵のないチューブ型のソックスが出回っており、靴の内部での摩擦を大幅に軽減する。チューブ型のソックスは特にバスケットボール選手に適している。ソックスの素材にも注意しなければならない。綿のソックスはかさばったものになりがちであるので、綿と軽い合成繊維との混紡が、かさばらず洗濯した際にも短時間で乾く。

> スポーツ選手のソックスはすべて洗濯、乾燥され、穴が開いていてはならない。サイズの合っていないソックスは皮膚に摩擦による刺激を与える。

靴の選び方

スポーツやフィットネス用の製靴産業は、非常に高いレベルになってきており、用途別の靴を購入する際には多くの選択肢がある[21, 22]。図6-19に靴の各部分の名称を示した。以下のガイドラインは最も適した靴を選ぶうえで参考になるであろう。

- **先芯** フィットネスシューズには爪先に十分なゆとりがなくてはならない。専門家の多くは、一番長い足趾と靴の前面の間に、1/2～3/4インチ（1.25～1.9cm）の隙間があるものを勧めている。フィットネスシューズには、靴幅に種類があるものもつくられている。極端に足幅が広い、または極端に狭い人に対して店員は特別な靴を勧めることがある。先芯に十分な余裕があるかを確認する最もよい方法は、足のサイズを測って実際に靴を履いてみることである。

- **靴底（靴型）** 靴底には2つの品質が求められる。まず第一に衝撃を吸収する機能、第二に耐久性である。多くの靴は底が3層になっている。踵から接地した時の力を吸収する厚いスポンジ状の層、足の中央部と爪先を支える中間ソール、そして地面に直接触れる硬いゴムの層である。ランナーの1マイル（1,609m）の平均歩数は1,500歩から1,700歩である。よって使いすぎによる足関節と膝関節の障害を防ぐために、踵への衝撃をスポンジ状の層で吸収することが重要である。一般的な走り方の生体力学にあてはまらないような問題がある場合は、足の構造的な特徴に合わせ、角度を調整するために、「ヒールウエッジ」をヒールカウンター下底部の内側または外側のどちらかの表面に入れることがある。ランニングシューズには外に広がったヒールが適しているかもしれないが、エアロビックシューズやコートシューズとしては勧められない。靴底には十分な摩擦力があると同時に、簡単には擦り切れない丈夫さが要求される。有名ブランドの靴底は、よく設計されており長持ちする。

- **ヒールカウンター** 踵から接地した際に足が横方向にぶれるのを防ぐ部分である。ヒールカウンターはしっかりとしていながらも、踵の上下左右の動きを軽減するようにぴったりとフィットしていなくてはな

らない。よいヒールカウンターは足関節の捻挫や水疱を防ぐ。
- アッパー　ナイロンと皮革を組み合わせてつくられている。アッパーは軽量で速乾性があり通気性がよくなくてはならない。アッパーの靴ひも穴の部分に補強が施されており、ヒールカウンター上部のアキレス腱に接する部分にはさらにパッドがなくてはならない。
- アーチサポート　耐久性があり、かつ柔らかな保護素材でつくられるべきであり、中敷と一体となっていなければならない。このサポートの靴の内側部分に、水泡の原因となるような粗い縫い目や段差があってはならない。
- 価格　スポーツシューズを購入する際、残念ながら価格が一番の判断基準となっていることが多い。スポーツシューズを買う際には、さまざまなスポーツのなかでスポーツシューズが競技力の発揮と傷害の予防に重要な役割を担っていることを忘れてはならない。質のよい靴を買うために多少の投資をすることは価値のあることである。

靴の合わせ方　左右の足のサイズやかたちは異なるので、スポーツシューズやソックスを合わせることは容易ではない。したがって両足ともサイズを測ることが絶対に必要である。適切な靴の選択には、スポーツソックスを着用し、スポーツをしている時の状況を真似て、ジャンプやランニングを行ってみる必要がある。さらに、朝起きた時から徐々に足が膨張する（むくむ）ので、夕方に靴のサイズを合わせるのが望ましい。スポーツ選手は何時間もの間、その靴を履くことになるので、慎重に選択すべきである（表6-1）。

実際の競技条件下では、新しい靴はぴったりと合っていながらも窮屈すぎてはならない[7]。スポーツシューズは、前足部が窮屈でなく、爪先を十分に伸ばせるほどの余裕を持たせるべきである。靴幅は、指先を曲げたり、伸ばしたり、開いたりするだけの余裕が必要である。ここで覚えておきたいのは、爪先で立った時に靴が構造上ちょうどよい部分で折

6-4 Critical Thinking 頭の体操——エクササイズ
高校生のバスケットボール選手がバスケットシューズの購入についてアドバイスを受けた。
質問：バスケットボールシューズを買う際に、フィッティングに関してどんなことを考慮すべきか？

表6-1　靴の比較

	テニス	エアロビクス	ランニング
柔軟性	靴底はランニングシューズより硬い	靴底はランニングとテニスシューズの中間の硬さ	母趾球部が柔軟
アッパー	革または革とナイロン	革または革とナイロン	ナイロンまたはナイロンメッシュ
踵の広がり	なし	わずか	安定性のために広がっている
クッション性	ランニングシューズより少ない	ランニングとテニスシューズの中間	踵と底に十分なパッド
底（靴型）	ポリウレタン	ゴムまたはポリウレタン	耐久性を高めるカーボンを基にした素材
接地面	平ら	平らまたはピボットドット	地面をとらえる深い溝

ぴったりと合った靴は足が曲がる位置と同じところで靴も折れ曲がる。

れ曲がるために、靴幅の広い位置と足幅の広い位置が一致するということである。靴は最も幅の広い部分、一般的には中足趾節関節で曲がる（折れる）ことが望ましい。つまり、靴の曲がる位置と中足趾節関節が一致すれば、足に合っていると考えられる。しかし、靴の曲がる位置が、足の通常曲がる位置（中足趾節関節）より前、もしくは後ろの場合、靴と足が擦れて、皮膚や足の構造にストレスがかかる原因となる。靴を合わせる際には、次の2点の測定を行わなくてはならない。(1)踵から足の屈曲部（中足趾節関節）までの距離、(2)爪先から踵までの距離、の2つである。人間の足は踵から母趾球までの長さは等しくても、踵から爪先までの長さは異なるかもしれない。したがって靴を選ぶ際は長いほうに合わせなくてはならない。このほか靴の購入に際しては、靴底の硬さ、土踏まず部分の幅、もしくは靴底の最も狭い部分の幅などを考慮しなくてはならない。底が硬すぎて曲がらない靴は、足部の腱に大きな負担をかける。幅の狭すぎる靴も同様で、底の土踏まずの部分が、選手の足の内側縦アーチを十分に支えることができず大きな負担となる。摩擦軽減用のインソールと組み込まれているアーチサポートの2点についても考慮すべきである[7]。

特殊な靴底の場合　クリーツというゴム突起の付いた特殊な底の靴を選ぶ時には、問題が起きやすいのでさらに気をつけなければならない。たとえばアメリカンフットボールでは、複数の短いクリーツの付いたポリウレタン製の靴底を用い、サッカーでは前に5本、後ろに2本のポイントが付いたタイプを用いる。いずれの場合もクリーツの長さは1/2インチ（1.25cm）以下である（図6-20）。表面が加工されている人工のグラウンドの場合には専用のシューズを履く。どんなスポーツであれ、クリーツやポイントの付いた靴を履く場合、クリーツやポイントは体重を支える主な2関節の真下に位置し、靴底を通してその位置を足裏に感じられないようにしなければならない。

訳注）
サッカー選手は、個人の好みや芝の状態などによってスパイクのポイントの数を増減させている。

図6-20
クリーツの付いた靴各種。クリーツが長いほど傷害の危険性は高い。

オーソティクス（足底板）の使用

オーソティクスは、傷害を引き起こす可能性のある、足の生体力学的な問題を矯正するための用具である[20]。オーソティクスはプラスチック、サーモプラスチック、ゴム、ソルボセイン、または革製で、すでに挿入されている中敷の代わりに靴のなかに入れるサポート用品である[12]。既製品はスポーツ用品店、スポーツシューズ店で購入可能である。米国で

図6-21
市販のオーソティクス用品

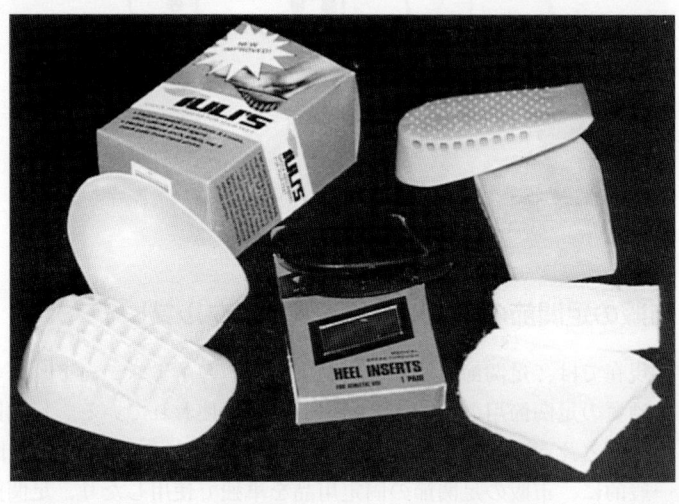

図6-22
ヒールカップとパッド。これらには矯正用フェルトのリフトも取り付けられる。

は医師、足病医、アスレティックトレーナー、または理学療法士に注文してつくってもらう必要のある選手もいる。オーソティクスは高価ではあるが、選手の足の状態が、練習中の痛みや不快の原因となっているのであれば、価値のある出費である（図6-21）。

ヒールカップ

ヒールカップは足底腱膜炎、踵の骨棘、アキレス腱炎および踵の滑液包炎などを含むさまざまな症状に対して使用される（図6-22）。ヒールカップには硬いプラスチック製かスポンジ状のゴム製のものがある。体重がかかるような動作中に、ヒールカップが踵の下の分厚い脂肪層を圧縮し、踵により高い緩衝作用をもたらす。

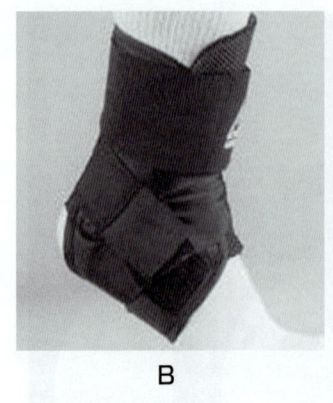

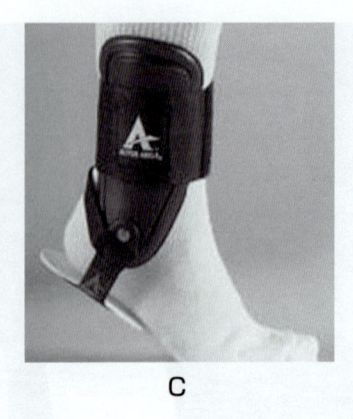

図6-23
足関節の傷害予防のための市販のサポート用品（アンクルブレイス）
A．編み上げタイプのブレイス　B．ストラップ付きのブレイス　C．硬い素材でできたサポートブレイス

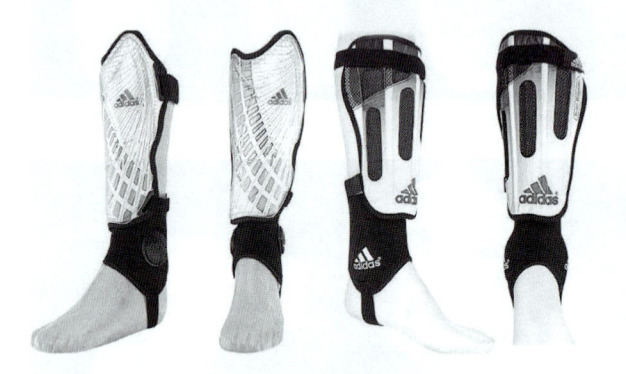

図6-24
サッカーの脛当て（シンガード）

市販の足関節のサポート用品（アンクルブレイス）

　現在では、足関節の動きを抑制するためのエアスターアップのような半硬質の足関節用のブレイス（装具）が多く使われている。足関節のテーピングと比べ、ブレイスは練習中にひどく緩むことがない[4]（図6-23）。一般的に、市販の足関節の固定用品を単独で使用したり、足関節のテーピングと併用したりすることがスポーツのなかで増えてきている[8]。

脛と下腿部の保護（シンガード）

　接触、衝突のあるスポーツにおいて、一般的に脛骨はなおざりにされている。あらかじめ型取りされた市販の脛当てはフィールドホッケーやサッカーで使用されている（図6-24）。現在、お湯につけて、自分の脛に合わせて型取りできる脛当ても市販されている。選手は脛当てをカットして小さくしてはならない。

大腿と上腿部の保護

　大腿と下肢の膝上（上腿）の保護はアメリカンフットボール、サッカーおよびホッケーのような衝突のあるスポーツにおいて不可欠である。

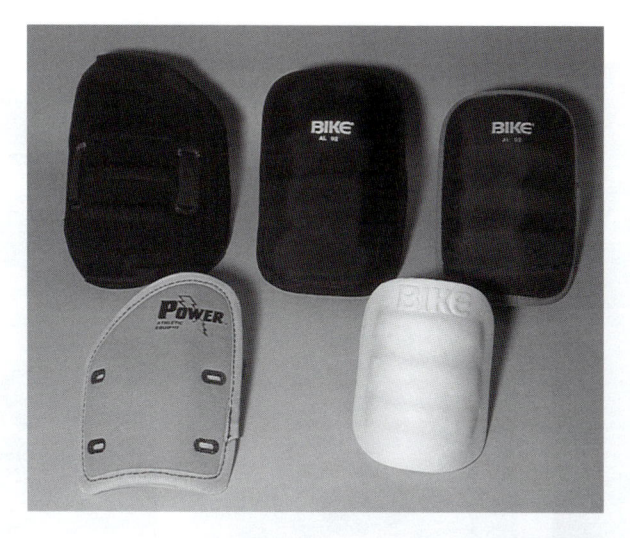

図6-25
大腿保護パッド

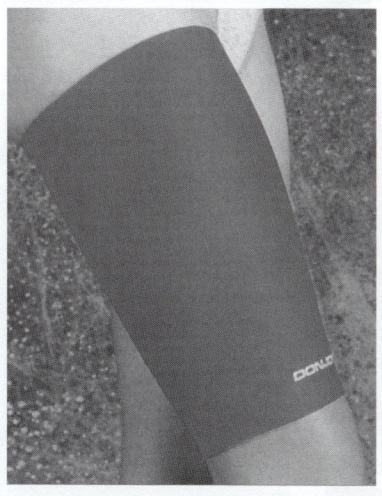

図6-26
筋挫傷用のネオプレン大腿スリーブ

一般的にはユニフォームについているポケットにパッドを入れる（図6-25）。特注のパッドをテープや弾性包帯などで巻きつけて固定することが多い。大腿四頭筋、ハムストリングス、鼠径部の筋肉などの筋挫傷をした後に、ネオプレン製のサポーターが用いられる[3]（図6-26）。

ニーブレイス

膝を損傷する事故が多いので、メーカーは多様な目的に合わせて多くのニーブレイスを設計してきた。アメリカンフットボールのような接触のあるスポーツでは、内側側副靱帯の損傷を防ぐために、膝関節保護用ブレイスが予防的に使用されている[16]（図6-27A）。今までこれらの保護ブレイスが広く使用されてきたが、米国整形外科スポーツ医学会（American Orthopaedic Society for Sports Medicine：AOSSM）は、側副靱帯の傷害を軽減する効果について懸念を抱いている。いくつかの研究では、これらのブレイスを装着している選手に、内側側副靱帯損傷の事故が増加していることが実際に示されている[16]。

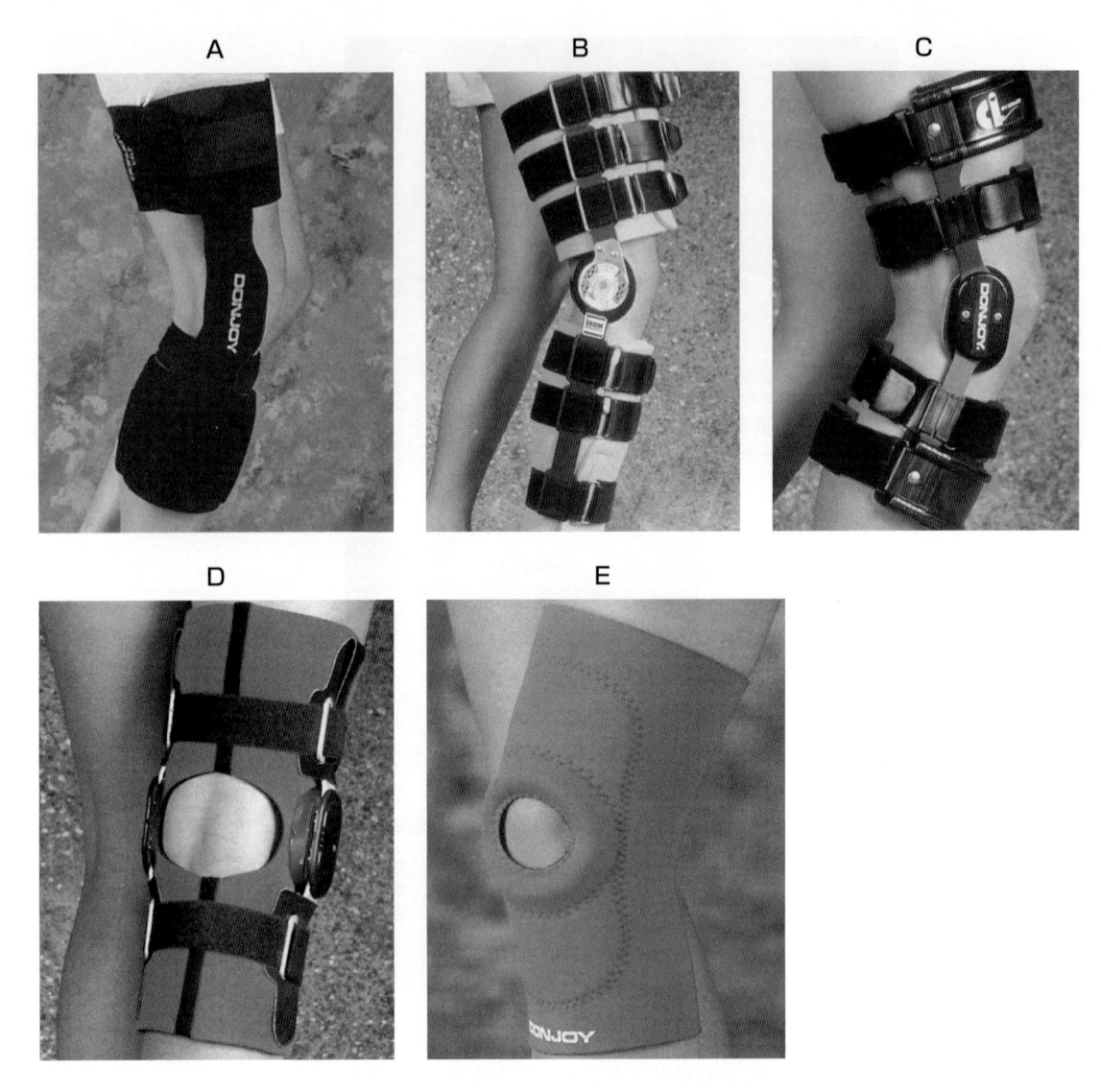

図6-27

ニーブレイス
A．保護（予防）ブレイス
B．リハビリ用ブレイス
C．機能ブレイス
D．内外側サポートネオプレン・ブレイス
E．ネオプレン膝蓋骨ブレイス

　リハビリ用ブレイスは、外科的な治療や膝関節の再建手術の後に、固定具合をコントロールするために広く使われている（図6-27B）。このようなブレイスには、時間の経過とともに徐々に広くなる可動域に合わせて、角度を容易に調節できる蝶番がある。

　膝の機能ブレイスはリハビリ期間中だけでなく、その後も機能的な動作のサポートのために装着される[19]（図6-27C）。機能ブレイスは市販品の購入も可能であるし、特注品をつくってもらうこともできる。運動する時には一貫してこれらのブレイスを装着することを患者に強く勧める医師もいれば、必要でないという医師もいる[5, 23]。

　側副靱帯を損傷し、膝関節の内側または外側に特別なサポートの必要性を感じる人には、内外側のサポート機能のあるネオプレン・ブレイスが使われる（図6-27D）。

　多様なネオプレン・サポーターが、膝蓋大腿関節を支えるために使用されている[3]（図6-27E）。

コーチのコーナー — Coach's Corner

　コーチが、傷害予防のためのスポーツ用具の選択、購入、フィッティングをする際に考慮しなくてはならない点を、以下のチェックリストに挙げる。

☐評判のよいメーカーからスポーツ用具を購入する。
☐予算の許す範囲で最も安全な用具を購入する。
☐すべての用具が正しく組み立てられているか確認する。
☐用具を取り扱う者が適任かどうか確かめ、メーカーの仕様書に正確に従う。
☐メーカーのガイドラインに従って、すべての用具をきちんと保管する。
☐設定された目的にのみ用具を使用する。
☐ある固定目的の装具を選手が使用している場合（たとえばギプス、ブレイスなど）、それがそのスポーツのルールに違反するものでないかを確認する[15]。
☐選手に、その用具を使用することによって起こり得る危険性をすべて警告する。
☐用具を組み立てたり、選手に合わせて調整する際には十分な注意を払う。
☐不良品を使用しない。
☐欠陥がないか定期的に用具を調べ、使えない不良品は破棄する。

肘関節、手関節、手の保護

　下肢と同様、上肢も、傷害やその後の再発予防のための保護が必要である。肘関節は足関節、膝関節、または肩関節よりも一般的には損傷が少ないが、やはり不安定症、打撲傷、筋挫傷などを起こしやすい。肘関節の保護には、市販の保護用ネオプレン・サポーターやパッド、蝶番のついたリハビリ用ブレイスが使われる（図6-28）。

　スポーツ医学ではしばしば、手関節、中手部および手指の損傷は小さなことで、たいしたことがないものとされる。しかし上肢遠位部の傷害は、特に投げる、受けるなどの動作を含むスポーツにおいては、機能喪失の危険性を伴う重大な問題である。接触するスポーツか否かにかかわらず、手関節、手、特に手指は骨折、脱臼、捻挫、筋挫傷を起こしやすい。ラクロスやアイスホッケーのようなスポーツでは、保護グローブが傷害予防に不可欠である（図6-29）。また損傷した部分を支えたり固定したりするために、市販の、または自分で型取りをするスプリント（副子）もよく使われる（図6-30）。

図6-28

肘のブレイスおよびサポート用品
A．リハビリ用肘ブレイス
B．ネオプレン肘サポーター
C．肘パッド

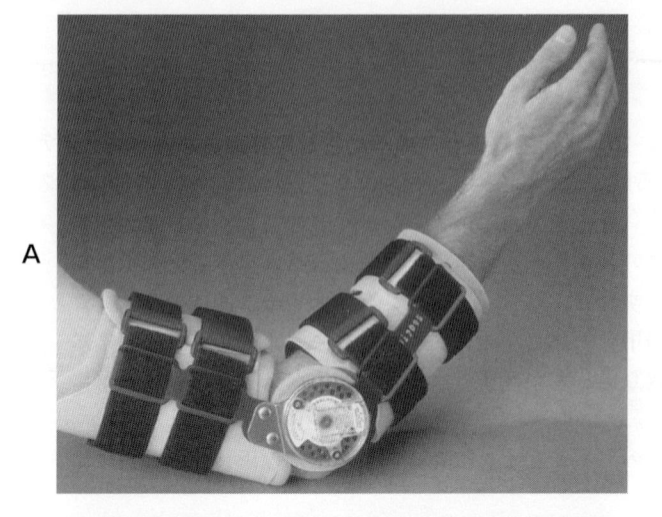

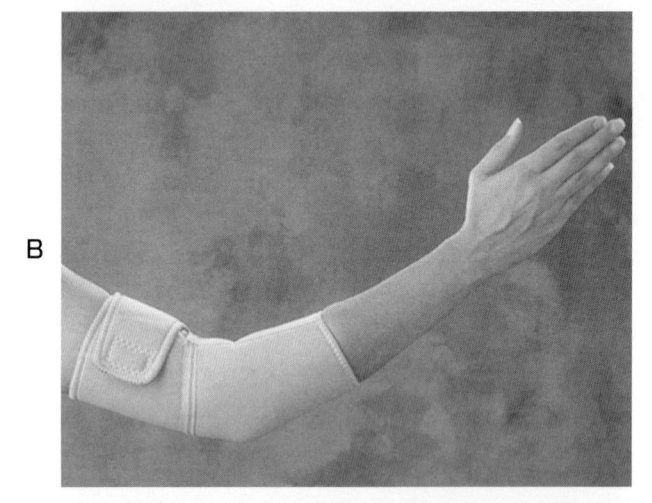

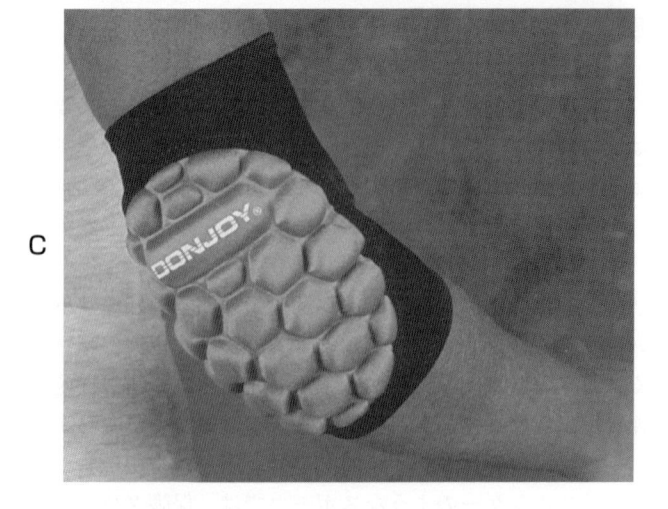

図6−29
ラクロスやアイスホッケーで手の保護は不可欠である。

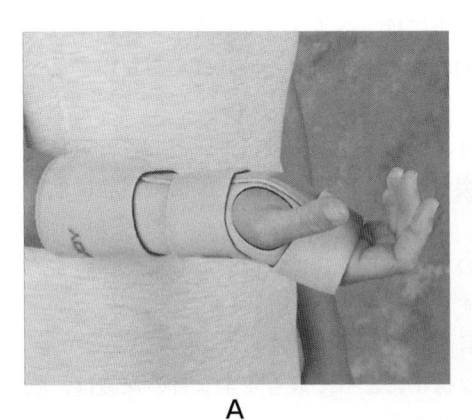

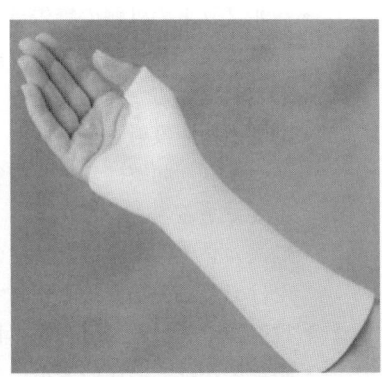

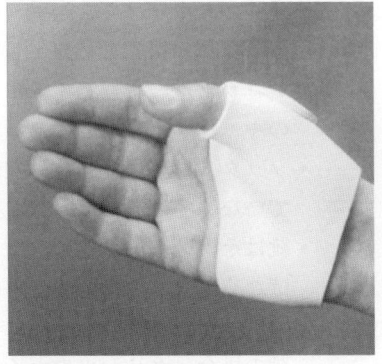

図6−30
手関節のサポート
A．市販の手関節用ネオプレンサポーター
B．C．自分で型を取って合わせる手関節、第1指スプリント

まとめ

- スポーツ用防具の正しい選択とフィッティングは、さまざまなスポーツ傷害を予防するために重要である。
- 最新の訴訟によると、素材の耐久性と装着条件の両方がスポーツ用具の基準を満たしていなければならない。
- メーカーは自社製品について、考えられる使い方、誤った使い方をすべて予測し、ユーザーに起こり得るリスクを警告しなくてはならない。
- 衝突や接触をするスポーツでの頭部の保護は、きわめて重要な問題である。ヘルメットは武器としてではなく、頭部保護の目的のために使用されなくてはならず、また正しく装着されなくてはならない。
- ヘルメットの外側の警告ラベルには、ヘルメットが安全を保障するものではなく、意図された目的のために使われなければならないことが示されている。
- 動きの速い投射物を用いたり、他の選手に非常に近いところで道具を使ったり、頻繁に身体を衝突させるスポーツでは、顔面の保護は最も重要である。
- 個人の必要性に合った特注のマウスピースは、歯を最もよく保護するだけでなく、脳震盪を予防する役割を果たす。
- 投射物やスポーツ用具から目を守らなくてはならない。
- 眼鏡をかけていないスポーツ選手にとって最も安全な目の保護は、眼窩を完全に覆うタイプのものである。
- 多くのスポーツで、選手の身体のさまざまな部分の保護が必要とされる。身体の保護を必要としているプレーヤーの例としては、アメリカンフットボールやアイスホッケーのプレーヤー、野球、ソフトボールのキャッチャーなどである。
- ソックスは清潔であり、穴があってはならず、適した素材でつくられていなくてはならない。
- 靴はそのスポーツに適したものであり、大きいほうの足に合わせて選ばなくてはならない。さらに足幅の最も広い部分と靴幅の広い部分との位置が合っていなくてはならない。またクリーツやポイントのある靴の場合、クリーツやポイントが足の主な2関節の直下に位置していなくてはならない。
- 手指、手関節、または肘関節はスポーツで損傷を受けやすく、専用の防具などを必要とする。

頭の体操（エクササイズ）の答え　*Solutions to Critical Thinking Exercises*

6-1 学生コーチは防具に関する以下の点について掌握していなくてはならない。
- 市販品の品質の良しあしについての判断。
- 市販品の正しい装着法。
- 保護装具、サポート用具の組み立て。

6-2 コーチは防具についての説明・指導を以下のような手順で始める。
1. チームミーティングを行い、そこで防具の使用、装着によるリスクを十分に説明する。
2. 不良な防具については直ちに報告し、修理する。
3. 防具には限界があることについて、親、保護者に文書で説明する。この文書に承諾のサインをしてもらい、アスレティックトレーナーあてに返送してもらう。
4. 親、チームメンバー、コーチを含めたミーティングを行い、防具の限界についてさらに詳しい説明をする。

6-3 コーチはヘルメットが頸部の重大な傷害を防げるものでないことを説明する。ヘルメットやフェイスマスクのどの部分であれ、対戦相手にぶつかることは脳の構造に異常なストレスを与える。頸部は、相手にヘルメットの頭頂部でぶつかることによって、最もひどい傷害を受ける。この動作は軸圧縮荷重として知られている。

6-4 コーチは以下の点を忠告する。
- 大きいほうの足に合わせて靴を購入すること。
- スポーツソックスを履いて、靴を合わせること。
- 夕方に靴を購入すること。
- 両足の、踵から一番長い足趾の先までの長さを測定すること。
- 靴はぴったりとしていながらも、ジャンプや、鋭い動きをした時にも快適であること。
- 爪先の機能が十分に発揮できる長さと幅のある靴を選ぶこと。
- 足幅の最も広い部分と靴の広い部分との位置が一致すること。
- 靴幅の最も広い部分で折れ曲がること。

復習問題とクラス活動

1. 用具管理者とコーチにおける、防具に関する法的な責任とはどのようなものか？
2. 製造物責任と、それがコーチや用具管理者に対して及ぼす影響について、クラスに弁護士を招いて話し合う。
3. 防具を必要とするようなリスクの高い要因のあるスポーツにはどのようなものがあるか？
4. スポーツ傷害と訴訟を減らすために、コーチはどのように安全な防具を選び使用することができるか？

5．なぜ使用している用具の継続的な検査や取り換えが重要であるか？
6．アメリカンフットボールヘルメットのフィッティングの基準は何か？　他のスポーツのヘルメットにも基準があるか？
7．学校の用具管理者をクラスに招き、すべての防具をどのように装着するかを示してもらう。
8．なぜマウスピースは重要なのか？　また特注のマウスピースが市販品より優れている点は何か？
9．スポーツの試合において、眼鏡とコンタクトレンズの長所、短所は何か？
10．サイズやポジションの異なるプレーヤーに、ショルダーパッドをどのように合わせるのか？
11．なぜ胸部の保護が必要か？　スポーツブラジャーにはどのようなタイプがあり、購入の際には何に注意すればよいか？
12．靴を正しく合わせるにはどのようにするのか？　さまざまなスポーツ、床面やフィールド面の違いによって、どのような靴が使用されるべきか？
13．現在、どのようなタイプのニーブレイスが市販されているか？　それらは傷害に対して十分なサポートと保護機能があるか？

7 緊急事態と傷害の評価

Chapter 7

この章を終えると、次のことが説明できるようになる。
- 自分の所属する団体で緊急時にどのように対処するかの計画について
- 心肺蘇生法（CPR）と閉塞気道の処置に関する知識の重要性
- 大量出血をコントロールする方法
- ショックのタイプとその評価と対処法
- 傷害評価のさまざまな段階について
- 傷害の初期管理における腫脹のコントロールの重要性
- 受傷した選手の移動と搬送方法

　スポーツで受ける傷害の大半は、生死に関わるほど差し迫った状況にはならない。しかし、そうした状況に陥った際には、迅速な対処が重要である[4]。時間が重大な要素であり、受傷した選手をどう救援するかは、いかに迅速に効果的な応急処置を行うかという知識に基づいて決定される。そこには躊躇もためらいも、もちろん過ちも許されない状況がある。傷害の初期管理の誤りによって、その後のリハビリテーション期間が長くなり、選手の生死に関わる危険性もある。

　アスレティックトレーナーが現場に居合わせない状況では、その責任はコーチが担う。したがってコーチは、どのような緊急事態が起こっても対処できるように準備しておくことが必要である[17]。

緊急時対応計画

緊急時では時間が重大な要素となる。

　救急処置で第一に考えなければならないことは、心臓と血管の機能の確保によって、間接的に中枢神経系を維持することである。これらの機能停止は死につながる危険性があるからである。救急処置では、受傷した選手の状態を最初にどう判断するかが鍵となる。時間が勝負である。したがって、最初の判断は迅速かつ正確に行われなければならない。そうすれば適切な処置が遅れることなくできる。場合によっては、最初の処置が生命を救うだけではなく、それ以降の障害の程度を左右することもある。

　第1章で述べたように、コーチ、アスレティックトレーナー、チームドクターなどのスポーツ医学チームは、常に常識的かつ慎重に行動しなければならない。このような態度は特に緊急時に重要である。

緊急時対応計画を進める際の留意事項を以下に示す。

1．**スポーツが行われるグラウンド、コート、体育館それぞれの状況に合った緊急時対応計画を立案し実行すべきである**[3, 19]。

> すべてのスポーツプログラムには緊急時対応計画を持つべきである。

  a．練習、試合の際にその場に立ち会う人員を決める（アスレティックトレーナー、医師、救急医療技術士〈EMT〉、救急隊員など）。緊急事態が起こった時には、各々が自分の役割と責任をきちんと理解していなくてはならない。またスポーツ医学チームは、担架や自動体外式除細動器AED（この章で後述）などの救急器具を使って対応する訓練をしておく。

  b．それぞれのスポーツでどのような救急器具を常備するかを決める。アメリカンフットボールに必要な救急器具は、クロスカントリーチームで必要なものとは異なる。

2．防具、特にヘルメットとショルダーパッドの取り外しについては、それぞれの正しい手順をマスターしておく。

3．電話が使えるように用意しておく。アスレティックトレーナーが常に所持できる携帯電話が一番よい。もし携帯電話が使えない場合は、コーチ、アスレティックトレーナー、選手は電話の場所を知っておくこと。可能であれば緊急電話番号911番（日本では119番）を利用する。

4．コーチは所属するコミュニティの救急医療機関への連絡方法、搬送方法などアクセス方法に精通しておくこと。またコーチは救急医療機関の受け入れ認可と利用規定、特に未成年の選手に応急処置を行う際の手続きに通じていること。コーチは緊急電話をする者を指名すること。大半の救急医療システムは911番（日本では119番）にかけると利用でき、救急隊員、警察、消防隊員にアクセス可能な交換台につながる。緊急電話の利用者は以下の事項を伝えなくてはならない。

  a．どのような緊急状態か？
  b．疑われる傷害は何か？
  c．選手の現在の状態。
  d．現在行われている処置（心肺蘇生など）。
  e．使用している電話の場所。
  f．事故現場（住所や目印など）の正確な場所とその施設への入り方。電話をかけた者は救急隊員を待ち、負傷した選手のところまで案内すること。

5．門や南京錠の鍵はすぐ使えるようにしておくこと。コーチは施設の鍵を持っていなくてはならない。

6．コーチは毎年学年度が始まる前のミーティングで、アスレティックディレクター（雇用者）側全員、学校の看護師、管理者に、

> 訳注）
> アスレティックディレクターについては第1章 P.9、第2章 P.23参照。

緊急時対応計画について知らせておくべきである。個人それぞれが緊急時の自分の責任について理解する。
7．受傷した選手を病院まで移送する担当者を決めておく。

救急医療機関との協力

　傷害を負った選手に応急処置を行う者は、互いに協力し合い、正しく対処しなければならない。受傷した選手の扱いや移送方法について、しばしば救急隊員、医師、アスレティックトレーナーやコーチの意見がくい違うことがある。通常、コーチやアスレティックトレーナーが、最初に緊急事態を処理することになる。アスレティックトレーナーは医師よりも、傷害を負った選手を動かしたり移送したりする訓練を多く積んでおり、経験も豊富であることが多い。**アスレティックトレーナーや医師が不在の場合は、コーチは迷わず911番（日本では119番）に電話をし、救急隊員にその場を任せる**。救急隊員が呼ばれた際は、救急医療技術士（EMT）が、選手の移送方法についての最終的な決定をし、移送中はコーチとアスレティックトレーナーが補助的な役割を引き受ける。

　意見のくい違いが起こるのを避けるために、コーチやアスレティックトレーナーは少なくとも年に1度、実地訓練を行い、関係者全員で具体的な対処法やガイドラインを確立しておく。救急隊員はヘルメットなどの防具をつけた選手の扱いに慣れていないことがある。コーチは、事故が起こる前に、さまざまなタイプの用具を装着した選手に対し、EMTが対処する方法を明確化しておくことが望ましい。負傷した選手を扱う時は、すべてのエゴは脇に置いておく。最も重要なことはもちろん、選手にとって何がベストかということである。

保護者への連絡

　第2章で述べたHIPAA規則によると、受傷した選手が未成年である場合は、選手の手当をする前に保護者の承諾を得ることが不可欠である。**承諾書は緊急事態の前か、最中に書面で提出される**。承諾書は保護者に対し、選手がどこが悪いかをコーチ、アスレティックトレーナー、他の医療関係者が判断し、その傷害についてどう対処するのかということと、事故・傷の処置を行うことに対して保護者が了解しているという証明書である。選手の保護者と連絡がとれない場合は、シーズンや学年度のはじめに事前に提出されている書面に従う。同意書がない場合でも、選手の生命を救うという暗黙の了解が優先される。

評価の原則

　正しい状況判断が下されるまでは、負傷した選手に対して、コーチは医療処置を行うことはできない。確かにコーチは、医師やアスレティックトレーナーのように負傷した選手を詳しく診断できるような教育を受

けていないし、訓練もされていない。しかし医療関係者が不在の場合には、コーチがこの責任を引き受けなくてはならない。このチャート（図7-1）は、傷害の種類を特定し、実施すべき緊急処置の方法を決定する指針として役立つ[5]。一次評価とは、気道（Airway）、呼吸（Breathing）、循環（Circulation）（頭文字からABCとされる）、大量出血、ショック症状などの生死に関わる問題の危険性の有無を判断することである。何よりも負傷者の状況認識を優先して行い、その判断をもとに生死に関わる状態に対処する[18]。負傷者の状態が安定したら、選手が負った傷害をより詳しく観察するために二次評価が行われる。この二次評価は選手から傷害についての詳細な情報を集め、系統だててバイタルサインや症状を評価し、さらに詳しい傷害の判断をする。二次評価で、生命に関わる早急な危険性はないが、処置しないでおくとその危険があるか否かをはっきりさせる[18]。もちろんコーチが最も考慮すべきは一次評価である。

傷害を負っていても、意識があり、しっかりとしている選手には一次評価は必要ない。しかし意識のない選手については、評価の間も慎重に観察し続ける必要がある。

訳注）
一次評価としてのABCは「気道、呼吸、循環」だが、心肺蘇生法の手順を表すABCは「気道確保、人工呼吸、心臓マッサージ」となる。

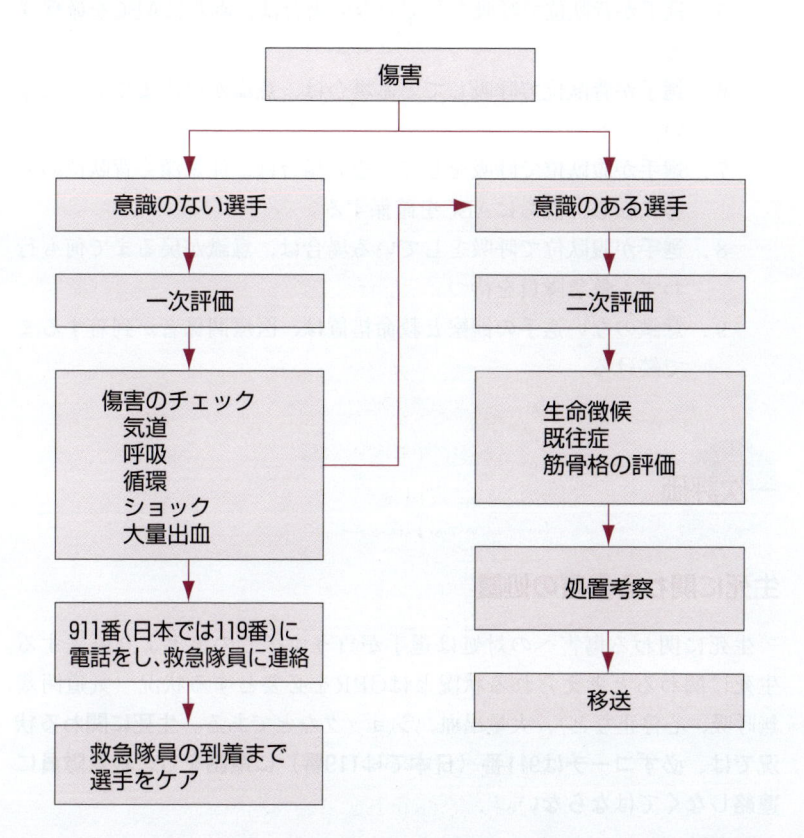

図7-1
傷害を負った選手に対する適切な救急処置手順を示すフローチャート

意識のない選手

　選手が意識を失うという状況は、スポーツにおいて最大級の深刻な問題である。アスレティックトレーナーが不在の際、**選手が意識を失った場合は、コーチは必ず911番（日本では119番）に電話をし、生死に関わるか否かに関係なく救急隊員に連絡をしなくてはならない**。意識消失とは、無感覚で意識がない状態であると定義される。これは頭部、もしくはみぞおちの強打か、ショックの結果もたらされる。意識を失うに至った正確な原因を究明するのは困難な場合が多い。

　意識を失った選手は常に生死に関わる傷害を負っているとみなすべきで、迅速な一次評価が必要である。意識のない選手を処置する際のガイドラインを以下に示す。

1．コーチはすぐに身体の状態に注目し、意識と反応のレベルを確認すること。
2．迅速に気道、呼吸、循環（ABC）機能を確保する。
3．意識のない選手は首や脊髄の損傷が考えられる。
4．選手がヘルメットを被っている場合は、首や脊髄への損傷の疑いが晴れるまでは絶対に脱がせてはならない。しかしフェイスマスクは心肺蘇生法（CPR）ができるように直ちに切断して取り外す。
5．選手が背臥位で呼吸をしていない場合は、直ちにABCを確保する。
6．選手が背臥位で呼吸している場合は、意識が戻るまで何もしない。
7．選手が腹臥位で呼吸をしていない場合は、注意深く背臥位の姿勢に転じ、直ちにABCを確保する。
8．選手が腹臥位で呼吸をしている場合は、意識が戻るまで何も行わず、救急隊員を待つ。
9．意識のない選手の観察と救命措置は、医療関係者が到着するまで続ける。

一次評価

生死に関わる傷害の処置

　生死に関わる傷害への対処は選手が負うすべての傷害より優先する。生死に関わると考えられる状況とはCPRを必要とする状況（気道閉塞、無呼吸、心停止など）、大量出血、ショックなどである。**生死に関わる状況では、必ずコーチは911番（日本では119番）に電話をし、救急隊員に連絡しなくてはならない。**

緊急CPRの概要

　アスレティックトレーナーが不在の場合、コーチが正しいテクニックでCPRを実行できるように、すべてのコーチは現行のCPRの資格を持っていなくてはならない。傷害にCPRを用いるべきかどうかの評価は注意深く行われなければならない。以下にCPRの概要を示すが、CPRの資格を持っていない者が行使するようにはつくられていない。CPRは容易なものではないので、米国赤十字社、米国心臓協会、全国安全協議会が行う定期的なセミナーの受講と資格更新が必要であることに留意しなくてはならない。

　コーチが、CPRが必要であるような緊急事態に対処しなくてはならない際には、「善きサマリア人の法律」が負傷者に応急手当を行おうとする者に対して法的な保護をすることを知っておくべきである。医師やアスレティックトレーナーが不在の場合、コーチには選手に救急処置を行う法的義務がある。救急処置を行う者は始める前に負傷者から同意を得なければならないが、CPRが必要な負傷者に意識がない場合は、暗黙の了解、つまり負傷者が確実に同意する状態ならば、許可されると考える[2]。

　コーチは**確認、連絡、処置（Check-Call-Care）**という救急処置手順に従う[2]。すなわち、何が起きたのかを<u>確認</u>（状況判断）し、指名すべき支援者を特定して負傷者の意識を確認し、911番（日本では119番）に電話をして救急隊員に<u>連絡</u>し、負傷者の<u>処置</u>を始める。

反応のない選手の確認

　まず選手に反応がないことを確認する。軽く叩いたり、肩を優しくゆすったり、「大丈夫か？」と大きな声をかけてみる。頚部に損傷を受けている可能性がある場合には、肩をゆすることは避ける。選手の反応がない場合、直ちに911番（日本では119番）に電話をし、救急医療システム（EMS）を始動させる。誰かを特定し、911番（119番）に電話をするよう指示しなければならない。選手が呼吸している場合、選手を側臥位の回復体位にする。呼吸していない場合、注意して背臥位にする。選手が背臥位以外の姿勢の場合、身体がねじれるのを避けながら、身体全体を注意深く回転させる。CPRは、選手が膝をまっすぐ伸ばすか、またはわずかに曲げて背臥位の状態でのみ、実施することが可能だからである。頚椎の損傷が疑われる場合は、回転させる際に頚部の動きを最小限にしなくてはならない。その後CPRを行う[14]。

器具について考慮すべきこと

　選手が装着している防具はCPRの救命手順を困難にする場合もある。アスレティックトレーナーのなかでも、防具は取り外すべきかそのままにしておくべきかについて、非常に多くの議論がなされてきた。アメリカンフットボール、アイスホッケー、ラクロスのフェイスマスク付きヘルメット、またスポーツ特有のさまざまな種類のショルダーパッドは、

7-1 *Critical Thinking*
頭の体操——エクササイズ

アメリカンフットボールのディフェンスバックがタックルをしていて、ボールキャリアーにタックルをする際に接触して頭から転倒した。彼は地面に叩きつけられ、動かない。コーチが彼のところまで行くと、選手は腹臥位で意識がないが、呼吸はしている。
質問：コーチはこの状況をどう処理すべきか？

EMS：emergency medical system

不可能ではないが、CPRの実施を困難にすることは確かである[8, 10]。

まずはじめにフェイスマスクを外す[16]。フェイスマスクは気道を妨げるものではないが、手当の邪魔になる。フェイスマスクを外すために、いろいろな道具を使う方法が勧められてきたが、そのなかでも電動のスクリュードライバー（図7-2D）は、ネジがさびていなければ便利である。ワイヤーカッター、ボルトカッター、トレーナー用はさみ、メスなどはどれもあまりよくない[9]。アンビルプルーナー（鉄敷剪定ばさみ、図7-2C）、トレーナーズエンジェル（フェイスガード等を取り除くための専用工具、図7-2E）、FM鉗子（図7-B）の3つはプラスチック製グロメットを迅速にカットするには非常に効果的である[12]。コーチはプラスチック製グロメットをカットする3つのうちどれかの道具を使用して、フェイスマスクを取り外す練習をしておくべきである。

1992年、米国労働安全衛生局（OSHA）が、CPR中にコーチが血液を媒介とする病原体によって感染することを防ぐために保護具の使用を命じた。フェイスマスクの下にバリアマスクを滑り込ませ、一方向マウスピースを取り付けるか、フェイスマスクバーの間にバルブを通して、フェイスマスクを取り外さずに5～10秒内でCPRを始めることができる[7]。

CPRの前にヘルメットとショルダーパッドを外すかどうかの決断は、頚椎損傷の可能性の有無による。**コーチは、頚椎損傷の疑いがある選手のヘルメットを外してはならない。**この原則の唯一の例外は気道が危険にさらされている場合である。もし頚椎に損傷がないということが確かであれば、CPRを始める前に、ヘルメットとショルダーパッドを素早く

図7-2
A．フェイスマスクを固定しているプラスチック製のグロメットを切断したり、外したりするには以下のような道具が使える。
B．FM鉗子
C．アンビルプルーナー
D．電動コードレススクリュードライバー
E．トレーナーズエンジェル

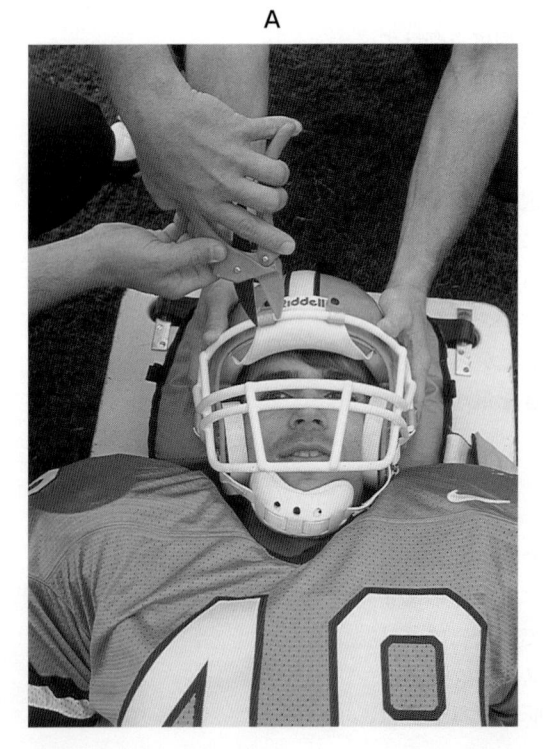

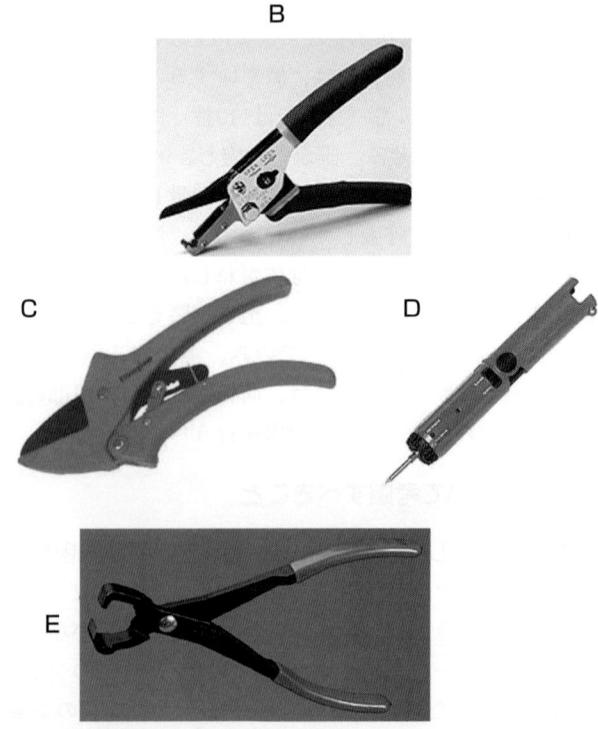

外してかまわない。もし少しでも頚椎に損傷がある可能性があれば、CPRを行っている間の頭部と頚部の動きを最小限にして処置を続ける。フェイスマスクは前述したように取り外し、ウエアとショルダーパッドのひもは切り、ショルダーパッドを広げ、CPRのガイドラインに従って胸部を押すことができるようにする。今まではヘルメットとショルダーパッドの取り外しを勧める意見もあったが、どのように注意を払っても、取り外すことは頚椎に不必要な動きを与え、CPRの開始が遅れる。これはどちらも負傷した選手にとって最適とはいえない[20]。

もし選手の意識があり呼吸をしていてCPRの必要がなくても、頚椎の損傷が疑われる場合は、選手はヘルメット、チンストラップ、そしてショルダーパッドをつけたまま移送するべきである。CPRの必要が生じた時のために、フェイスマスクは取り外す。

気道の確保

頭を後ろに反らせ、顎を持ち上げるようにして気道を開く[2]（図7-3A）。片手で顎を持ち上げ、反対の手で患者の額を押さえる。力を入れすぎないようにする。舌根は気道をふさぎやすいので注意する。顎をまっすぐ持ち上げれば、舌が喉の奥から離れて気道が確保される。

注：頭部や頚部に損傷の疑いがある場合、やり方を変え、首の角度はそのままで顎の下部を両方からつかむ。頭部を後ろにのけぞらせた場合と同じ結果が得られるように、下顎を前方に引き出すように動かして気道を確保する[2]（図7-3B）。これを患者の頭上にひざまずいて行う際、両肘は患者が横たわっている地面に固定するとよい。唇を閉じている場合、親指で下唇を引っ張って口を開けさせる。患者が呼吸していない時には、顎をさらに前に動かすことが有効である。

呼吸回復

1. 選手が呼吸しているかどうか確認するために、気道を確保し、自分の耳を選手の口の上にもっていき、胸の上下の動きを観察する。目で見て、耳で聞き、呼吸を感じること（図7-3A）。
2. 選手の額に当てた手の親指と人差指で鼻をつまんでふさぎ、手のひらは前頭部に置いてのけぞった状態を保つ（頚部に損傷がない場合）。

訳注）
頭を無理に後ろに反らさない。

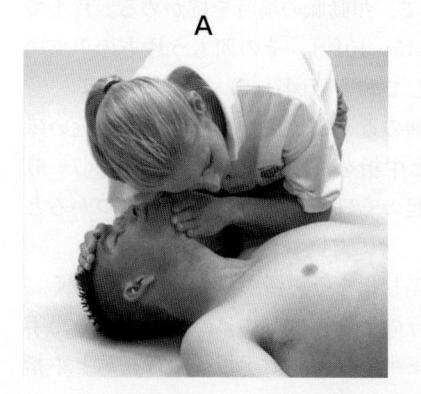

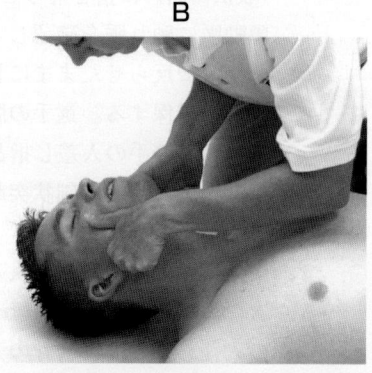

図7-3
A．気道確保のために、頭を後ろに反らせ、顎を持ち上げる方法。
B．顎を持ち上げる別の方法。

深く息を吸って選手の口、またはバリアシールド越しに自分の口を重ね、1回につき1½〜2秒の感覚で、息が漏れないように2回ゆっくりと息を吹き込む。胸の隆起を観察する。口を離し、呼気がかえってくるかどうかを聞く。気道がふさがっている場合は、患者の頭の向きを変え、息が通るようにもう一度行ってみる。まだふさがっている場合は、15回胸を押した後、人差し指で口の中の目に見えるものを取り除く[11]。異物を喉の奥まで押しやらないように注意する。呼吸が回復するまでこの手順を続けて繰り返す。

注：OSHAは血液を媒介とする病原体感染の危険性を最小限にするために、バリアシールドの使用を命じた（図7-4）。このようなシールドはビニール製またはシリコン製のシートを顔に広げ、選手と救助者を隔てる。チューブのようなマウスピースもあり、選手がフェイスマスクをしている状況でも使用できる。

図7-4
バリアシールドは、血液を媒介とする病原体にさらされる危険性からコーチを守る。

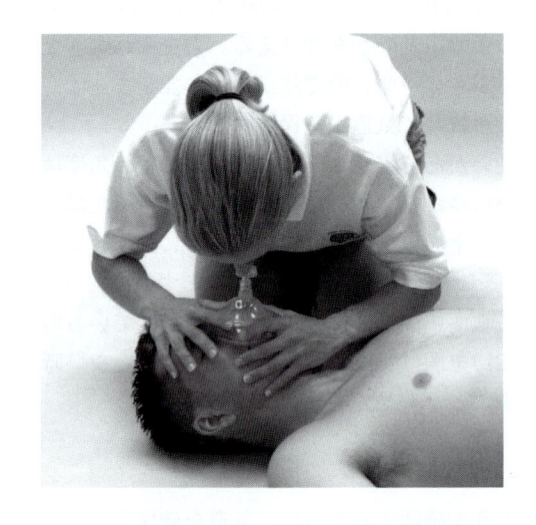

循環機能の回復

1. 脈を確認するため、片方の手の人差し指と中指を選手の咽頭隆起（喉仏）に置く。自分がひざまずいている側の頚部のくぼみ（喉仏側面）に指を滑らせて、頚動脈の場所を確かめる。片手で頚動脈に触れ脈を確認し（5〜10秒）、その間もう片方の手で頭を後ろに反らせたままにしておく（図7-5）。
2. 気道を確保する。選手の胸の近くに位置し、選手の腰に近いほうの自分の手の人差し指と中指を、選手の胸郭に置く（図7-6）。
3. 指を胸郭に沿って剣状突起のくぼみ（肋骨と胸骨のぶつかるところ）まで動かす。
4. 中指をくぼみに置き、人差し指をその隣の胸骨の下部に置く。
5. 次に、選手の頭に近いほうの手を、はじめにくぼみに置いた手の人差し指の隣、胸骨の下半分に置く。手根部（母指球と小指

球の部分）が胸骨の長軸に重なるように置く。
6．最初の手をくぼみから離し、胸骨の上の手に重ねる。両方の手のひらが平行になり、指先は自然に前方に向く（図7-7）。
7．指は伸ばしたままでも、組んでもかまわないが、胸部からは離れていなければならない。
8．肘は伸ばして両腕をまっすぐにし、その真上に肩がくるような姿勢をとる。そうすればまっすぐ圧力をかけることができる。
9．普通の体格の成人の場合、胸骨が1.5～2インチ（3.75～5cm）沈む程度の圧力をかける。圧力をかけた後には、完全に圧力を取り除き、心臓に血液を満たすようにする。無圧状態の時間は

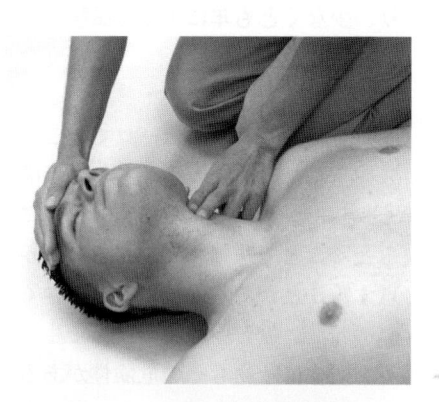

図7-5
脈拍は、喉仏側面を触って確認可能な頚動脈で調べる。

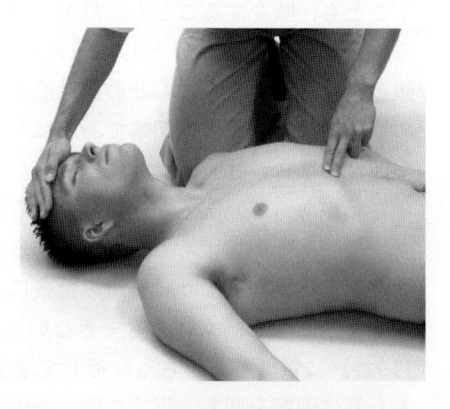

図7-6
選手の腰に近いほうの自分の手の人差し指と中指を、選手の胸郭下部の端に置く。指を胸郭に沿って剣状突起のくぼみ（肋骨と胸骨のぶつかるところ）まで動かす。中指をくぼみに置き、人差し指をその隣の胸骨の下部に置く。

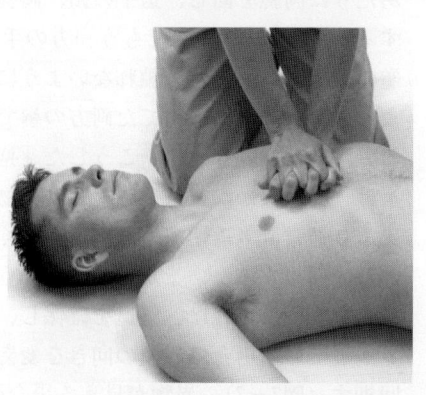

図7-7
手根部を、はじめに置いた手の人差し指の隣（胸部下部の長軸上）に置く。最初の手をくぼみから離し、上の手に重ねて指を組む。

訳注）
CPRは2005年の国際ガイドラインで、心臓マッサージと人工呼吸の比率は30：2に改定された。この比率は大人、子供、乳幼児とも同様であるが、心臓マッサージの際大人の場合は両手を使い、子供は片手、幼児は2本の指で行う。

コーチ、トレーナーは全員がCPRの資格を持つべきである。

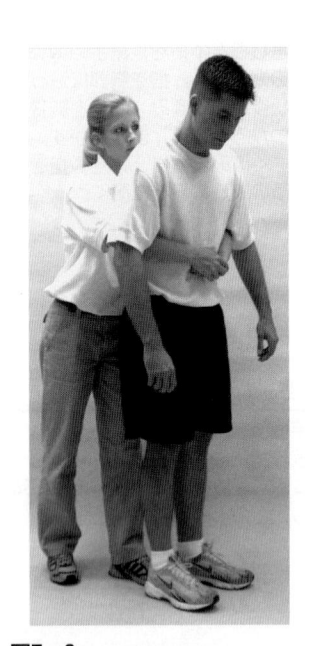

圧力をかけている時間と完全に一致しなければならない。1人でCPRを行う場合、1分間に80〜100回のペースでこの心臓マッサージを行う。人工呼吸2回に対して15回のペースを維持する。

10. 子供（8歳以下）に行う場合は、心臓マッサージと人工呼吸の割合は5：1である。他の手順は同様である。
11. 15回の心臓マッサージに2回の人工呼吸（15：2）を4サイクルまたは約1分間行った後、頭部を後ろに反らせたまま、頚動脈で脈を再確認する（5秒間）。もし、脈が見つからない場合は、心臓マッサージから始めて15：2のサイクルを続ける。

コーチ、アスレティックトレーナーは全員CPRの資格を持つべきであり、少なくとも年に1回は試験を受けて資格を更新すべきである[15]。

気道閉塞の処置

窒息はあらゆるスポーツで起こり得る。たとえば選手は、マウスピースや折れた義歯、ガム、さらには噛みタバコでも窒息する危険性がある。そうした事態に陥った場合、早期に事態を認識し、迅速かつ賢明な処置をとることで悲劇を回避する必要がある。また、意識を失った後でも窒息することがある。舌が喉をふさぐと、気道上部もふさいでしまう。頭部や顔面、もしくは歯の負傷で生じた血塊も呼吸の妨げになることがある。同様に吐物もその危険性がある。気道が完全にふさがれた場合、話すことも、咳をすることも、息をすることさえ不可能となる。意識がある場合は、呼吸しようとして多大な努力をし、頭を後ろにのけぞらせ、顔色ははじめは真赤に、その後は酸素が欠乏するために青くなる。窒息の原因が部分的な気道閉塞であれば呼吸がいくらか可能であるが、完全な閉塞の場合、呼吸はまったくできない。

意識があって、気道が閉塞している場合、患者の呼吸が回復するまで、立位で腹部を圧迫する方法がとられる。意識がない場合は15回心臓マッサージを行い、人工呼吸を試みた後に、指で異物を取り除く[2]。

選手が、咳も話も呼吸もできない場合はまず誰かに911番（日本では119番）に電話してもらう。そして選手のすぐ後ろに立つ。ベルトの上あたりに両腕を回し、選手の頭、両腕、上体が前方に垂れ下がるようにする（図7-8）。片手でもう一方の手の拳を握る。その際、握りしめた拳の親指が、胸郭には触れないようにし、胸骨の剣状突起の真下にくるようにする。腹部に当てた両方の拳で力をこめて上方に、鋭く引き上げる動作を数回繰り返す。こうした「抱きしめる」かたちで横隔膜を押し上げ、肺のなかの空気を圧縮し、異物に対して強い圧力をかける。これにより通常は気道閉塞の原因を素早く除去することが可能となる。選手が呼吸回復するか、または意識を失うまでこの手技を行う。もし選手が意識を失った場合は、気道を確保し、人工呼吸を試みる。まだ気道がふさがっている場合は、頭の向きを変え、再び人工呼吸を行う。胸部を15回押す（図7-7）。異物が見える場合は手指で除去する（図7-9）。この

図7-8
意識がある気道閉塞の選手の腹部を立位で圧迫する方法。（訳注：ハイムリック法という）

方法を必要なだけ繰り返す。自力で呼吸を始めた選手は、回復体位（側臥位）にして休ませる[2]（図7－10）。処置の際は胸骨に力をかけすぎないように注意しなければならない。肋骨の骨折と、それに伴う内臓の損傷の原因となる危険性があるからである。

手指による除去 異物がマウスピースのようなもので、口や喉にとどまっていて目に見える場合は、手指による除去が可能である[6]。ただし手指で探ったために、異物をさらに喉の奥に押しやってしまわないように注意しなければならない。意識があって痛みで苦しんでいる選手の口を開けさせることは、通常は不可能である。この場合、直ちにハイムリック法を用いる。意識を失っている場合には、頭を一方に倒すか、顔が上を向くようにする。舌と下顎をつかんで口を開けさせ、そのまま親指と残りの4本の指でしっかりとはさみこんで持ち上げる。これによって舌が喉の奥と異物から離れる。それが困難な場合、クロスフィンガー法が有効な場合もある。空いているほうの手の人指し指（両手を使用している場合は補助者の指）を口の片側に挿入し、頬に沿って喉の奥まで届かせる。物を引っかけるようにして異物を外し、取り出しやすい位置に移動させる（図7－9）。気道が開くまで、異物を取り除く作業を1回行うごとに空気を送り込むようにする。異物が取り除かれた後も、選手が呼吸をしていない場合には人工呼吸を行う[2]。

訳注）
ハイムリック法は上腹部圧迫法のこと。図7-8を参照（立位）。

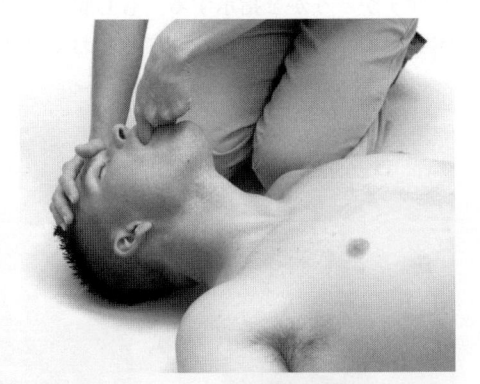

図7－9
異物を喉につまらせている選手に対しては、手指による除去が不可欠である。

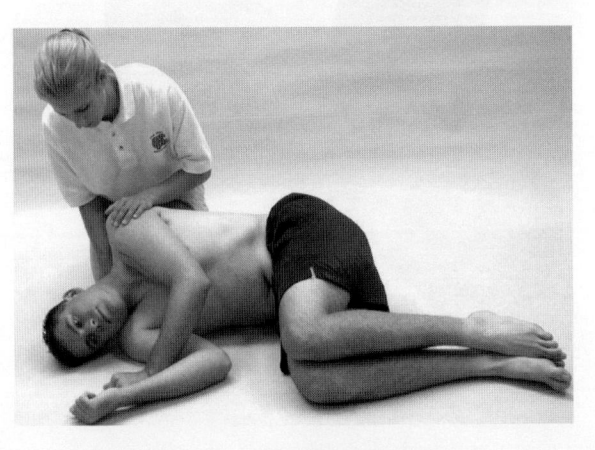

図7－10
回復体位

自動体外式除細動器（AED）の使用

　自動体外式除細動器（Automated External Defibrillator：AED）は、急性心停止患者の心臓の鼓動を測り（図7-11）、心臓に電気的な刺激を送ることができる機器である。医療専門家の技術を必要としない[2]。人間のミスを防ぐため、現在の機器にはすべてコンピュータが内蔵されており、心臓の鼓動を測定し、使用が適切かどうか判断する。AEDは、病院外での心停止の処置に欠かせない道具となりつつある[2]。米国心臓協会は、迅速に除細動を行うことによって、毎年10万人の生命が助けられると推定している。長い年月を経てAEDはより安全に、より信頼性も高く、よりメンテナンスが楽なものとなった。この機器に搭載されている新技術によって、使い方の基本的なトレーニングをした者なら誰でも使えるようになっている[7]。コーチは米国のほとんどの州で、AEDの資格を得ることができ、AEDの使い方は短時間で習得できる。AEDの使用資格保持者はこの機器だけでなく、CPRについても年に1回の受講と更新が必要である。AEDのメンテナンスは最小限である。機器には長寿命のバッテリーが使われており、バッテリーの交換が必要になったら使用者に知らせる。現在までに、多くのプロチームや大学生チームがAEDをすぐ使えるように配備した。

　コーチはAEDの2つの電極を胸部の右上と左下に当てればよい（図7-11）。大半の機器が、ONのボタンを押すと、機器が除細動のボタンを押すかどうかを指示する。もし脈が回復した場合は、救急隊員が到着するまで、患者を回復体位にしておく（図7-10）。

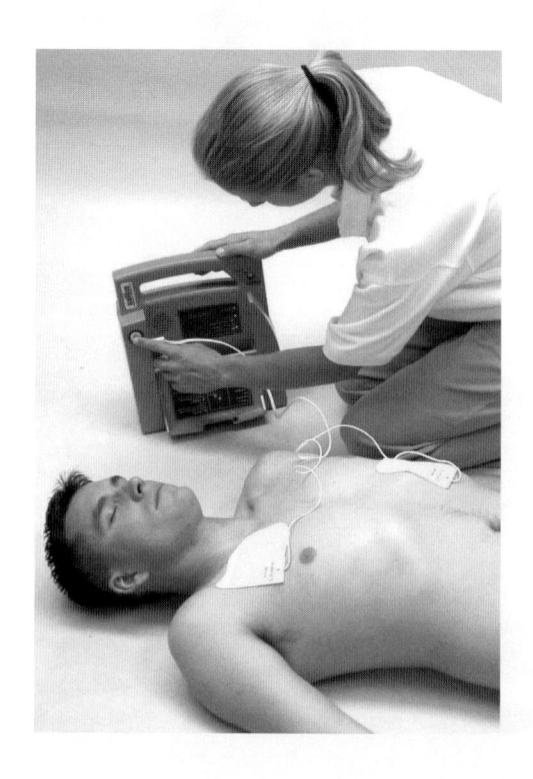

図7-11
自動体外式除細動器（AED）の使用。

出血のコントロール

　体内外の異常な血液の流出を<u>出血</u>という。出血は静脈性、毛細血管性、動脈性のものがあり、外出血と内出血に分かれる。静脈性出血は、損傷部位から連続的に暗紅色の出血をするのが特徴である。毛細血管性出血は、損傷部位から赤みがかった血液がにじむようにゆっくりとしみ出る。動脈性出血は鮮やかな赤色の血液がかなりの勢いで流出する。

　注：コーチは血液を媒介とする病原体にさらされることや、負傷者の血液や体液に触れることによって感染する病気について、常に留意する。危険性を最小限にするために、<u>一般的な予防措置</u>をとることは不可欠である。常日頃から、他人の血液や体液に触れる際には使い捨てのノンラテックスの手袋を使用しなくてはならない。これについては第8章で詳しく述べる。

外出血

　外出血は、擦過傷、切断、裂創、穿刺、裂離などの傷口から生じる。外出血のコントロールは、直接圧迫、挙上、止血点の圧迫などの方法を使用する。

　直接圧迫　傷を滅菌ガーゼの上から、手で直接圧迫する。骨を感じるところまでしっかりと押す（図7-12）。

　挙上　挙上は直接圧迫と組み合わせて行われ、外出血を軽減する補足的な方法である。出血している部位を高くすることで、血液の静脈圧を下げ、静脈とリンパ液の排液を促進する。よって、挙上は出血のペースを遅らせる[7]。

外傷による出血は通常、直接圧迫、挙上、止血点の圧迫などの方法でコントロールされる。

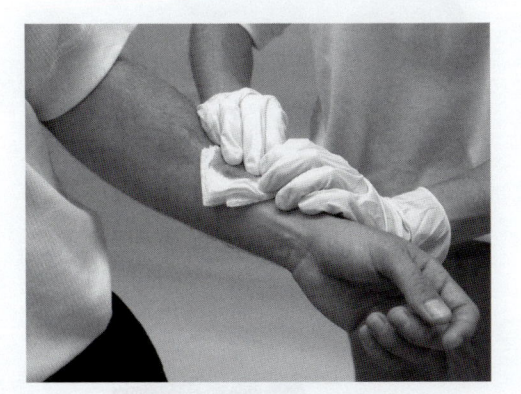

図7-12
出血をコントロールするための直接圧迫は、滅菌ガーゼの上から手で行う。

止血点の圧迫 挙上と直接圧迫を組み合わせても出血の勢いが収まらない場合、止血点の使用も選択の一つである。身体の両側に、外出血をコントロールするとされている箇所がそれぞれ11カ所ある。そのなかでも2つが最もよく使われる。上肢では上腕動脈と、下肢では大腿動脈である。上腕動脈は上腕骨内側を圧迫し、大腿動脈は大腿三角内に見つかるのでそこを圧迫する（図7-13）。

内出血

内出血は、体内の開いた部分から出てくるか、X線か、その他の診断方法によって確認されない限り、目には見えない。診断が困難なだけに危険である。内出血が打撲や打ち身で、皮膚の下や、関節内、筋肉内で起これば、ほとんどの場合、選手は移動してもさして危険はない。しかし、出血が頭蓋、胸郭、腹腔内といった身体の内腔で起こった場合には、生死に関わる問題である。内出血は症状がはっきりしないので、適切な診断が困難である。このように、診断が困難なために**内出血を伴う傷害を負った場合は、医療スタッフによる完全かつ継続的な監視の下での入院が必要である**。重症の出血はショックにつながるため、前述のような処置が必要となる。ショック症状が見られない場合にも、選手を静かに、普段の適切な体温を保つようにする（望ましい体位についてはショックのセクションを参照）。

図7-13
直接圧迫を行う一般的な2カ所は、上腕動脈（A）と大腿動脈（B）である。

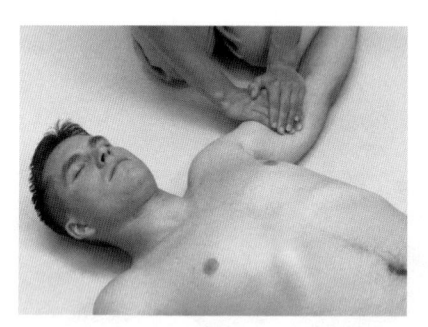

A

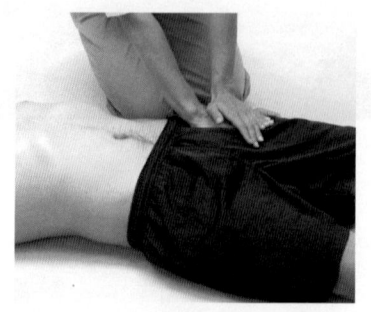

B

ショックへの対処

いかなる傷害においてもショックに陥る可能性はある。大量出血、骨折もしくは内部損傷の場合、特にショックを招きやすい。原因は循環系における血液量の減少にある。その結果、組織、とりわけ神経系に酸素を運ぶ血球が不足する。ショックが起きると、血管内から大量の血漿が体内組織の隙間へと流出する。血管内には固体の血液成分が残り、血液の循環が停滞もしくは鈍化する。このように血管系全体が崩壊するため、広範囲にわたる体内組織の壊死が見られる。そして正しい処置が行われない限り死につながる。

極度の疲労、極端な暑さや寒さ、重篤な脱水状態やミネラルの損失、病気などで選手はショックを起こすことがある。その他でもショック状態に陥る危険性のある状況、たとえば選手が怪我の影響を受けてショック状態に陥る可能性もあり得るということを、アスレティックトレーナーやコーチが見極めなければならない。潜在的にショックを引き起こす最も重要な原因に、自分の怪我が重傷であると認識することがある。この場合は通常のショック徴候が存在しないことがある。

> **ショックの徴候：**
> ・血圧が低い
> ・最大血圧が90mmHgを下回る
> ・脈拍が速く非常に弱い
> ・選手が朦朧として動きが鈍い
> ・呼吸が浅く、きわめて速い
> ・肌が蒼白で冷たく、湿っぽい

症状と徴候

ショックの主な徴候は、湿って蒼白な、冷たくじめじめした肌である。脈が弱く、速くなり、呼吸のペースは速まり浅くなる。血圧は低下し、重篤な場合は、尿閉、尿失禁、便失禁なども起こる。選手の意識がある場合は、周囲に関心を示さない、イライラ、そわそわすることもある。また喉の異常な渇きが起こる[7]。

対処

ショックを起こす原因となる要因に従って、以下の救急処置を行う。

1. できるだけ普段に近い体温を保つ。
2. ほとんどの場合、脚を8〜12インチ（20〜30cm）高くする。しかし、傷害のタイプによってショックの際の姿勢は異なる[2]。たとえば頚部の傷害の場合は、選手は発見された時の姿勢を変えてはならない。頭部の傷害の場合は頭部、肩を高くする。足の骨折はそのままの高さを保ち、副子を当ててから高くする。

ショックは選手が負傷した際の心理的な反応によって、誘発もしくは発生する。恐怖感や、重傷であることを突然認識することによってショック状態となる。傷害に対して心理的に過剰な反応が予測される場合、選手を横にして、傷口を見ないように指示するべきである。選手と接する際は、落ち着きと優しさを持って、かつ毅然とした態度で対処しなければならない。見物人を負傷者から遠ざける必要もある。負傷者を安心させることが不可欠である。また衣服を緩めることで負傷者はかなり楽になる。医師が外科的な処置が必要ないと決定するまで、経口飲食はさせない。

二次評価

二次評価は以下のものからなる：
- 事情聴取（History）
- 視診（Observation）
- 触診（Palpation）
- 特殊テスト（Special tests）

観察すべき生命徴候：
- 脈拍
- 呼吸
- 血圧
- 体温
- 肌の色
- 瞳孔
- 意識の状態
- 動きの弱化（鈍化）
- 感覚の変化

選手の傷害が生死に関わるものでない場合、コーチは傷害をもっと詳しく調べるために、二次評価を行わなくてはならない。

生命徴候の確認

救急処置を行う者は、傷害の現在の徴候と症状を見極めなければならない。これらの生命徴候は脈拍、呼吸、血圧、体温、肌の色、瞳孔、意識の状態、動きの状態、感覚の変化などである。アスレティックトレーナーは詳しく評価できるべきで、場合によっては正確な測定をしなくてはならない。**おそらくコーチにとってより重要なことは、生命徴候のうちの一つ、またはいくつかがいつ正常でなくなったかを認識できることである。**表7-1で、これらの生命徴候について正常とはどのようなことであるかをリストに示す。

表7-1　生命徴候

徴　候	症　状
脈拍	通常の成人の脈拍は1分間に60〜80回、子供の場合は80〜100回である。トレーニングを積んだ選手の脈拍数は通常よりも少ない。脈拍は頚動脈、または手首の橈骨動脈で計測される（図7-14）。
呼吸	成人の呼吸数は1分間あたり約12回で、子供の場合は20〜25回である。呼吸は浅くなったり（ショックを示す）、不規則、もしくは息切れがしたり（心肺機能の異変を示す）する場合などがある。
血圧	15〜20歳の男性の場合、一般的な最高血圧は100〜140mmHg、最低血圧は60〜90mmHgである。女性の場合は、通常は最高、最低血圧ともに、男性より8〜10mmHg低い。血圧は血圧計を用いて計測される（図7-16）。
体温	正常な体温は華氏98.6度（37℃）である。深部温は直腸内または耳中の鼓膜で最も正確に測ることができる（図7-15）。
肌の色	皮膚の色が赤い場合、心臓発作、高血圧、高体温を示す。皮膚の色が蒼白、青白い、血の気がない場合、血液循環の不十分、ショック、恐怖、出血、熱中症、インシュリンショックが考えられる。そして主に唇や指先の皮膚の色が青い場合は、気道閉塞もしくは呼吸困難な状態を意味している。
瞳孔	瞳孔の大きさは左右同じはずである。瞳孔は光に反応し、収縮と拡張を起こす。瞳孔の大きさよりも反応のほうがより重要である。
意識の状態	通常の場合は、選手の意識はしっかりしていて、周囲の状況にも気がついており、声をかけると素早く反応する。
動きの状態	身体の一方がもう片方に比べて動作が弱く正常な状態ではない場合、神経の損傷を示す。
感覚の変化	麻痺、うずき、感覚の喪失は正常ではない。

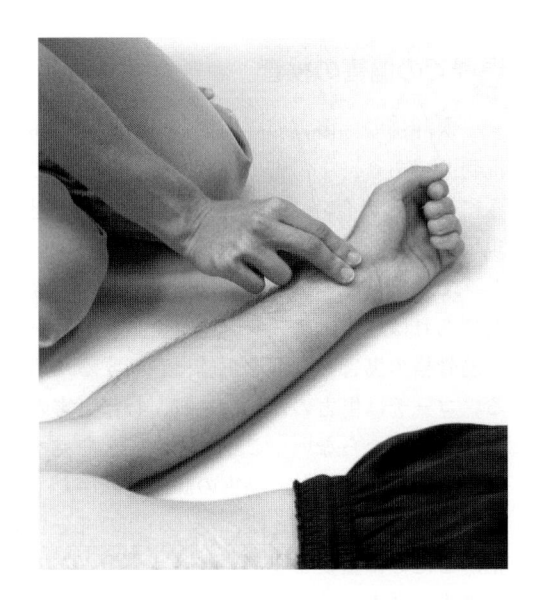

図7-14
脈拍は橈骨動脈で測られる。

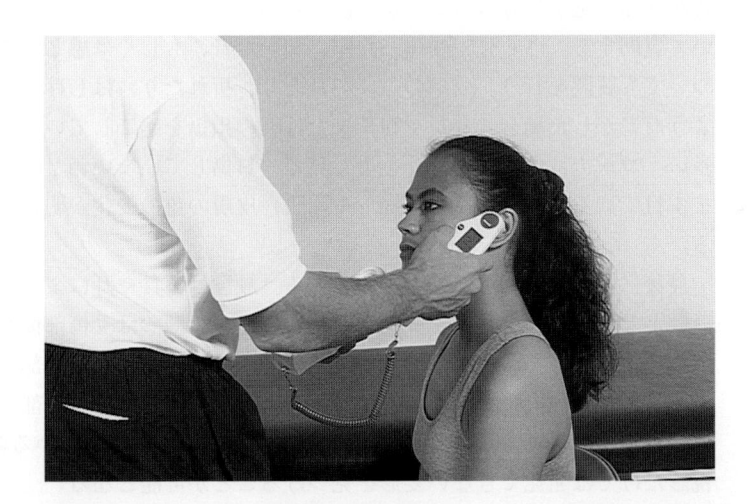

図7-15
鼓膜の温度を測る体温計。

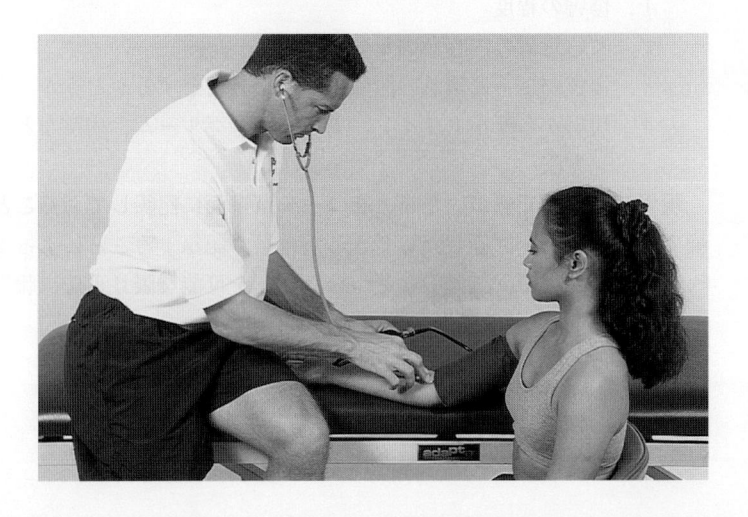

図7-16
血圧は血圧計と聴診器を使って計測される。

選手のなかには、普段から不規則な、左右同様でない瞳孔の者もいる。

アスレティックトレーナーが不在の場合は、コーチが現場での状況判断を行うこともある。

7-2 *Critical Thinking*
頭の体操──エクササイズ
フェンシングの選手がトレーニングルームにやってきて、この1週間肩が痛いと訴えた。ウエイトを持ち上げた時に肩が痛かったが、ひどい怪我だとは思わなかったといっている。彼はこの1週間、痛みのためにウエイトトレーニングをしていないが、フェンシングの練習は続けていた。肩はよくなるどころか悪化しているように見える。
質問：コーチは、どのような評価プランを用いたらよいか？

二次評価から決定されること：
・傷害の程度
・必要な救急処置の内容
・傷害が医師の診察を必要とするか
・必要な移送方法

現場での傷害の検査

　二次評価で、傷害の評価には2つの面がある。まず一つ目は現場の状況判断であり、(1)傷害の程度、(2)プレーしていた場所から選手をどのようにサイドラインに運ぶべきかについて、迅速な判断が下される。この現場での判断は、アスレティックトレーナーが不在の場合はコーチがしなくてはならない。2つ目は傷害発生の現場を離れての評価であり、必要であれば通常はアスレティックトレーナーや医師が行う。

　筋骨格の傷害の程度を正確に判断するためには、論理的な方法を用いる。コーチは傷害の位置、性質、特に傷害の程度を示す主な徴候に熟知しなければならない。こうした徴候を発見するためには、傷害の起こる原因と機序を理解し、傷害の評価を順序だてて行う必要がある。傷害のメカニズムを知ることは、身体のどの部分に最も影響が大きいかを突き止めるために重要となる。

　傷害のメカニズムを理解しようとするには、慎重に事情聴取をする必要がある。選手に尋ねることが可能ならば、傷害発生の経緯と原因について質問する。さらに、受傷した際に聞いた音、もしくは感じたことについても質問を行う。受傷の際に切れたり、折れたり、はじけたりするような音がした場合、骨折や靭帯または腱の損傷を起こしていることが多い。コーチは負傷した部分をよく見て、負傷していない側と比較する。まず目で観ることによって、変形や腫脹、皮膚の色の変化が明らかになる。

　最後に受傷した部位に軽く触れてみる。触診は、目や耳によって得た徴候とともに傷害の性質を評価するのに役立つ。触診は受傷部位から離れたところから始め、徐々に受傷部位に近づく。コーチが受傷部位とその周辺部を指先で軽く触れてみることによって、痛みを感じる部位、炎症の程度（軟部組織だけなのか、それとも骨組織まで及んでいるのか）、視診だけでは発見できない変形を見つけることが可能となる。

　現場での迅速な評価によってコーチは次のことを決断すべきである。
　　1．傷害の程度。
　　2．救急処置の内容と固定の必要性。
　　3．傷害がさらに緊急の医師の診断を必要とするかどうか。
　　4．現場からサイドライン、トレーニングルーム、病院などへの移送方法。

　現場での評価で気づいたことをコーチが書面に記録しておくことが重要である。負傷を評価したらできるだけ早く記録することによって、コーチは評価の際や、処置中に気づいたことを可能な限り正確に報告できる。

現場以外での傷害の評価

　選手がいったん事故現場から快適かつ安全な場所へ移された後、アスレティックトレーナーや医師によってさらに綿密な評価が行われる。コーチは傷害を徹底的に診断する専門知識を持つことは求められていない。**医療関係者が必ずコーチに診断を伝えるということが重要である。**サイドライン、救急処置室、トレーニングルーム、もしくはスポーツクリニックで詳しい診断が下されるであろう。評価手順は大きく4種類に分けられる。事情聴取（History）、視診（Observation）、触診（Palpation）、特殊テスト（Special tests）である[5]（頭文字からHOPSとされる）。損傷の程度についての詳しい情報を収集するために、いくつかの特殊テストを行う[13]。現場以外での評価に用いられる手順と方法については、以下に概略を示す。

事情聴取（History）

　傷害について、できるだけ多くの情報を得ることが非常に重要である。どのように傷害が起こったかを理解し、選手の訴えや、主要な質問に対する答えに耳を傾けることは、傷害の性質を正確に把握する重要な糸口となる。検査を行う者ができるだけ正確な情報を集める探偵になることで、傷害の本来の性質を正しく認識することにつながる。詳細な事情聴取によって、次の検査や、その後とるべき処置についての計画が速やかに決定できる。

訳注）
「事情聴取」は医療の現場では「問診」という表現を使う。

視診（Observation）

　事情聴取から選手の主な訴えに対する情報を収集しながら、同時に一般的な視診を行う。何が観察されるかは、通常、選手の主訴によって決まる。

触診（Palpation）

　触診には、骨組織に触れるものと軟部組織に触れるものがある。検査手順に従って触診は系統だてて行われなくてはならない。軽く触れることから始め、徐々に圧力をかけていく。また痛みのある部位から離れたところから始め、徐々に痛みのある部位に近づいていく。

特殊テスト（Special tests）

　特異な病理を見つける方法として特殊テストは、身体の大半の部分に当てはまるようにつくられている。このような検査は、他の検査からわかったことを立証するためにしばしば利用される。たとえば、特殊テストは通常、靱帯の安定性、インピンジメント徴候、特定の組織の過緊張、筋力不均衡、アライメントの乱れを判定するために用いられる。各関節の特殊テストは第14章から第22章で示す。

訳注）
インピンジメント徴候
腱板の腱炎または断裂の際、理学的誘発テストで肩峰下腔部に痛みが生じる徴候。
アライメント（骨の配列）
骨あるいは体肢での縦軸方向への配列。

急性傷害の応急処置

筋骨格の傷害はスポーツではよくあることである。コーチは出血やそれに伴う腫脹をコントロールするための適切な応急処置を迅速に行えるようにしておかなくてはならない。**応急処置はどれも、傷害による腫脹を軽減するという第一の目的のために行われなくてはならない。**腫脹が初期段階でコントロールできれば、傷害のリハビリテーションにかかる時間をかなり短縮することができる。筋骨格傷害の初期管理は保護（Protection）、安静（Rest）、冷却（Ice）、圧迫（Compression）、挙上（Elevation）（頭文字からPRICEとされる）である。フォーカスボックス7-1に急性傷害の初期管理の特殊な方法についてまとめる（図7-17）。

> PRICE（保護、安静、冷却、圧迫、挙上）は、筋骨格傷害の初期管理に不可欠である。

保護（Protection）

傷害がさらに悪化することのないように、受傷後、迅速に保護をしなくてはならない。骨折や不安定な関節がある場合には、受傷した部位は副子かブレイスで固定するべきである。負傷した選手を適切な手段で現場から移送することで、さらなるダメージから選手を守ることができる。

7-1　Focus Box　フォーカスボックス

急性傷害の初期管理

急性の筋骨格受傷の部位がどこであれ、初期管理の適切な方法は以下のとおりである。

1. 受傷部位に直接包帯をし、圧力をかける。患部の遠位から始めて近位へと巻いていく。しっかりと巻き、ゆるまないようにする。弾性包帯を濡らして巻くと、アイスパックの冷たさが伝わりやすくなる。72時間以内、または腫脹の可能性がなくなるまで、乾いた包帯で圧迫する。
2. 受傷した周辺部位も完全にアイスパックか氷嚢でくるみ、しっかりと留めておく。はじめに20分、1時間休んで30分というように、受傷後24時間はできるだけアイシングを行う。その後の48時間もできるだけ頻繁に冷却する。
3. 受傷部位は、受傷後72時間は心臓よりも高い位置にしておかなくてはならない。特に重要なのは、睡眠中も挙上しておくことである。挙上によって、受傷後の患部が安静に保たれる。傷害の初期管理はリハビリテーションの時間を短縮するために非常に重要である。

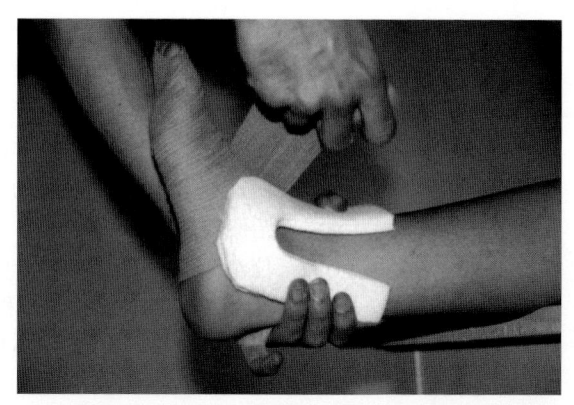

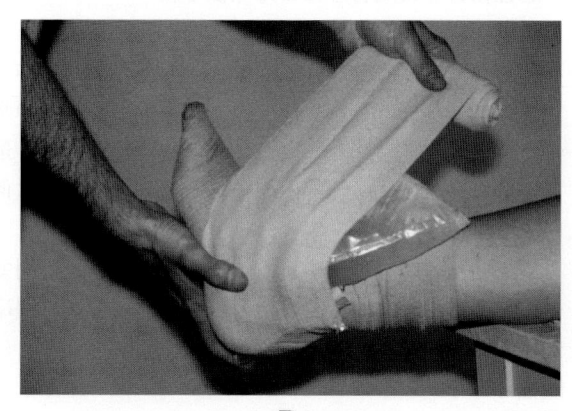

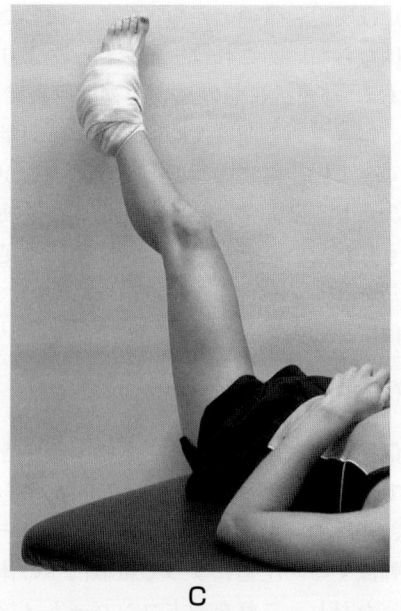

図7-17
PRICEの方法
A．U字型パッドの上に、湿らせた圧迫包帯をする。
B．氷嚢を乾いた圧迫包帯によって固定する。
C．初期処置の間、足は高くしておく。

安静（Rest）

どのような種類の傷害の後も、安静は処置プログラムのなかで最も重要な要素となる。身体のどこかが負傷すると、身体は直ちに治癒プロセスを始める。もし受傷部位が安静に保たれず、外的なストレスや緊張にさらされていると、正常な治療プロセスがスタートする機会を失ってしまう。よって、受傷した部位が治らず、リハビリテーションに要する時間が著しく長くなる。安静に必要な期間は損傷の程度によって異なる。軽い損傷の場合は、約48〜72時間の安静の後、リハビリテーションプログラムを始める。

冷却（アイシング）（Ice）

急性傷害の初期管理は冷却療法を使う[11]。アイシングは筋挫傷、捻挫、打撲傷などの多くの場合に使用される。受傷後の痛みを軽減し、血管の部分的な収縮を促進し（血管収縮）、出血と浮腫をコントロールする。急性傷害に冷却療法を施すことで、代謝速度と組織の必要酸素量を低下させ、酸素欠乏症に陥ることを防ぐ。冷却療法では、選手は通常、冷たくて不快な感触の後、灼熱感や痛みを感じ、最後には何も感じなくなるという。

皮下脂肪は冷たさをゆっくり伝えるので、短時間では深部の組織を冷やすことはできない。このため、少なくとも20分間冷却するということが勧められている。しかし、長く冷やしすぎることは組織を損傷する危険性もある[11]。

急性傷害の後、少なくとも72時間の間はアイスパックを当てておくことが望ましい。多くの傷害で、一般的な冷却療法は数週間続けられる。

最良の結果を得るためには、アイスパック（クラッシュアイスまたはタオル）は圧迫包帯の上から当てる。凍ったジェルパックは直接患部に使ってはならない。これはアイスパックよりさらに低温になってしまうからである。「単純に急性傷害の初期段階では、冷却パックの20分間の適用を、起きている間は1時間から1時間半ごとに繰り返す」ことを覚えておくとよい。傷害の程度と部位によるが、冷却を断続的に1〜72時間行う。たとえば非常に軽い筋挫傷は、最初の1日のみ20分間の冷却で済むかもしれない。それに対し、膝関節や足関節の重度の捻挫は、断続的な冷却を3〜7日行わなければならない。損傷の程度がよくわからない場合は冷却期間を長めにしておくとよい[11]。

圧迫（Compression）

急性傷害を迅速に圧迫することは、腫脹をコントロールするという点においては、冷却より重要である。 外部から患部に圧力をかけることによって、物理的にたまっていく腫脹のスペースを減らし、出血と血腫の形成を軽減する。圧迫によって組織内への体液浸出を遅らせ、吸収を促進する。ただし、これを前方コンパートメント症候群や、頭部、頚部を

7-3 Critical Thinking 頭の体操——エクササイズ

フィールドホッケーの選手が対戦相手のスティックにつまずいて、足関節を内側にひねり、芝生の上に転んだ。第2度の捻挫が疑われる。すぐに腫脹とかなりの痛みが起こり、調べてみると、足関節にゆるみが見られるようである。

質問：この傷害に伴う初期の腫脹を最も効果的にコントロールするために、コーチは何をすべきか？

訳注）
コンパートメント症候群についてはP.338参照。

含む傷害に適用することは避ける（第15章参照）。

　患部を圧迫する方法はさまざまある。水に濡らして冷凍庫で凍らせた弾性包帯は、患部を圧迫するだけでなく冷却効果もある。圧迫をするのが困難な箇所に対しては、フェルトやフォームラバーを適切なかたちに切って使用するとよい。たとえば踝にU字型のパッド、弾性包帯、テープを組み合わせて使用することは、踝の浮腫を予防もしくは軽減するのにきわめて有効である。患部を冷やすのは断続的でよいが、圧迫は1日中、可能であれば夜間も適用する必要がある。長時間患部に圧迫包帯をして、組織内での圧力が増加すると痛みを感じる。しかし多少の痛みがあっても、包帯は巻いておくべきである。圧迫は腫脹コントロールにとても重要だからである。圧迫包帯は、急性傷害の後、少なくとも72時間は適用すべきである。腱炎、腱鞘滑膜炎、特に滑膜包炎などのようなオーバーユースによって起こる障害の場合には、腫脹がほとんどなくなるまで圧迫包帯をし続ける。

挙上（Elevation）

　冷却、圧迫と並んで患部を挙上することによって内出血を減少させることができる。末端に血液がたまる重力の作用を排除するために、特に受傷部位が四肢である場合は、患部を高く持ち上げることが望ましい。挙上することで、患部から血液と他の体液を流し、それらを中枢循環システムに戻す静脈の働きを助ける。高く挙上すれば、それだけ浮腫を軽減する効果が得られる。たとえば足関節の捻挫の場合、脚は空中にほぼまっすぐに挙上しておくのがよい。はじめの72時間はできるだけ患部を高くしておくことが望ましい（図7-17C）。

緊急副子法

　選手が骨折した疑いがある場合は、コーチはすぐに911番（日本では119番）に電話をし、救急隊員に連絡をする。少しでも骨折が疑われる際には選手を移動する前に副子を当てるべきである。骨折を適切な方法で固定せずに患者を移動すると、組織の損傷、出血、ショックを増大させる危険性がある。副子を当てる処置は、市販の緊急副子を用いて単純な手順で行うことができる[14]。たいていの場合、スポーツ施設にはそうした副子が準備されているので、コーチが間に合わせの副子をつくらなければならないことはない。

　どのような副子を使用するにしても、副子の原則に変わりはない。副子の2つの主要点は、(1)骨折部位の上と下の関節にまたがっていること、(2)傷害が起こった状態で副子を当てること、である。副子が当てられるまではできるだけ選手を動かしてはならない。

骨折の疑いがある場合には、必ず選手を移動する前に副子を当てる。

減圧式固定器具

　減圧式固定器具は新しいタイプの副子であり、広くEMTやアスレティックトレーナーに利用されている。発泡スチロールの粒が入った、空気を通さない素材で筒状にできているので、折り曲げ可能である。マジックテープで、どのような関節や角張った骨折のかたちにも合わせることができる。ハンディタイプのポンプで空気を抜くと、ボール紙程度の硬さになる。この副子は角度のあるような、折れ曲がった傷害で、発見された状態で副子を当てなければならない場合に最適である（図7－18A）。

エアスプリント

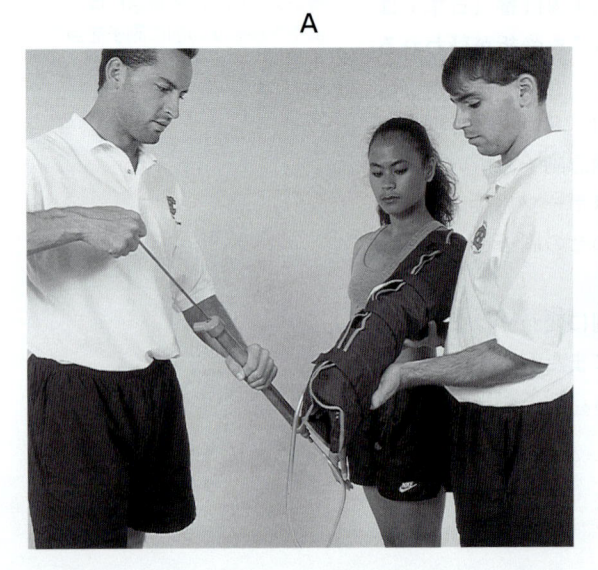

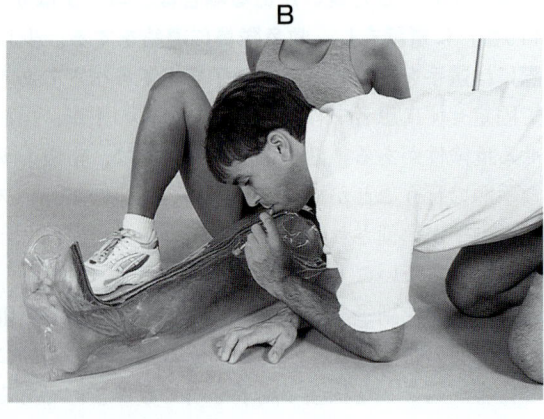

　エアスプリントは透明なビニール製の副子であり、空気でビニールを膨らませ、患部周辺を固定する。これは四肢の副子として用いられるが、実際の使用にあたっては事前に特別な訓練を必要とする。この副子は患部を支え、適度な圧力を与え、また透明なのでX線検査にも支障をきたさない。ただし、骨折による変形がある場合、その位置を動かすような影響を与える時には使用してはならない（図7－18B）。

下肢骨折の副子法

　足関節や下腿の骨折では、足部と膝関節の固定が必要とされる。膝関節、大腿部、股関節の骨折の場合には、下肢すべての関節と体幹（胴体）の片側に副子が必要となる。

図7－18
A．減圧式固定器具（バキュームスプリント）
B．エアスプリント

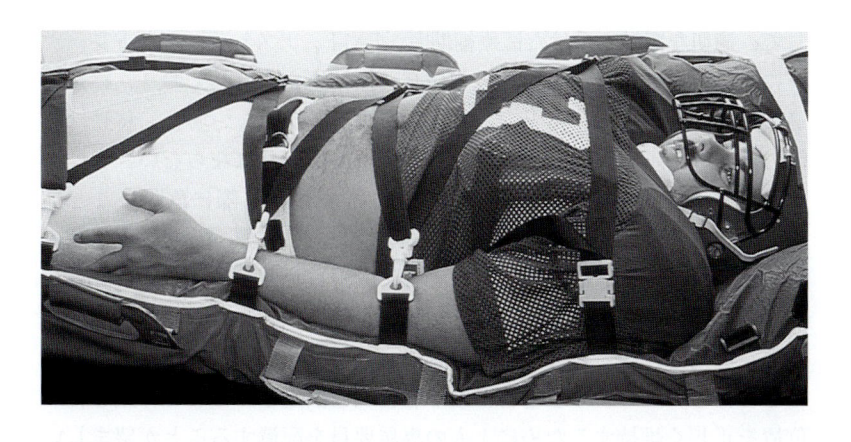

図7−19
身体全体の減圧式患者固定器具（動かないように一時的に固定する）

上肢骨折の副子法

　肩関節部の骨折は三角巾で上肢を身体にしっかりとしばりつける。上腕部や肘関節の骨折の場合、骨折が発見された時の状態で副子を当てる。前腕部と手関節の骨折は肘関節を曲げたかたちで副子を当て、三角巾で支える。手指の脱臼や骨折の場合は、舌圧子やガーゼを丸めたもの、またはアルミ製の副子を当てる。

脊柱、骨盤の副子法

　脊柱や骨盤の骨折は、副子に脊柱板を使用して移動するのが最も適切である。最近では、脊柱の骨折用に、身体全体を素早く一時的に固定する減圧式患者固定器具が開発されている（図7−19）。この器具の固定具としての効果については、まだ結論が出されていない。

負傷した選手の移動と移送

　負傷した選手の移動、持ち上げ、移送は、さらに傷害を悪化させないような方法を用いて行われなくてはならない。選手の不適切な移動や移送は、他の救急処置の手順と違い、さらに傷害を悪化させる危険性がある[1]。負傷者の扱いに慣れていないという言い訳は許されない。実施可能なすべての移送方法と、それに必要な器具を考慮に入れた計画を立てることが望ましい。負傷者の移送には、有能でよく訓練された人員、脊柱板、担架、また救急車が必要になることがある。

負傷した選手を移送する際には最大の注意を払わなくてはならない。

脊椎損傷の疑いがある場合

　脊椎損傷の疑いがある場合は、選手を動かす前に、コーチは直ちに911番（日本では119番）に電話をし、EMSに連絡をとり救急隊員の到着を待つ。この場合の唯一の例外は、選手が呼吸をしておらず、CPRを行うために背臥位にする必要がある場合である。

　脊椎損傷の疑いがある場合は、きわめて注意深く扱う必要がある。そ

して、適切な訓練を受けた医療補助者、EMT、アスレティックトレーナーに委任するのが最もよい。彼らは必要な技術を習得しており、移送に適した器具を備えている[1]。このような該当者がいない場合、移動は医師の緊急の指示の下で、脊柱板を用いて行わなければならない。脊椎損傷、とりわけ頸椎損傷の疑いがある選手を移動する際に危険なことは、患者が自分の動きをコントロールできないために、頭や首が動いてしまうことである。小さな骨折がある場合に頭や首を回転させると、脊髄や神経根に損傷を与えかねない。脊柱板に患者を乗せて移動する際に最も重要な原則は、頭と首を身体の長軸に合わせて一直線になるようにすることである。このような場合、頭が脊柱板に固定されるまで、頭と首の位置を正しく維持するために1人の専属要員を配置することが望ましい。

脊柱板に選手を乗せる

頸部の傷害が重傷であると判断された場合、直ちに医師と救急隊員を呼ばなければならない。救急隊員を呼んだ後、コーチは救急処置を行う責任がある。医療補助者が到着するまで正常な呼吸を維持し、ショックに対処し、選手を安静にさせて発見された状態のまま動かさないでおく。医師が診断して許可を得てから移動させることが理想である。救急隊員が到着したら、コーチはEMTの指示に従って、脊柱板に選手を乗せ、救急車に運ぶ際の補助的なこと以外は行ってはならない。移動に際しては、選手を背臥位にし、首の部分に丸めたタオルかパッドを当てて支えるか、固定用カラーを用いる。首は移動の全行程、すなわちまず救急車まで、次に病院まで、そして病院で処置を行う間中、固定されていなければならない。固定が継続されない場合、さらに脊髄を損傷し、その結果、麻痺を引き起こす危険性もある（図7-20）。

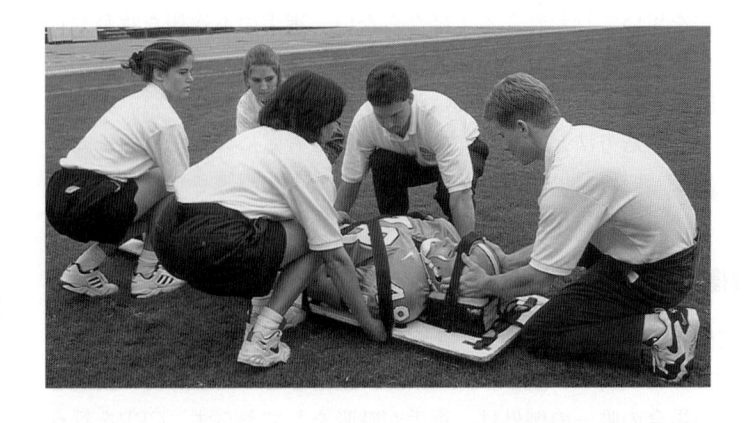

図7-20
選手は頭をしっかり固定した状態で、脊柱板に乗せられなければならない。

図7-21
重傷が疑われる場合には、担架が最も安全な選手の移送方法である。

担架での移送

　重傷の疑いがある場合の短距離の移送は、担架で運ぶのが常に最も適切で安全な方法である。身体の各部を支えたうえで、選手を静かに持ち上げて担架に乗せる。担架は4人で運ぶのが最適で、2人が前後に、2人が左右につく（図7-21）。担架が必要なほどの重傷を負っている選手は、移送前に細心の診察が行わなければならない。

　手足を負傷している場合には、移送前に適切な副子が当てられているかどうかを確認する。肩を負傷している場合には、中座位で移動するほうが快適である。ただし、他の部位にも負傷があり、この姿勢がとれない場合は別である。上肢を負傷していて肘を曲げることができない場合、適切な副子を当てたうえで側臥位になり、腕と身体の間にパッドをはさんで担架で移送する。

図7-22
傷害が軽傷である選手を運ぶための歩行補助の方法。

歩行の補助

　歩行補助（図7-22）とは、負傷しているが歩行が可能な選手を補助することである。選手に歩行の許可を与える前に、傷害が軽傷であることを確認するために注意深く調べる必要がある。重傷の疑いがある場合には歩行は禁忌である。選手を完全に補助する場合、両側に同じくらいの身長の人を配するべきである。選手は自分の腕を2人の補助者の肩にもたせかけ、補助者は腕を選手の背中に回して支える。

手を用いる移送

　手を用いる移送（図7-23）は、比較的軽傷の選手を容易に移動させるために用いられる。「あと少し」という距離を移動する。歩行補助と同様、手を用いて選手を運ぶかどうかの決断は、注意深い診察の後に、潜在的に重傷ではないことが確認できてから行うものとする。手を用いる移送方法のほとんどは2人の補助者を必要とする。

図7-23
傷害が軽傷である選手を運ぶための、手を用いた移送方法。

両松葉杖や片松葉杖のフィッティングと使用

　選手が下肢を負傷した際に、足に体重をかけてはならないことがある。この場合、両松葉杖または片松葉杖の使用が必要となる。適切なフィッティング（サイズの調整）や使用に関する説明をせずに、選手にこうした補助具をあてがうことがよくある。身体に合っていなかったり使い方が誤っていたりすると、身体のさまざまな部位に異常なストレスを与えることがある。常に腋下のパッドに体重をかけていると、松葉杖によるしびれが手に起こる。これは腋窩橈骨神経と血管にかかる圧力が、一時的または永続的に、手に無感覚状態を引き起こすためである。誤った松葉杖の使い方は、慢性の腰痛や殿部の筋挫傷を起こすことがある。身体に異常なストレスをかけることを避けるには、両松葉杖、片松葉杖の正しいフィッティング（サイズの調整）が不可欠である。

補助具を選手に合わせる

調節可能な両松葉杖は選手にフィットさせることができる（図7-24）。正しく合わせるために、選手は踵の低い靴を履き、よい姿勢で両脚をそろえて立つ。長さはまず、靴の外側の縁から6インチ（15cm）、靴の前面から2インチ（5cm）のところに、松葉杖の先をつく。腋の下の横木が、体の前面の脇の下から1インチ（2.5cm）下にくるように合わせる。次に、肘が30度くらい曲がるような位置に手がくるように、手でつかむ横木の位置を調節する。片松葉杖のフィッティングは比較的簡単である。選手が外出用の靴を履いている時に、大腿骨大転子の上方から床までの長さを測定する。

図7-24
両松葉杖は選手に正しく合わせたものでなくてはならない。
A．松葉杖の先は靴の外側の端から6インチ（15cm）、靴の前面から2インチ（5cm）のところに置かれる。
B．腋の下にあてがう松葉杖の横木は、体前面の腋の下から1インチ（2.5cm）下にくる。
C．手でつかむ横木は肘が30度くらい曲がるような位置にあること。

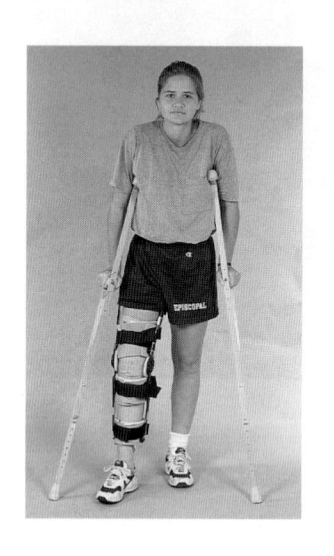

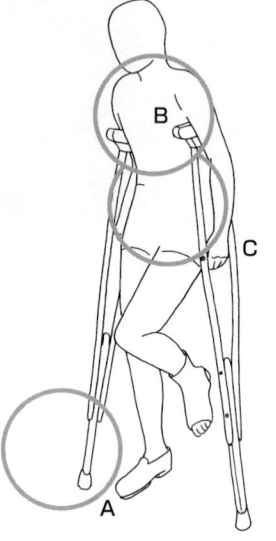

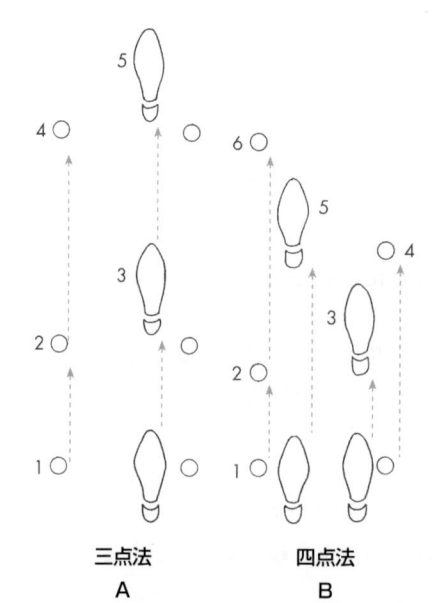

図7-25
松葉杖での歩き方
A．三点法　B．四点法

コーチのコーナー — *Coach's Corner*

　以下のチェックリストに、傷害の初期管理と評価において、コーチが行わなければならない事項を示す。
☐ 確立された適切な緊急時対応計画がある。
☐ 選手に意識があるかないかを確認する。
☐ 選手に意識がない場合、911番（日本では119番）に電話し救急医療システムと連絡をとる。
☐ 命に関わるような傷害（呼吸停止、出血、ショック）を調べて一次評価を行う。
☐ 救急隊員の到着まで、呼吸停止、出血、ショックなどに対し適切な処置を行う。傷害の処置は救急隊員が引き継ぐ。
☐ 意識があり、命に関わるような傷害がない場合は二次評価を行う。
☐ 必要であるならば患者を固定する。
☐ 現場からどのように選手を移送するかを決定する。
☐ 選手が未成年であるならば、保護者に連絡する。
☐ 適切な応急処置（PRICE）を使い傷害に対応する。
☐ 必要があれば、選手に両松葉杖、または片松葉杖を合わせる。
☐ 選手をチームドクターかホームドクターに見せる。

両松葉杖や片松葉杖を使っての歩行

　両松葉杖での歩行は多くの要素が、普段の歩行と一致する。スポーツ傷害の際によく使われる方法は三点法（三点歩行）である。この方法では、負傷した足をまったく地面につかないか、一部体重をかけて、松葉杖で体重を支えて移動する。以下に手順を示す。
　1．負傷した脚を完全に上げるか、一部に体重をかけて片足で立つ。
　2．松葉杖の先を足の前12〜15インチ（30〜37.5cm）につき、身体を前に傾け、肘を伸ばし、腋をしめて体幹に引き寄せ、上部の横木をしっかり固定する。松葉杖の間で身体をスイングして移動するか歩く（図7-25）。
　3．このようにして進んだ後、松葉杖を持ち上げて再び足の前につく。
　もう一つの方法は四点法である。この方法では選手は両足で立つ。片方の松葉杖を前につき、反対側の足を前に出す。前に出した足と同じ側の松葉杖をちょうど足の前につく。反対の足を前に出し、それと同じ側の松葉杖を前に、というように続ける。

平らな面でうまく移動できるようになったら、階段の昇降を習う。階段では三点法が使われる。上る時には負傷していないほうの足で1段上り、その際体重を手で支える。全体重が健側の足に移ったら、続いて松葉杖をつき、患側の足を段に乗せる。下りる時には、松葉杖と患側の足を先に下ろし、健側の足が続く。もし手すりが使えるのであれば、両方の松葉杖を外側の腕に持ち、両側で松葉杖をついている時と同じように進む。「上りは良い足から、下りは悪い足から」という言葉は、選手にとって正しい手順を思い出すのに役立つであろう。

まとめ

- 緊急時とは「救急処置を必要とする状況や状態が組み合わさった不測の事態」と定義される。救急処置でまず考えなければならないことは、心肺機能、間接的には中枢神経システム機能の維持である。スポーツプログラムにはすべて、選手が深刻な傷害を負った場合に働く、緊急時対応計画がなくてはならない。
- コーチは傷害を負った選手について、適切な救急処置を実施するために体系的な手順で評価を行わなくてはならない。一次評価は、命に関わるような傷害について評価が行われ処置される。状況が安定したら、より詳しく傷害を評価するために、二次評価が行われる。
- コーチは心肺蘇生法の資格を持たなければならない。気道閉塞の選手を助けるためには腹部圧迫と心臓マッサージ、また手指による喉の障害物の除去を行う。正常な心拍を取り戻すにはAEDが不可欠である。
- 出血は体内外で起こり得る。外出血は直接圧迫、または止血点を圧迫しながら挙上することによってコントロールできる。内出血は皮下、筋肉内、身体の内腔で起こる。
- 二次評価は4つの大きな領域からなる。事情聴取、視診、触診、特殊テスト（HOPS）である。特殊テストは負傷した部位による。
- 保護、安静、冷却、圧迫、挙上（PRICE）は、筋骨格傷害の応急処置の際に行われなければならない。冷却は1～1.5時間ごとに20分間行い、圧迫と挙上は受傷してから72時間は続けるべきである。
- 骨折の疑いがある場合は、選手を動かす前に副子を当てる。アスレティックトレーニングの現場では、市販の減圧式固定器具やエアスプリントが利用されることが多い。
- 深刻な傷害を負った選手を動かす場合には細心の注意が必要である。意識のない選手は頸部骨折を負った者として扱う。重傷の頸椎傷害が疑われる場合の選手の移動は、専門的な訓練を積んだ専門家が行わなければならない。脊柱板を用い、頸部は動かしてはならない。
- コーチは、下肢の傷害を負った選手に、両松葉杖、片松葉杖の正しいフィッティング（調整）と使い方の説明をする責任がある。

頭の体操（エクササイズ）の答え　*Solutions to Critical Thinking Exercises*

7-1 傷害のメカニズムから、頚部の損傷を疑うべきである。頭部全体を固定すること。選手が腹臥位で呼吸をしている場合は意識が戻るまで何もしないこと。現場での評価で、選手の反応がないことを確認する。意識が戻ったら選手を注意深く回転させて脊柱板に乗せ、CPRがいつでも行えるようにしておく。フェイスマスクはCPRが必要になった時のために外しておかなくてはならない。ヘルメットとショルダーパッドはそのままにしておく。その後選手は救急医療機関に移送されなくてはならない。この場合、コーチが起こす最悪のミスは、慎重さを欠くことであると覚えておく。

7-2 コーチはまず選手の個人的な事情聴取を行い、視診、触診、特殊テスト、関節の安定性のチェック、機能的な動作の評価を行う。

7-3 濡らした弾性包帯で足関節を圧迫する。関節の両側に、圧迫包帯の上からしっかりとアイスバッグを固定する。足関節は負傷した足が最低45度以上になるように挙上する。少なくともはじめの30分間は圧迫包帯、冷却、および挙上を行わなくてはならないが、1時間を超えてはならない。コーチは骨折が疑われるか、専門医の診察が必要かどうかを判断しなくてはならない。

復習問題とクラス活動

1．緊急時の対処についてよく考えられたシステムでは、何が重要か？
2．意識のない選手の処置と移送の原則について議論せよ。
3．一次評価において、どのようなことが命に関わる状況とされているか？
4．救命措置のABCとは何か？
5．CPRを行い、気道閉塞の処置をする際の主要な手順を確認する。スポーツの現場では、どのような状況下でその手順が使われるか。
6．筋骨格傷害を評価する基本的な手順を挙げよ。
7．外出血を止めるために使われる方法は？
8．ショックの徴候と症状、および対処の方法は？
9．筋骨格傷害の出血、炎症、痛みを軽減するのに用いられる応急処置の手順は？
10．傷害の評価の手順について議論せよ。
11．緊急副子の基本概念について述べよ。
12．脊髄の傷害が疑われる選手の移送方法は？
13．筋骨格傷害が疑われる選手を移送する際にどのような方法が使われるか？
14．両松葉杖をどのように正しく選手に合わせるかについて説明せよ。

血液媒介病原体、普遍的予防措置および傷の手当

Chapter 8

この章を終えると、次のことが説明できるようになる。

- 血液媒介病原体とは何か、血液媒介病原体はどのようにコーチや選手に感染するのか
- B型肝炎（HBV）の感染、症状と徴候、治療
- ヒト免疫不全ウイルス（HIV）感染症の感染、症状、徴候
- HIVの主な感染経路
- HBVあるいはHIV感染者である選手のスポーツ参加について賛否のリスト
- 米国労働安全衛生局（OSHA）によって発表された普遍的予防措置（ユニバーサルプリコーション）と、それがコーチにどのように該当するか
- 皮膚損傷のさまざまな種類

できる限り清潔な環境を維持しようとすることは、いかなる健康管理担当者にとっても重要である[1, 8]。21世紀社会において、感染症の広がりを予防する措置をとることは、集団のなかで生活する誰にとっても重要な問題となってきた。予防措置を怠れば誰でも生死に関わる状況に陥ることがある。

スポーツに参加すれば身体的に接触することから、コーチ、選手、スポーツ医療関係者の間で感染症が広まる心配がある。コーチは血液あるいは他の感染物質にさらされる危険性を意識し、感染の予防に必要な対策をとらなければならない（図8-1）。

訳注）
普遍的予防措置
いずれの患者も感染症に罹患している可能性があるということを前提として、すべての人の血液と体液の取り扱いに注意を払うべきである、と定義される。ユニバーサルプリコーション。

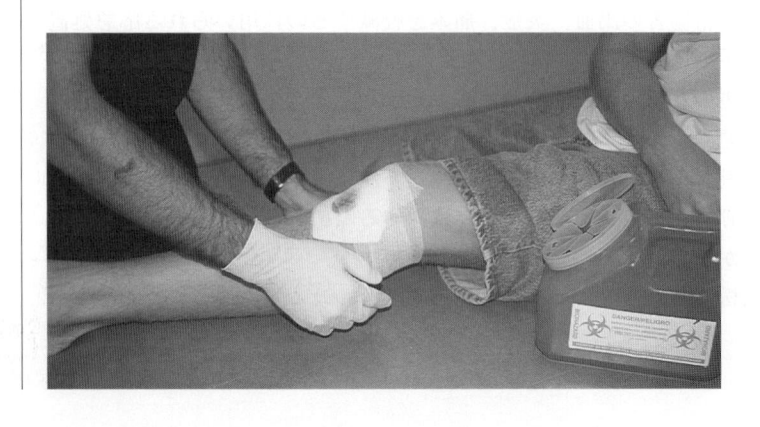

図8-1
コーチは、血液媒介病原体に接触・感染しないように予防策を講じる。

血液媒介病原体とは何か？

　血液媒介病原体とは、病気を引き起こす危険性のある病原微生物である。血液媒介病原体は、人の血液の他に、精液、膣分泌液、脳脊髄液、滑液といった体液、また血液で汚れた液体にも存在する。代表的な血液媒介病原体は、B型肝炎ウイルス（HBV）とヒト免疫不全ウイルス（HIV）の2つである。他にも血液媒介による病気は多数ある。C型肝炎、D型肝炎、梅毒などもそうである。メディアではHIVが取り上げられることが多いが、HBVのほうが感染する危険性は高い[13]。HBVはHIVより耐性がある[8]。HBVはHIVに比べると、刃物類、開放性損傷あるいは体液によって比較的たやすく感染する。

血液媒介病原体：
- B型肝炎ウイルス（HBV）
- ヒト免疫不全ウイルス（HIV）

感染経路：
- 人の血液
- 精液
- 膣分泌液
- 脳脊髄液
- 滑液

B型肝炎ウイルス

　B型肝炎ウイルス（hepatitis B：HBV）は、肝臓に腫脹、痛み、機能不全をもたらすウイルス感染症で、肝臓の病気のうちで罹患率は高い。HBVの発症件数はこの10年間で飛躍的に増加している[20]。

HBVの徴候

　HBVに感染した人の徴候としては、倦怠感、衰弱、吐き気、腹痛、頭痛、発熱、黄疸といったインフルエンザのような症状が現れる。HBVに感染しても何の徴候も現れず、感染したことがわからない場合もある。このような無症候性の人たちは、HBV抗原を有し、知らず知らずのうちに、血液、または他の体液によって、あるいは肉体的な接触によって病気を他人に感染させているかもしれない。

　感染者の血液は、症状が現れてから2〜6週間でHBV抗原に対して陽性反応を示す。そのうち約85％の感染者は、6〜8週間で快方に向かう。

予防

　衛生状態に気をつけて、リスクの高い活動を避けることがHBVにかからない最良の方法である[8]。HBVは乾いた血や汚れた皮膚の表面で少なくとも1週間は生き延びることができ、皮膚に接触することで感染する。血液媒介病原体を含んでいる恐れのある血液あるいは他の体液に触れないように注意しなければならない。

　現在はHBV感染を予防するワクチンを入手できる。ワクチンは6カ月間で3回接種する。1991年、米国労働安全衛生局（OSHA）は、血液や他の体液に触れ、HBVに感染する恐れのある人には、雇用者が無料でHBVを予防するワクチン接種を受けさせなければならないという指示を出した[21]。

　血液に触れる可能性のあるコーチ全員、および関連のある健康管理の職業に就いているいかなる人も、HBVの予防接種を受けなければならない。

ヒト免疫不全ウイルス

ヒト免疫不全ウイルス（human immunodeficiency virus：HIV）感染症は、複雑なウイルス群が通常の、健康な細胞に侵入し、病気を予防する宿主細胞の効力を低下させることによって起こる。HIVは免疫システムを破壊する恐れのあるウイルス感染症である。HIV陽性である人の急激な増加は目を見張る。世界保健機関（WHO）は2002年のHIV/AIDS患者は4200万人であると推定している[14]。

HIVの症状と徴候

HBVと同様に、HIVは感染した血液もしくは他の体液に触れることや性交渉によって感染する。HIVの症状としては、倦怠感、体重の減少、筋肉あるいは関節の痛み、リンパ腺の痛みと腫脹、寝汗、発熱などがある。血液検査でHIV抗体はHIV感染後1年以内であれば検出される。HBV感染者同様、HIV感染者はウイルスに感染しても感染したことにすぐには気がつかず、8〜10年を経て徴候あるいは症状が現れて初めて感染に気がつくことがある。残念なことに、HIVテストで陽性反応が出る大多数の人たちが、後天性免疫不全症候群（AIDS）を発病している。HBVとHIVに関する情報については表8-1を参照してほしい。

後天性免疫不全症候群

エイズ（AIDS）:
後天性免疫不全症候群

エイズ（AIDS）は後天性免疫不全症候群（acquired immunodeficiency syndrome）の頭文字をとった造語である。症候群とは、感染の結果認識される一群の徴候や症状のことである。エイズ患者はちょっとした感染症に対しても免疫の働きが失われ、病気、日和見（ひよりみ）感染、または癌に対する抵抗力が著しく低下する[3]。HIV陽性テスト反応は、その個人がいつエイズを発症するか予測することはできない。エイズ患者は発症してから通常2年以内で死亡する。

管理

HBVと違って、HIVにはワクチンがない。予防的ワクチンと効果的治療を探し出すための研究が精力的に進められている。現在、複数の抗ウ

表8-1　HBVおよびHIV感染

病名	症状・徴候	感染経路	伝染・感染源
HBV（B型肝炎）	インフルエンザに似た症状、黄疸	直接・間接接触	血液、唾液、精液、糞便、または食物、水、その他製品
HIV	発熱、寝汗、体重減少、下痢、強度の倦怠感、リンパ腺の腫脹、組織の病変	直接・間接接触	血液、精液、膣分泌液

> **8-1 Focus Box** フォーカスボックス
>
> HIV感染を予防するには：
> - 他人の体液、糞便、精液に触れない。
> - 注射針を共用しない（同化ステロイドホルモン、あるいはヒト成長ホルモンの注射など）
> - 見境なく性的関係を持つ人とは性交渉しない。
> - 特定の相手と性交渉する。
> - 常にコンドームを使用する。
> - 判断力を狂わせる薬物を使用しない。
> - HIVキャリア（保有者）とは性交渉しない。
> - 性感染症のテストを定期的に受ける。
> - 性交渉前後の衛生状態に配慮する。

イルス薬の組み合わせ（「カクテル」と称されている）がウイルスの増殖スピードを抑え、エイズ発病後の生存期間を長くすると考えられている。

予防

　予防の最良の方法は教育による予防である[12]。コーチはHIVについて選手を教育する責任がある。HIVに感染する最大の危険性は、HIV患者との性交渉によるもので、スポーツ参加中の接触によるものではないということを選手は理解しなければならない。安全な性交渉を行うことが最も大事である（フォーカスボックス8-1参照）。選手は見境なく性的関係を持つ人とは性交渉をしないようにし、膣性交あるいは肛門性交においてコンドームを使用しなければならない。ラテックス製のコンドームはHBVとHIVの両方に対する感染予防に有効である。射出された精液がコンドームの端から漏れないように、コンドームの先端に精液溜りがあるタイプを選ぶ。潤滑型コンドームのほうが破れにくい。水性コンドーム、グリースを欠いた殺精子剤あるいは潤滑剤は避けるべきである。コンドームが破れた場合は、直ちに膣内に殺精子剤を使用すべきである。コンドームを外す時も捨てる時も注意深く取り扱う[25]。

HIV感染は性的接触によることが最も多い。

ラテックス製コンドームを使うことで、HIVに感染する機会を減らすことができる。

運動競技における血液媒介病原体対処法

　概して選手間でHIV感染する機会は少ない。フィールドで選手から選手へとHIVが競技中に感染するリスクはほとんどない[23]。プロフットボールのある研究によれば、選手から選手への感染は、100万ゲームにつき1以下である。実際、本書を執筆している段階で、スポーツにおけるHIV感染について何ら有力な報告はなされていない[19]。

　感染リスクの高いスポーツは、身体的接触があり、他人の血液に直接

> **8-2　Focus Box**　フォーカスボックス
>
> **スポーツにおける感染リスクの分類**[21]
> - **高いリスク**：ボクシング、テコンドー、レスリング、ラグビー
> - **中程度のリスク**：バスケットボール、フィールドホッケー、アメリカンフットボール、アイスホッケー、柔道、サッカー、ハンドボール
> - **低いリスク**：アーチェリー、バドミントン、野球、ボーリング、カヌー／カヤック、サイクリング、ダイビング、乗馬スポーツ、フェンシング、フィギュアスケート、体操、近代5種競技、ラケットボール、新体操、ローラースケート、ボートレース、射撃、ソフトボール、スピードスケート、スキー、水泳、シンクロナイズドスイミング、卓球、バレーボール、水球、重量挙げ、ヨット

触れる可能性があるスポーツである[29]。格闘技、レスリング、ボクシングといったスポーツは当然感染のリスクは高い[19]（フォーカスボックス8-2参照）。

方針規定

　団体で行うスポーツに参加する選手は、血液媒介病原体の感染に関する手順や方針に従わなければならない[16]。米国オリンピック委員会（USOC）、全米大学体育協会（NCAA）、全米高等学校連盟（NFHS）、プロバスケットボール協会、ナショナルホッケーリーグ、ナショナルフットボールリーグ、および米メジャーリーグベースボール機構は、血液媒介病原体の感染を予防する方針を確立した。これらの団体は所属する選手を教育するプログラムにも着手している。

　すべての団体は血液媒介病原体がどのように感染するかについて生徒や選手を教育する責任を担う[26]。高校生である選手の親の教育にも努めなければならない[4]。プロ、大学、高校の選手は、HBVあるいはHIV感染の恐れはスポーツを離れた私生活のなかにあることを理解しなければならない。たとえば安全ではない性交渉、そしてステロイド剤などの注射における注射針の共用は特に危険である[26]。選手は自分たちには免疫力があって、感染は他の誰かに起こるものだと考える傾向がある。

　各団体は血液媒介病原体に関して方針や手順を進めなければならない[23]。NCAAの最近の調査によれば、OSHAが出したユニバーサルガイドラインに従うと、大学の健康管理担当者の大多数がかなりの赤字になってしまう。スポーツ医療あるいは他の健康管理で、以下に紹介する予防策に従うことは、選手、コーチ、健康管理担当者を守ることになる[18]。

> **8-1　Critical Thinking**
> **頭の体操**──エクササイズ
>
> レスラーがコーチのところに来て、汗びっしょりの対戦相手とのレスリングでHIV感染の恐れはないか尋ねる。
> **質問**：レスラーを安心させるためにコーチはどのようなアドバイスができるか？

HIVおよびスポーツ参加

無症候性のHIV保有者がスポーツに参加すべきかどうかについて明確な答えはない[7, 27]。体液に触れることは明らかに避けなければならない。保有者は、発病しやすくなるかもしれないので、体力を消耗する激しい運動には参加すべきではない[13]。

1991年に制定された米国障害者法（ADA）は、HIVに感染している選手を差別してはならず、彼らのスポーツへの参加は医学上のきちんとした理由があった場合だけ拒否できると述べている。競技から除外する場合は、他の人への感染および選手に害を与えるかもしれないというリスク、これらのリスクを減らすための手段を考慮し、客観的な医学上の根拠に基づいて除外しなければならない[19]。

HIV検査

HIV検査は、選手がスポーツに参加できるかどうか判断するためのスクリーニングツールとして用いてはならない。米国障害者法に関わる法的理由からHIVについての強制検査は許されていない。重要性という観点では、強制検査はHIV感染予防の教育に比べてあまり重要ではない。NCAAも米国疾病管理予防センター（CDC）も、選手に対する強制検査を推奨していない[23]。

高いリスクに分類されるスポーツに参加する選手は、HIV検査を自発的に、匿名で受けるとよい。血液検査でHIVウイルスを検出できるようになるには、感染後3ヵ月から1年を要する。それゆえ感染後6週間、3ヵ月、1年目に検査を受けるようにする[25]。

米国の多くの州がHIV感染者の秘密を守る法律を制定している。たとえば、問診表でHIV陽性であるかどうかの質問をすることは許されていない。コーチは自分達の州の法律について知識を得るとともに、選手に対するHIV検査に関して秘密性と匿名性を守るあらゆる努力をしなければならない[28]。

スポーツ環境における普遍的予防措置

OSHAによるガイドラインは、血液媒介病原体から健康管理担当者や患者を守るために定められた[20]。すべてのスポーツプログラムは血液媒介病原体対策計画を立て、実行することが不可欠である。この計画には、カウンセリング、教育、自由意志による検査、体液の管理などが含まれる[23]。

血液あるいはその他の体液に触れる機会のある人は皆OSHAのガイドラインに従わなければならない。スポーツ分野特有の考慮すべき事柄を次に掲げる。

（米国での）HIV、エイズに関するさらに詳しい情報については、以下の連絡先がある：
米国疾病管理予防センター（CDC）ナショナルエイズホットライン：1-800-342-2437

普遍的予防措置（ユニバーサルプリコーション）を必要とする傷害あるいはケアテクニックについて論じている箇所には、以降に次のアイコン（バイオハザードマーク）を欄外に記載する。

選手の準備

　選手は練習や競技に参加する前に、すべての開放性の皮膚損傷あるいは皮膚病変にはそれを隠すガーゼや包帯などで手当をし、選手同士の感染を防がなければならない[9]。密封（閉鎖）包帯は相互感染の機会を少なくし、また傷口をしっとりと、しなやかに保つことから、傷口が再び口を開いてしまうことを予防する。

出血の場合

　NCAAやUSOCの規定によって、病気感染のリスクがあると考えられる開放性損傷あるいは他の皮膚病変には、積極的に治療を施さなければならない[24]。出血している選手はできるだけ速やかにフィールドから退場するべきであり、医療スタッフが安全だと判断するまでフィールドに戻ることはできない[5]。血液が付着したユニフォームは感染力があるかどうかチェックされる。選手は競技に戻る前に着替えるべきである。感染する恐れのある外傷を取り扱うことのある関係者は、全員普遍的予防措置に従わなければならない[20]。

個人的な予防策

　フィールドで直接体液に接触するコーチあるいは健康管理関係者は、血液媒介病原体と接触する場合は常に、適切な防具を用いなければならない。防具には、使い捨てのラテックス製でない手袋、ガウン、またはエプロン、マスクやシールド、眼の防具、吸収性のないガウン、救急蘇生器具として使い捨てマウスピースなどがある[20]。**感染の恐れのある物質を扱う時はラテックス製でない使い捨て手袋を使用しなければならない。**出血がひどい時、あるいは刃物などが使われている場合は手袋を二重にすることが望ましい。手袋の使用後は十分注意を払って外すようにする（フォーカスボックス8-3参照）。緊急の場合は、手袋を入手するまでは、タオルなどをたくさん用いて予防する[1]。

8-3　Focus Box　フォーカスボックス

手袋の外し方および使用法（図8-2）
1. 汚染された手袋をはめている時は私物に触れない。
2. 手関節から始め、手袋を裏返しにしながら皮膚に触れないように外す。
3. 手袋を外し終えた手が汚れた手袋の表面に触れないようにして、もう片方の手袋を外す。
4. 使用済みはもちろん、変色したり、破れたり、穴のあいた手袋はすべて捨てる。
5. 手袋を外したら直ちに手を洗う。

8-2　Critical Thinking
頭の体操——エクササイズ

サッカー選手がボールをヘディングしようとしてジャンプし、競り争った相手が右眉を負傷した。相手選手の意識はあるが、出血がひどい。

質問：出血を止める効果的なテクニックは何か？　傷口を閉じるにはどうしたらよいか？

コーチが血液や体液を扱う時は必ずラテックス製手袋をすること。

図8-2

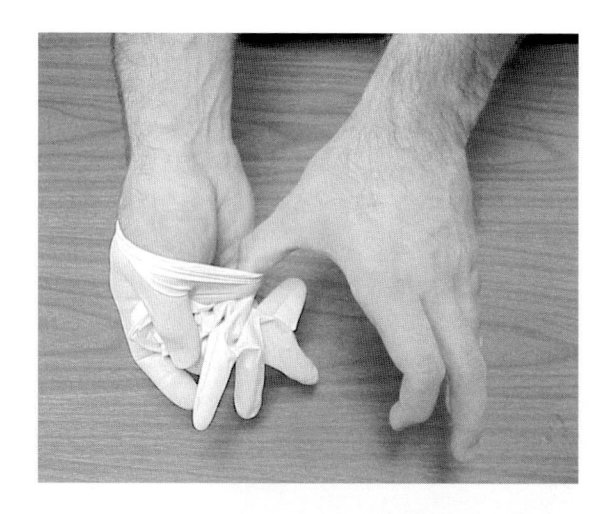

ラテックス製でないグローブの外し方

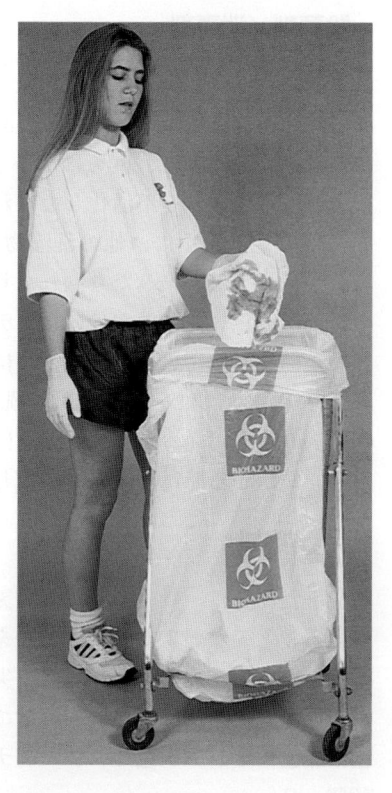

図8-3

汚れたリネンなどは、バイオハザード（生物学的有害物質）マークの付いた漏れない袋に入れる。

　血液あるいは他の体液に触れる手や皮膚の表面は、せっけん、水、あるいは他の抗菌剤で直ちに洗い流さなければならない。

　救急箱には手、顔、眼などの防護用品や人工呼吸用のマウスピースを入れておく。また皮膚の表面をきれいにするために使うペーパータオルも必需品である[2]。

普遍的予防措置は感染や伝染の危険性を最小限にする。

物品・用具の入手

普遍的予防措置（ユニバーサルプリコーション）を遵守するには、スポーツプログラムにおいて、塩素系漂白剤、消毒剤、汚れた用具やユニフォームを入れる容器、包帯、針、注射器、外科用メスなど尖った物専用のコンテナを用意しなければならない[6]。

バイオハザード警告ラベルは、規制の対象となる廃棄物容器、血液保存冷蔵庫、感染の恐れのある物質を納めるすべての容器に貼り付ける（図8-3）。ラベルは蛍光のオレンジ色か赤色で、容器に貼り付けておくべきである。汚れた手袋や包帯といった汚染された恐れのある物は、通常のゴミ入れのなかに白色の袋あるいは容器を入れて、捨てるようにする。

殺菌剤／消毒剤

フィールドやコートなど、汚染されたあらゆる表面は、漂白剤1に対して水10の割合でつくった溶液、あるいは環境保護庁（EPA）が認可した殺菌剤／消毒剤で、直ちに洗浄されるべきである[4]。殺菌剤／消毒剤によってウイルスを不活化しなければならない。汚染されたタオルあるいは他のリネン類は、他の洗濯物とは別の袋に入れられるべきである。汚れたリネンは、染みたり漏れたりしない、バイオハザード警告ラベルの付いた赤色／オレンジ色のコンテナあるいはバッグに入れて搬送する（図8-3参照）。汚染された洗濯物は、ウイルスを不活化する洗浄剤を使って熱い湯で（71℃、25分間）洗濯する。建物の外で洗濯された物は、OSHAの基準に従った施設へと運ばれる。汚染された洗濯物を袋に入れたり、洗濯する時は、手袋を着用しなければならない。

尖った物

尖った物とは、針、かみそりの刃、外科用メスなどである。皮膚を傷つけることのないよう、尖った物を扱ったり処分したりする時は、細心の注意が必要である。OSHAは、尖った物は漏れることのない、穴のあかないコンテナに廃棄されるべきであると指示している[4]。コンテナの色は赤色かオレンジ色で、コンテナにはバイオハザードのマークを貼る（図8-4）。

コーチの保護

OSHAの血液媒介病原体対策ガイドラインは、コーチだけではなく、アスレティックトレーナーや他の医療現場従事者を守ることを意図している。選手を守ることを意図しているのではない[21]。コーチは、通常は負傷した選手の血液あるいは他の体液に接触することはない。それゆえコーチのリスクはかなり低い。選手との接触による血液媒介病原体の感染の予防について教育方針を作成し、毎年更新することによって、時には健康管理担当者ともなり得るコーチの安全を確保するのは、高校、大

8-3 Critical Thinking
頭の体操——エクササイズ

アスレティックプログラムのスポンサーとなるすべての団体は、血液媒介病原体対策計画を立て、実行しなければならない。

質問：スポーツ環境における普遍的予防措置に関してOSHAが提案する方針は何か？

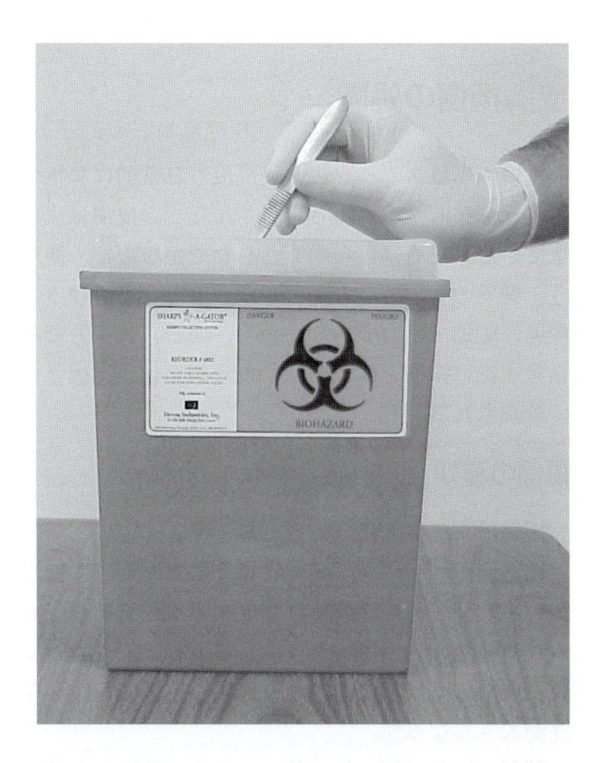

図8－4

尖った物は赤色の、穴の開かないプラスチックコンテナ（バイオハザードのマーク付き）に廃棄するべきである。

学、プロチーム、あるいはクリニックの責任である。これらの推奨事項を実践するために、団体は必要な物品や用具を提供しなければならない。コーチは、方針やガイドラインを遵守し、それらを実施する個人的責任を負っている。

選手の感染予防

選手を守る予防措置をさらにいくつか挙げておく。USOCは、フォーカスボックス8－2にリストアップされている「感染リスクの高い」スポーツにおいて、マウスピースの装着の必要性を説いている。練習および競技後、選手は全員直ちにシャワーを浴びなければならない。HIVまたはHBVに感染する恐れのある選手は、HBVの予防接種を考慮すべきである。

感染後の手順

病原体に触れてしまったという報告があった場合、病原体にさらされた個人は、病原体ルートの報告書、保菌者の確定、血液検査、カウンセリング、ならびに報告された病気の評価などを含む医学評価を受けなければならない。これは内密に行われる。これまでも説明したが、個人情報の取り扱いとなる検査結果の報告と通知に関する法律は州によって異なっている[21]。

皮膚損傷の処置

皮膚損傷はスポーツにおいて最も日常的に発生する。損傷は、組織の連続性を破断する外傷と定義される[10]。皮膚は表皮と真皮の2層からできている。皮膚は柔らかく、しなやかなので、簡単に外傷を負ってしまう。種々の物理的な力が柔らかい皮膚を傷つける。物理的な力は、摩擦、擦過、圧迫・圧力であり、裂く、切る、刺す力である。いずれも皮膚の正常組織に損傷を与える[15]。皮膚損傷は、原因となる物理的な力によって分類される。

損傷の種類

損傷は次のように分類される（図8-5）。

擦過傷（図8-5A）は一般的な傷で、草、人工芝、床あるいはマットといった荒い面でこすられた皮膚の状態である。皮膚の表層がこすり取られ、多数の毛細血管が露出している。土や異物でこすり取られ、傷ついた皮膚の露出部は、傷口を適切な方法で洗浄しなければ、感染の可能性が大きくなる[5]。

裂創（図8-5B）もスポーツでは一般的な傷で、鋭く尖った物が組織を裂いた時に起こる。ギザギザのえぐれた傷口ができる。擦過傷と同じく、裂創も感染を起こしやすい。裂創を起こすのと同じ作用で皮膚の裂離をも引き起こすことがある。この場合、皮膚の一部が切り取られる[11]。

刺創（図8-5C）は運動中によく起こる。致命傷にもなり得る。陸上用のスパイクシューズのような尖った物が組織を貫通した場合、破傷風菌が血管に入り、選手は破傷風にかかってしまうこともある。すべての刺創と重度の裂創は速やかに医師に移送するべきである。

切創（図8-5D）の傷口は平滑で、骨縁や、パッドなどで覆われていない骨の上に打撃を受けた場合によく起こる。他の開放性損傷と比べ、

図8-5
スポーツで起きた損傷は深刻な感染問題をもたらすことがある。
A．擦過傷、B．裂創、C．刺創、D．切創、E．裂離創

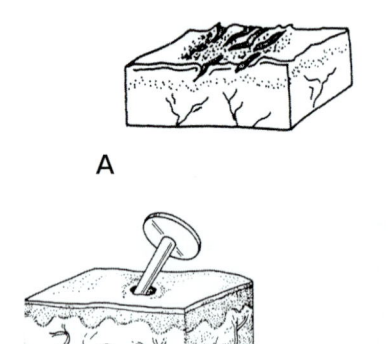

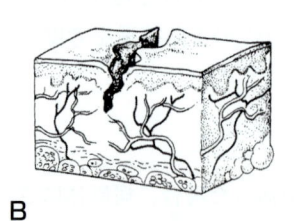

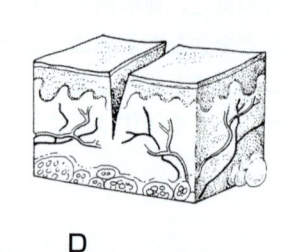

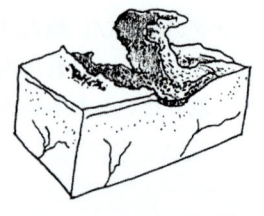

感染についてはさほど深刻ではない。

　裂離創（図8-5E）は皮膚の一部が身体から引き裂かれた時に生じ、多量の出血を伴うことが多い。引き裂かれた組織が再生しそうな場合は、引き裂かれた組織部分を湿ったガーゼ（できれば生理食塩水で湿らせたガーゼ）で包む。そのガーゼをビニール袋に入れ、冷水に浸し、再生のために負傷者ともども病院へ移送する[10]。

応急処置

　開放性損傷を直ちに処置することは選手の安全にとって最も大事である。比較的浅い傷であっても、すべての損傷は微生物によって汚染されると考えるべきであり、損傷部を洗浄し、（必要なら）治療し、手当をすべきである。感染する危険性を最小限にするために、損傷部を可能な限り完全に洗浄すべきである[22]。損傷部の洗浄は、はじめにせっけんと水あるいは生理食塩水を大量に使って行うことが望ましい。損傷部の洗浄に最初にチンキ剤やオキシドールを使用してはならない。傷の手当では感染を予防するために清潔な環境が不可欠である。

包帯

　損傷部を清潔に保つために滅菌した外傷用医薬材料が使われる。外傷用医薬材料にはシンプルなガーゼパッドから粘着性のある絆創膏まで、いろいろなサイズがある。密封（閉鎖）ガーゼは傷跡を最小に抑える効果が特に優れている[17]。傷口から液体（血清）が出ている場合は、細菌の増殖を抑えるために頻繁に被覆剤を取り換えるべきである。排液が止まった後は、包帯をする必要はない。表面の細菌増殖を抑えるために抗菌性軟膏を塗っておく。軟膏はガーゼが傷口に張り付くことを防ぐ。局所抗生物質が有効である。数日間は軟膏を塗る前に毎日数回オキシドールで傷口を洗浄する。傷口のケアがよければ、炎症反応もわずかで、治癒も早く、傷跡も最小限となる。

縫合は必要か？

　比較的深い裂創、切創、時には刺創も縫合が必要となる。コーチから見て選手の損傷が重傷だと思える場合は、医師に任せるべきである。傷口を閉じるのに縫合が必要かどうかは、医師が判断する。縫合はできるだけ早く、遅くとも受傷後12時間以内に行われなければならない。比較的単純な損傷の場合は、瘢痕形成を最小にするために、縫合によって傷口の端を接着させる。縫合によって傷口を閉じる前に、医師は即効性のある薬剤で患部に麻酔をかけることもある。細い縫合糸を用い、手際よく縫合すれば、組織の損傷、炎症、瘢痕化も最小限に抑えられる。治癒の遅い部位（血管新生が遅い部位）あるいはストレスのかかりやすい部位にある傷は、より太い縫合糸を必要とし、糸も長く残すことになる。傷跡を最小限にするために数日で抜糸される場合もある。

　医師は傷口の縫合が必要ないと判断し、開いた傷口をスキン・クロー

表8-2 皮膚損傷のケア

損傷の種類	コーチの行動	初期処置	フォローアップケア
擦過傷	1. 初期処置を行う。 2. この傷は感染の恐れがなければ、医師の手当を必要としない。	1. せっけんと水で損傷部をよく洗浄する。ブラシで清拭する。 2. 損傷部の表面をしっとりとさせるために抗生物質軟膏を塗る。スポーツでは、擦過傷でかさぶたができることは望ましくない。軟膏の上に閉鎖（密封）ガーゼか粘着性のない殺菌パッド（テルファパッド）を置く。	1. ガーゼ等は毎日取り換え、感染の徴候がないか調べる。
裂創	1. 損傷部の周囲を洗浄する。汚染物質が損傷部に入らないように留意する。 2. 乾いた滅菌パッドを圧迫して当てる。そして医師の治療を受ける。	1. よく洗浄する。医師が縫合する。破傷風ワクチンの接種が必要になるかもしれない。	1. ガーゼ等は毎日取り換え、感染の徴候がないか調べる。
刺創	1. 損傷部の周囲を洗浄する。汚染物質が損傷部に入らないように留意する。 2. 乾いた滅菌パッドを圧迫して当てる。そして医師の治療を受ける。	1. よく洗浄する。必要ならば、医師に破傷風ワクチンの接種をしてもらう。	1. ガーゼ等は毎日取り換え、感染の徴候がないか調べる。
切創	1. 損傷部の周囲を洗浄する。 2. 出血を抑えるために、乾いた滅菌パッドを圧迫して当てる。そして医師の治療を受ける。	1. 損傷部を洗浄する。 2. 必要ならば、医師に縫合と破傷風ワクチンの接種をしてもらう。	1. ガーゼ等は毎日取り換え、感染の徴候がないか調べる。
裂離創	1. 損傷部の周りを洗浄する。裂離した組織は保存する。 2. 出血を抑えるために、乾いた滅菌パッドを圧迫して当てる。そして医師の治療を受ける。	1. 損傷部をよく洗浄する。裂離した皮膚の再付着と縫合を医師にしてもらう。破傷風ワクチンの接種が必要になるかもしれない。	1. ガーゼ等は毎日取り換え、感染の徴候がないか調べる。

ジャーあるいは蝶形絆創膏を使って引き寄せる治療をする場合もある。

損傷感染の徴候

　感染の典型的な徴候は、痛み、発熱、発赤、腫脹、機能障害など、炎症の徴候と同じである。加えて、白血球の増加による膿や、免疫システムが細菌感染と闘うことから発熱することもある[17]。

破傷風

　破傷風は発熱と痙攣を起こす細菌感染症である。破傷風は刺創によって発症することが多い。免疫のない選手は骨格筋の強直痙攣を起こす危険性が常に高い。破傷風菌は胞子として傷口から身体に入り、その人の感染しやすさの度合いにもよるが、中枢神経系の運動終板に作用する。児童期に最初の破傷風ワクチンを接種した後、10年ごとにワクチンを接種する[10]。免疫のない選手は、皮膚に損傷を受けた後、速やかに破傷風

免疫グロブリン（ハイパーテット）の注射を受けなければならない。フォーカスボックス8-4で損傷感染を減らす方法を紹介し、表8-2で外傷の処置について詳述する。

8-4 Focus Box　フォーカスボックス

外傷の処置における推奨事項

損傷感染の危険性を少なくするために次の手順を推奨する。
1. はさみ、ピンセット、綿棒といった使用する器具すべてが消毒済であることを確認する。
2. 手をよく洗い、ラテックス製でない手袋をはめる。
3. せっけんと水で皮膚の損傷部を洗う。
4. 選手が病院へ治療を受けに行く場合は、損傷部に滅菌ガーゼを当てる。
5. 滅菌ガーゼなど傷口と接触する部分には触れない。
6. 損傷部に直接薬物を塗布しないでパッドに薬物を塗布する。
7. ガーゼなどの手当用品はテープでとめるか包帯で巻く。
8. 必要な場合は、出血の対処について本章の手順に従う。

コーチのコーナー – Coach's Corner

次の事項は、血液媒介病原体を扱う際、普遍的予防措置を実践するコーチのためのチェックリストである。
- □練習あるいは競技をする前に、すべての開放性損傷あるいは皮膚病変がカバーされていることを確認する。
- □出血あるいは損傷をケアする場合はラテックス製グローブを常にはめるようにする。
- □出血している選手は競技から外す。
- □血液が多量についたユニフォームは脱いで、着替えるようにする。
- □飛び散った血液は殺菌剤を使って清掃する。
- □手袋を外す正しいテクニックをマスターする。
- □汚れた物はバイオハザードバッグに入れる。
- □尖った物はバイオハザードコンテナに入れる。
- □ユニバーサルプリコーションを講じた後、手をよく洗う。
- □すべての感染事項を報告する。

まとめ

- 血液媒介病原体とは、病気を引き起こす危険性のある微生物である。血液媒介病原体は、人の血液の他に、精液、膣分泌液、滑液といった体液、また血液で汚れた液に存在する。B型肝炎ウイルス（HBV）とヒト免疫不全ウイルス（HIV）は血液媒介病原体である。
- HBVを予防するワクチンはあるが、現在HIVに有効なワクチンは存在しない。
- HIVに感染した人はエイズ（後天性免疫不全症候群）を発症する。エイズは致命的な病気である。
- HBVあるいはHIV感染は、血液や他の体液に触れないようにすることで、また安全な性行為をすることでリスクを減らすことができる。
- 選手がスポーツのフィールドで血液媒介病原体にさらされるリスクは少ない。危ない性交渉などフィールドを離れたところでの行動が最大の感染経路となりやすい。
- さまざまな医療・スポーツ団体が、スポーツ関係者による血液媒介病原体の取り扱いについて方針や手順を設定した。
- OSHAは健康管理関係者を保護する規約をまとめた。
- 血液媒介病原体にさらされないように、普遍的予防措置に従わなければならない。すべてのスポーツプログラムは、カウンセリング、教育、自由意志による検査、そして感染予防計画を実行しなければならない。

頭の体操（エクササイズ）の答え　Solutions to Critical Thinking Exercises

8-1　選手は、HIV感染の最大のリスクは感染者との性行為にあり、スポーツ中に起こる接触を通してではないことを理解しなければならない。汗から感染することはまずあり得ない。しかし対戦相手が出血している場合は、選手は気をつけなければならない。選手は、出血の手当がされて、損傷部がカバーされるまで、レスリングを行わない。

8-2　コーチはまず血液媒介病原体の感染を予防する策をとらなければならない。損傷部をせっけんと水でよく洗う。殺菌ガーゼを幾重にもして傷口に押し当てる。分厚いガーゼが血液を吸いとってくれる。出血を抑えるために氷を用いてもよい。めまいがしないなら、選手は座位のままで、縫合のため医師のところへ移送する。縫合は一般に小さな傷跡を残すが、スキン・クロージャーあるいは蝶形絆創膏が用いられることもある。血液で汚れた物はすべてバイオハザードバッグに入れる。

8-3　血液あるいは他の体液に触れる恐れのある人は誰でも普遍的予防措置を実行しなければならない。この計画には、カウンセリング、教育、自由意志による検査、体液の管理などが含まれる。

復習問題とクラス活動

1．血液媒介病原体を定義せよ。
2．HBVの感染、症状と徴候、予防、治療について議論せよ。
3．HBV保有者である選手のスポーツへの参加について賛否を論ぜよ。
4．HIVの感染、症状と徴候、予防、治療について議論せよ。
5．HIVはどのように感染し、現時点ではなぜ最終的には命とりになるのか？
6．HBVあるいはHIV検査で陽性となった選手は、スポーツ参加を許されるべきか？
7．選手はHIV感染のリスクをどのようにして避けることができるか？
8．OSHAを定義せよ。血液媒介病原体にさらされる恐れを予防するための普遍的予防措置について論ぜよ。
9．フィールドで出血している選手を処置する際、コーチはどのような予防策をとらなければならないか？
10．外傷の種類と治療について論ぜよ。

9 負傷した選手に対する心理的支援

Chapter 9

この章を終えると、次のことが説明できるようになる。
- 選手が傷害に対して心理的にどのように反応するかについての議論
- リハビリテーション期間によって左右される、傷害に対する心の変化について
- 傷害の前兆および介入に関する議論
- 選手生活におけるストレス要因の識別
- ストレス管理における緩衝概念についての議論
- 負傷した選手をリハビリテーションプログラムに集中させる手段として、目標を設定することの重要性についての議論
- 傷害の心理的影響を管理するコーチのためのさまざまな配慮の認識
- 負傷した選手を競技に復帰させる決定プロセス

身体が傷害を受けると、心もまた少なからず影響を受ける。調査によれば、傷害に対して否定的な反応を示す選手は、リハビリテーションの期間も長くなりがちで、回復も困難なものとなる[5]。それゆえ、傷害が選手の心にもたらす影響、およびスポーツという環境のなかで与え得る心理的ケアは、選手の競技への復帰を促進する可能性がある[2]。

第12章で詳述するが、受傷した選手のためのリハビリテーションプロセスはアスレティックトレーナーが監督することが望ましい。しかしアスレティックトレーナーが不在の場合は、負傷した選手を扱う責任はコーチの肩にのしかかってくる。コーチが負傷した選手のリハビリテーションにかなりの影響を及ぼすことは確かである[1](図9-1)。コーチの、負傷した選手との接し方、そして負傷した選手の心理状態が、リハビリテーションプログラムの成否を決定する[12]。コーチは負傷した選手が身体だけでなく心も競技に復帰できるように配慮しなければならない。

選手の傷害に対する心理的反応

選手は皆同じように傷害を受けとめるわけではない[18]。災難だと考える選手、根性を見せる機会だととらえる選手、傷害を言い訳にして自らの乏しいパフォーマンスを隠す選手、負けているチームから逃げ出すよい機会と考える選手、あるいは傷害を、支配的な親をがっかりさせるための機会だと考える選手もいるかもしれない[10]。

図9-1
コーチは自分の言葉や行動が負傷した選手に与える心理的影響に配慮しなければならない。

傷害の程度の分類

　傷害への適応やリハビリテーションを通して、選手には特定の傾向が見られるのが一般的である。通常、傷害の程度はリハビリテーションに要する期間に合わせて短期（4週間未満）、長期（4週間以上）、慢性（再発）、終了（引退）に分類される[11]（表9-1）。

表9-1　傷害の程度とリハビリテーション期間に基づいた負傷した選手の漸進的反応（心の変化）

リハビリテーション期間	傷害に対する反応	リハビリテーションに対する反応	復帰に対する反応
短期（4週間未満）	ショック 安堵	焦り 楽観	熱望 期待
長期（4週間以上）	恐れ 怒り	活力喪失 非理性的な思考 疎外感	自覚
慢性（再発性）	怒り フラストレーション	依存または自立 懸念	自信または不安
終了（引退）	孤独 悲嘆	アスレティックアイデンティティの喪失	幕引きそして再出発

傷害プロセス

傷害の重度やリハビリテーションに必要な期間とは関係なく、負傷した選手は傷害およびリハビリテーションプロセスの3つの段階に起こる反応（感情）に対処しなければならない。3つの段階とは、傷害に対する反応、リハビリテーションに対する反応、競技への復帰あるいは引退に対する反応である[8]。選手全員が必ずしもすべての反応をするわけではないし、反応のすべてが予測した通りの順番で起こるわけでもない。傷害やリハビリテーションに対する反応に影響する別の要因としては、選手の対処能力、過去の傷害履歴、社会的支援、性格特性などが挙げられる[8]。

傷害のタイプが何であれ（リハビリテーションが長期に及ぶ場合は特に）、スポーツ中心の生活をしている選手は、負傷して活動できなくなった自分自身をどのように受けとめるかで折り合いをつけなければならず、また自分が属する社会でどのように受けとめられるかということでも気持ちを整理しなければならない。傷害は一般に自尊心を傷つけるものである。負傷する前は成功者であった選手は、傷害から肉体的に回復した後も問題を抱え続ける。高い自尊心を持ち、さらなるリスクに挑む選手もいれば、傷害をプレッシャーから解放してくれるものとして利用する自尊心の低い選手もいる[6]。

> 傷害後の選手の反応段階：
> ・傷害に対する反応
> ・リハビリテーションに対する反応
> ・復帰に対する反応

9-1 Critical Thinking 頭の体操——エクササイズ
バレーボールの選手が試合中に膝関節の内側側副靱帯を損傷した。
質問：この短期傷害の傷害初期、リハビリテーション、復帰段階を通して選手はどのような感情的反応を示すか？

傷害の前兆となるもの

負傷しがちな選手

負傷しやすい選手はいる。同時に、同じような身体構造を持ち、同じポジションでプレーしても負傷しない選手もいる。ある種の心理的特徴が選手に繰り返し負傷する傾向を与えているといわれてきた。ある特定の性格が負傷しがちだと限定しているわけではない。しかしリスクを冒すことを好む性格が、負傷しがちな選手にみられる傾向がある[17]。負傷しがちな性格の他のタイプは、打ち解けない、孤立した、理想に走りやすい、結果を恐れる、過保護あるいは注意力散漫な選手である[20]。このような選手はまた、リスクやそれに関係するストレスと上手に関わっていく能力に欠けていることが多い。より攻撃的になることで不安を静めようとする、あるいは失敗するかもしれないという恐怖心、または到達不可能な、非現実的な目標に対する後ろめたさのために負傷し続けるなどといった他の心理的要因も、負傷しがちな選手にみられることがある[17]。

傷害予防は心理的なことでもあり生理的なことでもある。怒ったり、イライラしたり、やる気をなくしたり、あるいは感情的に落ち着かない状態で競技に参加する選手は、平静な選手よりも負傷しがちである。たとえば、怒っている選手はその怒りを何らかの方法で発散させたいと願

> 負傷しがちの選手は往々にしてリスクテーカーである。

い、それゆえ本来行うべき正しい行動ができない。感情に走り、スキルや協調性が失われ、怒っていなければ避けられたであろう傷害を招いてしまう。

ストレスおよび傷害リスク

　生活のストレスが体調を崩すということについては、多くの文献に書かれてきた。ストレスの要因には代表選手（選抜チーム）に選ばれるといったような肯定的要因と、スターティング・ラインアップ（先発メンバー）に選ばれない、あるいは薬物検査に引っかかるといった否定的要因がある。選手に傷害を負いやすくするストレスは、否定的ストレスである[24]。

　否定的ストレス要因は集中力の欠如と筋肉の過緊張の原因となり、それがストレスと傷害の関係につながる。集中力の欠如は、傷害が発生する危険性の高い競技において選手に行動のタイミングを狂わせる。筋肉の緊張（硬結または防衛反応）状態では、柔軟性、巧緻性、運動効率が減退し、さまざまな傷害の原因となり得る。

　スポーツは選手にとってストレス要因である[24]。選手は、オーバートレーニングと紙一重の、ギリギリの状態でピークパフォーマンスを追求する。パフォーマンスの他に、数多くの外部からのストレス要因（選手〈チームメイト〉、コーチ、親からの理不尽な期待など）が選手にかかってくる。学校、職場、家族から芽生える心配や悩みもまた感情的ストレスの主原因となり得る。

ストレスの認識と処理

　ほとんどの場合、選手が感情的にストレスにさらされていることに最初に気づくのはコーチである。パフォーマンスが低下し、性格的に変調をきたしている選手は、要求度の低い軽めのトレーニングプログラムが必要かもしれない。選手と話し合い、カウンセラー、心理学者あるいは医師によって解決されなければならない感情的・身体的問題の存在が明らかになることがある[16]。

　コーチは一般に、プロのカウンセラーや心理学者としての教育は受けていないが、それでも一緒に活動する選手の感情に配慮しなければならない[16]。コーチは、選手の恐れ、フラストレーション、および日々の難局に対処する適切なカウンセリングスキルを持ち、また深刻な感情的問題を抱えている選手は適切な専門家に委ねるべきである[7, 14]。

　コーチと同様、チームドクターは、ストレスを過度に受けている選手を支援する。感情的と考えられている多くの心理・生理学的反応が、実際はまだ解明されてはいない何らかの身体的機能の異常によって起こされていることもある。このためコーチは選手に医師あるいは心理学者の診察を受けるように促す[7, 14]。

> ストレスは肯定的な面と否定的な面がある。

オーバートレーニング

オーバートレーニングは、選手に与えられた身体的負荷と選手の適応力とのアンバランスゆえに起こる[19]。生理的ならびに心理的要因がオーバートレーニングの背後に存在する。オーバートレーニングは練習のしすぎによる不調、さらにバーンアウトにもつながる。

不調

選手が「不調」になる理由はじつにさまざまである。選手は適正な休息をとることもなく、激しく長時間トレーニングをしすぎているのかもしれない。不調は、日々の悩み、恐れ、心配に根ざした感情的な問題に帰される。**不安**は、最も一般的な精神的・感情的ストレスをつくり出すものの一つである[19]。不安は、漠然とした恐れ、懸念そして不穏といった感情によってもたらされる。一般的に、不安を抱いている選手は問題を説明することができない。選手はある状況で不十分だと感じてはいるが、なぜそのように感じるのかはわからない。心臓の動悸、息切れ、手のひらの汗、喉の狭窄感、頭痛などが不安に付随して起こる。親が子供にあまり期待をかけすぎると、子供は数多くの心理的問題を引き起こす。彼らはやり遂げるという苦痛に満ちたストレスから抜け出すために、競技で故意に失敗したりもする。鬼軍曹（いつも否定的なやり方で訓練する人）のようにふるまうコーチは、選手にオーバーストレスの症状を招きがちである。

不調は、競技力の低下、慢性疲労、無気力、食欲不振、消化不良、体重減少、不眠あるいはうまく休息がとれないなど、いろいろな症状をもたらす。不調な選手は、イライラし、落ち着きがなく、無理やり練習をしている感じで、活動に関するすべてのことに倦怠感と無気力が漂う[6]。

不調のサインを発している選手は、急性傷害もオーバーユースによる障害も起こしやすく、感染症にもかかりやすくなる[21]。不調の時期には疲労骨折や腱炎を起こしやすい。

オーバートレーニングは早い段階で認識し、早急に対処するべきである。トレーニングの小休止が3～5日にわたって実行されなければならない[21]。選手は質を落とさず量を減らして練習する[21]。選手が十分な回復の兆しを見せ始めたら、徐々にもとの練習量へ戻していく。しかし競技出場はまだ先である。

バーンアウト

バーンアウトは、自分に対する否定的な見方、スポーツに対する否定的な態度、他人の感情に対する関心の喪失などにつながる身体的・感情的消耗に関連する症候群である。バーンアウトは運動のしすぎから生じ、選手とコーチの両方に影響を与える。

バーンアウトは選手の全般的な健康にとって有害である。頻繁に起こる頭痛、胃腸障害、不眠、慢性疲労をもたらす。バーンアウトに悩まさ

不安（anxiety）
確信がなく心配な気持ち。

れる選手は、離人症、感情的疲労の増大、達成感の減退、皮肉な考え方、そして憂鬱な気分を経験する。

モチベータ（動機を与えるもの）としての目標設定

　目標設定は、スポーツ傷害のリハビリテーションにおいても、また一般のスポーツ環境における目標達成のためにも効果的なモチベータである[4, 22]。多くの選手は最初の競技に参加した幼い頃から、おそらく目標を持っていた。彼らはより速く走り、より高く跳び、よりまっすぐに撃ち、より遠くに投げ、より強打するなどの目標を設定してきた。これらすべての目標には一つの共通点がある。この長期目標は１回の努力で成し遂げられるものではなく、その前に多数の短期的目標達成があり、その結果として得られたものである[8]。フォーカスボックス９−１に、選手の目標設定に組み入れなければならない９つの要因を掲げる[9]。

　選手は、スポーツのリハビリテーションでの目標が何なのかをはっきりと認知し、それは達成可能であることを理解すべきである[3]。たとえばある特定の日までに松葉杖で体重を一部支えて立てるようにと選手に告げることは、具体性がなく測定できるものでもない。それよりも具体的に、ある一定の可動域と筋力の回復を達成すべき目標として示すほうが効果的である。松葉杖を使用している場合も、痛みなく体重をかけられる程度を回復の目安として使い、痛みがなければリハビリテーションが成功であったと告げるほうが効果がある。目標は挑戦するものではあるが、選手がリハビリテーションにまじめに取り組めば到達できるものでなければならない[12]。たやすく実現可能な目標は達成感がない。目標は個人的で、内面を満足させるものであり、コーチによって選手に押しつけられるものではない。成功させるためには、目標の設定は、選手と

達成可能な漸進的目標設定はリハビリテーションにおいて重要である。

9-2 *Critical Thinking*
頭の体操──エクササイズ
ソフトボールの選手が２塁にスライディングをして利き腕の肩を痛めた。リハビリテーションにおよそ３週間かかる傷害である。
質問：リハビリテーションの最中、活動に早く復帰するために、選手はどのようなイメージトレーニングを行うか？

9-3 *Critical Thinking*
頭の体操──エクササイズ
コーチが負傷したサッカー選手とリハビリテーションの目標について話し合っている。
質問：目標はどのように設定されるべきか？　また、選手がリハビリテーションプログラムで成功したと感じるにはどうすればよいか？

9-1 *Focus Box*　フォーカスボックス

選手の目標設定　９つの要因
- 具体的かつ段階的な目標を設定する。
- 肯定的な言葉と否定的な言葉を使い分ける。
- 目標は意欲をかき立てるものでなければならないが、現実に即したものでもなければならない。
- 合理的な予定表をつくる。
- 短期、中期、長期目標を立てる。
- 結果をプロセスとリンクする。
- 自分の目標を明確にする。
- 目標をチェックし評価する。
- スポーツの目標と生活の目標をリンクさせる。

コーチの共同作業でなければならない[4]。選手は傷害の回復経過はもちろん、必要なリハビリテーションの励行について全責任を持つ。

目標を設定することで、ストレスを減らすことができ、それによってプログラムに専念する動機を高める要因を数多く含んでいる[22]。目標設定によってストレスを緩衝してくれる要因には、目標が達成された時の肯定的な反応（好ましい行動を褒め、同じ行動を繰り返させる教育訓練法）、ライフスタイルに目標を組み入れる時間管理、目標がコーチと相談して設定された場合、社会的に支援されているという安心感、目標が達成された時自分の能力が一歩前進したという充足感などが挙げられる。目標は、選手が容易に理解できるものであり、具体的な概念であり、実質的な行動であり、そしてスポーツのなかの至極当然な一部であり、特別に時間を割くものではない[2]。目標は、達成感を求めて日々設定し、進歩を求めて毎週設定し、月ごとに、あるいは年ごとに長期の達成を求めて設定し続けるものである。

負傷した選手に社会的支援を与えることにおけるコーチの役割

コーチは、選手が負傷した後に接触する最初の人であることが多い。選手が負傷した場合、コーチは選手を一人の人間として心配するのであって、単にチームの一員として心配するようなことがあってはならない。コーチが自分をどの程度気にかけているかによって、選手の回復期間や回復のための努力に差が現われる。選手がリハビリテーションにおいてコーチを信頼する以前に、コーチをまず一人の人間として尊敬できなければならない。コーチと選手との間にきちんとしたコミュニケーションが存在することが、効率的なリハビリテーションには不可欠である。コーチは、傷害が起こる前から選手のことを気にかけることで、選手の性格を理解することを容易にし、また選手との信頼関係を築き、選手とともに活動することを可能にする。

よき聞き手であれ

アクティブリスニング（傾聴）はコーチにとって最も重要なスキルの一つである。コーチは選手の話に耳を傾けることを学ばなければならない。コーチは選手、また選手の声から、恐れ、怒り、憂鬱、あるいは不安といった感情を聞きとらなければならない。恐れは、痛みが機能的に何を意味しているのか、そして自分は仲間にこれから先受け入れられるだろうかと案じているのかもしれない。怒りは往々にして、負傷して犠牲になってしまったことに対する感情であり、また負傷したことを不公平だと感じているからである。憂鬱は、希望を失い、孤独に押しつぶされそうな感情を抱いているからかもしれない。不安は、どうしたら傷害を乗り越えることができるか悩み、また競技に完全復帰できなかったらどうなるだろうと考えている[8]。

ボディランゲージに配慮する

　ボディランゲージも同様に大切である。選手と会話をしながらペンを走らせているコーチは、選手に「君には関心がない」といっているようなものである。コーチは選手を気遣い、選手の目を見て話をし、選手の抱えている問題に真剣に向き合わなければならない。そうすればコーチは選手の信頼と尊敬を勝ち得るであろう。

ケアするイメージをはっきりと示す

　コーチは選手を「捻挫した足関節」として見るのではなく、一人の人間として見ることが大事である。もし傷害が唯一の関心事であるならば、選手は単なる傷害であって、人ではなくなってしまう。その結果、選手はコーチが傷害だけに注目していると感じるであろうし、コーチの心配はうわべだけだと考えてしまう。

　コーチと選手との関係は人対人の関係でなければならない。選手が対等に扱われるならば、関係は改善される。そしてよい人間関係はリハビリテーションに対する選手の責任感を助長する。負傷して、選手は身体的努力が思うようにできなくなる。1日3～4時間行っていた練習や競技の時間が無活動の時間となり、一時的にライフスタイルが変わる。彼らの感情はリハビリテーションプロセスの成否に影響を与える。コーチは思いやりと誠意をもって選手をケアしなければならない。選手をうわべだけの関心で扱うようなことがあってはならない。

　負傷した選手を無視したり、「仲間はずれ」というような意識を選手に与えたりすることは、傷害の再発につながる。このような態度をとるコーチは、選手が負傷したならば彼らには自尊心がないと選手に向かっていっているようなものである[12]。負傷した選手が復帰できるまでチームと接触させない、あるいは仲間の前で負傷した選手を見下すコーチも少数ながらいる。そのようなコーチは、そのほうが選手の競技復帰への気持ちが高まるだろうと信じている。このようなやり方は軽傷を負った一部の選手には有効かもしれないが、重度の傷害を負った選手は適応障害を起こす危険性がある。

　コーチのなかには負傷した選手に話しかけるのを拒み、負傷した選手はやる気がないとか、根性がないと他の選手に語るコーチがいる。コーチと選手は傷害が起きたことでフラストレーションを抱えている。この時期のチーム関係者は、選手に対する誠意を示し、選手の忠誠や献身を得るか、さもなければ選手からの信頼を失い、競技会に向けて調整中の選手の意欲を喪失させてしまい、腹いせに競技に専念できなくさせる、のいずれかである。

問題は何かを探る

　傷害評価においてコーチは、選手にできる限り受けた傷害について語らせるべきである。その情報をやさしくいい換え、またいい直して確認

し、何が起きたのか選手から情報を得ることは、コーチにとっては非常に貴重である。「なるほど」あるいは「それで」というような言葉をはさみながら選手が話し終えるまで静かに聞いていることが大切である。最後に「傷害について私が知っておいたほうがいいことは他にないかな？」と質問して重要な情報を入手できることもある。そして今後の方針に関する情報を選手に提供する。

傷害について選手に説明する

選手に対して傷害をわかりやすく説明するのはアスレティックトレーナーまたは医師の仕事であるが、その手配をするのはコーチである。選手が理解できる用語で傷害の状態を選手に説明する配慮が必要である。選手が受け入れることのできる簡潔な説明が望ましい。選手は納得するまで傷害について説明してもらう。選手の感情に考慮し、理解力に合わせて傷害の情報について説明することは簡単なことではない。傷害を受け入れる精神状態は選手によって異なる。傷害の程度も確かに重要であるが、その重傷度を選手がどのように受けとめるかがリハビリテーションプロセスでは重要となる[8]。このように生理的要因は心理的要因と相互に関係している。

傷害のストレスを管理する

スポーツに参加することによって生じるストレスや、その選手にとってスポーツのなす意味などが、選手のリハビリテーションへの取り組みに影響を与える[24]。深い興味を持ち真剣に取り組む選手が、そのスポーツで成功するのと同じように、リハビリテーションでも誠心誠意打ち込む選手は回復が早い。ストレスはリハビリテーションにとって障害物となり得る。コーチが使うことのできるテクニック（リラクゼーション、イメージトレーニング、認識の再構築、思考停止法）は、傷害に対するストレス反応を和らげるであろう。往々にして傷害とリハビリテーションに対する選手の認識の変化が、具体的な成果に影響を及ぼす。

負傷した選手とチームとのつながりを大切にする

コーチは、負傷した選手がチームの残りのメンバーと関わっていける方法を考えなければならない[20]。大きな負傷をした後、特に長期のリハビリテーションを必要とし、選手は周りと打ち解けにくくなり、またチームのメンバーから疎外されたと感じるかもしれない。競技に復帰できるまでに数週間あるいは数カ月のリハビリテーションを必要とする選手は、コーチが自分に対して気を遣わなくなった、チームメイトが自分と時間を過ごそうとしない、友人が離れていった、自分の生活はリハビリテーションにかける時間で一杯などと感じてしまうことが多い。負傷した選手は、コーチやチームメイトがほとんど気にかけてくれないと感じてしまう時もある。

負傷した選手は、コーチは自分を気にかけてくれていても傷害管理の

傷害は選手の社会性に大きな変化をもたらすかもしれない。

専門知識がなく、負傷した選手を除いたチームを軌道に乗せることを第一に考えていると理解するかもしれない[15]。負傷した選手はチームメイトと今までの人間関係を維持することは容易ではないし、また同じような関係を取り戻すことも困難であると感じていることがある。負傷した選手は、傷害は誰にでも起こり得るという証明であり、それを連想させる選手からチームメイトは離れていくかもしれない。同一のスポーツに関わったことで生まれた友情は、そのスポーツから遠ざかることによって危うくなる。友人やチームメイトは、昨日までともに活動したという選手（過去の出来事）、または負傷したチームメイトとして、その選手と関わる。一個人としてではない。負傷した選手は、帰属感や存在感を与えてくれるチームの友情をもはや感じることができない。しかしながらチームとの絆を失わずにいることができる選手は、疎外されたと感じることも少なく、チームを助けることができないという罪悪感を抱くことも少ない（図9−2）。

負傷した後、選手は、自尊心の否定と自立心の喪失といった感情に終止符を打つためにコーチの支援が必要となる[15]。リハビリテーションのできるだけ早い時期に、選手はチームと一緒の練習時間にそのスポーツ特有の反復練習を開始すべきである。選手はチームのカラーに再び染まり、チーム環境から孤立した状態ではなくなる。選手は一般に、リハビリテーションほど退屈ではない、実際のスポーツの現場でいっそうの努力をするようになる。そうすることにより、傷害前のパフォーマンスレベルに到達するために必要なスキルをより現実的に理解できる。もし負傷した選手がリハビリテーションで繰り返される内容もスポーツに復帰した時に役立つと気づけば、選手はリハビリテーションのメニューを前より楽に行えるようになる。

図9−2
コーチが、負傷した選手がチームとのつながりを失わないように配慮することは重要である。

選手の競技復帰を支援する

　競技への復帰はコーチが選手を支援できるもう一つの分野である。復帰に対しての選手の気持ちは、復帰への準備ができているのに復帰を許されていないか、まだ準備ができていないのに復帰を求められるかのいずれかである。コーチは、選手が感情ではなく実際の状態に基づいて決断するのを支援することができる。

　選手がスポーツに参加し続けることができない、あるいは参加に消極的である場合、コーチは大きな助けとなる。選手の自信や自立心はこれまで活動してきたスポーツとからみ合っている[21]。完全に違った世界のなかに入っていくことは心に打撃を受ける経験である。違った文化に入っていくこと、そしてその文化のなかで自分の居場所も存在感も失うとストレスが多い。どういったゲームなのか、どういったルールなのかわからないことは、負傷した選手に挫折感を抱かせてしまう。

競技復帰の決断

　リハビリテーションのプロセスで最も難しい局面はおそらく、安全な競技復帰の時期を決断する時である。身体的に競技復帰は大丈夫だとしても、外傷性の傷害からカムバックする選手は、競技に復帰することで再び負傷するかもしれないという恐れで心理的には不安定であろう[23]。再び負傷することを恐れている、あるいは、恐れることによって結果的に再発の危険性を高めてしまうことを自分自身やコーチに認めるのは、多くの選手にとって辛いことである。選手がプラス思考で自尊心を回復できるならば、再発という恐れは克服される。当然アスレティックトレーナーまたはチームドクターは、競技復帰に関して十分な準備と検討を重ねて決断に至っている。不幸なことにアスレティックトレーナーが不在の場合、チームメイト、親、コーチといった、こうした決断に関して訓練を受けていない人たちが責任を担うことになる。**この状況は不十分な医療に帰着し、過失の結果としてコーチが訴訟を起こされる可能性がある。**裁判所は適格な医療が選手に与えられることを求めている。

　「あなたは痛みとプレーしなければならない」というフレーズは、文字通り、選手は負傷していてもプレーしなければならないということを意味するとされてきた。軽傷の場合はいくらか痛みがあるだけで、競技で再び負傷することはないが、より重傷の場合は競技に参加し続けることによって悪化してしまう。競争心旺盛な選手は一般人より「身体を意識」し、それゆえ傷害への対処も早い。保護、安静、冷却、圧迫、挙上（PRICE）などで治癒を促進しようとする。一方、一般人は治癒のプロセスよりも傷害の痛みに反応する[13]。それゆえ、選手でない人は活動する前に痛みを治療してほしいと望むが、選手はたとえまだ痛みがあっても競技に復帰したいと望むかもしれない。

> **コーチのコーナー** – *Coach's Corner*
>
> 　次のリストを使って、負傷した選手の心理面に的をしぼった事柄をチェックしてみよう。
> - □心からの思いやりの気持ちをもって選手をケアする。
> - □選手の信頼を勝ち得る。
> - □選手と率直な会話を心がけ、よい関係を確立する。
> - □傷害が発生する以前から選手を知るように心がける。
> - □積極的に耳を傾けるよき聞き手になろう。
> - □心からの関心をもって、選手の目を見て会話し、ボディランゲージに配慮する。
> - □負傷した選手を軽視したり無視したりしない。
> - □チームメイトによる理解と支援が続くように手助けする。
> - □傷害についてできるだけ多くの情報を与える。
> - □決断を下す際は選手も含めて議論する。

　治癒していない、あるいはリハビリテーションが不十分な傷害を抱えてプレーを続ける選手は、健全な競技生活をする機会を逸している。選手は数年の競技生活の後も生きていかなければならない。しかし大多数の選手は今のシーズン後のことを考えない。考えたとしても、前後の見境もなく、完全に競技できなくなるまでスポーツに参加するという目標を抱く。競争の報酬や他人の称賛はスポーツの価値観を狂わせ、スポーツに対する良識的な判断を妨害する。「私は無敵である」から「スポーツがすべて」といった態度をとる選手もいる。こういった態度を見せないと、弱者あるいはチームプレーヤーではないとみなす選手もいる。このような選手は、傷害、特に選手生命に影響を及ぼす傷害に適応するのが困難である[11]。

　ある調査によると、コーチはチームの状況やゲーム形勢に基づいて選手を復帰させることが多く、それに対してアスレティックトレーナーの決断は選手の傷害の回復度に基づくことが多かった[9]。練習もできず、ゲームにも参加できなかったので、その年はベンチに留まることになると感じる選手、あるいは傷害や再傷害を受けてもプレーし続けることで勇気づけられてきた選手も、コーチの決定を支援する。しかし、治癒していない傷害を抱えている選手は、力を出し切れないので競技力は十分に発揮できない。

　選手の活動復帰状態について客観的な決定をする一つの方法は、シーズン前の基準データ（40ヤード走〈36.5m走〉、垂直跳び、シャトルランなど）を集め、選手が身体的にも、心理的にも活動に戻れそうな場合、同様のテストをしてスコアを出し、シーズン前のスコアと比較することである。4.5秒のスピードで走れる選手が5.0秒で走ったら、選手は競技

復帰への準備がまだ整っていないことになる。これはまた選手自身にも、復帰するにはもう少しの時間と努力が必要であることを示唆する。

　スポーツ傷害の治療とリハビリテーションは、単に一個人の身体的、感情的、心理的問題ではない。環境、スポーツに対する周囲の理解、傷害発生時の文化的背景などが一緒になって、傷害からリハビリテーションを経て、選手がたどる競技復帰への道のりに影響する。選手の身体的傷害に対処すること、ならびに負傷した選手に影響を与える心理的要因に対処することは、コーチにとって大きな課題である。

まとめ

- 負傷した選手を競技に復帰させるには、コーチは選手の心と身体の両方に配慮しなければならない。
- 選手の傷害に対する反応は皆一様ではない。
- 傷害の程度やリハビリテーションに必要な期間とは関係なく、負傷した選手は、傷害とリハビリテーションプロセスの3つの段階に起こるさまざまな反応（感情）に対処しなければならない。3つの段階とは、傷害に対する反応、リハビリテーションに対する反応、競技への復帰あるいは引退に対する反応である。
- ある一つの性格が傷害を起こしがちだと限定されているわけではない。
- 否定的なストレスの要因は、傷害の危険性を高める。
- 適切な目標を設定することは、スポーツ傷害のリハビリテーションにとって効果的なモチベータである。
- コーチが負傷した選手に与える社会的支援は、言葉と行動の両方において、リハビリテーションに強い影響を与える。
- 負傷した選手をプレーに復帰させるという決断は、選手の傷害の状態に基づくものでなければならない。

頭の体操（エクササイズ）の答え　Solutions to Critical Thinking Exercises

9-1　最初に選手はショックと安堵を経験する。リハビリテーション段階では焦りと楽観、そして最後に復帰段階では熱望と期待を持つ。

9-2　メンタルリハーサルによって自信とモチベーションスキルを高める。選手は初期の反復練習からゲームに出るようになるまで、競技復帰に成功した自分の姿を思い描く。

9-3　選手は、目標は何なのか正確に理解し、目標を達成できるという感覚を持たなければならない。選手が欲求不満にならないように達成可能な目標を漸進的に設定することが重要である。

練習問題とクラス活動

1. 選手は傷害に対して心理的にどのような反応を示すだろうか？
2. 短期、長期、慢性、引退と分類される傷害の程度について、3つの段階の反応に関わる感情の流れを識別せよ。
3. 傷害を起こしがちな選手の性格的特徴はどういったものか？
4. 否定的ストレスと肯定的ストレスとの違いは何か？　また、どちらのストレスのほうが傷害を引き起こしやすいか？
5. リハビリテーションプログラムで、負傷した選手のために適切な目標を設定する際、第一に考慮すべき点は何か？
6. 選手の傷害に対する心理的影響の管理のなかでコーチがすべき事柄、してはならない事柄のリストを作成せよ。
7. 負傷した選手を競技に復帰させる決断をする際、どのような要因を考慮しなければならないか？

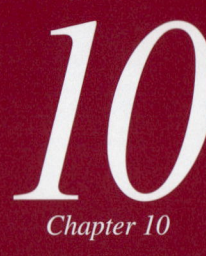

環境の悪条件に潜む危険に対する理解

Chapter 10

この章を終えると、次のことが説明できるようになる。
- 高体温の生理機能と熱障害の臨床的徴候、およびその予防法
- 低体温および主な低温障害の原因の認識、その予防法
- 選手が太陽光線にさらされないようにする方法
- 雷雨の際、とるべき予防策について

傷害の予防にあたるコーチの重要な責任の一つは、練習と競技環境をできるだけ安全にすることである。確かにコーチは天候に関してどうすることもできない。しかし、悪天候あるいは環境の悪条件下で選手に練習や競技をさせることの潜在的な危険性を十分認識していなければならない。環境の悪条件下で練習や競技を強いられている選手の、健康に対する潜在的な脅威を無視または軽視するなら、選手に傷害をもたらすような事態が起きた場合、コーチが重大な法的責任を問われることになる。スポーツをする人々にとって傷害の潜在的な危険性が最も大きい環境の悪条件には、**高体温**を起こす高温、多湿、直射日光、**低体温**を起こす低温や風、稲妻や激しい雷雨、過度の日焼けがある。

高体温

高体温（Hyperthermia）
体温の上昇。

低体温（Hypothermia）
体温の低下。

高温多湿の環境で練習や競技をする場合の問題は高体温である。高体温とは体温の上昇である。近年、特にアメリカンフットボール選手やレスラーに、高体温による多数の死亡が報告されている[1]。練習を計画する際に、コーチングスタッフは気温と湿度に関する知識を持つことが大事である。コーチは気温や湿度が危険なレベルにある時、即座に判断を下し、状況に応じて行動しなければならない。また、熱障害の臨床的徴候を認識し、適切に対処しなければならない。

熱ストレス

身体のコンディショニングレベルに関係なく、運動する時は、特に高温多湿の環境下では注意が必要である。高温に長時間さらされると熱中

症を引き起こす[15]。熱ストレスは確かに予防可能であるが、毎年多数の選手が熱中症にかかり、時には暑さが関連した原因で死者も出る[25]。高温多湿の環境で運動する選手は特に熱ストレスを受けやすい。体内の生理的プロセスは、体温が正常な範囲に維持される場合にのみ機能し続ける[24]。暑い環境において正常な体温を維持できるかどうかは、熱を放散させる身体の能力にかかっている。次の４つのメカニズムによって熱は身体から消散する；伝導（より低温の物質に直接接触）、対流（より低温の気体あるいは液体に接触）、輻射（新陳代謝から生み出される熱）、蒸発（皮膚の表面から蒸散する汗）。また、周りの環境の温度が体温より高い、あるいは身体が直射日光にさらされている場合は、身体は伝導、対流、輻射によって熱を得る。熱の大部分は蒸発というプロセスにより身体から消散する。

皮膚の汗腺を通して水分は体表に現われ、蒸発する。この際身体の熱を大量に奪う。気温や室温などが体温より高い場合、体熱の損失は汗の蒸発プロセスに大きく依存する。汗をかくと体温が下がる。しかし蒸発が起こるためには、空気は比較的水分のない状態でなければならない。相対湿度が65％になると、蒸発による体熱損失は著しく少なくなり、湿度が75％に達すると、体熱損失はストップする。

熱中症は高温多湿の環境で起こるのが普通であるが、選手が脱水状態であったり、身体が汗をかくことで熱を放散することができなかったりすると、比較的低温の環境下でも熱中症が起こり得ることを強調しておきたい。

熱指数のモニタリング

暑さのなかで練習や競技をする選手の健康を管理する場合、コーチは常識的でなければならない。高温、多湿、強い直射日光が重なった場合は、いっそうの注意が必要である。世界で広範に用いられている湿球黒球温度（WBGT）指数は、コーチにとって暑い天候での練習・競技時に必要な予防策を決定する際の客観的な指標となる[22]。この指数は、数種の温度計の度数を評価に用いる。乾球温度（DBT）は標準水銀温度計から記録される。湿球温度（WBT）は温度計の端を湿ったガーゼで包み、空気中で回して使用する。黒球温度（GT）は太陽の輻射熱を測り、温度計の端の周りに黒い金属ケースを使う。

乾球温度と湿球温度は乾湿計を使って簡単に測ることができる。乾湿計は２本のまったく同じ温度計（湿球温度計と乾球温度計）からできている。湿球温度計は、球の部分が蒸留水で完全に濡れている綿モスリンでカバーされている。綿モスリンの布が十分に濡れて、温度計に適切に風を通らせると、布から水分が蒸発するために冷却するので、乾球温度（実際の気温）より湿球温度は低くなる。空気が乾燥していれば乾燥しているほど、蒸発は大となり湿球温度は下降する。換気は吸引ファン（吸引乾湿計）（図10−1A）、あるいはチェーンの端で温度計を回す（振り回し式乾湿計）（図10−1B）ことで与えられる。新式の乾湿計では特別な

以下の方法で熱を得たり、失ったりする：
- 代謝熱生成
- 伝導熱交換
- 対流熱交換
- 輻射熱交換
- 蒸発熱損失

訳注）
WBGT：
wet bulb globe temperature
（湿球黒球温度）

DBT：
dry bulb temperature
（乾球温度）

WBT：
wet bulb temperature
（湿球温度）

GT：
globe temperature
（黒球温度）

デジタルセンサーが使われている（図10-1C）。温度を計測するのにおよそ90秒かかる。旧型の振り回し式乾湿計が最も正確ではあるが、いずれの器具も比較的安価であり、使いやすい[22]。WBGT指数は乾湿計についてくるチャートを使って簡単に計算できる。デジタル乾湿計は熱指数を自動的に計算する。WBGT指数がいったん計算されると、水分補給、活動・休憩時間に関して表10-1を利用することができる。

熱中症

熱関連の障害は、太陽が照りつけ、気温や相対湿度が高い日に起こることは明らかであるが、熱痙攣、熱疲労や熱射病を含め、身体の熱を放散する力が弱められた時にさまざまな熱中症が起こる。

熱失神（Heat Syncope）

熱失神あるいは熱虚脱は、高温にさらされすぎて、身体の急激な疲労を伴って発生する。通常、長時間暑さのなかに立っていたり、暑さのなかで運動したりすることに慣れていない場合にかかる。熱失神は、浅血管の末梢血管拡張、低血圧、あるいは四肢に血液がうっ血することによって起こる。めまい、失神、吐き気をもたらす。選手を涼しい場所で横にし、水分を補給することで熱失神は速やかに回復する[19]。

図10-1
A．フィジオダイン（吸引乾湿計）
B．振り回し式乾湿計
C．デジタル乾湿計
WBGT指数を測るためにA、B、Cのいずれかが使用される。

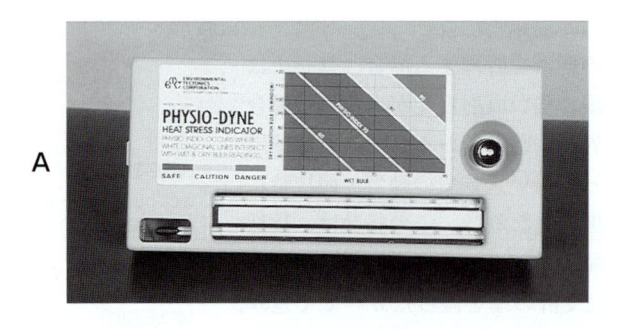

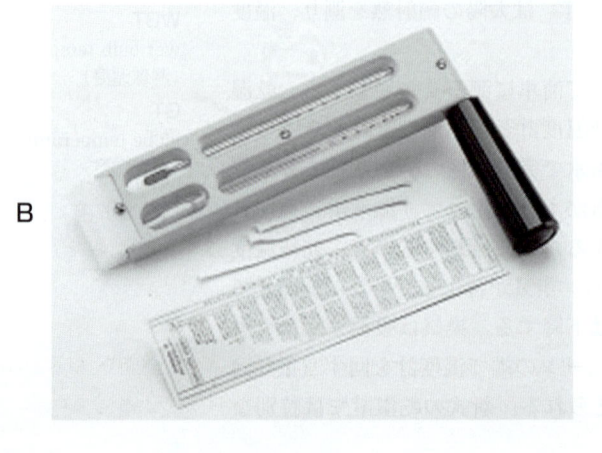

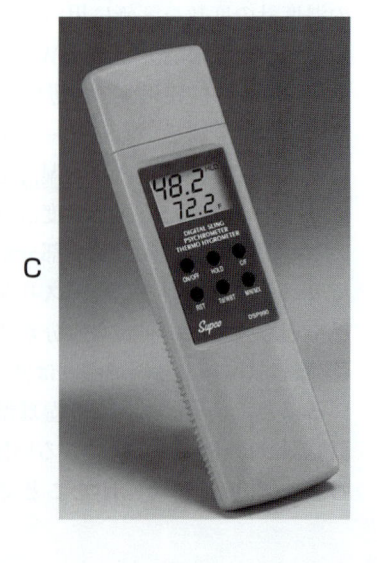

表10-1　WBGT指数および望ましい水分補給、活動・休憩時間

熱区分	WBGT°F	楽な活動		中位の活動		激しい活動	
		活動／休憩*	1時間当たりの水分	活動／休憩*	1時間当たりの水分	活動／休憩*	1時間当たりの水分
1	78–81.9	制限なし	1/2 ℓ	制限なし	3/4 ℓ	40/20分	3/4 ℓ
2	82–84.9	制限なし	1/2 ℓ	50/10分	3/4 ℓ	30/30分	1 ℓ
3	85–87.9	制限なし	3/4 ℓ	40/20分	3/4 ℓ	30/30分	1 ℓ
4	88–89.9	制限なし	3/4 ℓ	30/30分	3/4 ℓ	20/40分	1 ℓ
5	>90	50/10分	1 ℓ	20/40分	1 ℓ	10/50分	1 ℓ

＊休憩は最小の身体的活動（座位または立位）を意味し、可能ならば日陰でとることが望ましい。

熱痙攣（Heat Cramps）

熱痙攣は激しい痛みのある筋肉の痙攣である。どの筋肉にも起こり得るが、最もよく起こるのがふくらはぎと腹部である（表10–2）。熱痙攣は、水分の極端な減少と電解質、特にナトリウムの減少によって起こる。電解質は筋収縮に不可欠な要素のイオン（ナトリウム、塩化物、カリウム、マグネシウム、カルシウム）である[12]。

大量に汗をかくと、大量の水分と電解質が失われ、身体内の各要素の濃度バランスが崩れる。このアンバランスが痛みを伴う筋肉の収縮や痙攣を引き起こす。熱痙攣は、暑さのなかで運動をしすぎた、活動的で元気な人に起こりやすい。

治療　熱痙攣は十分に水分を補給してナトリウムを摂取することで予防できる[2]。直ちに大量の水分とナトリウムを摂取し、痙攣の起きている筋肉をアイスマッサージして、軽くストレッチングをさせる[18]。熱痙攣を起こした選手は、再発の恐れがあるので、その日の練習や競技に復帰できないのが一般的である。

熱痙攣は水分と電解質のアンバランスから起こる。

熱疲労（Heat Exhaustion）

熱疲労は発汗で失われた水分を十分に補給しないことから起こる（表10–2）。熱疲労にかかった人は、崩れるように倒れ、おびただしい汗、青ざめた肌、39℃近い熱、めまい、過呼吸、頻脈を表す。

熱疲労にかかりそうな選手を見抜くことは、時には可能である。彼らは熱痙攣を起こすかもしれない。水分補給を十分にしないと、彼らは方向性を失い、頭がクラクラし、いつもほどの競技力を発揮できない。暑さのなかで運動しようとする体調の悪い選手は最も熱疲労にかかりやすい。

治療　熱疲労は直ちに大量の水分摂取が必要であり、点滴に頼ることもある。熱疲労と熱射病（ヒートストローク）を区別するために直腸体

熱疲労は脱水から起こる。

表10-2　熱障害：治療および予防

病態	原因	臨床的特徴・診断	治療	予防
熱失神（Heat Syncope）	暑さによる急激な肉体疲労、四肢に血液がうっ血。	めまい、吐き気、失神。	選手を涼しい場所に横にする、水分の補給	選手を順応させ、適切に水分補給をする。
熱痙攣（Heat Cramps）	暑さのなかでの激しい運動、大量の汗、水分と電解質間のアンバランス。	筋肉がひきつり、痙攣する。通常昼下がり。腕、脚、腹部の痙攣。	大量の水分とナトリウムの摂取。軽いストレッチング。痙攣部位をアイスマッサージ。	選手を適切に順応させる。大量の水分を補給。ナトリウム、カルシウム、カリウムの摂取量を増やす。
熱疲労（Heat Exhaustion）	長時間の発汗。不十分な水分補給。下痢。腸内感染。	過度の喉の渇き。乾いた舌と口。体重減少。疲労。衰弱。協調運動不可能。倦怠感。乏尿。体温はやや高めである。高血清タンパク・高ナトリウム。腫れの減少。	涼しい部屋で横になる。直ちに水を飲む。日に6～8ℓ水分摂取。冷たい水で身体を拭く。体重の記録をとる。液体バランスの記録をとる。体内の塩分濃度が正常になるまで半流動食。水を飲むことができない場合点滴を受ける。	水その他の水分を十分に与える。十分な休憩をとり、身体を冷やす。
熱射病（Heat Stroke）	突然発症の体温調節失敗。	頭痛、めまい、疲労、紅潮した肌などで突然始まる。熱疲労より発汗は少ない。脈拍は急上昇し、160～180拍に達する。呼吸数も増える。血圧はめったに上昇しない。体温は40℃に急上昇する。選手は身体がまるで燃えるように感じる。下痢、嘔吐。循環障害は死亡もあり得る。恒久的な脳損傷につながる場合もある。	直ちに体温を下げる思い切った手段をとらなければならない（選手を冷水風呂に入れる、冷水で身体を拭く、身体に風を送り、手足をマッサージする）。できるだけ早く病院へ移送する。	環境順応と水分補給を適切に行う。高温のなかでの活動を監督する人たちを教育する。活動を環境に合わせる。悪性高体温で熱中症にかかったことのある参加者を除外する。

温を計ることが大事である。熱疲労では直腸体温は38～39℃である。水分補給がより大事なことではあるが、できることなら、選手は涼しいところで休憩すべきである[20]。

熱射病（Heat Stroke）

熱射病（ヒートストローク）は生命に関わる緊急事態である。

熱痙攣や熱疲労とは違って、熱射病（ヒートストローク）は深刻で、生命に関わる緊急事態である（表10-2）。熱射病特有の原因は不明である。しかし、突然意識を失って倒れる。紅潮した肌、熱疲労より発汗は少ない。呼吸は浅い。脈拍は速く、強い。重要なことは核心温が40℃もしくはそれより高いことである[7]。基本的に熱射病は、体温の急激な上昇が原因で体温調節のメカニズムが異常をきたしたために起こる。身体

訳注）
核心温：体幹部の深部温度。循環状態や環境温などで変化しない。

は発汗を通して熱を放散する力を失う[14]。

熱射病は突然、何の前触れもなく起こる。選手は熱痙攣や熱疲労の徴候を経験する時もしない時もある。45分以内に体温が正常に戻れば、熱射病による死の可能性は著しく低くなる。体温が40℃あるいはそれ以上長く続けば続くほど、死亡率は高くなる[13]。

治療　選手を病院へできるだけ早く移送することが絶対に不可欠である。まず体温を下げること。選手を涼しい環境に運び入れ、衣類を脱がせ、冷水風呂に入れるか、冷水で身体を拭き、タオルで風を送る。水分補給は応急処置の初期の段階では重要ではない[28]。

熱中症の予防

コーチは、**熱中症は予防できること**を理解すべきである。常識を働かせ、注意を持続すれば、熱中症は起こらない[29]。暑い天候での練習や競技プログラムを計画する場合は、次のことに配慮しなければならない。

水分補給

熱中症の発生を最小限にするためにコーチが行うべき最も重要な第一歩は、選手に対する適切な水分補給を徹底させることである。蒸し暑い環境、あるいは寒くじめじめした環境で選手が練習や競技をするかどうかにかかわらず、選手は発汗により失う水分を補給することで絶えず脱水症状を防ぐ対処をしなければならない（図10-2）[4]。残念なことに、脱水症は、たとえ好きなだけ水分を摂らせても、身体活動中に頻繁に起こる。なぜなら選手は汗で失う水分に見合うだけの十分な液体を摂取しないからである[24]。実際に失ったぶんの50％以上が補給されることはめったにない。汗で失う水分に見合う量を補給することが理想である。およそ15分間隔できちんと水分補給するようにしたい。

水分補給で問題となるのは、水分が胃から腸へどのくらいの速さで流れていくかということである。水分は腸から血液中へ急速に吸収される。6％の炭水化物（ブドウ糖）を含む飲料は正常な水和反応がある限り水と同じ速さで吸収される[23]。冷たい飲み物（7.2〜12.8℃）は温かい飲み

図10-2
選手は、特に暑い日は、いつでも自由に水またはスポーツドリンクを飲むことができる。

熱障害の予防：
・水分補給を制限しない。
・徐々に環境に順応させる。
・熱障害になりやすい個人を識別する。
・通気性のよいユニフォームを着用する。
・体重の記録をとる。

物より速く胃から腸へ流れる。冷たい飲み物が痙攣を引き起こすことはなく、正常な心臓に害となることもない[21]。アルコールやカフェインを含む飲み物は、利尿作用があり、脱水症を促進する。

選手は尿の色と量に注意していれば、水分補給が適切に行われているか判断できる。水分補給が適切に行われていれば、運動後60分以内に、通常かそれ以上の量のほぼ透明な尿が出る。

スポーツドリンクの利用

失った水分をスポーツドリンクで補うことは、ただの水を利用するよりも効果的である[21]。ある調査によれば、スポーツドリンクはその風味ゆえに、選手はただの水よりも飲みやすい。それにスポーツドリンクは汗をかくことで失われる水分と電解質の両方を補い、また活動する筋肉にエネルギーを与える。

水は渇きを癒すが、十分に水分補給する前に選手の渇きというスイッチを「停止させてしまう」ので、望ましい水分補給剤ではない。また、水は意外に早く腎臓の「スイッチを入れてしまう」ので、スポーツドリンクを飲んだ時よりもはるかに早く尿というかたちで水分を失ってしまう。スポーツドリンクに含まれている少量のナトリウムが、水分を尿によって失わせることなく、身体が水分を手放さないようにする[7]。

すべてのスポーツドリンクが一様ではない。スポーツドリンクの成分が、素早い水分補給とエネルギー補給においてどのように効率よく働くかを決定する。炭水化物の最適なレベルは、最も速い吸収とエネルギーを考えると240mlの水につき14gである[24]。したがってスポーツドリンクは薄めずに飲用することを勧める。ある調査によれば、スポーツドリンクはそのままの濃度でも水と同じ速さで吸収される。多くのスポーツドリンクには、炭酸も人工保存料も含まれていないから、運動に適しており、胃や腹部の膨満感がない。また大多数のスポーツドリンクはカロリーをわずかに含む。スポーツドリンクは、試合や練習が30分から1時間以上続くサッカー、バスケットボール、テニスといった持久力活動と短時間の激しい活動の両方に効果的であることが明らかとなっている[8]。フォーカスボックス10-1に水分補給についての推奨事項を掲げる。

徐々に環境に順応

徐々に環境に順応することは、熱障害を避けるうえで重要なことである。順応は熱に慣れることだけではなく、暑いなかで運動をすることに順応することも意味する[9]。身体を慣らしていくためにも、よくできたコンディショニングプログラムは競技シーズンのかなり前から始め、プログラム内容も徐々に度合いを増していくものが望ましい。最初の5～6日の間に、午前中2時間の練習、午後2時間の練習で80％ほど順応する。完全に順応するには10～14日かかるかもしれない[5]。

10-1 Critical Thinking 頭の体操——エクササイズ
ルイジアナ南部の高校フットボールのコーチがシーズン前の練習（8月第1週と第2週）で、選手の何人かが熱中症にかかるのではないかと心配している。
質問：選手が熱中症にかからないようにするには、コーチはどういった介入策をとれるだろうか？

影響を受けやすい個人を識別

隆々とした筋肉の選手は熱中症に特にかかりやすい[29]。太っている人も熱に弱い。それにかなりの量の水分を失うと選手は熱中症に非常にかかりやすくなる。多少の違いはあるが、男性、女性ともに同様の予防策が適用される。

抗ヒスタミン剤、充血除去剤、利尿剤、エフェドリンを含む栄養補助食品は発汗を損ない、選手を熱中症にかかりやすくする。

体重記録

選手全員の体重記録をとっておかなければならない。練習開始から少なくとも2週間は、練習前と練習後に体重を測る。シーズン中、気温または湿度、またはその両方が急上昇した場合は、ある一定の期間、再度体重を記録する必要がある。体重が3〜5％（急激な水分の喪失で）減少すると血液量も減少するので、健康を害する場合もある[20]。通常の体重に戻るまで、選手は練習を控えなければならない。

ユニフォーム

ユニフォームは気温と湿度に合わせて選ぶ。練習は最初、薄い色の半袖Tシャツ、ショーツ、ソックス姿で行い、順応するに従って、半袖メッシュジャージー、軽量パンツ、ソックスに変更する。シーズン初期の練習や試合はすべて軽量ユニフォームで行われるべきである。アメリカンフットボールは選手が特別な用具を身につけるので、特に配慮が必要である。蒸し暑い日にはできるだけ頻繁にヘルメットを外すようにする。

10-1 Focus Box　フォーカスボックス

水分補給についての推奨事項*

- 選手は十分に水分補給してから運動を始める。
- 適切な水分補給のために選手は運動の2〜3時間前に500〜600㎖、運動の20分前に200〜300㎖の水またはスポーツドリンクを飲用する。
- 運動中は水分補給のための飲料を簡単に手の届くところに用意し、10〜20分ごとに少なくとも200〜300㎖飲用する。
- 選手は運動中にできるだけ多量の水分補給をする。
- 10〜15℃の冷たい、香味飲料が望ましい。
- 1時間以上続く運動においては、水分補給用ドリンクに適量の炭水化物と電解質を加えることが望ましい。
- 6％炭水化物溶液が最善である。
- 運動時間が1時間以下の場合は、炭水化物と電解質を加えることは、身体的能力を高めるとはいえない。

---

*ACSM[1] およびNATA[7] の推奨事項に拠る。

低体温

軽装で行うウィンタースポーツが多いので、寒さが傷害の原因となり得る。

重い防具を必要としない多くのアウトドアスポーツにとって、極端に寒い天候は問題となり得る。天候は、何らかの障害を誘発する要因となることがある[6]。ほとんどの場合、身体活動自体が選手の正常な生理的機能によって新陳代謝を促進し、また通常の生理的メカニズムによって発汗し熱を放散する。しかし、選手は十分なウォームアップができないこともあれば、試合中や練習中でも、非活動の時間が長引くと身体が冷えてしまうことがある。これは、体温の低下、ひいては低体温症の原因となり得る。

低温だけでも多少の問題を引き起こすが、さらに風が加わると、冷えの要因は大きくなる（図10-3）[27]。第三の要因である湿度はさらに低温の危険性を増大させる。気温10℃の空気は比較的心地よい。しかし同温の水は耐えられない。寒さ、風、湿度の組み合わせは、低体温症にかかりやすい環境をつくる。

寒い天候のなかで激しい運動を続けていると、筋疲労が蓄積してくる。それによって運動の強度が低下し始めると、運動代謝による熱の産生が減り、寒さによって奪われる熱量を下回る。その結果、神経筋の反応が極端に低下し、極度の疲労感をもたらす。身体の核心温の比較的小幅な低下は、選手の神経筋協調運動に大きく影響する悪寒を引き起こす。悪寒は体温32.2〜29.4℃以下になると止まる。核心温が41.6℃に達するか、29〜25℃に下がると、死の危険性がある。

訳注）
- 1マイル＝約1,609m
- 摂氏への換算式
  $C = (F - 32) \times 5 \div 9$

図10-3
低温は選手に深刻な問題を引き起こすが、風による冷却は重大な要因となる。

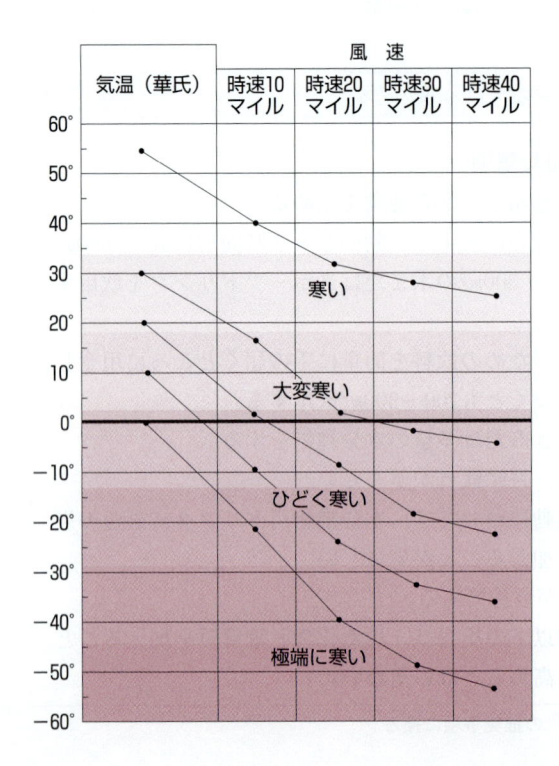

寒冷障害

選手は暑い環境にいる時と同じくらい、寒い環境で活動する時も水分を補給しなければならない[9]。脱水は血液量を減少させるので、組織を温めるために使われる水分が少なくなる。寒い環境で活動する選手は、特にシーズン最初の2週間は、練習前と練習後に体重を測らなければならない[6]。寒い天候にさらされすぎることによって起こる寒冷障害は、暖かい天候で高体温が起こるほど頻繁に起こらない。しかし、冬のスポーツ、たとえば寒い天候での長距離走や寒中水泳などでのリスクは大きい[17]。

> 風や湿度を伴う低温は選手に重大な問題を引き起こす。

凍傷痛（Frostnip）

凍傷痛は耳、鼻、頬、顎、指、足趾に現れる。風の強い時、寒さの厳しい時、あるいは風も寒さも厳しい時に起こる。皮膚ははじめ、寒さで硬くなり、痛みを感じないが、24〜72時間で皮膚がむけるか、水疱ができる。凍傷部位はできた直後なら治療可能である。（こすることなく）手をしっかりと押し当てるか、凍傷部位に温かい息を吹きかけるか、もしも凍傷が指先なら、脇の下に指先をはさむとよい。

凍傷（Frostbite）

表層凍傷は皮膚と皮下組織のみに関係する。皮膚は青白く、硬く、冷たく、蝋状を呈す。傷害部位に触れると硬く、深部組織の傷害も感じられる。温めると、表層凍傷は最初無感覚であるが、ヒリヒリと痛み始め、それから熱くなってくる。その後水疱を生じ、何週間も痛みがある[17]。

> スポーツにおける寒冷障害：
> ・凍傷痛
> ・凍傷

深層凍傷は組織が凍ってしまった深刻な傷害である。直ちに入院しなければならない。凍傷痛や表層凍傷と同様、組織は最初冷たく、硬く、青白く、または白く、感覚がない。至急温めることが必要である。熱い飲み物、38〜43℃の温熱パッドあるいは温水ボトルも必要である[17]。温めると、組織はシミのように赤くなり、腫れて、激痛が走る。後に凍傷部位は組織の脱落を起こす壊疽にかかる恐れがある。

予防

選手の服装は天候に合わせるべきである。衣類は動きを制限してはならないし、できるだけ軽量であり、体熱や汗を通す素材でできていることが望ましい。熱や汗を通す素材でないと、熱や汗が皮膚や衣類に蓄積され、活動していない時身体を冷やしてしまう[16]。気温の変化に合わせて汗をコントロールするために着脱が容易にできるよう、薄手のものを重ねて着るようにする。身体を冷やさないように、運動前、休憩時間、運動後はウオームアップスーツを着用すべきである。

過度の日焼け

選手、コーチ、アスレティックトレーナー、その他のサポートスタッフは、直射日光が当たる屋外で長時間活動することが多い。こういった人たちのなかで紫外線（UVR）にさらされすぎることから自分を守るために、日焼け止めを塗る人は少ない。

長期にわたる皮膚への影響

長期にわたって紫外線にさらされると、皮膚の早期老化と皮膚癌を起こす恐れがある[11]。色素の薄い人ほど影響を受けやすい。皮膚の早期老化の特徴は、乾燥、皺、皮膚の柔軟性の減少である。皮膚癌は最もありふれた悪性の腫瘍で、疫学的にも臨床的にも紫外線にさらされることに関係がある。幸い早期に発見して治療すれば、治癒率は95％を超える[10]。

日焼け止めの使用

皮膚に日焼け止めを塗ることで紫外線の悪影響の多くを予防することができる[11]。日焼け止めの日焼けをもたらす紫外線を吸収して和らげる効果は、紫外線防御指数（SPF）で表される。SPF6とは、日焼け止めを塗っている選手の皮膚の赤くなり始めは、日焼け止めを塗っていない時より6倍長く紫外線にさらすことができる、ということを示す。SPFの数字が大きいほど保護能力も大きくなる。しかし、家族または自分自身が皮膚癌を患ったことのある選手は、SPF15の日焼け止めを塗っても皮膚が害される恐れがある。それゆえこういった人たちは、SPF30の日焼け止めを使うべきである。

屋外で長時間を過ごす選手、コーチ、アスレティックトレーナーはきちんと日焼け止めを使うべきである。特に色白で、髪の色が薄い、ブルーアイの人、あるいは日焼けしやすい人は日焼け止めを使うべきである。色黒の人たちも日焼けによる害を予防するために日焼け止めを使うべきである。

日焼け止めは3月から11月まで最も必要であるが、1年を通して使うべきである。日焼け止めは午前10時から午後4時の間が最も必要とされ、太陽光線にさらされる15～30分前に塗るべきである。衣類や帽子は太陽光線を多少は遮ってくれるが、それらは日焼け止めの代用品とはならない（白の綿TシャツはSPF5に相当するにすぎない）。水、砂、雪に反射する太陽光線は、太陽にさらされる度合いや日焼けのリスクを増大させる。

訳注）
UVR：
ultraviolet radiation（紫外線）

訳注）
SPF：
sun protection factor
（紫外線防御指数）

訳注）
紫外線防御指数は「日焼け防止指数」「日焼け止め指数」ともいわれ、紫外線Bを防ぐ目安である。日焼け止めは紫外線を吸収するものと防御するものがある（PAは紫外線Aを防ぐ目安）。

10-2 Critical Thinking 頭の体操──エクササイズ

ある陸上選手が1日中屋外で競技会に参加している。彼女は日焼けを非常に気にして、早朝SPF30を使用した。たいへん暑い日で、太陽が照りつけ、汗をたくさんかいた。日焼け止めが流れ落ちてしまうのではないかと心配し、彼女はコーチに日焼け止めを頼んだ。コーチがSPF15の日焼け止めを与えたところ、彼女は日焼け止めの強さが十分でないと訴えた。
質問：コーチは、与えた日焼け止めで皮膚は十分保護されると彼女に確信させるために、彼女にどのようにいえばよいか？

稲妻および雷雨の際の安全

　ある調査によると、天候による2番目に多い死因が落雷であり、米国では年に110人の死者が出ている[30]。屋外で練習や競技をする選手やスタッフにとって雷雨は害を及ぼすので、NATAはトレーナーのためにガイドラインを設定した[30]。各団体は雷雨の場合に実行される特別緊急行動計画を作成しなければならない。計画には、天気予報と刻々と変化する天候を誰がモニターするかを決定し、あらかじめ決められた基準によりチームを練習場から引きあげさせたり、練習場に戻すことを誰が決めるか指揮系統の設立が含まれる[30]。雷鳴を聞くか稲妻を見たら、直ちに危険を察知し、すぐに屋内の安全な場所に避難すべきである。屋内が最も安全である。しかし、屋内施設が見当たらない場合、自動車も比較的安全である。屋内施設も自動車も見当たらない場合は、次のガイドラインに従う。大木、旗竿、街灯柱の近くには立たない。丘ではない場所を選ぶ。溝や谷、低い場所を探す。雷の直撃に先立つ唯一の自然警告は、髪が逆立ち、皮膚がチクチクすることである。この時点では、落雷を受ける危険があるので、即座にうずくまらなければならない。寝そべるような姿勢になってはいけない。万が一近くを直撃した際、寝そべるような姿勢になっていると、地面を流れる電流にさらされる面積が広くなってしまうからである[30]。貯留水（プール）、シャワー、電話、金属性のもの（金属製の観覧席、傘など）を避ける[3]。

　最も危険な暴風雨はほとんど、あるいはまったく警告を発しない。雷鳴も聞こえず稲妻も見えない。雷鳴の20～40％は大気に邪魔されて聞こえないが、稲妻は常に雷鳴を伴う。**フラシュトゥバンメソッド**によって、稲妻がどのくらい離れた場所で起きているか推定できる[3]。稲妻が見えてから、雷鳴が聞こえるまで秒数を数える。稲妻が何マイル先で起きているか計算するために5で割る[45]。フラシュトゥバンメソッドが30の場合、落雷の危険性があり、状況を注意深く監視しなければならない。15の場合は、全員直ちにフィールドから出て、安全な場所に避難する[26]。

　NATAもナショナル・シビアストーム・サービスも、雷鳴が最後に聞こえてから、あるいは稲妻を見てから30分は競技に戻らないように勧めている[26]。30分待てば嵐が通りすぎ、雷の圏外に出る。雷が近づいてくるのがわかり、雷が襲う前に行動する時間があるという危険な思い違いは命とりになる。実際私たちが光っているのを見る稲妻は、地面から雲へと上方へ戻っていく光で、下方へ落ちる光ではない。稲妻を見る時、雷はすでに落ちてしまっているのである[30]。

雷検出装置

　雷検出装置は、40マイル以内で起きている稲妻／雷活動の存在と距離を検出するための、電子システムを備えた、携帯用の器具である（図10-4）。嵐の活動のレベルを知ることができ、こちらに向かっているの

訳注）
稲妻と雷
雷は雲と雲の間、または雲と地面の間に起こる自然の放電現象。稲妻はその放電によって起こる光のみのことをいう。
雷が発生すると一瞬にしてエネルギーの放出が起こるため、激しい光（稲妻）と音（雷鳴）を伴う。
英語では次のように表記する。

　lightning　稲妻
　thounderstorm　雷雨
　thounderbolt　落雷
　thounder　雷鳴

10-3 Critical Thinking 頭の体操──エクササイズ
あるラクロスチームが屋外のフィールドで練習している。近くに屋内施設はない。天候が急に悪化し、空は暗くなり、風が強くなった。練習時間は残り20分で、コーチは雨が降る前に練習が終わるよう願っている。突然稲妻が光り、すぐ雷鳴がした。
質問：この極度に危険な状況下で、コーチはどのように対処したらよいだろうか？

フラシュトゥバンメソッド
（flash-to-bang method）
稲妻がどのくらい離れた場所で起きているかを推定する。稲妻の光から雷鳴までの秒数によって決定される（÷5）。

図10-4
ポータブル雷検出装置

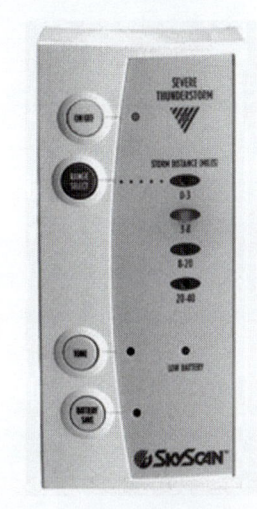

か、離れていくのか、平行に進んでいるのか検出する。雷検出装置が稲妻を検出すると、警告トーンを発し、レンジインジケーターが最も近い稲妻までの距離を表示する。雷検出装置の値段は200ドル以下であり、ページャーシステムで危険な天候状況について情報をくれるウエザーサービスとの契約に代わるものとして安価である。

訳注）
ページャーシステム：ポケットベルのこと（iモードなど）。

コーチのコーナー — Coach's Corner

次のリストは雷雨の際守らなければならないガイドラインを示す。

☐ 雷鳴・稲妻が発生し、髪が逆立ち、皮膚がチクチクしたら、直ちにうずくまる。膝を曲げ、腕で脚を抱き抱えるようにし、頭を下げる。寝そべるような姿勢になってはいけない。

☐ 雷鳴や稲妻が聞こえたり見えたりした場合は、活動を中止し、直ちに身の安全を図れる場所を探す。屋内施設が望ましい。屋内施設がない場合は、自動車も比較的安全である。施設も自動車もない場合は、高い木や電柱の傍に立ってはいけない。唯一の選択肢が木の場合は、丘にある木ではなく、生い茂った森のなかで小さな木を選ぶ。最後の手段として、谷を探す。屋外ではいずれの場合も、前述の姿勢でうずくまる。

☐ 水、金属性のもの（金属製の観覧席、金属製の靴底の滑り止め、傘など）を避ける。

☐ 雷鳴が最後に聞こえてから、あるいは稲妻を見てから30分は競技に戻らない。

まとめ

- 環境ストレスは選手の成績に悪影響を与え、深刻な健康問題を引き起こす。
- 選手の身体的コンディショニングのレベルにかかわらず、コーチは高温多湿の環境下で運動する時は非常に注意を払わなければならない。熱にさらされすぎると、熱痙攣、熱疲労、熱射病を起こす。
- 熱中症は予防できる。常識を働かせ、注意を持続すれば、熱中症は起こらない。コーチは、十分な水分補給を勧め、選手を徐々に高温に順応させ、熱中症を起こしそうな選手を識別し、体重を記録し、適切なユニフォームを選ぶことによって熱中症を予防することができる。
- 低体温症は寒冷で、湿度の高い風のある環境で最も起こりやすい。極度の寒さにさらされると、凍傷痛や凍傷といった障害を起こす。
- 選手、コーチ、アスレティックトレーナーは日焼け止めをきちんと使って紫外線にさらされすぎないようにしなければならない。
- 雷鳴が最後に聞こえてから、あるいは稲妻を最後に見てから30分は競技に戻らない。

頭の体操（エクササイズ）の答え　*Solutions to Critical Thinking Exercises*

10-1 コーチは、熱関連の障害は予防できることを理解しなければならない。選手は蒸し暑い環境で活動することに少なくとも多少は慣れた状態で練習に参加すべきである。練習の第1週目で十分に順応できるようでなければならない。気温と湿度をモニターし、練習は状況に応じて調整するべきである。練習の際は、できる限り汗の蒸発を大きくし、熱の吸収を少なくするユニフォームを着用する。脱水症状の人を識別するために体重を記録すべきである。大事なことは、選手が練習中も、休憩時も常に十分な量の水を飲用し、水分補給を続けることである。

10-2 紫外線防御指数は、日焼けをもたらす紫外線Bを吸収する日焼け止めの効果を示す。SPF15は、皮膚が赤くなり始めるまでに、日焼け止めを使用しない人より15倍長く時間がかかるということである。それゆえ選手は、SPFの数字が高いからといって保護力が大きいことを示しているわけではないことを理解する必要がある。選手はSPF15を使用する場合、通常使っているSPF30の日焼け止めよりも塗り直す頻度を2倍に増やせばよい。

10-3 稲妻が観測されたら、コーチは直ちに練習をやめ、選手を避難させなければならない。屋内施設がない場合、自動車が比較的安全である。選手は高い木や電柱の傍に立ってはいけない。最後の選択肢として、溝や谷を探し、うずくまる。フィールド近くにある貯留水や金属製の物を避けなければならない。

練習問題とクラス活動

1．どのような気温や湿度が熱中症の原因となり得るか？
2．一般的な熱障害の症状と徴候を説明せよ。
3．熱中症を避けるにはどうしたらよいか？
4．低体温症の場合、身体から熱はどのように失われるか？
5．寒冷障害のメカニズムを生理的に説明せよ。
6．選手は熱喪失を予防するために何をすべきか？
7．選手は紫外線の影響から自分自身を守るためにどうしたらよいか？
8．雷雨の際、事故をできるだけ少なくするために、どのような予防策をとることができるか？

11 テーピングテクニック

Chapter 11

この章を終えると、次のことが説明できるようになる。
- 弾性包帯の必要性の説明、使い方の実演
- テーピングの準備
- さまざまなタイプのテープについて
- 特別なテーピングテクニックの目的と適用についての理解
- 身体のさまざまな部位をテーピングする基本的スキルの実演

　包帯およびテーピングのテクニックは、コーチ、アスレティックトレーナー、選手によって以下のような目的で日常的に用いられる[8]。
・応急処置の初期において腫脹を最小に抑えるために圧迫を与える。
・傷害が起こる前に、テープを使用して傷害の発生を予防する。
・傷害部位を支持する。

　身体の特定部位に正しく、効果的に包帯を巻くこと、または「テーピング」は、通常アスレティックトレーナーの役目である。アスレティックトレーナーは、包帯およびテーピングテクニックについても知識があり、一般的に上記した目的を達成するためのさまざまな包帯やテーピングテクニックにおいて熟達している[9]。アスレティックトレーナーがいない場合、チームの選手をテーピングする責任はコーチが担うことになる。

　包帯やテーピングのテクニックを使うことには長所も短所もある。確かに包帯やテーピングのスキルは難しくない。与えられた状況でどうすべきか学び、練習することに時間を費やせば誰でもマスターできる[11]。もちろん包帯、テーピングのテクニックのなかには熟練者だけが施術できる上級者向けもある。しかし、少し練習すればコーチが簡単に使用できる非常に基礎的なテクニックもある。

　テープは高価であり、学校によっては大量に伸縮また非伸縮性テープを購入する予算がない。テーピングを施すのには時間もかかる。コーチが大勢の選手にテーピングをしようとすると、試合前あるいは練習前のコーチとしての本来の仕事ができなくなってしまう可能性がある。

練習を積めば誰でもテーピングや包帯を巻くことができるようになる。

傷害を予防する、あるいは少なくとも傷害の発生を最小限に抑えるためのテーピングの効果については議論がされている[6,10]。テープによるサポートや動きの制限に関しても疑問視されている[4]。既製の装具はテーピングと同じくらい動きの制限や傷害を予防する役割を果たし、なかにはテーピングよりも効果的であるという調査発表がされた。

包帯やテーピングのテクニックは、健全なリハビリテーションプログラムの代用として脆弱で不安定な状態を改善するために使われてはならない。テーピングや包帯に依存してしまう状況をつくり上げてしまう危険性がある。

弾性包帯

弾性包帯はさまざまな目的で使用される。なかでも急性傷害を圧迫し腫脹を抑えるために使用されることが最も多い（図11-1）。また傷口のガーゼを支えたり、パッドやアイスバッグを適切な位置に固定したりするのにも使用される。弾性包帯は傷ついた軟部組織を支えるのにも重宝し、活動性を妨げないので選手は制限を受けることなく動くことができる。

弾性包帯は一般に二重織り綿糸でできており、耐熱伸縮性ゴム製糸（通常ラテックス製）で補強されている（ラテックスに対してアレルギーのある選手は注意しなければならない）。包帯の幅や長さは種々さまざまで、包帯をする身体の部位に合わせて選ぶ。最も頻繁に使用されるサイズは、幅2、3、4、6インチ（5cm、3.75cm、10cm、15cm）、長さ5～6ヤ

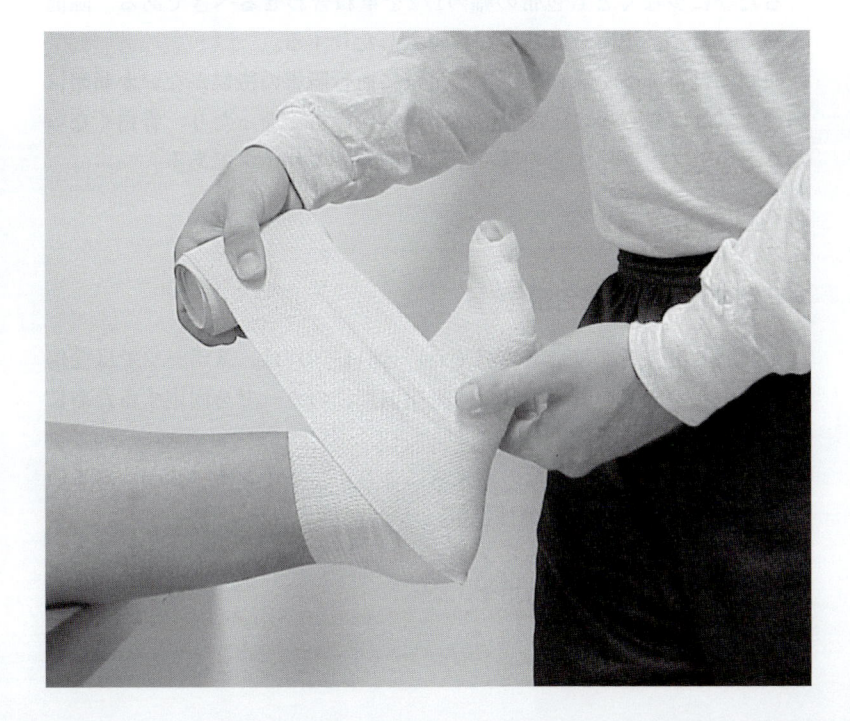

図11-1
弾性包帯の使用法

ード（約4.5〜5.5m）である。4インチ（10cm）と6インチ（15cm）幅のものは倍の長さの10ヤード（約9m）も入手できる。

巻き方

　弾性包帯は、効果を最大限にするためには特別な技術をもって巻かなければならない。弾性包帯で部位を巻いていく時は、ロールを持ちやすいほうの手で握り、ロールの底に端がくるようにする。出ている端の裏面を部位に当て、もう一方の手で押さえる。巻き始めの端を折り返して重ねれば包帯はずれたりしない。つまり、端を斜めに2インチ（5cm）から3インチ（7.5cm）出しておいて、巻き始めである包帯の上に2周目がきたところで折り返して押さえる。ロールをほどきながら、損傷部位全体を覆うように弾性包帯で巻いていく。弾性包帯の圧を一定にするため、手で調整しながら、正しい方向に導いていく。包帯を固定させるため、重ね合わせて巻いていく。部位を1周巻く時は片方の手からもう片方の手へと包帯ロールを持ち替える必要がある。

　弾性包帯の最大の効果を得るためには、包帯は均等にしっかりと巻く必要があるが、締めつけてはならない。過度で、またはムラのある圧は血行を妨げる。弾性包帯を使う際の配慮すべき点を次に掲げる。

- 遠位から近位へと包帯を巻いていく（例：爪先から始め、脚へと巻き上げていく）。
- 動きや血行を妨げないように、筋肉を最大に収縮させた状態で巻く。
- 限られた長さできつく巻くより、たっぷりした長さで中くらいの強さに巻くほうがよい。
- 運動中に包帯がずれて包帯と包帯の間に隙間ができないよう、1周するたびに少なくとも包帯の幅の1/2を重ね合わせるべきである。隙間ができると、皮膚をはさんだり刺激したりする。

　四肢に包帯を巻く場合、手指や足趾に血行障害の徴候がないか頻繁に調べなければならない。手足の指が異常に冷たくなったり、青白くなったり（チアノーゼ）するのは、圧迫が強すぎるサインである。

弾性包帯テクニック

足関節と足の麦穂包帯

　足関節と足の麦穂包帯（スパイカ）（図11-2）は、スポーツでは受傷したばかりの部位を圧迫するためや損傷部位のガーゼを固定するために用いられる。

　必要な材料：足関節と足のサイズによるが、2インチ（5cm）あるいは3インチ（7.5cm）幅の弾性包帯。

　選手の位置：選手はテーピングテーブルに腰かけて、足関節と足をテーピングテーブルの端から出す。

弾性包帯：
- しっかりと均等な圧で巻く。
- 遠位から近位にかけて巻く。

弾性包帯を巻いた後、血行をチェックする。

麦穂包帯（スパイカ）
（ばくすい）
（spica）
2つの輪のうち一つが大きい8字帯で巻く包帯の巻き方。

手順：
1. 中足骨アーチ近くの足の周りにアンカーを巻く。
2. 弾性包帯は足の甲を横切って踵を包み、スタート位置に戻る。
3. 数回繰り返し、足と足関節上方へと巻き上げていく。
4. いずれの麦穂包帯もおよそ3/4ほど重ね合わせる。

下肢の螺旋帯

螺旋帯（スパイラル）（図11-3）は、スポーツでは円柱状の大きな部位をカバーするために広く使用される。

必要な材料：患部のサイズにもよるが、3インチ（7.5cm）あるいは4インチ（10cm）幅の弾性包帯。

選手の位置：下肢に包帯をするなら、選手は反対側の脚に体重をかけて立つ。

手順：
1. 弾性包帯は脚の一番細い部分に固定され、重力に反して螺旋状に上方へ巻き上げていく。
2. 脚を動かした時、包帯がずり落ちないように、あらかじめ2枚のテープを縦方向に、粘着面を外側にして両面テープのようにして、脚の両側に貼りつけておく。またはテープ接着剤をその部分にスプレーする。
3. 包帯が固定された後、包帯を螺旋状に上方へ巻いていく。その場合、少なくとも包帯の幅の1/2は重ねて巻くようにする。
4. 小ターンして戻し、包帯の端をロックして終わる。テープでしっかりと固定する。

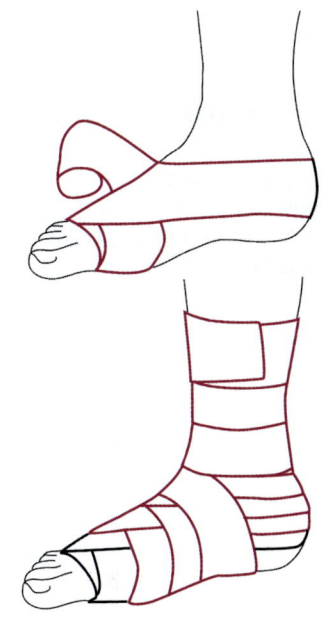

図11-2
足関節と足の麦穂包帯（スパイカ）

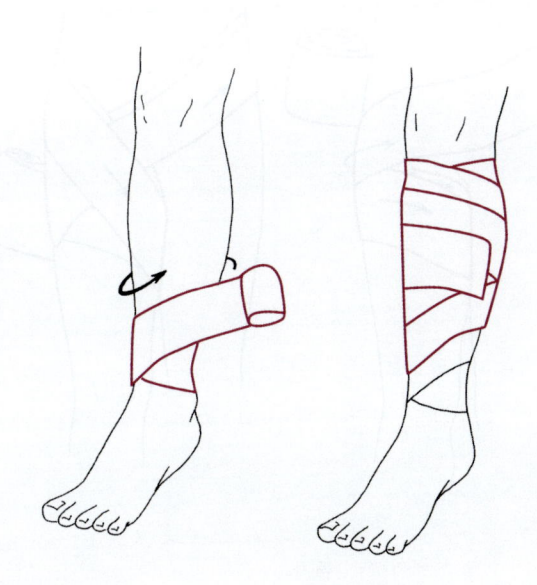

図11-3
螺旋帯（スパイラル）

鼠径部の固定

次の手順で鼠径部筋挫傷や股関節内転筋筋挫傷を固定する（図11-4）。

必要な材料：6インチ（15cm）幅の弾性包帯（エクストラロング10ヤード）、1.5インチ（3.75cm）幅の粘着テープ、脱脂綿。

選手の位置：選手は負傷していない下肢に体重をかけ、テーピングテーブルの上に立つ。負傷した下肢をリラックスさせて内旋させる。

手順：

1. さらに圧迫と支持を与えるために、損傷部位に脱脂綿かフェルトパッドを当てる。
2. 弾性包帯の端を大腿部の内面上部に当て、包帯を大腿部の後面を通ってぐるりと1周回す。それから下腹部を横切り、損傷部位の対側の腸骨稜へ回す。
3. 包帯を背中に回してスタート位置に戻る。このパターンを繰り返す。最後は1.5インチ（3.75cm）幅の粘着テープで止める。

注：この方法を応用したパターンは、損傷した股関節屈筋を固定する（図11-5）。

> **11-1 Critical Thinking 頭の体操——エクササイズ**
> 野球選手がベースランニング中に右鼠径部を筋挫傷した。
> **質問**：選手がスポーツに戻る時、どの弾性包帯が用いられるか？その理由は？

図11-4
弾性包帯による鼠径部支持。脚は内旋させる。

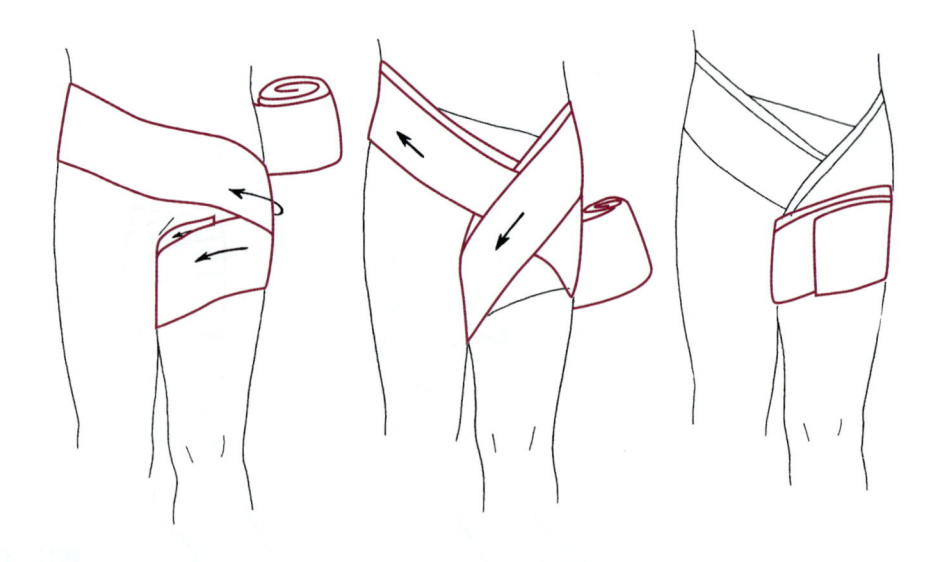

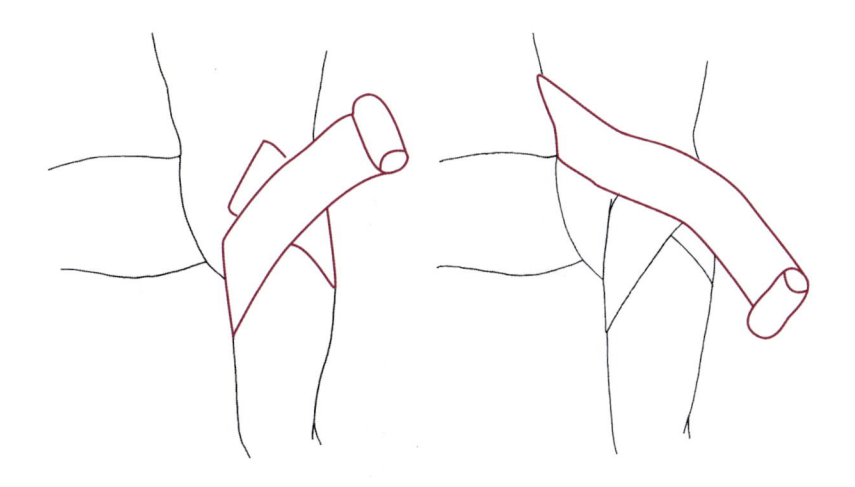

図11-5
股関節屈筋のための麦穂包帯（スパイカ）

肩の麦穂包帯

肩の麦穂包帯（図11-6）は、損傷部位の手当用品（ガーゼ、脱脂綿など）の保持と、ほどよく筋肉を固定するために主として用いられる。

必要な材料：4～6インチ（10～15cm）幅の弾性包帯（エクストラロング10ヤード）、1.5インチ（3.75cm）幅の粘着テープ、腋窩用パッド。

選手の位置：選手は前額面を施術者に向けて立つ。

手順：

1. 皮膚刺激と血管の過度な締めつけを避けるために腋窩にはパッドを当てる。
2. 包帯は損傷した側の上腕の周囲を1周して固定される。
3. 損傷した側の腕の周囲に包帯を固定した後、弾性包帯は背中から健側の脇の下を通り、胸を横切り損傷した肩へと回す。
4. 損傷した側の腕を再び1周し、背中を回る。前周の少なくとも半分には重なるようにして、8字パターンで上方に向かう。
5. 肩鎖関節の捻挫に対しては、弾性包帯は肩峰部で直接クロスしなければならない。

> **11-2 Critical Thinking**
> **頭の体操**――エクササイズ
> レスラーが左ショルダーポイントを受傷した。
> **質問**：ショルダーポイントを悪化させないために、コーチはスポンジラバードーナツを切った。ドーナツをどのように固定するか？

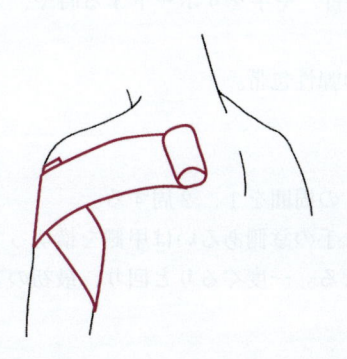

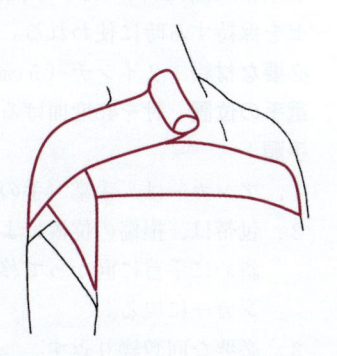

図11-6
伸縮性包帯による肩の麦穂包帯（スパイカ）

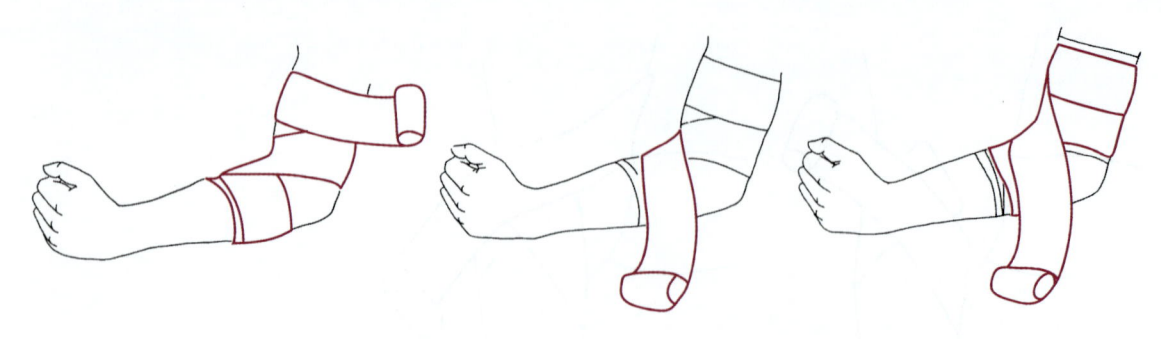

図11-7
弾性包帯による肘の8字帯

肘の8字帯

　肘8字帯（図11-7）は、肘窩のガーゼを固定させるためや、過伸展による損傷で完全伸展を制限するために用いられる。逆の場合、肘の後部に用いられる。

　必要な材料：3インチ（7.5cm）幅の弾性包帯、1.5インチ（3.75cm）幅の粘着テープ。

　選手の位置：要求される動きの制限にもよるが、選手は肘を45〜90度屈曲させる。

　手順：
1. 包帯を前腕に1周巻いて固定する。
2. 肘後部へと斜め上方へ巻き上げる。
3. 斜め前方へ向かい、肘窩でクロスする。再び上腕を完全に1周し、もう一度肘前窩でクロスして、はじめの位置に戻る。
4. 手順を繰り返すが、1回ごとに下の弾性包帯幅に半分ずつ重ねながら肘に対して上方へ進む。

手と手関節の8字帯

　8字帯（図11-8）は、手関節（手首）や手をサポートする時や、ガーゼを保持する時に使われる。

　必要な材料：2インチ（5cm）幅の弾性包帯。

　選手の位置：肘を45度曲げる。

　手順：
1. アンカーは、手掌（手のひら）の周囲を1、2周する。
2. 包帯は、損傷の位置によって、手の掌側あるいは甲側を横切って斜めに手首に向かって移動させる。一度ぐるりと回り、最初のアンカーに戻る。
3. 必要な回数繰り返す。

訳注）
アンカー：損傷部位を中心に、その上下、または左右に貼るテープ。一連のテーピングのはじめと終わりに行う。

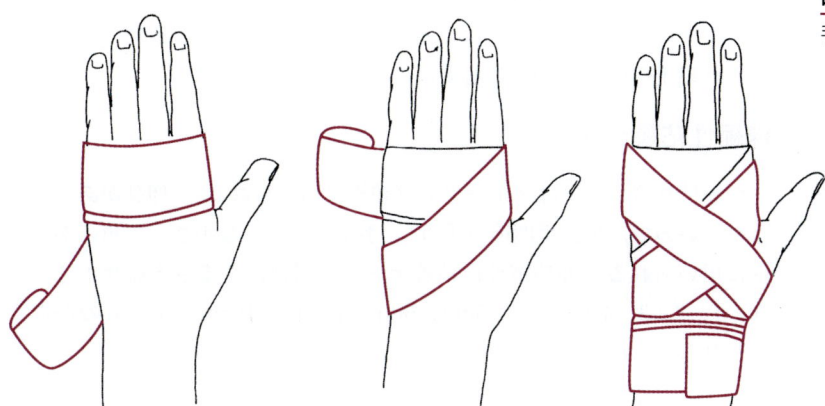

図11-8
手と手関節の8字帯

非伸縮性および伸縮性粘着テーピング

非伸縮性白粘着テープ（ホワイトテープ）

　非伸縮性白粘着テープは粘着性の質にばらつきがなく、軽量で裏地も比較的強く、スポーツ用として適している[12]。これらの特性によって、損傷部のガーゼなどを保持したり、損傷部位を支持・保護ができる[5]。さまざまなサイズがあり、1インチ、1.5インチ、2インチ（2.5cm、3.75cm、5cm）のものがスポーツではよく使われる。非伸縮性白粘着テープを購入する際には、値段、裏地の質、粘着剤の質、テープの巻き出しやすさなどの特性を考慮すべきである。

テープの品質

　非伸縮性白粘着テープは、裏地の1インチ（2.5cm）当たりの縦糸と横糸の数によって品質が決まる。質がよく値段の高いテープは、$2.5cm^2$につき85本以上の縦糸と65本の横糸を含む。軽量で比較的値段の安いものの縦糸は65本か、それ以下で、横糸は45本である[2]。

粘着剤の特質

　テープは容易に粘着できて、多量の発汗や運動後も接着したままでなければならない。よく接着するということに加えて、材質は皮膚への刺激ができる限り少なく、またテープを取り除く際にテープの滓を残したり、皮膚の表面を剥がしたりすることなく、簡単に取り除くことができるものでなくてはならない[3]。

白粘着テープを購入する際、配慮すること：
・裏地の質
・粘着剤の質
・巻き出しの硬さ

巻き出しの硬さ

テープロールの巻き出しの加減は、テープを扱う者にとって重要である。テープが保護や支持のために使われるなら、巻き出しの際の張力は均一でなければならない。ほとんどの場合、適切な巻き具合のテープにはそれ以上の張力を加える必要はない。

伸縮性粘着テープ

伸縮性粘着テープはスポーツでは頻繁に用いられる。（伸びがあって巻きやすいので）足、手関節（手首）、手や指のような小さくて角のある部位に用いられる。非伸縮性白粘着テープと同様、さまざまなサイズがあり、1、2、3、4インチ（2.5cm、5cm、7.5cm、10cm）幅のものがよく使われる。

防水テープ

水泳選手、ダイバー、水球選手が粘着テープを必要とする時がある。こういった場合特殊な防水テープが使用されることが望ましい。防水テープが入手できない場合は、ダクトテープ（配管用防水テープ）を使用するとよい。

11-3 Critical Thinking 頭の体操──エクササイズ

新入生のあるアメリカンフットボール選手は足関節が慢性的に弱く、何度か捻挫したことがある。試合や練習前にテーピングをしたいと願っているが、今まではテーピングをしたことはない。

質問：足に水疱ができないように、テープでしっかり足関節をサポートするために、コーチは何をするべきか？

11-1 Focus Box　フォーカスボックス

テーピング時の必需品

テーピングを効果的に行うには次の備品が必要である。

1. 毛を剃るためのかみそり
2. 皮膚を洗浄するせっけん
3. 皮膚から油分を取り除くためのアルコール
4. テープ接着のための粘着スプレー
5. 皮膚を保護するアンダーラップ類
6. ヒール＆レースパッド
7. 白粘着テープ（裏リネンテープ）［1/2インチ（1.25cm）、1インチ（2.5cm）、1.5インチ（3.75cm）、2インチ（5cm）］
8. 伸縮性粘着テープ［1インチ（2.5cm）、2インチ（5cm）、3インチ（7.5cm）、44インチ（10cm）］
9. フェルトとフォームパッド類
10. はさみ
11. テープカッター
12. 弾性包帯［2インチ（5cm）、3インチ（7.5cm）、4インチ（10cm）、6インチ（15cm）］

粘着テープの保管

粘着テープは次のように保管する。
- 涼しい場所に保管する。
- ゆがまないように、平らな面に積み重ねる。

テーピングのための準備

　テープを直接皮膚に貼る場合、特別な注意が必要である[10]。フォーカスボックス11-1にテーピングに必要な備品のリストアップをした。汗、油分、汚れはテープを接着しにくくする。テープを使う時は常に皮膚の表面をせっけんと水で洗浄し、汚れや油分を落とす。テープを剥がす時の余分な刺激を避けるために体毛を剃っておいたほうがよい（図11-9A）。絶対に必要というわけではないが、速乾テープ粘着スプレーが、テープの皮膚への接着を助けるために用いられる（図11-9B）。骨部が突出している部位では、テープは摩擦によって水疱をつくりかねない。潤滑油がついているフォームパッドやガーゼパッド（ヒール＆レースパッド）を使うと水疱を予防することができる（図11-9C）。

　皮膚に直接テーピングをすれば最大限のサポートを得られる。しかし毎日のようにテーピングをすることは皮膚に炎症を起こしかねない。「アンダーラップ」は「プリラップ」とも呼ばれ、薄くて多孔性で弾力に富む。巻く部位の輪郭に密着し、皮膚をある程度保護する。アンダーラップは半分だけ重ね合わせる。2層より厚くしてはならない（図11-9D）[10]。

テープは涼しい場所に保管し、平らに積み重ねる。

テープを貼る前に皮膚の表面は清潔にし、体毛を剃らなければならない。

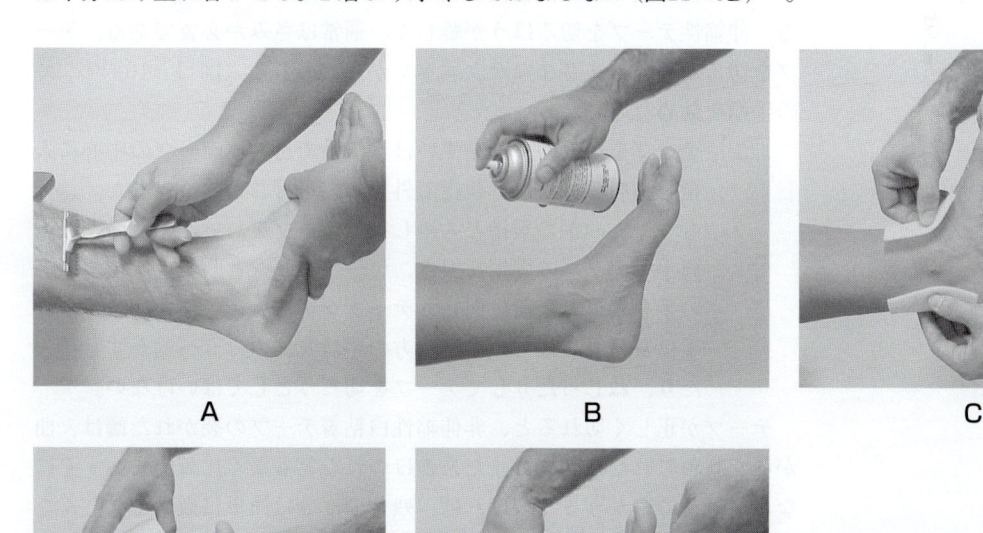

図11-9

テーピングの準備
A. 毛を剃る。
B. テープ粘着スプレーをかける。
C. ヒール＆レースパッドを当てる。
D. アンダーラップを1層巻く。
E. アンカーテープを巻く。

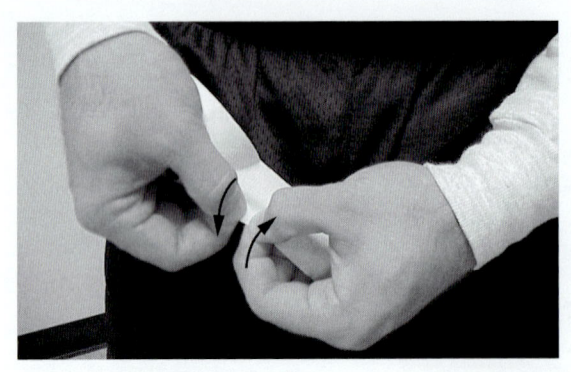

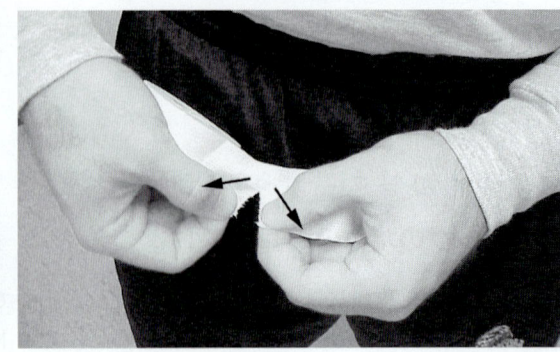

図11-10
粘着テープを切るためのテクニック
A．上下の剪力で切る方法
B．左右の引き離す力で切る方法

正しいテーピングテクニック

　テープ幅はテーピングを施す身体の部位に合わせる。部位の角度が急であればあるほど、その形状によく合うように幅の狭いものが必要とされる。たとえば手や足の指には通常0.5インチ（1.25cm）か1インチ（2.5cm）のテープ、足関節には1.5インチ（3.75cm）のテープ、そして大腿部や背部のように広い部位には2～3インチ（5～7.5cm）のテープが使いやすい[13]。

テープの切り方

　少し練習を積めば非伸縮性白粘着テープは簡単に手で切ることができる。伸縮性テープを切るほうが難しく、通常はさみが必要である。テープを切るためにさまざまなテクニックが用いられる（図11-10）[14]。次の手順を勧めたい。

1. テープを自分のやりやすいほうの手で持ち、テープの中心に人指し指をひっかけ、親指で外側の端を押さえる。
2. もう一方の手の親指と人差し指でテープをしっかりとつかむ。
3. 両手でテープの両端を引き、テープをピンと張る。次に、片方の手を素早く手前に引いてテープを切る。テープを切る時、片手は身体から離し、もう一方の手は身体のほうへ動かす。折ったり、ねじったりしてテープを切ろうとしてはいけない。

　テープが正しく切れると、非伸縮性白粘着テープの裂かれた端は、曲がったりねじれたりせず、また糸のほつれなどもなく比較的まっすぐになる。最初の糸がうまく裂ければ、残りの部分は簡単に裂ける。どんな位置でもテープを効率よく切れるよう練習することは、テーピングの早さと能率を高めるために重要である[8]。

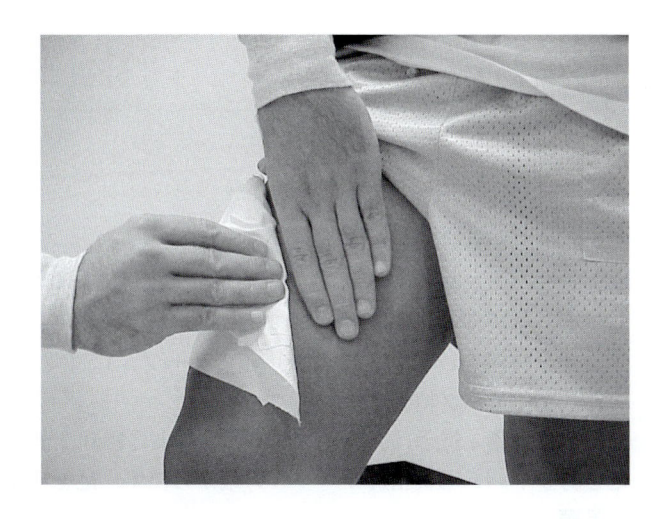

図11-11
粘着テープの剥がし方

粘着テープの剥がし方

　テープは通常、手、はさみ、テープカッター、あるいはテープリムーバーと呼ばれる専用の化学溶剤を使用し、皮膚から剥がす[1]。

手による剥がし方

　身体からテープを剥がす場合、皮膚まで剥がしたり、皮膚を刺激しないように気をつける。テープは皮膚から外側に遠くへと引き剥がしてはならない。身体のラインに沿って平行に引かなければならない（図11-11）。テープから注意深く皮膚を剥がすようなイメージで行う。皮膚からテープを剥がすのではない。片方の手でテープをやさしく引きながら、もう一方の手ではテープが剥がされていく皮膚をやさしく押さえる。

はさみ、テープカッターの使い方

　専用のはさみやテープカッターの先は丸いので、皮膚を傷つけることなくなめらかにテープの下にすべり込ませることができる。損傷部位に近いところでテープを切らないようにし、はさみで損傷を悪化させないように気をつける。できれば損傷部位の反対側を切るようにする。

化学溶剤「テープリムーバー」の使い方

　テープリムーバーと呼ばれる化学溶剤はアルコール液体で、皮膚に残ったテープの滓を取り除くために使用される。タオルか布でこするように取り除く。人によっては皮膚が化学溶剤に敏感に反応する。化学溶剤を使用した後は必ずせっけんと水で洗い流す。

テーピングテクニック

アーチのテーピング

アーチをテーピングする時は足底全体をサポートする（図11-12）。アーチテーピングは足底腱膜炎、アーチの捻挫（第14章参照）、シンスプリント（第15章参照）に用いられる。

必要な材料：1インチ（2.5cm）幅のテープ、1.5インチ（3.75cm）幅のテープ、テープ粘着スプレー。

選手の位置：選手はテーピングテーブル上に座り、テーピングをする足を約6インチ（15cm）、テーブルの端から出す。足をリラックスさせる。

手順：
1. 足趾球の周りにアンカーストリップを巻く(1)。
2. 足底の第3中足骨頭から巻き始め、外側から踵を回り、スタートした位置に戻る(2と3)。
3. 次のストリップは第2中足骨頭近くからスタートし、第4中足頭で終わる(4)。
4. 最後のストリップは第4中足骨頭で始まり、第5中足骨頭で終わる(5)。完了した時、中足骨部分をカバーする扇状となる(6)。
5. ロックストリップ（7から11）は1.5インチ（3.75cm）テープを使用し、アーチを完全に巻いて包む。

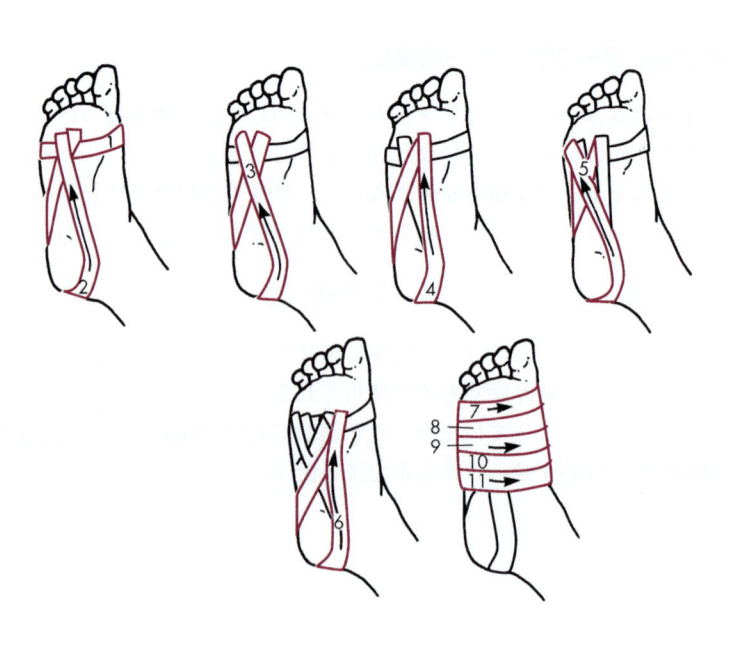

訳注）特に指定がない場合は非伸縮性白粘着テープ（ホワイトテープ）を使用する。症状や必要性に応じて種類の違うテープを使うこともある。

図11-12
アーチテーピング

第1趾（母趾）のテーピング

この手順は捻挫した第1趾（母趾）のテーピングに用いられる（図11-13）。

必要な材料：1インチ（2.5cm）幅のテープ、テープ粘着スプレー。
選手の位置：選手は座位で足を出す。
手順：
1. 8の半字テーピングによって関節を最大限サポートする（1～3）。足の甲で角度をなして始め、母趾と隣の足趾との間を回り、母趾を一周し、スタート位置を横切る。位置をずらしてこの手順を繰り返す。テーピング中に母趾が痛みの出る方向に動くことを防ぐために、あらかじめ切っておいたテープを使うとよい。
2. 8の半字テープを必要なだけ巻いた後、足趾球の周囲にロックテープを巻く（4）。

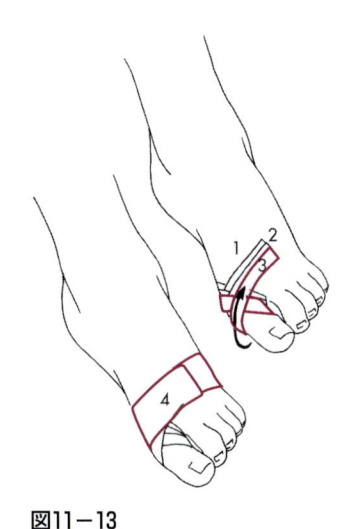

図11-13
捻挫した第1趾のテーピング

足趾のテーピング

必要な材料：0.5～1インチ（1.25～2.5cm）幅のテープ、1/8インチ（3mm）スポンジラバー、テープ粘着スプレー。
選手の位置：選手は座位でテーピングテーブルの端から足を出す。
手順：
1. 1/8インチ（3mm）スポンジラバーをくさび状に切り、損傷した足趾と健康な足趾との間に入れる。
2. 2本の足趾の周囲をテープで2～3周ラップする（図11-14）。骨折した足趾に骨折していない足趾を副子として当てるテクニックである。

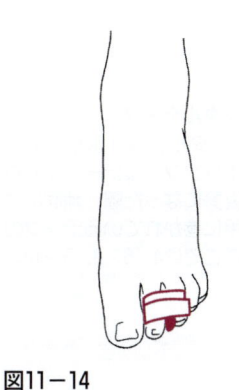

図11-14
足趾の骨折のテーピング

足関節のテーピング

選手の皮膚に直接巻いた足関節テーピングは、固定力が強い。しかし、毎日貼ったり取り外したりを繰り返すと、皮膚を刺激する[7]。この問題を避けるために、アンダーラップを用いる。テーピングをする前に、次の手順に従う[1]。
1. 足と足関節の体毛を剃る。
2. 皮膚を保護し、接着ベースをつくるために粘着スプレーを使用する。**注**：今までにテープが原因で水疱ができたことがある場合は、粘着スプレーの使用を避けることが望ましい。皮膚が刺激を受けやすい場合、足関節の表面の汚れや油分を完全に洗い流しアンダーラップをする。または皮膚に直接テープする。
3. グリースのような耐摩擦剤を塗ったガーゼパッドを甲の部分と踵の後部に当てる。
4. アンダーラップを使用する時は単層にする。アンカーテープはアンダーラップの上に、皮膚に直接接着する。

選手の皮膚が刺激に弱い場合、テープを巻く部位を完全に洗浄する。

5．物理療法後、皮膚が冷たかったり熱かったりする場合は、テープを使用しない。

クローズドバスケットウィーブ（バスケット編み）テクニック（図11-15）は、テープによる固定力が強いので、捻挫したばかりの足関節や、慢性的に脆弱な足関節に用いられる。

必要な材料：1.5インチ（3.75cm）幅のテープ、粘着スプレー。

選手の位置：テーピングテーブルに腰かけ、端から足を出して足関節を90度の角度に保つ。

手順：

1．踝のおよそ5〜6インチ（12.5〜15cm）上、腓腹筋の筋腹の下、足関節の周囲にアンカーを巻く。第2のアンカーは第5中足骨茎状突起の近位の甲部分に巻く（1と2）。

2．踝の後方に第1テープを貼り、アンカーテープに接着させる（3）。
注：ストリップを貼る時は、内反捻挫の場合は外がえし（内側から外側）に、外反捻挫の場合は中立の位置にテープを引っ張りながら貼る。

3．バスケットウィーブの最初のホリゾンタルテープ（横）は踝の下を通過するように、足部のアンカーに接着させる（4）。

4．3本の縦のテープと3本の横のテープを足関節に交互に重ねていくが、少なくとも前のテープの半分は重なるようにする（5〜8）。これらのテープとアンカーは第5中足骨に強い圧をかけてはならない。

5．バスケットウィーブが終わったら、足関節の上方向にホリゾンタルテープを続けてサポートする（9〜15）。

6．アーチをサポートするために、2〜3回外側から内側へと巻く（16と17）。

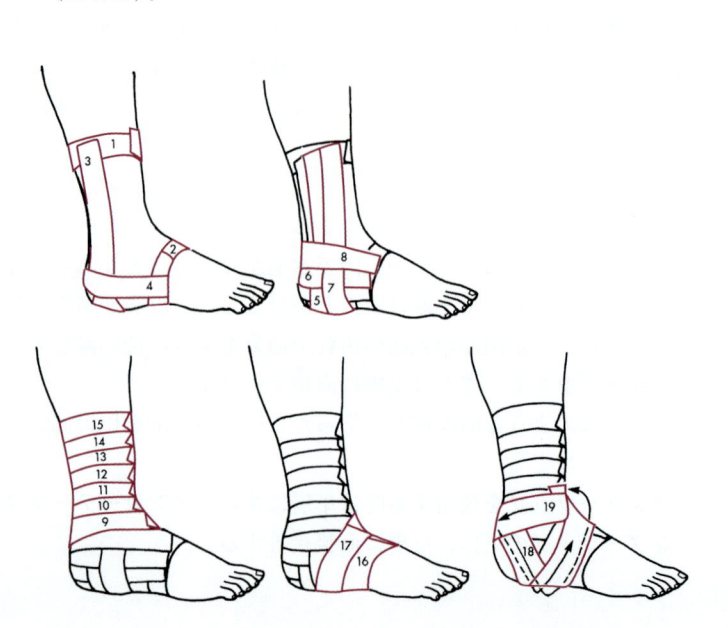

訳注）
ホリゾンタルテープ
「ホリゾンタル」は「水平」の意味で、ホリゾンタルテープは立位の基本姿勢になった際、地面に対して水平に巻かれているテープの総称。ここでは4、6、8、9〜15。

図11-15
クローズドバスケットウィーブの足関節テーピング

7．バスケットウィーブが完成した後、しっかりと安定させるために、2〜3回ヒールロックをする（18と19）。ヒールロックは足関節の足の甲から始まる。テープに角度をつけて後方に回し、踵骨の上から踵を引っかけるようにして、足関節の甲へと斜めに巻き上げる。足関節の反対側でも同様のパターンを繰り返す。内反捻挫の場合は、内側から外側に引っ張るように巻き、外反捻挫の場合は、逆に外側から内側に引っ張るように巻く。8字帯を2つかけると固定力がアップする。

アキレス腱のテーピング

アキレス腱テーピング（図11-16）は、アキレス腱の過伸展を予防するために考案されたものである。

必要な材料：3インチ（7.5cm）幅の伸縮テープ、1.5インチ（3.75cm）幅のテープ、テープ粘着スプレー。

選手の位置：選手は膝をつくか、腹臥位をとり、負傷した足をテーピングテーブルの端から力を抜いて出す。

手順：

1．1.5インチ（3.75cm）幅のテープで2カ所アンカーを貼る。一つは踝の上およそ7〜9インチ（17.5〜22.5cm）の下腿の周囲にゆるく巻く。もう一つは、足趾球に巻く（1と2）。

2．3インチ（7.5cm）幅の伸縮テープをおよそ8〜10インチ（20〜25cm）の長さで2枚切る。1枚目のテープは足趾球の足底側から下腿のアンカーにかけて適度な張力をかけながら貼る（3）。2枚目の伸縮テープ（4）は1枚目のコースに従うが、縦に中ほどまで切り裂く。ロックするため、切った両端を下腿に巻きつける。

注：テープの端は筋挫傷部より上にくるようにする。

3．アーチの周囲をゆったりと伸縮テープで2〜3周する（5〜7）。下腿も5〜6周する（8〜13）。

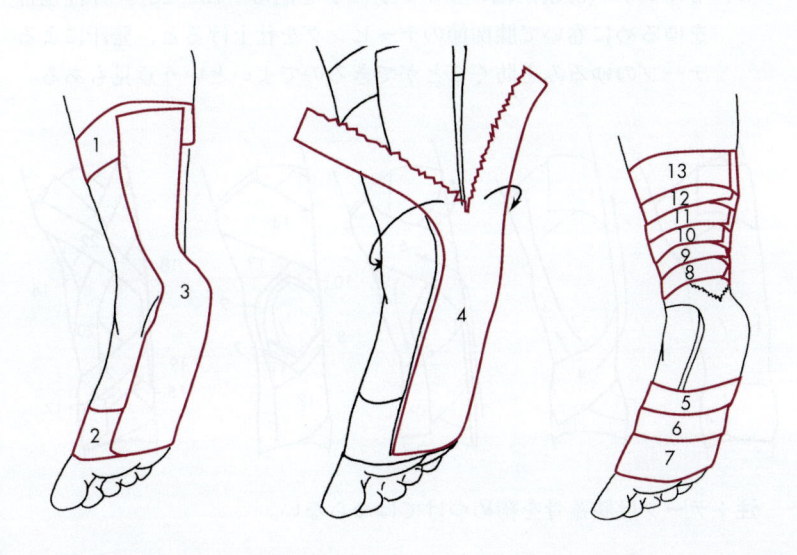

図11-16
アキレス腱のテーピング

注：

1. 下腿と足の周囲をあまり強く巻くと、アキレス腱の正常な動きを制限し、組織を刺激してしまう。
2. この方法のバリエーションとして、3と4のテープの代わりに、3枚の2インチ（5cm）幅伸縮テープを使うこともある。1枚目のテープは第1中足骨頭の足底に貼り、脚アンカーの外側で終わる。2枚目のテープは第5中足骨頭の足底に貼り、脚アンカーの内側で終わる。3枚目のテープは1枚目と2枚目の間の中央を通りふくらはぎの後面で終わる。前足と下腿を3インチ（7.5cm）伸縮テープで巻いて仕上げる。

膝関節のテーピング

膝の不安定な選手は、足関節が不安定な選手と同様、テープやブレイスをリハビリテーションの代わりに用いてはならない。もしテーピングを適切に使用するのであれば、テーピングは膝を保護し、リハビリテーションの補助として役立つ（図11-17）。

必要な材料：2インチ（5cm）幅のテープ、3インチ（7.5cm）幅の伸縮テープ、1インチ（2.5cm）のヒールリフト、粘着スプレー。

選手の位置：選手は高さ36インチ（90cm）のテーピングテーブルに足を前後にして立ち、負傷した膝を高さ1インチ（2.5cm）のヒールリフトで上げ、適度に弛緩させる。膝蓋骨の上下それぞれ6インチ（15cm）にわたり完全に体毛を剃る。

手順：

1. 3インチ（7.5cm）幅の伸縮テープのアンカーテープを大腿部と下腿部の体毛の剃り際の周囲に軽く貼る（1と2）。
2. 伸縮テープを12枚、約9インチ（22.5cm）の長さにあらかじめ切っておく。それらを最大限に引き伸ばし、図11-17に示すように膝関節に貼る（3〜14）。
3. 2インチ（5cm）幅のリネンテープを貼る（15〜22）。弾性包帯をゆるめに巻いて膝関節のテーピングを仕上げると、発汗によるテープのゆるみを防ぐことができるのでよいという意見もある。

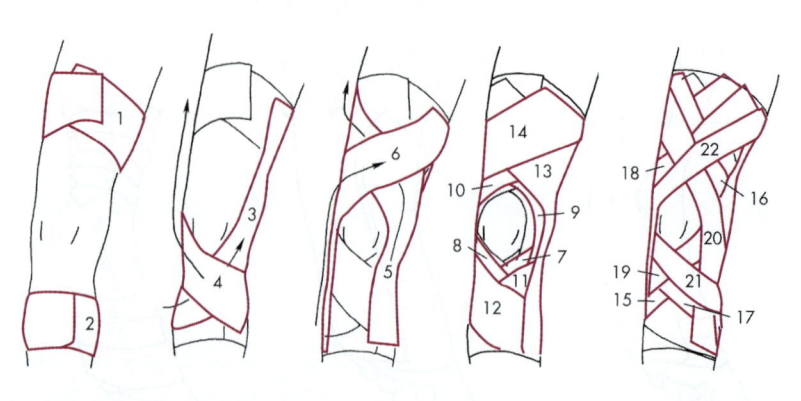

図11-17
膝関節靱帯損傷のテーピング

注：テープは膝蓋骨を締めつけてはならない。

肘関節のテーピング

肘の過伸展を予防するために次のようにテーピングをする（図11-18）。

必要な材料：1.5インチ（3.75cm）幅のテープ、テープ粘着スプレー、2インチ（5cm）幅の弾性包帯。

選手の位置：損傷を受けた側の肘を90度に曲げて立つ。

手順：

1. 肘の曲がる位置のおよそ2インチ（5cm）上、上腕にゆるめのアンカーテープを3本巻く（1〜3）。前腕にも同様にゆるめのアンカーテープを3本巻く（4〜6）。
2. 10インチ（25cm）と4インチ（10cm）の長さにテープを切り、4インチ（10cm）のテープを10インチ（25cm）のテープの中央に粘着面同士が向かい合うように貼り合わせてブリッジをつくる。テープを合わせた側を下にして、2つのアンカーテープにかかるようにブリッジを置く。アンカーテープの両端からブリッジが1〜2インチ（2.5cm〜5cm）出るままにしておく。この部分にテープを巻いてブリッジを固定し、動かないようにする(7)。
3. さらに5枚の10インチ（25cm）のテープをはじめのブリッジの上に重ねる。
4. ブリッジの両端に固定のためのテープを3本巻く（8〜13）。テーピングの上に8の字に弾性包帯を巻けば、発汗によってテープが滑るのを予防できる。

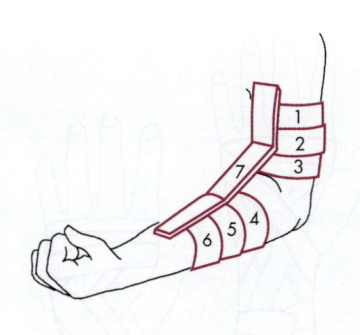

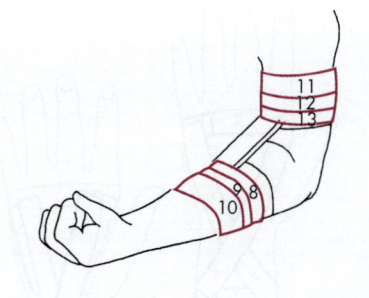

図11-18
肘の動きを制限するテーピング

手関節のテーピング

このテーピング（図11-19）は、重度の傷害を受けた手関節を固定し、保護する。

必要な材料：1インチ（2.5cm）幅のテープ、テープ粘着スプレー。

選手の位置：選手は立って、受傷した手を受傷した側へ曲げ、テープの締めすぎを防ぐために手関節の太さが増すよう指に力を入れて広げ、神経と血管を保護する。

手順：

1. 手からおよそ3インチ（7.5cm）離れた手関節の周囲にアンカーテープを貼る（1）。別のアンカーテープで広げた手の周囲に1周巻く（2）。
2. 手関節を受傷した側へ曲げて、小指近くのアンカーテープから斜めに手関節を横切って手関節のアンカーテープへとテープを貼る。人差し指近くのアンカーテープから手関節を横切って手関節のアンカーテープへともう1枚テープを貼る。これらのテープは手関節の上で十字交差する（3と4）。固定強度の必要性に応じて4～5回十字に交差させる（5～8）。
3. 十字交差上に8の字テーピングを2～3回行う（9～11）。手関節を1周し、手の甲を斜めにクロスして手を2巻きしてから、手の甲を対角線にクロスして8の字がスタートしたところへと戻る。しっかりとした安定性を確保するため、この手順を繰り返す。

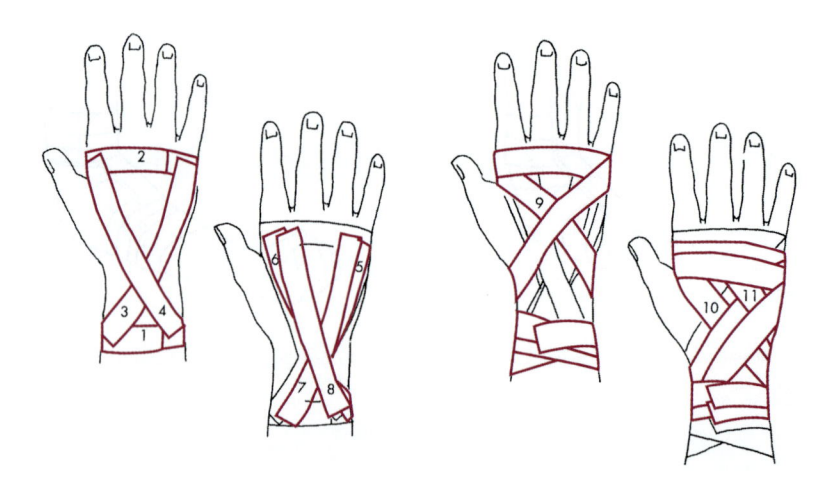

図11-19 手関節のテーピング

母指のテーピング

捻挫した母指に対するテーピング（図11-20）の目的は、筋肉と関節の保護および母指の支持である。

必要な材料：1インチ（2.5cm）幅のテープ、テープ粘着スプレー。
選手の位置：負傷した親指をリラックスさせ、中立位に保つ。
手順：

1. 手関節の周囲にゆるめにアンカーテープを貼る。母指の遠位にもアンカーテープを巻く（1と2）。
2. 母指先のアンカーから手関節の周囲のアンカーにかけて、より傷害の重い側（手の甲側あるいは手掌側）に固定テープを貼る（3〜5）。手関節の周囲と母指の先をそれぞれロックテープで巻く（6と7）。
3. 母指に3回麦穂包帯（スパイカ）をする。最初のスパイカは母指基部の橈骨側でスタートする。母指の下方を通り、母指を完全に1周し、スタート地点をクロスする。さらにテープは手関節の周囲を回り、スタート地点で終える。次のスパイカは前のテープの少なくとも2/3インチ（1.7cm）は重ね、母指下方へとずらして巻く。（8と9）。テープによる母指スパイカは傷害の治癒過程において優れた保護力を発揮する。

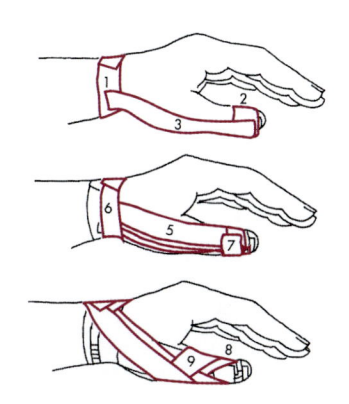

図11-20
捻挫した母指のテーピング

手指と母指のブリッジテープ

捻挫した手指あるいは母指は、抑制効果のあるブリッジテープによりいっそうの保護が可能になる（図11-21）。

必要な材料：1インチ（2.5cm）幅のテープ。
選手の位置：痛みのない範囲で負傷した指を広げる。
手順：

1. 1インチ（2.5cm）テープを負傷した指の中指節と隣の指の周囲に巻く。2本の指の間のテープはブリッジテープまたはチェックレインと呼ばれる。
2. ブリッジテープの中心に（動きを止める）ロックテープを入れて補強する。

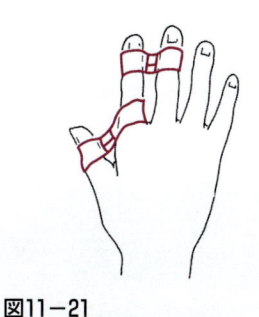

図11-21
捻挫した母指のテーピング

まとめ

- 弾性包帯は、適切に用いれば、スポーツ傷害の回復に寄与する。
- 弾性包帯は均一にしっかりと巻かなければならないが、血行を害するほど強く巻いてはならない。
- 歴史的に、テーピングはアスレティックトレーニングの重要な一面を担ってきた。スポーツテープは、ガーゼなどの保持、固定、また筋骨格傷害に対する保護などいろいろな目的で使用される。

- 筋骨格傷害を固定し、保護するには、非伸縮性白粘着テープ（ホワイトテープ）と伸縮性粘着テープの2種類のテープが一般的に使われている。
- テープは涼しい場所に保管し、平らな面に積み重ねる。

コーチのコーナー — Coach's Corner

次の項目は負傷した部位に粘着テープを使用する際のコーチのためのチェックリストである。

☐ テープを貼る部分が関節の場合、関節が安定するポジションでテープを巻く。テープを貼る部分が筋肉の場合、筋肉が収縮や伸展できる余裕を持たせる。

☐ 下になるテープの幅の少なくとも半分は重なるようにする。テープが十分に重なっていないと、活発な選手はテープとテープが離れ、皮膚が露出し刺激を受ける。

☐ テープを連続的に巻くことは避ける。身体の一部にテープを切らないで巻き続けると、締めつけることになる。1周巻いたら、テープを一度切り、また、端を1インチ（2.5cm）ほど重ねて貼ることが望ましい。これは特にホワイトテープの場合、重要である。

☐ テープはできる限り手で保持する。テープを手で保持することを学べば、いちいちテープを下に置かずに済み、またテープの切り方を学ぶことによって、迅速で正確なテーピングを行えるようになる。

☐ 皮膚の形状に合わせてテープをなめらかに貼る。時間の節約のためにも身体の部位にぴったり合うように、テープの表面を両手の指、手のひらや母指球などで押しなでながら貼る。

☐ 皮膚の自然な形状にテープを合わせる。各テープが特別な目的を持っているということを認識する。リネン裏地のテープは急な角度に対して十分伸縮しないが、テープが動く範囲で自然に身体の角度に合わせるべきである。きちんとフィットしていないと、しわや隙間ができて皮膚を刺激する。

☐ テーピングの際、アンカーテープで始め、ロックテープで終える。できればテーピングはぐるりと1周巻いてあるアンカーテープから始めるとよい。こうすることで次に貼るテープは安定し、身体の動きに影響されない。

☐ 最大限のサポートを要する場合、テープを皮膚に直接貼る。皮膚が敏感な場合は、テープの基盤としてアンダーラップが用いられる。アンダーラップを使用すると、皮膚と基盤の間にある程度の緩みが予測される。

☐ 物理療法により皮膚が熱をもっていたり冷えていたりする場合はテープを貼ってはならない。

- 選手の皮膚にテープを貼る前に念入りな準備が必要である。
- 皮膚はまずていねいに洗浄し、体毛を剃らなければならない。
- 必要ならば、皮膚への刺激を避けるために、粘着スプレーとアンダーラップを使用する。
- 刺激はできるだけ少なく、固定はできるだけ多くなるようテープを巻かなければならない。
- テーピングにおいては、適切な材料が使用されること、選手のポジションが正しいこと、手順がきちんと守られることなどが求められる。

> **頭の体操（エクササイズ）の答え** *Solutions to Critical Thinking Exercises*
>
> **11-1** コーチは、股関節内転筋抑制として6インチ（15cm）弾性包帯を用いる。鼠径部の過伸展と、股関節内転筋の傷害の再発を予防する。
>
> **11-2** コーチはドーナツ型を保持するために、テープと4インチ（10cm）の弾性包帯を用いて肩の麦穂包帯（スパイカ）を巻く。
>
> **11-3** まず足関節の体毛を剃る。次にテープ粘着スプレーを用いる。少量の潤滑油を塗ったヒール＆レースパッドを水疱ができそうな部位に当てる。アンダーラップを1層巻く。テープは隙間がないように一様に圧をかけて巻く。

復習問題とクラス活動

1．弾性包帯は何のために使用されるか？　どのように巻くか？
2．トレーニングルームでアスレティックトレーナーが包帯やテーピングをするのを観察せよ。
3．どのようなテープが入手できるか？　それぞれのテープの目的は何か？　テープを選択する場合どのような品質を求めるか？
4．テーピングをする場合、皮膚にどのような処置をするべきか？
5．テープはどのように切るべきか？
6．テープはどのように剥がすべきか？　テープを剥がす時に使用されるカッターを含め、テープの剥がし方を実演せよ。
7．テーピングを行うための一般的なルールは何か？　また、なぜそれらに従わなければならないか？
8．テーピングの手順をいくつか列挙せよ。
9．種類の異なるテープを持ち寄って、それらの使用方法とテープを購入する際求められる品質について議論せよ。
10．関節か身体の部位を選んで、その部分をサポートするテーピング手順を実演せよ。生徒はペアを組んで、互いにテーピングを練習せよ。サポート手段としてテープを使う長所と短所について議論せよ。

リハビリテーションの基礎

この章を終えると、次のことが説明できるようになる。
- スポーツ医学環境におけるリハビリテーションの手順についての方針
- 個々のリハビリテーションプログラムの短期および長期目標の確認
- 負傷した選手が完全にもとの活動に復帰する基準と、その時期を決定する方法
- リハビリテーションプログラムのなかで、コーチがどのように治療器具を利用するかについての議論

スポーツ傷害におけるリハビリテーションの方針

コーチがいかに安全なスポーツ環境をつくり、傷害を予防するためのあらゆる努力をしても、選手がスポーツに参加すると、本質的に傷害は起こり得るのである。幸い、スポーツで起きる傷害は命に関わるようなものはほとんどない。大半の傷害は重傷ではなく、すぐにリハビリテーションを行うことができる。長期リハビリテーションプログラムが安全で効果的なものであるためには、よく訓練された専門家による監督が必要である。スポーツにおいては、傷害を負った選手のリハビリテーションプログラムの処方、施術、監督についてアスレティックトレーナーや理学療法士が主な責任を負うが、それをコーチは信頼すべきである。

本章の目標は、アスレティックトレーナーや理学療法士が、負傷した選手に行う典型的なリハビリテーションプログラムの基本プランをコーチに知ってもらい、理解してもらうことである。米国では**コーチがリハビリテーションプログラムの監督と処方に法的に参加することは、法律および各州の条例によって制限されている**。しかし、急性傷害の初期の腫脹をコントロールし、痛みに対処することは、すべてのコーチが法律的に行うべき初期処置の方法であることは強調されるべきである。

スポーツは競争的な性質のものであるため、リハビリテーションにも積極的な取り組みが要求される。大半のスポーツでは競技シーズンが短いため、選手には怪我が治るまで何もしないでのんびりしていられるような余裕はない。<u>負傷した選手の目標は、できるだけ早く安全に練習や試合に復帰することである</u>[9]。それにより、復帰するように選手をせかす傾向がある。残念なことに、選手に積極的にリハビリテーションを促

アスレティックトレーナーはリハビリテーションプログラムの処方、施術および監督についての責任を負う。

スポーツ医学リハビリテーション＝目的を積極的に追求するもの

進しないことと過度にリハビリテーションを促進することは、効果も紙一重である。どちらの場合も、その判断ミスはリハビリテーションプログラムの監督者に責任があり、選手の復帰を妨げることになる。

リハビリテーションプログラムの基本要素と目標

　効果的なリハビリテーションプログラムの処方は、いくつかの基本的な要素が検討されていれば容易である。リハビリテーションプログラムの短期目標にもされているこの基本要素を以下に挙げる。(1)正しく迅速な応急処置と、損傷後の腫脹の抑制および管理、(2)痛みの緩和または最小化、(3)全可動域の回復、(4)筋力、持久力、パワーの回復と増強、(5)神経筋コントロールの再構築、(6)バランスの向上、(7)心肺機能の維持、(8)適切な段階的機能回復トレーニングの組み込み[7]。長期目標は、負傷した選手をできるだけ早く安全に練習や試合に復帰させることである。

正しい応急処置と腫脹の管理

　第7章で詳しく述べたように、リハビリテーションの手順は負傷後すぐに開始される。はじめに行われる応急処置と対処法が、おそらくリハビリテーションプログラムのうちで最も重要であろう。はじめにどのように負傷を処置したかが、一連のリハビリテーションの手順に重要な影響を与える[1]。いかなる傷害でも、応急処置の目的は、腫脹をコントロールすることである[8]。腫脹の大きさをコントロールするためには、PRICEの原則、つまり保護（Protection）、安静（Rest）、冷却（Ice）、圧迫（Compression）、挙上（Elevation）を適用すべきである（図12-1）。これらの各要素が腫脹を抑制する際の重要な役割を果たすが、これらはすべて同時に行われなくてはならない（第7章参照）。アスレティックトレーナーがいるいないにかかわらず、コーチはこの応急処置を迅速に行うべきである。

12-1 Critical Thinking
頭の体操——エクササイズ

あるサッカー選手は膝関節内側側副靱帯の第2度の損傷であると診断されている。チームドクターは、リハビリテーションプログラムの監督責任のあるコーチに選手を任せた。
質問：リハビリテーションプログラムの短期目標は何か？ どのようにしたら、コーチはこれらを最もうまく達成できるか？

リハビリテーションプログラムの要素：
・腫脹のコントロール
・痛みのコントロール
・全可動域の回復
・筋力、持久力、パワーの回復
・神経筋コントロールの再構築
・バランスの回復
・心肺機能の維持
・段階的機能回復トレーニング

長期目標は、負傷した選手をできるだけ早く安全に、練習や試合に復帰させることである。

腫脹コントロール（PRICE）：
・保護（Protection）
・安静（Rest）
・冷却（Ice）
・圧迫（Compression）
・挙上（Elevation）

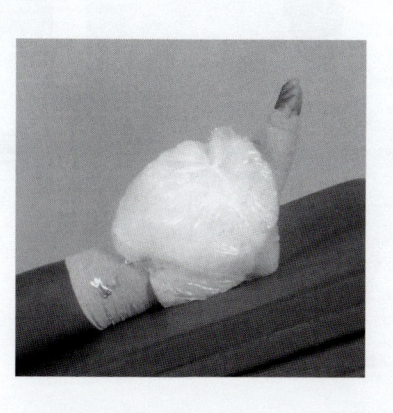

図12-1
腫脹を抑制するために、PRICEは損傷後、迅速に行われなくてはならない。

痛みのコントロール

　受傷時、選手はある程度の痛みを経験する。痛みの度合いは、傷害の程度、選手個々の痛みに対する反応と知覚、および傷害の起こった状況によって決定される。コーチはPRICEを利用することによって、激しい痛みを効果的に緩和することができる[6]。さらに、冷却、温熱、電気治療器具などの適切な物理療法により、リハビリテーションの過程で痛みを和らげることができる[10]。

全可動域の回復

　関節を損傷すると、必ず、その関節に関連した動きがいくらか制限される。これは、伸びようとする筋肉とその腱の抵抗や、靱帯と関節包の拘縮、また、これらの2つが組み合わさって起こるものである。選手は、柔軟性向上のためにバリスティック（動的）ストレッチング、スタティック（静的）ストレッチングまたは、PNFストレッチング（第4章参照）に取り組むことが望ましい（図12-2）。

図12-2
ストレッチング法は、硬い筋腱移行部構造の可動域を向上するために利用される。
A．バリスティック（動的）ストレッチング
B．スタティック（静的）ストレッチング
C．PNFストレッチング
D．エクササイズボールを使ったストレッチング
E．フォームローラーを使ったストレッチング

筋力、持久力、パワーの回復

筋力、持久力、パワーは、身体の機能を負傷前の状態に回復させる際の、最も基本的な要素の一部である。開放、あるいは閉鎖運動連鎖の両方で行われる等尺性運動、漸増性抵抗（等張性）運動、等速性運動、プライオメトリクスはリハビリテーションに役立つ（第4章参照）[4]。筋力強化トレーニングを行う主な目標は、可動域いっぱいに痛みなく動かすことができるようにすることである。

等尺性運動（Isometric Exercise）

通常、等尺性運動は、関節が固定されている、リハビリテーションの早い段階で行われる。この運動は、可動域全体にわたる抵抗トレーニングを行うと傷害をさらに悪くするような場合に有効である。等尺性運動は、静的な力を増大し、廃用性萎縮を最小限に抑えるのに役立つ。また、ポンプのように押し出す作用を筋肉に起こさせ、体液や浮腫を取り除くことによって、腫脹を軽減することもできる。

漸増性抵抗運動（Progressive Resistance Exercise）

漸増性抵抗運動（PRE）は、リハビリテーションプログラムで最もよく使われる筋力強化法である。PREはフリーウエイト、エクササイズマシン、ラバーチューブを用いて行われる（図12-3）。漸増性抵抗運動は、

> **12-2 Critical Thinking**
> **頭の体操——エクササイズ**
> ある陸上選手が、膝関節前方に痛みを訴えている。彼女はトレーニングでの走行距離を大幅に減らしており、トレーニングを続けるために抗炎症剤をずっと使っているといっている。しかし、膝関節はよくなるどころか悪くなっているように思えるのでイライラしている。
> **質問**：コーチは、彼女の膝の痛みの対処として、最も効果的に役立つこととして何を勧めたらよいか。

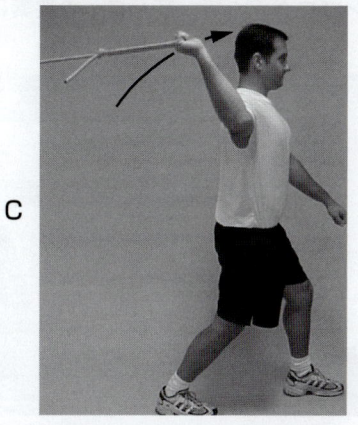

図12-3
漸増性抵抗（等張性）運動では以下のものが使われる。
A．フリーウエイト
B．エクササイズマシン
C．ラバーチューブ
D．徒手抵抗

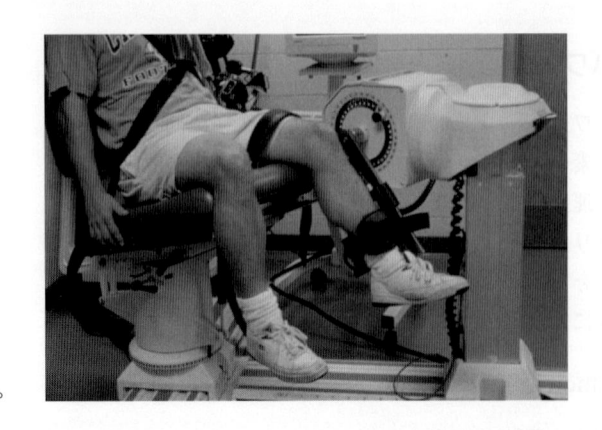

図12-4
等速性運動は、リハビリテーションの後半段階で最もよく使われる。

制限された可動域＝ストレッチング

筋力強化運動：
・等尺性
・漸増性抵抗
・等速性
・プライオメトリクス

図12-5
プライオメトリクスは動的なパワーのある動きの向上に重点を置く。

筋肉の長さを変えながら、抵抗に対して力を生み出す際の等張性収縮を利用している。リハビリテーションプログラムでは伸張性（エキセントリック）、および短縮性（コンセントリック）運動の両方が使われるべきである。

等速性運動（Isokinetic Exercise）

等速性運動は、リハビリテーションの過程で、時折利用される[7]。リハビリテーションプログラムの後半に、主に診断目的で組み込まれることがよくある。決まった速さの抵抗を利用し、可動域全体にわたって最大限に抵抗を加える（図12-4）。等速性運動では、動きの速さを変えられる。等速性運動のデータは通常、怪我の後、選手が機能的な活動に復帰できるかという基準として利用されている。

プライオメトリクス（Plyometric Exercise）

プライオメトリクスはリハビリテーションプログラムの後半に、最もよく組み込まれている。プライオメトリクスでは筋力を素早くストレッチングすることにより、筋肉の短縮性収縮を活発化させる。これは、筋パワーにつながる動的な動きを生み出す選手の能力を回復、発展させるのに有効である（図12-5）。非常に素早く力を生み出すことができる能力は、多くのスポーツで効果的なプレーをするための鍵である。傷害を負った選手のリハビリテーションプログラムで、筋パワーの要素に取り

図12-6

神経筋コントロールとバランスの再構築は、機能的なことを行う能力の回復にとって、非常に重要な要素である。
A．BAPSボード上でのバランス
B．ダイナディスク（バランスディスク）
C．ローラーボード（バランスボード）

組むことは重要である。

神経筋コントロールの再構築

　神経筋コントロールは、特定の動作を身体に覚え込ませるために高いレベルの意識を持って行われる。神経筋コントロールは中枢神経を拠り、筋肉や関節からの感覚や動きの情報を遮断したり収集したりして、個々の筋肉や関節の連係した動作を統括している[11]。傷害の後、その後に続く安静、固定によって、中枢神経はこのような情報をどうやって統括するかを「忘れる」。神経筋コントロールを取り戻すということは、すでに構築されていた、いくつかの知覚パターンに従う能力を再び得ることである。特に、より機能的動作を多く含む筋力トレーニングでは、神経筋コントロールの再構築は不可欠である[11]。

神経筋コントロールは動作を統括している。

バランスの回復

　バランスをとり、安定した姿勢を保つ能力は選手のスキルを取り戻すために重要である[2]。リハビリテーションプログラムには、選手がスポーツに復帰する準備のためのバランストレーニングを組み込んだ、機能的な種目が含まれていなくてはならない（図12-6）。バランスの問題をおろそかにすると、傷害再発の危険性が高まることもある[3]。

バランス＝姿勢の安定性

心肺機能の維持

　心肺機能を維持することは、リハビリテーションプログラムで最も軽視されやすい要素の一つである。競技シーズン中には、増大する要求に応えるべく、選手はかなりの時間を心肺機能の準備に費やす。選手が負傷し、練習時間がとれなくなると、心肺機能のレベルはあっという間に落ちる。よってリハビリテーション期間のできるだけ早い時期からコーチは選手の現在の心肺機能レベルを維持するためのトレーニングを処方したり、代用できる種目を準備する。（図12-7）[5]。

　傷害の性質によって異なるが、選手の心肺機能レベルを保つのに役立

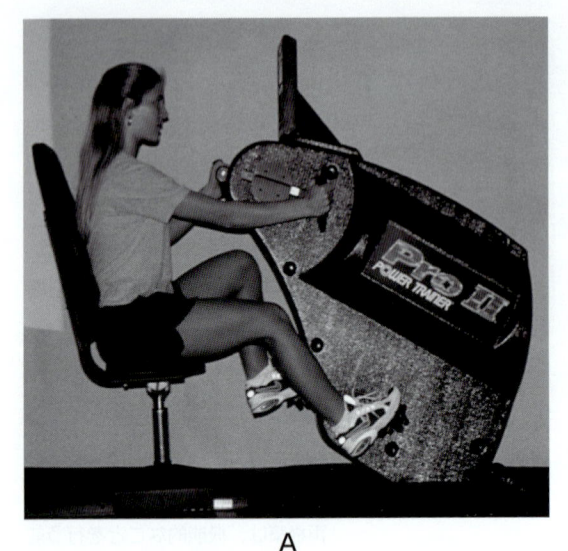

図12-7
どのリハビリテーションプログラムにも、心肺機能を維持するように設計された運動が含まれていなければならない。
A．上肢および下肢のエルゴメーター
B．水中の運動

リハビリテーションのすべての運動は、注意深く処方されたプランの一部として行われなくてはならない。

段階的機能回復トレーニングは、リハビリテーションプログラムにそのスポーツ特有のスキルを組み込む。

つ運動がある。下肢の傷害には、体重をかけない運動が必要である。プールでのエクササイズは傷害のリハビリテーションに優れた方法である。サイクリングもまた、心肺機能にプラスの負荷をかける。

段階的機能回復トレーニング

　どのようなリハビリテーションプログラムでも、目標は、傷害の後、通常の機能を取り戻すことである。段階的機能回復トレーニングは、それぞれの選手が特定のスポーツに復帰することを目的に、徐々にレベルアップするように設計された一連の活動である（フォーカスボックス12-1）[11]。それぞれのスポーツに効率的に復帰するために必要なこれらのスキルは細分化されており、選手は自分の回復の範囲内で、徐々にスキルを再習得していく[12]。新しい活動を行う時は常に、選手がそれを行う能力があるか、また身体的に耐えられるかどうかを、注意深く観察しなくてはならない。新たな活動が痛みや腫脹を起こさなければ、レベルを上げていき、次の活動にできるだけ早く進むようにする。リハビリテーション中の選手は、最終的に自分のスポーツ（ポジション）特有の練習や活動にチャレンジするべきである。

　リハビリテーションプログラムを通しての段階的機能回復トレーニングは、負傷した選手が痛みなく通常の可動域での動きができ、十分な筋力レベルを回復し、神経筋コントロールを取り戻すことを可能にする。

Chapter 12　リハビリテーションの基礎

12-1　*Focus Box*　フォーカスボックス

下肢の傷害後、走れるようになるまでの段階的機能回復トレーニング

- ウォーキング
- トラックのジョギング、カーブはウォーキング
- 全トラックをジョギング
- トラックのランニング、カーブはジョギング
- 全トラックをランニング
- フィットネスのためのランニング——週に3回、2～3マイル
- ランジ——90度、ピボット、180度
- スプリント——W字型、三角形、6秒、20ヤード、40ヤード、120ヤード
- 加速走、減速走
- シャッフルスライドからシャッフルランへ
- カリオカ

訳注）1マイル≒1,609m
　　　1ヤード≒0.914m

12-3　*Critical Thinking*　頭の体操——エクササイズ

あるバスケットボール選手は足関節の捻挫のあと、足関節を固定され、松葉杖を与えられた。体重をまったくかけない動きから始め、徐々に松葉杖なしで全体重をできるだけ早くかけるよう指示された。4日経ち、選手は固定器具を外した。松葉杖なしで歩けるが、まだかなり片足を引きずっている。
質問：選手が通常の歩行パターンを取り戻せるよう、コーチはどんな手助けをすべきか？　また、なぜできるだけ早くそうすることが重要なのか？

機能テスト

　機能テストでは、選手の特定の運動能力を評価するために、段階的機能回復トレーニングを利用する（図12－8）。機能テストでは、選手が元の運動機能をどのくらい回復しているかをコーチに認識させるため、一つの運動を最大限に行う。選手の機能回復を評価するために、コーチはこれまでランニングドリル（8の字、シャトルラン、カリオカなど）、サイドステップ、垂直跳びを一定時間内、または一定距離内のジャンプなどのさまざまな機能テストを行ってきた[11]。シーズン前に測定を行っていれば、負傷した選手の機能テストでの達成度を、シーズン前のデータと比較することができ、選手が機能的に元通りの活動に復帰する準備ができているかを判断できる。

図12－8
機能テストでの達成度は、選手が元通りの活動に復帰できるかを決定する。

物理療法の利用

　大半のアスレティックトレーナーは、冷却（寒冷療法）、温熱（温熱療法）、超音波、電気療法、マッサージ、牽引、間欠的な圧迫などを必ずリハビリテーションプログラムに組み入れている。アスレティックトレーナーは、このような種々の物理療法を施術するにあたって、教室で勉強し、監督下での実習経験をしており、米国の多くの州ではこれらを実施するための免許を与えられている[10]。

　アスレティックトレーナーが不在の場合、コーチが負傷した選手に冷却、温熱、マッサージなどの簡単で安価な治療法を行うことがあるが、通常、その他の物理療法はコーチの仕事の領域を超えたものである。**コーチは、どのような治療法を使用できるかを明確に示している各州の法律を熟知し、それに従わなくてはならない**[10]。

アイスパック（アイスバッグ）

　アイスパックは、受傷直後の腫脹の軽減や痛みのコントロールのために最もよく使われる。削った氷や砕いた氷を濡らしたタオルでくるみ、受傷部位に当てる。ビニール袋に砕いたり削ったりした氷を入れて袋を閉じる。または口を結んでつくったアイスパックも使用できる。どちらのタイプのアイスパックも、受傷部位の形状に合わせやすい。タオル以外では、弾性包帯がその部位に置かれたアイスパックを固定するのに使うとよい。通常、アイスパックを弾性包帯で巻いて圧迫し、挙上する方法が使われる。このようなパックは、20分間は安全に使用できる。アイスマッサージも痛みのコントロールに役立つ。1時間後にまた行う[10]。

ホットパック

　ホットパックは、急性段階の後（腫脹が止まった後）に、血液とリンパ液の流れをよくし、負傷の過程での副産物をリンパシステムに再吸収させるのを助けるためによく使われる。鎮痛とリラックス効果のためにも、温熱が用いられる。受傷後、温め始めるのが早すぎないよう、注意が必要である。どのような温め方をするにせよ、受傷後少なくとも72時間は冷却を行わなくてはならない。

　ハイドロコレーターパックとも呼ばれる市販のモイストヒートパックは、温度管理された160°F（71.1℃）の湯に浸されている綿パッドのなかにケイ酸塩ジェルが入っている。それぞれのパッドは水分を含み、20〜30分間は比較的一定の温度で使用できる。最低6枚のタオルを重ねるか、または市販されている専用のテリークロスを、パックと皮膚の間に入れて用いる。選手はホットパックの上に横になってはならない。フォーカスボックス12−2に温熱、冷却を利用する際のガイドラインを示す。

12-2 Focus Box　フォーカスボックス

冷やすか温めるか？
- 受傷後は直ちに冷やし、腫脹を最小限にし、痛みを軽減する。
- 急性傷害の場合、受傷後、最低72時間は冷やさなくてはならない。
- 温熱は、受傷部位の血液の流れをよくするために利用される。
- 温めるのが早すぎると、さらに腫脹を増大させる危険性がある。
- 冷やすか温めるかを決めかねている時は、冷やしたほうが安全である。
- 以下の際に、冷却から温熱に切りかえるのが安全である。
  - さらに腫脹が起こる危険性がほとんどない、あるいはまったくない。
  - 受傷部位に接触しても痛みがない。
  - 受傷による変色が消失し始めている。

マッサージ

　マッサージは身体の軟部組織に対して行う体系化された手技として定義される。さする、押す、伸ばす、叩く、振動を与えるなどが、選手の身体に特別な反応を生み出す。マッサージは物理的、生理的、また心理的な反応を引き出す[10]。

　マッサージに対する物理的反応は、手で身体にさまざまな程度の圧力をかけたり、動きを与えたりすることによる直接的な結果として起こる。このような作用は静脈やリンパの流れを促進し、表面組織や瘢痕組織を穏やかに伸ばす。結合組織はマッサージの摩擦によって効果的に伸ばされ、傷が形成される際に硬結してしまうのを防ぐ。マッサージは循環をよくし、その結果、代謝を促進し、乳酸などの代謝産物の除去を助ける。また損傷部位とその周辺の循環を促進することで、浮腫を除去し、通常の静脈血の心臓への循環を助ける。ゆっくりと、皮膚の表面をさすることで、リラックスできるので、緊張して不安そうな選手に対してやさしく触れながら行うマッサージ治療が有効である[10]。

完全回復の基準

　すべてのリハビリテーションプランにおいて、何をもって負傷からの完全な回復とするかを決めておく必要がある。選手が完全に体力を取り戻し、全可動域での動き、筋力、神経筋コントロール、心肺機能、そのスポーツ特有の機能的スキルに達したことを回復とみなすことが多い。身体が好調であるだけでなく、選手はそれぞれのスポーツに戻る自信も

12-3 Focus Box　フォーカスボックス

競技への完全復帰

選手が競技に復帰することを考える際には、以下のことに気をつけなければならない。

- <u>身体の治癒状態による制約</u>　リハビリテーションは、治癒過程の最終段階まで進んでいるか？
- <u>痛みの状態</u>　痛みはなくなっているか、または選手が痛みを耐えられる範囲内でプレーできるか？
- <u>腫脹</u>　活動に復帰することによって腫脹が悪化する危険性はないか？
- <u>可動域</u>　選手が効果的に、かつ再発の危険性を最小にして動かすのに妥当な可動域であるか？
- <u>筋力</u>　筋力、持久力、パワーが負傷部を再び痛めることを防ぐのに十分であるか？
- <u>神経筋のコントロール、固有感覚、運動感覚</u>　選手は負傷した身体の部位をどのように使うかを「再学習」したか？
- <u>心肺機能</u>　選手は試合に必要な、またはそれに近い心肺機能を維持することができているか？
- <u>そのスポーツ特有の要求</u>　そのスポーツまたは固有のポジションが求めるものに、選手が再び負傷するような危険性はないか？
- <u>機能テスト</u>　適切な機能テストの結果、競技力を発揮するのに十分な回復程度であると示されたか？
- <u>予防用テープ、ブレイス、パッド</u>　負傷した選手が活動に復帰するために、さらに必要なサポート用品はないか？
- <u>選手の責任</u>　選手が自身の身体の声に耳を傾け、再発する危険性のある状況に自分を追い込むことのないよう理解しているか？
- <u>負傷しやすい傾向</u>　その選手は万全でない場合に、再び負傷、または新しい負傷を負いやすい傾向がないか？
- <u>心理的要素</u>　選手が、再発を恐れることなく活動に復帰し、ハイレベルで戦うことができるか？
- <u>選手の教育と予防維持プログラム</u>　選手は、再発の危険性を大幅に減少させるトレーニングを続けることの重要性を理解しているか？

完全に取り戻さなくてはならない。リハビリテーション後に完全な活動に復帰する基準は、個々の傷害の性質と程度によって決まるが、医師とコーチ双方の方針と判断にもよる（フォーカスボックス12-3）[6]。

負傷から回復した選手を、完全にスポーツ活動に復帰させる決定をすることは、リハビリテーションおよび回復過程の最終段階である。リハビリテーションに関わったスポーツ医学チームの各メンバーによって、注意深く考慮されたうえで決定されなくてはならない。最終的にはチームドクターが責任を持って、選手が練習や試合に復帰する用意ができたかどうかを決定する。この決定は、コーチや、アスレティックトレーナー、選手から収集した総合的な情報に基づいて行われなければならない。

コーチのコーナー – Coach's Corner

傷害リハビリテーションプログラムを処方するにあたって、コーチが考慮すべき事項のチェックリストを以下に示す。
- □正しく迅速な初期処置を行い、傷害後の腫脹を制限し、コントロールするように対処する。
- □痛みを軽減、または最小限に抑える。
- □可動域の完全回復。
- □神経筋コントロールの再構築。
- □筋力、持久力、パワーの回復と増強。
- □バランスの向上。
- □心肺機能の維持。
- □適切な段階的機能回復トレーニングの組み込み。

まとめ

- スポーツ医学におけるリハビリテーションの方針は、積極的なものであり、最終的な目標は負傷した選手をできるだけ安全に、早く本来のスポーツ活動に復帰させることである。
- リハビリテーションプログラムの短期目標は、次のとおりである。
  (1) 正しく迅速な初期処置を行い、傷害後の腫脹を抑制し、コントロールするよう対処する。
  (2) 痛みを軽減、または最小限に抑える。
  (3) 可動域の完全回復。
  (4) 筋力、持久力、パワーの回復および増強。
  (5) 神経筋コントロールの再構築。
  (6) バランスの向上。

(7) 心肺機能の維持。
(8) 適切な段階的機能回復トレーニングの組み込み。

- 選手の再調整が完全に済み、全可動域の動き、筋力、神経筋コントロール、心肺機能、そのスポーツ特有の機能的スキルを取り戻してから、元のスポーツ活動に完全に復帰する許可を得るべきである。身体の好調さだけでなく、選手は自分のスポーツに戻る完全な自信を取り戻すことも必要である。

> **頭の体操（エクササイズ）の答え**　Solutions to Critical Thinking Exercises
>
> **12-1** スポーツ医学では、どんなリハビリテーションプログラムにおいても短期間の目標は痛みのコントロール、可動域の回復、筋力の回復、神経筋コントロールの再構築、心肺機能レベルの維持などである。リハビリテーションへのアプローチは積極的に行うべきである。リハビリテーションプログラムの特定の要素をいつ、どのように変化させ、進歩させるかは、治癒過程に基づき、制限される。長期目標は選手をできるだけ早く安全に、最大限の活動に復帰させることである。
>
> **12-2** 膝関節の前方の痛みはさまざまな原因で起こる。だが、大腿四頭筋の強化が有効なことが多い。全可動域の動作の筋力強化運動で痛みが強くなる場合は、限定した可動域の等尺性運動から始め、許容できる範囲で、全可動域の短縮性および伸張性収縮の抵抗運動へと進めていくのが望ましい。ミニスクワット、ステップ系のエクササイズ、レッグプレスは大腿四頭筋の強化に優れた運動であり、エクササイズマシンで行われる運動よりもより機能強化に有効である。
>
> **12-3** 受傷後に続く安静と固定により、どのように歩くかを「忘れる」ことは、選手によくあることである。コーチは選手の神経筋コントロールの再教育を助ける必要がある。つまり、動きが自然になるまで、特定の動きを意識的にコントロールしながら行うことによって、元来持っていたモーターとセンサーパターンに従う能力を身につけ直す。筋力強化運動、特により機能的な強化運動が神経筋コントロールの再構築に不可欠である。神経筋コントロールに取り組むことは、回復過程中に特に重要であるが、再発や酷使による他の部位の障害を防ぐことが、リハビリテーションの初期段階で最も重要である。

復習とクラス活動

1. リハビリテーションプログラムにおけるコーチの役割を説明せよ。
2. 傷害後の腫脹をコントロールする方法を説明せよ。
3. リハビリテーションプログラム中の痛みの緩和は、なぜ重要であるか？
4. 傷害後、どのように可動域を回復するか？
5. リハビリテーションにおける等尺性運動、漸増性抵抗運動、等速性

運動、プライオメトリクスの利用について比較せよ。
6．神経筋コントロールは、動作に対してどのように関わるか？
7．選手はなぜ、傷害治癒中に全般的に体調を整えなければならないか？
8．リハビリテーションプログラムに段階的機能回復トレーニングをいつ、どのように組み込むか？
9．負傷後、選手が活動に復帰する準備ができたことをどのように決めるかを説明せよ。
10．選手の手当をする際に、コーチはどのような治療法を利用できるか？　また、何のためにこれらの治療法を利用すべきなのか？

Part 3

特定の傷害および状況の認識と管理

Chapter 13
さまざまなスポーツ傷害の認識

Chapter 14
足部

Chapter 15
足関節と下腿部

Chapter 16
膝関節および関連構造

Chapter 17
大腿部、殿部、鼠径部、骨盤

Chapter 18
肩甲帯

Chapter 19
肘関節、前腕部、手関節、手部

Chapter 20
脊柱

Chapter 21
胸部と腹部

Chapter 22
頭部、顔面、目、耳、鼻、咽喉

Chapter 23
補足すべき健康問題と一般的処置法

Chapter 24
青少年スポーツ選手の傷害予防と管理

13 さまざまなスポーツ傷害の認識

Chapter 13

この章を終えると、次のことが説明できるようになる。

- 急性傷害と慢性障害の識別
- 骨折、脱臼および亜脱臼、打撲傷、靭帯損傷、筋挫傷、筋肉痛、および神経傷害を含む急性外傷性傷害の説明
- 腱炎、腱鞘炎、滑液包炎、骨関節症、筋筋膜トリガーポイントなどを含む慢性的なオーバーユースによる障害の説明
- 治癒過程のさまざまな段階の説明

傷害予防の一般原則をいかに遵守しても、スポーツの本質から、事故の発生は遅かれ早かれ免れない[13]。一般に、スポーツ環境で発生する傷害は、急性と慢性に分類される。急性傷害は外傷によって発生し、慢性障害はランニング、投擲、跳躍などの反復的活動によるオーバーユースが原因で起こる。本章では、コーチが体験する可能性のある、一般に知られた外傷性傷害およびオーバーユースによる障害について解説する。

急性（外傷性）傷害

骨折

急性傷害＝外傷
慢性障害＝オーバーユース

骨折は、骨に加わる極度のひずみや外力の結果である。骨折について解説する前に、骨の解剖学的構造について手短に解説する必要がある[12]。長骨の全体構造には骨幹部、骨端部、関節軟骨、および骨膜が含まれる（図13-1）。骨幹部は、骨の主軸である。中央に骨髄腔がある管状をなし、緻密骨で覆われている。骨端部は、長骨の両端に位置する。青少年期にはこの部位の骨が成長する。骨端部への傷害は、青少年選手の長骨の成長に影響を及ぼすことがある（第24章参照）。長骨の両端は、骨端部の関節表面を覆う関節軟骨の層で覆われている。この軟骨は、運動時に関節を保護し、関節への衝撃や打撃を緩和する。高密度の白色線維の膜である骨膜は、関節表面以外の長骨を覆う。骨膜には筋腱の線維が編み込まれている。骨膜全体の内層に無数の血管と**骨芽細胞**（骨形成細胞）が存在する。血管は骨に栄養を与え、骨芽細胞は骨の成長と治癒を担う。

骨芽細胞（osteoblasts）
骨形成細胞。

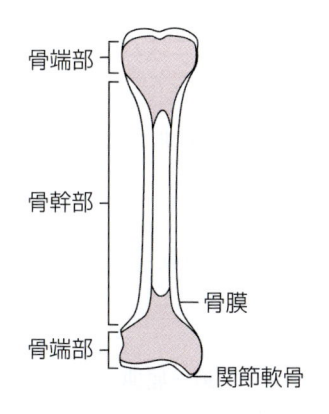

図13-1
長骨の全体構造には骨幹部、骨端部、関節軟骨、および骨膜が含まれる。

　骨折は、一般的に閉鎖骨折と開放骨折に分類される(12)。**閉鎖骨折**は、折れた骨の動きまたは変位がほとんどないか、まったくない骨折である。逆に**開放骨折**では、骨が実際に皮膚を含む周囲組織を突き破るのに十分な動き、または変位がある。開放骨折は、感染症にかかる可能性が高い。いずれのタイプの骨折も適正な管理を怠ると重傷となる。骨折の徴候と症状には、明らかな変形、圧痛点、腫脹、自動運動および他動運動に伴う痛みなどがある。また軋轢音（動かした時のキーキーというきしむような音）も骨折の徴候である。骨折の存在を判定する唯一の決定的技法はX線検査である。

　骨折にはさまざまな種類がある（図13-2）。長骨は張力、圧迫、屈曲、捻転、剪断によりストレスを受けたり、外力がかかることがある(9)。こうした力が単独で、あるいは複合的にさまざまな骨折を起こす。たとえば、螺旋骨折は捻転によって起きるが、斜骨折は骨軸の圧迫、屈曲、および捻転が組み合わされた力によって起こる。横骨折は屈曲によって起こる（図13-3）。ストレスの種類のほかに、力の量も考慮する必要がある。複雑な骨折には、それだけ多くのエネルギーが必要とされる。外部からのエネルギーが骨を変形させ、実際に骨折させてしまうことがある。ある程度のエネルギーなら、骨に隣接する軟部組織によって分散することができる(11)。

骨折の治癒

　ほとんどの場合、骨折には一定期間ギプスでの固定が必要とされる。一般に、腕と脚の長骨の骨折にはおよそ6週間のギプス固定が必要だが、手や足の小骨の骨折には、3週間のギプス固定または副子固定で十分である。また、治癒に固定が不要な場合もある(6)。たとえば、母趾以外の足趾はギプスや副子での固定が難しい。しかしながら当然、感染症などの合併症により、ギプス固定やリハビリテーションに要する期間は長くなる。

閉鎖骨折（closed fracture）
軟部組織を貫通しない骨折。

開放骨折（open fracture）
突出した骨断片によって表面の皮膚が引き裂かれ露出した骨折。

訳注）
閉鎖骨折は単純骨折、開放骨折は複雑骨折ともいう。

長骨は張力、圧迫、屈曲、捻転、剪断によりストレスを受ける。

ギプス固定時間：
　長骨＝6週間
　小骨＝3～4週間

メカニズム	パターン	外観
屈曲	横	
捻転	螺旋	
圧迫＋屈曲	斜－横	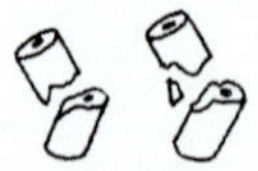
圧迫＋屈曲＋捻転	斜	
変数	粉砕	
圧迫	骨幹端圧迫	

図13－2
骨折のメカニズム、パターン、および外観

仮骨（callus）
骨折した骨の上に新しく形成される骨。

破骨細胞（osteoclasts）
骨組織を吸収して除去する細胞。

疲労骨折（stress fracture）
骨の骨膜性炎症部位で起こる障害。

　骨折が治癒するためには、固定期間中に骨芽細胞が、骨折部位の上に**仮骨**と呼ばれる特別な骨を形成する必要がある。いったんギプスを外したら、治癒過程が完了する前に外力に対する強度を回復させるため、骨は普段かかっている負荷や機械的な刺激を受けなければならない。**破骨細胞**と呼ばれる細胞は、普段かかっている負荷と機械的な刺激に応じて、骨を再形成する[12]。

疲労骨折

　運動が原因で発生する、「骨折」という表現が使われる最も一般的な障害は、おそらく**疲労骨折**であろう。これまで述べた他のタイプの骨折と異なり、疲労骨折の原因は急性の外傷ではなくオーバーユースにある[2]。疲労骨折が起こる一般的な部位は、体重による負荷がかかる脚部や足部である。いずれの場合も、骨を通して伝えられる反復的な外力によって骨膜に炎症が生じ、その下にある骨が障害を起こす。通常は鈍痛で始まり、日を追うごとに徐々に痛みが増す。最初は、運動時に最も痛みが激しい。しかし、疲労骨折がさらに悪化すると、運動を停止した後でも痛みは治まらなくなる。

　疲労骨折の最大の問題は、骨芽細胞が骨を形成し始めるまで、X線検査で視認できないことである。骨芽細胞が骨を形成した時点で、X線検査で白色の短い線が認められる。疲労骨折の疑いがある場合は、少なく

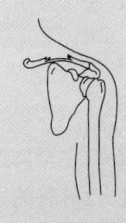

図13-3
さまざまな骨折

若木骨折
Greenstick fractures
完全に形成されていない骨の不完全破損である。これらの骨折はしばしば骨の凸面に発生し、凹面は傷つかないで残る場合が多い。骨折の状態が、木の緑の小枝を折り取ったかたちに似ていることから、この名前が付けられた。

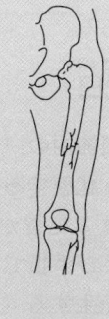

嵌入骨折
Impacted fractures
高所からの転落により長骨の軸に直接その力が及び、骨の組織が圧迫されて発生する。これは骨の一部が骨の上に重なった状態である。嵌入骨折には、アスレティックトレーナーがただちに副子をし、医師が受傷した四肢の長さを正常に維持するための牽引を行う必要がある。

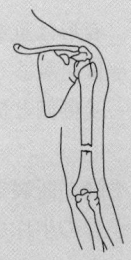

横骨折
Transverse fractures
骨長軸に対し骨折線がほぼ垂直に発生する。この傷害は、外部からの直接の打撃で発生する。

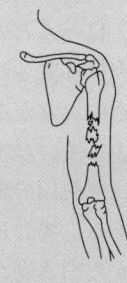

粉砕骨折
Comminuted fractures
骨折部位に3個以上の骨折片がある。この傷害は、強い衝撃や不適当な姿勢で転倒した際に発生する。医師の立場からすれば、これらの骨折は、骨折片の変位のため困難な治療となる。軟部組織が骨折片の間に入り込むと治癒が不完全となる。このような場合、外科的処置（手術）が必要になることもある。

螺旋骨折
Spiral fractures
S字状に分離する。足を固定した状態で、急激な方向転換を行うアメリカンフットボールやスキーでよく発生する。

縦骨折
Longitudinal fractures
骨がその縦軸に平行に裂ける骨折である。高所から飛び降りて、長軸が何らかの力やストレスを受けるような方法で着地した時によく発生する。

斜骨折
Oblique fractures
螺旋骨折と同様に、骨の一端に突然の捻転を受け、他の一端が固定されている場合に発生する。

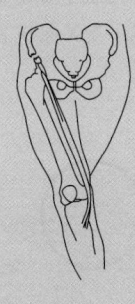

剥離（裂離）骨折
Avulsion fractures
骨の断片が靱帯または腱の付着部位の皮質から引き裂かれる。これは通常、身体部分の突然の強力な捻転または牽引力によって発生する。靱帯に関する例として、三角靱帯が内果から骨を裂離させる、足関節の突然の外反が挙げられる。腱の裂離に関する例としては、膝蓋骨を骨折させる症例が挙げられる。これは、選手が急激に膝関節を屈曲しながら、前方に転倒すると発生する。膝蓋腱の伸展により、膝蓋骨下極の一部が引き離される。

とも2週間は運動を停止し、その後選手を最初に疲労骨折を起こした運動に徐々に復帰させるのがベストである。疲労骨折は、通常はギプス固定を必要としない。ただし、正しく処置しないと、固定が必要な骨折となる恐れがある。

脱臼と亜脱臼

脱臼は、関節内の一つ以上の骨が外力を受け正常な位置から完全に逸脱してしまう状態であり、元の位置に戻すために整復するには外科的または徒手による処置が必要である。脱臼が最も発生する部位は肩関節、肘関節、および手指であるが、2つの骨が関節で繋がっているところならどこでも発生する（図13-4A）。亜脱臼は、骨は部分的に正常な位置から逸脱するが、脱臼と違って元に戻る[4]。一般に亜脱臼の発生は肩関節に多いが、女性の場合は膝蓋にも発生する（図13-4B）。

脱臼には、ほとんどの場合明らかな変形が伴う。ただし、変形は重なり合った筋肉に邪魔されて不明確な場合もあるので、受傷部位を触診して、骨格構造の異常がないかを判断することが重要である。受傷側と健側の比較によって、ひずみが明らかになる。

脱臼または亜脱臼の結果、関節の周囲を安定させる靱帯や腱が断裂されることがある。場合によっては、付着する靱帯または腱が骨の小片を他の骨部分から引き剥がし、剥離（裂離）骨折が起きることもある。あるいは、その力が成長板（骨端）を分離させ、長骨を完全に骨折させることもある。これは、初めて脱臼を起こした時に徹底した治療を受けることの重要性を示唆している。よく「脱臼は癖になる」といわれる。たいていの場合これは事実であり、一度関節が亜脱臼または完全に脱臼すると、関節を正しい位置に保ち、支持する結合組織が伸びてしまい、その関節は非常に脱臼しやすくなるからである。

最初の脱臼は、常に骨折の疑いがあるものと考え処置すべきである。傷害が脱臼であることが確認されたら、その後の処置は医師に相談すべきである。ただし、選手を医師のところへ連れていく前に、患部に正しく副子を当て、組織のさらなる損傷を防ぐ処置をすべきである。

脱臼は、発生する部位にかかわらず、すぐには整復すべきではない。コーチは選手をX線検査ができる医療施設へ連れていき、整復の前に骨

脱臼（dislocation）
骨が外力を受けて正しい位置を逸脱し、外科的または手動で元に戻すか整復されるまでそのままの状態であること。

亜脱臼（subluxation）
骨が外力を受けて正しい位置から逸脱するが、元に戻ること。

13-1 *Critical Thinking*
頭の体操──エクササイズ

マラソンのトレーニングをしているトラック競技選手が、下腿部の痛みを訴えている。選手から相談を受けた医師は、疲労骨折と診断した。選手はトレーニングを再開したが、疲労骨折が実際の骨折とどう違うのか理解できていない。
質問：この違いをコーチはどう説明すべきか？ またどのように管理をすべきか？

図13-4
解剖学的な限界を超えて外力が加わった関節は、A．脱臼、B．亜脱臼である。

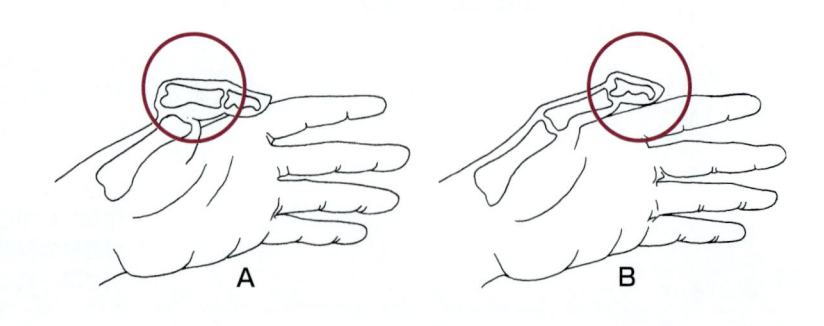

折やその他の問題がないことを確認する必要がある。不適切な整復術は、問題を悪化させるだけである。脱臼または亜脱臼後の復帰時期は、周辺の軟部組織が受けている損傷の程度に大きく左右される。

靱帯損傷（捻挫）

　捻挫は、関節を支える靱帯に損傷を与える[5]。靱帯は、骨と骨を結合する丈夫な、比較的弾性の少ない結合組織体である。靱帯の損傷について語る前に、関節構造を復習しておく必要がある（図13－5）。すべての滑膜関節は、関節で相互に連結して、いくつかの平面を動かす2つ以上の骨で構成される。骨の関節面は、関節、すなわち硝子軟骨と呼ばれるきわめて薄い、滑らかな軟骨性被膜で覆われている。すべての関節は、厚い靱帯のような関節包によって包まれている。この関節包の内側面は、滑膜は多くの新生血管と神経が分散しており、非常に薄い滑膜で覆われている。滑膜には滑液を産生する機能があり、この機能には関節の潤滑、緩衝、および栄養供給が含まれる[12]。

> **捻挫**（sprain）
> 骨と骨を接合する靱帯の損傷。

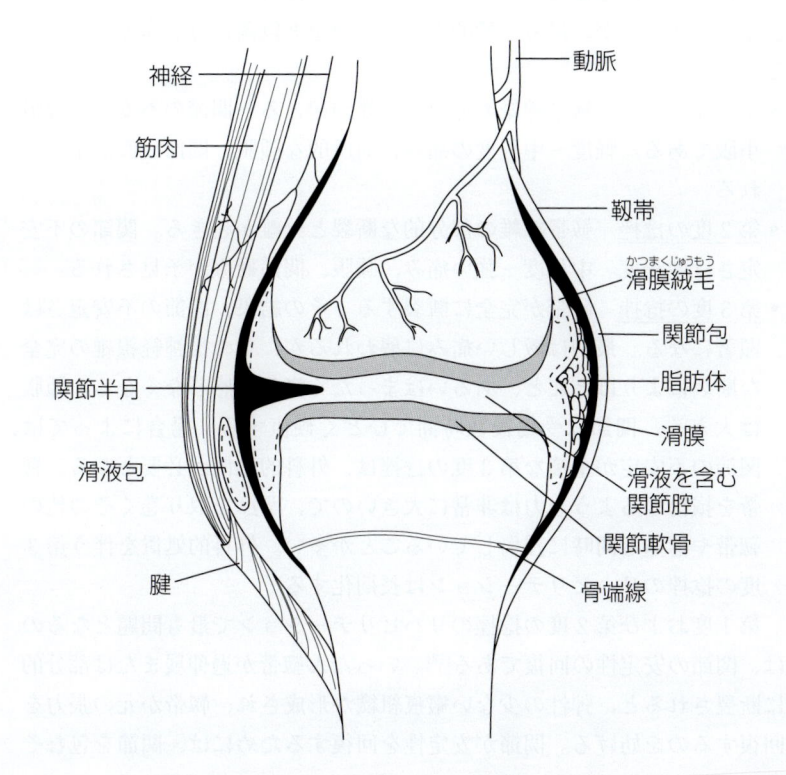

図13－5

滑膜関節の構造

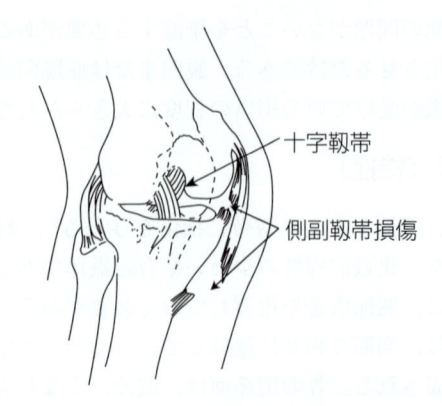

図13-6
膝関節の靭帯損傷。これは第3度の捻挫とみなされる。

→十字靭帯
→側副靭帯損傷

機械受容器
（mechanoreceptors）
筋肉、腱、靭帯、および関節内にあり、関節の位置情報を伝達する感覚受容器。

13-2 Critical Thinking
頭の体操──エクササイズ
バレーボール選手が、カンファレンストーナメントの開催2日前に足関節を捻挫した。選手本人、両親、コーチは、トーナメントに出場できなくなることを非常に心配して、捻挫をすぐに治すために何か打つ手はないかと考えている。
質問：この選手に治癒過程についてどのようにアドバイスできるか？

関節包、靭帯、滑膜の外側、および滑膜関節の脂肪体には神経が隅々まで行き渡っている。滑膜の内側、軟骨、および関節円板（もしあれば）にも神経がある。これらの神経は**機械受容器**と呼ばれ、関節包および靭帯内に存在し、関節の相対的位置に関する情報を伝達する[12]。

関節によっては、関節半月と呼ばれる厚い線維軟骨を含むものもある。たとえば、膝関節には2つの楔状の半月板があり、関節に深みを与え、関節内の緩衝となる。最終的に、主要構造の支えと関節の安定性が、関節包の厚くなった部分か完全に独立した靭帯によって与えられている。関節がどのような動きができるかは、靭帯の解剖学的位置によってある程度決まる[12]。

関節が、正常な運動の限度または程度を超えて強制的に動かされると、靭帯に損傷が起きることがある（図13-6）。傷害の程度はさまざまな方法で分類されるが、最も一般的なのは捻挫を3段階に分類するものである。

- **第1度の捻挫** 靭帯線維の伸展と分離が起きる。関節の不安定さは最小限である。軽度～中程度の痛み、局所的な腫脹、関節硬直が予見される。

- **第2度の捻挫** 靭帯線維の部分的な断裂と分離が起きる。関節の不安定さは中程度。中程度～強い痛み、腫脹、関節硬直が予見される。

- **第3度の捻挫** 靭帯が完全に断裂する。その結果、関節の不安定さは顕著になる。最初は激しい痛みに襲われるが、その後神経線維の完全な断裂によりほとんど、あるいはまったく痛みを感じなくなる。腫脹は大きく、関節は受傷後数時間でひどく硬直する。場合によっては、関節の不安定が重篤な第3度の捻挫は、外科的処置が必要となる。靭帯を損傷するような力は非常に大きいので、関節を取り巻くその他の靭帯や構造も同時に損傷していることが多い。外科的処置を伴う第3度の捻挫のリハビリテーションは長期化する。

第1度および第2度の捻挫のリハビリテーションで最も問題となるのは、関節の安定性の回復である[12]。いったん靭帯が過伸展または部分的に断裂されると、弾性の少ない瘢痕組織が形成され、靭帯が元の張力を回復するのを妨げる。関節が安定性を回復するためには、関節を包むそ

の他の構造、主として筋肉とその腱が強化されなければならない。筋力トレーニングによって筋肉の張力を高めることにより、損傷した関節の安定性は改善される。

打撲傷

　打撲傷は、いい換えれば打ち身である。打撲傷の発生メカニズムはよく知られている。外部からの打撃によって、軟部組織（すなわち皮膚、脂肪、筋肉）が下部の骨に対し圧迫されて起きる（図13-7）[(2)]。打撃が大きいと毛細管が断裂して、組織に内出血が起きる。微量出血により皮膚が青紫に変色することがよくある。これは数日間続く。打撲傷は触れると強い痛みがあり、筋肉が損傷された場合、自動運動で痛みが起きる。一般に痛みは数日以内に治まり、変色は通常、数週間で消失する[(8)]。

　打撲傷の大きな問題は、反復して打撃を受ける部位に発生する。同じ部位、特に筋肉が何度も打撃を受けると、受傷部位に微細なカルシウム沈着物が堆積し始める。これらのカルシウム沈着物は、筋腹の複数の線維間に見られ、堆積したカルシウムは、下部にある骨から突出する棘を形成する。これらのカルシウム形成は動作を著しく損なうもので、**骨化性筋炎**と呼ばれる[(3)]。

　反復的な打撲傷から骨化性筋炎の発症を防止するには、損傷部位をパッドで保護することが効果的である。初めて受傷した時に損傷部位を適切に保護すれば、筋炎の発症を防げる。保護と安静により、カルシウムは再び吸収されるようになり、外科的処置は不要となる。

　運動中の繰り返される打撲傷に対し、最も脆弱であるとされる2つの部位は、大腿部前面の四頭筋群と上腕部前面の二頭筋である。これらの部位または他の部位における骨化性筋炎の形成は、X線撮影によって検出できる。

筋挫傷

　筋肉は、中枢神経系により刺激を受けると同時に収縮することができる、個別の線維で構成される。各筋肉は、関節をまたがる強靱で比較的弾性の小さな腱によって骨の両端に付着する。

　筋肉が過伸展されたり、大きすぎる抵抗に対して強制的に収縮しようとすると、筋線維の分離や断裂が起きる。この損傷は**筋挫傷**（図13-8）と呼ばれる[(3)]。靱帯損傷（捻挫）と同様、筋挫傷にはさまざまな分類体系がある。以下は、筋挫傷の単純な分類体系である。

- **第1度の筋挫傷**　一部の筋線維が過伸展するか、実際に断裂する。自動運動には痛みと不快感が伴う。痛みは伴うものの、通常の可動域内の運動が可能である。
- **第2度の筋挫傷**　多くの筋線維が断裂して、筋肉の収縮は苦痛に満ちたものである。筋線維が断裂した部位の筋腹には、通常、陥没または隆起が感じられる。毛細血管からの出血のため、腫脹が発生することがある。このため、変色することもある。

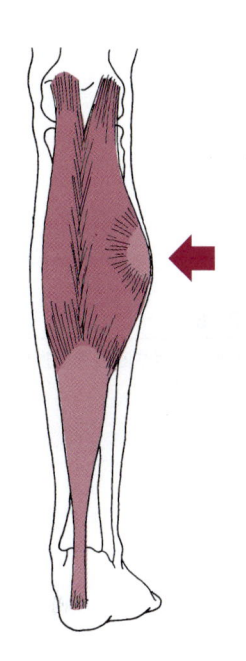

図13-7
打撲傷は、軟部組織が骨と外部の力の間で圧迫されると起きる。

骨化性筋炎
（myositis ossificans）
反復的な外傷が原因で発生するカルシウム沈着。

筋挫傷（strain）
筋肉またはその腱の伸展、断裂、または裂傷。

訳注）
筋挫傷は一般的には「筋違い」「肉離れ」といわれる。

図13－8
筋線維の分離や断裂を筋挫傷（肉離れ）という。

ハムストリングスの挫傷

- **第3度の筋挫傷** 筋腹内の部位で、筋腱移行部、あるいは腱の付着部に完全な断裂が起きる。動きが著しく損なわれるか、場合によってはまったく動かなくなる。最初に強い痛みが起きるが、神経線維の完全な分離により、痛みは急速に治まる。

筋挫傷は、どの筋肉にも発生する危険性があり、通常は筋群の不調和な動きが原因で発生する(4)。第3度の筋挫傷が最も頻繁に発生するのは、上腕部の二頭筋腱か下腿部のアキレス腱である。このいずれかの腱が断裂すると、筋肉は骨の付着部位に収束する傾向がある。大きな力を出す主要な腱に関わる第3度の筋挫傷には、外科的な処置が必要となる。手指などで発生するような比較的小さな筋腱断裂は、副子で固定することによって治癒する。

筋挫傷の程度にかかわらず、リハビリテーションには長時間を要する(12)。多くの例では、筋挫傷は筋肉を無力化し、靱帯損傷（捻挫）の場合よりもリハビリテーションに時間がかかる。筋肉を無力化するような筋挫傷が最も発生しやすいのは、大きな力を出すハムストリングスや大腿四頭筋である。ハムストリングスの筋挫傷の処置には治癒に6～8週間かかり、かなりの忍耐が必要である。運動への復帰が早すぎると、筋挫傷を発生した部位に傷害が再発し、治癒過程を最初からやり直さなければならないことがある。

筋痙攣

筋痙攣は、他の筋肉にも起こり得るが、特にふくらはぎ、腹部、ハムストリングスによく発生する。非常に痛みの激しい、筋の不随意な強縮である(11)。熱性痙攣は、筋収縮の重要な要素である大量の水分や（ある程度の）電解物質やイオン（ナトリウム、塩化物、カリウム、マグネシウム、カルシウム）の喪失に関連して起きる（第10章参照）。

筋性防御

傷害を受けると、損傷部位を囲む筋肉が収縮して、事実上の副子として損傷部位の動きを制限することによって、痛みを最小化する。この「副子固定」は誤って筋痙攣と呼ばれることが多い。正確には痙攣や痙縮

13-3 Critical Thinking
頭の体操──エクササイズ
アメリカンフットボール選手が左大腿四頭筋に繰り返し打撲を受けている。
質問：選手が最も留意すべきことは何か？

筋痙攣（muscle cramps）
不随意に筋が強縮を繰り返すこと。

筋性防御（muscle guarding）
痛みに対する緊張による筋肉の収縮。

は、脳の上部運動ニューロンの損傷が原因で起こる筋肉の緊張の高まりや収縮に関連した用語である。したがって筋性防御は、筋骨格系の傷害(12)の後の痛みに応じて発生する不随意な筋の収縮を示す適切な語といえる。

筋肉痛

あまりに熱心に筋力強化運動をやりすぎると、筋肉痛を引き起こす。活動的な人なら誰でも、不慣れな運動が原因の筋肉痛を一度は経験しているであろう。年齢が高くなると、それだけ筋肉痛を患いやすくなるようである。

筋肉痛には2種類ある。第1のタイプは、疲労を伴う**突発性筋肉痛**である。一過性の筋肉痛で、運動の最中または直後に起きる。第2のタイプは、運動の約12時間後に発生する**遅発性筋肉痛（DOMS）**である。この遅発性筋肉痛は、24〜48時間後にピークを迎え、その後徐々に沈静化するので、3〜4日後には筋肉痛の症状はなくなる。DOMSは、徐々に筋肉の緊張が高まり、腫脹、硬直、伸展抵抗へと発展する(11)。

> 訳注）
> DOMS：delayed-onset muscle soreness

DOMSは複数の原因で起こると考えられている。筋肉組織のごく小さな断裂によって発生し、それらは伸張性収縮や等尺性収縮でよく見られる事例である。また、筋腱線維を結合する組織の断裂によっても発生する。

筋肉痛は、運動を中程度のレベルから開始し、時間をかけて運動の程度を徐々にレベルアップすることによって防げる。通常、筋肉痛の処置には、スタティック・ストレッチングやPNFストレッチングなどが取り入れられる。もう一つの筋肉痛に対する非常に効果的な処置は、この章で解説されている他の状況（傷害）と同様、最初の48〜72時間以内のアイシングである(12)。

神経障害

競技では、神経障害は一般に圧迫や張力が関連して起きる。神経障害には、他の身体組織の傷害と同様、急性と慢性がある。神経に直接影響を及ぼす外傷は、知覚鈍麻（感覚の低下）、知覚過敏（痛みや触覚などの感覚の過敏）、または感覚異常（ある部位への直接の打撃または伸展によって発生する麻痺、刺痛、チクチク感など）を含むさまざまな知覚反応を引き起こすことがある。たとえば、突然の神経の伸展や圧搾により、その肢の遠位に広がる激しい灼熱痛と筋力低下が同時に起きることがある。慢性的な神経障害である**神経炎**は、通常、長期間にわたって反復または継続されるさまざまな力によって起こる。神経炎の症状の範囲は、軽度の神経障害から麻痺にまで及ぶ。より深刻な障害には、神経の破壊や完全な分裂切断が伴う。このタイプの障害には、対麻痺や四肢麻痺などの生涯にわたる身体障害を引き起こすものもあるので、いかなる状況でも見すごしてはならない。

> **神経炎**（neuritis）
> 慢性的な神経の炎症。

神経細胞のような特殊組織は、いったん壊死すると再生されることはない。ただし細胞体が傷害の影響を受けていなければ、損傷された末梢神経内部では神経組織がかなり再生する。再生が行われるためには、治癒のための最適な環境が必要である。

再生は、1日3～4mmというゆっくりとしたペースで進行する。中枢神経系内の損傷された神経は、末梢神経系の神経に比べてほとんど再生しない[12]。

オーバーユースによる慢性障害

治癒における炎症の重要性

大多数の人にとって炎症という語は否定的な意味を持つ。だが、炎症は治癒過程の重要な一部である。構造が損傷または刺激を受けると、まず炎症を起こすことによってその治癒過程は始まる。炎症の徴候または症状には痛み、腫脹、発熱、機能低下、発赤がある[8]。炎症は、治癒過程における役割が完了すると消滅する急性過程と考えられているが、炎症の原因（腱にストレスを与える反復的動作など）が取り除かれなければ、炎症過程は急性ではなく慢性となる。この場合、急性症状が慢性的な機能障害となり得る。

腱炎

スポーツに関連するあらゆるオーバーユースの問題のうち、最も一般的なものが**腱炎**であろう[7]。接尾語 -itis で終わる英語は、いずれも炎症の存在を意味する。腱炎は、**腱**の炎症を意味する。筋力強化運動の際、筋肉が収縮する時は腱が筋肉を囲む他の構造上を必ず移動するかスライドする。特定の動きが反復されると、腱が刺激を受けて炎症を起こす[5]。この炎症は、運動痛、腫脹、場合によっては発熱、また一般に捻髪音によって明らかになる。**捻髪音**とはバリバリした音のことで、通常前後にスライドしている最中にも周辺の組織に粘着しようとする腱の傾向があり、このような音を発する。この粘着は主に、炎症により起こった化学物質が腱に蓄積されて起こる。

腱炎の主な処置は安静である[7]。腱に炎症を起こす反復的な動きが取り除かれれば、炎症過程で腱は治癒される。残念ながら、選手が運動を完全に停止し、2週間以上の休息をとって腱炎を治療することは現実的には困難である。炎症を起こした腱への継続的な刺激を回避しつつ、現在のフィットネスレベルを維持するには、選手は自転車やスイミングなど代用の運動形態をとる必要がある。ランナーにとって最もよくある事例は、下腿のアキレス腱に起こる腱炎である（図13-9）。水泳選手にとっては、腱炎は肩関節の筋腱によく起きる。ただし腱炎は、オーバーユースや反復運動が行われる活動では常に発症する危険性がある。

腱炎（tendinitis）
腱の炎症。

英語の接尾語 -itis は「～の炎症」を意味する。

腱（tendon）
筋肉を骨に付着させる強靭な結合組織の帯。

捻髪音（crepitus）
バリバリ音が鳴ること。関節摩擦音。

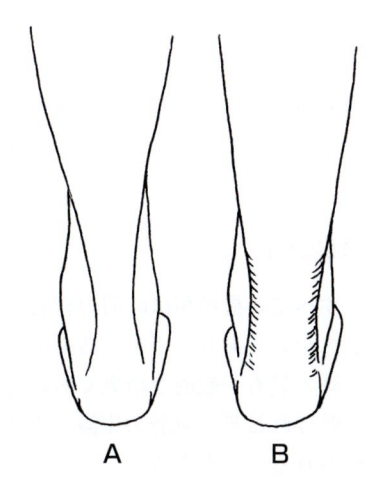

図13-9
腱炎は、腱鞘の炎症である。
A．正常。
B．炎症を起こしている。

腱鞘炎

　腱鞘炎は、筋腱が炎症に関連する腱炎とよく似ている。腱の多くは狭いスペース内での移動により大きな摩擦を受ける。この高摩擦部位では、腱は通常、動作の摩擦を緩和する滑液鞘に囲まれている。滑液鞘のなかをスライドする腱がオーバーユースされると、炎症が起きることがある[3]。腱炎の場合と同様、炎症過程により発生する「粘着性」で、スライドする腱をその周囲の滑液鞘に粘着させる習性を持つ物質が生じる。
　腱鞘炎は、手指から手関節を超えて上腕二頭筋腱に至る屈筋腱で最も頻繁に生じる。腱鞘炎の処置は腱炎の処置と同じである。いずれも炎症を起こすので、慢性症状には抗炎症剤が効果的である。

腱鞘炎（tenosynovitis）
腱とその滑液鞘の炎症。

滑液包炎

　滑液包炎は、腱と骨、皮膚と骨、あるいは筋肉と他の筋肉の間で摩擦が起きる関節の周囲に生じる。これらの高摩擦部位に何らかの防御機構がないと、慢性的な炎症となることがある。
　滑液包は、少量の液体（滑液）を内包する滑膜嚢である。油が蝶番を潤滑にするように、これらの小さな滑膜嚢によって、摩擦のない滑らかな動きが可能になる。
　滑液包の周囲に過大な動きや急性の外傷が与えられると、炎症が起こり、大量の滑液が排出される[10]。炎症が長期間続くか、急性外傷が甚大であれば、それだけ多くの滑液が排出される。滑液が特定の部位に滞留し続けると、圧力が増し、その周辺に痛みが生じる。滑液包炎は、激しい痛みを伴う症状で、特に関節の周囲で発症した場合は、動作が大幅に制限されることがある。滑液は、炎症原因の運動または外傷が取り除かれるまで排出され続ける。
　腱が一つの滑液包または滑液鞘によって完全に包囲されることがあり、この場合、狭い部位でより自由な動作が可能になる。もし滑液鞘が炎症を起こすと腱の動きは制限される。すべての関節には、その周囲に多数

滑液包（bursae）
少量の液体を内包する滑膜嚢。

> **13-4 Critical Thinking**
> **頭の体操**——エクササイズ
>
> レスラーが、練習の後に必ず悪化するといってもいいような膝周囲の痛み、腫れ、熱の症状を訴えている。
> **質問**：コーチは、膝の悪化の原因として何を疑うべきか？　またどのように処置すべきか？

の滑液包がある。さまざまな種類の運動の結果として、頻繁に炎症を起こす3つの滑液包がある。鎖骨と肩峰突起の下にある肩関節内の肩峰下滑液包、肘先端の肘頭滑液包、膝蓋骨正面の膝蓋前滑液包である。この3つの滑液包はどれも大量の滑液を排出し、それぞれの関節の動きに影響を与える。

骨関節症

すべての機械類は時間の経過とともに摩滅する。関節は身体の機械系システムであり、正常な活動を続けていても摩滅は不可避である。この摩滅の最も一般的な結果である関節または硝子軟骨の変性は、**骨関節症**と呼ばれる[10]。軟骨の摩滅により、その下の骨が露出し、浸食され、研磨されることもある。

関節の力学的変化の過程は、最終的には関節の変性に至る。変性は、関節と関節の周辺の腱、靱帯、および筋膜への反復的外傷の結果である。このような傷害は、直接的な打撃または落下、圧迫や重い荷物の運搬や挙上、ランニングやサイクリングでの関節への反復的外傷が原因で起こる。

骨関節症は、一般に荷重関節、すなわち膝関節、殿部、腰椎に影響する。また肩や頸椎も影響を受けることがある。他の多くの関節も病的な変性を示すことはあるが、臨床的には骨関節症の症状が見られることは稀である。急性または反復的に外傷を受ける関節は、骨関節症を発症させることがある[12]。

骨関節症の症状は、比較的局所に起こる。骨関節症は、関節の片側に限られるか、関節の周囲に広がる。最もはっきりした症状は痛みである。痛みは摩擦によって起こり、関節を使用すると発現し、安静にしていると沈静する。硬直は安静時に起こり、運動すると直ちに緩和される一般症状である。この症状は、朝起きた時に顕著となる。関節には局所的な圧痛があり、きしむような音が聞こえたり触診できることがある[8]。

> **骨関節症**（osteoarthritis）
> 硝子軟骨の摩滅。

筋筋膜トリガーポイント

トリガーポイントは、細い帯状の筋肉の圧痛部位である。スポーツ選手によく見られる、痛みを伴う活性トリガーポイントは、筋肉の受ける機械的ストレスが原因である[12]。このストレスは、急性筋挫傷や、筋の硬結を誘発する可能性がある長時間の静止姿勢などが含まれる。トリガーポイントが最も発生しやすいのは、頸部、上背部、腰部である。トリガーポイントを触診すると、予測可能な分布部位に関連痛が生じる。この痛みのために、可動域が制限されることもある。トリガーポイントを圧迫すると、痛みで筋肉がひきつったり飛び上がったりするほどの反応が見られる。関連する筋肉の受動的または能動的ストレッチングによってさらに痛みは増す。

> **トリガーポイント**
> （trigger point）
> 細い帯状の筋肉の圧痛部位。

> 訳注）
> トリガーポイント：痛みの引き金（trigger）、原因となっているエリア。

傷害後の治癒過程の重要性

　コーチは、さまざまな治癒過程の流れと時間枠に関する知識を持ち、各段階で起きる特定の生理学的現象を理解しておく必要がある。リハビリテーションプログラムにおける治癒過程への干渉は、完全な活動への復帰を遅らせる可能性がある。治癒過程では、治癒に必要な生体内でのプロセスを行う時間を与えるべきである。理想をいえば、コーチは治癒過程を導く環境を整えるだけでよい。生理学的に治癒過程をスピードアップするためにできることはほとんどないが、治癒の妨げとなり得るためリハビリテーション中に行ってはならないことはたくさんある。

　治癒過程は、炎症反応段階、線維芽細胞修復段階、増殖－再構築段階の3段階からなる[1]。治癒の各段階は、3つの個別の段階として語られることが多いが、治癒過程は連続している。治癒過程の各段階は相互に重なり合い、明確な分かれ目もない[12]（図13－10）。

治癒過程の段階：
- 炎症反応段階
- 線維芽細胞修復段階
- 増殖－再構築段階

炎症反応段階

　炎症反応段階は、受傷後直ちに始まる。この段階は、治癒過程の最重要段階と考えられる。炎症過程で起きる生理学的反応がなければ、その後の治癒段階は起こり得ないからである。組織の破壊は、さまざまな軟部組織の細胞を直接損傷する。この段階では、食細胞が傷害によってもたらされた混乱を一掃する。損傷された細胞は、治癒を促進させる化学物質を放出する。この段階の特徴的症状としては、発赤、腫脹、圧痛、熱、機能障害などがある。この初期の炎症反応は、傷害発生からおよそ2～4日間続く。

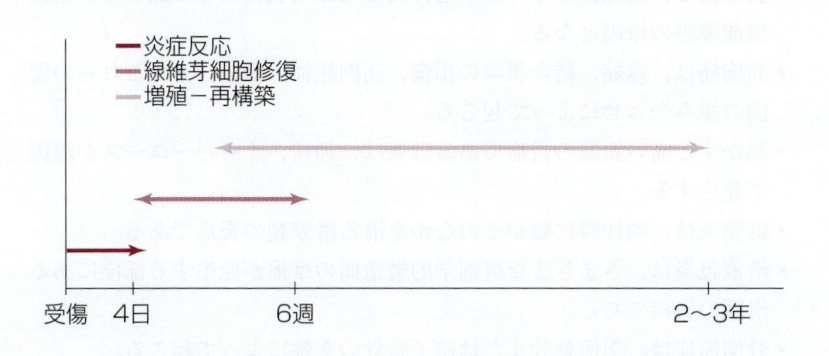

図13－10
治癒過程は、治癒の3段階が重なり合う。

線維芽細胞修復段階

治癒の線維芽細胞修復段階では、増殖および再生活動によって、瘢痕の形成と損傷された組織の修復が行われる。線維増殖と呼ばれる瘢痕形成期間は、傷害発生後2～3時間以内に始まり、4～6週間継続する。この期間中、炎症反応に関連する多くの徴候と症状が沈静化する。選手は触れるとまだ圧痛を訴え、一般に、受傷部位にストレスを与える特定の動作で痛みを訴える。瘢痕の形成が進むと、圧痛や運動痛の訴えは徐々になくなる。

増殖－再構築段階

治癒の増殖－再構築段階は、長期の過程である。この段階の特徴は、瘢痕が受けた張力に従って、瘢痕組織のアラインメント再建と再構築が行われることである。ストレスと機械的張力が高まると、瘢痕を形成しているコラーゲン線維のアラインメントが、張力の方向に平行な最も効率のよい位置で再建される。瘢痕は、損傷のない正常な組織のように強靱ではないものの、組織は徐々に正常な外観と機能を取り戻す。通常約3週間で、硬く、強靱で拘縮した無血管瘢痕ができあがる。治癒の成熟段階は、完成までに数年を要することもある。

まとめ

- 骨折は、若木、横、斜、螺旋、粉砕、嵌入、裂離、縦および疲労骨折に分類される。
- 脱臼と亜脱臼は、関節の周囲の関節包と靱帯構造の断裂である。
- 捻挫は、関節を安定させる線維の過伸展と断裂によって起こる。
- 反復的な打撲傷の結果、骨化性筋炎を発生することがある。
- 筋挫傷は、筋線維とその腱の過伸展または断裂によって起こり、運動機能障害の原因となる。
- 筋肉痛は、痙縮、結合組織の損傷、筋肉組織の損傷、またこれらの要因の組み合わせによって起こる。
- 動かすと痛い筋腱の炎症である腱炎は、通常、オーバーユースが原因で発生する。
- 腱鞘炎は、動作時に腱がそのなかを滑る滑膜鞘の炎症である。
- 滑液包炎は、さまざまな解剖学的構造間の摩擦が発生する部位にある滑膜の炎症である。
- 骨関節症は、関節軟骨または硝子軟骨の変性によって起こる。
- トリガーポイントは、筋肉への機械的なストレスから発現する細い帯状の筋肉の圧痛部位である。
- 治癒過程の3段階である炎症反応段階、線維芽細胞修復段階、増殖－再構築段階は順次発生するが、連続して相互に重なり合って進行する。

頭の体操（エクササイズ）の答え　Solutions to Critical Thinking Exercises

13-1 疲労骨折は、実際の骨折とは異なり、炎症した骨膜の下の骨の障害である。疲労骨折の処置は約2週間の安静が必要である。ただしコーチは、疲労骨折は安静にしていないと真の骨折に至る危険性があること、その場合にはギプス包帯での4～6週間の固定が必要となることを助言すべきである。したがって、この選手には必要な期間だけ安静にすることが重要である。

13-2 生理学的に治癒過程をスピードアップするためにできることはほとんどない。選手は、治癒過程の各段階には必ず特有の生理学的現象が発生することを理解する必要がある。リハビリテーションプログラムにおけるこの治癒過程への干渉は、完全な活動への復帰を遅らせる可能性がある。治癒過程では、治癒に必要な生体内でのプロセスを行う時間を与えるべきである。

13-3 筋肉への反復的な打撲傷は、骨化性筋炎が発生する原因となる。骨化性筋炎の処置で最も重要なのは予防である。筋肉への初期の打撲傷は、直ちにパッドで保護し、傷害の再発を防止する必要がある。

13-4 コーチは、レスラーが、絶えずマットにひざまずくことが原因で滑液包炎を起こしていることを疑うべきである。炎症は、安静、冷却、抗炎症剤、膝の保護パッドによって効果的に処置できる。

復習問題とクラス活動

1．急性傷害と慢性障害の違いは何か？　それぞれの例を挙げよ。
2．さまざまなタイプの骨折と骨折が起こるメカニズムを説明せよ。
3．疲労骨折と通常の骨折はどう違うか？
4．亜脱臼と脱臼の違いを述べよ。
5．関節にはどのような構造が見られるか？　その機能は何か？
6．第1～3度の捻挫について、違いを述べよ。
7．骨化性筋炎とは何か？　どのようにすれば予防できるか？
8．筋挫傷、筋肉痙攣、筋性防御、筋肉痛の違いを述べよ。
9．損傷を受けた神経はどのようにして治癒するのか？
10．腱炎、腱鞘炎、滑液包炎は、相互にどのように関連しているか？
11．骨関節症はどのように発症するかを説明せよ。
12．筋筋膜トリガーポイントとは何か？　最も発生しやすい場所はどこか？　どのような徴候と症状があるか？
13．治癒過程の各段階で起こる生理学的現象について説明せよ。
14．クラスに整形外科医を招いて、筋骨格系の一般的な傷害について討議せよ。

14 足部

Chapter 14

この章を終えると、次のことが説明できるようになる。
- 足の解剖学的構造の概略
- 足に関する傷害の評価法
- 足の傷害を予防するためにとる措置
- 競技スポーツに多い足の障害の原因
- 足の傷害の適切な手当

足の解剖学的構造

骨

人間の足は、力を吸収し、歩行、走行、跳躍中の安定した支持基盤として機能しなければならない。足部には、靱帯や筋膜などの複雑な結合組織と、複雑な筋群によって動かされる26個の骨（7個の足根骨、5個の中足骨、14個の趾骨）で形成されている（図14－1）。足背面（足の甲）は舟状骨、立方骨、3個の楔状骨によって形成される。

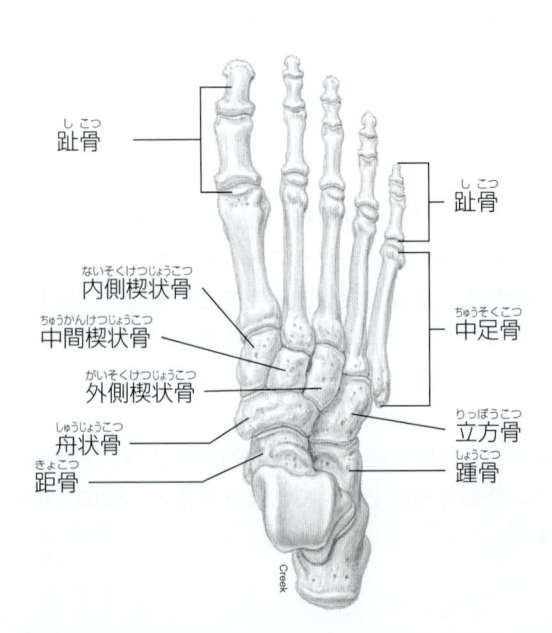

図14－1
足骨の構造、背側

靱帯

足部アーチ

足部は、靱帯と骨によって構成され、複数のアーチを形成する。このアーチは、体重を支え、荷重による衝撃を吸収する足の働きを助ける。アーチには内側縦アーチ、外側縦アーチ、中足アーチ、横アーチの4つがある（図14-2）。

<u>中足アーチ</u>は、中足骨の遠位頭で形成される。このアーチは、第1中足骨から第5中足骨で形成される。<u>横アーチ</u>は、足根骨を横方向に交差して、半球を形成する。<u>内側縦アーチ</u>は、踵骨の内側縁から始まり、第1中足骨の遠位頭まで伸びる。内側縦アーチの主要支持靱帯は底側踵舟靱帯（スプリング靱帯）であり、これは伸ばされた後でアーチを通常の位置に戻すスプリングの働きをする。<u>外側縦アーチ</u>は、足の外側にあり、内側縦アーチと同様の形状を持ち、踵骨、立方骨、第5中足骨からなる。

図14-2

足部のアーチ：
A．中足アーチと横アーチ
B．内側縦アーチ
C．外側縦アーチ

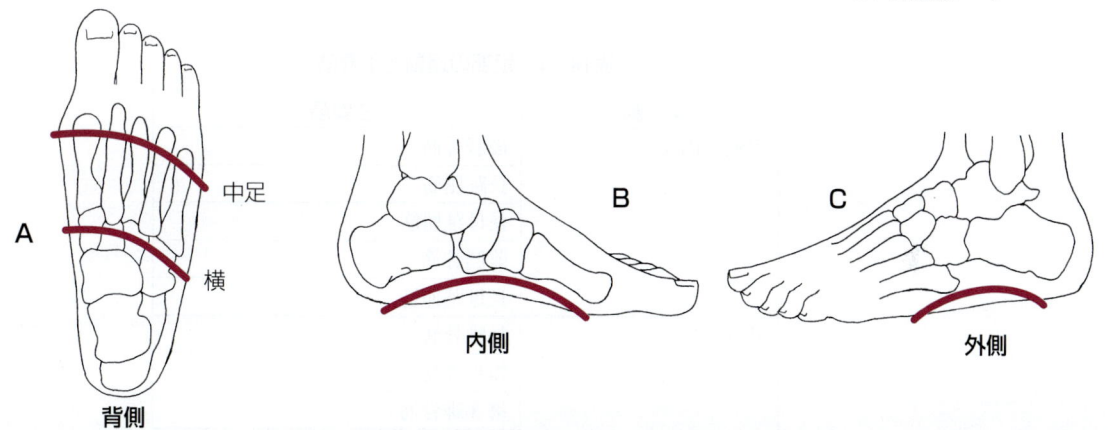

足底腱膜

足底腱膜は、踵骨の内側から始まり中足骨の遠位頭に付着する、厚い白色の線維組織帯である。足底腱膜は、下向きの力に対して靱帯とともに足を支える（図14-3）。

筋肉

内側の動きには、内転（前足部の内側の動き）と回外（内反と内転の組み合わせ）がある。これらの動きを生む筋肉は、内果（内側くるぶし）の後方と前方を通る。後方を通る筋肉は後脛骨筋、長趾屈筋、長母趾屈筋である。内果の前方を通る筋肉は、前脛骨筋と長母趾伸筋である（図14-4）。

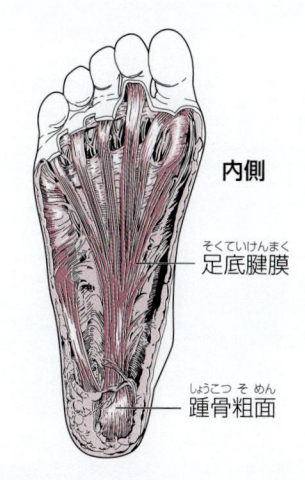

図14-3

足底腱膜

外側の動きには、外転（前足部の外側の動き）と回内（外反と外転の組み合わせ）がある。外果の後方を通る筋肉は、長腓骨筋と短腓骨筋である。外果の前方を通る筋肉は、第3腓骨筋と長趾伸筋である（図14-4A）。

一般に、足底面にある小さな筋群が足趾の屈曲を起こし、足背部にある筋群が伸展と外転を起こす（図14-5）（表14-1）。

足部の傷害の予防

足部の傷害予防のなかで特に重要なことは、足の構造と力学、靴の種類（第6章参照）についての知識を持ち、また地面や床に対して関心を持つことである[16]。コーチは、筋肉や腱の緊張、または筋力低下や過度

表14-1 足部の運動と主要筋

運動	主要筋
内転と内反	後脛骨筋
	長趾屈筋
	長母趾屈筋
	前脛骨筋
	長母趾伸筋
外転と外反	長腓骨筋
	短腓骨筋
	第3腓骨筋
	長趾伸筋
足趾の屈曲	短趾屈筋
	長趾屈筋
	短母趾屈筋
	長母趾屈筋
	短小趾屈筋
	足底方形筋
	虫様筋
足趾の伸展	母趾外転筋
	長趾伸筋
	長母趾伸筋
足趾の外転	母趾外転筋
	背側骨間筋
	小趾外転筋
足趾の内転	母趾内転筋
	底側骨間筋

A 外側

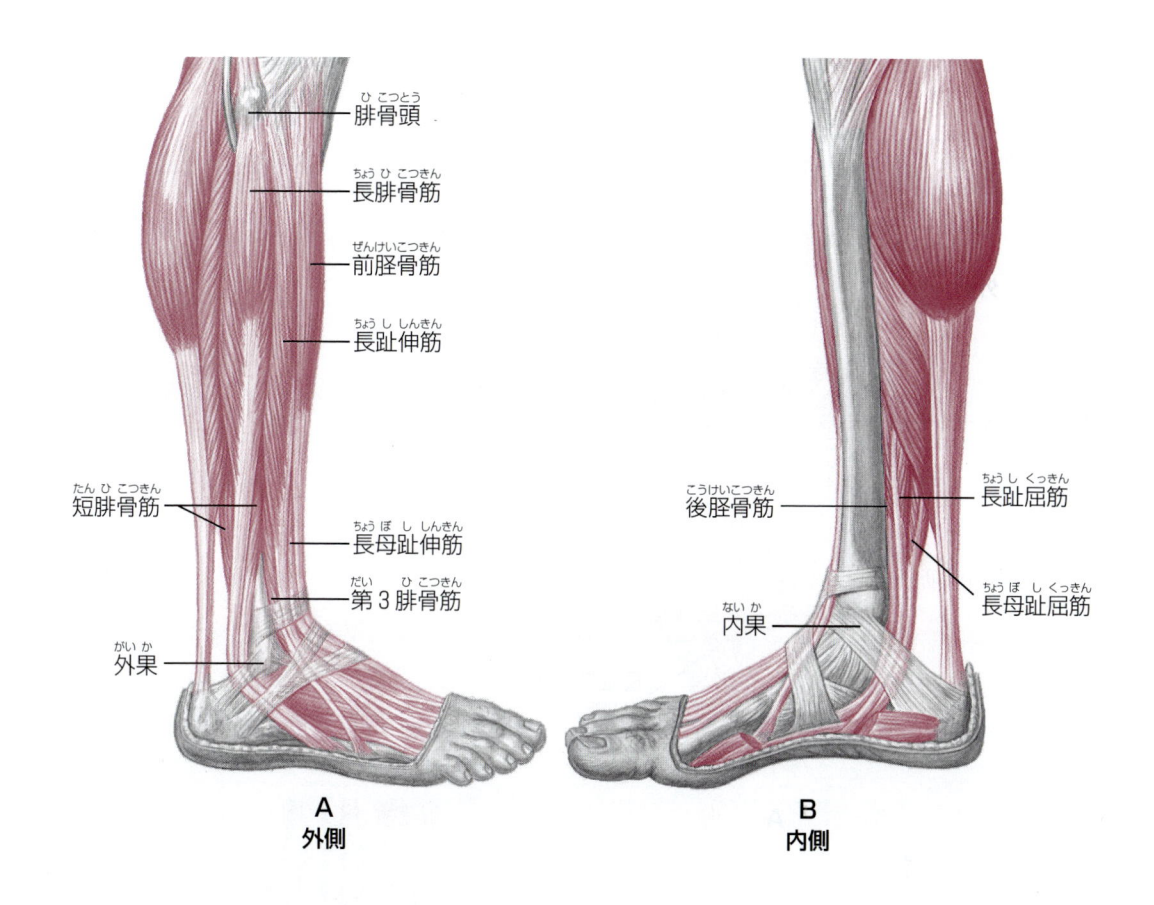

- 腓骨頭（ひこつとう）
- 長腓骨筋（ちょうひこつきん）
- 前脛骨筋（ぜんけいこつきん）
- 長趾伸筋（ちょうししんきん）
- 短腓骨筋（たんひこつきん）
- 長母趾伸筋（ちょうぼししんきん）
- 第3腓骨筋（だいひこつきん）
- 外果（がいか）

B 内側

- 後脛骨筋（こうけいこつきん）
- 長趾屈筋（ちょうしくっきん）
- 長母趾屈筋（ちょうぼしくっきん）
- 内果（ないか）

図14-4
足を動かす下腿部を起始点とする筋肉。
A．外側図
B．内側図

オーソティクス（Orthotic）
靴のなかに挿入または装着して、潜在的な障害となるさまざまな生物力学的異常を補正できるオーダーメイドの中敷。

の可動性が原因の傷害を負ったことのある選手には特に注意を払う必要がある。こうした徴候が初期段階で認識された場合は、運動内容、適当な靴の中敷や**オーソティクス**の使用、足に適合した靴の選択によって通常は対処できる[10]。足に大きなストレスと機械的疲労を与えるスポーツを行う選手は、筋力強化、ストレッチング、可動性エクササイズを習慣的に行うべきである[21]。

　足は絶えず接地面に適応していかなければならない。弾性が変則的で一様でない面でのトレーニングは、最終的には時間の経過とともに足を鍛える場合もある。だが、弾性のない硬い地面は関節や軟部組織に過剰なストレスを与えることがあり、結果として急性または慢性の症状を足部に引き起こしたり運動連鎖部位のどこかに悪影響を及ぼすことがある。対照的に弾性が過剰で、衝撃エネルギーを吸収しすぎる面は、バスケットボールやインドアテニスなどの競技では早期の疲労の原因となる。

　足のほとんどの皮膚外傷は予防できる。選手には足の衛生管理について、運動後の足の洗浄と乾燥、毎日清潔なソックスに履き替えるなど、

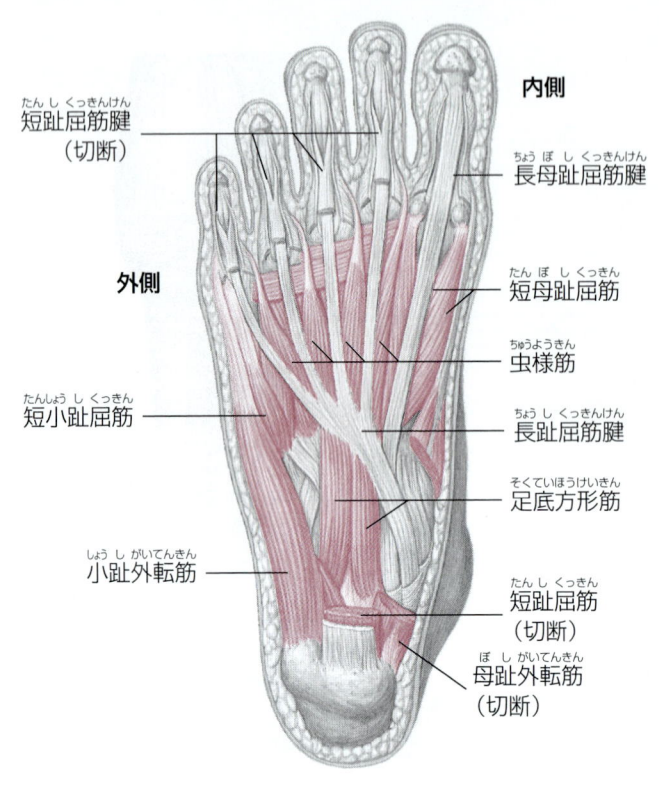

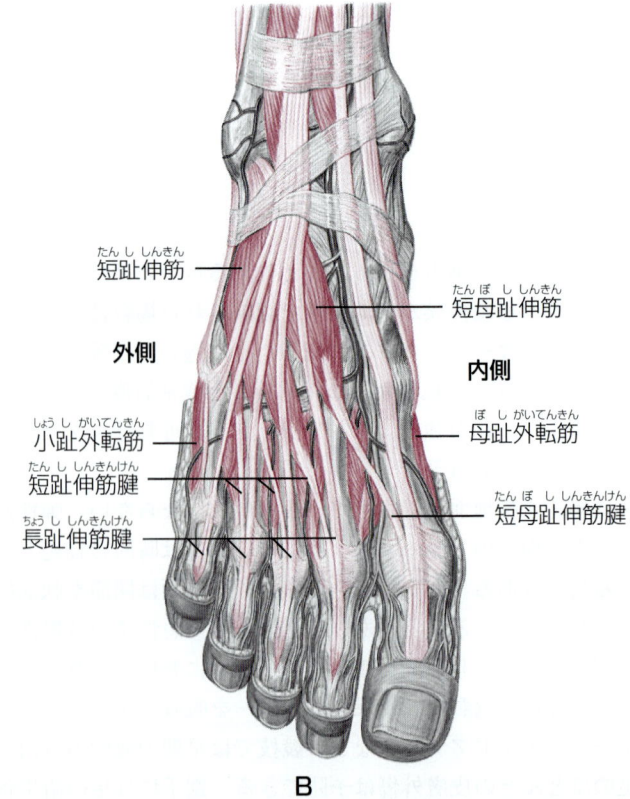

図14−5

足の内在筋群。
A．足趾を屈曲させる足底面の筋群。
B．足趾を伸展させる足背面の筋群。

適切な指示を与える。コーチは、足に適合した靴やソックスを履くことを強調すべきである（第6章参照）。誤った運動力学から足に異常なストレスを受けている選手には、特注のオーソティクスの利用が有効である。

ほとんどの水疱、胼胝（たこ）、鶏眼（魚の目）、陥入爪（巻き爪）は予防できる。

足部の評価

　一般にコーチは、傷害を評価する訓練を受けておらず、またその資格も持たない。コーチは、負傷した選手を、資格を有する医療専門家（医師、アスレティックトレーナー、理学療法士など）のところに必ず通わせ、傷害の評価を仰ぐことが勧められる。以下の特殊テストの内容は、医療専門家が選手の傷害のタイプを判断するために行うテストで、コーチにわかりやすく理解してもらう目的で掲載した。コーチの主な責任は、傷害に対して適切な応急処置を行い、受傷直後の傷害の管理方法について適切な決定を下すことである（第7章参照）。

訳注）
「資格を有する医療専門家」に関して、米国と日本ではスポーツ医療の事情に相違があり、行える行為も異なる。付録A参照。

事情聴取

　足部の傷害の管理方法を決定するために、コーチは傷害のタイプとメカニズムを評価して判断する必要がある。それには、以下の質問を行う。
- 傷害はどのように発生したか？
- 突然発生したのか、徐々に起こったのか？
- 傷害のメカニズムは突発性の足への張力、捻転、打撃のいずれか？
- どのような痛みがあるのか？　筋力低下はあるのか？　動かすと捻髪音のような雑音はないか？　感覚の異常はないか？
- 選手は痛みの部位を正確に指摘できるか？　痛みやその他の症状はどのような時に増減するか？
- 選手がトレーニングしているのはどのようなタイプの地面または床面か？　トレーニングにはどのような靴を使用していたのか？　トレーニングの種類は適切か？　靴を履いた時不快感は増すのか？
- この症状が起きたのは初めてか？　以前にも発生したことがあるか？　もしそうなのであれば、いつ、どのくらいの頻度で、どのような状況下で起きたのか？

視診

選手を観察して、以下の判断を行う。
- 選手は足をかばっていないか？　片足を引きずるような歩き方をしていないか？　荷重に耐えられるか？
- 傷害部位に変形、腫脹、変色はないか？
- 荷重をかけた時とかけない時で足の色が変わる（免荷すると直ちに色が暗色から薄いピンク色に変わる）ことはないか？
- 足のアラインメントは揃っているか？　荷重をかけても形状は維持されるか？

- 靴底にはどのような磨耗パターンが見られるか？ 靴の左右のパターンは対称か？
- 選手の足のアーチは高い（凹足）か、それとも平ら（偏平足）か？

触診

骨構造の触診では、まず変形と圧痛点の部位をチェックする。足部の筋肉とその腱の触診では、**圧痛所見**、異常な腫脹、またはこぶ、筋硬結、または筋性防御を検出することが重要である[3]。足関節前面にある足背動脈の拍動を触診して、血液の循環が正常かどうかをチェックする。

> **圧痛所見**（point tenderness）
> 傷害部位を触診すると痛みが感じられる。

足部の傷害の認識と管理

踵骨腱滑液包炎（パンプバンプ）

原因 踵骨腱滑液包は、踵部後方の踵骨とアキレス腱の間にある。この滑液包は、靴のヒールカウンターによる継続的な摩擦や圧迫により慢性的な炎症を起こしたり腫れたりすることがある[9]。炎症が何カ月も続くようなら、踵部後方に仮骨、すなわち**外骨腫**が形成されている可能性がある（図14-6）。この外骨腫は**パンプバンプ**とも呼ばれる（パンプスとは、踵が低くて踵骨腱滑液包にヒールカウンターが当たる傾向を持つ女性の靴のタイプである）。この症状は、青少年選手の踵骨後方のアキレス腱付着部位に慢性的炎症を起こす、セーバー病（踵骨骨端症）とは区別されなければならない。

> **外骨腫**（exostoses）
> 骨の隆起。仮骨形成。

図14-6
踵の滑液包炎が進行して発現するパンプバンプは、ドーナツパッドを使用して保護できる。

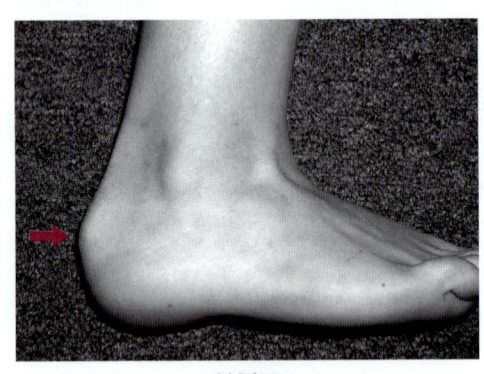

外側図

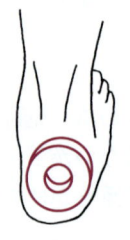

徴候 滑液包炎のすべての徴候―圧痛、腫脹、発熱、発赤―が存在し、進行して最終的には踵骨後方に触診可能な軟骨の瘤を形成する。

処置 ドーナツパッドをつくり圧痛部位の周囲に当て、ヒールカウンターによって生じる圧力を拡散する。また、踵を持ち上げることによって、圧迫する部位を変えることもできる。選手は、現在使用している靴よりもヒールカウンターが少し高いか低い靴を選ぶとよい。

踵の打撲傷

原因 選手が受けるかもしれない多くの打ち身、打撲傷のうち、踵骨下部の踵の打撲傷ほど運動を続行不能にするものはない[20]。バスケットボールでの跳躍、走高跳、跳馬のように、突然の静止やダッシュ、あるいは左右から上下への急激な動きの変更を要求されるスポーツは、とりわけ踵の打撲傷を起こしやすい[9]。踵は厚く角質化した皮膚層を持ち、厚い脂肪で覆われているが、この厚い層でさえ、急激で異常な力がこの部位に加えられた場合は耐えることができない。

徴候 打撲を受けた場合、選手は踵の激痛を訴え、荷重のストレスに耐えられない。急性の踵の打撲傷は、進行して慢性の骨膜炎になることがある。

処置 まず踵の打撲傷を冷やし、できれば選手は少なくとも24時間は踵を地面につけないようにする。3日目までに歩行時の痛みが治まったら、軽度の運動をしてもよい。その際、ヒールカップやドーナツパッドなどの保護具を用いる（図14-7）。コーチは、踵に打撲を受けやすく、打撲からの保護を必要とする選手が、予防措置としてフォームラバーパッドなどが付いたヒールカップを習慣的に当てるように配慮する。踵をしっかりしたヒールカップで包むことによって、外傷の原因となる外力を拡散できる[11]。

> 踵に打撲を受けやすい選手は、習慣的にパッド付きヒールカップを装着すべきである。

図14-7
踵の打撲傷の保護
AとB．ヒールカップ
C．ドーナツパッド

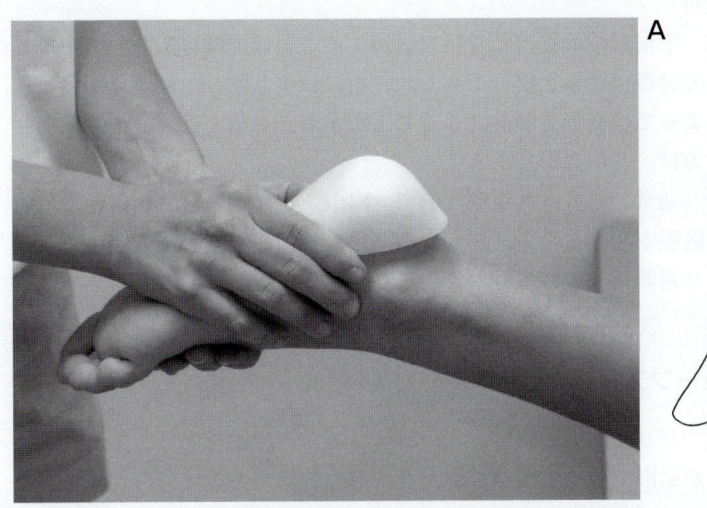

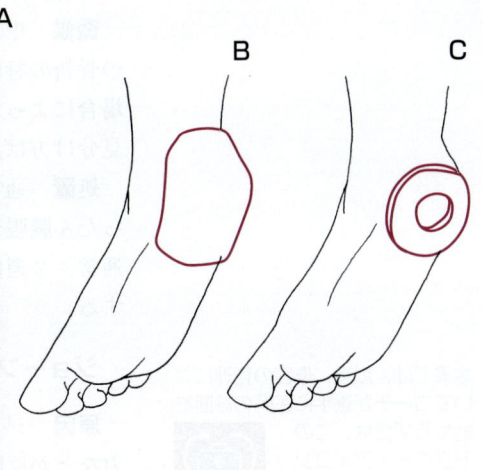

足底腱膜炎

原因　踵の痛みは、スポーツ選手にも、スポーツをしない人にも共通する問題である。足底腱膜は、足底の縦の長さに沿って走る（図14-3参照）。足部の安定性を維持し、内側縦アーチを支える働きがある[7]。足底腱膜炎の原因としては、これまで多くの研究がされてきた。両脚の長さの不一致、内側縦アーチの不撓性、腓腹筋―ヒラメ筋の拘縮、十分なアーチサポートがない靴の着用、ランニングにより拡大しすぎた歩幅、柔らかい地面でのランニングなどが原因として考えられる[7]。

徴候　選手は、踵骨前部（通常は足底腱膜の踵骨への付着部位）の痛みを訴える。この痛みは最終的に、足底腱膜の中心へと移動する[18]。特に選手が起床した時や長時間座った後で足に荷重をかけた時に強く感じる。ただし、数歩歩くと痛みは弱まる。また、足趾と前足部を力ずくで背屈させる時にも痛みを強く感じる。

処置　足底腱膜炎の管理には、一般に長期間の処置が必要である。症状が8週間から12週間続くことも珍しくはない。足底腱膜アーチを伸ばすエクササイズとともに活発なアキレス腱のストレッチングを行うことを推奨する[18]。ヒールカップの使用により、踵骨の下の脂肪体が圧縮され、炎症部位の下のクッションとなる（図14-7参照）。多くの場合、簡単なアーチのテーピングによって歩行時の痛みを取り除くことができる。この症状の処置としては、オーソティクスを用いた治療が非常に効果的である。場合によっては競技シーズン中症状や関連痛がひどくない場合は、選手はトレーニングや競技を続けることもある。

中足骨の骨折

原因　中足骨の骨折は、他の選手に踏まれたり、蹴られたり、物を蹴ったり、あるいは屈曲や捻転のストレスというような直達外力が原因である[9]。最も一般的な急性骨折は、第5中足骨の基部に起こる（ジョーンズ骨折)[2]。

徴候　中足靭帯の捻挫と骨折を区別することは非常に難しい。中足骨の骨折の特徴は腫脹と痛みである。骨折にはより強い圧痛所見が見られ、場合によっては変形を触診できることがある。骨折と捻挫の最も確実な見分け方は、X線撮影である[4]。

処置　通常、処置は対症療法的で、PRICEを用いて腫脹を抑える。いったん腫脹が治まったら、3～6週間は歩行用短下肢ギプスをはめる。通常、2週間目までに歩行が可能になる。先端が幅広の靴を履くようにする。

ジョーンズ骨折

原因　ジョーンズ骨折は、オーバーユース、急激な内反、高速の回旋力などが原因で発生する第5中足骨基部の骨折である（図14-8）。一般にジョーンズ骨折は、疲労骨折の続発症として起こる[2]。

14-1 Critical Thinking
頭の体操――エクササイズ

長距離ランナーが、踵の底から始まり現在は縦アーチにも痛みが出現し、困っていると訴えている。彼女によると、朝ベッドから出る時に一番痛いらしい。
質問：このような苦痛の原因となる状況はどのようなものか？　またこの問題はどのように管理すべきか？

本書では、以後、傷害の管理についてコーチが選手に医師の診断を勧める場合は、このドクター・アイコンのマークで示す。

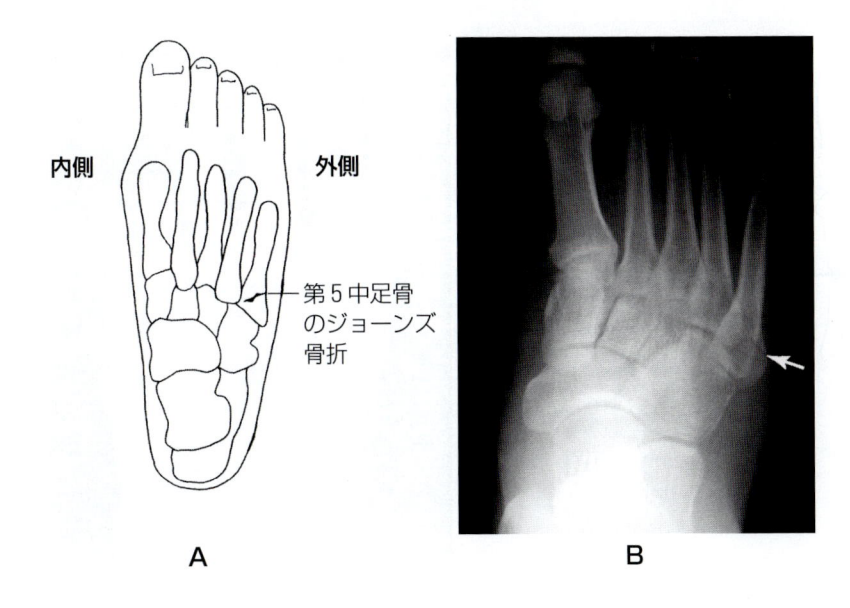

図14−8
A．ジョーンズ骨折は第5中足骨の基部に発生する。
B．X線写真。

徴候 選手は、足の外側縁に鋭い痛みを訴え、断裂音が聞こえることもある。貧血や治癒の遅れなどの既往症があると、長期のリハビリテーションを必要とする骨癒合不全を起こすこともある[8]。

処置 第5中足骨のジョーンズ骨折には通常、非転位骨折用の免荷短下肢ギプスを6〜8週間適用する。遅延癒合や癒合不全、特に転位骨折の場合は、ジョーンズ骨折には骨移植を伴う、あるいは伴わない外科的な処置が適用となる。過激な競技を行う選手の場合、直ちに外科的内固定を行うことを推奨する[13]。

第2中足骨の疲労骨折

原因 第2中足骨の疲労骨折は、行軍骨折とも呼ばれ、ランニングや跳躍種目で最も頻繁に起こる。足部の他のオーバーユース障害と同様、一般的な原因には、足の構造的変形、誤ったトレーニング、トレーニングする地面（床）の変化、足に適合しない靴などが挙げられる[8]。

モートン症候群は、第1中足骨が異常に短く、第2趾が母趾よりも長く見える症状である（図14−9）。通常の歩行では、第1中足骨に体重のほとんどの荷重がかかる。だが、モートン症候群では第1中足骨が短いため、歩行時に第2中足骨に大きな荷重がかかり、走行時にはさらに大きな荷重がかかる。このため、モートン症候群により第2中足骨が疲労骨折する危険性が高くなる[9]。

徴候 選手は通常、第2中足骨に沿った痛みと圧痛所見を訴える。一般に選手は、走行中、場合によっては歩行中も痛みを感じる。免荷運動の間も進行性の痛みや疼痛を感じることもある。

処置 疲労骨折の処置では、原因の特定と症状の緩和が重視される。第2中足骨が疲労骨折している選手は、適度に安静にし、プールランニングや上肢エルゴメーターまたは固定バイクなどを使用して免荷エクササイズを2〜4週間続け、心肺機能を維持するようにしていると症状が

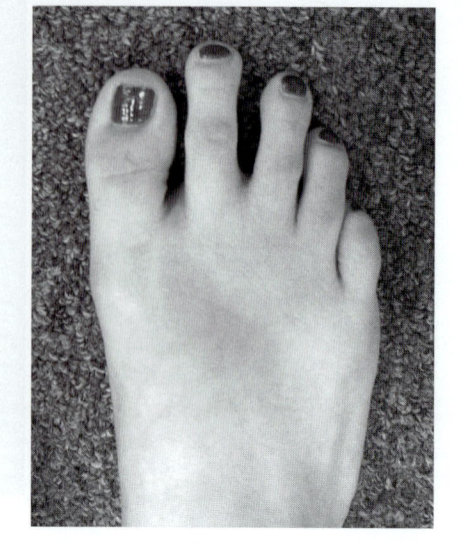

図14－9
モートン症候群では第1中足骨が異常に短い。

疲労、悪い姿勢、オーバーユース、体重過多、または足に適合しない靴は、アーチの支持組織に損傷を与えることがある。

好転する傾向がある。選手は、これらのエクササイズを継続して行うと、2～3週間後には適合した靴を履いて徐々に元のランニングや跳躍種目に復帰できる。

中足骨アーチの機械的疲労

原因 靱帯の弛緩症により中足骨が過度可動性である選手は、中足アーチの捻挫を起こしやすい[8]。過度可動性により足の中足骨は大きく開き（開帳足）、中足アーチが低下したような外観となる（図14－10）[15]。

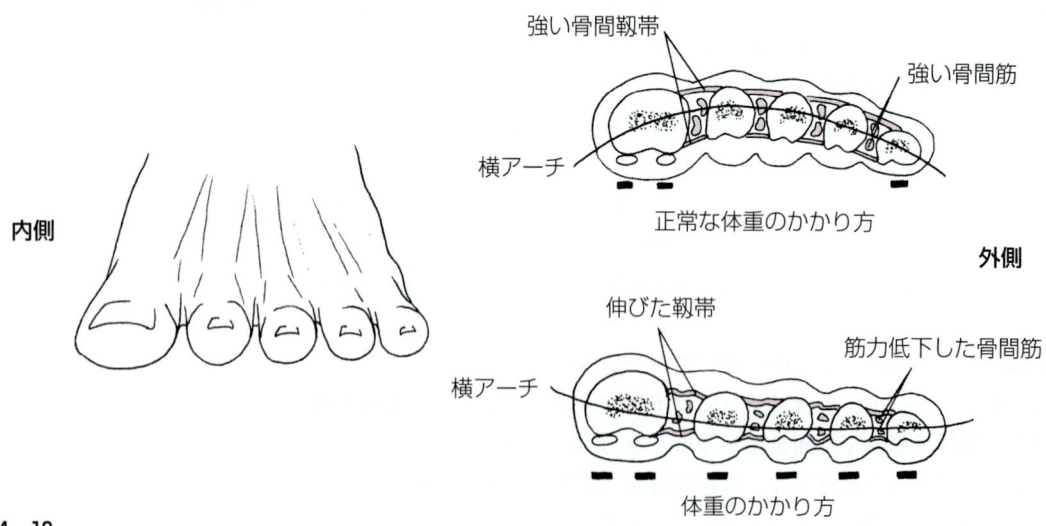

図14－10
過度可動性の中足骨は大きく広がる。

徴候 選手は、中足部に痛みまたは痙攣が起こる。この部位には、炎症と弱化の徴候を伴う圧痛所見が見られる。この部位の痛みは、**中足骨痛**と呼ばれる[15]。中足骨痛は、足趾球の痛みまたは痙攣を指す一般用語だが、通常第2中足骨骨頭、時として第3中足骨骨頭の下の痛みを指すことが多い。この痛みの部位に大きな胼胝(べんち)が形成されることがよくある。

処置 急性中足骨痛の処置は、通常、パッドを当て低下した中足骨頭を持ち上げる。パッドは、足部中央、足趾球（中足骨頭）の後方に当てる（図14-11）。足部の筋力強化とアキレス腱のストレッチングに集中して毎日のエクササイズを行う。

縦アーチの挫傷

原因 縦アーチの挫傷は通常、足底表層の筋肉が硬い地面や床面などの競技面と接触して、異常なストレスや外力を受けると発生する。このような状況では、足に最も体重がかかっている時に縦アーチの偏平化や低下が起き（**偏平足**）、その結果アーチに挫傷が発生する[19]。縦アーチの挫傷は突発的に発生することもあれば、長時間かけてゆっくり進行することもある。

徴候 痛みは通常、走り出そうとする時に内果と後脛骨筋腱のすぐ下に起こり、足部の内側に沿った腫脹と圧痛を伴う。長引く筋挫傷は、踵舟靱帯や、舟状骨と内側楔状骨にも及ぶことがある。母趾の屈筋（長母趾屈筋）は、靱帯にかかるストレスを埋め合わせようとするオーバーユースの結果、圧痛を起こすことが多い。

一般的に、疾患や痛みを伴わない偏平足や低下した縦アーチを持つ人は多い。このような場合に従うべき慣習は、「折れていないなら固定しない」「変えなくてもこのままでいい」ということである（図14-12）。

処置 縦アーチの挫傷の管理には、PRICEを用いた迅速な処置の後、適切な治療と荷重制限が必要である。荷重をかけた時痛みがあってはならない。アーチのテーピングを使用すると、比較的早い段階から荷重による痛みを抑えることができる。

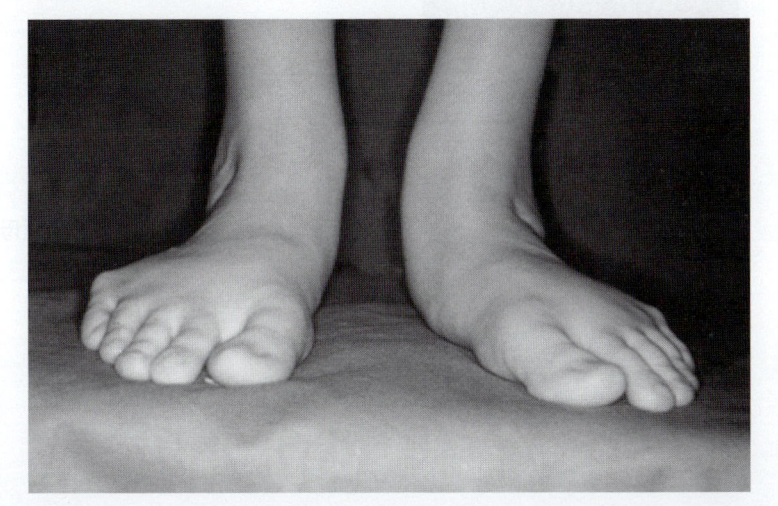

中足骨痛（metatarsalgia）
足底の中足部の痛み。

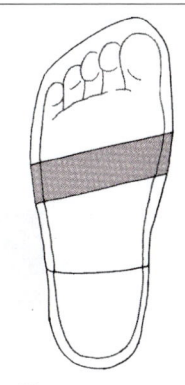

図14-11
中足骨骨頭の後部に当てた中足パッドは中足骨痛を緩和する。

扁平足（pes planus）
（土踏まずが消失した）平らな足。

足の既存の状態が痛みを起こすものでない限り、矯正してはいけない。

図14-12
低下した内側縦アーチ

足趾の骨折と脱臼は、物を蹴ったり足趾を激しく打ったりすると発生する。

趾節骨の骨折と脱臼

原因 趾節骨の骨折は、物を蹴ったり、足趾を打ったり、また重いものを足趾の上に落としたりすると発生する。

徴候 趾節骨の骨折や脱臼は、一般に腫脹や変色を伴う。骨折部位が母趾の近位または遠位趾骨であるか、趾節間関節にも関連する場合は、即座に医師の診断を仰ぐ必要がある。

処置 もしも骨幹を骨折した場合は、テーピングを行う。ただし、足趾の骨折が複数の場合は、何日間かのギプス固定が必要となる。通常、圧痛がしばらくの間持続するが、3〜4週間安静にしていれば治癒する。靴を履く時は、前足部が幅広になっているものを選ぶ。母趾骨折の場合は硬い底の靴を履くのがよい。

足趾の脱臼は骨折より少ない。脱臼は、通常、趾骨の中節骨の近位関節に発生することが最も多い。傷害のメカニズムは、骨折の場合と同じである。整復は医師の手によって麻酔なしで容易に行われる。

14-2 Critical Thinking
頭の体操──エクササイズ
フィールドホッケー選手がアスレティックトレーナーに、左足の第1中趾節関節の腫脹、圧痛、および鈍痛を訴えている。検査したところ、アスレティックトレーナーは母趾が外側に反っていることに気づいた。
質問：この症状を一般に何というか。またその原因は何か？

バニオン（外反母趾に伴う変形）

原因 外骨腫とも呼ばれるバニオンは、第1中足骨骨頭の痛みを伴う変形である。バニオンは、第1中足骨の骨頭の骨性肥大で、進行すると母趾はアライメント不良を起こし、外側の第2趾のほうへ曲がる。場合によっては、最終的に第2趾にかぶさるほど悪化し、外反母趾と呼ばれる変形を起こすこともある（図14-13）[12]。この種のバニオンは、横アーチの低下や扁平足にも関連することがある。バニオンは、先がとがった靴、幅の狭い靴、小さすぎる靴、ハイヒールなどを履くことが原因で形成されることが多い。

徴候 バニオンは、最も頻繁に見られる、痛みを伴う母趾の変形である。初期のバニオンには、圧痛、腫脹のほかに、第1中足骨骨頭の石灰沈着を伴う肥大がある。足に合わない靴は炎症や痛みを増大する。

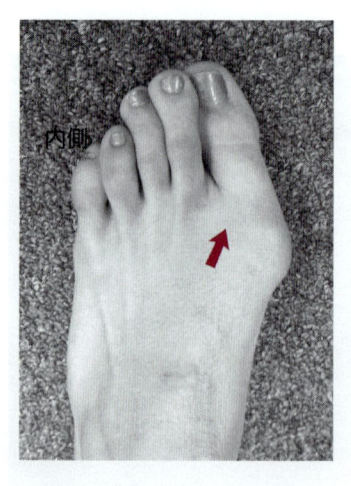

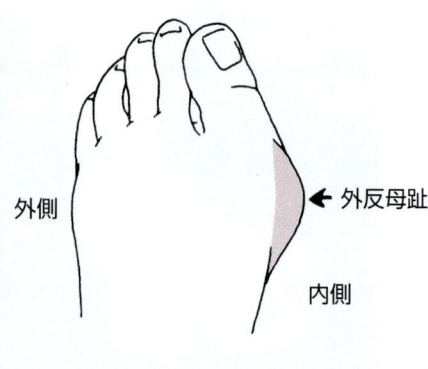

図14-13
外反母趾による変形を伴うバニオン

処置 靴の選択は、バニオンの処置に重要な役割を果たす。適度な幅がある靴は、バニオンの炎症を和らげる。ドーナツパッドなどの保護具はバニオンに当てると圧力を分散させる効果があり、またテープも使用できる。症状が悪化した場合は、特注のオーソティクスの使用が足の機能の正常化に役立ち、バニオンの症状と進行を抑えるのに有効である。この病状がさらに進んだ段階では、外反母趾に伴う変形の治療には外科手術が適用されることが多い。

モートン神経腫

原因 足部の**神経腫**は、総足底指神経に発生する塊である。一般に、第3および第4中足骨骨頭の間に発現する。この部位は、内側と外側の足底神経分岐を受容するため、神経が最も密集している[12]（図14-14）。

徴候 選手は、中足骨遠位骨頭から足趾の先端に放射状に広がる激しい間欠性の痛みを訴える。この痛みは、足から荷重を取り除くと軽減されることが多い。選手は、第3趾間に局在し足趾に放射状に広がる前足部の焼けるようなしびれ感を訴える[11]。荷重による足趾の過伸展、たとえばスクワット、階段を昇ること、ランニングなどにより症状が悪化することがある。爪先のとがった靴やハイヒールを履いても症状は悪化する。

処置 荷重をかけた時に中足骨骨頭の間を広げるには、中足パッド（図14-11）を中足骨骨頭の近くに当てるか、涙滴型パッドを第3および第4中足骨の骨頭の間に当てる（図14-15）。神経腫の処置には、靴の選択も重要である。爪先の広い靴を選択すべきである。

神経腫（neuroma）
神経の肥大。

14-3 Critical Thinking
頭の体操——エクササイズ
サッカー選手が、左足の第3趾と第4趾の間の部位に間欠性の痛みを訴えている。チクチク感としびれ感を伴う痛みは、荷重をかけると足趾の基部から先端に広がるようである。
質問：通常このような症状を起こす条件は何か？　またその管理方法は？

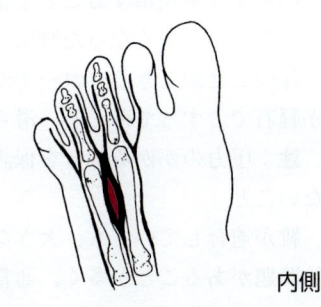

図14-14
モートン神経腫は通常、第3および第4中足骨骨頭の間に起こる。

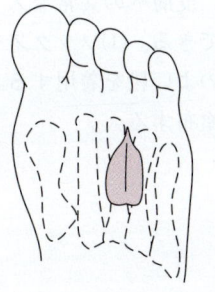

図14-15
涙滴型パッドは、荷重がかかると中足骨骨頭の間隔を広げる。

ターフ・トゥ（Turf Toe）

原因 ターフ・トゥとは、反復的オーバーユースまたは外傷による母趾の捻挫が原因で発生する過伸展傷害である[14]。この傷害は天然芝でも発生するが、一般に硬い人工芝上で発生する。多くは、人工芝用シューズが弾力性に富み、母趾の過大な伸展が許容されるのが原因である。人工芝用シューズの前足部に鋼材やその他の素材を加えて、弾力を抑えることでこの問題に対処している靴メーカーもある。母趾の捻挫は、硬い物体を蹴ることでも発生する[3]。

処置 薄い鋼板でできた平らな中敷を前足部の下に敷く。既製品がない場合は、薄くて平らな熱可塑材を靴の中敷の下に敷くか、足に合わせて鋳造する。母趾の伸展を防止する母趾テーピングを単独で、あるいは靴への中敷の挿入と組み合わせて行う（図11-13参照）。軽傷の場合、選手は、硬い中敷を使って競技を続けることができる。捻挫が重傷の場合、選手が母趾で地面を強く蹴ることができるようになって痛みが治まるまでには3～4週間かかる。

胼胝（たこ）

原因 足の胼胝は、幅が狭すぎるかサイズの小さすぎる靴が原因でできることがある。摩擦によって大きくなる胼胝は、脂肪層が柔軟性と弾力性を失うので激しい痛みを伴う。異常発達した胼胝は大きな塊となって動き、傷つきやすく、裂けたり、ひび割れたり、最終的には感染症を引き起こしたりする[5]。胼胝の下に水泡ができることもよくある。

処置 肥厚した胼胝が発生しやすい選手には、毎回シャワー後、胼胝用のやすりを使用することを推奨する。練習後、少量のラノリン・クリームをやわらかくなった胼胝に週1、2回擦り込めば、組織をしなやかに保つことができる。コーチが、選手の肥厚した胼胝をサンドペーパーか軽石でこすって薄くし、滑らかにするのもよい。

注：圧力のかかる部分を保護するため、胼胝を完全に除去してしまわないこと。

靴が適合していても、大きな胼胝が発生している選手は、足部に機能的問題があることが多く、通常、特殊なオーソティクスを必要とする。ウェッジ、ドーナツパッド、アーチサポート（土踏まずを支えるもの）などの特殊なクッションを用いる方法は、足にかかる体重を平均的に分散し、皮膚への異常なストレスを軽減する。胼胝の肥大は以下の方法で防止できる。(1)ソックスを2足以上重ねて履く。(2)正しいサイズで履き心地のよい靴を着用する。(3)摩擦を防ぐため、ワセリンなどの潤滑剤を常時塗布する。

Critical Thinking 14-4
頭の体操──エクササイズ
練習も競技も人工芝で行っているアメリカンフットボール選手が、右母趾の痛みを訴えている。
質問：人工芝での競技では、一般にどのような種類の傷害が母趾に起こるか？

訳注）
ラノリン・クリーム：羊毛に付着する油脂性の分泌物を精製したクリーム。

水疱

原因 皮膚への剪断力によって、水疱が発生し、液体が表皮層の下にたまる。この液体は透明の場合もあるが、血液が混入していることもある。柔らかい足には、剪断するような皮膚への外力が加わると重度の水疱が発生することがある。潤滑剤の塗布によって、異常な皮膚摩擦を防止できる。敏感な皮膚を持つ選手や発汗量の多い選手には、折り返しやしわのないソックスが望ましい[2]。正しいサイズの靴を履くことは必須である。靴は、長時間使用する前に、しっかり足に馴染ませておくべきである。

処置 水泡が発生したり皮膚の局所が熱くなってきたら、選手は以下のいずれかの処置を選択する。

(1) 炎症を起こしている皮膚にワセリンのような摩擦防止のための潤滑剤を塗布する。
(2) 水疱を絆創膏などで覆う。
(3) 水疱を囲むようにドーナツパッドを当てる。

水疱の処置の際コーチが注意すべきことは、不潔にすると感染症を起こす危険性があるということである。水疱が感染症を起こしている場合は、必ず医師の処置を受ける必要がある。スポーツ活動における水疱の処置には、通常2つの方法が用いられる。すなわち、保存的方法と切開する方法である。保存的方法では、切開や穿刺によって水疱が細菌に感染することはないが、初期の炎症が治まるまでは、小さなドーナツパッドを当てて傷を広げないよう保護する必要がある（図14-16）。水疱内の液圧のために激しい痛みが生じて、場合によっては競技力に影響することもある。選手が競技や練習を続けるためには、穿刺が必要となることもある。フォーカスボックス14-1に、水疱の切開方法を詳しく述べる。運動中に水疱が破れたり悪化したりする恐れがほとんどない時には、保存的処置を推奨する。セカンドスキンと呼ばれるSpenco社製品は、水疱の保護膜として広く使用されている。

鶏眼（魚の目）

原因 硬鶏眼は、最も重症の鶏眼である。原因は、胼胝を起こすメカニズムと同様、足に適合しない靴の圧迫による。ハンマー状趾と硬鶏眼は併発することが多い。硬鶏眼は、変形した関節の摩擦の多い部位にできる。軟鶏眼は、幅の狭い靴と足の多汗症があいまって発生する（図14-17）[5]。

徴候 通常、鶏眼は第4趾と第5趾の間に発生する。厚くて白いふやけた皮膚の円状部分が、足趾の基部の間に現れ、鶏眼の中心部には黒い点が確認できる。痛みと炎症の両方が同時に発生する。症状は局所的な痛みと機能低下で、炎症と軟部組織の肥厚を伴う。

処置 軟鶏眼の処置で最良の方法は、足に適合した靴を履き、足趾間の皮膚を清潔に保ち、乾燥させ、足趾間に木綿か羊毛を挟んで広げ、圧

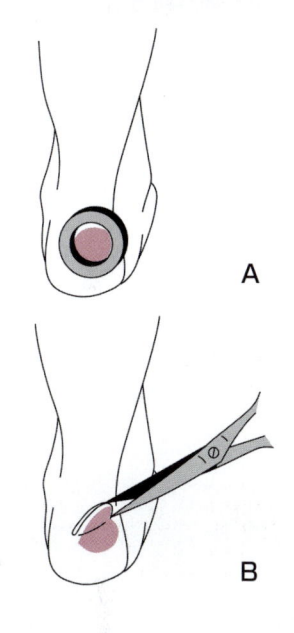

図14-16
水疱の処置はケースバイケース。
A．選手が競技を続けられるように切開してパッドを当てる。
B．最終的に壊死した皮膚を取り除く。

図14-17
A．硬鶏眼は足趾上部に、通常はハンマー状趾に関連して発生する。
B．軟鶏眼は通常、第4趾と第5趾の間に発生する。

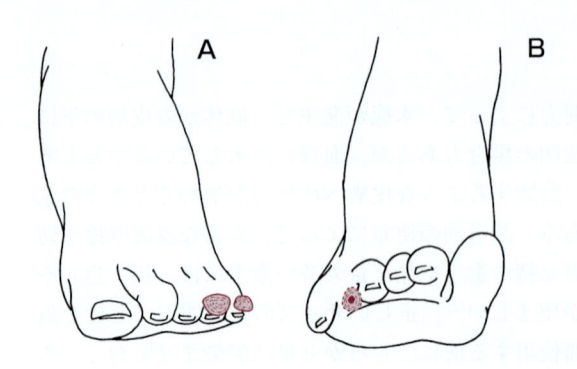

迫を軽減させることである。硬鶏眼の場合、選手は温かい石鹸液に毎日足をつけて、硬鶏眼をやわらかくする。炎症を緩和するには、ドーナツ型の小さなフェルトやスポンジを当てて鶏眼を保護する。

14-1 Focus Box　フォーカスボックス

破れた水疱の処置
1．石鹸と水で水疱と周辺の組織を洗浄し、消毒剤を塗布する。
2．水疱が破れたら、滅菌したガーゼを使用して水疱液を排出させる。
3．破れた皮膚の下と周囲に抗生物質軟膏を塗布し、その部位を滅菌ガーゼや包帯で覆う。
4．水疱の周囲にドーナツパッドを当てる。
5．ガーゼや包帯は毎日取り換え、感染症の徴候が現れていないか調べる。
6．2、3日以内、あるいは皮下組織が十分に硬くなったら、水疱の境界線にできるだけ近い部位を切り取って、壊死した皮膚を取り除く。

陥入爪（巻き爪）

原因　陥入爪は、足趾の爪の側端が軟部組織のなかへと伸びていく状態で、通常、重度の炎症や感染症に至る[1]。

処置　選手の靴が適切なサイズと幅であることが重要である。というのは、足趾の爪への継続的圧迫は重度の炎症、あるいは爪が食い込む原因となるからである。一般に陥入爪は、爪を正しく切ることで防止できる。常に爪を切っておけば、爪の端が近くの組織に食い込むことがない。また爪は、爪下の組織を傷つけないように必要な長さを保ち、かつ靴やソックスの刺激を受けないように十分短くすることも大切である。フォーカスボックス14-2に、陥入爪の手当を詳しく述べる。

14-2 Focus Box　フォーカスボックス

陥入爪の管理

1. 日に2、3回、約20分間、足趾を熱めの湯（43.3〜48.8℃）につける。
2. 爪が柔らかく、曲げやすくなった時、ピンセットでひとつまみの綿を爪の端の下に差し込み、軟部組織から持ち上げる。
3. この手順を、爪が十分に伸びて、横にまっすぐに切れるまで続ける。

　　陥入爪は感染しやすい。感染した場合は、選手は速やかに医師の診断を仰ぐ必要がある。

足趾の爪下出血（爪下血腫）

原因　足を踏みつけられたり、足趾の上に物を落としたり、物を蹴ったりした結果、足趾の爪下に内出血することがある。長距離ランナーの靴のなかに発生する、足趾の爪に反復的に加えられる剪断力も、爪床に内出血を起こす原因となる。いずれの場合も、爪下の狭い部位に蓄積される内出血は、激しい痛みを起こし、最終的には爪の剥離の原因となる[1]（図14-18）。

徴候　爪床への内出血は、即時に発生することもあれば、ゆっくり進行することもあるが、いずれにせよ激しい痛みを伴う。足趾の爪下部位は青紫色になり、爪をわずかに加圧しただけで激痛を起こす。

処置　患部に直ちにアイスパックを当て、足を挙上して出血を止める。その後12〜24時間以内に、爪床に貫通する小さな穴を開け（穿孔）、爪下の内出血による圧力を解放する。この穿孔は無菌状態で行う必要があり、医師かアスレティックトレーナーが行うことを推奨する。血液がさらに蓄積されることがあるため、2度目の穿孔が必要になることは珍しくない。

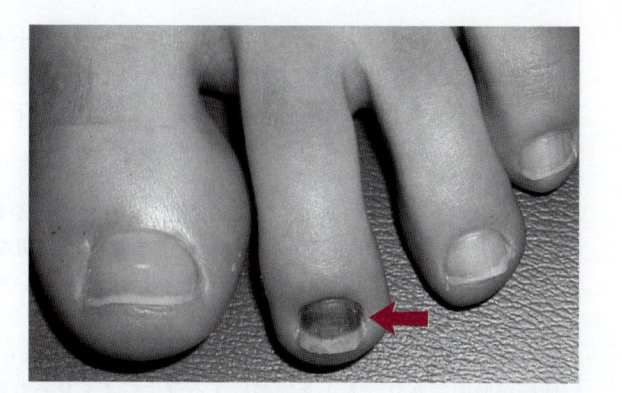

図14-18
第2趾の爪下血腫の例

まとめ

- 人間の足は、力を吸収し、歩行、走行、跳躍中の安定した支持基盤として機能しなければならない。
- 足の26個の骨は、靱帯と筋膜の複雑な結合組織と筋群に動かされる。
- 足の傷害は、足に適合した靴を選択することによって予防でき、また各種のオーソティクスを靴に挿入することによって異常な外力、ストレス、および筋挫傷から足を保護できる。
- パンプバンプは、踵部後方の慢性的な踵骨腱滑液包炎から発生する。
- 足底腱膜炎は、踵骨の前内側部、通常は足底腱膜の踵骨への付着部位に発生する痛みである。ストレッチング・エクササイズと組み合わせてオーソティクスを使用すると、痛みの軽減に効果がある。
- ジョーンズ骨折は、第5中足骨基部の骨折で、治癒に時間がかかることが多い。
- 足部の最も一般的な疲労骨折は、第2中足骨に起こる（行軍骨折）。
- 中足アーチと縦アーチの捻挫には、靴に適切なインソールを挿入することが最良の処置方法である。
- バニオンは母趾が外反母趾位置になる第1中足骨骨頭の変形である。
- モートン神経腫の処置では、中足バーを中足骨骨頭の近くに当てるか、涙滴型パッドを第3および第4中足骨の骨頭の間に当てて、荷重をかけた時中足骨骨頭を広げるようにする。
- ターフ・トゥは、母趾の捻挫によって起こる過伸展傷害である。
- 靴を履いている足は、胼胝、水泡、鶏眼、または陥入爪を生じる原因となる外力を受けることがある。

頭の体操（エクササイズ）の答え　*Solutions to Critical Thinking Exercises*

14-1　これらの訴えのほとんどが足底腱膜炎に関連するものである。足底腱膜炎は、ヒールカップ、アーチのテーピング、オーソティクスを使用してアーチの支持を高め、アキレス腱の積極的なストレッチング、足底腱膜アーチのストレッチングによって対処できる。

14-2　この病状は、バニオンまたは外反母趾に伴う変形である。先のとがった、幅の狭い、あるいは小さすぎる靴を履くことによって起こる。また中足趾節関節上の滑液包の炎症で始まることがある。低下した横アーチや外反足が原因で起こることもある。

14-3　最も考えられるのがモートン神経腫を患っているかもしれないということである。中足パッドか涙滴型パッドを足裏の適切な位置に当てると、中足骨骨頭の間隔を広げ、神経腫への圧力を取り除き、症状を緩和できる。

14-4　母趾の捻挫は、ターフ・トゥと呼ばれることが多い。これは母趾の過伸展が原因であり、人工芝で競技する選手によく見られる。

復習問題とクラス活動

1．足部の解剖学的構造を手短に説明せよ。
2．足部の急性症状の評価では、どのような一般所見が得られるか？
3．足部の傷害予防としてどのような措置をとることができるか？
4．パンプバンプと踵骨腱滑液包炎にはどのような関係があるか？
5．ジョーンズ骨折とは何か？　治癒に長時間かかる理由は何か？
6．踵の挫傷はどのようにして足底腱膜炎に進行するのか？
7．第2中足骨の疲労骨折はどのように管理すればよいか？
8．アーチの捻挫のさまざまな処置方法について話し合いなさい。
9．サイズの小さすぎる靴を履くことによって起こる潜在的傷害にはどのようなものがあるか？
10．モートン症候群とモートン神経腫はどう違うか？
11．慢性的ターフ・トゥにはどのような処置をしたらよいか？
12．足の水疱の処置としてどのような手順が推奨されるか？

15 足関節と下腿部

Chapter 15

この章を終えると、次のことが説明できるようになる。
- 足関節と下腿部の骨、靱帯、および筋肉の解剖学的構造
- 足関節と下腿部の傷害予防に関する考慮事項
- 足関節と下腿部の一般的な傷害の評価方法
- 足関節と下腿部に起こるさまざまな傷害の原因と徴候の認識
- 足関節と下腿部の傷害の処置手順の検討

足関節と下腿部の解剖学的構造

骨

膝から下、足関節から上の解剖学的構造部分を下腿部という。この部分は、内側が太い脛骨、外側が細い腓骨からなる。足関節、すなわち距腿関節（足関節天蓋ともいう）は、外果と呼ばれる腓骨の厚い遠位部分、内果と呼ばれる脛骨の厚い遠位部分、それらの2つのくるぶしの間に挟まれた、距骨と呼ばれる立方形の足根骨で形成される。足関節は、2つの動作、すなわち底屈と背屈を可能にする。距骨と踵骨の間の関節は、距骨下関節という。内反と外反は距骨下関節で起こる（図15-1）。

靱帯

脛骨と腓骨は、2つの骨の全長に及ぶ骨間膜によって接合される。前・後脛腓靱帯は、脛骨と腓骨を接合し、骨間膜の遠位部分を形成する。足関節の内側部分は、厚い三角靱帯により比較的安定している。この強靱な三角靱帯の存在は、腓骨の外果が内果よりも遠位に伸びている事実とあいまって、足関節の外反を抑制する。このため、外反による足関節の捻挫は、内反による捻挫に比べてきわめて稀である。外側の靱帯は、前距腓靱帯、後距腓靱帯、および踵腓靱帯の3つである。外側の靱帯は集合的に内反を抑制するが、傷害を受けやすい（図15-2）。

足関節は以下の骨で構成される：
- 脛骨
- 腓骨
- 距骨

距腿関節は2つの動きを可能にする：
- 底屈
- 背屈

距骨下関節は2つの動きを可能にする：
- 内反
- 外反

内側靱帯は次の靱帯からなる：
- 三角靱帯

外側靱帯は次の靱帯からなる：
- 前距腓靱帯
- 後距腓靱帯
- 踵腓靱帯

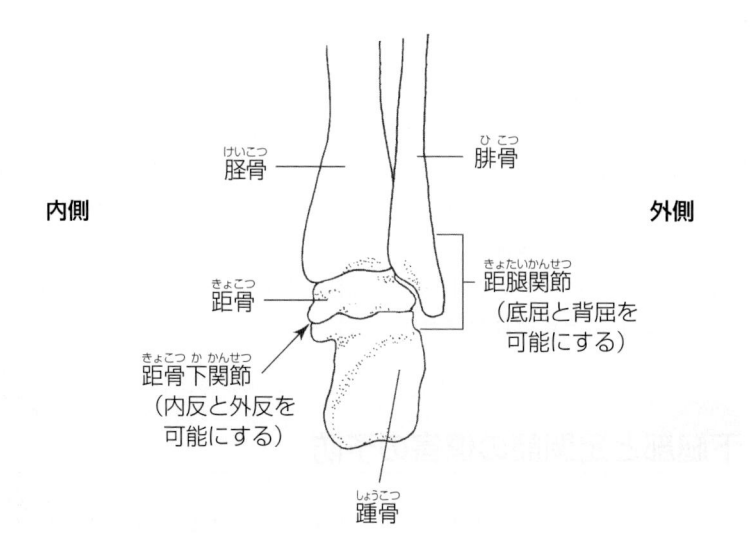

Chapter 15 足関節と下腿部

図15-1
足関節は脛骨、腓骨、距骨で形成される。距骨下関節は、距骨と踵骨で形成される。

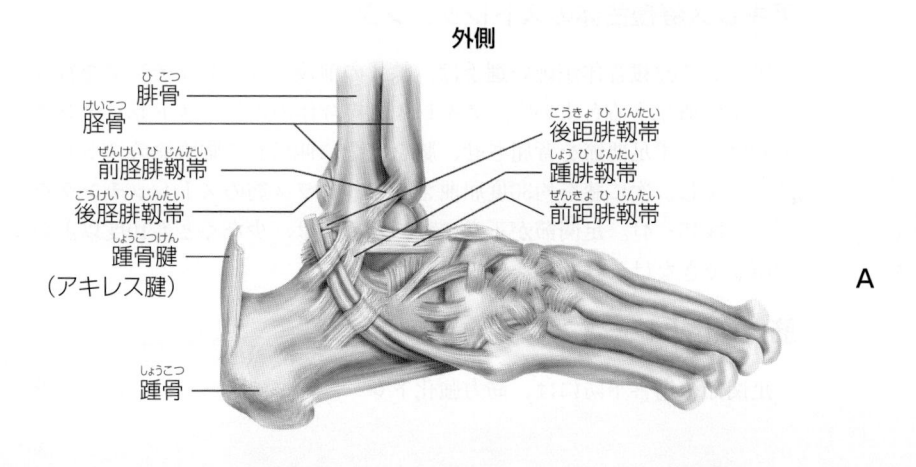

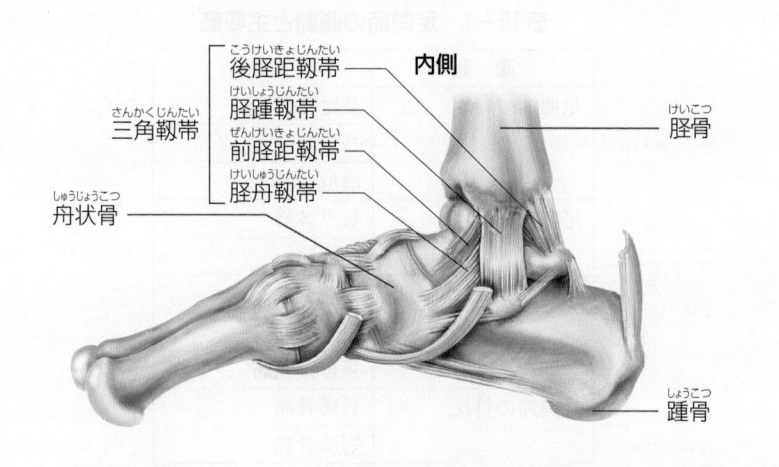

図15-2
足関節の靱帯
A．外側図
B．内側図

筋肉

　足関節の動きは、下腿部の筋肉の収縮により生じる。下腿部の筋肉は、4つの筋群に分類される（図15-3）。4つの筋群は、各筋群を取り巻く厚い筋膜（結合組織）のコンパートメント内に配列されている。本質的に、足関節を背屈させる筋群は前方部コンパートメントに、足関節を底屈させる筋群は後方浅部コンパートメントに、足関節を内反させる筋群は後方深部コンパートメントに、足関節を外反させる筋群は外側部コンパートメントにそれぞれ含まれる（表15-1）。

訳注）
コンパートメント＝区画の意味。下腿部の筋は骨、骨間膜、筋膜によって4つのコンパートメントに分けられる（図15-3）。

下腿部と足関節の傷害の予防

　多くの下腿部と足関節の傷害、特に捻挫は、アキレス腱のストレッチング、主要筋肉の筋力トレーニング、神経筋コントロールの改善、足に適合した靴の選択、また必要に応じたテーピングとブレイシング（装具の装着）によって予防できる[3,16,17]。

下腿部と足関節の傷害の予防：
- アキレス腱のストレッチング
- 筋力トレーニング
- 神経筋のコントロール
- 足に適合した靴
- 足関節のテーピングと装具の装着

アキレス腱複合体のストレッチング

　アキレス腱複合体が硬い選手は、練習の前後にストレッチングを行うことを習慣化するとよい[3]。アキレス腱複合体の正しいストレッチング手順は、まず足関節を背屈させ、膝を完全に伸ばして腓腹筋のストレッチングをし、次に膝を約30度屈曲させて、ヒラメ筋のストレッチングをする（図15-4）。足関節が正常に動くためには、少なくとも10度以上の背屈ができなければならない。

筋力強化トレーニング

　足関節の傷害予防には、筋力強化トレーニングによって静的および動

表15-1　足関節の運動と主要筋

運　動	主要筋
足関節の背屈	長趾伸筋
	長母趾伸筋
	前脛骨筋
足関節の底屈	ヒラメ筋
	腓腹筋
足関節の内反	後脛骨筋
	長趾屈筋
	長母趾屈筋
足関節の外反	長腓骨筋
	短腓骨筋

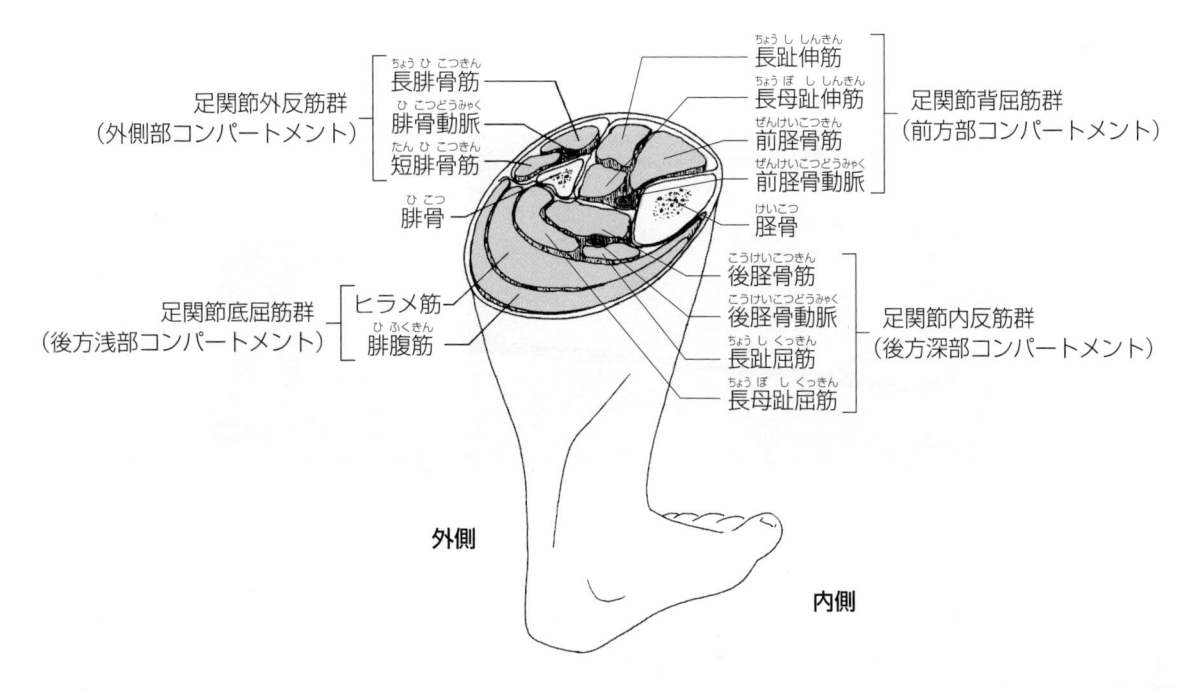

図15-3
下腿部の筋肉は、それぞれ個別のコンパートメント内に配列される4つの筋群に分類される。足関節の背屈筋群は前方部コンパートメントに、足関節底屈筋群は後方浅部コンパートメントに、足関節内反筋群は後方深部コンパートメントに、足関節の外反筋群は外側部コンパートメントにある。

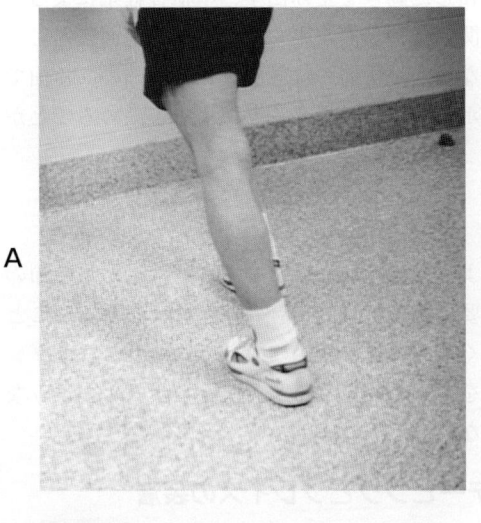

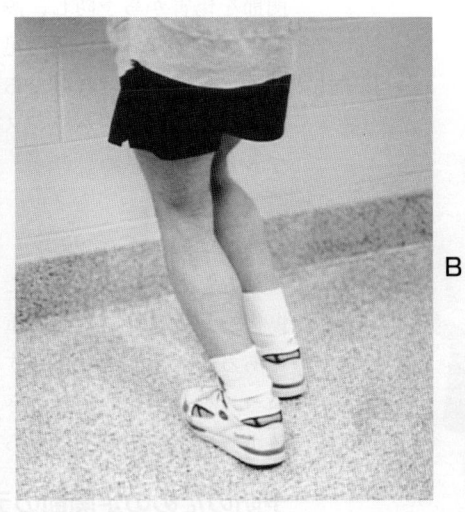

図15-4
アキレス腱複合体のストレッチング方法：
A．腓腹筋のストレッチング
B．ヒラメ筋のストレッチング

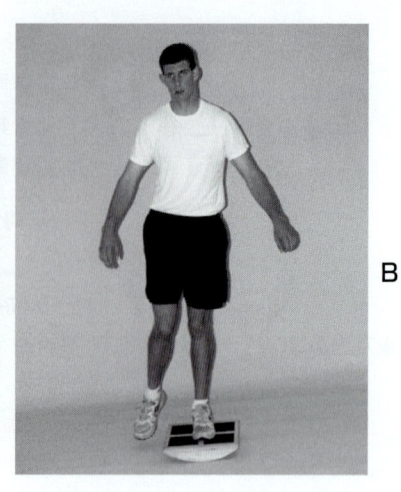

図15-5
筋力強化エクササイズは、足関節捻挫の防止に不可欠である。
A．外科用チューブの使用例
B．ウォブル・ボードの使用例

的な関節の安定性を高めることが重要である（図15-5）。どんな動きにも、足関節を取り巻く4つの筋群の強さが可動域全体においてバランスよく保たれていなければならない[26]。外反と内反の筋力強化エクササイズを行うには、ウォブル・ボードで足関節を左右に揺り動かし、また底屈と背屈のエクササイズには外科用チューブが利用できる。

神経筋コントロール

筋力トレーニングと同様に、神経筋コントロールを維持することも足関節の傷害予防に不可欠である。神経筋コントロールとは、固有感覚と運動感覚情報を解釈し統合して、個々の筋肉と関節を制御し、共働して関節を傷害から予防し、調和した動きを生み出す、中枢神経系によるコントロールである。足と足関節は、表面が平らでない床や地面に対して即時に反応しなければならない。足関節の位置感覚は、凹凸のある面でのトレーニングやバランスボードに毎日乗ることによって高めることができる（図15-6）。

靴

第6章と第14章で述べたように、適切な靴を履くことは足と足関節の傷害を減少させるために重要である。目的に合わない靴は履かないことである。たとえば、まっすぐ前方に進むために設計されたランニングシューズを、激しい横の動きを多く求められるバスケットボールのようなスポーツに使用してはならない。

予防のための足関節のテーピングとブレイスの装着

捻挫の既往症のない足関節に習慣的にテーピングすることが有益かどうかは疑わしい。テープが適切に用いられれば予防保護効果があるという事例もある。下手に貼られたテープは、まったく貼らないよりも有害

図15-6
BAPSボードでの片足立ち

図15-7
足関節のブレイスを使用して弱った足関節をサポートできる。

である。軟部組織を締めつけ、血液の循環を妨げ、正常な身体力学的機能を妨げるテーピングは、場合によっては不必要な問題を引き起こす[8]。

足関節のブレイスの装着が足関節の保護になるという事例もある（図15－7）[6]。ブレイスは、底屈を妨げずに足関節の内反を抑制できる（第6章参照）。

足関節の評価

一般にコーチは、傷害を評価する訓練を受けておらず、またその資格も持たない。コーチは、負傷した選手が、資格を有する医療専門家（医師、アスレティックトレーナー、理学療法士など）のところに通うことを習慣化し、傷害の評価を仰ぐことが勧められる。以下の特殊テストに関する情報は、選手の傷害のタイプを判断するために医療専門家が行うさまざまなテストに関する知識をコーチに提供する目的で掲載した。コーチの主な責任は、傷害に対して適切な応急処置を行い、受傷直後の傷害の管理方法について的確な決定を下すことである（第7章参照）。

事情聴取

傷害の原因が突発性の外傷か慢性の障害かによって、選手への事情聴取は異なる。足関節に急性の突発性外傷を受けた選手には、次の質問を行う。
- どのような外傷または容体が発生したか？

- 傷害が発生した時どのような音（パシッ、ボキッなどの断裂音）が聞こえたか？
- 痛みはどれくらい続いたか、その度合いは？
- どのような機能低下があったか？　選手はすぐに歩けたか、それともしばらくは荷重に耐えられなかったか？
- 以前に同様の傷害が発生したことがあるか？
- 直後に腫れたか、後から腫れたか（まったく腫れなかったか）？　腫れた部位はどこか？
- 以前にどのような足関節の傷害を起こしたことがあるか？

視診

足関節の最初の視診で、アスレティックトレーナーは以下の判断を行う。

- 明らかな変形はないか？
- 足関節の骨の輪郭は正常で健側と比較して対称か、骨の異常な偏位はないか？
- 変色はないか？
- 足関節に捻髪音や異常音はないか？
- 熱、腫脹、発赤はないか？
- 選手は明らかに痛がっているか？
- 選手の足関節の可動域は正常か？
- 選手が歩ける場合、歩行パターンは正常か？　片足を引きずるようなことはないか？

触診

足関節周囲の触診は、主要な骨と靱帯から始めて筋肉へ進むが、特に足関節を取り巻く主要靱帯を入念に行う。この部位の触診の目的は、明らかな構造的変形、腫脹、および限局性圧痛を検出することである。

特殊テスト

バンプテスト　骨折が疑われる場合、小さい振動性の打撃を踵の底から上向きに加える。このような打撃は骨折部位で振動力を反響させ、痛みを起こす（図15-8A）。

前方引き出しテスト　前方引き出しテストは、主に前距腓靱帯の傷害の有無、副次的に他の外側の靱帯損傷の有無を判定するために用いられる（図15-8B）。コーチは、片方の手で脛骨下部をつかみ、もう片方の手のひらで踵骨をつかむ。この状態で脛骨を後方に押しながら、踵骨を前方に引き出す。傷害があれば足が前方に滑るので前方引き出しテストは陽性となる。

距骨傾斜テスト　距骨傾斜テストは、内反または外反による傷害の有無を判定するために用いられる。足関節を下腿部に対して90度にして固定し、踵骨を内反させる。距骨の過大な動きは、踵腓靱帯と、場合によ

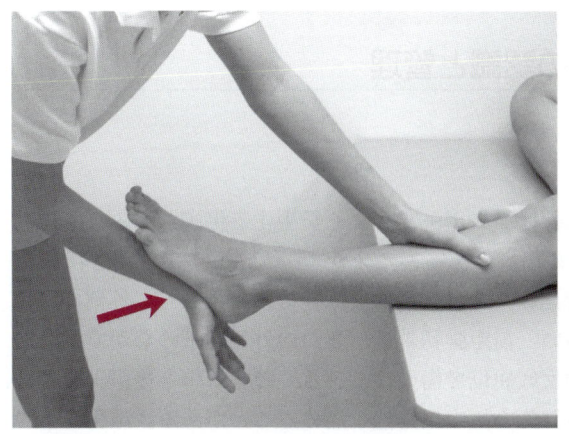

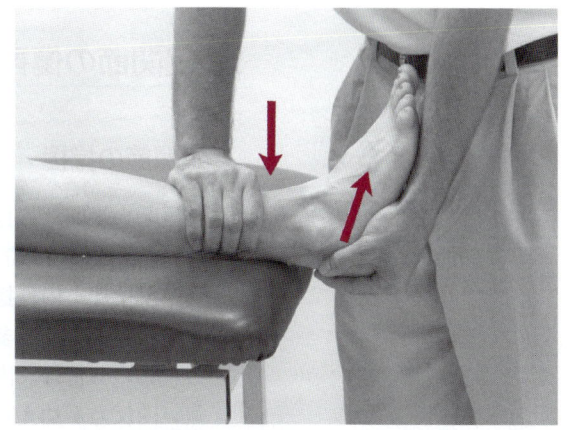

図15−8
足関節の傷害に関する特殊テスト。
A．バンプテスト
B．前方引き出しテスト
C．距骨傾斜テスト

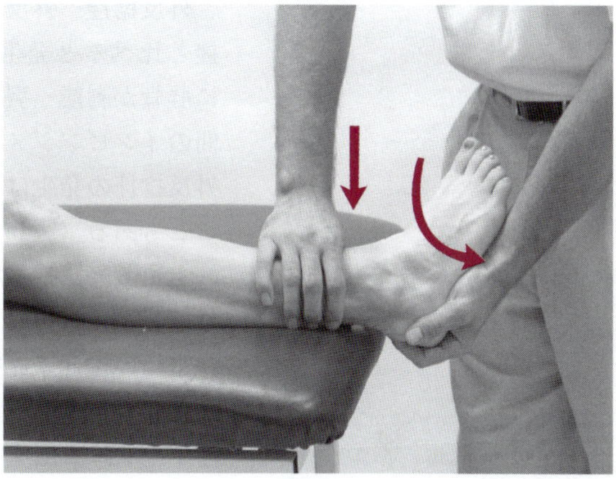

っては前・後距腓靱帯にも傷害がある徴候である（図15−8C）。

機能テスト

　足関節の傷害を評価するうえで、筋肉の機能は重要である。選手が以下の動作を実行できないか、実行に困難を伴う場合は、選手はまだ運動を再開する準備ができていないことを意味する。
- 爪先で歩く。
- 踵で歩く。
- 踵をつけずに、傷害を受けた足で片足跳びする。
- ランニング動作を開始または停止する。
- 急な方向転換。
- 8の字走行。

15-1 Critical Thinking
頭の体操──エクササイズ
バスケットボール選手が、試合中に左足関節に第1度の内反捻挫を起こした。直後に痛みと腫脹が起こり、選手は体重の荷重に耐えられない。
質問：傷害の直後に行うべき最も重要な初期処置の目的は何か？この初期処置の目的を達成する最良の方法は？

足関節の傷害の認識と管理

足関節の捻挫

原因 足関節の捻挫は、スポーツでよく発生する傷害である（図15-9）[7]。足関節の靱帯の傷害は、傷害のメカニズムによって分類される。

内反捻挫 内反捻挫は、最も一般的な捻挫で、結果として外側の靱帯を傷つけることが多い。前距腓靱帯は、3つの外側靱帯のなかで最も弱い。この靱帯は、内反底屈位で傷つけられる。踵腓靱帯と後距腓靱帯も、強い内反力が加えられると、内反捻挫で痛めることがある。踵腓靱帯の断裂にはかなり強い内反力が必要である（図15-10）[17]。

外反捻挫 外反捻挫は、一般に骨と靱帯の解剖学的理由から、内反捻挫と比べると発生の頻度は低い。外反傷害では、三角靱帯の断裂の前に脛骨が剥離（裂離）骨折することがある。三角靱帯も、内果と踵骨の間のインピンジメント（衝突）により、内反捻挫で挫傷することがある。外反捻挫の発生は稀とはいえ、内反捻挫に比べて治癒に長期間を要することもある（図15-11）[17]。

上足関節捻挫 脛骨と腓骨を結合させる前・後脛腓靱帯と骨間膜の遠位部分は、外力による背屈で断裂されたり、内側および外側靱帯複合体の重傷の捻挫に伴い損傷することがある。これらの靱帯の捻挫は、処置が非常に困難で、治癒に数カ月を要する。内反捻挫や外反捻挫と比べ、スポーツに復帰するまでに長い時間がかかる（図15-12）[17, 24]。

足関節の捻挫の分類：
- 内反捻挫
- 外反捻挫
- 上足関節捻挫

図15-9

足関節の捻挫はスポーツでよく発生する。

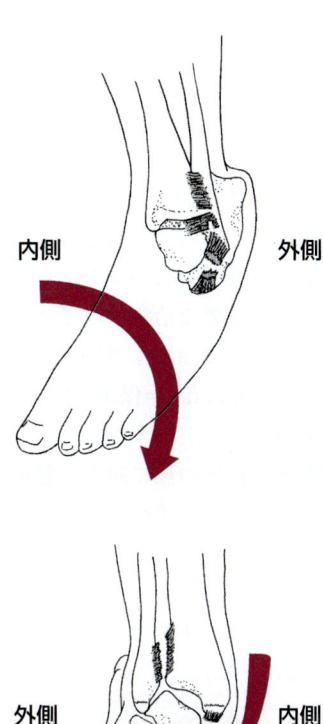

図15−10
内反捻挫のメカニズム

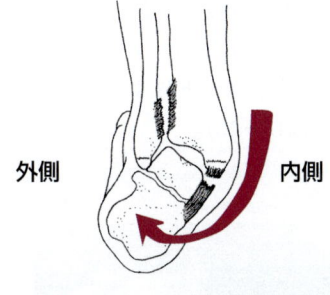

図15−11
外反捻挫のメカニズム

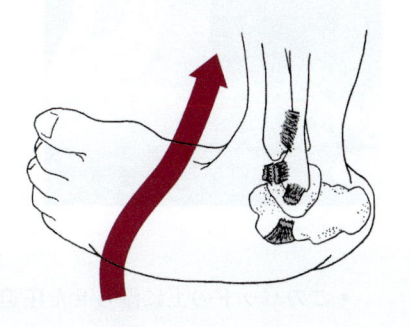

図15−12
上足関節捻挫のメカニズム

徴候 第1度の捻挫では、一部の靱帯線維が伸張したり、場合によっては断裂したりするが、関節が不安定になることはほとんど、あるいはまったくない。軽い痛みと小さな腫脹と関節拘縮が見られる。

第2度の捻挫では、一部の靱帯組織が断裂と分離を起こし、関節に中程度の不安定性が見られる。中程度から強度の痛み、膨張、関節拘縮が見られる。

靱帯が完全に断裂する第3度の捻挫は、関節の大きな不安定性が主な徴候である。はじめに激痛があり、その後、神経線維の断裂により痛みは沈静化するか、ほとんどなくなる。腫脹が関節全体に広がり、このため傷害後数時間経つと、関節がひどくこわばる傾向がある。顕著な関節

の不安定性を伴う第3度の捻挫は通常、何らかの方法で数週間固定をする必要がある[22]。第3度の捻挫に伴う不安定性の治療には、外科的な処置や靱帯の再建術が必要になることもある。

処置 すべての急性筋骨格系傷害の場合と同様、足関節の捻挫では、初期の処置は腫脹の広がりを量的に抑えることを中心に行うべきである。この処置は、他のどんな傷害よりも、とりわけ足関節の捻挫にとって重要である。初期腫脹のコントロールは、リハビリテーションの全過程を通して最も重要な治療手段である。急性腫脹の量を抑制することにより、リハビリテーションに要する時間を著しく短縮できる。初期の処置は、PRICE（Protection＝保護、Rest＝安静、Ice＝冷却、Compression＝圧迫、Elevation＝挙上）で行う[17]。

足関節の捻挫の後に起こる腫脹をコントロールするうえで最も効率のよい方法を以下に述べる。コーチはこの方法を忠実に実施するとよい。

> 捻挫のリハビリテーションで最も重要なのは、PRICEを使った初期の腫脹の管理である。

- 傷害の直後、できるだけ早急に、フェルト製またはフォームラバー製の馬蹄型パッドを切り取り、患部側のくるぶしの周りに当てる。馬蹄型パッドによって、傷害部位に局在性の圧迫が与えられる[28]（図15－13）。

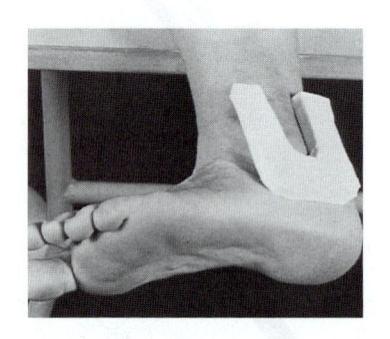

図15－13
馬蹄型パッドを弾性包帯で当てると、患部に適度な圧迫を与えることができる。

- このパッドの上に湿らせた圧迫帯を当てる。弾性包帯を湿らせることで、アイスパックからの冷気が通過しやすくなる。包帯は、足趾から始めて徐々に巻き上げ、患部である足関節をしっかり圧迫し、最後に腓腹筋の下で終わる（図15－14A）。
- 足関節全体にアイスパックを巻きつけ、2本目の乾燥した弾性包帯で固定する。アイスパックは最初の20分は当てたままにしておき、その後は1時間おきに20分間当てる。これを24時間以上繰り返す。その後の72時間は、できるだけ頻繁に氷を当てるようにする（図15－14B）。
- 冷却の間、足関節全体を45度以上の角度で挙上する。傷害から72時間はできる限り足関節を持ち上げておく。睡眠中の傷害部位の挙上は特に大切である（図15－14C）。

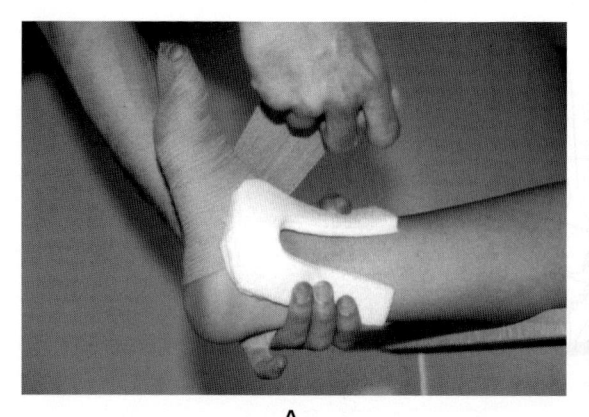

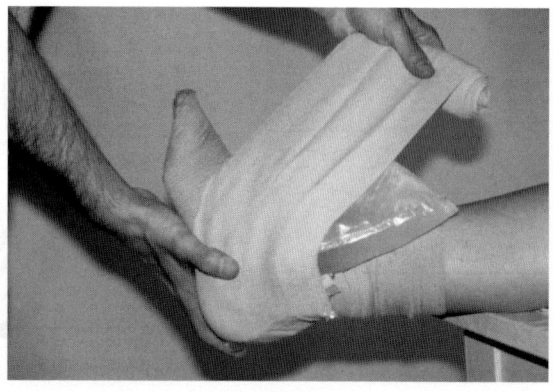

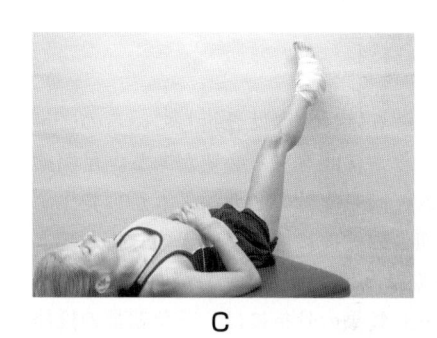

図15-14
PRICE法：A．馬蹄型パッドの上から湿らせた圧迫帯を当てる
　　　　　B．乾いた圧迫帯でアイスパックを固定する
　　　　　C．処置の初期段階では足を挙上する

- 選手は、傷害の発生から最低24時間は松葉杖を使用して荷重を避け、必要な治癒プロセスを完了できるようにする（第7章参照）。24時間以降は、許容範囲内でできるだけ早く、荷重を再開することが推奨される。

かつては、活動が許容される程度に痛みが治まると、選手はすぐにスポーツに復帰したものだった。完全に活動に復帰するには、靱帯に徐々に負荷をかけていく機能的活動（歩行、ジョギング、ランニング、カッティングなど）を漸増していくことが必要である。各スポーツの固有のニーズに応じて、個々の反復練習を増やしていく[21]。

足関節のサポートなしで、選手がスポーツに復帰できることが理想である。だが、はじめは何らかの足関節サポートを用いるのが一般的である。足関節のテーピングは、競技力の発揮に影響なく不安定な足関節を安定させる効果がある。ハイトップシューズは、さらに足関節を安定させる。スパイクシューズを履く場合、靴の縁に沿ってポイントを取り付けると安定する。足関節保護用の装具をテーピングの代わりに装着し、サポートすることもできる[17]。

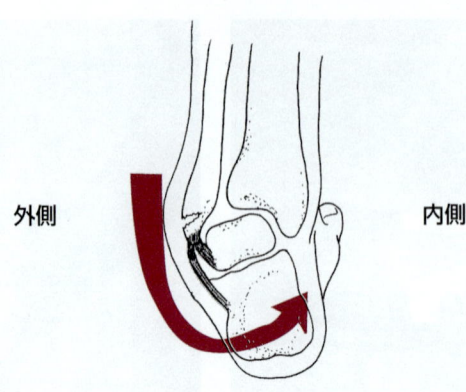

図15-15
足関節捻挫を起こすメカニズムにより、剥離骨折が起こることもある。

外側　内側

足関節の骨折

原因　足関節の傷害を評価するコーチは、実際は骨折しているのに足関節捻挫を疑うようなことがないよう常に注意する必要がある。足関節の骨折は、捻挫を起こすメカニズムと同じ複数のメカニズムから発生する。内反傷害では、足関節の外側靱帯の捻挫に伴って内果の骨折が起きることがよくある（図15-15）。外果は、足関節に外反力が加わると、捻挫よりも骨折を発生しやすい。ただし外果の骨折には、三角靱帯の捻挫を伴うことがある。剥離骨折では、骨折よりもむしろ痛めた靱帯のほうが、リハビリテーションが長期化する傾向がある。

徴候　一般に内・外果を骨折すると、直ちに腫脹が現れる。骨に圧痛所見があり、体重負荷を求めると選手は不安を示す。

処置　骨折の疑いがある場合、コーチは足関節に副子を当て、医師によるX線検査と固定を受けるよう選手に指示する。医師は通常、骨折の処置として、6週間歩行用短下肢ギプスをはめて早期の荷重を可能にする。固定期間後に続くリハビリテーションは、一般の足関節捻挫の内容と同じである。傷害を負った選手は、筋力、柔軟性、神経筋コントロールがほぼ正常のレベルまで回復し、機能的活動が可能になったら、完全に活動を再開できる[17]。

腱炎

一般的な腱炎の部位：
・前脛骨筋腱
・後脛骨筋腱
・腓骨筋腱

原因　足関節周囲の腱の炎症は、スポーツ選手によく見られる障害である。最も頻繁に炎症を起こす部位は、内果後部の後脛骨筋腱、足関節背面の前脛骨筋腱、ならびに外果後部の腓骨筋腱である（図15-16）。これらの腱炎は、不適切な靴や足に合っていない靴により足に誤った力学が働き、腱の急性外傷、硬いアキレス腱複合体、誤ったトレーニング法などのうちどれか特定の原因、または、いくつかの要因の組み合わせによって起こる[14]。

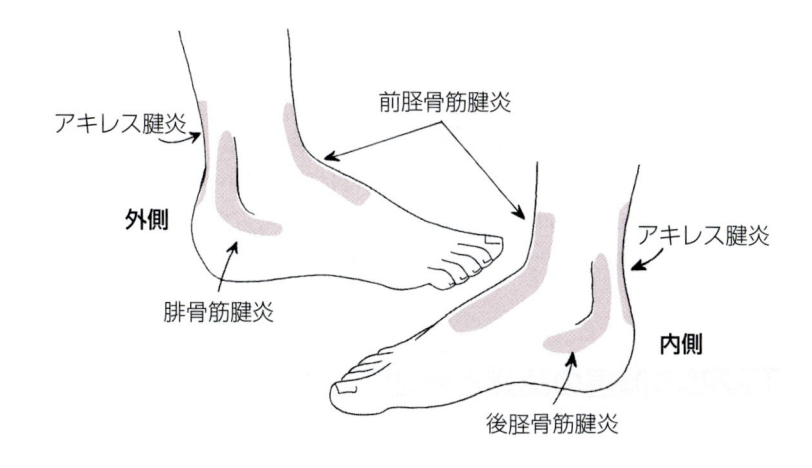

図15-16
足関節周辺の腱炎の一般的部位。

徴候 腱炎を起こしている選手の多くは、自動運動と他動ストレッチングのいずれにも起こる痛み、腱の炎症が原因で発現する腱周囲の腫脹、動作に伴う捻髪音、ならびに無活動期間後の、特に朝のこわばりと痛みを訴える[14]。

処置 安静、物理（冷却）療法、抗炎症剤などの方法を用いて、炎症を軽減または解消させる。足部の生体力学を修正するオーソティクスの使用や足関節のテーピングも、腱へのストレスを軽減させる。

多くの事例では、腱の刺激や炎症の原因となるメカニズムが取り除かれ、炎症過程が正常に進めば、腱炎は10日から2週間以内で解消する。腱を治癒させるには、選手に十分な休息をとらせることが最良の方法である。

> **15-2 Critical Thinking**
> **頭の体操──エクササイズ**
> 長時間下り坂をジョギングした後で、選手は左足前方内側に痛みを感じた。この症状は前脛骨筋腱炎と診断された。
> **質問**：この症状はどのように管理すべきか？

下腿部の評価

事情聴取

下腿部の不快感を訴える選手には、次の質問を行う。
- 下腿部にどれくらい前から痛みがあるか？
- 痛みまたは不快感を起こしている部位はどこか？
- 感覚の変化があるか？　しびれ感はあるか？
- 熱感があるか？
- 筋力低下が感じられるか、歩行困難があるか？
- 症状はどのように発現したか？

視診

選手の視診は、一般に次の点について行う。
- 内股のような姿勢の偏位はないか注意する。

- 脚の変形や腫脹とともに、歩行困難がないか注意する。

触診

4つのコンパートメントの各部位で筋肉を触診する。骨折の疑いがある場合は、疑われる部位の上下で脛骨または腓骨に小さな振動性の打撃を与える。踵の底に上向きに振動を与えてもよい。このような打撃は骨折に反響する振動力を生み、痛みが起こる。

下腿部の傷害の認識と管理

脛骨と腓骨の骨折

原因 脛骨と腓骨は、下腿部を構成する骨格であり、主に体重の負荷と筋肉の付着を担う。脛骨は、身体のなかで最も骨折しやすい長骨である。この傷害は通常、脛骨への直接的外傷または複合回転／圧迫などの間接的外傷の結果として起こる。腓骨の骨折は通常、脛骨の骨折との組み合わせで、あるいは腓骨への直接的外傷の結果として起こる。（図15－17）。

徴候 脛骨の骨折には、即時の痛み、腫脹、場合によっては変形を伴う。開放骨折と閉鎖骨折がある。腓骨単独の骨折は通常、閉鎖骨折であり、触診による圧痛所見と歩行時の痛みがある。

処置 これらの骨折の処置としては、まず直ちに医師の診断を仰ぎ、一定期間の固定と、骨折と周辺部位の損傷の程度によって数週間、場合によっては数カ月の荷重の制限を行う。

> 一般に脛骨のほうが腓骨よりも骨折しやすい。

図15－17
下腿部の骨折は重傷となる危険性がある。

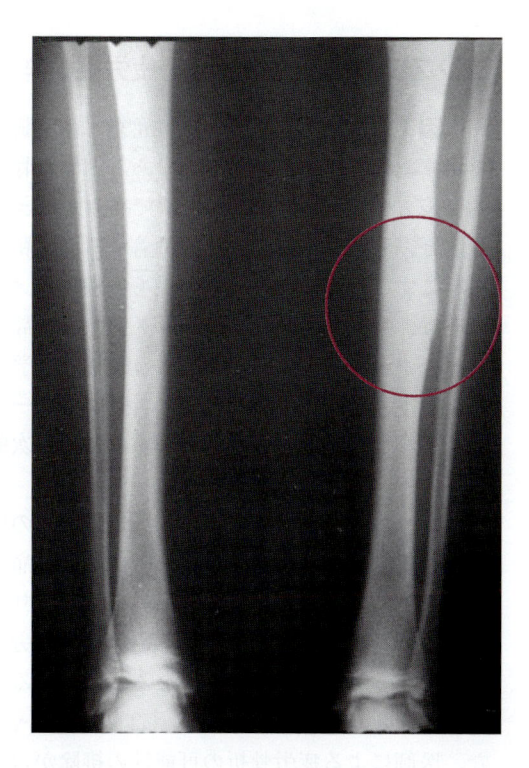

図15－18

脛骨疲労骨折のＸ線写真

脛骨と腓骨の疲労骨折

　原因　脛骨と腓骨の疲労骨折は、スポーツでよく発生する。脛骨の疲労骨折は、腓骨の疲労骨折よりも高い割合で発生することが調査により明らかである。下腿部の疲労骨折は、通常の練習やコンディショニングにおける反復的負荷の結果として起こる（図15－18）。脛骨疲労骨折は、ジャンプの多いスポーツの選手によく見られる[2]（疲労骨折の進行については、第13章を参照）。

　徴候　選手は、動作に伴う痛みを訴える。この痛みは、動作を停止すると悪化する場合もある。骨の限局性圧痛所見により、疲労骨折と内側脛骨のストレス症候群を区別できる。後者は、疲労骨折と同じ部位に発生するが、散発性である。脛骨の疲労骨折は通常、脛骨の中央に発生するのに対し、腓骨の疲労骨折は骨の遠位部分で発生しやすい[15]。

　処置　疲労骨折の疑いがある選手は医師の診断を仰ぐべきである。通常、医師はＣＴスキャンを行って炎症の徴候を探す。傷害の原因となる活動を直ちに停止することが重要である。一般に、回復には約２週間を要する。その間選手は、体重の荷重には耐えられるが、最初の傷害の原因となった活動をしてはならない。このアドバイスを遵守することが、今後の骨の傷害予防に重要であることを選手に指導する必要がある。漸増的に骨に対してストレスや負荷を加えることにより、選手は徐々に通常のトレーニングに復帰できる[4,23]。

シンスプリント（内側脛骨疲労症候群）

> シンスプリント
> (shin splints)
> 内側脛骨疲労症候群：前下腿部の痛み。

原因 シンスプリントとは、元来、前下腿部のあらゆるタイプの痛みを指す総称である。正式名称である内側脛骨疲労症候群は、特に脛骨の内側後方の遠位3分の2の位置で痛みが大きくなる症状を指す[12]。後脛骨筋と、脛骨遠位部の骨膜に付着する筋膜鞘がランニング活動中に挫傷を起こすことが、この傷害の最も一般的なメカニズムである[7]。前脛の痛みは、疲労骨折、コンパートメント症候群、腱炎などその他の傷害や状況によっても起こる[9]。足部の異常な力学特性、硬いアキレス腱、筋力の低下、不適切な靴、トレーニングエラー（よくある事例が走行面の変化）などのさまざまな要因が重なって副次的に痛みが起こることもある[16]。

徴候 痛みは、脛骨の内側の遠位部とその周辺の軟部組織に散在する。初期の段階では、高強度の練習の後にのみ痛みを訴える。症状が悪化すると日常の歩行時にも痛みが出るようになり、特に起床時には周囲の軟部組織の拘縮と痛みを訴える。内側脛骨疲労症候群は、適切な処置をせず放置していると疲労骨折になることもある[19]。

処置 この症状の管理には、CTスキャンや一般的なレントゲンを用いた、医師による疲労骨折の可能性の排除が含まれる。心肺機能を維持するメニューを中心に、直ちに運動の内容を変更する。歩行および走行時の異常な足の力学特性の改善を、靴や、必要であれば特注オーソティクスを用いて行う。傷害部位のアイスマッサージは、限局性の痛みと炎症の緩和に有効である。アキレス腱のストレッチングプログラムも開始する（図15-4参照）。縦アーチのテーピングによる固定も効果がある[16]（図11-2参照）。

コンパートメント症候群

> コンパートメント症候群の分類：
> ・急性コンパートメント症候群
> ・急性運動性コンパートメント症候群
> ・慢性コンパートメント症候群

原因 コンパートメント症候群とは、下腿部の4つあるコンパートメントの一つで圧力が高まり、そのコンパートメント内の筋肉または神経、血管の構造が圧迫される症状である（図15-3参照）。通常、前方部コンパートメントと後方深部コンパートメントにこの症状は起こりやすい[27]。

コンパートメント症候群は、急性コンパートメント症候群、急性運動性コンパートメント症候群、慢性コンパートメント症候群の3つのカテゴリーに分類される[5]。急性コンパートメント症候群は、前下腿部を蹴られるなど、この部位への直接的外傷によって起こる。動脈および神経伝達を圧迫し、その結果コンパートメントの遠位構造に重篤な影響を及ぼす危険性があるため、救急医療の対象とみなされる。急性運動性コンパートメント症候群は急性の外傷なしで起こり、最小〜中程度の活動で徐々に進行する。慢性コンパートメント症候群は、活動が特定の水準に達した時、現われる傾向のある症状である。慢性コンパートメント症候群は通常、ランニングや跳躍などの活動中に起こり、活動を停止すると治まる[10, 29]。

> **15-3 Critical Thinking 頭の体操——エクササイズ**
> 脛ガードを当てていないサッカー選手が右脚の外側脛部を蹴られた。数分後に痛みが始まり、選手は足にチクチク感としびれ感がある。
> **質問**：この症状で最も注意すべき点は何か？ 状況を判断するためにどのような手順を踏むべきか？

徴候 コンパートメント症候群に関連してコンパートメント内の圧力が高まるため、選手は深部の疼痛、緊張、関連するコンパートメントの腫脹、ならびに関連する筋肉の他動ストレッチングに伴う痛みを訴える。足部に血液循環の不良と感覚の変化が起こることもある。コンパートメント内の圧力を測定すると、症状の重大さが判定できる。認知も診断もされず、適切な処置もされないコンパートメント症候群は、結果として選手の運動機能を低下させることになる[16]。

処置 即時に行うべき急性コンパートメント症候群の初期処置は、冷却と挙上である。ただし初期段階では、腫脹の治療に圧迫帯を使用してはならない。コンパートメント内にすでに高い圧力がかかっているのである。圧迫帯の使用は圧力をより高めるだけである。

急性コンパートメント症候群と急性運動性コンパートメント症候群の場合、医師がコンパートメント内の圧力を測定して症状の重篤度を確認のうえ、緊急筋膜切開によって圧力を解放して最終治療とする。前方部および後方深部コンパートメントの筋膜切開を受けた選手は、外科手術後2〜4カ月は完全に活動に復帰してはならない[18]。

慢性コンパートメント症候群は、初期段階では活動内容を調整し、前方部コンパートメントの筋肉とアキレス腱複合体を冷却およびストレッチングなどを行い、保存療法を施す。保存的方法で治癒しない場合、問題のあるコンパートメントの筋膜切開によって選手が高レベルの活動に復帰できたという事例もある。

アキレス腱炎

原因 アキレス腱は人体最大の腱である。アキレス腱は、腓腹筋とヒラメ筋の共通の腱であり、踵骨に付着する。このアキレス腱複合体は足関節を底屈させる。アキレス腱炎は、ランニングや跳躍などの活動で腱に反復的に加えられるストレスや負荷（張力）が原因で起こる炎症である[11]。回復期間を十分にとらずに、活動の時間と強度を急激に拡大するランニングやシーズン始めのコンディショニングのような反復的体重負荷活動が、症状を悪化させる。上り坂のランニングなどの坂道トレーニングも症状を悪化させる。選手は、腓腹筋とヒラメ筋の柔軟性の低下と適応性の拘縮を体験することもある。一般にこれは症状の進行に伴い悪化する。慢性アキレス腱炎の症状が進むと、最終的にアキレス腱が断裂することもある。

徴候 選手は、一般的な痛みとアキレス腱の踵骨付着部近位周辺の拘縮を訴えることが多い。アキレス腱炎は多くの場合、時間とともに徐々に発症する。徴候は、朝のこわばり、長時間座っていた後の歩行の困難へと進行する。腱が熱を持ち、触診に痛みを伴うこともあり、炎症が続くと腱が肥厚化することがある[1]（図15-19）。

処置 アキレス腱炎は一般に、回復までに長時間を要する。炎症の原因となる活動を限定または制限して、適切な治癒環境を整えることが重要である。アキレス腱複合体の積極的なストレッチング（図15-4参照）、

Critical Thinking
15-4 頭の体操——エクササイズ

35歳のラケットボール選手が、左下腿部後方に突然音がして急に痛みが走った。実際に誰かに蹴られたように感じたが、選手が見回しても周囲には誰もいなかった。やがて選手は、足関節を伸ばすこともできなくなったことに気づいた。
質問：この選手に発生した最も考えられる傷害は何か？　どのように管理すべきか？

アキレス腱炎は一般に、治療に長時間を要する。

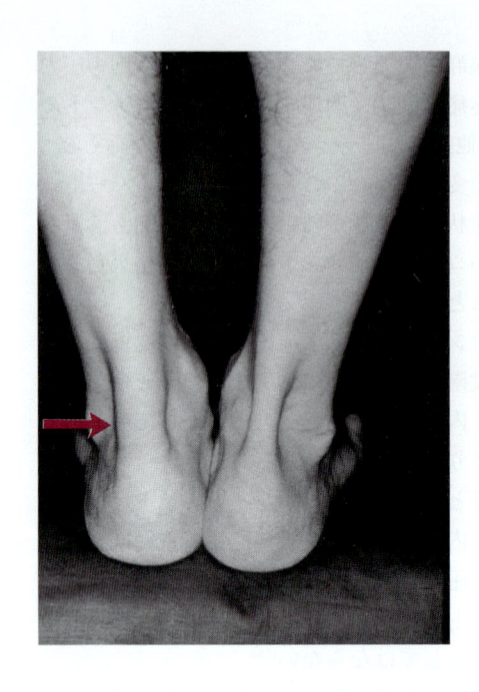

図15-19
アキレス腱炎の散発性腫脹と肥厚

テニスレッグ（tennis leg）
腓腹筋の筋挫傷。

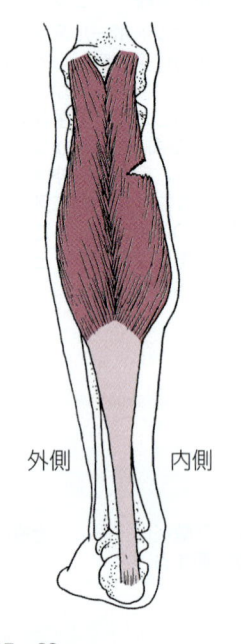

図15-20
腓腹筋の挫傷

踵骨の下にヒールリフトを挿入、テーピングによるアキレス腱の固定（図11-16参照）、抗炎症剤の使用などが処置として推奨されている[16]。慢性アキレス腱炎の症状が悪化すると、最終的にアキレス腱の断裂が起こることもある。

アキレス腱断裂

原因 傷害の範囲は、第1度の筋挫傷から完全な腱断裂までである。硬いアキレス腱は挫傷、**テニスレッグ**[13]（図15-20）とも呼ばれる腓腹筋の挫傷を起こしやすい。アキレス腱断裂は通常、足関節に加えられた突発的な強い底屈が原因で起こる。アキレス腱断裂は、30歳以上の選手によく見られ、テニスやバスケットボールのような弾む動きを必要とする活動で発生する[20]（図15-21）。

徴候 選手は、断裂音（POP音）を聞くか、感じ、またふくらはぎを蹴られたように感じることがある。足関節を底屈させると、痛みがあり、完全には屈曲できないが、後脛骨筋と腓骨筋の補助によって屈曲自体は可能である。腱に沿って、触知できる欠損が認められる。選手は、片足を引きずることなく歩行を続けるには、松葉杖の使用が必要である[20]。

処置 アキレス腱の断裂後、治療法として外科手術をするかギプスで固定するか、どちらの処方を選ぶかという問題が起こる[15]。選手が以前のレベルの活動に復帰できるようにするには、外科的治療が推奨される。アキレス腱の外科的治療にも、腱が完全に治癒するまでには、6～8週

Chapter 15　足関節と下腿部

間の固定期間が必要である。練習やトレーニングを徐々に強化することで、選手が修復された腱を痛めないで全可動域での動作を回復するだけでなく、正常な筋肉の機能も回復することが重要である[16]。

前脛部の打撲傷

　原因　皮膚のすぐ下にある前脛部（脛骨）は非常に外傷を受けやすく、打撃に対して脆弱である。筋肉や脂肪のような緩衝物がないので、打撃の外力が他の部位のように分散できず、前脛部に与えられた衝撃はすべて骨膜が受ける。前脛部の打撲傷は、サッカーで頻繁に発生するが、適切な脛ガードを当てることによって事故を未然に防ぐことができる（図6－24参照）。

　徴候　選手は強い痛み、腫脹、発熱を訴える。ゼリーのような濃度を持つ膨隆血腫が急速に発達する。血腫がゴルフボールのサイズまで膨張したという事例もある（図15－22）。

　処置　直ちに患部に氷を弾性包帯で圧迫しながら当てて、同時に脚を挙上することによって、腫脹を抑える。場合によっては、医師の診断により血腫の吸引が行われることもある。打撲傷の圧力を分散するように保護ドーナツパッドを当て、この部位がさらに傷害を受けないよう保護する。

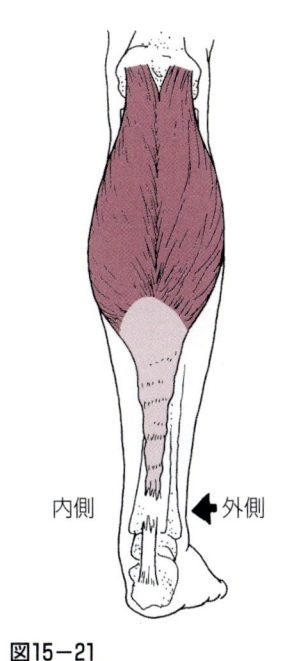

図15－21
アキレス腱断裂

アキレス腱断裂は、慢性の炎症の結果生じることがある。

保護されていない脛が強打を受けると、慢性炎症を起こすことがある。

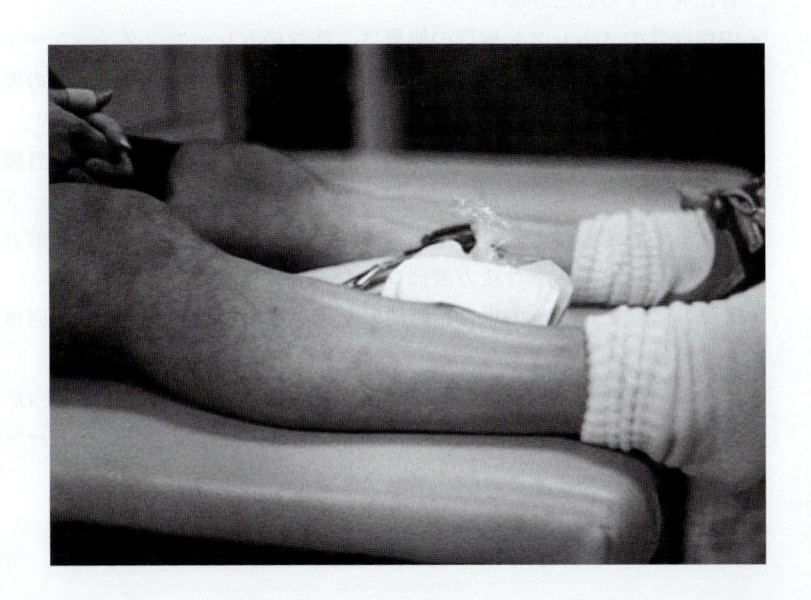

図15－22
重度の脛打撲傷は骨組織を破壊することがある。

まとめ

- 距腿関節で行われる動作は、足関節の底屈と背屈である。内反と外反は距骨下関節で起こる。
- 下腿部の傷害、特に捻挫は、アキレス腱のストレッチング、主要筋肉の強化、神経筋コントロール、適切な靴の選択、また必要に応じて適切なテーピングまたはブレイスの装着によって予防できることが多い。
- 足関節の捻挫は非常に発生頻度が高い。内反捻挫は通常、足関節の外側靱帯に関連し、外反捻挫は多くの場合、足関節の内側靱帯に関連して発生する。背屈傷害は通常、脛腓靱帯に関連して発生し、重傷になることがある。
- 足関節の捻挫の後で行う初期段階の処置には、保護、安静、冷却、圧迫、挙上を用いる。これらはすべて腫脹の予防に重要な要素である。
- 後脛骨筋、前脛骨筋、および腓骨筋の腱炎は、一つの原因で起こることもあれば、複合的メカニズムから発生することもある。安静、冷却、抗炎症剤などを含む炎症の緩和または除去は、リハビリテーションの一環として行う。
- 下腿部に発症する障害には急性のものもあるが、運動選手に起こる障害の大部分は、オーバーユースが原因で発症し、その最もよくある例がランニングである。
- 脛骨の骨折は、不適切な治療を行うと選手にとって長期の疾患となるが、腓骨の骨折は、比較的短い固定期間で済む。これらの骨折の処置としては、ただちに医師の診断を仰ぎ、一定期間の固定と荷重の制限を行うのが通常である。
- 下腿部の疲労骨折は通常、選手のランニングまたはコンディショニング中の反復的な負荷に骨が適応できなくなることが原因で起こり、脛骨に発生することが多い。
- 内側脛骨のストレス症候群の処置は、筋骨格トレーニング、コンディショニング、適切な靴の選択、オーソティクスの挿入など、複数の要素を考慮して包括的に行う必要がある。
- コンパートメント症候群は、急性外傷から起こることも、反復的外傷またはオーバーユースが原因で起こることもある。4つのコンパートメントのいずれにも起こる危険性はあるが、最も頻度が高いのは前方部コンパートメントと後方深部コンパートメントである。
- アキレス腱炎は多くの場合、時間の経過とともに徐々に発症し、回復が非常に長引くことがある。
- アキレス腱断裂後の最大の問題は、外科手術とギプス固定のどちらが最良の治療法かということであろう。いずれにせよ、リハビリテーションには長期間を要する。

頭の体操（エクササイズ）の答え　Solutions to Critical Thinking Exercises

15-1 足関節の捻挫後、直ちに行える最も重要な処置は、腫脹のコントロール（緩和）または抑制である。この目標は、冷却、圧迫、挙上、および安静の組み合わせを、傷害の直後から72時間以上継続して適用することによって達成できる。

15-2 選手に休息をとるか、ランニングのストレスを軽減するよう指示する。アイスパックを当て、運動の前後にはストレッチングを行う。筋力強化を実施し、同時に必要に応じて経口抗炎症剤による治療を行う。

15-3 この選手は、前方部コンパートメントに急性コンパートメント症候群を発症していると思われる。もしそうであるならば、この症状は緊急事態として対処する必要がある。コーチは直ちに選手の足を挙上し、氷を当てる。ただし、圧迫帯は使用してはならない。選手をできるだけ早く医療機関に移送する。

15-4 このシナリオは、アキレス腱断裂の典型的な例を説明している。完全な断裂は、外科手術で腱を修復し、その後一定期間のリハビリテーションが必要である。

復習問題とクラス活動

1. 足関節と下腿部の解剖学的構造を説明せよ。
2. 足関節と下腿部の傷害はどのようにして予防できるか？
3. 足関節と下腿部の傷害を評価する時、どのような質問をすべきか？
4. 急性足関節捻挫の典型的な傷害メカニズムを説明せよ。またどの組織が痛みやすいか？
5. コーチは足関節と下腿部の骨折をどのように評価するか？
6. 脛骨と腓骨の疲労骨折にはどのような処置が適切か？
7. 腱炎が起こる危険性があるのは足関節を取り巻くどの腱か？
8. アキレス腱断裂の徴候にはどのようなものがあるか？ アキレス腱断裂はどのように処置すべきか？
9. アキレス腱炎はどのように起こるか？ どのように処置すべきか？
10. 急性コンパートメント症候群と慢性コンパートメント症候群を比較せよ。
11. シンスプリントとは何かを正確に述べよ。この症状を解消するためにどのような措置をとることができるか？
12. 脛の打撲症の処置で最も重要なことは何か？

… Chapter 16

膝関節および関連構造

この章を終えると、次のことが説明できるようになる。
- 膝関節を取り巻く骨、靭帯、および筋肉の解剖学的構造
- 膝関節の傷害を予防する方法
- 膝関節傷害の評価方法の概略
- 膝関節の安定性に影響を及ぼす傷害の認識
- 膝関節に起こる急性傷害とオーバーユースによる障害の区別
- 膝蓋骨に起こる傷害の識別
- 膝関節の伸展機構に起こる危険性のある傷害

膝関節は、人体で最も複雑な関節の一つと考えられる。非常に多くのスポーツが膝関節に極度のストレスをかけるので、膝関節はスポーツで最も外傷を受けやすい関節の一つでもある。膝関節は一般に、その主要動作が屈曲と伸展の2つであることから、蝶番関節とみなされる。だが、膝関節の動きの基本構成要素の一つに脛骨の回旋もあるため、膝関節は真の蝶番関節ではない。膝関節の安定性は、主に関節を取り巻く靭帯、関節包、および筋肉によって確保されている。膝関節は、荷重時の安定性と運動時の可動性が得られるように機能する。

膝関節の解剖学的構造

骨

膝関節は、大腿骨、脛骨、腓骨、および膝蓋骨の4つの骨からなる（図16-1）。この4つの骨が大腿骨と脛骨、大腿骨と膝蓋骨、大腿骨と腓骨、および脛骨と腓骨の間に複数の関節を形成する。膝関節の関節全体は、人体最大の関節包によって完全に包まれている。関節包の内側面は、滑膜で覆われている。

大腿骨の遠位端は、外側および大腿骨内側顆まで伸びている。大腿骨顆は脛骨と膝蓋骨と関節で結ばれる。膝蓋骨、すなわち膝小僧は、膝関節正面の大腿四頭筋群の腱に囲まれており、大腿四頭筋群が収縮および弛緩すると、2つの大腿骨顆の間にある溝のなかで上下に動く。脛骨の近位端、すなわち脛骨プラトーはきわめて平坦であるが、大腿骨の丸い顆と関節をなしている。

膝関節の安定性は、主として筋肉と靭帯によって与えられる。

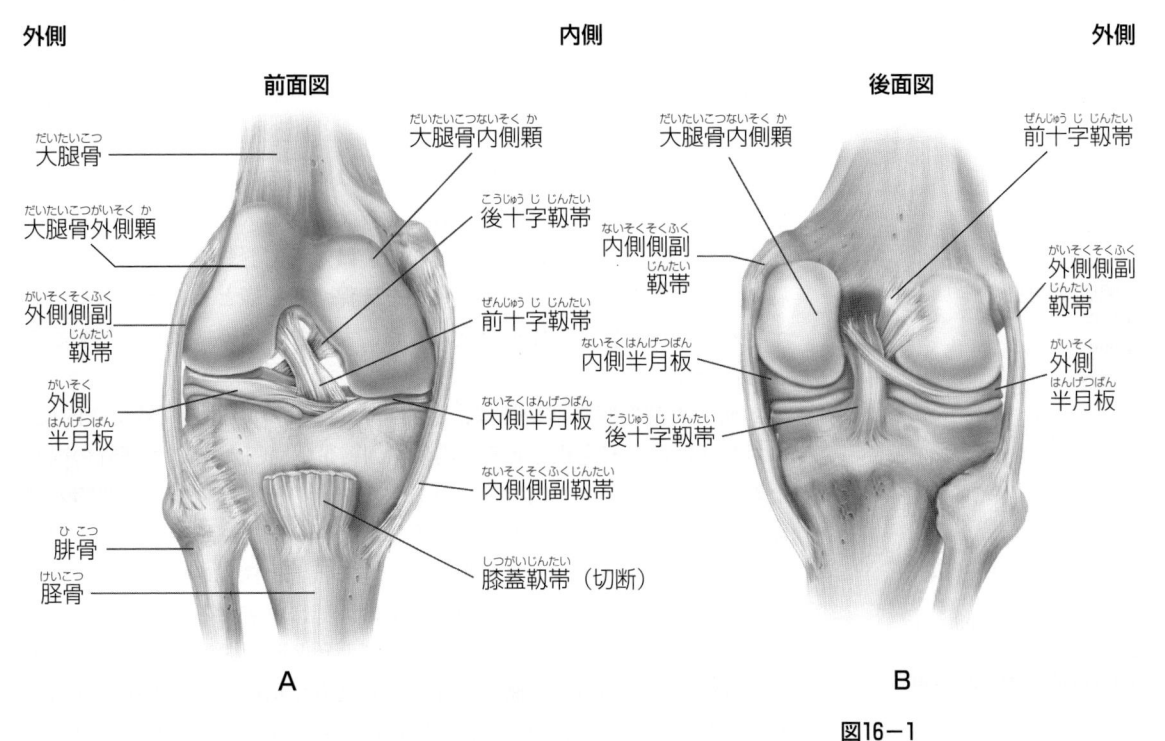

図16-1
膝関節の骨、靱帯、および半月板。
A. 前面図　B. 後面図

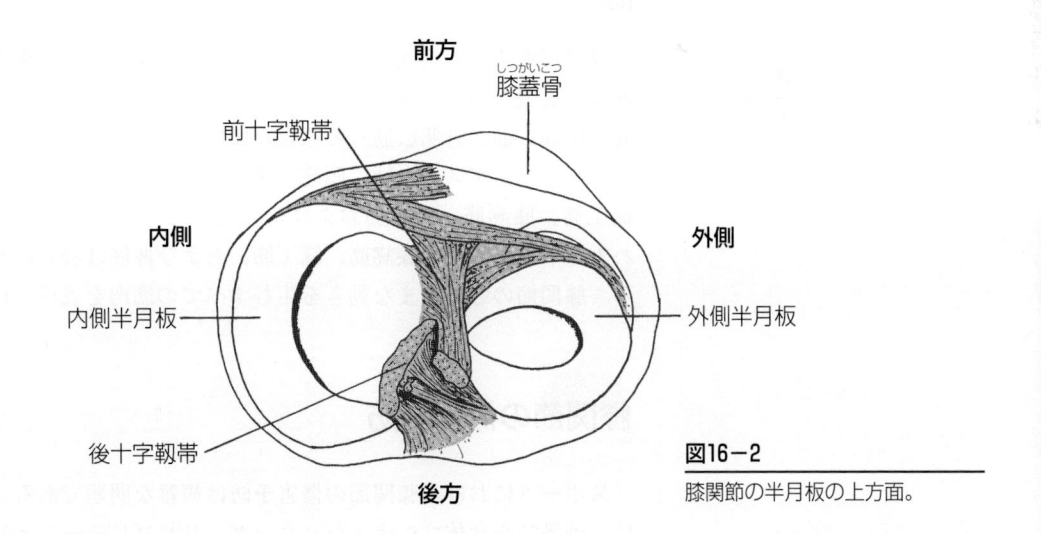

図16-2
膝関節の半月板の上方面。

　内側半月板と外側半月板は、外側縁が厚く、内側縁が薄いボウルの形をした線維軟骨板である（図16-2）。脛骨プラトーの上に位置し、丸い大腿骨顆を平らな脛骨プラトーにフィットさせ、関節の安定性を高めることに貢献する。また、大腿骨の骨表面を脛骨プラトーから離すことによって膝関節にかかるストレスを緩衝する働きもある。

一般に半月板は血行が悪く、断裂した半月板の治癒は容易でない。

膝関節の主要な動作：
- 屈曲
- 伸展
- 回旋

訳注）
ACL：
anterior cruciate ligament
PCL：
posterior cruciate ligament
MCL：
medial collateral ligament
LCL：
lateral collateral ligament

靱帯

膝関節を安定化する主要靱帯は、十字靱帯と側副靱帯である（図16－1参照）。

膝関節の安定性に最も寄与しているのは、前後の十字靱帯である。一般に、前十字靱帯（ACL）は、体重を支える時に大腿骨が後方に動くことを防ぐ。またこの靱帯は、過剰な内旋に対して脛骨を安定化し、側副靱帯が損傷した際、二次的に安定性を確保する組織として機能する。後十字靱帯（PCL）は、体重を支える時に大腿骨が前方にスライドすることを防止する。

内側および外側側副靱帯は、膝関節のサイドへの外力（外反／内反）に対し膝関節を安定化させる。内側側副靱帯（MCL）は、大腿骨の内側上顆から始まり、脛骨内側顆に付着する。その主要な機能は、関節外側面に加わる外反力から膝関節を保護し、脛骨の外旋に抵抗することである。MCLは、内側関節包の肥厚部分である浅部と深部の２つのパーツからなる。内側半月板は、内側側副靱帯の深部に付着する。

外側側副靱帯（LCL）は、大腿骨外側上顆と腓骨頭に付着する。外側側副靱帯は、膝関節の内側面に加わる内反力に抵抗する。内側と外側の側副靱帯はどちらも膝関節の伸展時に最も緊張するが、膝関節の屈曲時には弛緩する。

筋肉

膝関節が正しく機能するためには、いくつかの筋肉が複雑で繊細に協働する必要がある（図16－3）。一般に、大腿四頭筋（大腿直筋、内側広筋、中間広筋、外側広筋）の収縮が膝関節を伸展させる。大腿部後面のハムストリングス（大腿二頭筋、半腱様筋、半膜様筋）の収縮は、薄筋、縫工筋、膝窩筋、腓腹筋および足底筋とともに、膝関節を屈曲させる。ハムストリングス、膝窩筋、縫工筋、および薄筋は脛骨の回旋に関与する。膝関節のさまざまな動きを生むすべての筋肉を表16－1に示す。

膝関節の傷害予防

スポーツにおける膝関節の傷害予防は複雑な問題である。重要なことは、効果的な身体コンディショニング、リハビリテーション、正しい技術の習得、それに靴のタイプである。防具を日常的に使用することは、疑問の残る慣習である。

身体コンディショニングとリハビリテーション

膝関節の傷害を予防するため、選手はできる限り高度な身体コンディショニング、すなわち筋力、柔軟性、心臓血管系および筋持久力、敏捷性、スピード、およびバランスを含む総合的な身体コンディショニング

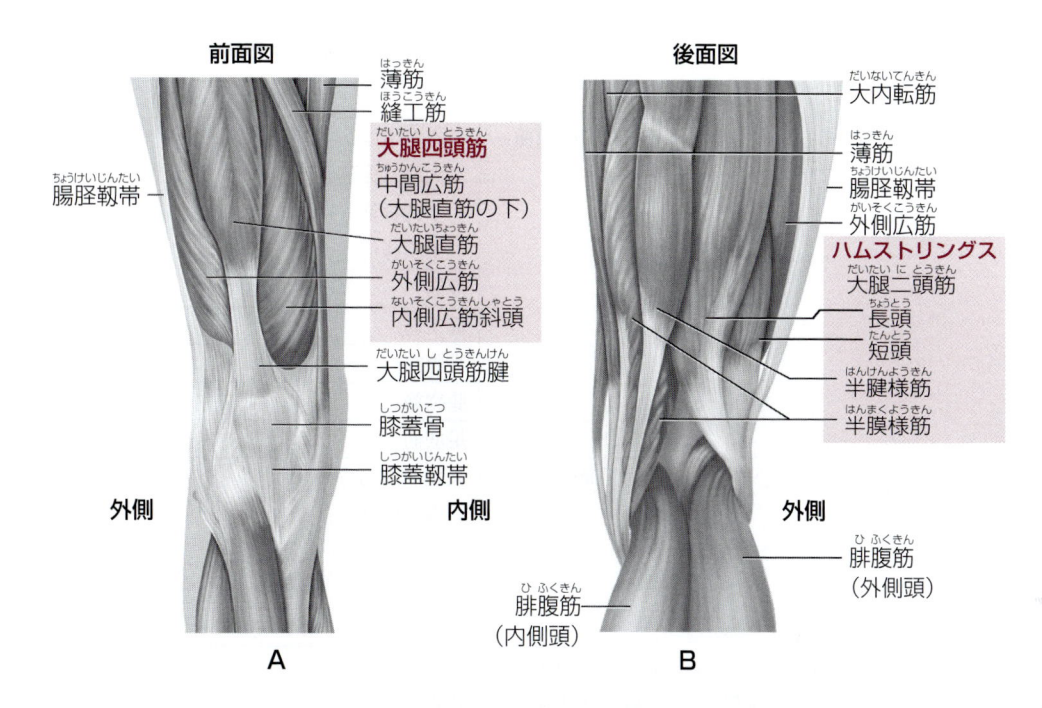

前面図

- 薄筋
- 縫工筋
- **大腿四頭筋**
  - 中間広筋（大腿直筋の下）
  - 大腿直筋
  - 外側広筋
  - 内側広筋斜頭
- 腸脛靱帯
- 大腿四頭筋腱
- 膝蓋骨
- 膝蓋靱帯

外側　　内側

A

後面図

- 大内転筋
- 薄筋
- 腸脛靱帯
- 外側広筋
- **ハムストリングス**
  - 大腿二頭筋
    - 長頭
    - 短頭
  - 半腱様筋
  - 半膜様筋
- 腓腹筋（内側頭）
- 腓腹筋（外側頭）

外側

B

図16-3
膝関節周囲の筋肉
A．前面　B．後面

を行う必要がある(17)。特に膝関節周囲の筋肉をできる限り強化する必要がある。スポーツ種目の特異性によっては、大腿四頭筋とハムストリングスの間に強さのバランスが必要となることもある。たとえば、アメリカンフットボール選手の場合、ハムストリングスの筋力は、大腿四頭筋の筋力の約60～75%であることが望ましい(11)。膝関節の安定化を補強する腓腹筋の強化も必要である。最大限まで鍛えた筋力によりある程度の傷害は予防できるが、回旋を伴うタイプの傷害予防には無効である。

傷害を受けた膝関節には、適切なリハビリテーションが必要である。膝関節を安定させている靱帯が外傷を受けると、膝関節は傷害によって失われた本来の安定性を確保するために、関節を取り巻くすべての筋肉に大きく依存するようになる。このため、傷害再発を予防する筋力トレーニングが重要となる。膝関節に軽微な傷害が繰り返されることによって、重大な傷害を受けやすくなる。

靴のタイプ

近年、アメリカンフットボールなどのコリージョンスポーツでは、サッカー型シューズが使用されるようになってきた。小数の長い円錐形のポイント（滑り止め）から、多数の短い幅広のポイントへ変えることによって、アメリカンフットボールでの膝関節傷害が著しく減少した(12)。ポイントの数が多く、長さが短い靴のほうが足が地面に固定されず、同時に、ランニングやカッティングの際も機能するので理想的である(12)。

膝の機能ブレイスと保護ブレイス

膝関節の機能ブレイスと保護ブレイスについては第6章で解説した。

表16-1 膝関節の運動と主要筋

運　動	主要筋
膝関節の屈曲	ハムストリングス 　　大腿二頭筋 　　半腱様筋 　　半膜様筋
	薄筋
	縫工筋
	腓腹筋
	膝窩筋
	足底筋
膝関節の伸展	大腿四頭筋 　　内側広筋 　　外側広筋 　　中間広筋
	大腿直筋
脛骨の外旋	大腿二頭筋
脛骨の内旋	膝窩筋
	半腱様筋
	半膜様筋
	縫工筋
	薄筋

　これらのブレイスは、膝関節の傷害を予防または軽減させる目的で設計されている[13]。膝関節の保護ブレイスは、膝関節の外側面に装着し、内側側副靱帯を保護する（図16-4A）[17]。だが、その有用性については疑問があり、装着により傷の機会が増えたとする研究もある。

　膝関節の機能ブレイスの装着によって、傷害後、活動に復帰する選手の不安定な膝関節は、ある程度まで保護される[19]。すべての機能ブレイスはある程度フィットするように特注され、蝶番と支柱を使用してサポートする。ブレイスには、大腿部と下腿部に特注の固定具で留めるタイプのものや、マジックテープなどのストラップで固定するタイプもある（図16-4B）。これらのブレイスは、過剰な回旋ストレスや脛骨のぶれを調整するように設計されている[5]。膝関節の保護ブレイスの効用は、よく議論の対象となる[19]。だが、適切なリハビリテーションプログラムと併用した場合、これらのブレイスは脛骨の軽めの前後のぶれであれば制限できるということが証明されている[18]。

膝関節の評価

　一般にコーチは、傷害を評価する訓練を受けておらず、またその資格

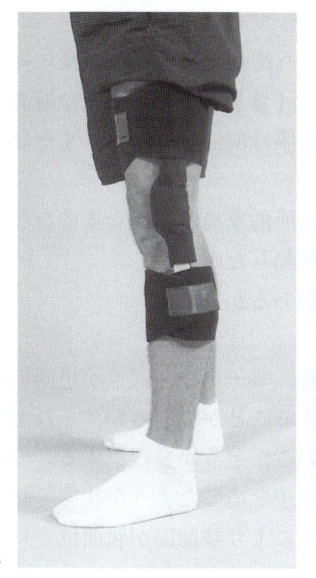

図16－4
A．膝関節の保護ブレイス
B．膝関節の機能ブレイス

も持たない。コーチは、負傷した選手を、資格を有する医療専門家（医師、アスレティックトレーナー、理学療法士など）のところに通うことを義務付け、傷害の評価を仰ぐことを勧める。以下の特殊テストに関する情報は、選手の傷害のタイプを判断するために医療専門家が行うさまざまなテストに関する知識をコーチに提供する目的で掲載した。コーチの主な責任は、傷害に対して適切な応急処置を行い、受傷直後の傷害の管理方法について的確な決定を下すことである（第7章参照）。どのような病理学的経過があったかを理解するうえで最も重要なことは、傷害発生を目撃することや詳しい事情聴取を通して外傷の発生経緯と傷害のメカニズムを正確に検証することである。

事情聴取

膝関節の傷害に関連する事情と主訴を聴取するには、次の質問を行う。

現在の傷害

- 膝関節を痛めた時、何をしていたか？
- その時どのような姿勢をとっていたか？
- 膝崩れを起こしたか？
- 傷害が発生した時、パシッ、ボキッなどの断裂音が聞こえたか、そのような感触を感じたか？（パシッという断裂音は前十字靱帯の断裂の徴候、ボキッという断裂音は半月の断裂の徴候、また断裂感は関節包の断裂を示すことがある。）
- 受傷直後に膝を動かすことができたか？ 動かせなかった場合、屈曲した状態と伸展した状態のどちらでロッキングしたか？（ロッキングは半月板の断裂を指すこともある。）ロッキングされた後、どのように

ロッキングを解除することができたか？
- 腫脹はあったか？ もしそうであるならば、直後に腫れたか、後から腫れたか？（直後の腫脹は十字靱帯の損傷または脛骨の骨折の徴候であるのに対し、後からの腫脹は関節包、滑膜、または半月板の断裂の徴候である。）
- 痛みはどこにあるか？ 局所的な痛みか、全体的な痛みか、それとも膝関節の側面から側面へ移動したか？
- 以前にも膝を痛めたことがあるか？

初めて膝関節を評価する時、コーチは、選手が患側の足の裏を完全に床につけて自分の体重を支えることができるか、それとも選手はつま先で立ち歩く必要性を感じているかどうかを観察する。つま先歩行は、痛みを避けようとして選手が副子を当てたような状態で膝を支えている徴候か、または脱臼した半月板により膝関節が屈曲位でロックされている徴候である。

初めて急性膝関節捻挫を起こした場合、体液や血液の滲出は通常、24時間後でないと出現しない。ただし、前十字靱帯の捻挫では、傷害後1時間で血液が関節に溜まることがある（関節血症）。圧迫、挙上、冷却などにより腫脹を抑えないと、腫脹と変色（斑状出血）が起こる。

再発性または慢性障害

- 主訴は何か？
- 症状に初めて気づいたのはいつか？
- 反復性の腫脹はあるか？
- 膝はロッキングするか、または引っかかっているか？（もしそうであるならば、膝関節に半月板の断裂や遊離体が存在する可能性がある。）
- 激しい痛みがあるか？ その痛みは絶えず続くか、間欠的か？
- 摩擦やきしみのような感覚があるか？（もしそうであるならば、軟骨軟化症または外傷性関節炎が疑われる。）
- これまでに膝崩れを感じたことはあるか、あるいは実際にそうなったことはあるか？（その経験があるなら、あるいは頻繁に経験しているのであれば、関節包、十字靱帯、または半月板の断裂遊離体もしくは膝蓋骨の亜脱臼が疑われる。）
- 階段の昇降時にどのような感じがするか？（痛みがある時は、膝蓋部の炎症または半月板の断裂が疑われる。）
- もし過去にこのような症状があった場合、どのような処置を受けたか？

できれば、膝関節に傷害を受けた選手の以下の活動について観察する：
- 歩行
- ハーフスクワット
- 階段昇降

視診

視診は、主訴の確認後に行うことが望ましい。選手の観察は、歩行、ハーフスクワット（大腿部が床と平行になるまでしゃがむ）、階段昇降などさまざまな状況下で行う。脚の均整もチェックする。コーチは、選手

の両膝関節が見た目に同じであるかどうかを確認すると同時に、以下の点を確認する必要がある。
- 膝関節は左右対称に見えるか？
- 片方の膝関節に明らかな腫脹はないか？
- 筋萎縮はないか？

動作の視診

- 選手は片足を引きずるように歩くか、それとも自由に楽々と歩くか？踵が接地する時、選手は完全に膝関節を伸展することができるか？
- 選手は患側の脚で完全に体重を支えられるか？
- 選手はハーフスクワットから膝関節を伸展することができるか？
- 選手は階段を楽に昇降できるか？（階段がない場合、ボックスや踏み台昇降で代用できる。）

触診

　触診から傷害の特徴に関する価値ある情報を得るには、コーチは最低限、骨、靱帯、および筋肉の解剖学的構造に関する知識が必要である。選手は、背臥位になるか、トレーニングテーブルまたはベンチの端に腰かけ、膝関節を90度まで屈曲する。

　膝関節の骨構造を触診して、骨折または脱臼の可能性のある圧痛や痛みのあるエリア、あるいは変形している部位がないか調べる。

　骨構造の触診後、外側側副靱帯と内側側副靱帯を触診して、圧痛部位がないか調べることが望ましい。前および後十字靱帯は、関節包のなかにあるため触診できない。関節線、すなわち大腿骨顆と平坦な脛骨プラトーの間の関節を膝関節の周囲で触診する。関節線に圧痛がある場合、内側または外側半月板か関節包に傷害があることが疑われる。

特殊テスト

　膝関節の急性傷害と慢性障害は、いずれも靱帯を不安定にする[17]。受傷後、できるだけ早急に傷ついた膝関節の安定性を評価することが重要である。一連の安定性テストを正しく実施し、傷害の正確な特徴を把握できるようになるには、相当量の訓練が必要である。

　最も単純なテストは、患側と健側の膝関節を比較して、膝関節の安定性の相違を判定することである。膝関節の不安定度は、安定性テストの終点の感触によって判定する。関節にストレスを加えると、正常な靱帯によって動作の一部が制限される。正常な関節の場合、ほとんど、あるいはまったく弛緩のない急な終点で、痛みも報告されない。第1度の捻挫では、終点はまだ硬く、不安定性はほとんどないか、まったくないがある程度の痛みがある。第2度の捻挫では、終点は柔らかく、やや不安定で、中程度の痛みがある。第3度の完全な断裂では、終点はきわめて柔らかく、著しく不安定で、痛みは最初は激しく、次第に沈静化する。

　靱帯の安定性を正確に評価するためのさまざまなテストがあるが、い

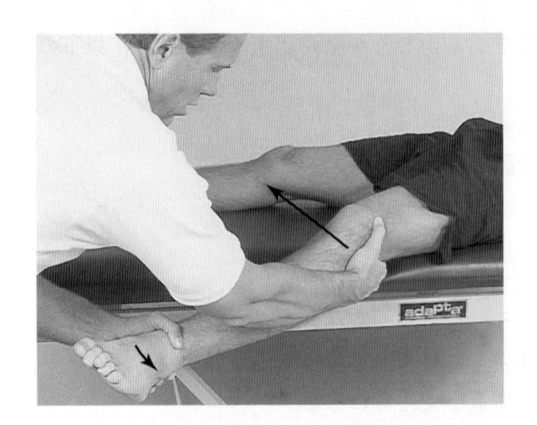

図16-5
MCL傷害の外反ストレステスト

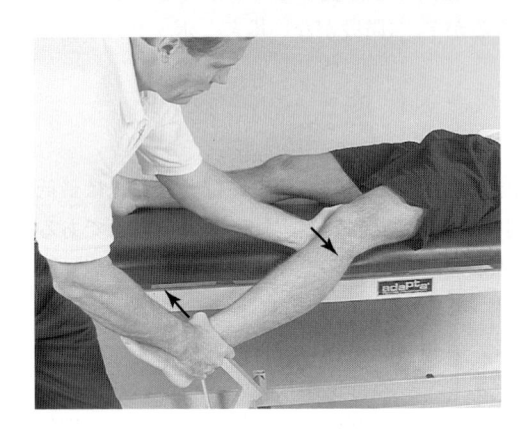

図16-6
LCL傷害の内反ストレステスト

ずれも訓練を受けた者が実施すべきである。そのなかでも、外反／内反ストレステスト、Lachmanテスト、Apley圧迫テストを実施して、靱帯や半月板の傷害による膝関節の不安定性の程度を容易に判定できる。これらは決定的なテストではないが、傷害評価の指標となる。テスト結果が陽性の場合、選手は医師の診断を仰ぐべきである。

外反／内反ストレステスト

外反／内反ストレステストは、内側および外側側副靱帯の弛緩性を明らかにすることを目的としたテストである。選手は背臥位になり、脚を伸ばす。内側側副靱帯（MCL）をテストするには、完全に伸展した状態と30度屈曲させた膝関節に外反ストレスを加える（図16-5）。

外側側副靱帯（LCL）をテストするには、検査者は片方の手で足関節をしっかりつかみ、もう一方の手を内側関節線に当てる。次に、膝関節の外側を開くように関節に内反ストレスを加える（図16-6）。

Lachmanテスト（ラックマンテスト）

Lachmanテストは、前十字靱帯（ACL）のチェックに最も広く使用されている（図16-7）。このテストは、選手を背臥位にし、膝関節を約30

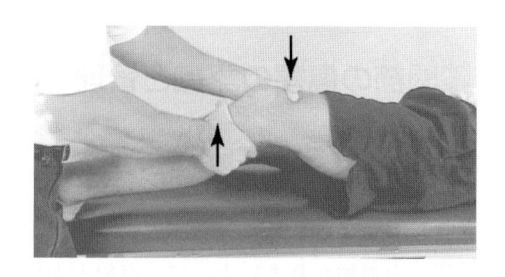

図16-7
前十字靱帯（ACL）の傷害をチェックするLachmanテスト

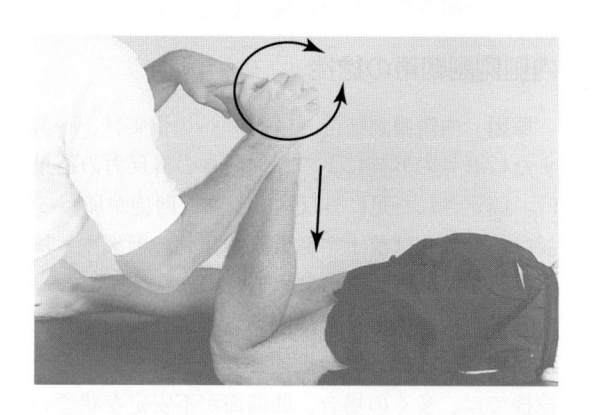

図16-8
半月板の傷害をチェックするApley圧迫テスト

度屈曲して行う。検査者は片方の手で大腿部の遠位端をつかみ脚を固定させ、もう一方の手で脛骨の近位側をつかみ、上方に引っぱる。脛骨の前方移動が抑制されない場合、Lachmanテストは陽性であり、ACLに損傷があることを示す。検査者が経験を積んでいない場合、断裂した後十字靱帯（PCL）が、LachmanテストでACLの断裂のように感じることがある。

Apley圧迫テスト（アプレーテスト）

Apley圧迫テスト（図16-8）は、選手を腹臥位にし、検査対象の膝関節を90度屈曲して行う。大腿部を固定し、足に下方への強い圧力を加える。次に足を内外に回旋させる。その結果痛みが生じたら、半月板に傷害があるかもしれない。内側半月板の断裂は外旋によって、外側半月板の断裂は内旋によって認知される。

機能テスト

選手の膝関節の機能テストを行うことも重要である。選手はまず歩行し（前方、後方、直線、曲線）、次にジョギング（直線、曲線、上り坂、下り坂）、ランニング（前方、後方）、全力疾走（直線、曲線、大きな8の字、小さな8の字、ジグザグ、カリオカ）を行う。

訳注）
カリオカ
足をクロスさせながら横方向へ進むステップ。足先ではなく腰（骨盤）を早く切りかえる。ブラジル体操メニューの一つ。

膝関節の傷害の認識と管理

靱帯の傷害

膝関節の主要靱帯は、個別に、または組み合わせで断裂することがある[3]。力の加わり方によって、直線力か単一平面力、回転力、またはこの2つの組み合わせから傷害が発生する。

内側側副靱帯の捻挫

原因 内側側副靱帯（MCL）への傷害は、一般に膝関節への外側から、または脛骨の外旋による、内向きの外反力の結果として起こる（図16-9）。固定された足に外反ストレスと回旋が加わった結果生じるMCLの断裂は、しばしば前十字靱帯（ACL）の断裂や、場合によっては後十字靱帯（PCL）の断裂を併発する[11]。

通常、内側の捻挫では関節包および内側半月板への傷害が起こる危険性が高いため、外側の捻挫よりも重大な傷害となり得る。中程度までの捻挫では、多くの場合、膝関節が不安定な状態のままなので、さらに関節内障を起こしやすい。

徴候 通常、外傷を受けた時の外力と角度が、傷害の程度を決定する。膝関節の傷害の発生を目撃したとしても、組織損傷の程度を予測することは難しい。関節の安定性をテストするのに最もよいタイミングは、受傷直後である。関節内の血液や他の液が滲出すると、傷害の評価を困難にしてしまうので、その前に行う。

第1度のMCL捻挫では、少数の靱帯線維が断裂しているか過伸展している。外反ストレステストでは、関節は安定している。関節液滲出はほとんどないか、まったくない。関節が硬くなり、内側関節線のすぐ下に圧痛が出ることがある。軽度の腫脹はあっても、ほとんど完全な他動お

16-1 Critical Thinking
頭の体操——エクササイズ

アメリカンフットボールのランニングバックが、敵のタックルを受けて膝の外側面を打った。かなりの痛みがあり、また膝の内側面がすぐに腫れあがった。アスレティックトレーナーは、選手がMCLを捻挫したのではないかと疑っている。
質問：傷害の正確な特徴と程度を判定するために、アスレティックトレーナーが行うべき最適なテストは何か？

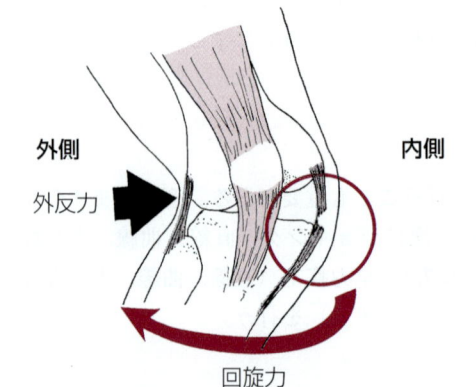

図16-9
外旋する脛骨に加わる外反力は、内側側副靱帯と関節包、内側半月板に加え、場合によっては前・後十字靱帯を損傷することがある。

内側図

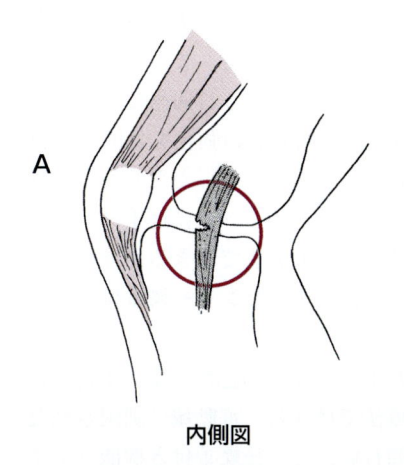

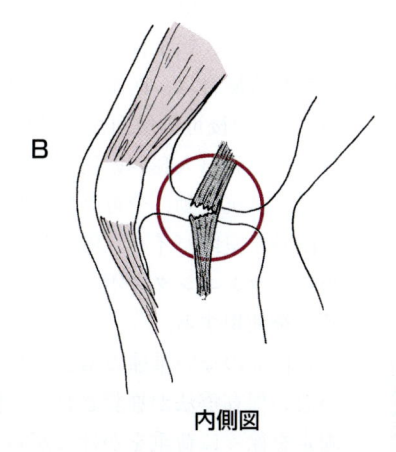

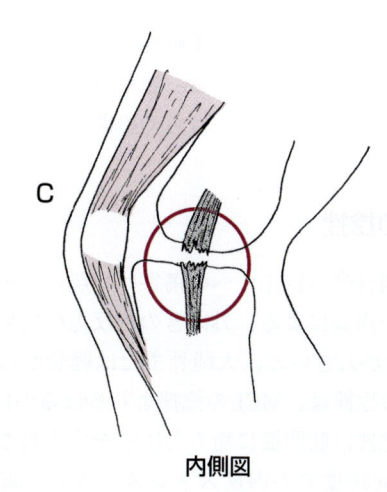

内側図

内側図

図16-10
A. 第1度の捻挫
　（MCLの線維断裂）
B. 第2度の捻挫
　（MCLの部分断裂）
C. 第3度の捻挫
　（MCLの完全断裂）

よび自動の可動域が得られる（図16-10A）。

　第2度のMCL捻挫では、靱帯線維の中程度の断裂か部分的分離が見られる。全体的な関節の不安定性はないが、完全伸展時に最小限または軽度の緩みがある。半月板またはACLの断裂がなければ、腫脹はほんのわずかかまったくない。半月板またはACLの断裂がある場合、中程度から重度の関節の腫脹があり、膝関節の完全で自動的な伸展ができない（選手は足裏全体を地面につけて立つことができない）。また他動的可動域の明確な損失、一般的機能低下や不安定性を伴う内側の痛みなどを伴う（図16-10B）。

　第3度のMCL捻挫は、靱帯の完全断裂を意味する。内側安定性の明確な損失があり、中程度の腫脹、受傷直後の激しい痛みとその後の疼痛、滲出液とハムストリングスの硬結による可動域の損失も見られる。外反ストレステストにより、完全伸展時に関節に若干の隙間ができ、30度の屈曲ではかなりの隙間ができることがわかる（図16-10C）。

処置 応急処置として、PRICEを24時間行う。選手が歩行時に足を引きずる場合、松葉杖を使用する。傷害の程度によって、また合併症が心配される場合は、医師が術後用の膝固定副子を2〜5日間当て（図16-11）、その後可動域回復運動を始める。大腿四頭筋の強化を目的とした等尺性運動（大腿四頭筋の等尺性運動、下肢伸展挙上）から始め、自動運動、抵抗運動、全可動域運動までどんどん進める。次に選手は、運動の段階を室内バイク、階段昇降、抵抗屈曲／伸展までできるだけ早く進める。ランニングスポーツへの復帰の際は、テーピングや蝶番付きブレイスを使用する。

合併症のない単独の第2度および第3度のMCLの捻挫には、手術を行わない保存療法が推奨される。保存療法では通常、可動域の制限された固定を徐々に荷重をかけながら2週間行い、その後蝶番付き機能ブレイスで2〜3週間保護する。

膝関節が通常の筋力、パワー、柔軟性、持久性、協調性を回復したら、選手は競技への完全復帰を許される。通常は回復するまでに1〜3週間を要する。復帰にあたっては、しばらくの間はテーピングによる固定が必要である。

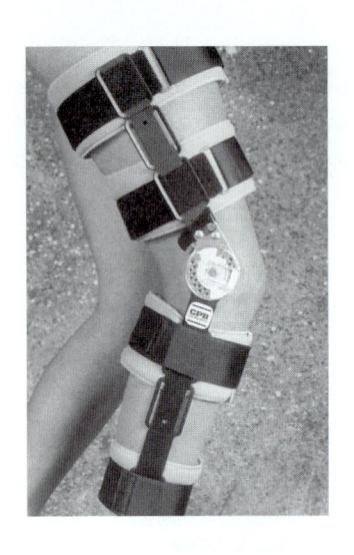

外側側副靭帯の捻挫

原因 外側側副靭帯（LCL）への傷害は一般に、膝関節への内側からの、または脛骨の内旋による、外向きの内反力の結果として起こる（図16-12）。その力が大きいと、大腿骨または脛骨から骨片が裂離することもある。LCLの捻挫は、MCLの捻挫よりもはるかに稀である。

徴候 LCLの捻挫は膝関節に痛みと圧痛を引き起こす。腫脹と滑液滲出。膝関節屈曲位30度での内反ストレステストで関節弛緩が見られる（完全伸展時に弛緩がある場合、ACLと、場合によってはPCLの傷害を評価することが望ましい）。第1度と第2度の捻挫が最強度の痛みを伴う。第3度の捻挫では、最初は強い痛みがあるが、やがて軽減され鈍い痛みになる。

処置 LCL傷害の処置は、MCL傷害で述べた同様の手順で行う。

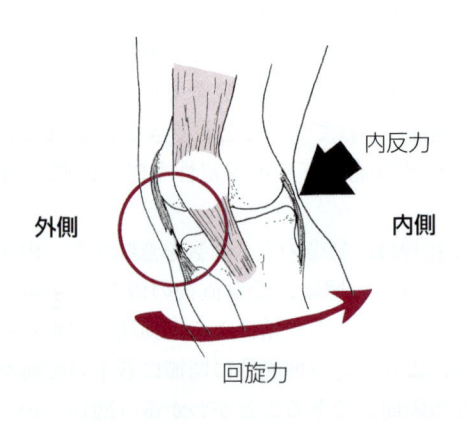

図16-11
完全伸展またはその他の必要な角度に応じて調整可能な膝固定具を使用することもある。

外側の膝関節捻挫は、脛骨を内旋させた時の内反力が原因で起こることがある。

図16-12
脛骨を内旋させた時の内反力は、外側側副靭帯を傷つける。場合によっては、前・後十字靭帯と腸脛靭帯や大腿二頭筋の付着部が断裂することもある。

前十字靭帯の捻挫

原因 残念ながら前十字靭帯（ACL）傷害は、スポーツではよくある傷害である。近年、ACL断裂は男性より女性に多く発生することが明らかとなった[14]。その理由を解明しようとする多くの研究が行われてきた。研究対象となった要因は多岐にわたり、その一例として、ホルモンの影響、さまざまな解剖学的要因、コンディショニングのレベルなどが挙げられる。現在まで、これらの説明が決定的であるとは証明されていない[17]。

男性と女性の間の生体力学的相違が、妥当な説明であると思われる。ACL傷害が最も発生しやすい状況は、膝関節への減速力、回旋、外反ストレスである。このメカニズムは、選手がジャンプして膝関節を屈曲させずに、伸展させたまま着地した時、また選手が足を地面に固定したまま旋回または方向転換する時によく見られる[8]。一般に女性は膝関節を伸展したまま着地してしまうことよくがある。また、女性のほうがハムストリングスと大腿四頭筋の筋力比率の差が大きい。女性にACL傷害が多いのはこの2つが要因である、と考えると分かりやすい。このことについては、まだ多くの研究がその途上にある[17]。足を固定した状態で、膝関節正面に加わる力による過伸展もACLを断裂させることがあり（図16-13）、外力が大きい場合、MCLの傷害も起こり得る。前十字靭帯の断裂は、他の膝関節支持構造の傷害と併発することが多い。たとえば、ACL、MCL、および内側半月板の断裂は「不幸の三徴」と呼ばれている。

徴候 ACLが断裂した選手は、ベキッという断裂音を聞くと同時に機能低下を起こし、膝関節が外れるような感じを訴える。ACL断裂により、関節線周辺が急激に腫脹する。通常、選手は最初に強い痛みを感じる。ただし数分後には、膝関節の傷害はそれほど重傷ではないと感じ始め、立って歩くことができると主張する。ACLの単独損傷を起こした選手は、前方引き出しテストで陽性となる。

処置 適切な応急処置やPRICEをすぐに施しても、1～2時間以内に

16-2 Critical Thinking
頭の体操――エクササイズ

ボールをキャリングしているラクロス選手が、ディフェンダーを避けようとして、右脚をしっかり地面に固定しながら左に強く切り返した。直後に膝崩れが起き、大きな断裂音が聞こえた。その直後に激しい痛みを感じたが、数分経つと立って歩けるように感じた。

質問：損傷を受けた可能性が最も高い靭帯は何か？ 靭帯の傷害の程度を判定するため、コーチはどのような安定性テストを行うべきか？

図16-13
固定された足に加わる前方向からの力は、前十字靭帯を断裂させることがある。

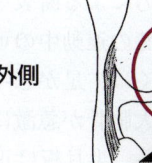

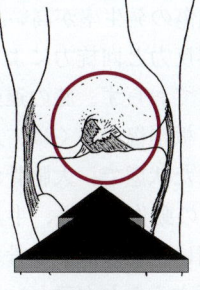

腫脹が始まり、4〜6時間以内にピークを迎える[3]。選手は助力なしでは歩けない場合が多い。

ACLの損傷は、膝関節の不安定性の重大な原因となることがある。膝関節が正しく機能するためには、ACLが健全でなければならない。急性ACL断裂の施術にはどの方法が一番よいか、またいつ手術をしたらよいかについては、医師の間で議論が分かれる。外科手術では、膝関節内の失われたACLが再建される。この種の手術は、何らかのタイプのブレイス装着に3〜5週間、リハビリテーションに4〜6カ月を要する[8]。ACL傷害の後、機能ブレイスの装着を支持する科学的証拠はあまりないが、医師の多くは、ブレイスの装着により活動中はある程度の保護効果があると感じている[19]。

後十字靱帯の捻挫

原因 後十字靱帯（PCL）は、足関節を底屈させ、屈曲した膝関節の前面に全体重をかけて転倒し、その姿勢から膝関節を過屈曲した時に最も傷害を受けやすい。屈曲した膝関節の正面に後向きの力が加わるとPCLが断裂することもある（図16-14）。さらにPCLは回旋力によっても損傷を受けることがあり、このケースではその結果膝関節の内側または外側にも影響する[10]。

徴候 選手は膝の後面でベキッという断裂音がしたと訴える。膝窩に圧痛と比較的軽度の腫脹がはっきり認められる。後方引き出しテストで弛緩が見られる。

処置 受傷後すぐにPRICEを開始する。第1度と第2度の傷害には、大腿四頭筋の強化を中心とした外科的手術を行わないリハビリテーションを行う。第3度のPCL断裂を保存療法にすべきか、それとも外科的手術を適用すべきかについては、現在も議論されている。ACLを断裂した選手の直面する深刻な状況とは異なり、多くのハイレベルな選手は、PCLがなくても競技することができる。一般に術後のリハビリテーションでは、伸展位で6週間固定する。6週目からは可動域回復運動を開始し、4カ月目からは漸増性抵抗運動を処方する[7]。

半月板の傷害

原因 半月板損傷の多くは、体重の荷重と膝関節の伸展または屈曲時の回旋力によって生じる（図16-15）。内側半月板は外側半月板よりもはるかに損傷の発生率が高い。内側半月板は、MCLの深部に付着しているため、外反力と回旋力による断裂を生じやすい。外側半月板は、関節包に付着しておらず、膝の運動中の可動性が大きい。

内側半月板損傷の多くは、足がしっかり地面に固定されていて、膝を軽く屈曲した状態で、大腿骨が急激に強く内旋された結果によるものである[3]。この動作の結果、半月板は正常な位置から引っ張り出され、大腿骨顆の間に挟まれる。軟骨で起こる断裂は、血液の供給が十分でないため、治癒することが難しい。ただし半月板の周縁の断裂は、血液が十

図16-14
屈曲した膝関節の前面から転倒するか前面に打撃を受けると、PCLが断裂することがある。

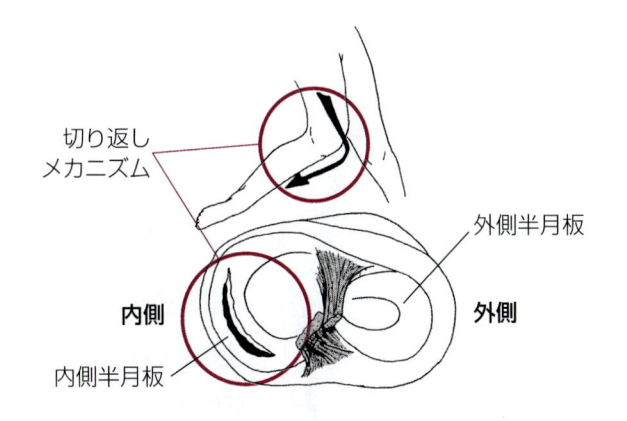

図16−15
半月板の一般的な傷害のメカニズム。強制屈曲では周辺が断裂するのに対し、足を固定したカッティングでは、「バケツ柄状」断裂が生じる可能性がある。

分に供給されれば治癒する。

徴候 半月板の損傷の絶対的診断は難しい。半月板の断裂は次の症状を伴うことがある。48〜72時間で徐々に滲出液増加、関節線の痛みと可動域の損失、一時的なロッキングと膝崩れ、スクワット時の痛み。慢性半月板障害では、膝関節の周囲に反復性腫脹と明らかな筋萎縮が認められる。選手は、フルスクワットが行えない、ランニング時に方向転換をすると必ず痛みが伴う、膝が崩れるような感覚、ポキッという断裂の感覚などを訴えることが多い。

処置 応急処置としてPRICEを行う。膝関節はロックされていないが、断裂の徴候がある場合、医師による診察を受けることが望ましい。変位した半月板によってロックされた膝関節は、精密検査も行えるように麻酔をかけて、ロックを解除する必要がある。ロッキングのない急性半月板断裂の管理は、MCL傷害の管理と同じ手順で行い、必ずしも外科的手術は必要でない。

不快感、機能低下、膝関節のロッキングが続く場合、半月板の一部を除去するための関節鏡視下手術が必要となることがある。半月板断裂の手術をするにあたっては、除去する半月板を最小限にするよう万全の態勢をとることが望ましい。

関節の打撲傷（打ち身）

原因 膝関節と交差する筋肉が強打された結果、ハンディを負うことになる。これが最も頻繁に起こる筋肉の例として、主に膝関節の完全伸展位へのロッキングに関わる大腿四頭筋群の内側広筋が挙げられる。

徴候 内側広筋の打撲傷により、激痛、可動域の損失、急性炎症の徴候を含む膝関節の捻挫のあらゆる症状が発現する。多くの場合、こうした打撲傷は、筋組織や血管の断裂による腫脹や変色によって明らかにそれとわかる。直ちに十分な応急処置を施せば、膝関節は通常、受傷後24〜48時間で機能を回復する。

処置 打撲傷を受けた膝関節の処置は、原因によって異なる。ただし、どのような管理を行うかは、損傷の部位と程度によって決まる。次の手

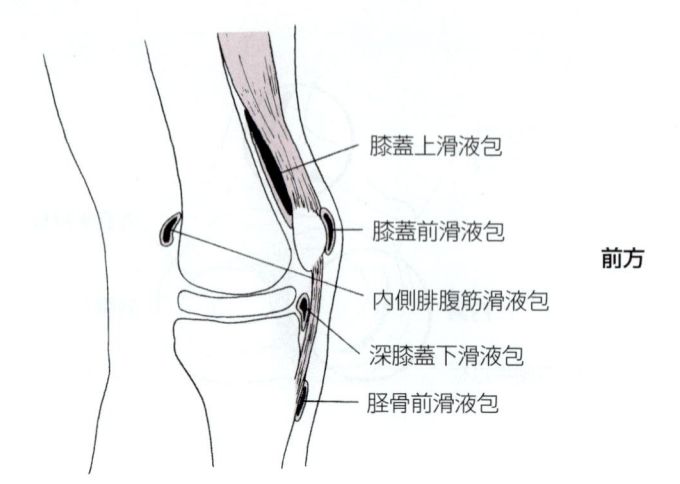

図16-16
膝の滑液包

（図中ラベル）
膝蓋上滑液包
膝蓋前滑液包
内側腓腹筋滑液包
深膝蓋下滑液包
脛骨前滑液包
前方

膝関節には多くの滑液包がある。最もよく炎症を起こすのが膝蓋前滑液包と深膝蓋下滑液包である。

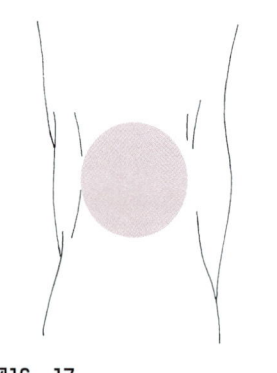

図16-17
膝関節後方に生じる膝窩嚢胞腫（Baker's Cyst）の部位にはほとんど、あるいはまったく痛みが起こらない。

順を提案する。症状が解消するまで、圧迫包帯を適用し冷却を行う。24時間は運動せず安静にすることが推奨される。腫脹が生じた場合、冷却を72時間続ける。腫脹と痛みが強い場合、選手を医師に見せる。

急性期が終了し、腫脹がほとんどないか、まったくなくなるほど小さくなったら、冷却と可動域回復運動を痛みのない範囲内で行う。痛みと初期の炎症が治まったら、選手が保護パッドを当てて通常の運動に復帰することを許可する。1週間経っても腫脹がひかない場合、滑膜炎または滑液包炎の慢性症状があるかもしれないので、休息と治療が必要となる。

滑液包炎

原因 膝関節の滑液包炎には、急性と慢性と反復性がある。多数の滑液包のいずれも炎症を起こす可能性があるが、スポーツにおける炎症の発生率が最も高いのは、膝正面の膝蓋前滑液包と深膝蓋下滑液包である（図16-16）。膝蓋前滑液包は、継続的にひざまずいたり膝から転倒することによって炎症を起こすことが多いのに対し、深膝蓋下滑液包は、膝蓋腱のオーバーユースから炎症を起こす[11]。

徴候 膝蓋前滑液包炎は、膝上の風船のような局所的な腫脹の原因となる。腫脹は関節の外側に起こり、発赤をし熱を持つこともある。膝関節後方の腫脹は、必ずしも滑液包炎の徴候ではないが、膝窩嚢胞腫（Baker's Cyst）徴候であることがある（図16-17）。膝窩嚢胞腫は関節と連結しており、滑液包ではなく関節の問題によって腫脹する。一般に膝窩嚢胞腫には痛みがなく、不快感や機能低下は起こらない。炎症を起こした滑液包のなかには、腫脹による痛みや機能低下を伴うものもあり、それに応じた処置を必要とする。

処置 一般的な対処として、原因の除去、休息の指示、そして炎症の抑制のための処置を行う。最も重要な2つの滑液包炎の管理法は、弾性

包帯と抗炎症剤の使用であろう。滑液包炎が慢性または反復性で、関節包内側の滑膜が肥厚化している場合、医師は吸引とステロイド注入を慎重に行う。

膝内部の遊離体

原因 スポーツ活動で膝関節への外傷が繰り返されると、関節窩内に、関節ねずみとも呼ばれる遊離体が生じる。遊離体は、遊離性骨軟骨炎（骨片と軟骨片）、半月板の破片、滑膜組織の断裂片、十字靱帯の断裂片などにより生じる。

徴候 遊離体は関節腔内を移動して留まり、ロッキングや断裂音（POP音）の原因となり得る。選手は痛み、不安定性、および膝が崩れるような感覚を訴える。

処置 遊離体が関節粗面の間に入り込むと、炎症が起きる。外科手術で除去しないと、遊離体は関節変性を起こす原因となることがある。

運動中にロッキングされたりロッキング解除されたりする膝は、半月板断裂の疑いがある。

腸脛靱帯摩擦症候群（ランナー膝）

原因 腸脛靱帯摩擦症候群は、足部や下腿部のアライメントの乱れや構造的不均整が原因とされる、ランナーやサイクリストによく起こるオーバーユースの障害をいう。炎症は大腿骨外側顆全体に、または摩擦が生じる膝関節外側の靱帯付着部に起こる[18]。ランナーは平坦でない路面を走ることが多く、そのため凸状の道路の低い側にある脚の腸脛靱帯に炎症が起きやすい。

徴候 大腿骨外側顆全体に圧痛、軽度の腫脹、発熱、場合によっては発赤が見られる。ランニングやサイクリングなどの活動中に痛みは増す。

処置 腸脛靱帯のストレッチングや炎症を抑えるための処置を施す[18]。ランナーやサイクリストの膝関節周辺の障害（ランナー膝）対策には、足部と下腿部のアライメントの異常を矯正することが含まれる。治療には、活動の前後に冷却パックやアイスマッサージを適用する、適切なウォームアップやストレッチングを行う、傾斜面でのランニングのような症状を悪化させる活動を避けるなどの方法がある。その他の治療には、抗炎症剤の処方なども含まれる。炎症部位に施術する揉捏マッサージも、慢性炎症の抑制に効果がある。

腸脛靱帯摩擦症候群（iliotibial band friction syndrome）ランナー膝。

膝関節伸筋機構の傷害と症状の認識と管理

膝関節の伸展機構は、大腿四頭筋群、膝蓋腱、膝蓋骨、および膝蓋腱の付着部位である脛骨粗面からなる[20]。

膝蓋骨骨折

原因 膝蓋骨骨折は、直接的または間接的外傷のいずれかによって生じる。ほとんどの骨折は、膝が半ば屈曲している時、膝蓋靱帯が大腿骨

16-3 Critical Thinking ──エクササイズ
頭の体操
陸上選手が、歩行、ランニング、階段昇降、スクワットの際に膝関節の前面に痛みを感じると訴えている。膝関節を屈曲または伸展させると、きしみ感があるという。
質問：コーチはどのような疾患を疑うべきか？ またどのような処置を勧めるべきか？

に対して激しく引っ張られるという間接的な外力が原因で起こる。この角度では、膝蓋骨への大腿四頭筋腱と膝蓋靱帯からのストレスが最大となる。激しい筋収縮が起こると、膝蓋骨の下半分のところで骨折を起こすことがある。直達外力による損傷は、一般にわずかな転位を伴う剥離骨折を起こす。転倒、ジャンプ、ランニングなどでも膝蓋骨骨折を起こすことがある。

徴候 骨折は内出血を引き起こし、広汎な腫脹を生じる。介達骨折は、関節包の断裂、剥離骨折、場合によっては大腿四頭筋腱の断裂を起こす。直達骨折では、骨片の分離はほとんどない。

処置 診断は通常、X線検査を必要とする。膝蓋骨骨折の疑いがあれば、直ちに冷却包帯をし、次に弾性包帯で圧迫し、副子で固定する。それから選手に医師の診断を受けさせる。選手は通常2～3カ月間固定される。

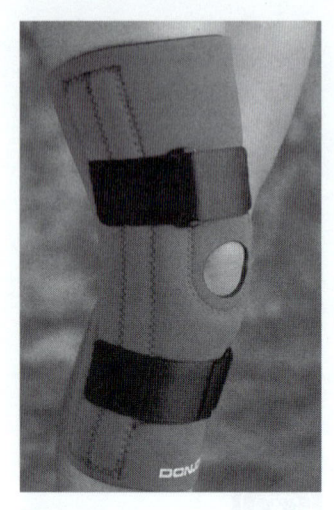

急性膝蓋骨亜脱臼または脱臼

原因 選手が足を地面に固定して減速し、同時に体重を支えている足と反対側へ方向転換する時、大腿部は内旋し、下腿部は外旋して膝関節に内側方向の外反を引き起こす[2]。その状態でも大腿四頭筋は膝蓋骨を直線的に引っ張ろうとし、その結果、膝蓋骨を外側方向に引っ張ることになるので、その力が膝蓋骨を脱臼させてしまう。膝蓋骨は大腿骨外側顆の上に乗っているので、転位は通常外側に向かって起こる。この傷害は一般に、男性選手よりも骨盤の広い女性選手に多く発生する[1]。

徴候 選手は、膝がまったく機能しないと訴える。膝関節には痛みと腫脹がある。膝蓋骨は異常な位置に留まっている。初めて膝蓋骨を脱臼した時は、必ず骨折の併発を疑うべきである。

処置 膝をそのままの状態で固定する（膝をまっすぐ伸ばそうとしてはならない）。関節周辺に氷を当てて冷やす。選手に医師の診断を受けさせ、膝蓋骨を整復してもらう（正常位置に戻す）。整復後、膝関節を伸展状態で4週間以上固定する。選手には、歩行の際は松葉杖を使用するように指示する。筋肉のリハビリテーションでは、膝部、大腿部、殿部のすべての筋力強化を行う。

膝蓋骨を内側に安定するよう設計された、馬蹄型フェルトパッド付きのネオプレン・ブレイスの装着が推奨される。ランニングやスポーツをする時は、ブレイスを装着する（図16－18）。

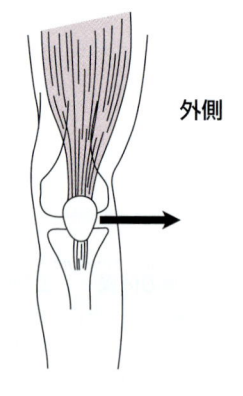

膝蓋軟骨軟化症

原因 膝蓋軟骨軟化症は、膝蓋骨後面の関節軟骨が軟化または退化する症状である。軟骨軟化症のはっきりした原因は不明であるが、大腿骨溝内の膝蓋骨の異常な動きとオーバーユースが関連していることが多い。正常状態では、膝関節を屈曲または伸展すると、膝蓋骨が大腿骨顆の間の大腿骨溝内で上下移動する。一部の選手は、大腿四頭筋群が収縮すると、膝蓋骨が外側方向に移動またはトラッキングする傾向がある（図

図16－18
膝蓋骨脱臼用の専用パッド

膝崩れや引っかかり感のある膝は、次のようなさまざまな病理学上の疾患が考えられる：
・膝蓋骨亜脱臼
・半月板断裂
・前十字靱帯断裂

図16－19
膝蓋骨の外側へのトラッキング。膝蓋骨は、膝関節を完全伸展した時外向きに動く傾向がある。

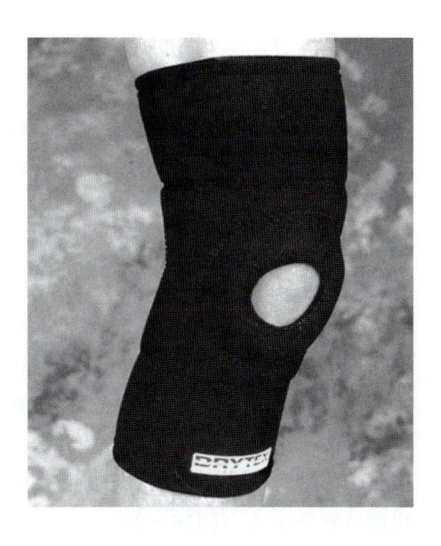

図16-20
ネオプレン・スリーブ

16-19)⁽¹¹⁾。このトラッキングは、大腿四頭筋群が弱い選手、または広い骨盤を持つ女性選手に多く発生し、一般に膝蓋大腿症候群と呼ばれている。

徴候 選手は、歩行、ランニング、階段昇降、スクワットなどで膝関節の前面に痛みを感じることがある。膝蓋骨の周囲に腫脹が繰り返し起こり、膝関節の屈曲時と伸展時にきしみ感がある。選手は膝蓋骨の裏側に、膝関節を他動的に屈曲中および伸展中に大腿骨溝内で膝蓋骨が圧迫される時、痛みを感じることがある。

処置 保存的処置として、階段昇降やスクワットなど炎症を起こす活動を避ける。大腿四頭筋の強化を中心とする痛みのない等尺性運動を行う。ネオプレン・スリーブを装着する（図16-20）。保存療法が功を奏さない場合は、外科的手術が唯一の代替策となる。

ジャンパー膝（膝蓋腱炎）

原因 ジャンプやキック、ランニングは、膝関節伸筋群に極端な緊張を与える。単独の急性傷害の結果、あるいはより一般的に多い反復性傷害の結果、膝蓋腱または大腿四頭筋腱に**膝蓋腱炎**が起こる。稀に、膝蓋腱が完全に機能を失ったり、断裂したりすることもある。膝関節を突然、または繰り返し無理に伸展させることにより、炎症過程が始まり、最後には腱の変性に至ることがある[15]。

徴候 選手は、一般に膝蓋骨の下方、膝蓋腱の起始部の裏側に鈍痛または圧痛を訴える。この痛みは、ジャンプやランニング活動を行うと悪化する。多くの選手が、膝蓋骨の裏側に指を入れることができるなら痛みを感じるのはそこであるという[9]。

処置 膝蓋腱の痛みは、激しいプライオメトリクスタイプの運動に特徴づけられるような爆発的な動きを不能にする。ジャンパー膝に関連した炎症を持つ選手の処置としては、安静、氷の使用、抗炎症剤など、いくつかの試みが報告されている。膝蓋腱炎用の腱固定ストラップまたは

16-4 *Critical Thinking*
頭の体操——エクササイズ

高跳びの選手が膝蓋腱炎、すなわち「ジャンパー膝」と診断された。3週間後に2つの重要な陸上競技会を控え、選手は、早急な回復のために何ができるか知りたがっている。
質問：選手の膝蓋腱炎を処置するために、アスレティックトレーナーにはどのような選択肢があるか？

膝蓋腱炎（patellar tendinitis）
ジャンパー膝。

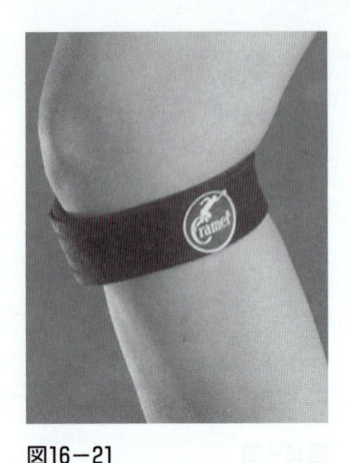

図16-21
膝蓋腱炎用の腱固定ストラップまたはブレイス。

ブレイスも使用されている（図16-21）。既製品の膝蓋腱ストラップの代用として、プリラップを巻き上げたものや粘着テープを膝関節周囲、膝蓋骨の真下に適用し、膝蓋腱を締めることもできる。揉捏マッサージも、ジャンパー膝の治療に有効な技法であることが実証されている。

オスグッド・シュラッター病

原因 オスグッド・シュラッター病は、急激に成長する青少年の膝によく見られる症状である。一般に認められている原因は、脛骨正面の脛骨粗面で膝蓋腱が強く繰り返し引っ張られることである。脛骨粗面は、大腿四頭筋群全体の腱の付着部位であるため、重要な骨指標である。オスグッド・シュラッター病の特徴は、脛骨粗面にある膝蓋腱の付着部位における進行性の痛みである。時間が経過するにつれて仮骨が形成され、粗面は膨隆する（図16-22）。この症状は通常、選手が18歳か19歳に達すると解消する。唯一の痕跡が、膨隆した脛骨粗面である[17]。

徴候 刺激が繰り返されると、脛骨粗面に腫脹と出血が起こり、また徐々に変性が起こる。選手はひざまずいた時や、ジャンプ、ランニング中の痛みを訴える。前近位脛骨粗面全体に圧痛点がある。

処置 治療は通常保存的処置で、次のようなものがある。ストレスの強い運動を6カ月～1年間中止する。重症の場合はパッドを当て、脛骨粗面がこれ以上外傷を受けないように保護する。運動の前後には膝関節に氷を当てる。大腿四頭筋とハムストリングスの等尺性運動による強化を行う。

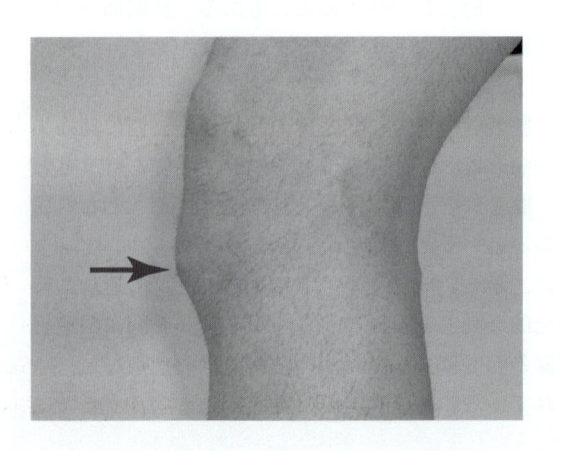

図16-22
オスグッド・シュラッター病は脛骨粗面を膨隆させる。

まとめ

- 膝関節は人体で最も複雑な関節の一つである。膝関節を安定させる主な要素は骨の関節、靱帯、関節包、および関節を取り巻く筋肉である。
- 膝関節の傷害の予防には、筋力の最大限の強化や適切な靴の着用などがある。膝関節の保護ブレイスの装着には議論の余地がある。
- 膝関節傷害の評価には、事情聴取をし、傷害部位と選手の動きを観察し、関節周辺の受傷した構造を触診し、また外反／内反ストレステスト、Lachmanテスト、Apley圧迫テストなどの特殊テストを実施して残存する関節の安定性を判定することなどが必要である。
- 傷害を受けやすい構造は、内側および外側側副靱帯、前および後十字靱帯、ならびに半月板である。
- 急性外傷またはオーバーユースが原因で発生するその他の膝関節の障害には、打撲傷、滑液包炎、関節ねずみ、腸脛靱帯摩擦症候群などがある。
- 膝蓋骨とその周辺部は、スポーツ活動で骨折、亜脱臼および脱臼、膝蓋軟骨軟化症などのさまざまな損傷を受ける。
- 膝関節の伸展機構は大腿四頭筋群、膝蓋腱、膝蓋腱内にある膝蓋骨、ならびに脛骨粗面からなる。ジャンパー膝とオスグッド・シュラッター病は、伸展機構に関連した病状である。

頭の体操（エクササイズ）の答え Solutions to Critical Thinking Exercises

16-1 MCLテストには外反ストレステストを用いる。完全伸展でのテストではMCL、後内側関節包、十字靱帯が検査される。膝関節30度屈曲でMCLは分離される。完全伸展状態で膝関節に何らかの不安定性がある場合アスレティックトレーナーは十字靱帯の完全性を詳細に評価することが望ましい。

16-2 他の靱帯、関節包、半月板構造も受傷した可能性もあるが、これは前十字靱帯の捻挫の典型的なメカニズムである。ACLの傷害を判定するのに最適な安定性テストは、Lachmanテストである。

16-3 この選手は、膝蓋軟骨軟化症を起こしていると思われる。コーチは、階段の昇降やスクワットなどの炎症を起こす活動を避けること、痛みを起こさずに大腿四頭筋群とハムストリングスを強化する等尺性運動、ネオプレン・スリーブの装着を勧める。保存療法が功を奏さない場合に限り、外科手術を行う。

16-4 保存的アプローチでは、炎症のコントロール（緩和）、安静、冷却、超音波、抗炎症剤などの一般的な方法を用いる。より積極的な代替案は、深部強擦マッサージ法を使用して抗炎反応を高め、最終的に治癒を促進させることである。より積極的なこの処置が成功すれば、選手はより早く活動に完全復帰できる。

復習問題とクラス活動

1. 膝関節を安定させる構造には何があるか？　これらの構造によって抑制される動きはどのようなものか？
2. 膝関節にはどのような動きがあるか？　どの筋肉がこれらの動きと関わっているか？
3. 膝関節の傷害の予防法を挙げよ。最も予防が難しい膝関節の傷害にはどのようなものがあるか？
4. 膝関節の評価手順を説明せよ。
5. 側副靱帯、十字靱帯、および半月板の傷害のメカニズムを説明せよ。
6. 第1度、第2度、第3度の内側側副靱帯捻挫の徴候と特徴を比較せよ。
7. 膝関節の打撲傷は膝関節の滑液包炎とどのような関連があるか？
8. 膝蓋骨の亜脱臼または脱臼は通常どのように発生するか？
9. 軟骨軟化症の発症にはどのような要因があるか？
10. 膝関節伸展機構の傷害にはどのようなタイプの症状が発現するか？　その対処方法は？
11. 整形外科医を招いて、膝関節傷害の最新の処置方法とリハビリ方法について討議せよ。

17 大腿部、殿部、鼠径部、骨盤

Chapter 17

この章を終えると、次のことが説明できるようになる。

- スポーツ傷害に関連する大腿部、殿部、鼠径部、および骨盤の主要な解剖学的構造
- 大腿部、殿部、鼠径部、および骨盤へのスポーツ傷害の認識
- 大腿部、殿部、鼠径部、および骨盤の傷害の適切な応急処置

　大腿部、殿部、鼠径部、および骨盤への傷害の発生率は膝関節や下腿部よりも低いが、さまざまなスポーツ活動から重大な外傷を受ける[1]。特に懸念されるのが、大腿部の筋挫傷と打撲傷、大腿部と殿部に影響を及ぼす慢性的なストレスとオーバーユースの障害である。

大腿部、殿部、鼠径部、骨盤の解剖学的構造

骨

大腿部

　大腿部は一般に、股関節と膝関節の間の脚部とみなされる。大腿骨は、人体で最も長く強い骨である（図17-1）。大腿骨は、最大の支持と荷重がかかる活動でなめらかな動きを与えるように設計されている。大腿骨の近位頭は、骨盤の寛骨臼と関節で結ばれて股関節を形成し、大腿骨遠位顆は膝関節で脛骨と結合される。

骨盤

　骨盤は2つの寛骨、仙骨、および尾骨で形成される骨環である（図17-2）。2つの寛骨は、それぞれ腸骨、坐骨、恥骨で形成される（図17-3）。骨盤の機能は、脊柱と体幹を支え、その重量を下肢に伝達することである。骨格を支持するほかに、骨盤は体幹や大腿筋群の付着場所

寛骨：
・腸骨
・坐骨
・恥骨

Chapter 17 大腿部、殿部、鼠径部、骨盤

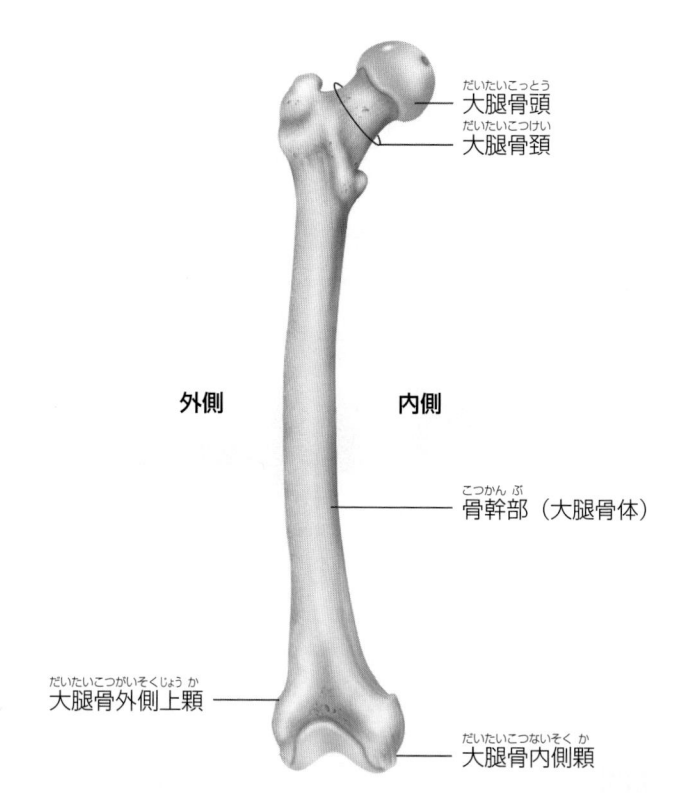

大腿骨頭
大腿骨頚
外側　内側
骨幹部（大腿骨体）
大腿骨外側上顆
大腿骨内側顆

図17-1
大腿骨（前面図）

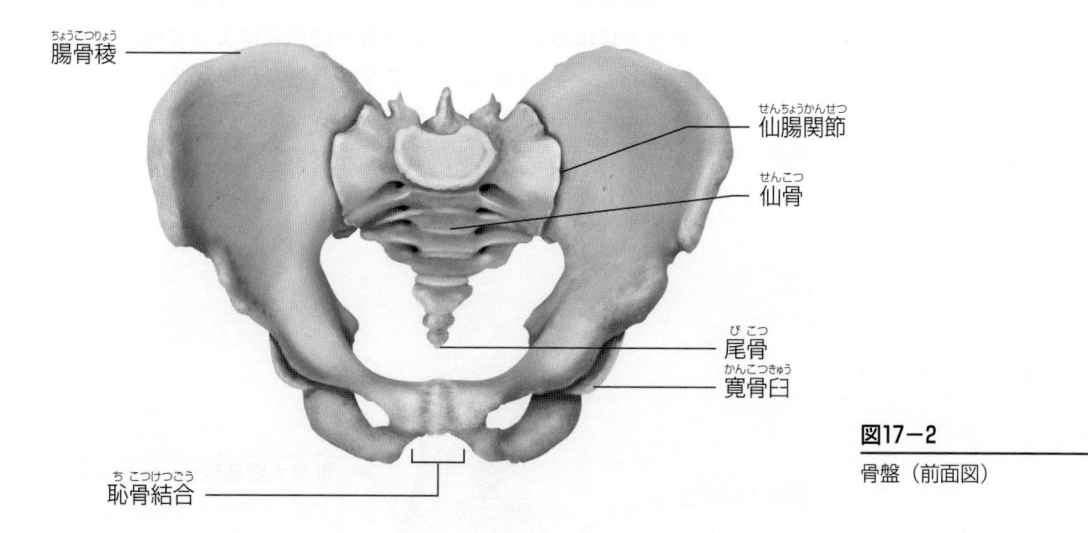

腸骨稜
仙腸関節
仙骨
尾骨
寛骨臼
恥骨結合

図17-2
骨盤（前面図）

としても機能し、骨盤内臓器を保護する。
　殿部と骨盤は、身体全体の動きの軸を形成する。身体の重心は、仙骨の上部前方にある。殿部または骨盤の傷害は、選手の下肢や体幹またはその両方の機能障害の原因となる[3]。

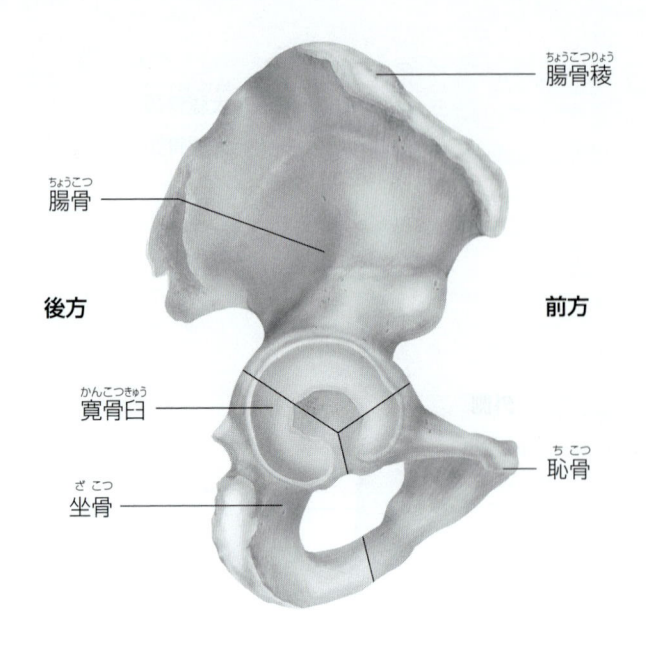

図17−3
寛骨（外側面図）

靱帯

　股関節は、大腿骨と寛骨臼との関節で形成される。大腿骨頭は、寛骨臼の深いソケットにはめ込まれ、強い靱帯と関節包によって固定される（図17−4）。仙骨は、強い靱帯によって骨盤の他の部位と結合され、仙腸関節を形成する。仙腸結合部は前後にわずかに動く。尾骨は、仙骨と関節で結合する5つの小さな尾椎が癒合したものである。仙腸関節については第20章で詳しく解説する。

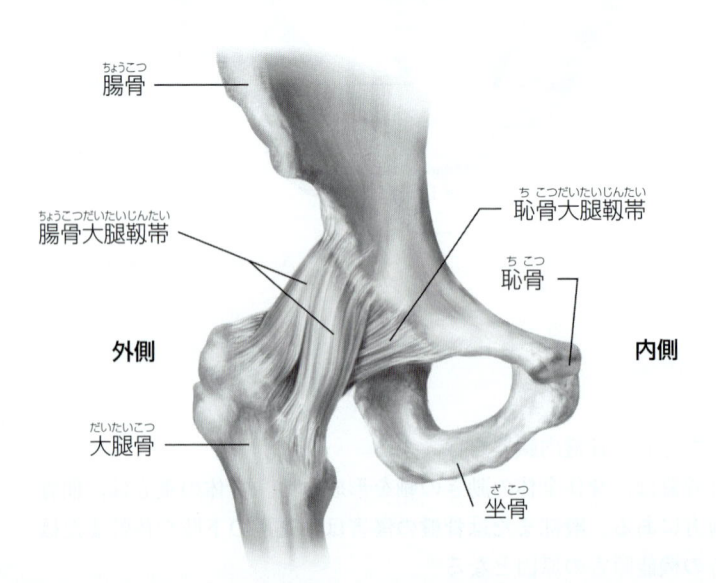

図17−4
股関節靱帯と関節包（前面図）

筋肉

大腿筋

　大腿部前面にある筋肉は、膝関節を伸展させる機能を持つ四頭筋群である（図17-5A）。四頭筋の一つである大腿直筋には股関節を屈曲させる機能もある。縫工筋も大腿部前面に位置し、股関節を屈曲させ、大腿部を外旋させる（図17-5A）。大腿部後面にある3つのハムストリングスは、膝関節の屈筋であり、また股関節を伸展させる（図17-5B）。大腿部内側の薄筋、恥骨筋、大内転筋、長内転筋、短内転筋の5つの筋肉は内転筋群と呼ばれ、股関節の内転筋として協働する（図17-5C）。

股関節の筋

　股関節の筋は、前方と後方の筋群に分類される（図17-5A）。前方の筋群は、体幹に対して股関節を屈曲させる腸骨筋と大腰筋である。

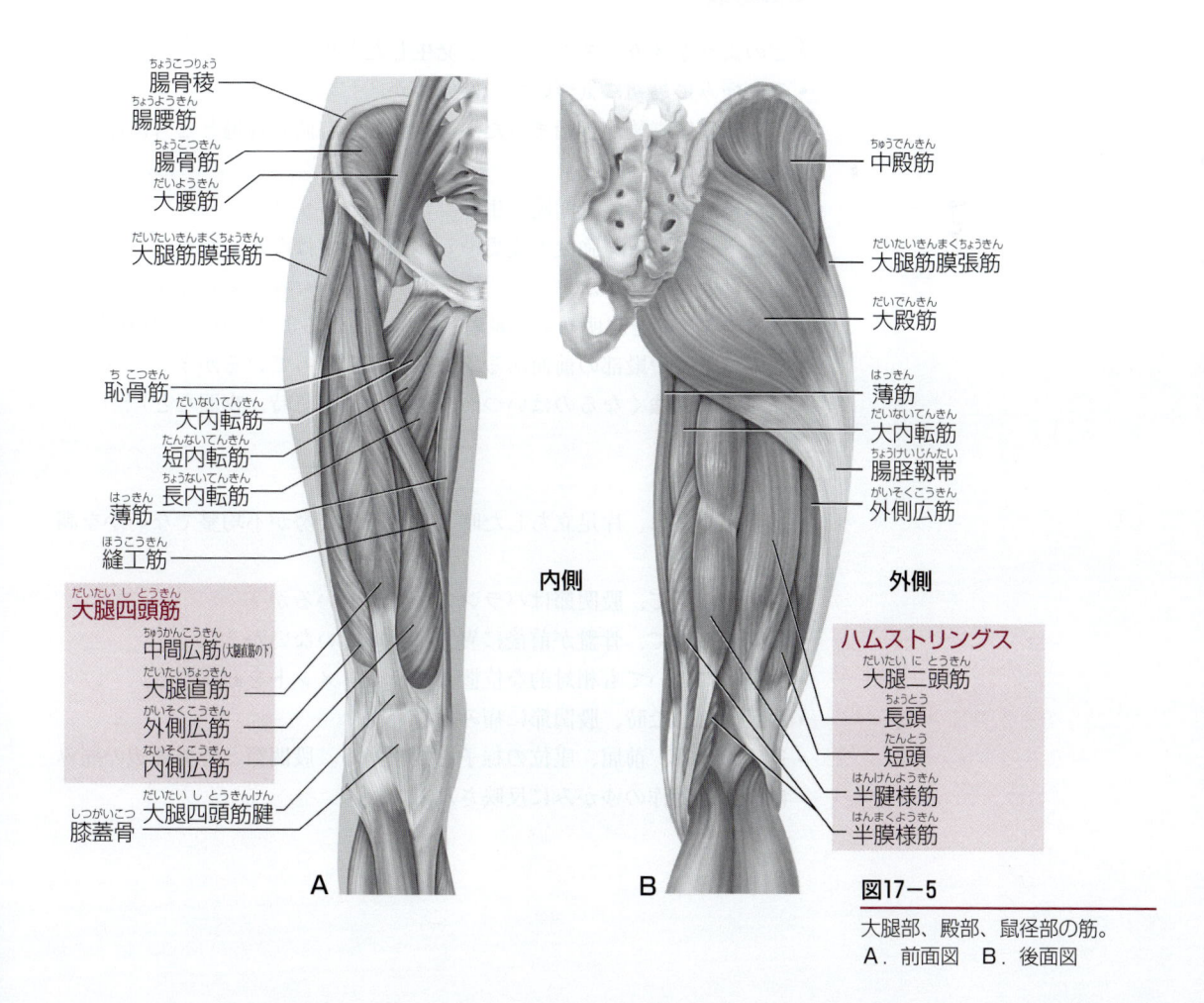

図17-5
大腿部、殿部、鼠径部の筋。
A．前面図　B．後面図

後方の筋群は、股関節を外転させる大腿筋膜張筋と中殿筋、股関節を伸展させる大殿筋、股関節を内旋させる小殿筋、それに深層外旋六筋を構成する梨状筋、上双子筋、下双子筋、内閉鎖筋、外閉鎖筋、および大腿方形筋からなる（図17−5C、表17−1）。

大腿部、殿部、鼠径部、骨盤の傷害の評価

　一般にコーチは、傷害を評価する訓練を受けておらず、またその資格も持たない。コーチは、負傷した選手を、資格を有する医療専門家（医師、アスレティックトレーナー、理学療法士など）のところで受診させ、傷害の評価を仰ぐことが勧められる。以下の特殊テストに関する情報は、選手の傷害のタイプを判断するために医療専門家が行うさまざまなテストに関する知識をコーチに提供する目的で掲載した。コーチの主な責任は、傷害に対して適切な応急処置を行い、受傷直後の傷害の管理方法について的確な決定を下すことである。

事情聴取

- どのようなメカニズムで傷害が発生したと思うか？
- この痛みに最初に気づいたのはいつか？
- 痛みは受傷直後から始まったか、それとも時間の経過とともに徐々に発生したか？
- 以前にもこの部位に問題が生じたことがあるか？
- 最近トレーニング強度の変更やレベルアップはなかったか？
- 痛みはどこにあるか？
- 痛みのタイプを説明せよ（鋭痛、鈍痛、焼けるような痛み、疼痛など）。
- 痛みは下肢や殿部の前面あるいは後面に広がっているか？
- 痛みが最も強くなるのはいつか（運動中、休息時、夜間など）？

視診

- 選手を観察し、片足立ちした時と歩行時に姿勢が不均整でないかを調べる。
- 正面から見て、股関節はバランスがとれているか？
- 側面から見て、骨盤が前後に異常に傾いていないか？
- 膝蓋骨についても相対的な位置とアラインメントを観察する。
- 片足立ちした時、股関節に痛みはないか？
- 選手の歩行、前屈、座位の様子を観察する。股関節と骨盤周辺の痛みは、通常動作のゆがみに反映される。

腸骨稜
上後腸骨棘
仙骨
内側
尾骨
坐骨結節

小殿筋
外側
梨状筋
上双子筋
内閉鎖筋
外閉鎖筋
下双子筋
大腿方形筋
深層外旋六筋

C

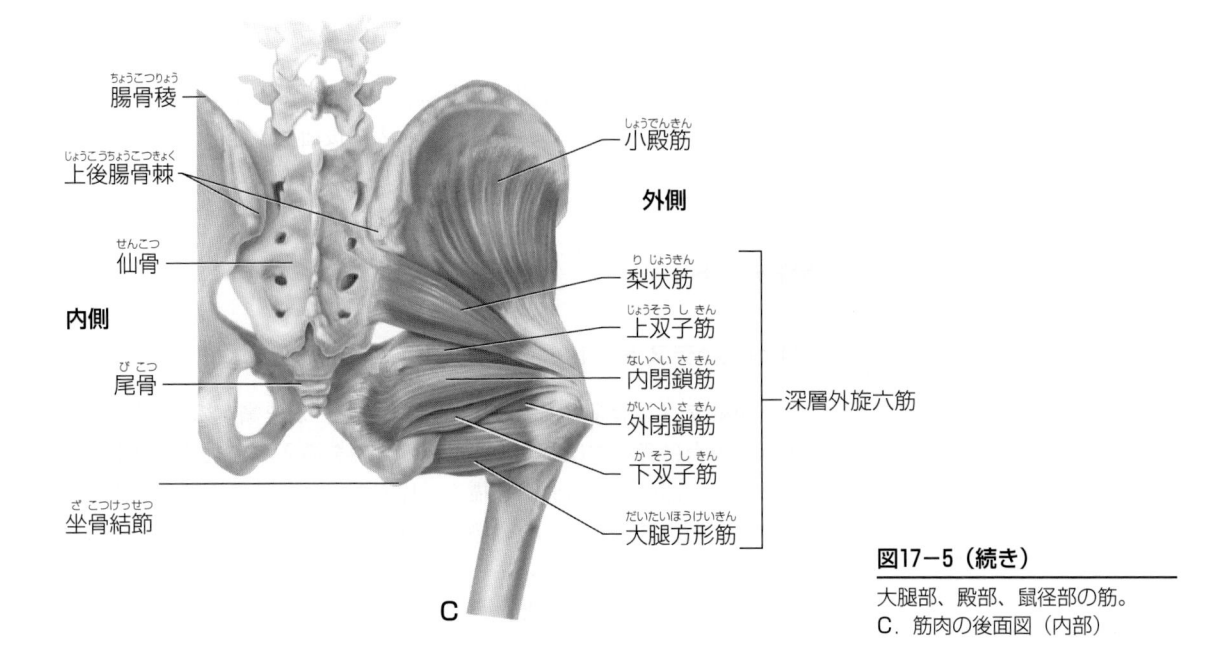

図17-5（続き）
大腿部、殿部、鼠径部の筋。
C．筋肉の後面図（内部）

表17-1 股関節の運動と主要筋

運　動	主要筋
股関節の屈曲	大腿直筋
	縫工筋
	腸骨筋
	大腰筋
股関節の伸展	ハムストリングス 　大腿二頭筋 　半腱様筋 　半膜様筋
	大殿筋
股関節の外転	中殿筋
	大腿筋膜張筋
股関節の内転	薄筋
	恥骨筋
	大内転筋
	長内転筋
	短内転筋
股関節の内旋	小殿筋
股関節の外旋	梨状筋
	上双子筋
	下双子筋
	内閉鎖筋
	外閉鎖筋
	大腿方形筋

触診

 骨の触診は、腸骨稜、股関節、大腿骨、仙骨、および尾骨に行い、圧痛や不快感がないか調べる。大腿前面、大腿後面、鼠径部、殿部、股関節外側、股関節前面の軟部組織を触診して、圧痛または運動痛の部位を確認する[22]。

特殊テスト

Thomasテスト（トーマステスト）

 Thomasテストは股関節屈筋群に拘縮がないかを調べる（図17-6）。選手は診療台に背臥位になり、膝を曲げ、脚を揃えて完全に伸ばす。この姿勢で、背部は通常の曲線を描く。片方の大腿を胸の位置まで持ち上げ、脊柱を平坦にする。この姿勢で、持ち上げていないほうの大腿は診療台の上で平らになる。平らにならない時は、股関節屈筋群に拘縮がある。選手が再び脚を伸ばすと、背部のカーブが戻る[22]。

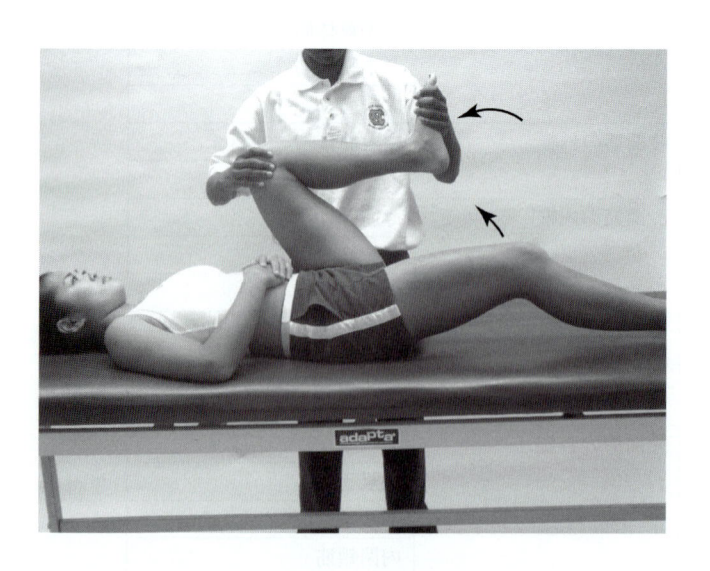

図17-6
股関節の屈筋群の拘縮を実証するThomasテスト。

下肢伸展挙上（SLR）テスト

下肢伸展挙上を使用して、股関節伸筋群の拘縮をテストできる。選手は背臥位になり、コーチは選手の片方の脚を持ち上げて、股関節を屈曲させる（図17-7）。脚を90度まで上げれば上げるほど股関節と屈曲できない場合は、股関節伸筋群に拘縮がある。下肢伸展挙上テスト陽性は、腰部または仙腸関節の問題を示唆していることもある。

訳注）
SLR：Straight Leg Raises

図17-7
股関節伸筋群の拘縮を実証する下肢伸展挙上テスト。

大腿部、殿部、鼠径部、骨盤の傷害予防

股関節は、主として強い靱帯と関節包、それに強い筋系によって人体中で最も強く安定した関節の一つであるという事実にもかかわらず、この部位に起こる傷害の危険性は高い。この部位には、さまざまな動きを生む多様な筋肉が存在し、ダイナミックなパワーを生む収縮が起こる。その結果として、非常に傷害を受けやすい。ダイナミックなランニングやジャンプの原動力は、この部位の筋肉の機能にかかっている。それだけではなく、骨盤や腰部の靱帯と関節包とともに四肢の動作の基礎となる安定性をもたらす。よって、ダイナミックな力の発揮と体幹軸の安定性という2つのニーズを満たすため、この部位の筋肉、関節、靱帯はどうしても傷害を受けやすくなる。

傷害を予防するか、少なくとも傷害の危険性を最小化するには、股関節、大腿部、および骨盤の筋肉の強度と柔軟性を維持することが重要である。選手は、大腿四頭筋、ハムストリングス、および鼠径部の筋肉を中心とした動的ストレッチングプログラムに集中的に取り組むことが望ましい。これらのいずれかの筋群の筋挫傷は、治癒に長時間を要し、選手の能力を低下させることは間違いない。強化された筋肉は傷害に対し優れた耐性を持つので、よく考慮された強化プログラムは受傷の危険性を最小化することができる。

股関節、大腿部、骨盤の筋肉の柔軟性と筋力強化が傷害予防の鍵である。

大腿部の傷害の認識と管理

スポーツで最もよくある傷害は、大腿部の筋肉の損傷である。打撲傷や筋挫傷は大腿部によく起こり、特に打撲傷は発生率が高い。

大腿四頭筋の打撲傷

原因 大腿四頭筋群は、さまざまなスポーツのなかで外傷性打撃を受けやすい。大腿四頭筋の打撲傷は、たいていの打撲傷に見られる最も典型的な症状を呈する。

徴候 大腿四頭筋打撲傷は通常、弛緩した大腿が激しい打撃を受け、筋肉が大腿骨の硬い表面に圧迫されることによって発生する[4]。外傷を受けた瞬間に、痛み、一時的な機能障害が起こり、負傷した大腿部が内出血することが多い。外力の大きさと大腿の弛緩の程度が、損傷の深刻さと構造的および機能上の障害の大きさを決定する[17]。

早期発見、内出血の回避は、選手の早急な回復を図り、筋肉組織の瘢痕の広がりを防ぐうえできわめて重要である。選手の説明によると、一般に、大腿に鋭い打撃が加わって激痛が起こり、力が入らなくなったという。コーチの所見では、選手は片足を引きずり、大腿を押さえている。触れられると痛みを感じる腫脹部位が触診によってわかる。傷害の深刻さと大きさは、筋力の低下と可動域制限の程度によって判定される。

第1度（軽度）打撲傷 ごく表面的かそれよりわずかに深い筋挫傷である。ごく表面的な打撲傷の場合、少量の内出血とわずかな痛みがあり、腫脹はなく、また軽い圧痛があるが、可動域の制限はない。これに対してやや深部の第1度の打撲傷は、痛みと軽度の腫脹と圧痛があり、膝関節を90度以上屈曲できない。

第2度（中度）打撲傷 痛み、腫脹、膝関節の屈曲制限を引き起こす。膝関節の可動域は90度以下に制限される。明らかな跛行が見られる。

第3度（重度）打撲傷 重大な機能障害を呈する。打撃が強すぎると大腿筋膜が裂け、筋肉がはみ出すことがある（筋ヘルニア）。筋肉間血腫および筋肉内血腫があるのが特徴である。激痛があり、腫脹が血腫に進行することがある。膝関節の屈曲は大幅に制限され、可動域は45〜90度に制限される。選手は明らかな跛行をする。

処置 コーチは応急処置として、弾性包帯を使って膝関節を屈曲した状態で12時間圧迫し、可動域の損失を最小限に抑える。この処置により、大腿四頭筋が伸展位に固定され、負傷部位は圧迫される。冷却療法の適用により浅部の出血は抑えることができる（図17−8）。大腿部の打撲傷は保守的に扱うことが望ましく、PRICEの後ごく軽い静的ストレッチングを行う。選手が歩行時に足を引きずる時は松葉杖を使用する。

選手が第2度または第3度の大腿部打撲傷を受けた場合、同部位に再び打撲を受けないように細心の注意が必要である。選手は、日常的に保護パッドを着用し、スポーツに参加する時は弾性包帯で固定する。

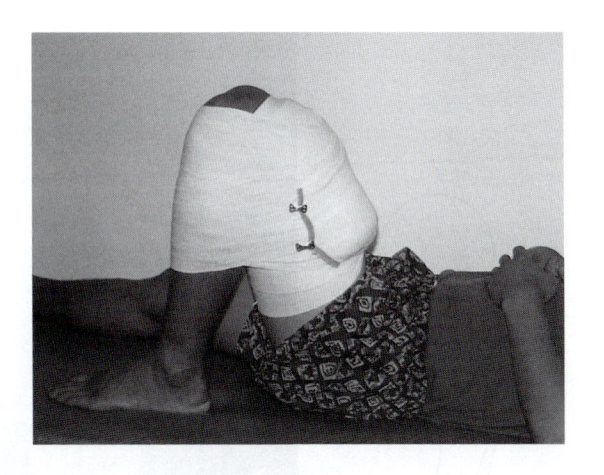

図17−8
大腿部打撲傷の応急処置：冷却パックと弾性包帯を適用し、同時にごく軽い静的ストレッチングを行う。

許可されたら直ちに大腿四頭筋の等尺性収縮運動（クァドセット）を行う。回復の初期段階では、温熱療法やマッサージの適用は避ける[8]。

筋肉の骨化（骨化性筋炎）

原因 大腿部、通常は大腿四頭筋に激しい打撃または反復性の打撃を受けると、筋肉内に**外傷性骨化性筋炎**と呼ばれる異所性骨化が起こることがある[16]。

徴候 骨化性筋炎は一般に、大腿四頭筋への出血が血腫となり、それが進行して生じる。筋肉への打撲傷は筋線維、毛細血管、線維結合組織、大腿骨骨膜の断裂を起こす。出血の消散に次いで急性炎症が生じる。そして刺激された組織が、軟骨または骨に似た組織を形成する。2〜4週間以内に骨の形成がX線検査で認められる。筋腹に形成された場合は、骨の形成が完全に吸収されたり、サイズが小さくなったりすることがある。しかし、筋肉の起始部または付着部に石灰質形成が生じた場合、吸収される可能性は少ない。大腿骨への骨の付着部では、まったく遊離しているものもあれば、茎状か広汎に付着しているものもある（図17−9）。

この症状の原因として考えられるものを以下に挙げる。これがすでに存在する時は、さらに症状は悪化し、より顕著なものとなる。

- 大腿四頭筋打撲傷を無視する傾向。
- 打撲を受けた部位の直接マッサージや大腿部の温熱療法など、打撲傷に対する過激な治療法。

処置 大腿部打撲傷を適切に処置しないと、筋肉に骨化が生じることがある。外傷性骨化性筋炎であることがはっきりしたら、治療はきわめて用心深く行わなければならない。もし痛みがあり、可動域が制限される時は、再形成の可能性が少なくなる1年後にその形成物を外科手術で除去する。形成物をあまり早く除去すると、再形成されることがある。骨化性筋炎の再発は、血液凝固障害の徴候であることがある[10]。

外傷性骨化性筋炎
（myositis ossificans traumatica）
異常な箇所で起こる骨の形成。

外傷性骨化性筋炎は、以下の原因で生じる：
- 単独の強打
- 筋肉部分への反復的な打撃
- 打撲傷の不適切な処置

17-1 Critical Thinking　頭の体操──エクササイズ
レイアップショットを行っているバスケットボールの選手が、右大腿四頭筋に激しい打撃を受けた。
質問：選手の打撲傷の程度はどう評価されるか？

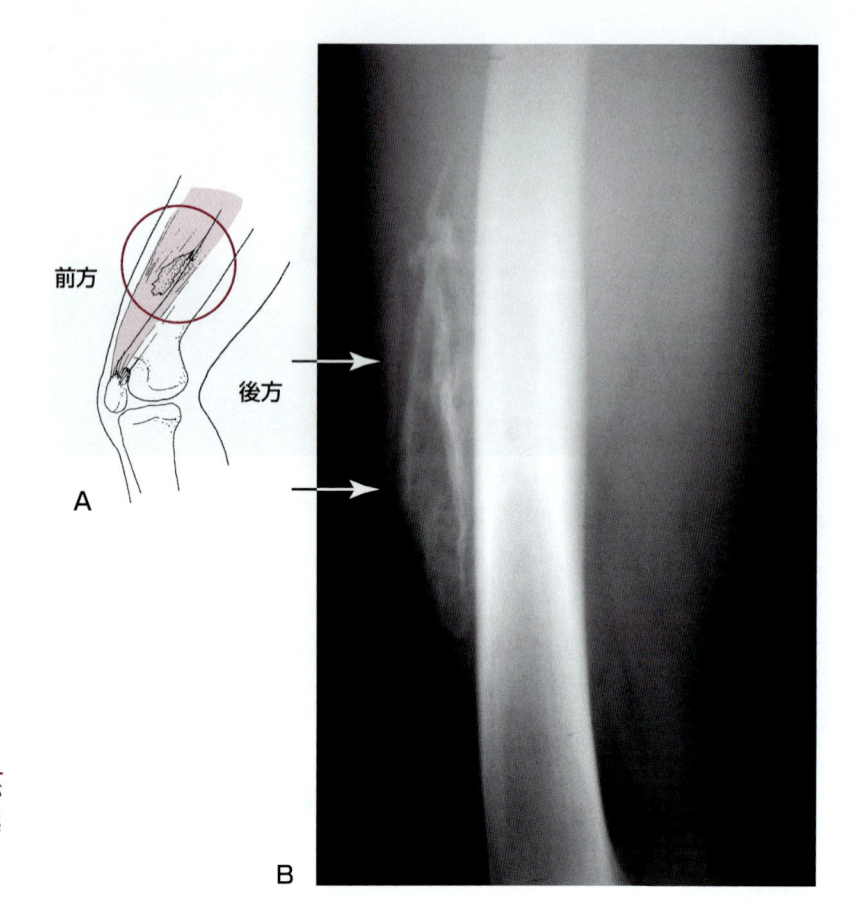

図17-9
A．骨化性筋炎は、大腿前面部が繰り返し打撲傷を受けて起きる。
B．X線写真

大腿四頭筋の筋挫傷

原因 大腿四頭筋群のうち大腿直筋は、急激な伸張（膝を曲げて転倒など）や急激な収縮（バレーボールでのジャンプ、サッカーでのキックなど）によって挫傷を起こすことがある。これは通常、筋力が低下した筋肉や過度に締めつけられた筋肉に起こりやすい[15]。

大腿直筋の挫傷は、筋線維の部分的断裂や完全断裂を意味する（図17-10）。不完全断裂は、筋内部にも筋の周辺部にも生じる。

徴候 大腿四頭筋のなかでも浅部にある大腿直筋の断裂は、深部の断裂に比べ症状が軽い。一般に、圧痛も出血も少ない。大腿部のより中心部に近い深部の断裂は、周辺部の断裂よりも選手に強い痛みと不快感を与える。深部の断裂は激痛、圧痛、硬結、機能障害を伴うが、内出血による変色はほとんどない。これと対照的に、大腿直筋の完全断裂は、選手に機能障害や不快感をほとんど与えないが、大腿前面部に若干の変形を残す。

処置 大腿四頭筋の筋挫傷の現場での応急処置として、コーチは選手

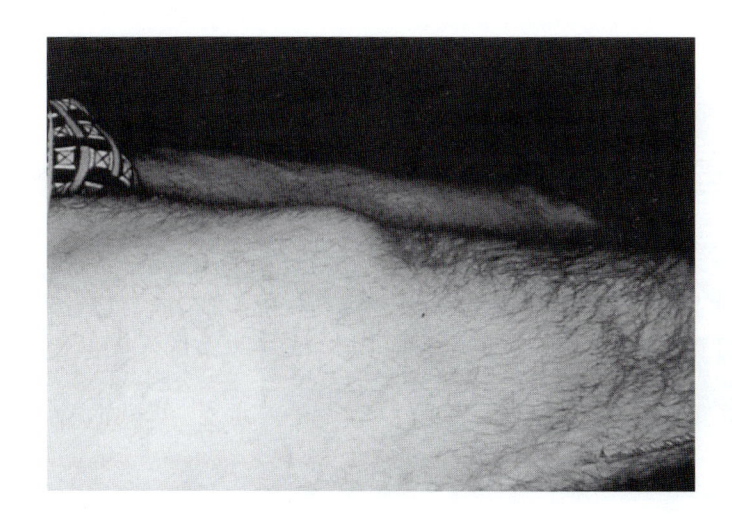

図17-10
大腿直筋の断裂

を安静にし、氷を当て、圧迫して内出血を抑える。腫脹が損傷の程度を覆い隠す前に、できるだけ早く断裂の程度を確認する必要がある（図17-10参照）。筋肉を安定させるため、回復が始まったら、コーチはネオプレン・スリーブの装着を検討するとよい（図17-11）。

ハムストリングスの筋挫傷

　大腿部のすべての筋に筋挫傷を起こす危険性があるが、ハムストリングスが最も受傷しやすい。

　原因　走行中に膝関節の安定化から股関節の伸展へとハムストリングスへの急激な機能変化が、この筋挫傷の主な原因と推測されている（図17-12）。ハムストリングスがなぜ拮抗筋との協調に失敗したりするのか、その原因は明らかでない。筋疲労、坐骨神経の刺激、悪い姿勢、下肢の長さの不均整、柔軟性に欠けるハムストリングス、悪い運動フォーム、ハムストリングスの筋群間の筋力不均衡などが理由として考えられる[8]。

　大多数の選手にとって、ハムストリングスの筋力は、拮抗する大腿四頭筋群の筋力の60～75％以上でなければならない。運動後のストレッチングは筋の硬結を避けるうえで欠かせない。

　ハムストリングスの筋挫傷は、筋腹や骨との付着部に起こる。損傷の程度は、数本の筋線維の損傷から筋の完全断裂、または剥離骨折まで多岐にわたる。

　徴候　内出血、痛み、直後の機能障害は、傷害の程度によって異なる。受傷後1～2日経ってから変色が起こることがある。

　第1度ハムストリングスの筋挫傷　通常は動かした時の筋肉の痛みでわかり、圧痛を伴う。これらの筋挫傷は、発生時には発見しにくいこと

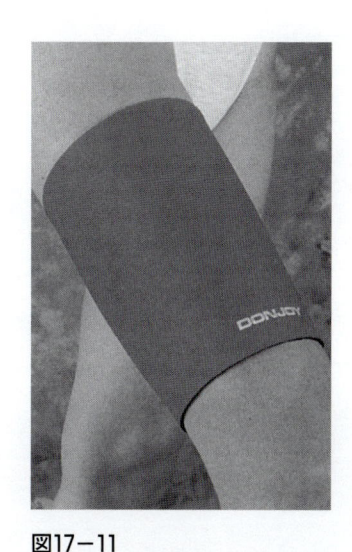

図17-11
軟部組織を保護するネオプレン・スリーブの装着。

大腿部へのスポーツ傷害の発生率は、大腿四頭筋群の打撲傷が最も高く、ハムストリングスの筋挫傷が2番目に高い。

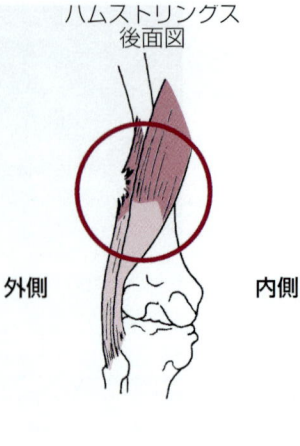

図17-12
多くのスポーツで、股関節部の伸展によりハムストリングスの筋挫傷が起こる。

17-2 Critical Thinking
頭の体操──エクササイズ
100メートル競走のスプリンターが、左ハムストリングスに突然のスナップ音と激痛、筋力の低下を感じた。
質問：どのような傷害が考えられるか？

が多い。選手が運動終了後クールダウンするまで、痛みや異常ははっきりしない。軽いハムストリングスの筋挫傷からくる痛みは、ほとんどの場合、組織の断裂よりも筋の硬結に起因する[2]。

第2度ハムストリングスの筋挫傷　筋線維の部分断裂によるもので、筋の突然のスナップ音または断裂によって確認され、激痛と膝関節の屈曲障害を伴う。第2度筋挫傷では、筋肉の損傷を触診することができる。

第3度ハムストリングスの筋挫傷　腱組織または筋組織の断裂によるもので、かなりの内出血と機能障害を伴う。

処置　最初に、アイスパックと弾性包帯で圧迫を行う。痛みが軽減するまで運動は中止する。しばらくの間、バリスティック・ストレッチングや短距離走（ダッシュ）は避けなければならない[8]。

筋挫傷は、治癒しても弾力性のない線維性瘢痕組織を残すため再発しやすく、選手にとって常に深刻な問題である。特定の部位での筋挫傷の発生率が高ければ高いほど、瘢痕組織は大きくなり、再発の危険性は高くなる。

急性大腿骨骨折

原因　スポーツでは、大腿骨骨折は骨端部より骨幹部に発生しやすく、ほとんどの原因は高所からの転落や他の選手から受ける直接打撃などの強い外力である。骨幹部骨折のほとんどが骨の中央1/3のところで起こる。これは、構造的にこの場所にカーブがあることと、大多数の直接打撃をこの部位に受けるからである[9]。

徴候　一般的に、大腿骨骨折はこの損傷に関連する病変の大きさと激しい痛みがあるため、ショックを引き起こす。通常は大腿四頭筋の大き

な力による骨の転位があり、骨折端がずれて互いに重なり合う現象が起きる。激しい直達外力は広範囲の軟部組織損傷を引き起こし、筋の裂傷、大量の内出血、筋の拘縮を伴う。

大腿骨骨折には次のような典型的な徴候が認められる。
- 大腿部の外旋を伴う変形
- 骨転位による大腿部の短縮
- 大腿部機能損失
- 疼痛と圧痛
- 軟部組織の腫脹

処置 選手が生命の危険にさらされるような状況に陥らないよう、コーチは直ちに応急処置を行い、医師の診断を仰ぐ必要がある[10]。

大腿骨の疲労骨折

原因 ジョギングの人気上昇と、大勢のランナーが長距離を走破する傾向の結果、大腿骨疲労骨折の発生率も増加した。特に、女子選手の健康障害の三徴（フィメールアスレティック・トライアッド）の一つである無月経の女性選手には、疲労骨折が起きやすい（第23章参照）。

徴候 選手が恒常的な痛みを訴える時は、疲労骨折を疑うべきである。大腿骨疲労骨折は一般に、大腿骨頚部に起こる。処置の選択肢として安静と荷重制限がある[7]。可動域回復運動と漸増性抵抗運動を徐々に実施する。

長距離走のような反復的で持続的な運動の人気が高まっているため、女性の大腿骨疲労骨折が広がっている。

股関節と鼠径部の傷害の認識と管理

人体中で最も強く、最も保護されている股関節は、スポーツで重大な傷害を受けることはほとんどない。股関節は、周囲の靱帯組織と筋肉でしっかりと保護されているが、正常な可動域を超える異常な動きをすると、それらの組織が断裂することがある。

股関節の捻挫

原因 股関節捻挫は、他の選手から受けた衝突力やその他の障害物との激突により、激しい捻転が生じて起こる。また、足が地面にしっかりと固定された状態で、胴体が逆方向に捻られた時にも起こる[5]。

徴候 股関節捻挫は、主要な急性傷害のあらゆる症状を呈するが、選手の大腿部の円運動ができなくなることで明白となる。症状は疲労骨折と似ている。股関節周辺にかなりの痛みがあり、股関節を回旋させると痛みは増す。

処置 骨折の確認にはX線検査が必要である。必要に応じてPRICEと鎮痛剤を用いる。捻挫の程度によって荷重制限をする。第2度および第3度の捻挫では、歩行時に松葉杖を使用する。股関節の痛みがとれるまで、可動域回復運動と漸増性抵抗運動は行わない。

股関節脱臼

原因 股関節脱臼はスポーツで起こることは稀で、大腿骨の長軸方向に外傷性外力が加わるか、選手が横転すると起こる。このような脱臼は膝関節が屈曲していた時に生じる[7]。

徴候 不完全脱臼には、大腿部の屈曲、内転、内旋がある（図17-13）。触診で大腿骨頭が寛骨臼の後方の位置に移動したことがわかる。股関節脱臼は、関節包と靭帯組織の断裂を伴い重症とみなされる[7]。この損傷は骨折を伴うことが多く、場合によっては坐骨神経や動脈を損傷して栄養の供給経路が断たれ、**萎縮性壊死**を起こすこともある。

処置 脱臼が起きたら、直ちに医師の診断を仰ぐ。さもないと筋萎縮が応急処置を困難にする。通常、2週間はベッドで安静にし、歩行には最低1カ月間は松葉杖を使用する。

合併症 股関節後方脱臼は合併症を伴いやすい。合併症には、その部位の神経損傷による筋麻痺や、後に発症する大腿骨頭の変性などがある。

> **萎縮性壊死**
> （atrophic necrosis）
> 血液循環の喪失による部位の壊死。

図17-13
股関節脱臼の典型的な姿勢。わずかに屈曲させ、内転および内旋している。

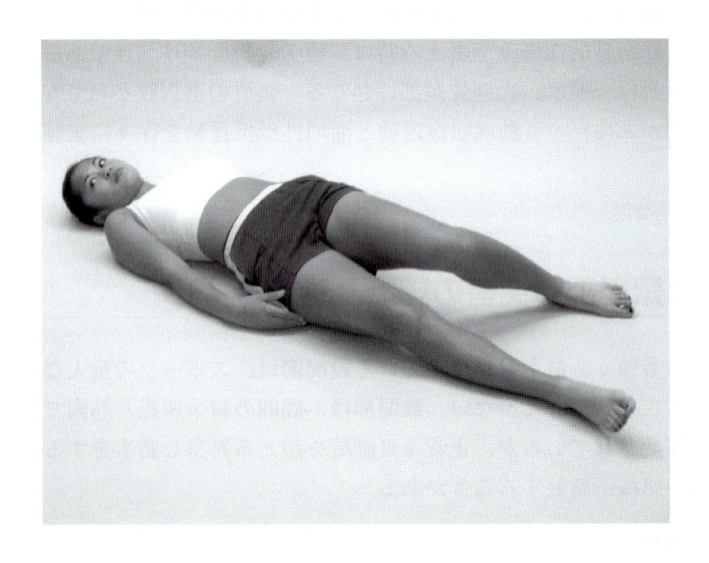

鼠径部の筋挫傷

鼠径部は大腿部と腹部の間にあるくぼみである。この部分の筋肉は、大腿部を内転および内旋させる機能を担う。

原因 鼠径部の筋肉はスポーツ活動で損傷する可能性があり、鼠径部の筋挫傷を誘発する（図17-14）。また、鼠径部の筋系に過伸展がかかると筋挫傷の原因となる。ランニング、ジャンプ、または外旋しながら身体を捻ると、このような損傷が生じる[11]。鼠径部の筋挫傷はシーズン初期、特に選手がこれらの筋力や柔軟性を十分養っていない場合に多く発生する[6]。

Chapter 17 大腿部、殿部、鼠径部、骨盤

図17-14
股関節の伸展を必要とするスポーツの多くが、鼠径部の筋挫傷を引き起こす危険性がある。

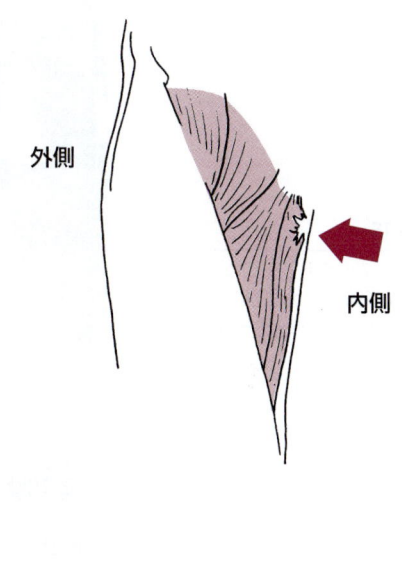

徴候 筋挫傷は、運動中の突然の激痛や断裂感として出現するか、運動終了後まで気づかないこともある。鼠径部の筋挫傷にも、他の大部分の断裂と同様に痛み、筋力低下、内出血がある[6]。

処置 筋挫傷が起きた直後に発見されたら、間欠的な冷却、圧迫、48～72時間の安静治療が必要である[12]。

鼠径部の筋挫傷には、安静が最良の治療であることがわかった。正常な柔軟性と筋力が回復するまで、保護用麦穂包帯を適用する。弾性包帯で鼠径部を包むことによって、この部位を固定できる（図11-4参照）。既製のサポーターやコルセットを使用して負傷した鼠径部を保護することもできる（図17-15）。骨盤の疲労骨折が鼠径部の痛みの原因となっている可能性があることに注意する。激しい鼠径部の痛みを訴える選手には、医者の診察を受けさせる。

発育中の股関節障害

子供や青少年を指導しているコーチは、発育中の股関節に起こる2つの大きな障害について知っておく必要がある。それは、血液循環の阻害による関節軟骨の壊死である扁平股（ペルテス病）と大腿骨頭（または骨端部）すべり症である[19]。

図17−15
アスレティックトレーニングではSAWA鼠径部／大腿部ブレイスなどの既製のサポーターの使用が広まっている。

鼠径部、腹部、膝の痛みを訴え、また歩行時に跛行する若い選手は、扁平股または大腿骨頭すべり症の徴候を示すことがある。

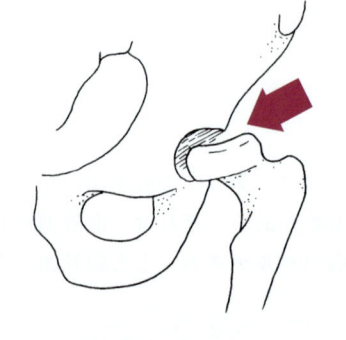

扁平股（ペルテス病）

原因 扁平股は、大腿骨頭への血液循環の阻害によって起こる（図17−16）。3歳から12歳の幼少年期に、女子よりも男子に多く起こる。この障害のはっきりした原因は不明である。大腿骨頭への血液循環が阻害され、関節軟骨が壊死して平らに変形する。

徴候 一般に、青少年選手は鼠径部に、時には腹部や膝に及ぶ痛みを訴える。跛行も典型的症状である。この障害は突発的に現れることもあるが、何カ月にもわたってゆっくり現れることが多い。診察で殿部の動きに制限があり、痛みがあることがわかる[8]。

処置 この症状には、慢性の股関節障害への進行を阻止するため、絶対安静が必要である。股関節で全体重を支えることを避けるため、特殊ブレイスを装着するとよい。早期治療すれば、大腿骨頭の血管が再生され、元の形に戻る。

合併症 もし治療が遅れると大体骨頭が変形し、後年、骨関節症を起こす。

図17−16
扁平股（ペルテス病）。矢印は、大腿骨頭壊死症を示す（前面図）。

大腿骨頭すべり症

　大腿骨頭すべり症（図17－17）は、10～17歳の男子によく見られ、皆一様に背が高くてやせているか、あるいは太りすぎている。

　原因　大腿骨頭すべり症の原因は不明であるが、成長ホルモンの作用に関係がある。症例の1/4は両股関節に発症している[14]。

　徴候　この障害の症状は、扁平股（ペルテス病）と同様、選手は鼠径部に痛みがある。この痛みは、外傷を受けて突発的に現れることもあれば、長く続くストレスによって数週間あるいは数カ月かけて発現することもある。この障害の初期には徴候はほとんどないが、症状が進んだ段階では、股関節および膝関節の痛み、可動域の大幅な制限、跛行がある。

　処置　軽いすべり症の場合は、安静にし、体重をかけないようにすることで進行を防止できる。大きな転位は矯正外科手術を必要とする。

　合併症　すべりが発見されなかったり、手術で股関節の機能が適切に修復できなかったりすると、後年、重い股関節障害が起こる。

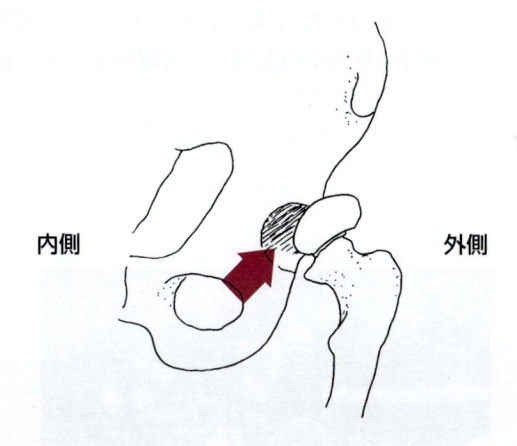

図17－17
大腿骨頭すべり症（前面図）

骨盤の傷害の認識と管理

激しいジャンプ、ランニング、衝突を含む運動の選手は、骨盤部に急性およびオーバーユースによる重大な損傷を受けることがある（図17-18）。

腸骨稜の打撲傷（ヒップポインター）

ヒップポインターと呼ばれる腸骨稜打撲傷は、コンタクトスポーツで頻発する。

原因 ヒップポインターは、保護が不十分な腸骨稜への強打が原因で起こる（図17-19）。ヒップポインターは、スポーツで最も障害を残す損傷の一つである。無防備な腸骨稜への直達外力は、その部位の軟部組織に激しい圧縮作用を起こす[18]。

徴候 ヒップポインターは直ちに痛みが発生し、筋性防御、軟部構造の一時的麻痺を引き起こす。その結果、選手は胴体の回旋や股関節の屈曲ができなくなってしまう[23]。

処置 損傷後直ちに冷却と圧迫を行い、少なくとも48時間、間欠的に続ける。重傷の場合は、1～2日ベッドで安静にしていれば回復を早める。選手は医師の元に送り、X線検査をする必要がある。

17-3 Critical Thinking 頭の体操——エクササイズ

15歳の男子アメリカンフットボール選手が、シーズン中、股関節とその周辺の痛みを訴えた。運動すると股関節と膝の痛みは強くなった。股関節の内転、屈曲、および内旋は制限されている。歩行時には足を引きずるようになった。

質問：コーチはこの選手にどんな障害を疑うべきか？　またどのような処置をとるべきか？

図17-18
ジャンプ、ランニング、および激突を含むスポーツの選手は、骨盤部に急性およびオーバーユースによる重大な損傷を受けることがある。

17-4 Critical Thinking 頭の体操——エクササイズ

骨盤にパッドを当てていないアメリカンフットボール選手が、左腸骨稜部に押しつぶされるような強打を受けた。

質問：選手の受けた傷害はどのようなものか？　どのような症状と徴候が考えられるか？

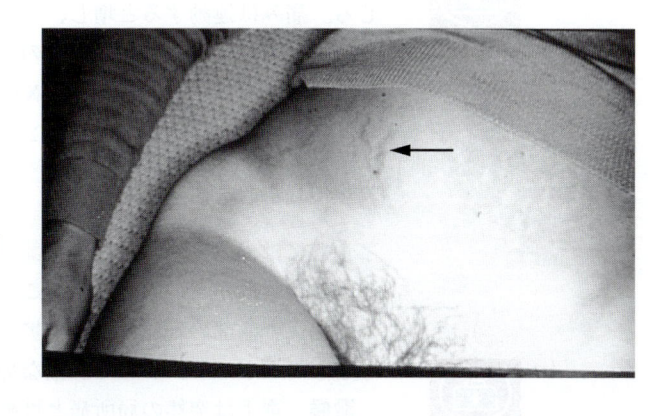

図17−19
腸骨稜への打撃により、ヒップポインターとして知られる打撲傷と出血が起こる。

恥骨骨炎

原因 長距離ランニングの人気が増し、恥骨骨炎として知られる障害が一般的になってきた。恥骨骨炎はサッカー、アメリカンフットボール、レスリングのようなスポーツでも起こる。恥骨結合部や周辺の骨格構造に、その部分の筋の収縮によって繰り返し張力のストレスがかかると、慢性的な炎症状態に陥る[20]。

徴候 選手は鼠径部と、恥骨結合と呼ばれる恥毛の下の骨突起に痛みを感じる。恥骨結節の上に圧痛があり、ランニング、腹筋運動、スクワットなどの運動をする時に痛みがある[21]。恥骨は、左右の均整がとれていなければならない。

処置 予後治療としては、通常、安静にし経口消炎剤を服用する。運動への復帰は徐々に行う。

骨盤の急性骨折

骨盤はきわめて強い構造であり、スポーツによる骨折は稀である。

原因 骨盤の急性骨折は、通常、直達外力によって生じる。

徴候 この傷害のある選手は、激痛を訴え、機能低下やショックを起こす。

処置 骨盤を骨折した選手には直ちにショック症状に対する応急処置を行い、医師の診断を仰ぐ。この傷害の重大さは、ショックの程度と内臓損傷の併発の有無により判定される。

骨盤の疲労骨折

原因 他の疲労骨折と同様、骨盤と大腿部の疲労骨折は、オーバーユースによる異常な外力の繰り返しによって起こる。骨盤の疲労骨折は、激しい筋力トレーニングや競技レース中に発生する傾向がある。

徴候 選手は一般に鼠径部に痛みを感じ、同時に大腿部には疼痛を感じる。痛みは運動すると増し、安静にしていると軽減する。

処置 コーチは、激しい運動の際に骨盤部の痛みを訴える選手の話をよく聞く。医師の診断を仰ぎ、X線検査により精密検査を行う必要がある。疲労骨折が確認されたら、2～5カ月間安静にする。

骨盤の剥離骨折

骨盤には、主要筋の付着する部分が多くある。これらの部分の痛みが、筋肉の付着部からの剥離を示すことがある。

原因 骨盤部の剥離骨折は、アメリカンフットボール、サッカー、野球などのスポーツにおける急激な加速や減速によって起こる。

徴候 選手は突然の局所痛と可動域の制限を訴える。コーチの検査により腫脹と圧痛が見受けられる。

処置 初期段階では安静と活動制限が必要であり、運動は徐々に再開する。

まとめ

- 大腿部は大腿骨幹部、筋肉、神経、血管、および軟部組織を包む筋膜によって構成されており、股関節と膝関節間の下肢の一部である。
- 大腿四頭筋の打撲傷とハムストリングスの筋挫傷が大腿部への一般的なスポーツ傷害で、大腿四頭筋打撲傷の発生率が最も高い。
- 急性大腿部打撲傷で最も重要なことは、早期発見と内出血の回避である。
- 打撲傷の繰り返しによる主な合併症は骨化性筋炎である。
- 鼠径部は、大腿部と腹部の間にあるくぼみである。鼠径部の筋挫傷は、この部分にあるいずれの筋肉にも起こり得る。ランニング、ジャンプ、身体の捻転が鼠径部の筋挫傷を引き起こす。
- 人体で最も強く、最もしっかり保護されている関節である股関節は、急性のスポーツ傷害の発生率は低い。
- 青少年選手は、発育途中の股関節に障害を起こすことがある。これらの障害には扁平股（ペルテス病）と大腿骨端すべり症がある。
- 骨盤部の一般的外傷はヒップポインターである。この外傷は、保護が不十分な腸骨稜に加えられた強打が原因で起こる。打撲傷は痛み、硬結、その部分の筋肉の機能障害を生じる。

頭の体操（エクササイズ）の答え　*Solutions to Critical Thinking Exercises*

17-1　大腿四頭筋打撲傷の程度を判定する最良の方法の一つは、膝関節の屈曲制限の程度を調べることである。第1度打撲傷では90度以上の膝関節屈曲はできない。第2度では90度以下の屈曲しかできない。第3度では45〜90度の屈曲しかできない。

17-2　中程度から重度のハムストリングスの筋挫傷が疑われる。

17-3　選手の年齢から、コーチは発育期の障害を考慮する必要がある。発育期の障害で最も起こりやすいのは大腿骨端すべり症である。コーチはこの選手を直ちに医師の元に送り、X線検査を受けさせる必要がある。

17-4　この選手はヒップポインター、すなわち腸骨稜部の皮膚および筋への打撲傷を負っている。選手は一般に、激痛と筋の硬結を訴え、体幹部の回旋や股関節の屈曲に痛みを伴う。

復習問題とクラス活動

1．1〜3度の大腿四頭筋打撲傷の程度には、各々どのような徴候と症状があるか？　その管理方法は？
2．大腿部の打撲傷が適切に処理されないと、どのような合併症が起こり得るか？
3．ハムストリングスの筋挫傷が再発しやすい理由は何か？
4．大腿骨で最も骨折が発生しやすい部位はどこか？　それはどのように認識できるか？　どのような応急処置を行うべきか？
5．鼠径部の筋挫傷で最も多く傷害を受けるのはどの筋肉か？　このタイプの傷害の管理法は？
6．青少年選手に、どのようなタイプの股関節障害が起こるか？
7．ヒップポインターの保護と処置について説明せよ。

18 肩甲帯
Chapter 18

この章を終えると、次のことが説明できるようになる。
- 肩甲帯の骨、関節、靱帯、および筋系の認識
- 肩傷害の予防法
- 肩傷害の評価法
- 肩関節の周辺に発生する特定傷害の認識とその管理計画

　肩甲帯の解剖学的構造は、大きな可動性を可能にする。この可動性を実現するため、肩甲帯の安定性が犠牲にされ、肩が不安定になることがある。その結果、特にオーバーヘッドの動作を含むスポーツで傷害が起こる[4]。投球動作、水泳、テニスのサーブ、バレーボールなどのスポーツ活動は、肩へ大きなストレスを与える（図18-1）。その結果、オーバーユースに関連する肩の障害は選手にとって珍しくないものとなっている[9]。

　肩甲帯のダイナミックな動きと安定化には、回旋筋腱板、関節包、および肩甲骨を安定化させ固定する筋群の連動が必要である[24]。

肩甲帯の解剖学的構造

骨

　肩甲帯と肩関節を構成する骨は、鎖骨、肩甲骨、上腕骨である（図18-2）。これらの3つの骨は肩甲帯に関連する4つの主要関節、すなわち胸鎖関節、肩鎖関節、肩甲上腕関節、および肩甲胸郭関節を形成する。

靱帯

　この4つの関節のそれぞれにある一連の靱帯は、一体となって肩甲帯を安定させる（図18-3）[28]。

　鎖骨は、上肢と胴体を直接結合する唯一の関節である胸鎖関節を胸骨と形成する。胸鎖関節は、その骨配列ゆえに非常に脆弱な関節だが、胸

肩甲帯の関節：
- 胸鎖関節
- 肩鎖関節
- 肩甲上腕関節
- 肩甲胸郭関節

鎖靱帯が結合することによって鎖骨を胸骨のほうに下向きに引っ張り、事実上固定している。鎖骨は、上下前後に動き、回旋もできる[26]。

肩鎖関節は、鎖骨の肩峰端と肩甲骨の肩峰突起を結ぶ滑走関節である。この関節はやや弱い。肩鎖靱帯は、烏口鎖骨靱帯とともに肩峰に対する鎖骨の相対的位置を保持する。烏口肩峰靱帯は、烏口突起と肩峰を結合する。この靱帯は肩峰とともに、烏口肩峰弓を形成する。

肩甲上腕関節（真の肩関節）は、上腕骨の丸い骨頭と肩甲骨の浅い関節窩を結合する。肩甲上腕関節の位置は、関節包を形成する周囲の靱帯と回旋筋腱板によって保持される。

肩甲胸郭関節は真の肩関節ではないが、胸郭壁上での肩甲骨の動きは肩関節の動きに不可欠である。肩甲骨周辺の筋収縮により肩甲骨は軸骨格上に付着し、肩甲骨を安定化させるうえできわめて重要であり、可動性の高い関節の基礎を形成している[26]。

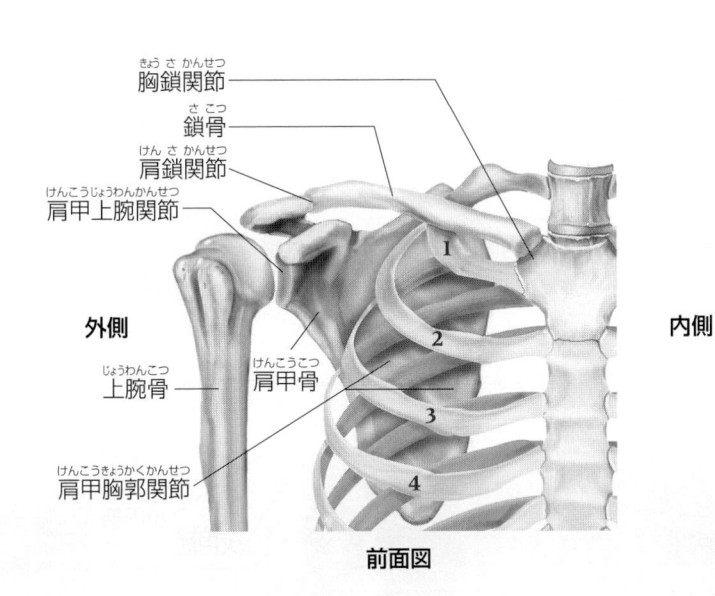

図18-1
オーバーヘッドの動作を含む活動は多くの肩障害を引き起こす。

図18-2
肩甲帯の骨の解剖学的構造（前面図）

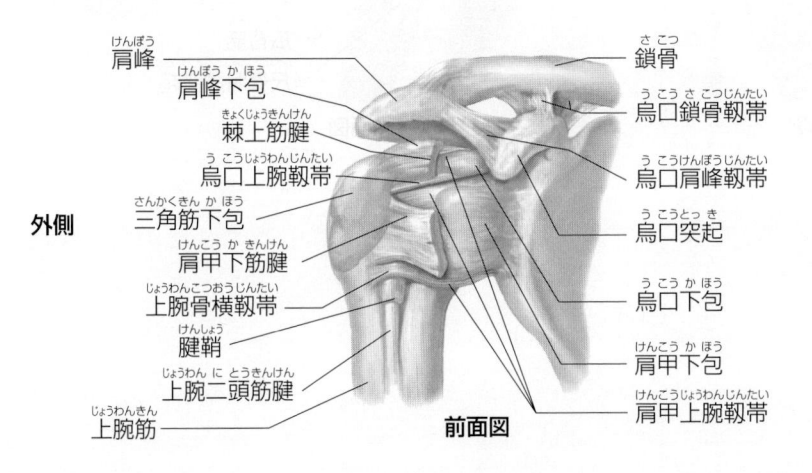

図18-3
肩甲帯の関節、靱帯、滑液包

筋肉

　肩甲上腕関節を交差する筋肉は、骨と靱帯を補強して関節を安定化させ、同時にダイナミックな動きを生み出して、大きな可動性を与える（図18-4）[28]。肩甲上腕関節の動きには、屈曲、伸展、外転、内転、および回旋が含まれる。肩甲上腕関節に作用する筋肉は3つの筋群に分類される。軸骨格を起始点とし上腕骨に付着する第1の筋群は、広背筋と大胸筋である。肩甲骨を起始点とし上腕骨に付着する第2の筋群には、三角筋、大円筋、烏口腕筋、および回旋筋腱板（ローテータカフ：肩甲下筋、棘上筋、棘下筋、小円筋）が含まれる。軸骨格を肩甲骨に付着させる第3の筋群には、肩甲挙筋、僧帽筋、菱形筋、前鋸筋、および上後鋸筋が含まれる。肩甲骨に付着する筋群は、肩甲帯に動的安定性を与える上で重要である[17]（表18-1）。

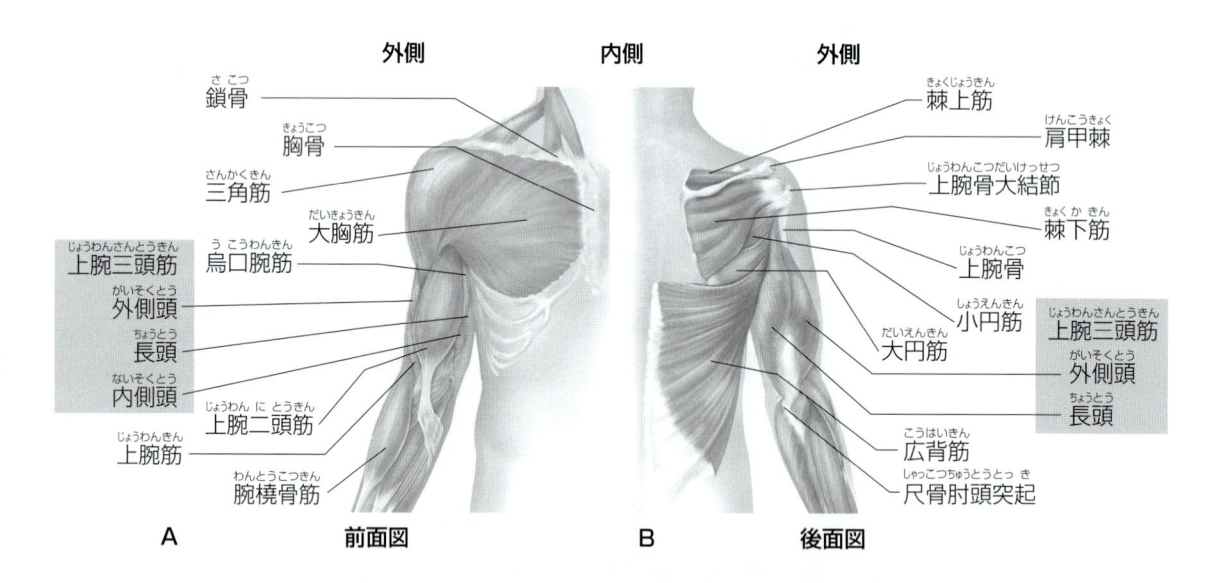

図18-4

肩甲帯の筋肉
A．前面図　　B．後面図

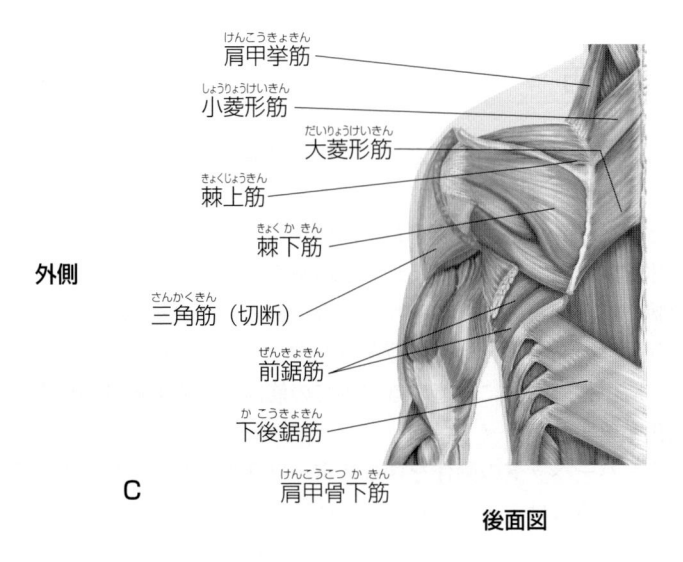

後面図における肩甲帯の筋肉：肩甲挙筋、小菱形筋、大菱形筋、棘上筋、棘下筋、三角筋（切断）、前鋸筋、下後鋸筋、肩甲骨下筋

外側　内側

図18−4（続き）

肩甲帯の筋肉
C．肩甲骨下筋（後面図）

表18−1　肩甲帯の運動と主要筋

運　動	主要筋
屈曲	大胸筋
	三角筋（前部）
	上腕二頭筋
伸展	広背筋
	大円筋
	三角筋（後部）
外転	棘上筋
	三角筋（中部）
内転	大胸筋
	広背筋
	大円筋
内旋	大胸筋
	肩甲下筋
	広背筋
	大円筋
外旋	棘下筋
	小円筋
肩甲骨の外転と上回旋	前鋸筋
肩甲骨の挙上	僧帽筋
	肩甲挙筋
肩甲骨の下制と内転	下僧帽筋
肩甲骨の内転と下回旋	大菱形筋
	小菱形筋

肩の傷害予防

肩甲上腕関節の動き：
- 屈曲
- 伸展
- 外転
- 内転
- 外旋
- 内旋

　多くの肩の傷害を予防するうえで、適切な身体コンディショニングを処方するコーチの役割はきわめて重要である。すべての予防コンディショニングと同様、身体全体の発達と、関係するスポーツ種目の特殊性と特定の身体部位の発達を考慮に入れて計画を立てることが望ましい。スポーツで腕や肩が継続的に使用される場合、あるいは肩が突発的な外傷を受ける危険性のある場合は、広範なコンディショニングを実施する必要がある。肩甲帯の動きに関連するすべての筋肉は、関節可動域の全域に及ぶ強化が望ましい。

　特に、オーバーヘッドの動作を含むスポーツ活動における動的な機能と制御を改善するには、主要な身体動作面にある回旋筋腱板の筋肉強化を重点的に行う。同様に、肩甲骨の外転、内転、挙上、下制、上方回旋、下方回旋、前進、後退に抵抗する総合的エクササイズを行うことによって、肩甲骨の安定化につながる周辺の筋力の強化に努めることも重要である。肩甲骨の安定性を確保する筋力の強化によって、可動性の高い肩甲上腕関節の基礎ができる。

　激しい腕の運動の前には、適切なウォームアップを徐々に行う必要がある。ウォームアップによって体温を全般的に高め、その後、種目の特徴に合わせて特定の筋肉のストレッチングを行う。

　激突や接触を伴うスポーツの選手すべてに、正しい転倒方法を指導し、反復練習して習得させることが望ましい。選手に、伸ばしきった片腕で倒れないように指示する。ショルダーロールは、転倒の衝撃を和らげる安全な方法の一つである。アメリカンフットボールのタックルで肩の傷害を予防するため、肩パッドなどの適切な防具を装着する必要がある。

正しい投球動作テクニックの使用法

　肩のオーバーユースによる障害を予防するため、選手に野球やアメリカンフットボールの投球動作、槍投げ、バレーボールのサーブやスパイク、テニスのサーブやスマッシュなどの正しい技術を教えることが重要である。選手が誤ったフォームで投げた場合、関節に異常なストレスが加わり、関節とその周囲組織が損傷を負うことになる[4]。

　肩甲帯に関して、投球動作はワインドアップ、コッキング、加速、減速、フォロースルーの明確な5段階に分かれる（図18-5）。

図18−5
投球動作

投球動作の期分け：
- ワインドアップ
- コッキング
- 加速
- 減速
- フォロースルー

ワインドアップ期

ワインドアップ、すなわち準備期は、最初の動作からボールがグラブをはめた手から離れるまでをいう。この段階でリード脚を持ち上げ、踏み込みへの準備をする。両肩を外転、外旋、水平に外転させる。

コッキング期

コッキング期は、両手が離れた時から、上腕骨の最大外旋が行われた時までをいう。この段階で、足は前方へと大きく踏み込んで着地する。

加速期

加速期は、最大外旋からボールが手を離れるまで続く。上腕骨は、毎秒約8000°の速度で外転、水平外転、内旋する。肩甲骨は挙上、外転、上方回旋する。

訳注）
毎秒8000°の速度：軸を中心とした回転系の動きの速さを表す。8000°は相当なスピードであることを意図する。

減速期

減速期は、ボールが手を離れてから肩が最大内旋するまで続く。この段階では、回旋筋腱板が外旋の伸張性収縮をして、上腕骨を減速させる。肩甲骨を減速させるために菱形筋が伸張性収縮をする。

フォロースルー期

フォロースルー期は、肩の最大内旋から、動作が終了して安定姿勢に戻るまで続く。

肩甲帯の評価

　肩甲帯は、身体で最も評価の難しい部位の一つである[20]。その理由として、オーバーヘッド動作の加速および減速中にこれらの構造に求められる生体力学的メカニズムがいまだ明らかになっていないことが挙げられる。コーチは選手の主訴と可能性のある傷害の発生メカニズムをよく理解することが求められる。

　ただしコーチは、傷害を評価する訓練を受けておらず、またその資格も持たない。コーチは、負傷した選手を、資格を有する医療専門家（医師、アスレティックトレーナー、理学療法士など）のところに速やかに移送し、傷害の評価を仰ぐことが勧められる。以下の特別テストに関する情報は、選手の傷害を判断するために医療専門家が行うさまざまなテストに関する知識をコーチに提供する目的で掲載した。コーチの主な責任は、傷害に対して適切な応急処置を行い、受傷直後の傷害の管理方法について的確な決定を下すことである。

事情聴取

　選手の主訴に関する以下の質問は、コーチが傷害の特性を判断するうえで役立つと思われる。
- この痛みの原因は何か？
- 以前に同様の傷害が発生したことがあるか？
- 痛みはどれくらい続いたか、その強さは？
- 痛みの部位はどこか？
- 動作にきしむような音が伴うか？　あるいは冷たい、温かいといった温度感覚の喪失または異常があるか？
- 筋力が低下したという感覚または疲労感があるか？
- どのような肩の動きや姿勢が痛みを悪化または緩和するか？
- 以前に治療が施されていた場合、痛みを緩和したのは何か？（冷却、温熱、マッサージ、鎮痛剤の服用など）

視診

　選手の立位と歩行を全般的に観察する。まず選手を立たせて、正面、側面、後面から観察する。次に歩行時の観察により、腕振りの不均整や痛みのある肩への傾きが確認できる。コーチは姿勢の不均衡、骨や関節の変形、筋の硬結、またはかばっている様子がないかチェックする。

前面の視診

- 両肩または一方の肩の先端に突出や陥没はないか？
- 筋の硬結または防護するために片方の肩が持ち上がっていないか？
- 鎖骨肩峰端が突起していないか？（肩鎖関節の捻挫または脱臼の徴候）
- 一方の肩峰突起が他方よりも突出していないか？（肩甲上腕関節の捻

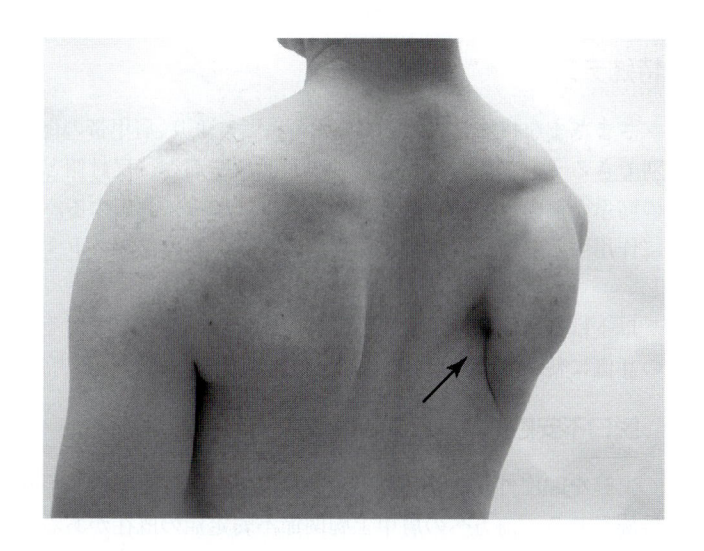

図18-6
翼状肩甲骨

挫または脱臼の可能性)
- 鎖骨骨幹が変形しているように見えないか？（骨折の可能性）
- 正常な三角筋の外側の輪郭が崩れていないか？（肩甲上腕関節の脱臼の徴候）
- 上腕二頭筋に顕著な陥没はないか？（上腕二頭筋腱断裂の徴候）

側面の視診

- 胸椎の後弯はないか、また猫背になっていないか？（脊柱起立筋の筋力低下または胸筋の拘縮の徴候）
- 腕が前後に突き出ていないか？（脊柱側弯症の徴候）

後面の視診

- 下がった肩、不揃いな肩甲骨、または一方だけが翼状肩甲骨（図18-6）で他方はそうでないなどの不均整はないか？（脊柱側弯症の徴候）
- 胸筋の拘縮により肩甲骨が前進していないか？
- 片側または両側に肩甲骨の転位または翼状がないか？（両側に翼状肩甲骨が存在する場合、前鋸筋の全般的な筋力低下の徴候である。片側だけが翼状になっている場合は長胸神経の損傷が考えられる。）

触診

骨格構造の触診を行う時、コーチは選手の前に立ち、その後背後に回る。両肩を同時に触診し、痛みのある部位と変形を調べる。肩周辺の筋肉を触診して、圧痛、異常な腫脹や塊、筋の硬結、筋性防御、または誘発点を検知する。肩の前後も触診する。

訳注）
誘発点：trigger point

特殊テスト

さまざまな特殊テストを実施することにより、肩甲帯の傷害の特性を判別できる[20]。肩の自動および他動可動域を調べ、反対側と比較する。肩の筋系の筋力は、徒手抵抗筋力テストによって評価する。肩甲上腕関節に作用する筋肉と肩甲骨に作用する両方の筋肉をテストすることが望ましい。

以下は、肩関節の不安定性、肩のインピンジメント、そして筋力低下の評価に使用されるテストの説明である。

脱臼不安感テスト（Crankテスト）

上腕を90度外転させ、選手が許容できる限り肩をゆっくりと穏やかに外旋させる。前方への肩甲上腕関節不安定症の既往がある選手は、終点に達する前に、顔をゆがませて大きな不安感を示す。コーチは、いかなる時もこの動きを強制的に行ってはならない（図18-7）。

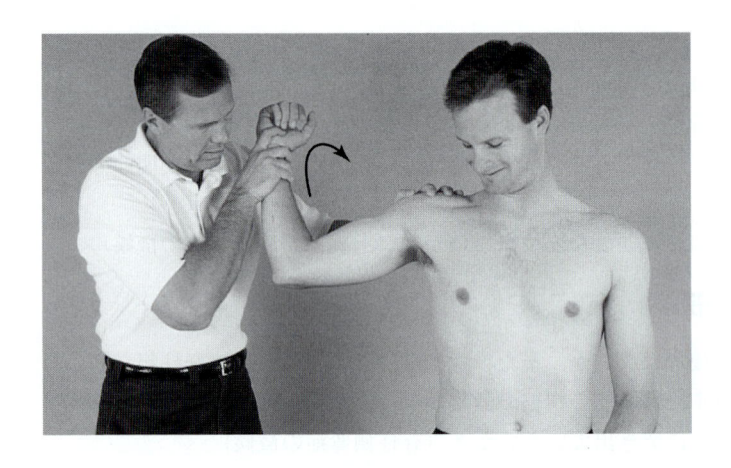

図18-7
肩の脱臼不安感テスト

肩インピンジメントテスト

頭上位置で肩関節を強制的に屈曲および内転させると、上腕骨頭と烏口肩峰靱帯の間の軟部組織でインピンジメントが起こることがある。第2のテストでは、肩関節を強制的に内旋させて水平内転させる。やはりインピンジメントが生じる（図18-8）。選手が痛みを感じ、顔をゆがませての反応を示した時は、陽性の徴候である[18]。

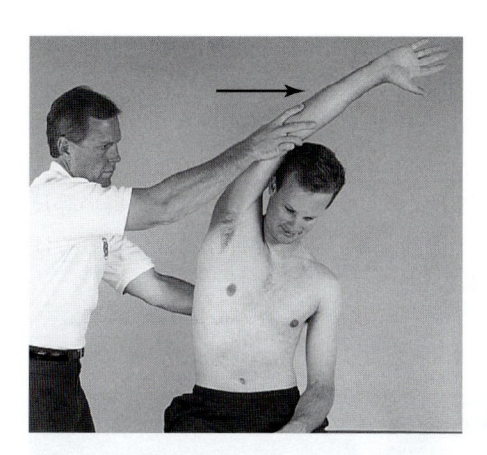

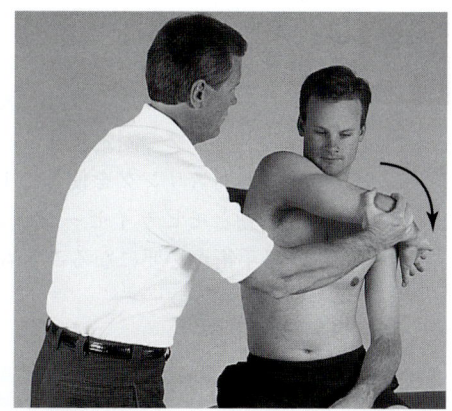

図18-8
肩のインピンジメントテスト

棘上筋の筋力低下を調べるテスト

　棘上筋の筋力を調べる空き缶テストでは、選手は両腕を90度屈曲させ、30度水平外転させる（図18-9）。この位置で、母指が下を向くようにできる限り腕を内旋させる。次にコーチが下向きの圧力を加える。これにより筋力低下や痛みが検出され、また左右の腕の筋力差を比較できる。

棘上筋の筋力低下を調べるテストに空き缶テストがある。

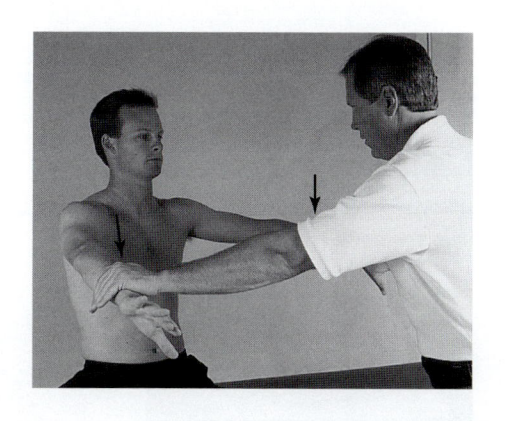

図18-9
棘上筋の空き缶テスト

肩の傷害の認識と管理

鎖骨骨折

　原因　鎖骨骨折（図18-10）は、スポーツで最もよく起こる骨折の一つである。鎖骨骨折は、転倒の際に腕を伸展したまま手をついた場合、肩先からの転倒、または骨への直接的打撃が原因で生じる[3]。

　徴候　鎖骨を骨折した選手は通常、骨折した側の腕を支え、健側の肩に顎を向け頭を患側へ傾ける。視診では、骨折した鎖骨は健側の鎖骨よりやや低く見える。また触診では腫脹、圧痛点、および軽度の変形が感じられる。

処置 鎖骨骨折は、発生したらすぐに肩固定具を装着させ（図18－11）、必要に応じて選手のショック症状にも対処する。X線検査によって骨折が明らかになった場合は、医師による徒手整復術を受けさせ、その後鎖骨ストラップで固定する[3]。約6～8週間固定する。その後、さらに3～4週間スリングを使って上肢を保護しながら（図18－12）、軽い等尺性運動とモビライゼーションを開始する。鎖骨骨折は場合によっては、外科手術が必要になることもある[11]。

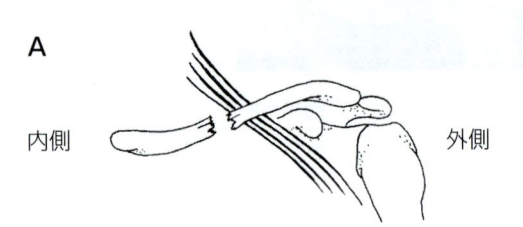

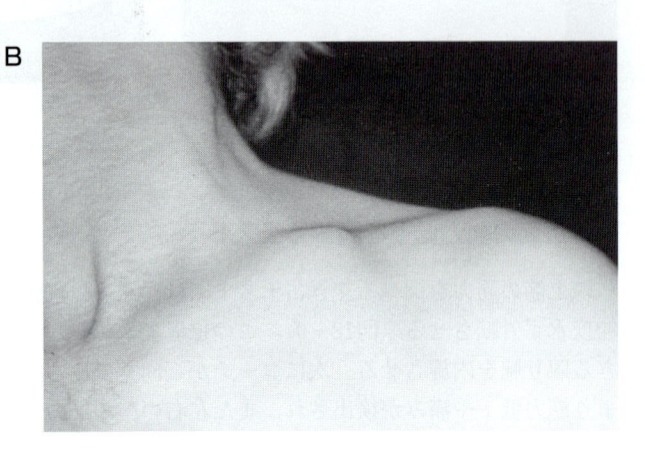

図18－10
鎖骨骨折
A．通常、鎖骨の中央1/3の部位で起こる。
B．鎖骨骨折の典型的な外観。

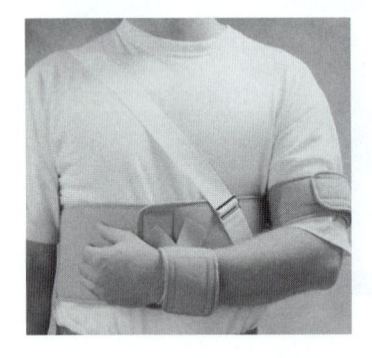

図18－11
肩固定具

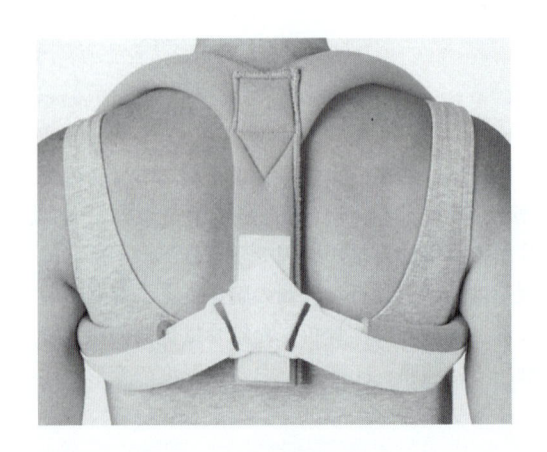

図18－12
鎖骨骨折の保護スリング

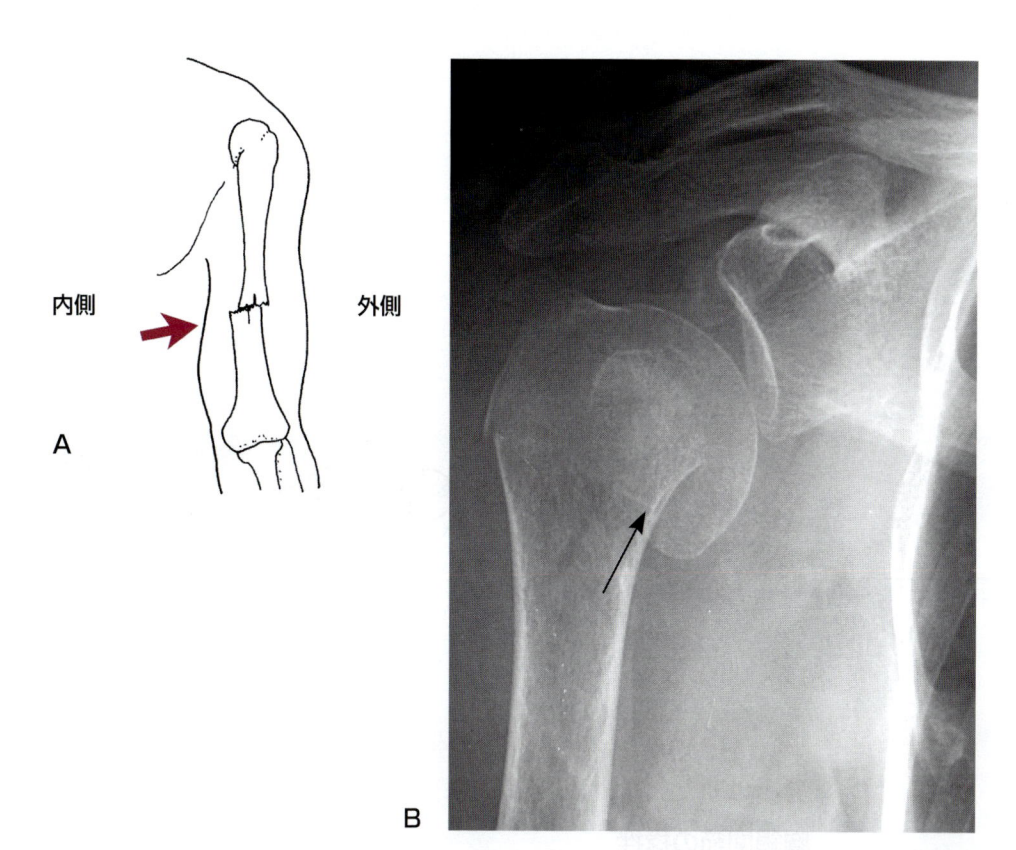

図18-13
上腕骨骨折
　A．骨折の図
　B．X線写真

上腕骨骨幹骨折

　原因　上腕骨骨幹骨折（図18-13）は、スポーツにおいて時々発生する。一般的には、腕への直接的打撃、脱臼、または腕を伸展したまま転倒した時の衝撃が原因で生じる。

　徴候　上腕骨骨幹骨折は視診だけでは確認するのが難しく、X線検査が唯一の正確な診断手段となる。最もわかりやすい徴候は、痛み、腕を動かせない、腫脹、圧痛、表層組織の変色などである。

　処置　上腕骨骨幹骨幹骨折を確認したら、直ちに副子を当てるか腕を吊り、ショック症状に対処し、医師に見せる必要がある。上腕骨を骨折した選手は、骨折部位と程度に応じて2〜6カ月競技メンバーから外す[4]。

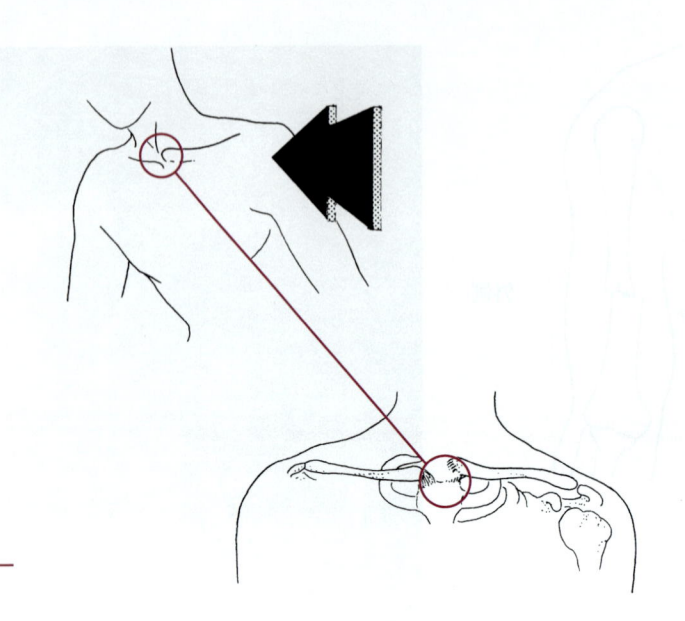

図18-14
胸鎖関節捻挫と脱臼

胸鎖関節の捻挫

原因 胸鎖関節捻挫（図18-14）は、スポーツでは比較的少ない外傷である。受傷のメカニズムは、上腕骨、肩関節、および鎖骨を通して伝わる間接的な力や、鎖骨への直接的な打撃である。一般的に鎖骨は上前方に転位する。

徴候 胸鎖関節捻挫は3段階に分けられる。第1度の捻挫は、軽度の痛みと機能障害、多少の圧痛があるが、関節の変形は見られない。第2度の捻挫は、靱帯断裂を示すような顕著な変形、痛み、腫脹、圧痛、腕の最大外転や腕を胸の前で交差できないといった機能障害が現れ、胸鎖関節の亜脱臼を示す。最も重傷である第3度の捻挫は、胸骨との結合部での鎖骨の大きな転位、腫脹、機能障害を伴う胸鎖靱帯の完全断裂の様相を呈する[13]。鎖骨の後方または「胸骨後方」の脱臼は稀であるが、出血や気管の圧迫により、生死に関わる事態を招くこともある[7]。

処置 直ちにPRICEを適用し、その後固定する（図18-12参照）。通常は3～5週間固定し、その後、段階的なリハビリテーションを行う[16]。ただし胸鎖関節捻挫の再発率は高い。

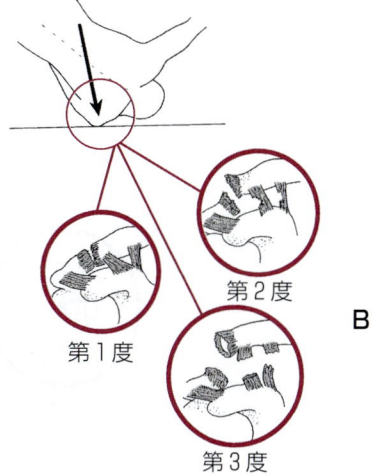

図18-15
肩鎖関節捻挫
　A．メカニズム
　B．捻挫の程度

肩鎖関節の捻挫

原因　肩鎖関節は捻挫を起こしやすく、特にコリージョンスポーツでは発生率が高い[6]。腕を伸展したままの状態での転倒や肩先への直接的打撃により肩峰突起が下方、後方、または内側に押され、鎖骨が胸郭に押しつけられることが主な受傷のメカニズムである[5]（図18-15）。

徴候　第1度の肩鎖関節捻挫では肩峰突起と鎖骨肩峰端の間の結合部に圧痛と運動痛がある。変形はなく肩鎖靱帯のわずかな伸展だけを示す。

第2度の捻挫では、健側と比較すると、明らかな鎖骨肩峰端の転位と突出が見られる。患部を触診すると圧痛があり、選手は腕を十分に外転することができず、また腕を胸の前で完全に交差することができない。

第3度の捻挫は、鎖骨の脱臼を伴う肩鎖靱帯と烏口鎖骨靱帯の断裂である。このような傷害には、鎖骨肩峰端の著しい変形や突出、激痛、運動障害、肩甲帯の不安定性が見られる。

処置　肩鎖関節捻挫に対する応急処置は、3つの基本的手順からなる。(1)局部内出血を抑えるための冷却と圧迫、(2)肩の固定による関節の安定化（図18-11参照）、(3)最終的な診断と処置のために医師の診断を仰ぐこと、である[6]。固定期間は、第1度捻挫では3〜4日間から、第3度捻挫では約2週間までと幅がある。どの程度の捻挫でも、関節のモビライゼーション、柔軟運動、強化トレーニングを含む積極的リハビリテーションプログラムを、推奨される保護期間が終わったら直ちに開始することが望ましい[6]。選手が痛みや腫脹を起こさない範囲でできるだけ早くプログラムを進める。

18-1　Critical Thinking
頭の体操――エクササイズ
サッカー選手が強烈なスライディングを受けて転倒し、左肩先を地面に打ちつけた。選手は肩先と胸部の痛みを訴えている。この痛みのために、肩より上に腕を挙げることができない。
質問：この受傷メカニズムからどのような傷害が診断されるか？

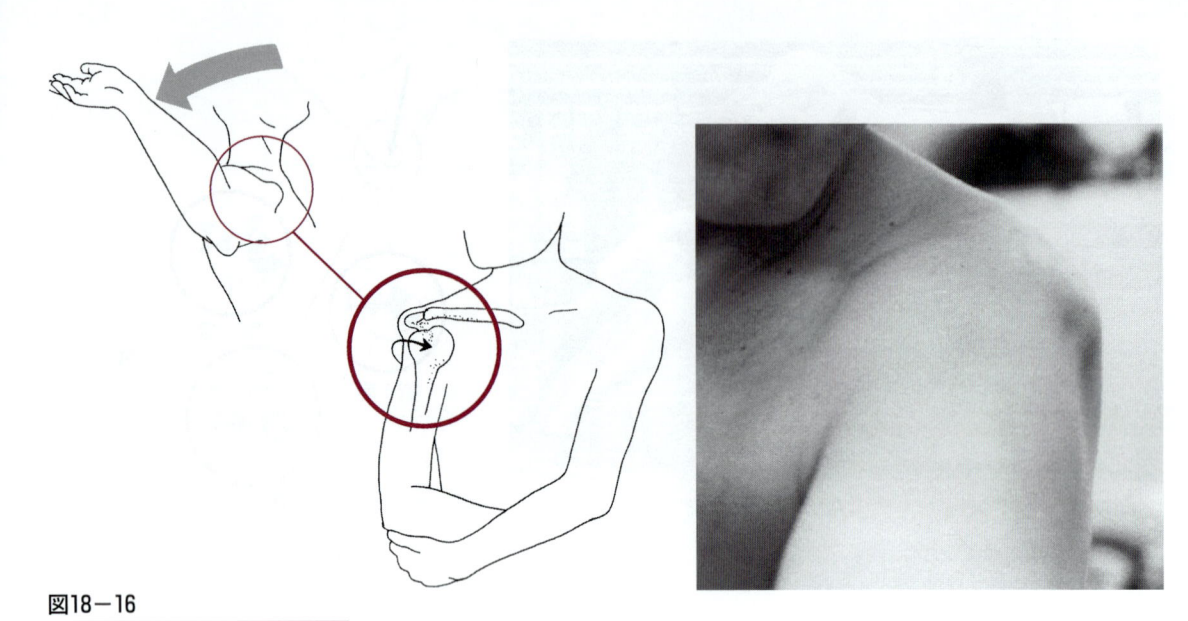

図18-16

肩甲上腕関節の前方脱臼

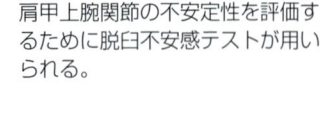

肩甲上腕関節の不安定性を評価するために脱臼不安感テストが用いられる。

18-2 Critical Thinking
頭の体操——エクササイズ
体操選手が肩甲上腕関節の反復性前方脱臼を起こしている。選手は、脱臼の再発を非常に心配している。
質問：今後の脱臼の再発を抑えるため、コーチはリハビリテーションにおいてどのような活動に集中すべきか？

肩甲上腕関節脱臼

原因 最もよく起こる肩甲上腕関節脱臼では、上腕骨頭が関節唇を超えて関節包の前方に押し出され、次に下方に押し出されて烏口突起の下に納まる前方脱臼である。前方脱臼のメカニズムは、上腕骨頭を関節窩から押し出す外転、外旋、伸展である（図18-16）[25]。アメリカンフットボールやラグビーでの片腕によるアームタックルや、投擲を行う時に生じる異常な外力は、脱臼の原因となる。稀に上腕骨は下方に脱臼する。

一度肩甲上腕関節脱臼を起こした選手は、関節が慢性的に不安定になるため脱臼を再発する危険性が高い[15,21]。

徴候 前方脱臼を起こした選手には、三角筋の輪郭の平坦化が認められる。腋窩を触診すると、上腕骨頭が突出していることがわかる。選手は受傷した腕をわずかに外転および外旋させ、患側の手で反対側の肩に触れることができない。ある程度の痛みと機能障害がある[22]。

処置 肩甲上腕関節脱臼の初期管理では次のことを行う。直ちにスリングを用いて腕を安定位置に固定する。速やかに医師による整復術を受ける。冷却をして内出血を抑える。脱臼が整復され固定されたら、できるだけ早く筋肉のリコンディショニングを開始することが望ましい[15]。保護スリングによる固定は、整復後約1週間続ける（図18-11参照）。痛みの生じない範囲でできるだけ早く強化トレーニングを開始し、徐々に進める。肩の保護ブレイスを装着することで、肩関節の可動域を制限できる（図18-17）[12]。

図18−17
肩の保護ブレイスはオーバーヘッド運動を抑制する。

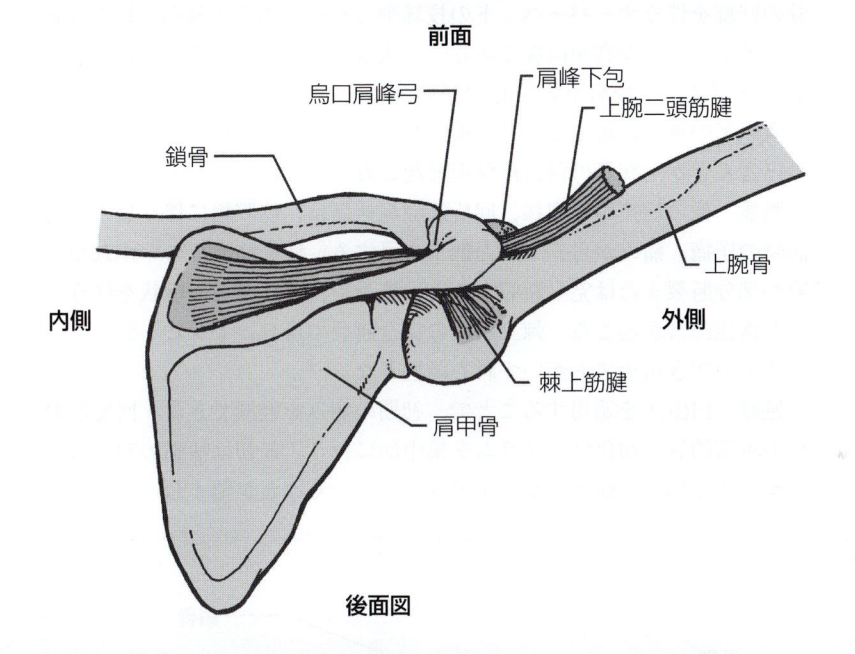

図18−18
肩インピンジメントは、烏口肩峰弓の下の軟部組織を圧迫する。

肩インピンジメントは、烏口肩峰弓の下にある棘上筋腱、肩峰下包、および上腕二頭筋長頭の機械的圧迫である。

肩インピンジメント症候群

原因 肩インピンジメントは、棘上筋腱、肩峰下包、および上腕二頭筋長頭腱（これらはすべて烏口肩峰弓の下にある）の機械的圧迫である（図18−18）[19]。反復的な圧迫がこれらの構造を刺激して、最終的に炎症を引き起こす。インピンジメントは、投球動作、水泳、テニスのサーブ、バレーボールのスパイクなどの反復的なオーバーヘッドの動作を含む活動で最も多く発生する[19]。

徴候 選手は、腕が頭上に位置する時に肩峰周辺に放散する痛みを訴える。70〜120度の外転の可動域に有痛弧がある場合がある。外旋筋は一般に内旋筋より筋力が弱い。後方および下方の関節包に拘縮が見られることがある。通常は、インピンジメントテストが陽性で、空き缶テストでは強い痛みを感じる[27]。

18-3 Critical Thinking
頭の体操──エクササイズ

バレーボール選手が、オーバーヘッドでサーブする時にいつも痛みを感じている。また、ネット際でスパイクする時も、必ずといっていいほど痛みを感じる。コーチは評価の際、上腕骨を屈曲させて内旋させると、痛みがさらに悪化することに気づいた。

質問：肩がこの頭上の位置にある時の痛みの原因として、最も考えられるのは何か？

処置 インピンジメントの管理とは、オーバーヘッドの活動中、烏口肩峰弓の下の間隙を維持しようとすることによって正常なバイオメカニクスを回復させることである[2]。PRICEを適用することで、初期の痛みを調整できる。回旋筋腱板の強化、肩甲骨を動かす筋群の強化、後方および下方の関節包のストレッチングなどに集中したエクササイズを行う。症状の原因となった活動を見直し、最初は活動の回数やレベルを選手が管理するようにし、徐々にレベルアップしていくことが望ましい[14]。

回旋筋腱板（ローテーターカフ）挫傷

原因 どの回旋筋腱も損傷を受けやすいが、筋挫傷が最もよく起こるのは棘上筋である[1]（図18-19）。回旋筋腱板挫傷のメカニズムは、上腕骨の回旋を伴うオーバーヘッドの投球動作やその他の活動中に起こる腕のダイナミックな高速回旋である[29]。大部分の回旋筋腱板断裂は、肩インピンジメントや肩不安定症の長い病歴を持つ選手の棘上筋で発生し、40歳以下の選手に起こることは稀である[10]。回旋筋腱板の筋断裂は、そのほとんどが上腕骨の付着部付近で起こる。

徴候 他の筋挫傷と同様、回旋筋腱板挫傷は、筋収縮に伴う痛み、触診時の圧痛、痛みからくる筋力低下を呈する。回旋筋腱板のいずれかの腱が部分断裂または完全断裂すると、痛みや、腫脹などの症状を伴う深刻な機能障害が起こる。棘上筋腱の完全断裂の場合、インピンジメントテストと空き缶テストがいずれも陽性となる[29]。

処置 PRICEを適用することで、初期の痛みを軽減できる。回旋筋腱板の段階的筋力強化プログラムを集中的に行う。最初は活動の頻度とレベルを低く抑え、徐々にレベルアップしていくことが望ましい[16]。

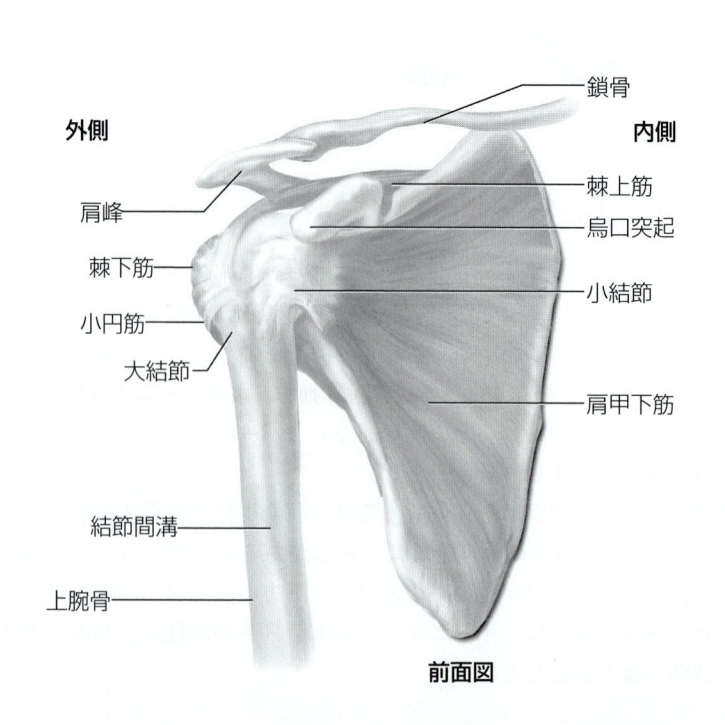

回旋筋腱板の筋肉：
- 肩甲下筋
- 棘上筋
- 棘下筋
- 小円筋

図18-19
内側回旋筋腱板の筋肉（前面図）

（ラベル：外側、内側、鎖骨、棘上筋、烏口突起、肩峰、棘下筋、小結節、小円筋、大結節、肩甲下筋、結節間溝、上腕骨、前面図）

肩の滑液包炎

原因 肩関節は、外傷や酷使によって慢性の炎症を起こしやすい[3]。滑液包炎は、直接的な打撃、肩先からの転倒、または肩のインピンジメントの結果として生じる。最も炎症を起こしやすい滑液包は、肩峰下包である（図18－3参照）。

徴候 選手は、特に肩を外転、あるいは屈曲、内転、内旋しようとすると痛みを感じる。触診すると、肩峰の真下の部位に圧痛がある。インピンジメントテストは陽性である。

処置 アイスパックと抗炎症剤を使用して、炎症を抑える必要がある。滑液包炎を誘発する主なメカニズムがインピンジメントである場合、前述のようにこれを改善するために必要な処置を適用する[8]。選手は、筋拘縮や癒着によって関節が固定されないように、完全な可動域の維持を目的とした一貫性のあるトレーニングプログラムを実行する必要がある。

上腕二頭筋腱鞘炎

原因 上腕二頭筋腱鞘炎は、オーバーヘッドの動作を含む活動に参加する選手によく起こる。ピッチャー、テニス選手、バレーボール選手、槍投げ選手によく見られる[23]。激しく反動が加わる活動で上腕二頭筋が繰り返し伸展されると、最終的に腱とその腱鞘に炎症を起こす[4]。

徴候 上腕前方に圧痛がある。また炎症が原因の腫脹、発熱、きしみ音も認められる。選手は、激しいオーバーヘッドの投球動作を行う時に痛みを訴えることがある。

処置 上腕二頭筋腱鞘炎の最善の治療は、数日間の完全休養と毎日の冷却療法によって炎症を抑えることである。抗炎症剤も炎症を抑えるうえで有効である。炎症が治まったら、上腕二頭筋の筋力強化およびストレッチングプログラムを開始し、徐々にレベルアップする[26]。

上腕の打撲傷

原因 上腕の打撲傷は、衝突や接触の多いスポーツでよく起こる。上腕の筋肉はどれも打撲傷を受けやすいが、最も頻繁に受傷するのは主に上腕筋の外側面、上腕二頭筋および三頭筋の一部である。上腕外側面に繰り返される打撲傷は、一般にラインバッカーズアーム、ブロッカーの外骨腫と呼ばれる骨化性筋炎を発症させる。骨化性筋炎は、筋肉または骨に隣接する軟部組織に発生する石灰化または骨片である[21]。

徴候 上腕の打撲傷は大きな機能障害をもたらし、痛みと圧痛、発熱、変色を生じ、肘の完全伸展と屈曲が不可能になる。

処置 受傷後24時間以上PRICEを適用する。PRICEの効果は一般に、数日以内に治療に反映される。処置で重要なことは、打撲を受けた部位を保護し、骨化性筋炎を誘発する危険性のある反復的な受傷を防止することである[26]。また、選手が打撲を受けた筋肉のストレッチングを通して、完全な可動域の維持に努めることも重要である。

**18-4 Critical Thinking
頭の体操——エクササイズ**

アメリカンフットボールのオフェンスラインマンは、ブロックの際に上腕を打撲する。
質問：コーチはこれを防止するため、主として何を心がけるべきか？

まとめ

- 肩甲帯が広い可動域を持つためには、ある程度安定性を犠牲にしなければならない。このため肩は、傷害を受ける危険性が非常に高い。反復的なオーバーヘッド動作を伴う多くのスポーツは、肩に大きなストレスを与える。
- 肩甲帯に関連する4つの主な関節は胸鎖関節および靱帯、肩鎖関節および靱帯、肩甲上腕関節（肩関節）および靱帯、肩甲胸郭関節である。
- 肩甲帯に作用する筋肉は、軸骨格を起始点とし上腕骨に付着する筋群、肩甲骨を起始点とし上腕骨に付着する筋群、そして軸骨格を肩甲骨に付着させる第3の筋群からなる。
- 肩甲帯の傷害を評価する時は、コーチは4つの関節すべてを考慮しなければならない。特殊テストにより傷害の部位や程度を特定できる。
- 骨折は鎖骨と上腕骨に発生するのに対し、捻挫は胸鎖関節、肩鎖関節、または肩甲上腕関節に起こる。
- 肩の脱臼は比較的よく起こるが、なかでも最も発生率の高いのが前方脱臼である。脱臼が整復され、固定されたら、できるだけ早く筋肉のリコンディショニングを開始する。
- 肩インピンジメントは、オーバーヘッドの動作を含む活動に関わる選手によく起こる。肩インピンジメントは、烏口肩峰弓の下にある棘上筋腱、肩峰下包、および上腕二頭筋腱長頭の機械的な圧迫である。
- 回旋筋腱板（ローテーターカフ）の挫傷、滑液包炎、打撲傷、および上腕二頭筋腱鞘炎などを含む多くの傷害は、いずれもスポーツ選手の肩甲帯によく発生する傷害である。

頭の体操（エクササイズ）の答え　Solutions to Critical Thinking Exercises

18-1 肩先からの転倒は、肩鎖関節、胸鎖関節、またはその両方の捻挫を起こす典型的な傷害メカニズムである。鎖骨骨折の可能性も考えられる。

18-2 特に回旋筋腱板と、肩甲骨を安定化させる基礎となる筋力の強化を目的としたエクササイズを考える。リハビリテーションプログラムでは、神経筋の働きを回復するエクササイズを直ちに開始する。

18-3 この選手の痛みは、肩を完全に外転させるか屈曲位にした時の、烏口肩峰弓の下にある棘上筋腱、肩峰下包、または上腕二頭筋長頭の機械的インピンジメントまたは圧迫が原因と思われる。フォロースルー期で上腕骨を内旋させると、肩峰弓の下の間隙がさらに圧迫される。

18-4 最大の懸念は、今後打撲傷を繰り返すと、上腕二頭筋または上腕筋に骨化性筋炎を起こす危険性があることである。これを防ぐには、選手に保護パッドを装着させ、今後の打撲傷を予防する。

復習問題とクラス活動

1. 肩甲帯に関連する骨と軟部組織の構造は何か？
2. 肩甲帯を構成する4つの主要関節は何か？
3. 肩の傷害はどのように予防できるか？
4. 投球動作とその各段階で起こる危険性のある傷害について討議せよ。
5. 鎖骨骨折の原因は何か？　その治療方法は？
6. 胸鎖靱帯および肩鎖靱帯の捻挫の発生メカニズムについて討議せよ。
7. 肩甲上腕関節の前方脱臼の一般的メカニズムは何か？　その治療方法は？
8. 肩インピンジメントの処置にあたって、どのような解剖学構造の問題を考慮すべきか？
9. 回旋筋腱板断裂の発生メカニズムを簡単に説明せよ。
10. 選手はどのように肩に滑液包炎を発症させてしまうのか？
11. 骨化性筋炎とは何か？　その発症はどのように予防できるか？
12. 選手は上腕二頭筋腱鞘炎をどのように発症させてしまうのか？

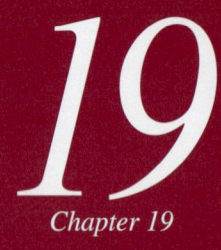

19 肘関節、前腕部、手関節、手部

Chapter 19

この章を終えると、次のことが説明できるようになる。

- 肘関節、前腕部、手関節、手部の骨、靱帯、および筋肉の解剖学的構造
- 肘関節、前腕部、手関節、手部の傷害予防に関する考慮事項
- 肘関節、前腕部、手関節、手部の一般的な傷害評価
- 肘関節、前腕部、手関節、手部に発生するさまざまな傷害の考えられる原因と徴候
- 肘関節、前腕部、手関節、手部の傷害の処置手順

肘関節の解剖学的構造

骨

肘は、上腕骨、橈骨、尺骨の3つの骨から形成されている（図19-1）。上腕骨の遠位端は内側上顆と外側上顆を形成する。尺骨の肘頭（図19-10参照）は、上腕骨の上腕骨滑車と肘頭窩に関節で結合する。橈骨頭は上腕骨の小頭と関節で結合する。腕尺関節、腕橈関節、橈尺関節の3つの独立した関節は、一体となって肘を形成する。肘関節の屈曲と伸展は、腕尺関節と腕橈関節で起こる。前腕の回内と回外は橈尺関節で起こる。

靱帯

尺側（内側）側副靱帯は、肘の安定化にとって最も重要な靱帯であり、内側上顆から尺骨近位まで伸びる。橈骨輪状靱帯は尺骨から伸び、橈骨頭の周囲を輪状に取り巻き、橈骨の自由な回旋を可能にする。橈側（外側）側副靱帯は外側上顆から伸び、主に橈骨輪状靱帯に付着する（図19-1参照）。

筋肉

肘関節の筋肉には、肘関節の屈筋である上腕二頭筋、上腕筋、腕橈骨筋があり、伸展は、上腕三頭筋によってコントロールされる。上腕二頭筋と回外筋は、前腕を回外させる。円回内筋と方形回内筋は、前腕の回内筋として働く（図19-2）（表19-1）。

前面図

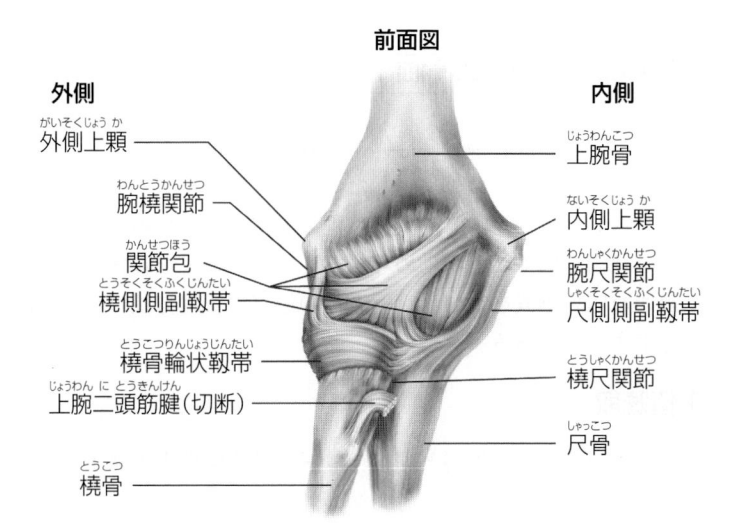

- 外側
  - 外側上顆（がいそくじょうか）
  - 腕橈関節（わんとうかんせつ）
  - 関節包（かんせつほう）
  - 橈側側副靱帯（とうそくそくふくじんたい）
  - 橈骨輪状靱帯（とうこつりんじょうじんたい）
  - 上腕二頭筋腱（切断）（じょうわんにとうきんけん）
  - 橈骨（とうこつ）
- 内側
  - 上腕骨（じょうわんこつ）
  - 内側上顆（ないそくじょうか）
  - 腕尺関節（わんしゃくかんせつ）
  - 尺側側副靱帯（しゃくそくそくふくじんたい）
  - 橈尺関節（とうしゃくかんせつ）
  - 尺骨（しゃっこつ）

図19-1
肘関節の骨と靱帯（前面図）

A 前面図
- 上腕三頭筋（じょうわんさんとうきん）
  - 外側頭（がいそくとう）
  - 長頭（ちょうとう）
  - 内側頭（ないそくとう）
- 上腕二頭筋（じょうわんにとうきん）
- 上腕筋（じょうわんきん）
- 腕橈骨筋（わんとうこつきん）

外側 / 内側

B 後面図
- 上腕三頭筋
  - 外側頭
  - 長頭

内側 / 外側

C 前面図
外側
- 外側上顆
- 内側上顆
- 回外筋（かいがいきん）
- 円回内筋（えんかいないきん）
- 橈骨
- 尺骨

内側

図19-2
肘関節の筋肉
A．前面図、B．後面図
C．円回内筋と回外筋（前面図）

表19-1　肘関節、手関節、手部の運動と主要筋

運動	主要筋
肘の屈曲	上腕二頭筋
	上腕筋
	腕橈骨筋
肘の伸展	上腕三頭筋
前腕の回内	円回内筋
	方形回内筋
前腕の回外	回外筋
	上腕二頭筋
手関節の屈曲	橈側手根屈筋
	尺側手根屈筋
手関節の伸展	長橈側手根伸筋
	短橈側手根伸筋
	尺側手根伸筋

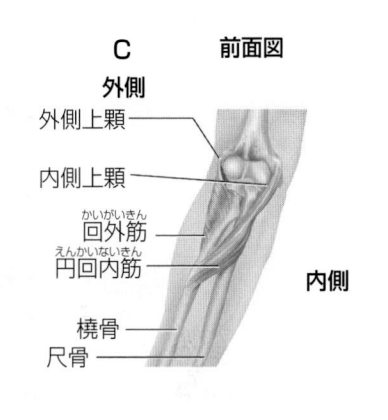

肘関節の傷害の評価

　一般にコーチは、傷害を評価する訓練を受けておらず、またその資格も持たない。コーチは、負傷した選手を、資格を有する医療専門家（医師、アスレティックトレーナー、理学療法士など）のところで受診させ、傷害の評価を仰ぐことが勧められる。コーチの主な責任は、傷害に対して適切な応急処置を行い、受傷直後の傷害の管理方法について的確な決定を下すことである。

事情聴取

　すべてのスポーツ傷害と同様、コーチはまず傷害の発生メカニズムを理解している必要がある。肘関節の評価をするうえで役に立つ質問を以下に挙げる。

- これは新たな傷害か、それとも以前からある慢性症状か？
- 痛みや不快感は、腕を伸ばしたまま地面に手をついて転倒したり、曲げた肘関節を地面にぶつけたなどの直接的外傷が原因か？
- 傷害は、肘関節の突然の過伸展のような急なものか、または投球動作ように反復的オーバーユースに属するものか？
- 痛みが強まったり弱まったりする腕の動作や位置があるか？
- 以前に肘関節の障害の診断または処置されていないか？
- 動作にロッキングやきしみのような感覚が伴うか？
- 前腕または手指に放散するチクチク感やしびれ感があるか？

　傷害の部位や持続時間を確認する。肩の痛みと同様、肘の痛みや不快感は、内臓の機能障害が原因であったり、神経根の炎症や神経インピンジメントに関連していたりすることがある。

　注：肘の痛みは、肘関節の傷害と直接関連なく、むしろ首や肩の痛みに関連していることがある。

視診

　顕著な変形や腫脹がないか、選手の肘関節を観察する。以下の点について観察する。

- 肘関節の屈曲、伸展性、およびキャリングアングルを観察する。
- キャリングアングルが異常に大きくなるか小さくなる場合は、傷害の存在が疑われる（図19−3）。
- 大きすぎるか小さすぎるキャリングアングルは、骨または成長軟骨板の骨折の徴候である。
- 次に、選手の肘関節の屈曲および伸展範囲を観察する（図19−4）。両肘を比較する。正常な屈曲範囲以下である、完全伸展ができない、片方の肘関節だけが正常伸展範囲を超えている、などは関節障害の徴候である（図19−5）。肘関節の過伸展は、男性よりも女性に多く見られる。

訳注）
上腕と前腕がつくる角度をキャリングアングル（運搬角）という。

触診

痛みの部位と変形は、上顆、肘頭突起、上腕骨遠位部、および尺骨近位部の細心の触診によって判定される。

触診する軟部組織は、関節周囲の筋肉と筋腱、関節包、ならびに靱帯である。

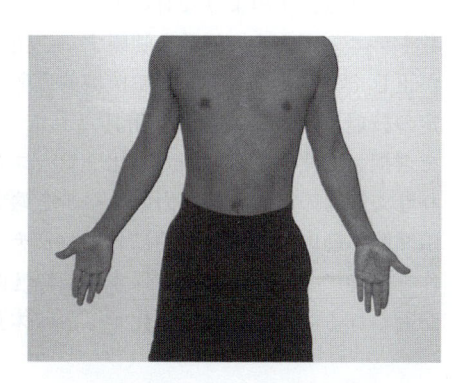

図19-3
肘関節のキャリングアングルと外反肘と内反肘の範囲のテスト

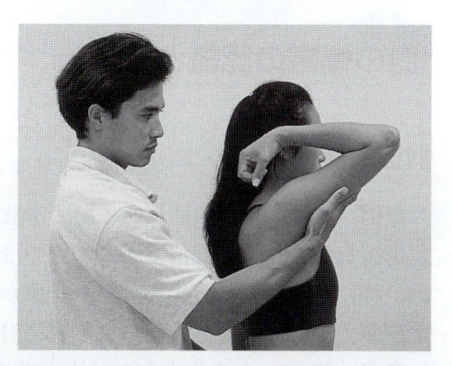

図19-4
肘関節の屈曲と伸展のテスト

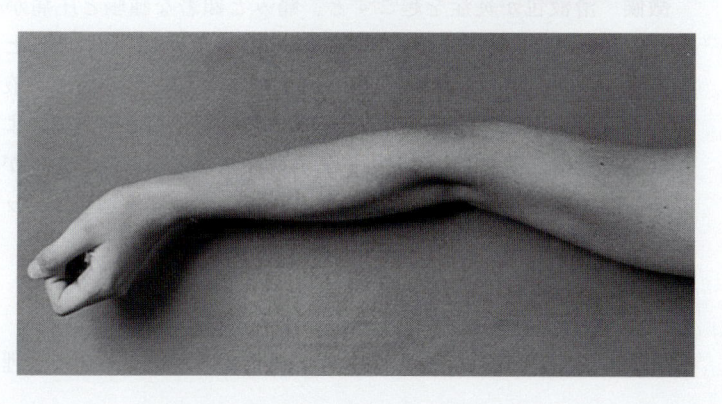

図19-5
肘の過伸展の観察

肘関節、前腕部、手関節の傷害予防

　肘関節、前腕部、および手関節は、さまざまな急性の外傷と慢性のオーバーユースの障害をいずれも受けやすい。急性外傷は通常、直接の打撃や、関節を伸展したまま腕を曲げない状態で地面に手をついて転倒することよって発生する。アメリカンフットボールなどのコリージョンスポーツや野球など強打を受けやすいスポーツでは、適切な保護パッドを装着することによって、衝撃力を吸収し、傷害の危険性と重大性を最小化することができる。正しい着地または回転する転倒方法を学ぶことにより、腕を曲げない状態で地面に手をついて転倒することを防ぎ、手関節、前腕部、肘関節によく起こる多くの傷害を予防できる。

　一般に、肘関節や手関節に起こる慢性のオーバーユースの障害が起こる危険性は、次のような対策を講じることで抑制できる。野球の投球回数やテニスボールの打数を制限する。使用される投球や打撃テクニックが正しく、不要なストレスや機械的疲労が生じないことを確認する。特定の技能レベルに適合した用具（テニスラケット、野球のバットなど）を選択して使用する。筋力強化トレーニングを行い、これらの関節を取り巻く筋肉の筋力と持久力のレベルを適切に維持する。肘関節、前腕部、手関節の筋肉に対し日常的にストレッチングを行い、完全な可動域の動作を可能にする柔軟性を確保する。慢性的なオーバーユースによる障害が疑われる場合、さらに悪化する前に休養をとり、治癒を試みる。

肘の傷害の認識と管理

肘頭滑液包炎

　原因　肘頭と皮膚の間にある肘頭滑液包は、肘関節のなかで最も滑液包傷害を受けやすい部位である。肘頭滑液包は表面に近い部位にあるため、特に肘関節への直接的打撃や肘頭からの転倒などで損傷を受けることが多く、急性傷害・慢性障害ともに引き起こしやすい[10]（図19-6）。

　徴候　滑液包が炎症を起こすと、痛みと顕著な腫脹と圧痛が生じる。場合によっては、通常の痛みや熱をほとんど伴わずに腫れることもある。

　処置　急性症状ならば、20分間氷を当てる。慢性的な肘頭滑液包炎の場合、保護治療プログラムが必要である。稀ではあるが医師により穿刺され治療過程を促進することもある。肘頭滑液包炎はほとんどが軽中度であるが、症状が長引くこともあり、競技に参加する選手はパッドによって肘を適切に保護することが望ましい。

肘関節の捻挫

　原因　肘関節の捻挫は、肘関節の過伸展や前腕部を外側に無理に曲げ

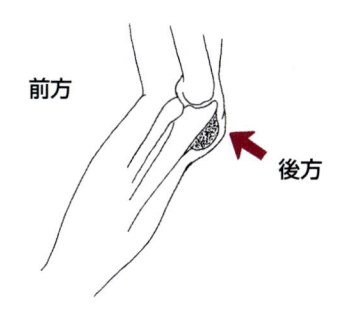

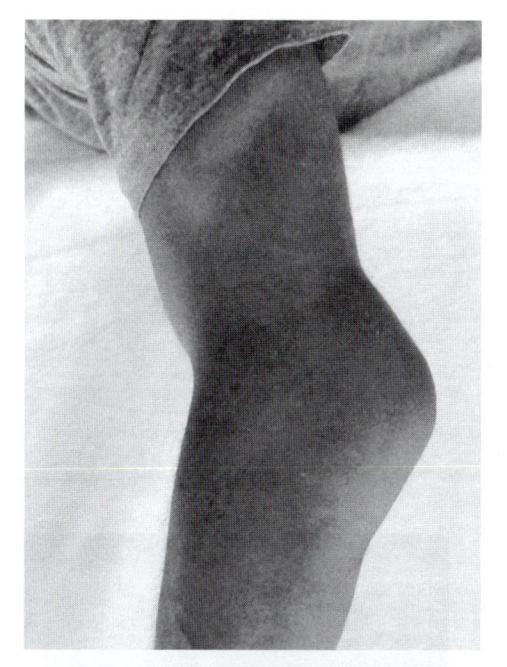

図19-6
肘頭滑液包炎

たり、捻ったりした場合に発生し、投球動作のコッキング期[12]（図18-5参照）と同様のメカニズムで前腕を外側に曲げたり捻ったりする力で強いストレスが加わると内側側副靭帯を損傷することがある。

徴候 選手は、物を投げたりつかんだりする際の痛みと力が入らない感じを訴える。また、内側側副靭帯に圧痛がある。

処置 肘関節の捻挫の応急処置では、冷却と圧迫包帯を24時間適用し、肘関節をスリング（または三角巾）で90度の屈曲位置に固定して支える。コーチは、肘の治療を漸進的に進めて徐々に完全な可動域を回復させ、続けて能動的エクササイズを行うようにする。リハビリテーションでは、投球活動をしっかり管理して、初期段階では投球回数を制限し、可動域と筋力が完全に回復するまで、徐々に増やすようにする[23]。

上腕骨外側上顆炎

原因 上腕骨外側上顆炎は、スポーツ中に最もよく起こる肘の傷害である。手関節を過伸展させるバックハンドストロークで発生するテニス肘は、外側上顆炎の別名である[10]。外側上顆炎の原因は手関節の反復的伸展であり、最終的には外側上顆の伸筋の付着部に刺激を与えて炎症を起こす[28]。

徴候 選手は活動中、または活動後に外側上顆部位に疼痛を訴える（図19-7）。痛みは徐々に悪化し、手と手関節の筋力が低下する。外側

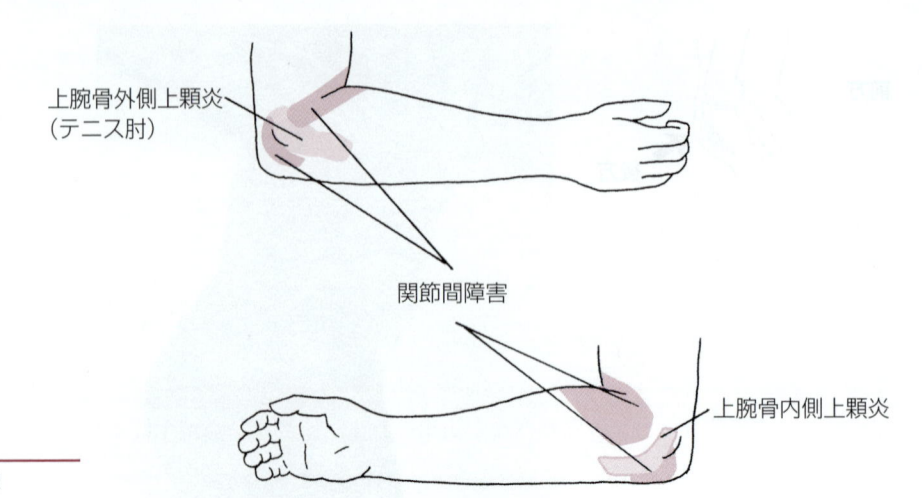

図19-7
肘の典型的な痛みの部位

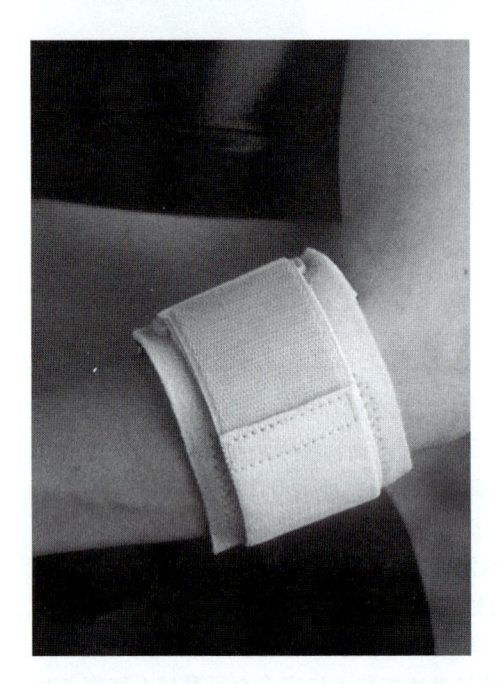

上腕骨外側上顆炎（テニス肘）
関節間障害
上腕骨内側上顆炎

図19-8
肘関節と上顆の治療用テニス肘バンド

上顆の痛みは、手関節の抵抗に対する伸展と肘関節の完全伸展検査で明らかになる。

処置 直ちにPRICEを適用し、非ステロイド系抗炎症剤（NSAIDs）や必要に応じて鎮痛剤を使用する[20]。リハビリテーションでは、可動域回復運動、漸増性抵抗運動などのエクササイズ、深部強擦マッサージを行い、回外（手のひらを上向きに）して物をつかんだり、回内運動（手のひらを下向き）を避ける。痛みのない範囲でモビライゼーション（つかむ運動）やストレッチングも行ってよい[25]。選手は1～3カ月間、テニス肘バンドやネオプレン製エルボースリーブを装着してもよい（図19-8）。選手に、傷害の再発を防止する正しいテクニックと用具の正しい使用法を指導する必要がある。

上腕骨内側上顆炎

原因 上腕骨内側上顆の炎症は、肘関節の激しい反復的屈曲を必要とするさまざまなスポーツ活動で起こる。これはリトルリーグ肘[18]、ピッチャー肘、ラケットボール肘、ゴルフ肘、槍投げ肘[17]とも呼ばれる。

徴候 手関節を強く屈曲すると上腕骨の内側上顆の周辺に痛みが生じ、腕に向かって放散痛が広がる。通常は圧痛があり、場合よっては軽度の腫脹もある。手関節の自動運動では痛みが起こるが、受動運動では痛みが生じることはほとんどない。

処置 中～重度の上腕骨内側上顆炎の保存的治療では通常、安静、冷却治療、および超音波による温熱療法が適用される。医師が鎮痛剤や抗炎症剤を処方することもある。肘のすぐ下にテニス肘バンドをはめると、肘へのストレス緩和に効果がある（図19-8参照）。さらに重度の場合は、肘に副子を当て、7～10日間完全休養することが推奨される[18]。

肘関節離断性骨軟骨炎

離断性骨軟骨炎は膝関節の傷害だと思われがちだが、肘関節でも起こる。

原因 離断性骨軟骨炎の原因は明らかではないが、肘関節周辺の血液供給が妨げられると、軟骨や骨の一部が分離や離開を起こし、関節内に遊離体を形成することがある[15]。

徴候 青年期の選手は、肘関節の急な痛みや引っかかりを訴えることがある。関節可動域はゆっくりと数日後には回復する。腫脹、痛み、捻髪音などが現れることもある。

処置 関節が繰り返し引っかかったりするような場合は、遊離体を外科的処置によって摘出することが推奨される。処置が不適切であると、最終的に外傷性関節炎を発症することがある[29]。

尺骨神経症

原因 上腕骨内側顆は突起しているため、尺骨神経は受傷しやすい。肘関節の外角が大きい（外反肘の）選手は、神経摩擦障害を起こすことがある。尺骨神経は、構造上の変形のために繰り返し脱臼を起こしたり、屈曲動作を含む活動中に靱帯によって挟まれたりすることもある。

徴候 尺骨神経症は、痛みを感じるというより、むしろ第4指と第5指に感覚異常が現れるのが一般的徴候である。選手は、第4指と第5指に熱感やチクチク感を訴える。

処置 尺骨神経症の管理は保存的に行う。直接的な圧迫などの神経への刺激は避ける。神経へのストレスが避けられない場合は、外科的手術によって尺骨神経を肘関節の前方に移植する方法もある[35]。

顕著な外反肘を持つ選手は、尺骨神経症を起こしやすい。

感覚異常（paresthesia）
感覚障害。

図19-9
腕を伸ばしたまま地面に手をついて転倒すると、肘関節の脱臼や骨折を起こすことがある。

Critical Thinking
19-1 頭の体操――エクササイズ
女性の槍投げ選手が、上腕部遠位に及ぶ肘の内側の痛みを訴えている。指に間欠的なしびれ感、焼けるような感じ、チクチク感がある。
質問：この選手はどのような症状を抱えているか？　またそれはどのように発生したと考えられるか？

肘関節が脱臼または骨折すると、神経や血管に障害が発生する可能性がある。

肘関節脱臼

原因　スポーツ活動中の肘関節脱臼の発生率は高い。その多くは、肘関節過伸展位で腕を伸ばしたまま地面に手をついたり、肘関節屈曲位で強く捻ったりすると発生する（図19-9）[30]。

徴候　前腕部の骨（尺骨と橈骨）が後方、前方、外側に転位することがある。最もよく見られる脱臼の徴候は、上腕部の正常なアラインメントを超えて後方に転位する肘外郭の変形である。

肘関節を脱臼すると、靱帯により安定が確保されている肘関節の大半の靱帯が断裂を起こして、かなりの内出血と腫脹がみられる[22]。激しい痛みがあり、機能障害を起こす。このような外傷の合併症として神経や血管への傷害を伴うことがある[4]。コーチは、肘関節脱臼の後に橈骨動脈で脈拍を調べる必要がある。拍動が感じられない場合は、さらに緊急な事態と判断される。

処置　受傷直後にとるべき措置は、まず肘に副子を当て固定し、できるだけ早く医師に見せて整復を受けることである。ほとんどの場合、医師は筋の硬結を和らげるために麻酔を用い、その後整復を行う。整復後医師は、約3週間は肘関節を屈曲位にして副子で固定する。脱臼した肘関節は、骨折の場合と同様、神経や血管に障害を起こすことがある[30]。

肘関節骨折

原因　骨折は、種目を問わずスポーツ中に多発する。腕を伸ばしたまま手をついて転倒したり、あるいは肘関節を曲げたまま転倒したり、肘関節に直接衝撃を受けたりすることが原因となる[6]。成人よりも子供や青少年選手のほうが骨折の発生率は高い。肘関節を構成する複数の骨が同時に骨折することもある。腕を伸ばしたまま手をついて転倒した場合、上腕骨の上顆の上方や、前腕部または手関節を骨折することが多い。

徴候 肘関節の骨折により、顕著な変形が生じる場合もあれば、変形がわからないこともある。受傷部位には通常、出血や腫脹、筋の硬結が見られる。

処置 肘関節骨折は重大な傷害であるため、応急処置を慎重に行う必要がある。氷と副子を当てて固定したら、選手を直ちに医師に見せて診断を仰ぐ。骨折した肘関節に生じる急激な腫脹は、フォルクマン拘縮と呼ばれる疾患の原因となることがある。この疾患はきわめて深刻で、回復不能となることもある[6]。

フォルクマン拘縮

原因 重度の肘関節傷害を負った選手は、昼夜を問わず血液循環を監視する必要がある。腫脹、筋の硬結、骨の転位は上腕動脈を圧迫し、前腕部、手関節、手指への血液循環を妨げることがある。このような循環障害は筋拘縮や永久的な筋麻痺を生じることがある[1]。

徴候 この疾患の最初の徴候は前腕部の痛みで、受傷した側の指を受動的に伸展させると、漸増的に痛みが強くなる。

処置 フォルクマン拘縮は、緊急の応急処置を要する深刻な肘傷害である。コーチは、この傷害には時間的に早急な処置が何より重要であることを忘れてはならない。

フォルクマン拘縮は、深刻な肘傷害の合併症である。

前腕部の解剖学的構造

骨格

前腕部には尺骨と橈骨がある（図19－10）。尺骨は、上腕骨からつながっていて、長くまっすぐで、上端が下端より大きい。橈骨は手部からの延長のようで、上端より下端が厚い。

関節

前腕部の関節は、上・中・下橈尺関節で構成される。

筋肉

前腕部の筋肉は、前面にあり内側上顆に付着する屈筋と回内筋、後面にあり外側上顆に付着する伸筋と回外筋から構成される（図19－11）。手関節と手指の屈筋は、浅層筋と深層筋に分類される。

前腕部の傷害の評価

一般にコーチは傷害を評価する訓練を受けておらず、またその資格も持たない。コーチは、資格を有する医療専門家（医師、アスレティック

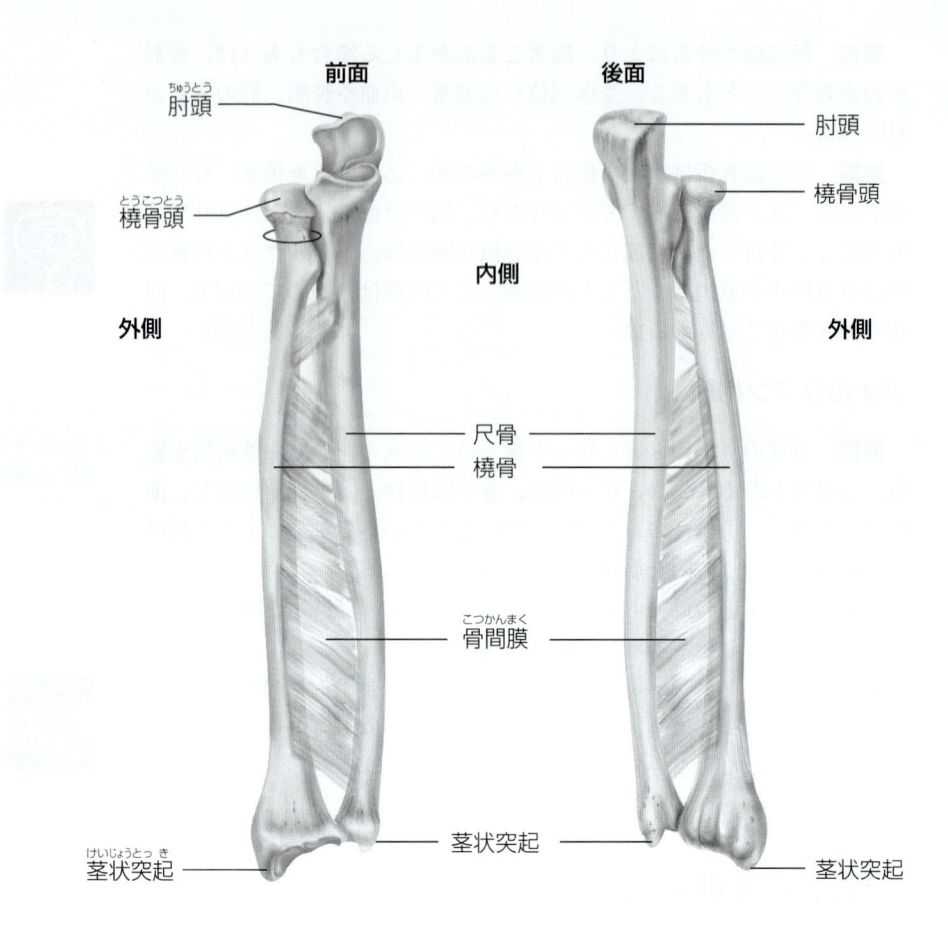

図19-10
前腕部の骨と骨間膜

トレーナー、理学療法士など）のところに受傷した選手を必ず行かせ、傷害の評価を受けるように指示すべきである。

事情聴取

前腕部の傷害を評価するにあたっては、以下の事項を質問する。
- 傷害の原因は何か？（直接的外傷、投球動作、慢性的なオーバーユースなど）
- 受傷時にはどのような症状があったか？ 症状は後から発生したか？
- 症状は局所的だったか、それとも拡散していたか？
- 腫脹や変色はあったか？
- 受傷直後に機能障害はあったか？
- どのような処置を行ったか？
- 傷害は突発的に起きたか、それとも徐々に起きたか？

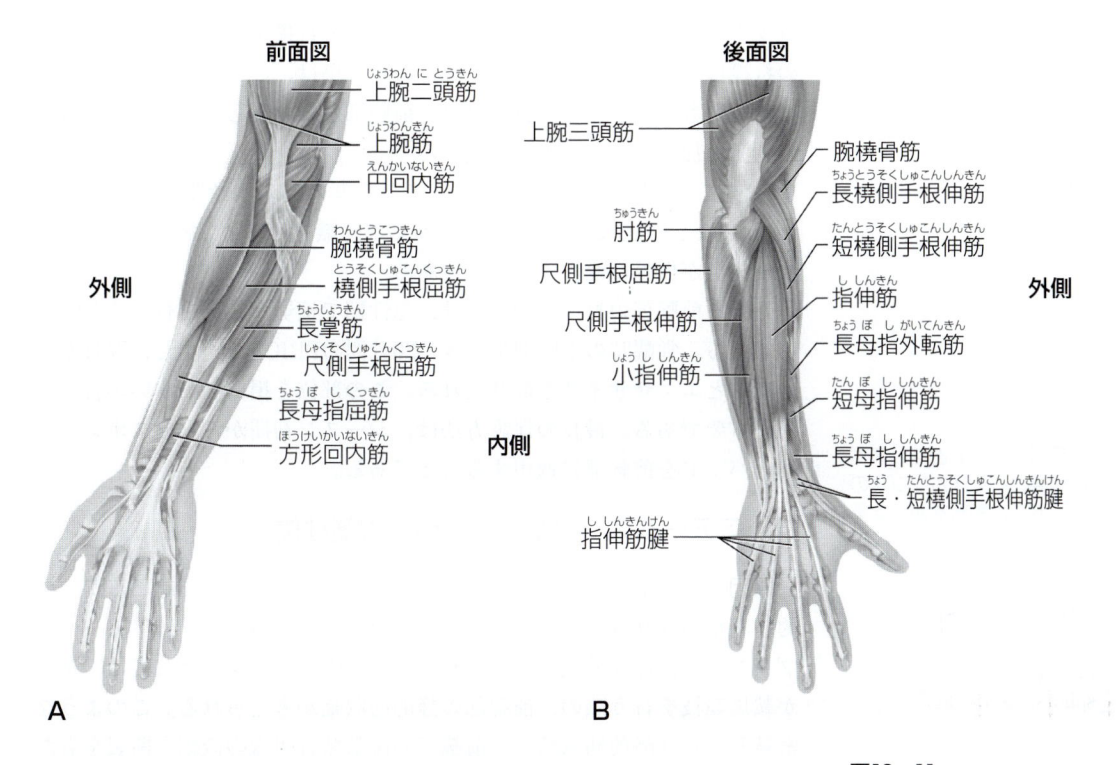

図19－11
前腕部の筋肉
A．前面図　B．後面図

前面図
- 上腕二頭筋
- 上腕筋
- 円回内筋
- 腕橈骨筋
- 橈側手根屈筋
- 長掌筋
- 尺側手根屈筋
- 長母指屈筋
- 方形回内筋
- 外側

後面図
- 上腕三頭筋
- 肘筋
- 尺側手根屈筋
- 尺側手根伸筋
- 小指伸筋
- 指伸筋腱
- 腕橈骨筋
- 長橈側手根伸筋
- 短橈側手根伸筋
- 指伸筋
- 長母指外転筋
- 短母指伸筋
- 長母指伸筋
- 長・短橈側手根伸筋腱
- 外側
- 内側

視診

まず、手関節や肘関節を含む前腕部全体を見て、明らかな変形、腫脹、皮膚の異常がないか調べる。変形がない場合、選手の前腕の回内と回外を観察する。

触診

受傷した前腕部の傷害部位およびその遠位領域を触診する。触診により圧痛、浮腫、骨折による変形、皮膚温度の変化、骨片の存在や骨の連続性の欠如などが明らかになる。

前腕部の傷害の認識と管理

打撲傷

原因　前腕部は、アメリカンフットボールなどのコリージョンスポーツ、コンタクトスポーツにおいて頻繁に打撲する。尺骨側は、アームブ

ロックなどで多数の打撃が加わり、かなりの打撲を受ける。この部位への打撲は、急性と慢性がある。急性の打撲傷は、ごく稀に骨折を引き起こすこともある。慢性の打撲傷は、前腕部が繰り返し打撃を受け、多くの刺激が加わることによって起こる[19]。

徴候 一般に筋肉や骨にさまざまな程度の痛み、腫脹、血液の滞留（血腫）などの症状が現れる。血腫が瘢痕組織を形成し、場合によっては瘢痕組織が仮骨に変性することもある。

処置 前腕部の打撲傷治療では、急性期で適切な処置を行うことが大切である。覚醒時の1時間半おきに20分間のPRICEを適用し、翌日からは冷却とエクササイズを取り入れる。この部位を損傷しやすい場合は保護が重要である。最良の保護方法は、シーズン初期から長いスポンジラバーパッドを前腕部に適用することである。

フォアアームスプリントとその他の筋挫傷

原因 前腕部の筋挫傷は、さまざまなスポーツにおいて起こるが、静的筋収縮が繰り返されて生じる場合がほとんどである。フォアアームスプリントは、体操競技で起こりやすい。この症状の原因としては、選手が鞍馬競技を行う際の、前腕部の静的筋収縮が考えられる。このような継続して行う静的筋収縮は、前腕部の深部結合組織の微細な断裂をもたらす。

徴候 フォアアームスプリントの主な症状は、前腕の後方を横切る伸筋の鈍痛である。筋力の低下によって鈍痛を感じることもある。触診すると、筋肉間の深部組織の不快感が明らかになる。この症状の原因は不明である。シンスプリントと同様、フォアアームスプリントはシーズンはじめまたは終わりに発生することが多い点から、不十分なコンディショニングや慢性的な疲労が原因であることが考えられる。

処置 フォアアームスプリントの治療には対症療法が用いられる。選手は、抵抗運動を行って前腕部の筋力強化に重点を置くことが望ましい。また休養、冷却または温熱療法、運動中のサポートテーピングの使用も重視すべきである。

前腕部の骨折

原因 前腕部の骨折（図19-12）は、特に活発な子供や青少年の間でよく起こる。前腕部への打撃や手を伸ばしたままの転倒が原因で生じる。尺骨と橈骨が同時に折れるのが普通で、どちらか一方だけ骨折するのは稀である[21]。

徴候 一般の長骨骨折と同様に痛み、腫脹、変形、仮関節などの症状がある。選手の年齢が高くなるほど、軟部組織に広く損傷を受ける危険性が高く、フォルクマン拘縮による麻痺の可能性も高くなる[19]。

処置 合併症を防ぐために、受傷後すぐにアイスパックで冷却し、腕に副子を当ててスリングで固定し、選手を医師に見せる。通常選手は、約8週間は運動に参加できない[16]。

訳注）
スポンジラバーパッドとは、スポーツ用に開発されたスポンジ状のラバーパッドで、衝撃を吸収する。

訳注）
フォアアームスプリント
（forearm splints）前腕。
シンスプリント
（shin splints）すね。脛骨。

フォアアームスプリントは、シンスプリントと同様、シーズンのはじめと終わりに起こることが多い。

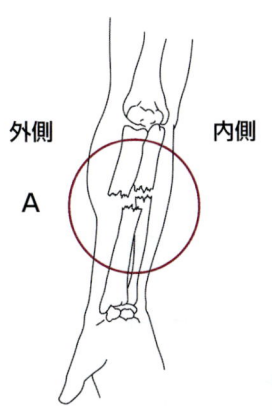

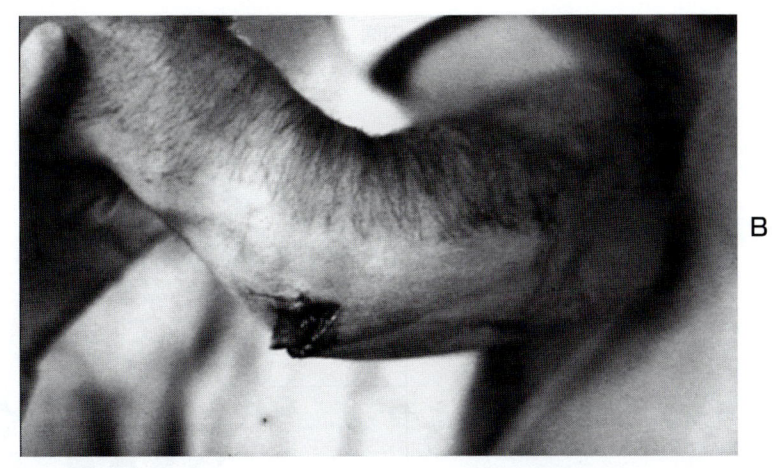

図19−12
A．橈骨と尺骨の骨折
B．尺骨の複雑骨折

コーレス骨折

原因 コーレス骨折（図19−13）は、前腕の骨折のなかでは最も頻繁に起こる、橈骨の遠位端（手関節に近い部位）の骨折である。通常、手を伸ばしたまま転倒したり、前腕を後方上向きに無理に捻って過伸展になることが原因とされる。

徴候 たいていの場合、手関節に明らかな変形が生じる。稀に変形しないこともあり、重度の捻挫と誤診され処置が遅れることがある。受傷部位にひどい内出血があり、血液などが滞留し、手関節、悪い場合は指や前腕も腫れ上がる。靱帯組織が損傷を受けることは少ないが、腱が付着部から剥離することもあり、正中神経が損傷を受ける危険性もある。

処置 主な治療は、氷で冷却し、手関節に副子を当て、腕をスリングで吊った後、選手を医師に見せ、X線検査と固定を行ってもらうことである。合併症がなくても、1〜2カ月間スポーツを行ってはならない。

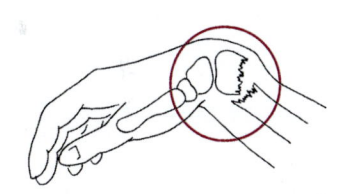

図19−13
前腕のコーレス骨折の一般的な外観

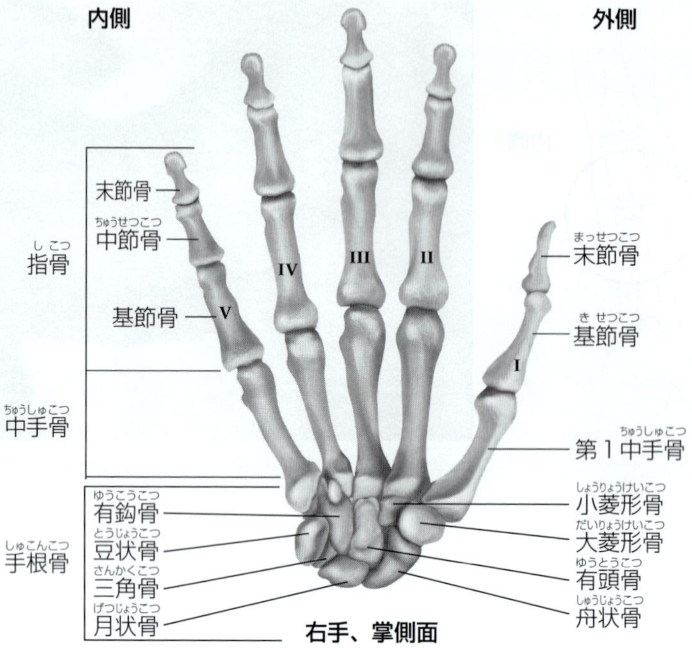

図19-14

手関節、手指の骨格（右手、掌側図）

訳注）
中手指節関節は「MP関節」と略すのが一般的だが、中足趾節関節も同様に略すので、手指と足趾を使い分けて中手指節関節はMCP関節（metacarpophalangeal joint）と表記している。中足趾節関節はMTP関節（metatarsophalangeal joint）である。

19-2 Critical Thinking
頭の体操──エクササイズ
若い体操選手が平行棒から落下して、左手を伸ばしたまま、手関節をひねって過伸展の状態で転倒した。手関節には明らかな変形がある。
質問：変形の発現を説明し、コーチがとるべき処置を述べよ。

手関節、手部、指関節の解剖学的構造

骨

　手関節は、橈骨と尺骨の遠位端、4つの近位手根骨、それに5つの中手骨と関節で結合する4つの遠位手根骨で構成される。中手骨は中手骨底が手根骨と、中手骨頭が指節骨と結合し、中手指節関節（MCP関節）を形成する。4つの指にはそれぞれ基節骨、中節骨、末節骨があるが、母指には2つの指骨しかない（図19-14）。

靱帯

　手関節は、手根骨を相互に、尺骨および橈骨、近位中手骨に結合する複数の靱帯の複合体からなる。手関節傷害に関して特に注意すべきは、尺側および橈側側副靱帯である。手根骨の掌側を横切るのは屈筋支帯である（図19-15A）。この靱帯は、手根管の基部として機能し、正中神経を圧迫することが多い。指節間関節には内側および外側側副靱帯があり、手掌側（手のひら側）に掌側板と呼ばれる厚い関節包がある。

筋肉

　手関節と手部は、外在筋群（手の外側を起始部とする）と内在筋群（手の内側を起始部とする）の複合体である。一般に、手関節と手の内側面および正面にある外在筋群と内在筋群は、手関節と手指を屈曲させる。

手関節と手の後面および外側面にある筋群は、手関節と手指を伸展させる（図19-15）。手の内在筋群は中手骨の外転および内転、母指の対立を担う。

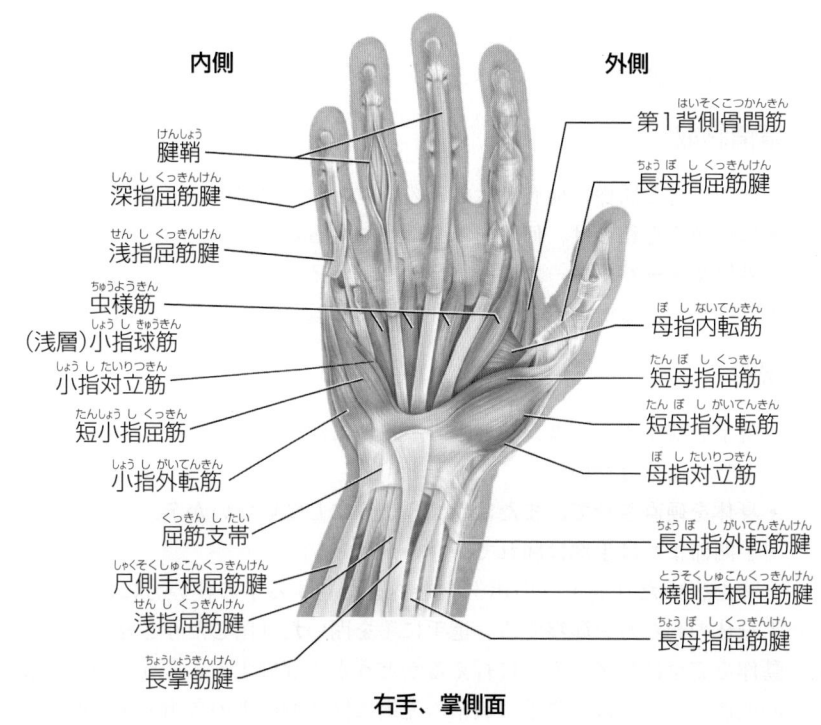

図19-15A
手部の筋腱（右手、掌側面）

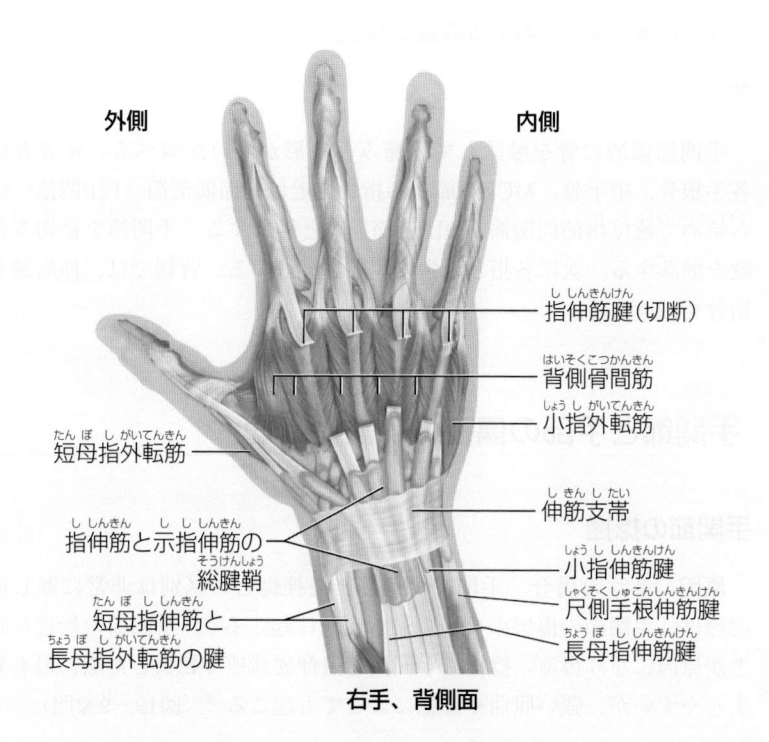

図19-15B（続き）
手部の筋腱（右手、背側面）

手関節、手部、指関節の評価

　一般にコーチは、傷害を評価する訓練を受けておらず、またその資格も持たない。コーチは、資格を有する医療専門家（医師、アスレティックトレーナー、理学療法士など）のところに受傷した選手を行かせ、傷害の診断を仰ぐよう指示すべきである。

事情聴取

　他の傷害と同様、検査者は痛みの部位とタイプについて質問する。
- 何が痛みを和らげ、何が痛みを増幅させるか？
- 外傷やオーバーユースの既往症があるか？
- 既往症がある場合、どのような治療または薬物投与が行われたか？

視診

　選手を観察するとき、腕と手の不均整に注意する。
- 姿勢の偏位はないか？
- 身体を硬直させて、またはかばうようにしていないか？
- 手関節または手部は腫れていないか？

　物を書いたりシャツのボタンを外したりする手の使い方に注意する。手全体のかたちを観察する。選手に手を開いたり閉じたりさせて、この動作を完全にリズミカルに行えるかどうかを評価する。もう一つの一般的機能チェックは、選手に親指の先端に同じ側の手の各指先を何度か接触させて観察する。最後に爪の色を観察する。ピンク色でなく白っぽい爪は、血液循環障害のある徴候である。

触診

　手関節領域の骨を触診して、痛みと変形がないか調べる。検査者は、各手根骨、中手骨、MCP関節、各指骨を近位指節間関節（PIP関節）から始めて遠位指節間関節（DIP関節）へと触診する。手関節を横切る各腱を触診する。次に各指と母指の屈筋を触診する。背側では、伸筋腱と指骨を触診する。

手関節と手部の傷害の認識と管理

手関節の捻挫

スポーツで最も頻繁に発生する手関節の傷害は捻挫であり、ずさんに管理されていることが多い。

　原因　多くの場合、手関節の捻挫と腱挫傷との区別は非常に難しい。捻挫は、手関節の傷害のなかで最も頻繁に起こる[3]。手関節の無理な動きが原因になり得る。捻挫は手関節を過伸展状態で転倒した際に最も発生しやすいが、強い屈曲や捻転によっても起こる[26]（図19-9参照）。

徴候 選手は手関節の痛み、腫脹、運動機能障害を訴える。検査により、圧痛、腫脹、可動域の制限が明らかとなる。

処置 重度の捻挫を負った選手は、医師によるＸ線検査を受けさせ、骨折の可能性がないか診断を仰ぐ。軽度および中度の捻挫の場合、まずPRICEを適用し、副子を当てて固定し、鎮痛剤を使用する。傷害発生直後から手関節の強化エクササイズを開始することが望ましい。テーピングによる固定は患部を保護するだけでなく、今後の再発予防にも役立つ。

手関節の腱炎

原因 手関節の腱炎は、重量挙げ選手やボート選手、また手関節の反復的な加速と減速を必要とするスポーツの選手に起こる[27]。

徴候 選手は、手関節の使用時または他動ストレッチングの際に痛みを訴える。腱に圧痛と腫脹がある。

処置 急性の痛みと炎症は、受傷から48〜72時間、アイスマッサージを１日４回、約10分間施術し、抗炎症剤を使用し、休養をとる。手関節に副子を当てて負傷した腱を保護する。炎症が治まったら、可動域の回復を図る。痛みと腫脹がなくなったら、漸増性抵抗運動を開始する。

手根管症候群

原因 手根管は手関節前方にある。手根管の底部は手根骨で形成され、上部は屈筋支帯で形成される（図19－15A参照）。この狭いスペースに８つの長指屈筋腱とその腱鞘、正中神経を含む多数の腱や神経が走り、複雑な解剖学的構造になっている。このスペースにある腱と腱鞘の炎症が正中神経を圧迫することにより、手根管症候群の原因となる[24]。この症状は、手関節前面への直接的な外傷でも起こるが、反復的な手関節の屈曲を必要とする活動に参加する選手に最も頻繁に起こる[34]。

徴候 通常は正中神経の圧迫によって、感覚障害と運動障害の両方が生じる。感覚の変化は、結果として母指、示指（ひとさし指）、中指、および手掌にチクチク感、しびれ感、正中神経支配弓の感覚異常をもたらす。正中神経は、示指と中指の虫様筋と３つの母指の筋を支配する。したがって、母指の運動機能低下がこの症状に関連している。

処置 最初は、休養、軽く伸展させた状態での手関節の固定、および非ステロイド系抗炎症剤の使用による保存的処置が推奨される。症状が続く場合は、ステロイド系抗炎症剤の注入や場合によっては外科的手術による屈筋支帯（手根横靱帯）の圧をとることが必要となることもある[8]。

月状骨の脱臼

原因 月状骨の脱臼は、手根骨脱臼のなかでは最もよく見られるが、スポーツで発生することは比較的少ない。最大の原因は、手関節の無理な過伸展である（図19－16）[26]。

徴候 月状骨が掌側に脱臼し、手関節前面に痛みを伴うこぶが生じる。この症状には痛み、腫脹、手関節や手指を屈曲できないなどの徴候があ

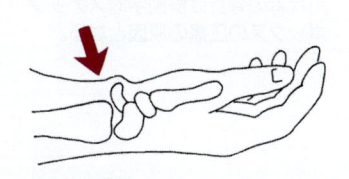

図19－16
月状骨の脱臼

る。脱臼した月状骨が正中神経を圧迫するため、屈筋群のしびれ感や麻痺が伴うこともある。

処置 この症状は緊急事態として対処する必要があり、選手を直ちに医師に見せて脱臼を整復してもらう。症状が早期に認識されず放置された場合、骨の変性（壊死）が起こり、外科的手術による骨の摘出が必要になることもある。通常、機能障害とその回復には1〜2カ月を要する。

舟状骨骨折

原因 舟状骨骨折は、手根骨骨折のなかで最もよく見られる。この傷害は通常、手を伸ばして転倒した際に橈骨と手根骨第2列の間の舟状骨が圧迫されて起こる[26]。

徴候 手根骨周辺の腫脹、解剖学的スナッフボックスの舟状骨に重度の圧痛がある（図19-17）。

処置 これらの徴候を持つ選手には受傷部位に冷却と副子を適用し、選手を医師に見せ、X線検査を行い、ギプスで固定する。舟状骨骨折は、初期段階で撮られたX線検査では見すごされることがよくある。多くの場合、約6週間のギプス固定の後、テーピングをして、強化エクササイズを行う。リハビリテーションの間、固定は中断する。衝撃から手関節を守るためさらに3カ月の保護が必要である。舟状骨は適正に治癒しないことが多く、外科的手術が必要となることもある[32]。

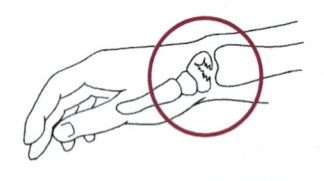

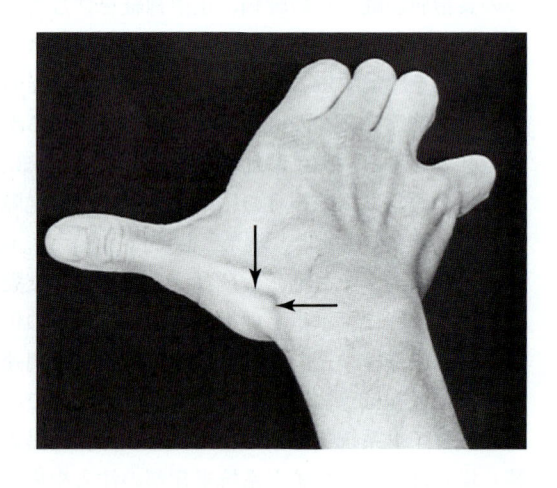

19-3 Critical Thinking
頭の体操——エクササイズ
バスケットボール選手がつまずいて、手を伸ばしたまま転倒した。選手はコーチに、手関節の母指基部の痛みを訴えた。かなりの圧痛があるという。
質問：痛みの原因を特定せよ。またコーチは何をすべきか？

図19-17
舟状骨の骨折は解剖学的スナッフボックスの圧痛の原因となる。

訳注）
母指を強く伸展した時、手背の手根部で長母指伸筋腱と短母指伸筋腱との間にできる凹みをスナッフボックスという。

有鈎骨骨折

原因 有鈎骨、特に有鈎骨鈎の骨折は転倒によって起こるが、テニスラケット、野球のバット、ラクロススティック、ホッケースティック、ゴルフクラブなどのスポーツ用具のグリップを握る時の接触で起こることが多い[3]。

徴候 手関節に痛みと機能低下と圧痛が起こる。尺骨神経は有鈎骨に近接しているため、尺骨神経を傷つけることもあり小指と薬指にチクチク感、しびれ感、機能低下が起こることがある。

処置 通常の処置は、ギプス包帯による固定である。受傷部位への圧力を防ぐドーナツパッドを用いて有鈎骨鈎を保護する。

手関節ガングリオン

原因 手関節ガングリオン（図19－18）は、一般に関節包または腱鞘のヘルニア、または嚢腫と考えられている。これは普通、手関節の反復的な強制過伸展の後ゆっくりと現れ、透明な粘液が溜まる。ガングリオンは手関節の背側に多発する[27]。

徴候 選手は損傷部位に痛みと「こぶ」を感じることがある。手関節を伸展させると痛みが増す。柔らかい、弾性のある、あるいは硬い嚢腫がある。

処置 古い治療法として、まず指圧で腫脹を散らし、フェルトの圧迫パッドをしばらく当てて、治療を促進させる。最近の方法は、吸引と化学的焼灼を併用し、その後で圧迫パッドを適用する[5]。しかし、これらの方法はいずれも、ガングリオンの再発を防止できない。手術をして除去するのが最善の治療法である。

> **19-4 Critical Thinking**
> **頭の体操——エクササイズ**
> アメリカンフットボール選手がグラウンドでこぶしでの殴り合いとなり、右手を損傷した。
> **質問**：コーチはどのようなタイプの傷害を疑うべきか？

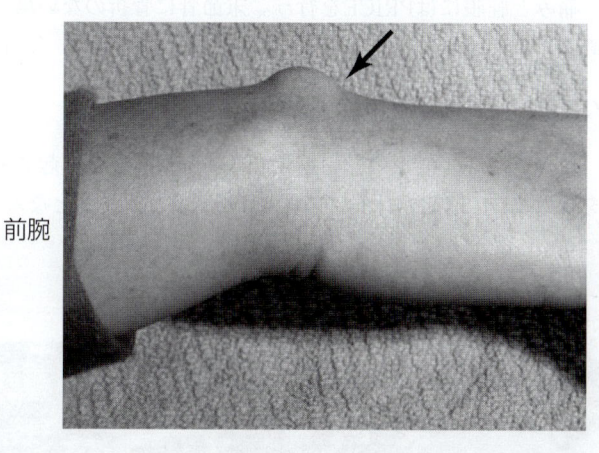

前腕　　　　　　　　　中手骨

図19－18
背側手関節ガングリオン

中手骨骨折

原因 第5中手骨の骨折は、ボクシングや武道に関連して起こり、よくボクサー骨折（図19－19）と呼ばれる。中手骨骨折の原因は一般に、壁や人をこぶしで打つことによる直接的な軸圧であるとされている[9]。

徴候 第5中手骨骨幹部に圧痛と触診でわかる変形がある。急速に腫脹が起こる。

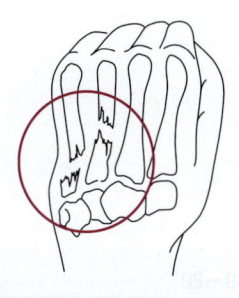

図19－19
中手骨のボクサー骨折

処置 ボクサー骨折の疑いのある選手は、医師による診断と整復を受けた後、少なくとも3〜4週間固定する。

手指の傷害の認識と管理

手指は、コリージョンスポーツのなかで特に傷害を受けやすい（図19-20）。一般に指の傷害は軽視されがちだが、長期の機能障害を引き起こすことが多い。したがって、これらの傷害を正しく管理することが非常に重要である。

マレットフィンガー（Mallet Finger）

原因 マレットフィンガー（槌指）は、ベースボールフィンガーまたはバスケットボールフィンガーともいい、投げられたボールが指先に当たり、伸筋腱がその付着部位から骨片とともに断裂して起こる[2]。

徴候 選手は遠位指節間関節（DIP関節）に痛みを感じる。X線検査により、基節骨の背側近位端からの骨の剥離が明らかになることもある。選手は指を伸展できず、指は約30度曲がったままになる。傷害部位には圧痛があり、多くの場合触ると剥離した骨を感じることができる（図19-21）。

処置 痛みと腫脹にはPRICEを行う。末節骨に骨折のない場合は、伸展位で直ちに副子を当て、1日24時間6〜8週間固定する（図19-22）。

ボタンホール変形（Boutonnière Deformity）

原因 ボタンホール変形は、中節骨の伸筋腱が断裂して起こる。指先が外傷を受けてDIP関節が伸展、PIP関節が屈曲したままとなる[2]。

図19-20
手関節と手指の傷害はコリージョンスポーツで頻繁に発生する。

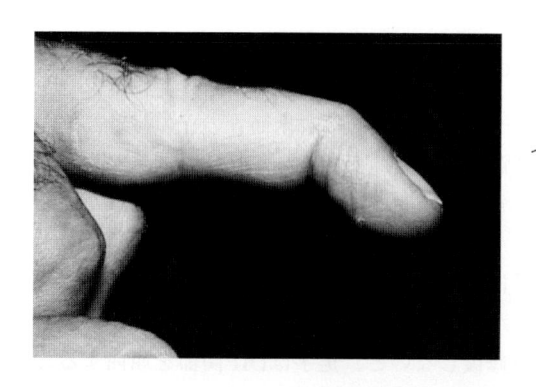

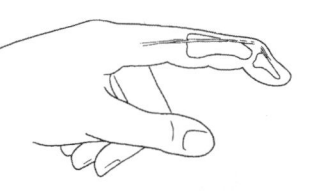

図19-21
マレットフィンガー

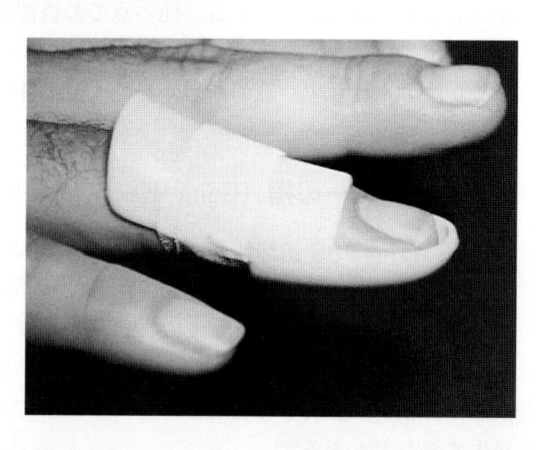

図19-22
マレットフィンガーの副子固定

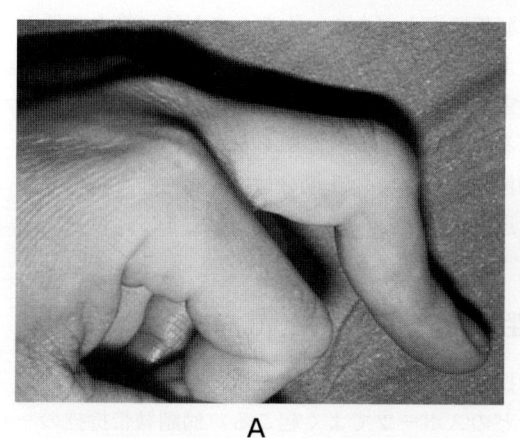

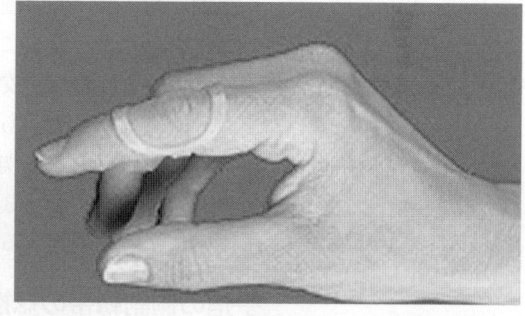

図19-23
A．ボタンホール変形
B．Oval－8副子

徴候 選手は激しい痛みを感じ、DIP関節を伸展することができない。腫脹と圧痛、明らかな変形が見られる。

処置 冷却し、その後PIP関節を伸展位で副子固定する[33]。
注：十分な副子固定が行われないと、いわゆる典型的なボタンホールになる（図19-23）。副子固定は5〜8週間必要である。その間選手は、DIP関節が屈曲できるように努力をする。

ジャージフィンガー（Jersey Finger）

原因 ジャージフィンガーは、深指屈筋腱が末節骨のその付着部位から断裂する傷害（深指屈筋腱皮下断裂）である。これは、選手が相手選手のジャージをつかもうとする時に薬指の腱の断裂や骨片の剥離がよく起こる[13]。

徴候 腱はもはや末節骨に付着していないため、DIP関節を屈曲することができず、指は伸展したままとなる。末節骨に痛みと圧痛がある。

処置 手術によって腱を修復しないと、選手はDIP関節を屈曲することはできず、握力が低下する。他の点での機能は、比較的正常に維持される。手術を行っても約12週間のリハビリテーションが必要とされ、腱の滑りはよくならず、腱の断裂が再発する可能性もなくならないことが多い。

ゲームキーパー母指（Game Keeper's Thumb）

原因 母指の中手指節関節（MCP関節）の尺側側副靱帯の捻挫は、スポーツ選手によく起こり、なかでもスキー選手やアメリカンフットボール選手などに頻繁に起こる。また、野球やソフトボールでも起こる。母指に回転のかかったボールが当たった時にこの捻挫が起こる。基節骨の激しい外転が一般的な傷害発生のメカニズムであるが、過伸展を伴って発生することもある[14]。

徴候 選手は尺側側副靱帯に痛みがあり、物をつまむ時に筋力の低下と痛みを感じる。検査により、母指の内側に圧痛と腫脹が明らかになる。

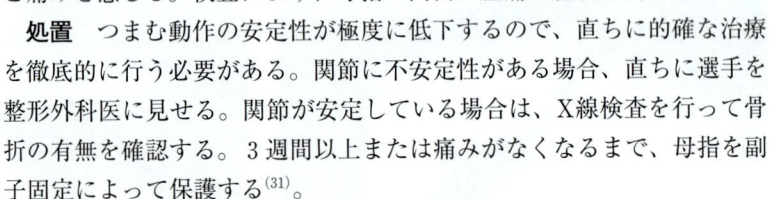

処置 つまむ動作の安定性が極度に低下するので、直ちに的確な治療を徹底的に行う必要がある。関節に不安定性がある場合、直ちに選手を整形外科医に見せる。関節が安定している場合は、X線検査を行って骨折の有無を確認する。3週間以上または痛みがなくなるまで、母指を副子固定によって保護する[31]。

手指の側副靱帯の捻挫

原因 手指の側副靱帯捻挫は、バスケットボール、バレーボール、アメリカンフットボールなどのスポーツでよく起こる。側副靱帯捻挫の一般的原因は、いわゆる「突き指」を起こす指先端への軸方向の外力である。

徴候 関節付近、特に側副靱帯に激しい圧痛がある。150度の屈曲で、関節の内側か外側が不安定になることがある。

処置 急性症状にはアイスパックを当て、X線検査を行って、副子で固定する。

指節骨の脱臼

原因 指節骨脱臼（図19−24）は、スポーツにおいて多発するが、ボールが指先に当たることが主な原因となっている。通常は掌側から上方に外力が加わり、DIP関節またはPIP関節を背側に変位させる。その結

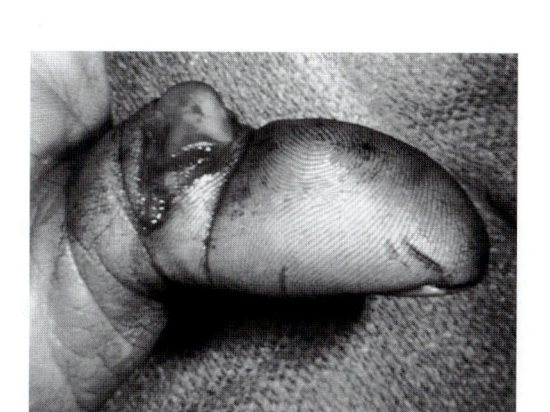

図19-24
母指の開放性脱臼

果、主に、支持の役割をする関節包組織が断裂して出血する。屈筋または伸筋腱の断裂や、脱臼した関節内やその付近での剥離骨折が起こることもある[9]。

処置 脱臼した母指の整復は医師が行うべきである。脱臼を完治させるには、30度の屈曲位で約3週間の副子固定が必要である[31]。固定が不十分だと、関節が安定しなかったり、重度の瘢痕組織が残ったり、時として永久的な変形が生じることさえある。選手が運動に復帰する時は、脱臼した指に、隣接する指を副子とする「バディテーピング」を行って保護する。

母指の関節と、手指のPIP関節およびMCP関節の脱臼には、特に注意を払う必要がある[9]。手先の器用さには母指の適正な機能が必要なので、母指の傷害はすべて重大なものだと考えなければならない。母指の脱臼はMCP関節で多発し、母指を過伸展させ、MCP関節を下向きに変位させる強い衝撃が母指遠位端に加わることが原因で起こる。指のMCP関節の脱臼は合併症を起こすことがあるので、速やかに整形外科医のもとで治療を行うべきである。手部の脱臼が起きたら必ずX線検査を受け、骨折の有無を確認する。

爪下出血

原因 手指の遠位端の打撲傷や圧迫による損傷によって、爪の下の爪床に血液が滞留することがある（図14-18参照）。爪下の狭いスペースに滞留した血液は激痛を起こし、ついには爪が壊死することもある[1]。

徴候 受傷直後または時間がかかって爪床へ出血することもあり、その後の痛みの原因となる。爪下の傷害部位は青紫色になり、爪をそっと押しただけで激痛が走る。

処置 直ちにアイスパックを当て、手を挙上して出血を止める。12～24時間以内に爪に小さな穴を開けて、爪下の血腫による圧迫を除く。受傷部位を消毒し滅菌された環境下で、医師またはアスレティックトレー

ナーが除圧を行うことが望ましい。かなりの血液が滞留するため、爪に2回穴を開けることも珍しくない。

指節骨骨折

原因 指節骨骨折は、指を踏まれる、ボールが当たる、捻るなどのさまざまなメカニズムにおいて起こる[9]。

徴候 選手は指の痛みと腫脹を訴える。骨折している部位に圧痛が感じられる。

処置 骨折の疑いのある指は、完全伸展しないように屈曲位でガーゼを丸めて副子として利用するか、適度に曲げた副子で固定する。屈曲位での副子固定は、屈筋腱を弛緩させ、変形防止に役立つ。末節骨の骨折は、中節骨や基節骨の骨折ほど複雑ではない。

まとめ

- 肘関節の腕橈関節と腕尺関節は屈曲と伸展動作を可能にし、橈尺関節は前腕の回内と回外を可能にする。
- 肘頭滑液包炎は、肘頭からの転倒が原因で発生する。
- 肘関節の尺側側副靱帯の損傷は、反復的なオーバーヘッドの投球動作による外反力が原因で起こる。
- 上腕骨内側上顆炎はゴルフ肘、ラケットボール肘、ピッチャー肘とも呼ばれ、手関節の反復的な強制屈曲が原因で起こる。
- 上腕骨外側上顆炎（テニス肘）は、手関節の反復的伸展によって起こる。
- 肘関節脱臼は、腕を伸ばしたまま地面に手をついて転倒することによる肘関節の過伸展が原因で起こり、橈骨または尺骨の後方への転位が起こることがある。リハビリテーションの内容は、安定性の程度によって決まる。肘関節が安定していれば、短期間の固定の後でリハビリテーションを開始する。
- 肘の骨折は、肘関節への直接的打撃か、手を伸ばしたままの転倒が原因で起こる。ギプス包帯または手術による整復と固定で治療する。
- 前腕は、尺骨と橈骨の2つの骨と手関節の屈筋と伸筋から構成される。一般にこの部位のスポーツ傷害には、打撲傷、フォアアームスプリント、急性筋挫傷、骨折がある。
- 手関節の傷害は通常、手を伸ばしたままの転倒か、反復的な屈曲、伸展、回旋運動が原因で起こる。よくある傷害としては、捻挫、腱炎、手根管症候群、月状骨脱臼、舟状骨骨折、有鈎骨骨折、手関節ガングリオンがある。
- 手関節と手指の傷害は、スポーツ活動で頻繁に発生する。よくある傷害には、ボクサー骨折、マレットフィンガー、ボタンホール変形、ジャージフィンガー、ゲームキーパー母指、捻挫、脱臼、指節骨骨折、爪下出血がある。

> **頭の体操（エクササイズ）の答え** *Solutions to Critical Thinking Exercises*
>
> **19-1** この槍投げ選手は、尺骨神経障害が疑われる。突出した外反肘のため、尺骨神経が障害される亜脱臼を繰り返し起こし、靱帯弛緩により神経のインピンジメントと圧迫が起きている。
>
> **19-2** この傷害は、コーレス骨折と呼ばれ、橈骨の遠位端に骨折による変位が起こる。コーチはアイスパックで冷却し、副子とスリングで固定する。選手を医師に見せ、X線検査を受けさせ、診断を仰ぐ。
>
> **19-3** これは舟状骨骨折と思われる。手関節と母指を副子で固定し、医師に見せ、X線検査を受けさせる。
>
> **19-4** コーチは中手骨折を疑うべきである。この傷害は、角張った、または丸みのある変形として現れることがある。RICEを適用し、医師により鎮痛剤を用い、同時にX線検査を受けさせる。約4週間副子で固定し、早期に可動域回復エクササイズを行う。

復習問題とクラス活動

1．肘関節の傷害の評価手順を説明せよ。
3．肘関節の捻挫のメカニズムと管理を説明せよ。
3．肘関節の内側および外側上顆炎はどのように発症するか？
4．肘関節の離断性骨軟骨炎の症状と徴候はどのようなものか？
5．脱臼した肘、その原因、外観、治療について説明せよ。
6．フォアアームスプリントとシンスプリントを比較せよ。その発症メカニズムは？
7．手関節の筋挫傷と捻挫の違いは何か？
8．前腕のコーレス骨折、その原因、外観、治療を説明せよ。
9．手根管症候群はどのように発症するか？　またどのように治療すべきか？
10．手関節の月状骨、舟状骨、有鈎骨に起こり得る傷害について話し合いなさい。
11．マレットフィンガー、ボタンホール変形、ジャージフィンガーの違いは何か？
12．ゲームキーパー母指とは何か？　その治療方法は？
13．脱臼した指関節はアスレティックトレーナーが整復すべきか？
14．爪下出血はどのように処置すべきか？

20 脊柱

Chapter 20

この章を終えると、次のことが説明できるようになる。

- 頚椎、胸椎、および腰椎の解剖学的構造
- 脊椎の神経根がどのように結合して特定の末梢神経を形成しているのか
- 脊柱傷害の予防法の体系化
- 頚椎と腰椎の傷害評価プロセス
- 脊柱のさまざまな部位に発症する特定の傷害の認識

脊柱の部位：
- 頚椎
- 胸椎
- 腰椎
- 仙骨
- 尾骨

脊柱の動き：
- 屈曲
- 伸展
- 側屈
- 回旋

　脊柱は、身体で最も複雑な部位の一つである。複数の骨、関節、靱帯、筋肉を含み、そのすべてが集合的に脊柱の動きに関わっている。脊髄や末梢神経との関係、またそれらが脊柱に近接していることは、この部位をいっそう複雑なものにしている。頚椎の傷害は、潜在的に生命の脅威となり得る。腰痛は人類にとって最もよくある障害の一つである。このため、脊柱の解剖学的構造、評価テクニック、脊柱の特定の傷害を理解しておくことは、コーチにとって不可欠である。

脊柱の解剖学的構造

骨

　脊柱は、椎骨と呼ばれる33個の個別の骨から形成されている（図20-1）。そのうち24個は可動または真性に分類され、9個は不動または偽性に分類される。可動椎には頚椎、胸椎、腰椎がある。癒合により固定された不動椎は、仙骨と尾骨を形成する。脊柱は構造上、前方や側方への大きな屈曲が可能であるが、後方への動きは制限される。頚部と腰部を中心軸とする回旋も可能である。

頚椎

　頚椎はスポーツ傷害に対し脆弱なため、コーチは頚椎の解剖学的構造全般の知識を持ち、頚椎が傷害を受けやすいことを認識しておく必要がある[1, 10]。頚椎は7個の骨で構成されるが、上方の2つは他の頚椎と区

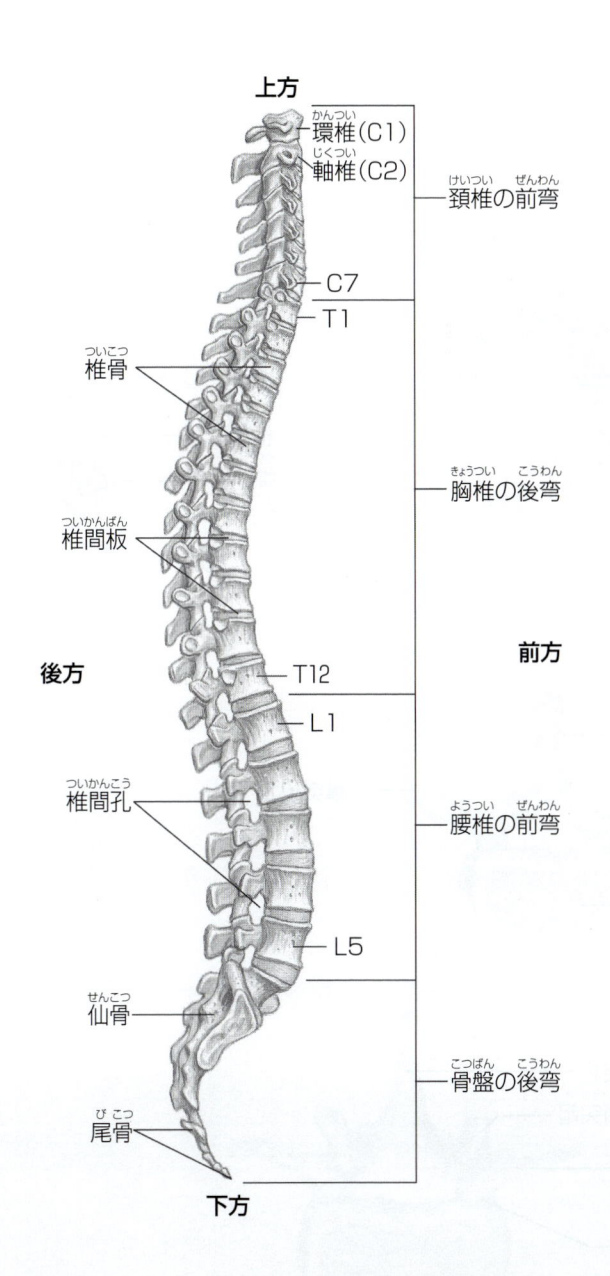

上方
環椎(C1)
軸椎(C2)
頚椎の前弯
C7
T1
椎骨
胸椎の後弯
椎間板
後方　前方
T12
L1
椎間孔
腰椎の前弯
L5
仙骨
骨盤の後弯
尾骨
下方

図20-1
脊柱のさまざまな部位の椎骨と弯曲

別される（図20-2）。この2つはそれぞれ環椎、軸椎と呼ばれ、一体となり脊柱上で頭部を支え、頚部の回旋を可能にする。

胸椎

胸椎は12個の椎骨で構成される（図20-3）。胸椎には長い横突起と、比較的薄い棘突起がある。第1～10胸椎は肋骨と結合する。胸椎の動きは微細である。

腰椎

腰椎は、5個の椎骨で形成される（図20-4）。これらは腰部の主要支持体であり、大きな棘突起と横突起を持つ最も大きく厚みのある椎骨で

20-1 Critical Thinking
頭の体操——エクササイズ
あるサッカー選手の背部の評価を行った際、コーチは次のことに気づいた。伸展は制限されているが、伸展すると痛みは和らぐ。下肢伸展挙上は制限されており、痛みが増す。屈曲にはひどく制限があり、痛みも増大する。背部の痛みは側臥位で軽減し、座位で増大する。
質問：コーチは選手に、リハビリテーションプログラムで日常的にどのようなタイプのエクササイズを行うよう推奨すべきか？

図20-2
A．環椎と軸椎　B．頚椎の解剖学的構造

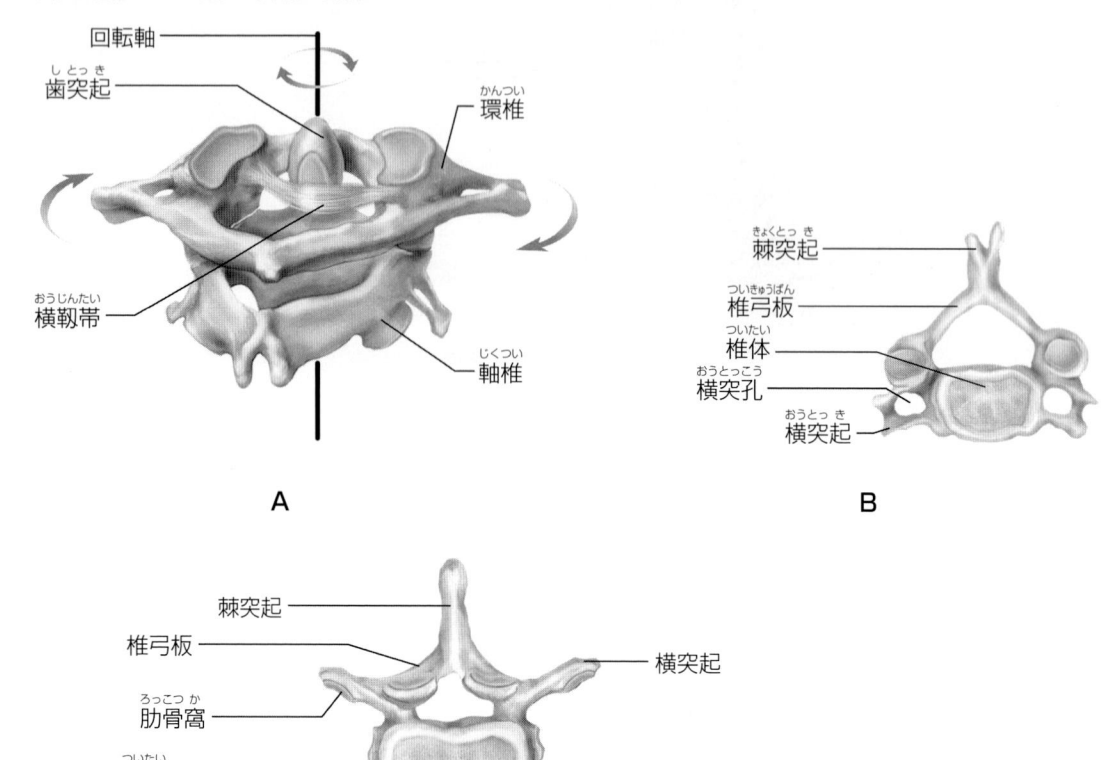

図20-3
胸椎の解剖学的構造

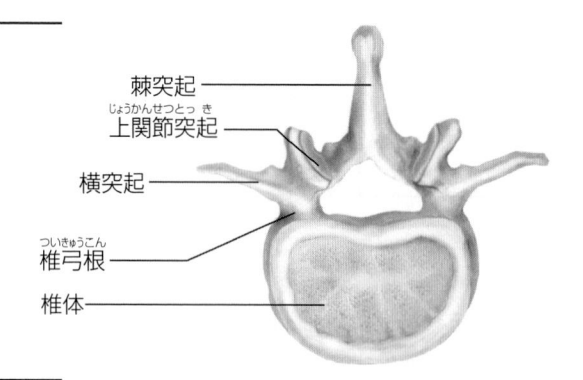

図20-4
腰椎の解剖学的構造

ある。すべての腰椎骨は可動だが、屈曲は伸展に比べ大幅に制限されている。回旋は腰部における重要な動きである。

仙骨

仙骨は、5個の仙椎の癒合からなり、2個の寛骨とともに骨盤を形成する（図20-5）。仙骨は腸骨と関節で結合し、仙腸関節を形成する。立っている時も座っている時も、体重はこの関節を通して伝えられる。靱帯の複合体がこの関節を安定化させている[7]。

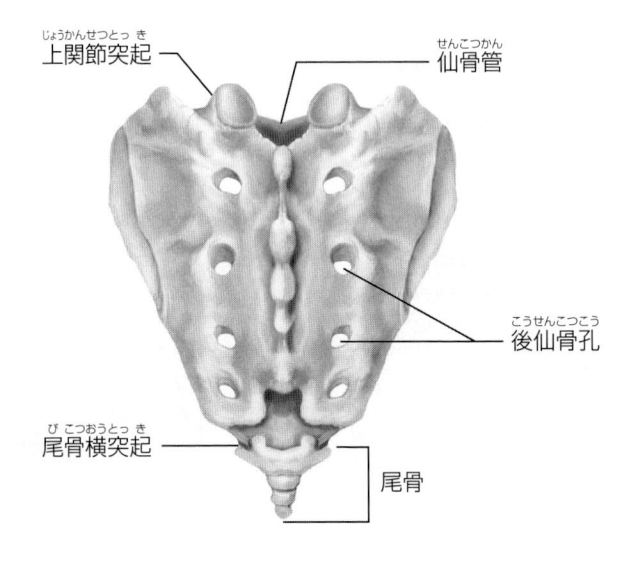

図20−5
仙骨と尾骨の解剖学的構造

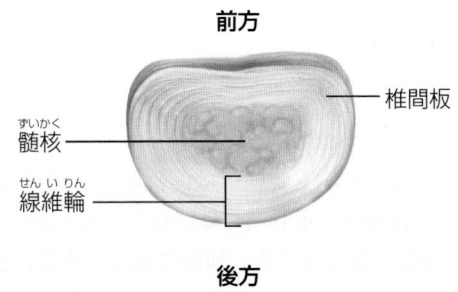

図20−6
椎間板

尾骨

尾骨は、脊柱の最下部にあり、4個以上の癒合された椎骨からなる（図20−5参照）。大殿筋は尾骨の後方に付着する。

椎間関節と椎間板

椎間関節は椎体と椎体を結合する。各頸椎間、胸椎間、腰椎間には線維軟骨の椎間板がある（図20−6）。各椎間板は線維輪と髄核からなる。線維輪は椎間板の辺縁を形成し、強靭な線維組織で構成される。中心には、圧縮された半流動体の髄核がある。椎間板は脊柱の衝撃を吸収する重要な働きを担っている。

訳注）
椎間板は椎間円板ともいう。

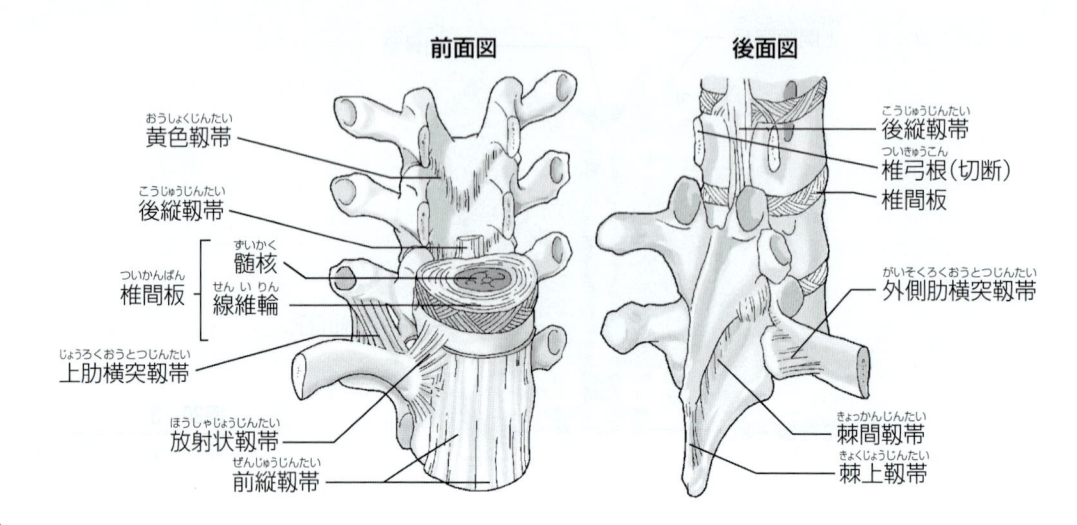

図20−7
脊柱の靱帯

靱帯

　脊椎部を結合する主要靱帯は前縦靱帯、後縦靱帯、棘上靱帯である（図20−7）。隣接する椎骨間の棘間靱帯、棘上靱帯、横突起間靱帯は、横突起と棘突起を安定させる。仙腸関節は、非常に強靱な背側の仙腸靱帯によって支えられている。坐骨に対する仙骨の相対的位置は、仙結節靱帯と仙棘靱帯によって維持されている。

筋肉

　脊柱を伸展させ、回旋させる筋肉は、浅筋と深筋に分類される（図20−8）。浅筋、すなわち脊柱起立筋は椎骨から肋骨に伸びる。脊柱起立筋は最長筋群、腸肋筋群、および棘筋群の3つの柱からなる対筋群である。各筋群はさらに頚部（首）、胸部（背中）、腰部に分類される。一般に脊柱起立筋は脊柱を伸展させる。
　深筋は椎骨から別の椎骨に伸びて付着する。深筋には棘間筋、多裂筋、回旋筋、胸半棘筋、半棘筋などがある。これらの筋肉は脊柱を伸展させ、回旋させる（表20−1）。

脊髄と脊髄神経

　脊髄は、脊柱の脊柱管に含まれる中枢神経系の一部であり、頭蓋から第1または第2腰椎まで伸びる。腰部神経根と仙骨神経は、馬尾神経を形成する。
　31対の脊髄神経が脊髄の両脇から伸びている。頚部8対、胸部12対、腰部5対、仙部5対、そして尾骨1対の脊髄神経からなる（図20−9）。

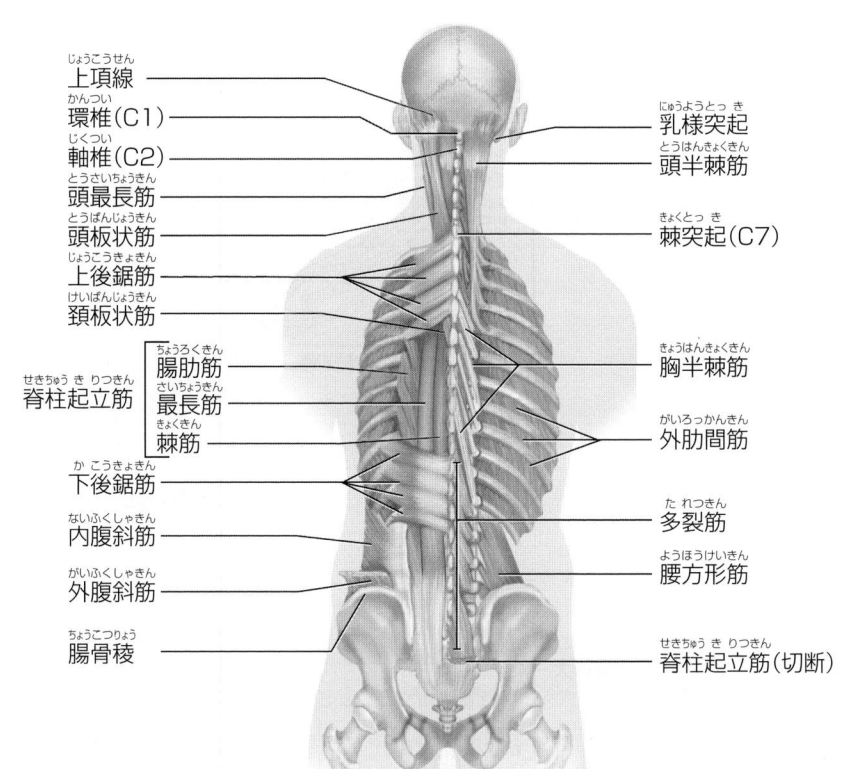

後面図

図20-8
脊柱の筋肉

表20-1 脊柱の運動と主要筋

運　動	主要筋
浅筋 （脊柱の伸展）	脊柱起立筋
	最長筋群
	頭最長筋
	頸最長筋
	胸最長筋
	腸肋筋群
	頸腸肋筋
	胸腸肋筋
	腰腸肋筋
	棘筋群
	頭棘筋
	頸棘筋
	胸棘筋
深筋 （脊柱の伸展と回旋）	棘間筋
	多裂筋
	回旋筋
	胸半棘筋
	頸半棘筋

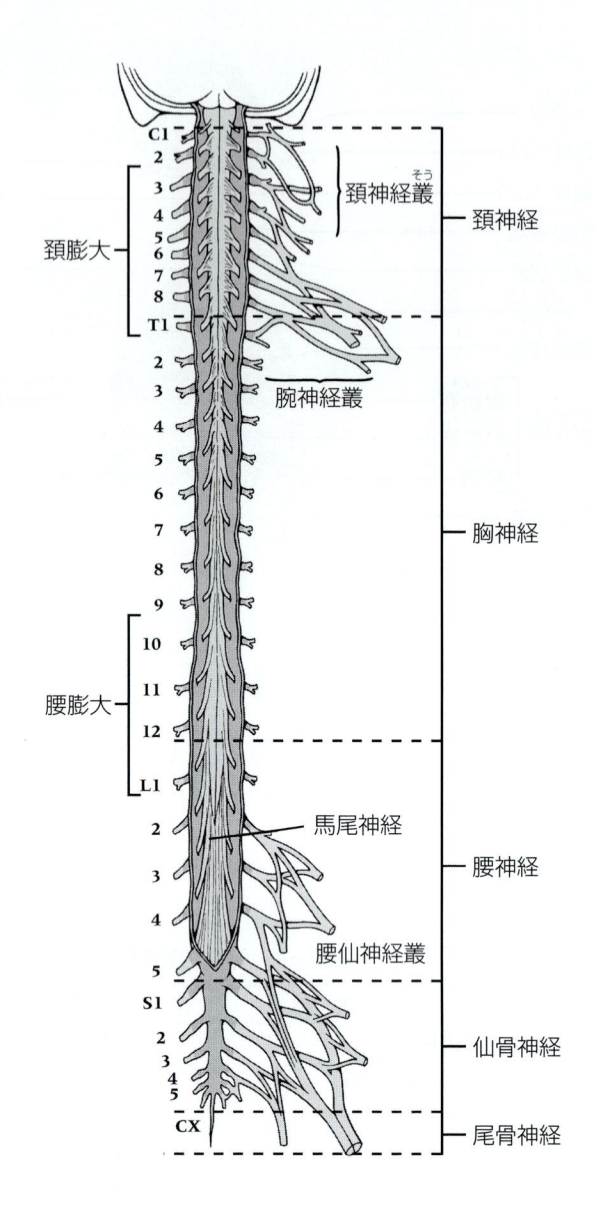

図20-9
脊髄とその神経根の部位

脊柱の傷害予防

頚椎

強化

脊柱の急性外傷性傷害は、潜在的に生命を脅かすものであり、特に頚部の脊髄が関わる場合には危険度が増す。したがって選手は、傷害予防のためにあらゆる対策を施す必要がある。頚部の筋力強化は不可欠であ

る。頚部の筋群には、過剰な伸展、屈曲、および回旋力に対して抵抗し頚椎を保護する機能がある。運動中、選手は、相手側と接触する際に常に首を「固める」準備ができている状態にあるべきである。この保護姿勢は、両肩を持ち上げ、頚部の筋肉を等尺性収縮させる状態である。保護用ネックカラーも頚椎の動きを制限するのに役立つ。特に首が長く、筋力に欠ける頚部の選手は危険にさらされている。アメリカンフットボール選手やレスラーは、頚部の高い安定性を求められる。安定性の向上のためには特別な強化トレーニングが必要である。等尺性、等張性、等速性運動を組み込んださまざまなトレーニングを活用できる。

首の長いアメリカンフットボール選手やレスラーは受傷の危険性が高く、強化トレーニングによって頚部の安定性を確保する必要がある。

柔軟性

選手の頚部は、強靱な筋肉に加えて可動域が十分でなければならない。選手は胸と顎をつけることができ、顔面が天井に平行になるくらい後方に頭を曲げられることが理想的である。また最低40〜45度ぐらい側屈ができ、肩の先端に顎がつくくらいの回旋もできなければならない。柔軟性はストレッチングや可動域いっぱいに運動することによって向上する。柔軟性が劣る場合、パートナーによる静的ストレッチングが効果的である。

適切なテクニックの利用

コリージョンスポーツ、特に相手選手にタックルするアメリカンフットボールやラグビーに関わる選手は、頚部の傷害の危険性を軽減するテクニックを学んで実践する必要がある。特にヘルメットを着用した頭部は、武器として使用してはならない。アメリカンフットボールのヘルメットは、選手を頚部の負傷から保護することはできないからである。スペアリングと呼ばれる反則は、ヘルメットを武器として使用して、相手選手をヘルメットのてっぺんで突く。アメリカンフットボールの最も重大な頚部損傷は、故意のスペアリングによる軸圧縮荷重によって発生する[16]。コーチは、適切なタックルの技術の重要性を選手に過度なほど強調しておく。ダイビング、レスリング、トランポリンなど他のスポーツでも、選手の頚部が接触時に曲がることがある。前方への身体の質量エネルギーは完全には吸収されず、頚部の骨折や脱臼またはその両方が起こることがある。水深の浅いダイビングは、多くの致命的な頚部損傷を引き起こす。レスリングでも同様の圧迫法により多くの外傷が発生する。このような外傷は、対麻痺、四肢麻痺、そして最悪の場合は死を招く。

腰椎

腰痛は、さまざまな要因により誘発されるが、その多くは座位、臥位、立位、または屈曲時の適切なボディメカニクス（身のこなし方）によって防止できる（フォーカスボックス20−1）[2]。

20-1) Focus Box　　フォーカスボックス

腰痛の防止に推奨される姿勢と習慣

座位
1. 長時間座ったままでいない。
2. 背を丸めて前向きに椅子に座ることを避ける。
3. 硬く、背もたれのまっすぐな椅子に座る。
4. 腰部はわずかに丸めるか、椅子の背もたれにしっかり押し付ける。
5. 膝が殿部の高さより上になるように足を床に平らに置く（膝を十分に持ち上げることが不可能な場合、足を台の上に置く）。
6. 足を伸ばしたまま台や机に乗せて座ることを避ける。

立位
1. 長時間立っている場合：
   a. 重心を片方の足からもう一方の足に移す。
   b. 片方の足を台の上に乗せる。
2. 胸を張って立ち、腰部を平らに、膝をリラックスさせる。
3. 背を丸めない。

挙上と運搬
1. 物を持ち上げる時は：
   a. 膝を曲げ、腰は曲げない。
   b. 物と真正面に向き合い、身体を捻らない。
   c. 殿部と腹部を引き締める。
2. 物を運搬する時は：
   a. 物を身体に引き付けて持つ。
   b. 物はウエストの高さに持つ。
   c. 物を身体の片側だけで支えない――物をアンバランスな姿勢で運搬しなければならない状況では、支えるサイドを変える。

就寝
1. 長時間同じ姿勢をとらない。
2. 平らで硬く、かつ快適なベッドが望ましい。
3. 腹ばい（腹臥位）になって寝ない。
4. 就寝時に脚を完全に伸展させた状態で背臥位をとらない。
5. 背臥位で就寝する場合、膝の下に枕を置く。
6. 膝を屈曲させた側臥位での就寝が理想的である。
7. 両腕は頭上に伸展させてはならない。
8. 背部への疲労が最も少ない姿勢は、膝と股関節が90度をなす側臥位である。腰に慢性または亜急性症状がある場合は、硬いマットレスが腰部に安静とリラクゼーションを与える。厚さ3/4インチ（2cm）のベニヤ板をマットレスの下に敷いて、硬く安定した面で負傷した背部を保護する。ウォーターベッドで

の睡眠は、腰痛を和らげることが多い。ウオーターベッドは、身体の弯曲を均等に支えて、特定の身体部位への過度な圧力を抑制する。

強化と柔軟性

　コーチは、選手の姿勢の異常の有無に留意しなければならない（図20−10参照）。この知識があれば、各個人向けの矯正プログラムを作成できる。基本コンディショニングでは、特に体幹の柔軟性を重視する。大きな可動域で回旋と前屈および側屈ができるように、あらゆる努力をすべきである。脊柱の伸筋（脊柱起立筋）には強化と柔軟性のいずれも必要である。正しい姿勢を保つためには、腹部が強靱でなければならない[2]。腹筋と脊柱起立筋の筋力のアンバランスは、腰痛の原因となることが非常に多い。エクササイズの組み合わせによって、コア・スタビリティ（身体の芯の安定性）を改善することも重要である（第4章参照）。コア（身体の芯）は、腰部、骨盤、および腹部の深層筋で構成される。コアの強化が脊柱の正常な機能にとって必要不可欠であることは証明済みである。

適切なテクニックの使用

　重量挙げの選手にとって、腰椎損傷の危険性は適切なリフティングの技術の適用によって最小化できる。リフティング中に深い呼気と吸気によるブレステクニックを組み込むことによって、脊柱を安定化できる。ウエイトベルトも腰椎の安定化に効果がある。スポッター（補助または介助する人）は、ウエイトの上げ下げを補助し、安全性を大幅に向上させる。

脊柱の評価

　脊柱の傷害の評価は、脊柱の動きに多数の関節が関わっているため、四肢の関節の評価よりもかなり複雑である[21, 22]。また脊椎、特に脊髄の傷害は、生命を脅かす、あるいは生命に関わる合併症を引き起こすことも真実である。したがってコーチは、適切な質問をして脊髄損傷の発生の疑いを排除（確認）できなければならない[1]。

　一般にコーチは、傷害を評価する訓練を受けておらず、またその資格も持たない。コーチは、負傷した選手を、資格を有する医療専門家（医師、アスレティックトレーナー、理学療法士など）のところで必ず受診させ、傷害の評価を仰ぐことが勧められる。

事情聴取

評価で最も批判されるのは、脊髄損傷のサインを除外することである[5]。そのために問診の内容は、まず傷害のメカニズムを明らかにするものでなければならない。

- 何が起きたと思うか？
- 誰かに激突して、または転倒して直接頭頂部を打ったか？
- ノックアウトされたこと、または意識を失ったことはあるか？ 人事不省に陥るような傷害を受けた時は、脊髄損傷の可能性がある。
- 頸部に痛みはあるか？
- 肩、腕、手にチクチク感、しびれ感、焼ける感じがあるか？
- 両手の筋力は均等か？
- 足関節と足趾を動かすことができるか？ 感覚と運動が左右で異なる場合は、脊髄損傷の可能性がある。
- 直腸や膀胱の機能に異常はないか？

これらの質問に一つでも「はい」の回答があったら、救急隊員が到着するまで絶対に選手を動かしてはならない。**頸椎損傷の疑いがある場合、コーチがミスを犯すとしたら、それは過度に慎重になることから起こるべきである。**頸椎損傷が疑われる選手の応急処置については、第7章で詳しく述べた。

頸椎損傷の疑いが排除されたら、次のような一般的な問診を行うことで、けがの原因の性質に関するヒントを得ることができる。

- 痛みの部位はどこか？
- どのような種類の痛みか？
- 痛みが始まった時、何をしていたか？
- その時立っていたか、座っていたか、身体を曲げていたか、捻っていたか？
- 痛みは急に発生したか？
- 痛みはどのくらい続いているか？
- 特定の動きや姿勢で痛みが増すことはあるか？
- 痛みを軽減する姿勢をとることができるか？
- 腕または脚にチクチク感やしびれ感はあるか？
- 殿部や脚の後面に痛みはあるか？
- 以前に背部の痛みを経験したことはあるか？
- 通常どのような就寝姿勢をとっているか？ どのような座位が好きか？

背部の痛みはさまざまな症状が原因で起こることを忘れてはならない。筋骨格や内臓が原因であったり、関連痛の場合もある。

視診

評価で選手の姿勢と運動能力を観察することによって、傷害の種類と程度が明確になる。姿勢に関する一般的な所見には以下のものが含まれ

救急隊員を呼ぶには911をダイヤルする（日本では119番）。

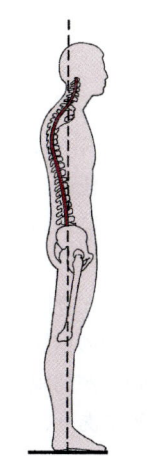

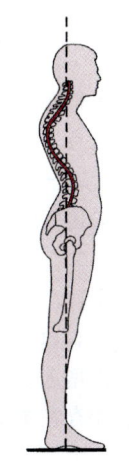

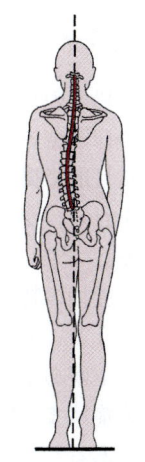

A. 脊柱後弯　B. 脊柱前弯　C. 脊柱側弯

図20-10
異常な姿勢
A. 後弯　B. 前弯　C. 側弯

る。
- 姿勢は脊柱の後弯、前弯または側弯の徴候を示しているか（図20-10）？
- 選手は頭部や頚部を自由に動かすことができるか？
- 肩の高さは左右均整であるか？
- 頭が片側に傾いていないか？
- 一方の肩甲骨が他方の肩甲骨より下がっていたり、突き出していたりしてしないか？
- 体幹が側方に弯曲していないか？
- 身体と腕の間の隙間が片側だけ広がっていないということはないか？
- 一方の殿部が他方より突き出ていないか？
- 殿部が片側に傾いていないか？
- 肋骨が片側だけ突き出ていないか？
- 片方の腕が他方より長くないか？
- 片方の腕が他方より前方に出ていないか？
- 片方の膝蓋骨が他方より下がっていないか？

触診

　選手を腹臥位にして、脊柱をできるだけまっすぐにして触診を行う。頭部と頚部は軽く曲げる。腰痛がある場合は、骨盤の下に枕を置くと選手はより快適に感じるかもしれない。各椎骨の棘突起と横突起を仙骨および尾骨に至るまで触診して圧痛点を調べ、触れることで痛みが増すかどうかを確認する。脊柱の両側の筋肉系も触診し、圧痛や筋性防御がないか調べる。触診は近位から遠位へと進める。関連痛は、損傷部位から離れた場所で圧痛を起こすことを忘れてはならない。

特殊テスト

　以下の特殊テストに関する情報は、選手の傷害のタイプを判断するために医療専門家が行うさまざまなテストに関する知識をコーチに提供する目的で掲載した。コーチの主な責任は、傷害に対して適切な応急処置を行い、受傷直後の傷害の管理方法について的確な判断を下すことである。

　腰椎の特殊テストは、立位、座位、背臥位、側臥位、および腹臥位で行う[14]。特殊テストには頚椎と腰椎の前屈、後屈、側屈、および回旋テストがある。痛みが増大したり動きが制限されたりする場合は、何らかの症状または傷害が存在する徴候であり、引き続き詳しく評価する必要がある[14]。

下肢伸展挙上（SLR）テスト

　下肢伸展挙上は仙骨を圧迫して、坐骨神経、仙腸関節、または腰椎の問題を明らかにする（図20-11）。

圧迫および牽引テスト

　仙骨圧迫および牽引テストは、仙腸関節に問題がないかどうかの判断に役立つ（図20-12）。

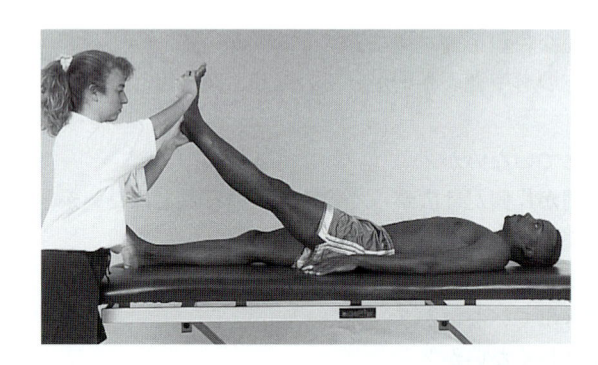

図20-11
下肢伸展挙上（SLR）テストで痛みがある時は、坐骨神経、仙腸関節、または腰椎に問題がある徴候である。

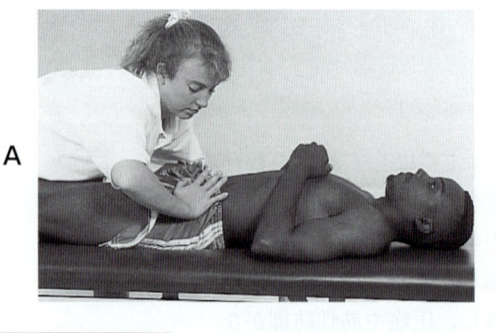

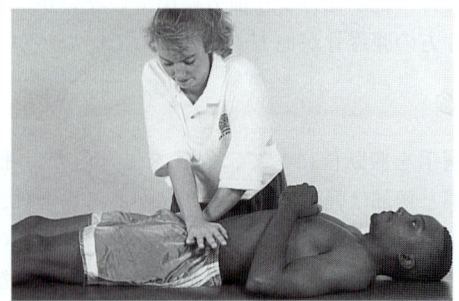

図20-12
A．仙骨圧迫
B．仙骨牽引
いずれのテストも仙腸関節の問題の判定に役立つ。

頚椎の傷害の認識と管理

頚部は可動性が大きいため、さまざまなスポーツ傷害を受ける危険性がきわめて高い[30]。傷害の発生は比較的稀ではあるが、重度の頚部傷害は脊髄の致命的損傷を引き起こすことがある。頚部はストレス、緊張、姿勢の不良が原因の軽度の傷害も受けやすい[3]。

頚部骨折

原因　幸いなことに、頚部骨折はスポーツ選手に起こることは稀である。そうであっても、コーチはこのような傷害が万が一発生した時に備えて、常に準備態勢を整えておく。頚椎の**軸圧縮荷重**とは、頭頂部への外力と頚部の屈曲が合い、前方圧迫を起こすことである[17]（図20-13）。軸圧縮荷重により、頚椎の通常の前弯が平坦化する。接触時に頭部が回旋すると、骨折とともに脱臼も起こる。頚部骨折の発生率が最も高いスポーツは、器械体操、アイスホッケー、ダイビング、アメリカンフットボール、ラグビーである[27]。

徴候　頚部骨折をした選手には、次の一つ以上の徴候が現れる。頚部の限局性圧痛と運動制限、頚部の筋の硬結、頚部の痛みと胸部および四肢の痛み、体幹および（または）四肢のしびれ感、体幹と四肢の麻痺や弱化、膀胱および（または）腸の機能低下。

処置　意識不明の選手は、医師の診断により頚部損傷の疑いが晴れるまで、重篤な傷害として処置する。頚部骨折が疑われる場合は、救急隊員以外の人は選手を動かしてはならない[8]。コーチは、不適切な処置や運搬方法が悲劇的な脊椎損傷を引き起こすことを常に考慮しなければならない（脊椎損傷の応急処置については、第7章で詳述している）。

> **軸圧縮荷重**
> （axial loading）
> 頚部屈曲姿勢の選手に対する頭頂への打撃により、頚椎に対して縦方向の圧力が加わること。

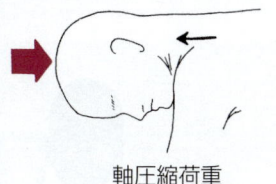

軸圧縮荷重

図20-13
軸圧縮荷重では、首を曲げた姿勢で頭頂部に衝撃が与えられる。

頚部脱臼

原因 スポーツでは頚部脱臼は稀であるが、頚部骨折よりも発生率は高い。たいていは頭部の激しい屈曲と回旋が原因である。このタイプの傷害は水泳競技の高飛び込みで起こることが多い。

徴候 多くの場合、頚部脱臼は骨折と似た徴候を示す。どちらも激しい痛み、しびれ感、筋肉の弱化と麻痺が現れる。脱臼か骨折かを見分けるためには、脱臼時の首の位置を見るとよい。片側への脱臼の場合、脱臼した方向に首が傾き、伸ばされた側の筋肉は極度に硬直し、傾いたほうの筋肉は弛緩しているのが特徴である。

片側の頚部脱臼では脱臼側に首が傾き、伸ばされた側の筋肉は硬直し、傾いた側の筋肉は弛緩する。

処置 頚部の脱臼は脊髄損傷の原因となることが多いので、選手の移動の際には細心の注意が必要である。頚部脱臼の処置は、第7章で説明した手順に従う。

頚部および背部上方の急性筋挫傷

原因 頚部や背部上方の筋挫傷は、選手が急激に頭を回した時や、外力によって無理に頚部を屈曲、伸展もしくは回旋した時に発生する。一般に損傷を受ける筋肉は、上部僧帽筋、胸鎖乳突起、前斜角筋、頭板状筋、および頚板状筋である。

徴候 局所痛、限局性圧痛、そして運動制限がある。痛みによる筋性防御もよく見られ、どの方向にも頚部の動きが制限される。

処置 受傷後直ちにPRICEを施し、ネックカラーを装着させて頚部を保護する（図20－14）。予後治療として、可動域回復運動を行った後、等尺性運動を行い、次に全可動域の等張性強化運動を行う。さらに冷却療法または温熱療法、医師の処方による鎮痛剤の投与などを行う。

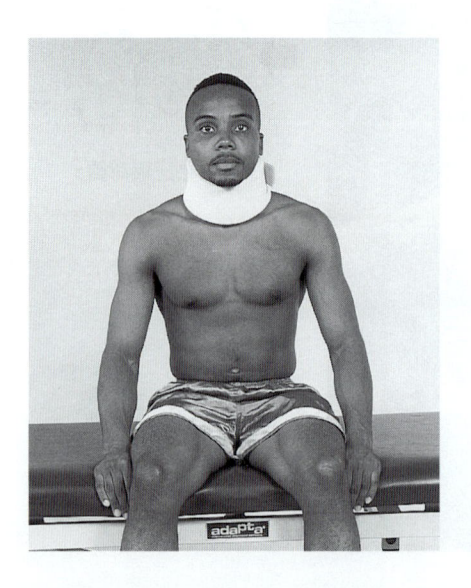

図20－14

ソフトネックカラーの装着は、頚部を損傷した選手の痛みと筋の硬結の抑制に役立つ。

頚部の捻挫（むち打ち症）

原因　むち打ち症は、筋挫傷と同じようなメカニズムで生じるが、通常はもっと激しい動きから起こることが多い。一般にむち打ち症は、予期なくタックルされたりブロックされたりして、頭部が激しく揺さぶられた時に起こる（図20－15）。多くの場合、筋挫傷には靱帯の捻挫が伴う。むち打ち症は、前または後縦靱帯、棘間靱帯、または棘上靱帯の支持組織を断裂させる[11]。

徴候　むち打ち症は、頚部の筋挫傷と同じ徴候が現れるが、症状は長引く。靱帯の付着部位である横突起と棘突起に圧痛を起こすこともある。当初は痛みを感じないが、受傷から1日ほど経てから必ず痛みが起こる。

処置　骨折、脱臼、椎間板損傷を発見するため、できるだけ早く選手を医師に見せX線検査を受けるべきである。ソフトネックカラーは筋の硬結を緩和するのに効果があり、治癒の急性期では48〜72時間PRICEの処置を行う。重度の損傷の場合は、医師により2〜3日間の安静と鎮痛剤や抗炎症剤が処方されることもある。治療としては、冷却療法、表在性温熱療法、マッサージ療法がある。牽引療法も痛みや硬結をとるのに利用されている。

図20－15
むち打ち症

急性斜頚

原因　急性斜頚は一般によく見られ、目が覚めた時に頚部の片側が痛いというのが通常の症状である。関節包内側の滑膜の一部が損傷しているか、頚椎間に挟まれるとこのような頚部の硬直が起こる。長期間冷風にさらされていたことや、変な角度で首を曲げていたことが原因で起こることが多い。

徴候　検査では、触診してわかる限局性圧痛と筋の硬結がある。痛みのある側の反対方向への頭部の動きに制限があり、顕著な筋性防御も見られる。重度の損傷がないことを確認するにはX線検査が必要である。

処置　ペインスパズム・サイクル（痛みと拘縮の悪循環）を阻止する試みとして、冷却療法、温熱療法、マッサージ療法を使用して痛みを和らげる。最初は痛みのない方向に、そして徐々に痛みのある方向への軽い牽引、回旋、側屈は筋性防御の軽減に効果がある。頚部だけでなく肩甲帯にも筋力強化およびストレッチング・エクササイズを徐々に取り入れて再発を防ぐ。ソフトネックカラーの着用も筋肉への負荷の軽減に効果がある（図20－14参照）。この筋性防御は、普通は2〜3日続き、その間選手は徐々に可動域を回復する。完全な可動域が回復するまで、選手は運動に復帰してはならない。

神経痛（腕神経叢症）

原因　腕神経叢の伸展または圧縮が原因で起こる神経痛は、スポーツ選手に起こる頚部神経障害のなかでも最もよく発症する[20]。この症状は、一般的にスティンガーまたはバーナーの別名で呼ばれている[28]。アメリ

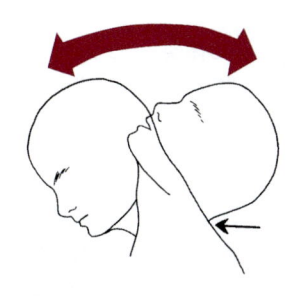

20-2 Critical Thinking 頭の体操——エクササイズ

アメリカンフットボール選手が、タックルした時に左腕に焼けるような感じとチクチク感、それに筋力の低下を感じた。
質問：発生したのはどのような傷害と思われるか？ またコーチはこの問題にどのように対処すべきか？

カンフットボールのショルダーブロックで見られるように、肩が押し下げられた状態で、頚部に反対側への強い外力が加わり、腕神経叢が伸展されることがこの障害の主なメカニズムである[23]。

徴候 焼けるような感じ、しびれ感、チクチク感があり、痛みは肩から手に広がり、腕と手に数分間の機能低下が起こることがある。稀に症状が数日間続くこともある。通常、頚部の可動域は正常である。反復的な腕神経叢症は、永久損傷の原因となることがある[23]。

処置 症状が完治し、関連神経症状もなくなってから、選手は活動に完全復帰できる。その後選手は、頚部の筋力強化とストレッチング・エクササイズを開始する。アメリカンフットボール選手は肩パッドとネックカラーを装着して、衝撃に備えて可動域を制限することが望ましい。

腰椎の傷害の認識と管理

腰痛

原因 腰痛は、人類に最もよく起こる機能障害である。スポーツでは、腰部の傷害は珍しくなく、最もよくある原因は、先天異常、姿勢の悪さによる腰部の機能不全、もしくは捻挫、筋挫傷、打撲傷などを含む腰部への外傷である。

徴候 傷害が繰り返されると、選手は反復性または慢性の腰痛を起こすことがある。一般にこの症状は、徐々に筋力低下や感覚および反射反応などの機能障害を伴う。選手が年をとるほど、慢性腰痛の発症率は高くなる。高校レベルではこの症状の発症率は低いが、年齢が上がるにつれて徐々に高くなる。

処置 一般人と同様、運動選手は立位、座位、臥位、労働、または運動に関連する不要なストレスや機械的疲労を避けることによって腰痛を予防できる[4]。傷害の原因となる姿勢や肢位を避けるよう日頃から心がけることが望ましい（フォーカスボックス20-1参照）。

腰椎の骨折と脱臼

原因 腰椎の骨折は、骨の傷害としては重大なものではないが、脊髄損傷に関連する場合は危険なものとなる。スポーツで最も懸念される腰椎の骨折は、圧迫骨折と横突起および棘突起の骨折である。

圧迫骨折は、体幹の過屈曲の結果起こることがある。高所からの落下の際、足または殿部からの着地で圧迫骨折を起こすことがある。横突起および棘突起は一般に、背部への蹴りやその他の直接的打撃が原因で起こる。スポーツにおける腰椎の脱臼は稀であり、関連骨折がある場合にのみ発生する。

徴候 圧迫骨折は、X線検査なしでは診断が難しい。発生機序と受傷した椎骨上の限局性圧痛に対する情報があれば基本評価を行うことがで

きる。横突起と棘突起の骨折は直接触診できる。限局性圧痛と局所的腫脹があり、受傷部位を保護するための筋性防御も見られる。

処置 骨折に関連する症状や徴候が存在する場合、負傷した選手はX線検査を受ける必要がある。選手の搬送と移動には、第7章で解説したバックボードを使用して、損傷した脊髄節の動きを最小化する。

腰部の筋挫傷

原因 スポーツにおける典型的な腰部の筋挫傷のメカニズムは2つある[9]。一つ目は突然の過伸展を身体の回旋とともに与えた場合に起こる。2つ目は、悪い姿勢に関連した慢性的な筋挫傷である。

徴候 評価は、骨折の疑いを排除するため、受傷直後すぐに行うことが望ましい。腰部の不快感は、広がる場合も、局所的な場合もある。能動的に伸展したり受動的に屈曲したりすると痛みが増す。

処置 初期段階では、筋性防御を抑えるために、コールドパックやアイスマッサージを使用する。弾性包帯や腹部をサポートするコルセットタイプのブレイスが、受傷部位の圧迫に役立つ（図20-16）。ストレッチングと筋力強化の段階的なプログラムを初期段階から徐々に開始する。中度から重度の傷害では、ペインスパズム・サイクル（痛みと拘縮の悪循環）を断ち切るためには完全休養が必要である。

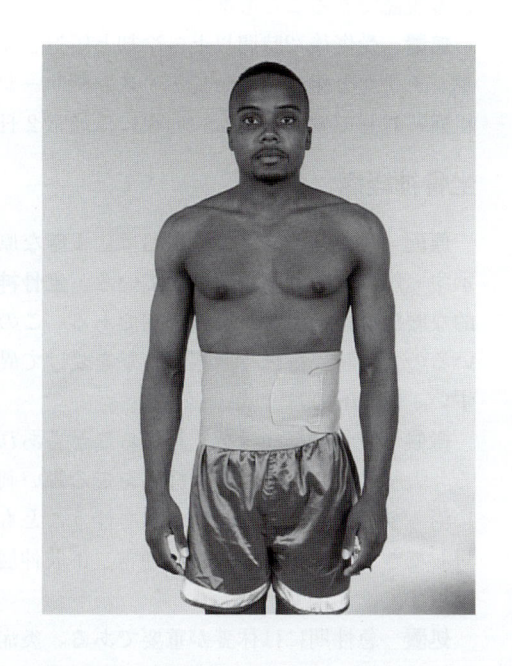

図20-16
腹部ブレイスは腰部の支持に役立つ。

腰部の捻挫

原因 捻挫は腰椎のどの靱帯にも起こる。最もよくある捻挫は、選手が前方に身体を曲げ、物を持ち上げるか移動しながら身体を捻ると起こる。腰部の捻挫は、急性傷害として突発的に起こることもあれば、慢性的な反復的ストレスによって起こることもある。後者の場合、運動を続けることによって徐々に捻挫は悪化する。

徴候 <u>棘突起の側面</u>に局所的な痛みがある。痛みは特定の運動または姿勢をすると強まり、痛みのある可動域の動きは制限される。椎骨の屈曲、伸展、回旋運動により痛みが激しくなることがある。

処置 応急処置ではPRICEを施し、痛みを抑える。腹筋群および背部の伸筋群の強化エクササイズと全方向のストレッチングは、痛みのない範囲に限定して行う。初期の活動復帰段階では、腹部のブレイスやサポーターを装着して運動を制限する。他の身体の関節捻挫と同様、治癒にはある程度時間がかかる。

背部の打撲傷

原因 背部打撲傷は、筋挫傷や捻挫に次いで発生率が高い。背部は、表面積も広く、スポーツでは打撃を受けやすい。アメリカンフットボールで多く発生する。背中に強烈な打撃を受けると、腎臓に重大な傷害を起こすことがあり、血尿が出ることもある（第21章参照）。背部打撲は、脊椎骨折とは区別されなければならない。この区別は、X線検査でなければできない場合もある。

徴候 打撲は局所痛、筋の硬結、限局性圧痛を引き起こす。腫脹や変色も視認できることもある。

処置 受傷後72時間以上、冷却と圧迫を間欠的に施す。段階的なストレッチングと組み合わせてアイスマッサージを実施すると、腰部の軟部組織に対して効果がある。回復には通常2日から2週間かかる。

坐骨神経痛

原因 坐骨神経痛という用語は、正確な原因と関係のない腰痛全般を示す一般用語として誤用されている。**坐骨神経痛**は、反復的または慢性的な腰痛を伴う坐骨神経の炎症である。この神経は、脊柱を起点としているので、特に捻転や直接的打撃を受けて異常な伸展や圧縮を起こしやすい。（図20-17）[13]。

徴候 坐骨神経痛は突然起こることもあれば徐々に発症することもある。大腿後面や内側の神経経路を走る鋭い刺すような痛みがある。経路に沿ってチクチク感やしびれ感を伴うこともある。この神経は、触診に対してきわめて過敏である。通常、下肢伸展挙上（SLR）テストで痛みは増す。

処置 急性期には休養が重要である。炎症の原因を特定して、処置する必要がある。椎間板の突出がある場合は、腰部を牽引するとよい。坐

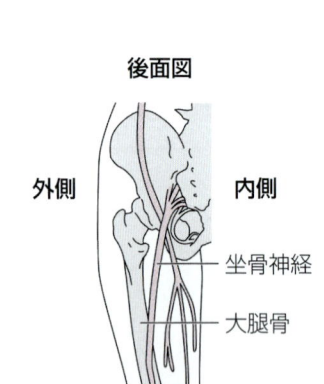

図20-17
殿部および大腿部の坐骨神経（後面図）

後面図 / 外側 / 内側 / 坐骨神経 / 大腿骨

坐骨神経痛
（sciatica）
坐骨神経の炎症。一般に末梢神経根の圧迫と関連して起こる。

骨神経痛は通常、2〜3週間で回復することがあるので、症状が回復するかどうかを見極めるため、すぐには手術を行わない。経口抗炎症剤は炎症を抑える効果がある。

椎間板ヘルニア

原因 椎間板障害のメカニズムは、腰部の捻挫と同様、腰部に異常なひずみを与える前屈と捻転が原因で起こる。この動きにより、神経根に対して椎間板の髄核のヘルニアまたは膨隆が起こる（図20-18）[17]。椎間板ヘルニアに関連する痛みはかなり激しい。最も損傷しやすいのは、L4椎骨とL5椎骨の間にある椎間板である。

徴候 椎間板ヘルニアは通常、痛みが中心から放射状に、たとえば殿部の片側から脚に向かって、あるいは背中全体に広がる。症状は起床時に悪化する。症状は突然現れることもあれば段階的に現れることもある。選手が座位から運動を再開しようとすると、強い痛みが起きる。姿勢はかすかに前傾し、また痛みと反対側に側傾する。SLRテストで痛みが増す。

処置 まず安静にして、氷を使って痛みを和らげる。必ずというわけではないが、後屈または伸展によって痛みが和らぐことがある。痛みが治まり姿勢も正常になったら、背部の伸筋と腹部を安定させるエクササイズ（コア・スタビライゼーション）を行う[6]。時間の経過とともに症状が治まることもある。だが、神経損傷には外科手術が必要となることもある。

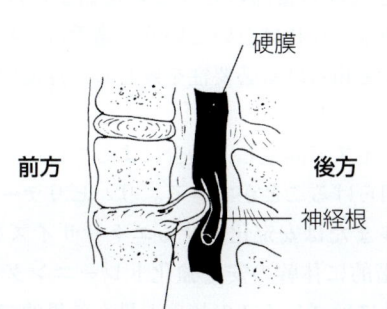

図20-18
椎間板ヘルニア

脊椎分離症と脊椎すべり症

原因 脊椎分離症とは、椎骨の変性、より一般的にいうと腰椎の椎弓の上下関節突起の劣化である（図20-19A）[29]。先天性の欠陥であることが多く、劣化は疲労骨折として起こる。少年によく見られる[15]。体操のブリッジ、重量挙げ、アメリカンフットボールのブロック、サッカーのキック、テニスのサーブ、バレーボールのスパイク、水泳のバタフライストロークなど、脊柱の過伸展を特徴とするスポーツでの動作が、この症状を引き起こす主な原因である[20]。

脊椎すべり症は、脊椎分離症の合併症であり、脊椎分節の過度可動性が原因であることが多い[13]。脊椎すべり症は、S1からL5が滑り、発症す

Critical Thinking 20-3
頭の体操——エクササイズ

ある体操選手は常に腰部を過伸展させている。選手は腰部全体の硬直としつこい疼痛を訴えているが、痛みは練習後に強くなり、練習中は感じないという。選手は、痛みを和らげるために、姿勢を頻繁に変えるか自分で腰部を徒手整復する必要性を感じている。殿部の痛みと脚の筋力低下も起こりつつある。

質問：コーチはどのようなタイプの傷害を疑うべきか？ どのような処置をとることができるか？

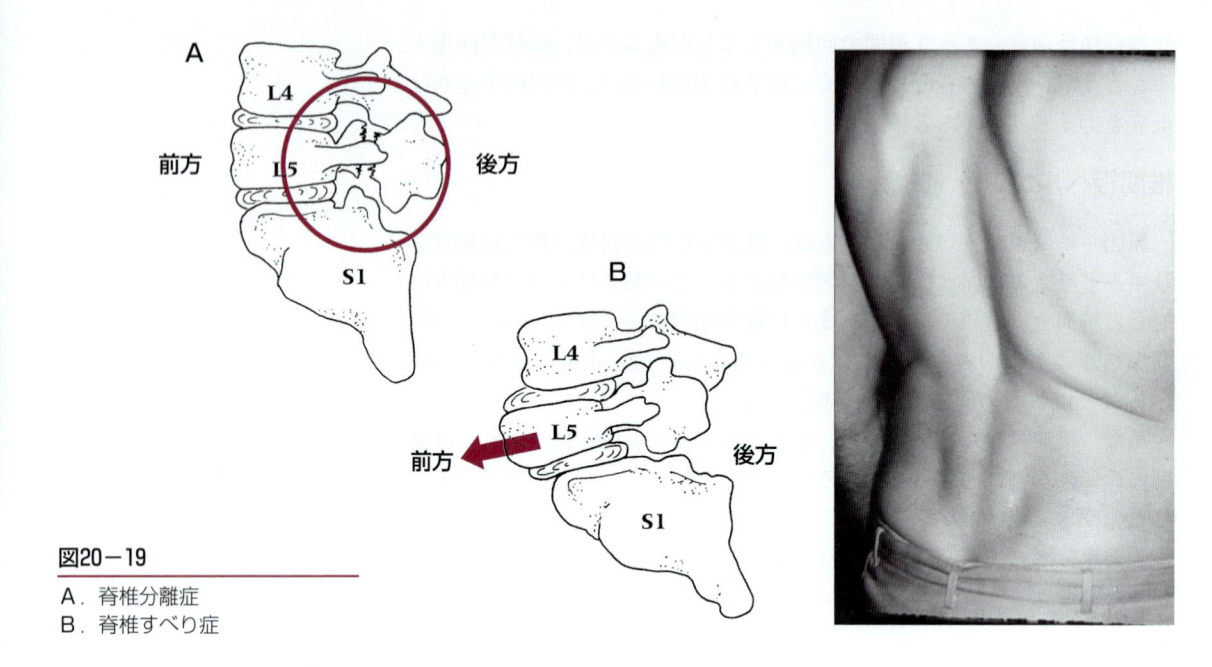

図20－19
A．脊椎分離症
B．脊椎すべり症

脊椎すべり症は脊椎分離症の合併症とみなされている。

訳注）
POPさせる：ボキッと音をたてて骨を鳴らすこと。

る率が最も高い（図20－19B）。直接的打撃や突然の捻転または慢性の腰部挫傷が椎骨に劣化を引き起こし、椎骨が仙骨に対し前方にずれる[31]。

徴候　選手は運動後の腰部のしつこい疼痛またはこわばりを訴える。ただし運動中は通常、症状はないという。選手は姿勢を頻繁に変え、腰をPOPさせて痛みを和らげる必要性を感じる。片側の腰分節に局所的な圧痛がある場合もある[19]。

処置　まずブレイスで固定し、場合によってはベッドで1～3日休養をとると痛みを和らげることができる。リハビリテーションでは、腰分節をコントロールまたは安定化させるエクササイズを重点的に行う[24]。特に中間位で段階的に体幹の安定強化トレーニングを組み込むとよい。ハイレベルの運動にはブレイスの装着が最も効果的である。場合によっては選手に激しい活動を禁じる必要がある。

仙腸関節機能不全の認識と管理

仙腸関節は、腸骨と仙骨で形成される関節であり、強靱な靱帯によって固定され、ほとんど動かない。仙腸関節は、いわゆる関節であるため、障害には捻挫、炎症、過度可動性、過小可動性がある[6]。

仙腸関節の捻挫

20-4　Critical Thinking　頭の体操——エクササイズ
レスリングのテイクダウンの際、レスラーが座位の姿勢で強く殿部を打った。レスラーは脊柱の下部先端に強い局所的な痛みを訴えている。
質問：傷害の可能性が最もある部位はどこか？

原因　仙腸関節の捻挫は、両足を着地させたままの捻転、前方へのつまずき、後方転倒、高所からの飛び降り、片足での無理な着地、膝を固

定させたままの前屈などが原因で起こる[22]。

徴候 仙腸関節の捻挫には、関連する部位の筋性防御とともに関節を直接触診して感じられる痛みと圧痛がある。殿部の高さが不均整に見えることもある[5]。

処置 氷を使用して痛みを和らげる。ブレイスでの支持も急性捻挫には有効である。腰部・骨盤・殿部を含むコア・スタビライゼーションを組み込んで、安定性を向上させる。

尾骨損傷

原因 尾骨の傷害はスポーツでは頻繁に起こる。主として激しく座位を強いられた時や転倒した時、もしくは他の選手に蹴られた時の直接的な打撃が原因で起こる。尾骨の傷害としては捻挫、打撲傷、骨折がある。

徴候 尾骨部分の痛みはしばしば長引き、慢性化することもある。骨に圧痛があり、選手は座位に困難を感じる。

処置 対処としては、鎮痛剤が処方されたり、座っている時の尾骨への圧力を緩和するリング型の椅子が用いられたりする。尾骨骨折の痛みは数カ月にわたることがある。尾骨傷害の治癒後は、パッドを使って損傷部位を保護する必要がある。

まとめ

- 脊柱は、33個の椎骨で形成されている。脊柱は屈曲、伸展、側屈、および回旋ができるように設計されている。可動椎は椎間板によって区切られ、その位置は一連の筋肉および靱帯の支持によって維持されている。脊柱は、頸椎、胸椎、腰椎の3つの部位に分類される。仙骨と尾骨は、癒合された椎骨である。
- 脊髄は、脊柱の脊柱管に含まれる中枢神経系の一部である。脊髄の両側から31対の脊髄神経が伸びている。
- 脊柱の急性外傷性傷害は、潜在的に生命を脅かすものであり、特に頸部脊髄が関わる場合には危険である。したがって選手は、傷害の発生防止に備えてあらゆる対策を講じる必要がある。頸部の筋群の強化は必要不可欠である。選手の頸部は強靭であるだけでなく、完全な可動域が維持されていなければならない。コリージョンスポーツに関わる選手には、頸部傷害を防止するテクニックを教え、それを活用させることが必要である。
- 腰痛は、人類に最もよく起こる機能障害である。一般の人と同様、スポーツ選手は立位、座位、臥位、労働、または運動に関連する不要なストレスや機械的疲労を避けることによって腰痛を予防できる。傷害の原因となる姿勢や肢位を避けるための予防措置をすることが望ましい。
- 脊髄の評価で最も重要なことは、脊髄損傷の可能性の有無を確認する

ことである。評価で選手の姿勢と運動能力を観察することによって、傷害の種類と程度が明らかになる。
- 頚椎と腰椎は可動性が高いため、骨折、脱臼、筋挫傷、捻挫、打撲傷、椎間板損傷、ヘルニア、脊髄神経障害、変形性関節症などさまざまなスポーツ傷害を受ける危険性がきわめて高い。

> **頭の体操（エクササイズ）の答え** *Solutions to Critical Thinking Exercises*
>
> **20-1** このような症状が存在する場合、選手は背部の伸筋を強化し、腹部のストレッチングを行う。コーチは選手を椎間板への圧力を軽減させる伸展エクササイズに参加させる。
>
> **20-2** 選手は、スティンガーまたはバーナーとも呼ばれる腕神経叢の傷害を起こした可能性が高い。通常この症状は、数分で自然に解消する。コーチは、選手にネックカラーを装着させるとよい。
>
> **20-3** 選手は、脊椎分節の過度可動性の原因となる脊椎すべり症を起こしていると思われる。まず安静にし、痛みを抑える。リハビリテーションでは、過度可動性のある分節をコントロールまたは安定化させるエクササイズを重点的に行う。特に中間位での腹筋強化に段階的な体幹の強化トレーニングを組み込むとよい。運動中はブレイスを装着すると効果がある。
>
> **20-4** レスラーは尾骨に打撲傷を負っていると思われる。尾骨の骨折は比較的稀である。損傷部位に保護パットを当てる必要があるかもしれない。

復習問題とクラス活動

1．脊椎のさまざまな部位を識別せよ。
2．脊髄と神経根の間にはどのような関係があるか？
3．頚部傷害の予防について討議せよ。
4．腰部と仙腸関節の評価に使用される特殊テストを説明せよ。
5．腰痛の発症率を最小化するために何ができるか？
6．椎間板ヘルニアの傷害メカニズムを説明せよ。
7．脊椎分離症はどのように脊椎すべり症に発展するか？
8．仙腸関節の通常の傷害メカニズムはどのようなものか？

21 Chapter 21

胸部と腹部

この章を終えると、次のことが説明できるようになる。
- 胸部と腹部の解剖学的構造
- 心臓と肺の位置と機能についての認識
- 腹部内臓の位置と機能についての認識
- 胸部傷害と腹部傷害の評価方法
- 胸部構造のさまざまな傷害の識別
- 腹部構造のさまざまな傷害と症状の認識

　本章は、胸部と腹部の傷害を解説する。スポーツ環境では、胸部と腹部への傷害は四肢や脊柱に比べると事故の発生率は低い。しかしながら、すでに述べた四肢の筋骨格傷害とは異なり、心臓、肺、および腹部内臓の傷害は重症となる危険性があり、適切な認識と管理を怠ると、生命を脅かすこともある。コーチは、腹部および胸部の解剖学的構造とよくある傷害について精通していることが必要不可欠である（図21-1）。

胸部の解剖学的構造

　胸部は、頚の基部と横隔膜の間に位置し、一般に胸と呼ばれる身体部位である。胸郭は、胸椎と12対の肋骨と、胸骨によって形成されている（図21-2）。その主要機能は、生命の維持に必要な呼吸器官と循環器官を保護し、呼吸プロセスで肺の呼気と吸気を補助することである[20]。

　肋骨は、背面で胸椎に、正面で胸骨に付着する平坦な骨である。上部の7個の肋骨は真肋と呼ばれ、各肋骨は個別の肋軟骨によって胸骨に結合する。8番目、9番目、10番目の肋骨（仮肋）は、相互に結合する軟骨を持ち、胸骨と結合する前に7番目の肋骨と結合する。11番目と12番目の肋骨（浮遊肋）は、胸骨に付着せず筋肉に付着する。肋骨の間にある肋間筋と、胸腔と腹腔を分ける横隔膜筋は、吸気と呼気を助ける（図21-3）（表21-1）。

胸郭は心臓と肺を保護している。

Chapter 21　胸部と腹部　461

図21-1
コリージョンスポーツは体幹部への深刻な傷害を起こすことがある。

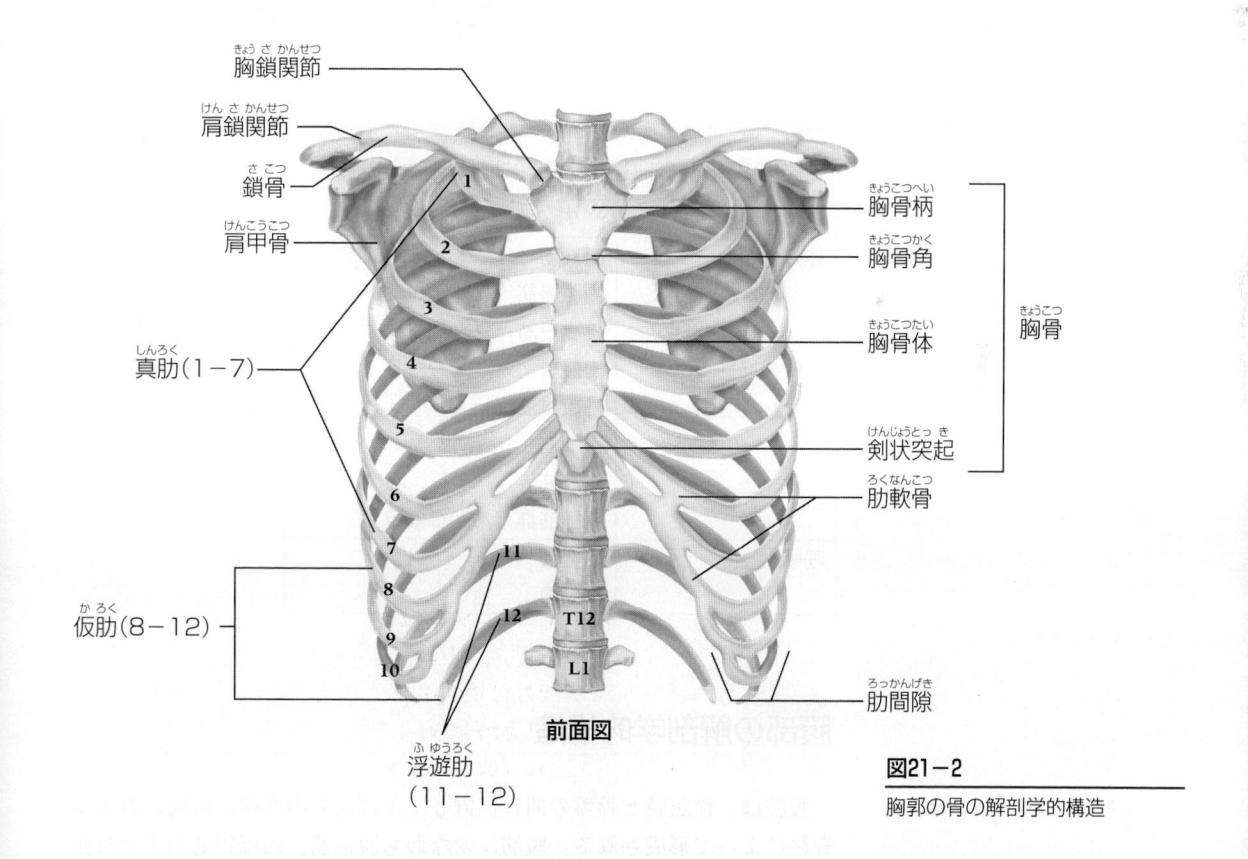

図21-2
胸郭の骨の解剖学的構造

図中ラベル：
- 胸鎖関節（きょうさかんせつ）
- 肩鎖関節（けんさかんせつ）
- 鎖骨（さこつ）
- 肩甲骨（けんこうこつ）
- 真肋（1-7）（しんろく）
- 仮肋（8-12）（かろく）
- 浮遊肋（11-12）（ふゆうろく）
- 胸骨柄（きょうこつへい）
- 胸骨角（きょうこつかく）
- 胸骨体（きょうこつたい）
- 剣状突起（けんじょうとっき）
- 肋軟骨（ろくなんこつ）
- 肋間隙（ろっかんげき）
- 胸骨（きょうこつ）
- 前面図

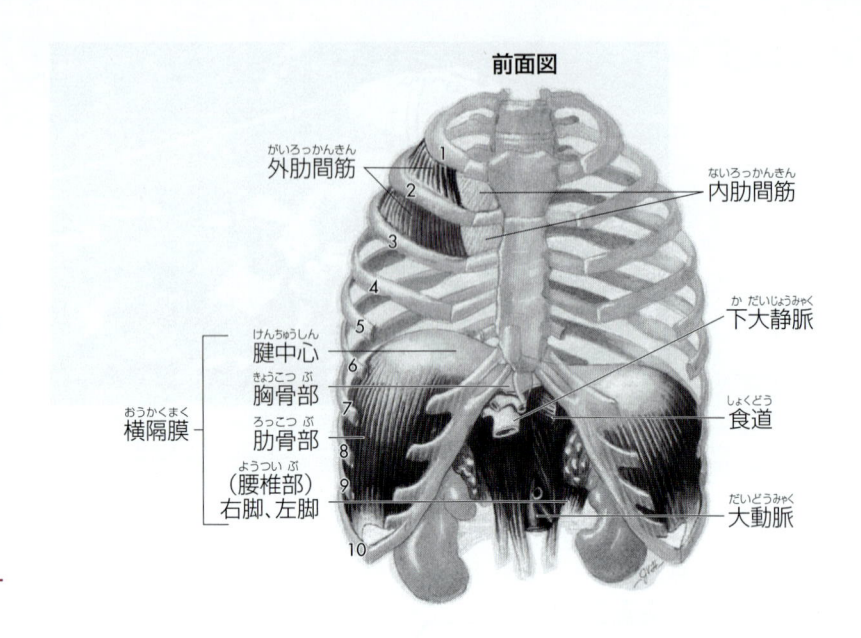

前面図

外肋間筋
内肋間筋
腱中心
胸骨部
横隔膜　肋骨部
（腰椎部）
右脚、左脚
下大静脈
食道
大動脈

図21-3
胸部筋肉の解剖学的構造

表21-1　腹部および胸部の運動等と主要筋等

運動等	主要筋等
体幹の屈曲	腹直筋
	内腹斜筋
	外腹斜筋
体幹の回旋	内腹斜筋
	外腹斜筋
	腹横筋
	腹直筋
	脊椎筋群（第20章参照）
呼吸	肋間筋
	横隔膜　他

腹部の解剖学的構造

　腹腔は、横隔膜と骨盤の間に位置し、下部肋骨の間隙、腹筋、および脊柱によって形成される。腹筋、すなわち腹直筋、内腹斜筋および外腹斜筋、腹横筋は、一体となって体幹を屈曲および回旋させるが、より重要な機能は、腹筋下にある腹部の臓器を保護することである（図21-4）（表21-1）[20]。

　腹部の臓器には、実質臓器（固形臓器〈臓〉）と管腔臓器〈腑〉がある。実質臓器は腎臓、脾臓、肝臓、膵臓、副腎である。管腔臓器は胃、腸、胆嚢、膀胱である（図21-5）。腹腔内の臓器は、泌尿器系、消化器系、生殖器系、リンパ系に分類される[20]。

実質臓器は管腔臓器に比べ傷害のリスクが高い。

腹部には、泌尿器系、消化器系、生殖器系、リンパ系の内臓を内包する。

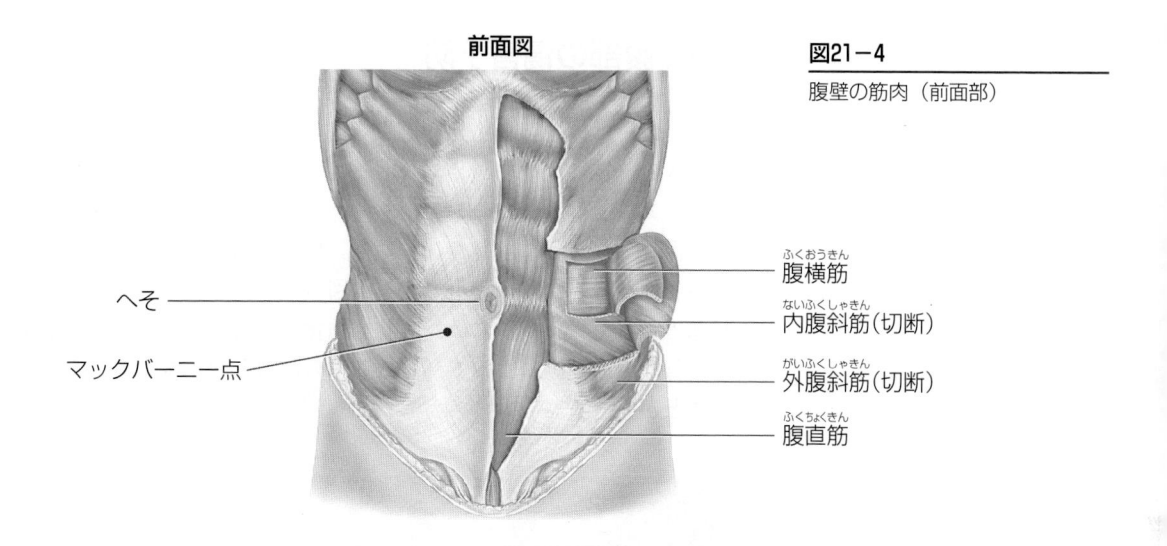

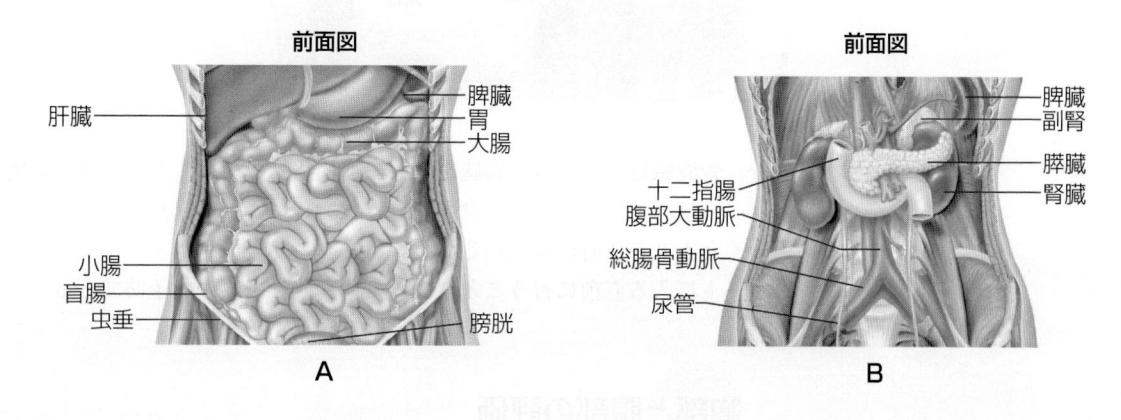

前面図

図21-4
腹壁の筋肉（前面部）

- へそ
- マックバーニー点
- 腹横筋（ふくおうきん）
- 内腹斜筋（ないふくしゃきん）（切断）
- 外腹斜筋（がいふくしゃきん）（切断）
- 腹直筋（ふくちょくきん）

前面図 A
- 肝臓
- 脾臓
- 胃
- 大腸
- 小腸
- 盲腸
- 虫垂
- 膀胱

前面図 B
- 脾臓
- 副腎
- 膵臓
- 腎臓
- 十二指腸
- 腹部大動脈
- 総腸骨動脈
- 尿管

図21-5
腹部の内臓。A，B．前面図

胸部と腹部の傷害予防

　胸部の傷害は、適切な防具を正しく装着することによって予防することができる。特にコリージョンスポーツにおいて有効である。たとえばアメリカンフットボールのショルダーパッドは少なくとも胸骨を完全に覆い、保護するように設計されている。保護用肋骨ベルトは肋骨全体を覆う必要性が生じた時に利用できる（図21-6）。

　腹部の臓器を保護するには、腹筋を強化する必要がある。さまざまな姿勢で行う腹筋運動によって、腹部筋系の筋力とサイズを著しく増強させることができる。

図21-6
保護用肋骨ベルト

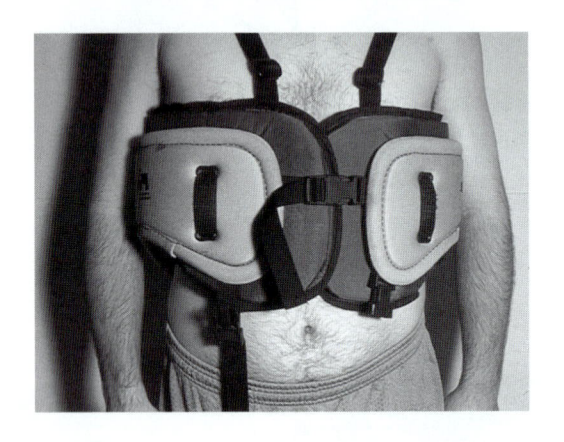

　管腔臓器、特に胃と膀胱を競技の前に空にしておくと、これらの構造への傷害を予防できる。食物が胃に残らないように、食事は競技の少なくとも3～4時間前に摂ることが望ましい。排尿をフィールドまたはコートに入る直前に行うことによって、膀胱を傷害から予防できる。

胸部と腹部の評価

　一般にコーチは、傷害を評価する訓練を受けておらず、またその資格も持たない。コーチは、負傷した選手を、資格を有する医療専門家（医師、アスレティックトレーナー、理学療法士など）のところで必ず受診させ、傷害の評価を仰ぐことが勧められる。コーチの主な責任は、傷害に対して適切な応急処置を行い、受傷直後の傷害の管理方法について的確な判断を下すことである。

　胸部と腹部への傷害は、潜在的に生命を脅かす症状を起こすことがある。最初は比較的軽度に見えた傷害が、早急に適切な医療措置を必要とする症状に陥ることがある[21]。したがって、傷害をコーチが最初に評価する時は、生命を脅かす傷害の徴候や症状がないかを重点的に調べる。コーチは負傷した選手を継続的に観察し、呼吸や脈拍に異常がないか、

ショックを引き起こす内出血の徴候がないかを調べる。ほとんどの胸部および腹部傷害は、直ちに医師の診断を仰ぐ必要がある。

事情聴取

　胸部および腹部傷害の際、状況判断をするための質問は、四肢の筋骨格系傷害に関する質問とは多少異なる[19]。傷害の基本的なメカニズムを最初に判定する必要がある。
- 何によってこの傷害が引き起こされたか？
- 直接的な接触または衝撃があったか？
- どのような姿勢をとっていたか？
- どのような痛みがあるか（激痛か、鈍痛か、局所痛か）？
- 急性の痛みか、漸増する痛みか？
- 傷害の発生部位以外に痛みを感じる部位があるか？
- 呼吸が困難になったか？
- 身体が楽になる特定の姿勢があるか？
- めまい、軽い頭痛、吐き気を感じるか？
- 胸に痛みを感じるか？
- 胸に捻髪音やバシッという音がしたか？
- 筋痙攣を起こしたことはあるか？
- 血尿に気づいたことはあるか？
- 排尿に困難や痛みはあるか？
- 膀胱は充満していたか、空だったか？
- 食後どのくらい時間が経っていたか？

視診

　受傷後直ちに選手を観察する場合、呼吸パターンが正常かどうかチェックする。
- 選手が正常に呼吸しているかどうかが最重要である。
- 選手に呼吸困難はないか？　深呼吸はできるか？
- 呼吸に痛みが伴うことはないか？
- 選手は胸壁を手で押さえていないか？
- 呼吸の際、胸の動きは左右対称か？
- 一時的な呼吸停止の場合、すぐに正常な呼吸に戻ったか、それとも呼吸困難が長引いたか？　長引くほど症状が重いことを示す。
- 選手はどのような姿勢だったか？
- 腹部に膨隆や腫脹はないか？　あれば内出血の徴候の場合がある。
- 胸部は左右対称に見えるか？　肋骨骨折がある場合、左右が非対称に見えることがある。
- 腹筋に緊張や筋性防御はないか？
- 選手は腹部の特定部位を手で押さえていないか、また支えようとしていないか？

　脈拍、呼吸、血圧などを含む重要な生命徴候の監視が必要である。頻

訳注）
内臓の副子効果
たとえば脾臓破裂を起こした時などに、臓器そのものの副子効果で出血を止めたりする。

脈、弱脈、著しい血圧低下などは、出血を含む重大な内部傷害がある徴候である。その他の腹部傷害の徴候としては、血尿、内臓の副子効果（腹部硬直）、ショックの徴候などがある。

触診

胸部

まず両手を胸壁の両側に当て、深呼吸した時の胸壁の動きが左右対称かどうかを調べ、圧痛の部位を識別する（図21-7）。圧痛の部位が識別されたら、肋骨に沿って肋骨間を触診して、特定の圧痛点を見つける。

腹部

腹部構造を触診するには、選手を背臥位にし、選手の両腕はわきに置き、腹筋をリラックスさせる（図21-8）。傷害を受けていない部位を最初に指先で触診し、緊張や拘縮がないか調べる。腹部に傷害のある選手は、圧痛部位を防御または保護するために腹筋を収縮させる傾向がある。腹腔内に出血や炎症がある場合、腹部には「板状硬」と呼ばれる症状が見られ、自発的に弛緩させることができない[19]。腹部臓器を圧迫すると、発生源から離れた箇所、怪我によって決まった箇所に関連痛が引き起こされることがある[22]。

急性腹部傷害では、板状硬が見られる。

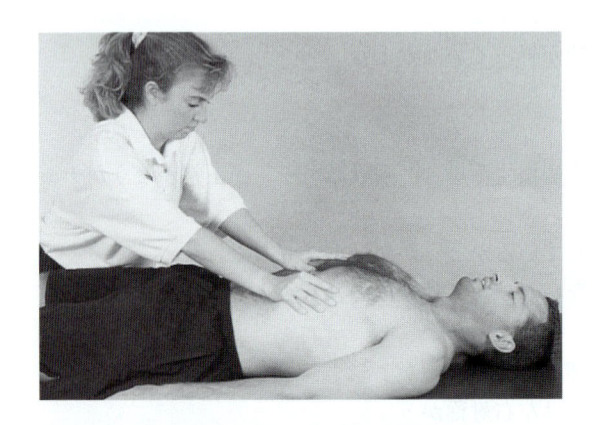

図21-7
呼吸時に胸壁が左右対称かどうかを調べる。

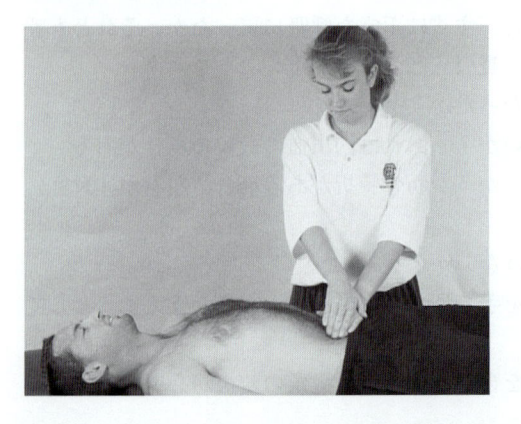

図21-8
腹部に筋性防御や拘縮がないか触診で調べる。

胸部傷害の認識と管理

肋骨の打撲傷

原因 胸郭への打撃は肋間筋に損傷を与え、かなり激しい場合には骨折の原因となる。肋間筋は呼吸に不可欠であるため、打撃を受けた場合、呼気と吸気にかなりの痛みを伴う。

徴候 特徴としては、呼吸時に刺すような鋭い痛みが感じられ、局部的な圧痛があり、胸郭を圧迫すると痛みが増す。こうした傷害には、必須の手順としてX線検査を行うことが望ましい。

処置 一般的には、PRICEと抗炎症剤が治療に用いられる。肋骨の傷害の大半で見られるように、胸部打撲傷の治療では、自制、すなわち休養とスポーツの中止が望まれる。

肋骨骨折

原因 肋骨骨折はスポーツでは珍しくなく、特にコリージョンスポーツで発生率が高い[15]。骨折は、アメリカンフットボールやレスリングで見られるように、キックなどによる直接的な打撃や胸郭の圧迫が原因で起こる。第5～9肋骨が最も骨折の危険性が高い。肋骨骨折はその下にある肺を損傷または破裂させる危険性を常に伴う。

徴候 肋骨骨折の診断は比較的容易である。選手は吸気の際にひどい痛みを感じ、触診すると激しい圧痛がある。

肋骨骨折の徴候は、呼吸時の激しい刺すような痛みである。

処置 骨折の疑いのある選手はチームドクターに見せて、X線検査を受けさせる。肋骨骨折は通常、支持と安静で治療する。単純骨折なら3～4週間で治癒する。肋骨用コルセットは胸郭を安定化させ、快適に固定できる（図21-9）。

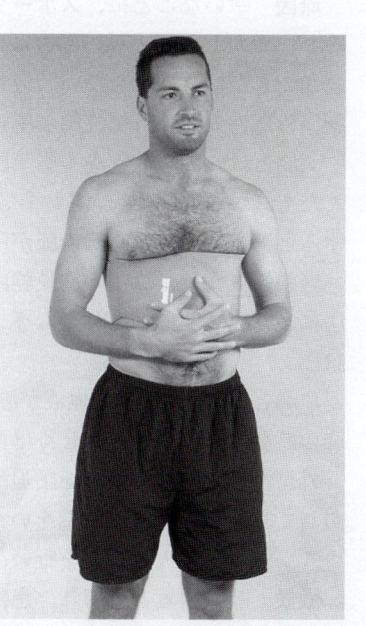

図21-9
市販の肋骨コルセットは、胸部を適度に支える。

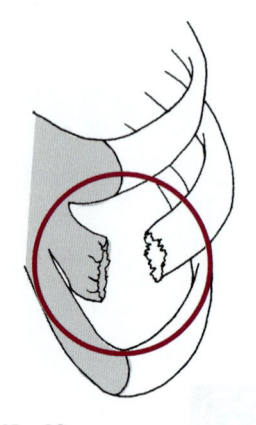

肋軟骨の傷害

原因 スポーツでは、肋軟骨傷害の発生率は骨折より高い。この傷害は、直接的には胸部への打撃により、また、間接的には球技での突然の捻転やボールの上に転倒するなどにより胸郭が圧迫されて起こる。肋軟骨の傷害は肋骨骨折と似た徴候を示すが、痛みは胸郭と肋骨の結合部に限定される（図21－10）。

徴候 選手は急激に体幹を動かした時に鋭い痛みを訴え、深呼吸することが困難となる。触診により局部的圧痛と腫脹が見つかる。肋骨が変形している場合もあり、選手はあたかも肋骨が出入りしているような捻髪音を訴えることもある。

処置 肋骨骨折と同様、肋軟骨傷害は安静と肋骨用コルセットによる固定で管理する。治癒にはおよそ1～2カ月を要する。選手は、症状が完全になくなるまでは一切の活動を中止する。

図21－10 肋軟骨の傷害

肋間筋の傷害

原因 胸部の筋肉はいずれも、スポーツにおいて打撲傷や筋挫傷を受けやすい。特に肋間筋は傷害を受けやすい。外傷性の傷害は、選手の体幹への直接的打撃や突然の捻転が原因で起こることが最も多い。

徴候 他の筋挫傷と同様、自動運動で痛みが起こる。ただし、特にこの部位の筋肉傷害は、呼吸時や笑ったり咳をしたりくしゃみをした時に痛みを感じる。

処置 直ちに患部を圧迫し、約20分間冷却する。出血が止まったら固定し、適度なサポートを与える（図21－9参照）。

肺の傷害

肺の傷害は以下の症状の原因となる：
- 気胸
- 緊張性気胸
- 血胸
- 外傷性仮死（外傷性胸部圧迫症）

原因 幸いなことに、スポーツ外傷が原因で起こる肺の傷害は稀である[16]。ただし、この種の傷害は重症となるため、コーチは基本的徴候を認知できなければならない。最も危険な症状は、気胸、緊張性気胸、血胸、外傷性仮死（外傷性胸部圧迫症）である。

気胸とは、肺を取り巻く胸膜腔内に、胸部にできた開口部から入り込んだ空気が貯留した状態をいう（図21－11A）[1]。胸膜腔内に空気が貯留すると、空気の入った側の肺が圧潰する。

緊張性気胸は、片側の胸膜腔内に空気が貯留し、肺と心臓がその空気圧により反対側に押されてもう一方の肺を圧迫することをいう（図21－11B）。

血胸とは、胸膜腔内に血液が貯留した状態である（図21－11C）。原因は肺の断裂または損傷、もしくは血管を含む胸膜腔内の組織の損傷にある。

外傷性仮死（外傷性胸部圧迫症）は、胸郭に激しい打撃や圧迫が加えられて呼吸が停止した状態をいう[6]。このタイプの症状には、直ちにマウスツーマウス人工呼吸を行い、早急に医師の診断を仰ぐ必要がある。

徴候 呼吸困難と息切れ、患部の胸の痛み、咳による吐血、チアノー

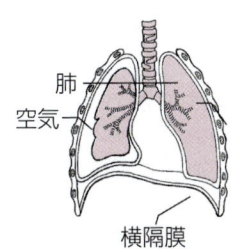

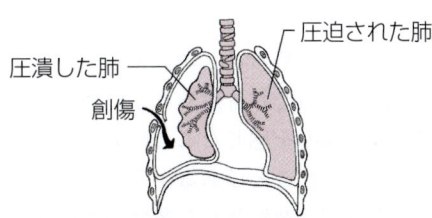

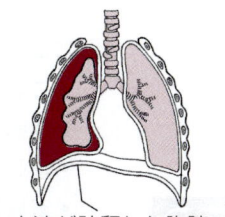

図21-11
A．気胸
B．緊張性気胸
C．血胸

（図ラベル：肺、空気、横隔膜、圧潰した肺、創傷、圧迫された肺、血液が貯留した胸腔）
A．気胸　　B．緊張性気胸　　C．血胸

ゼ（紫色に皮膚が変色する）、場合によってはショック症状を起こすこともある。肺の損傷では、直ちに医師の診断を仰ぐ必要がある[2]。

　処置　これらの症状はいずれも、直ちに医師による処置を必要とする緊急症状である。したがって選手をできるだけ早く救命治療室に運ぶ必要がある。

スポーツ選手の突然死症候群

　原因　35歳以下の運動選手のなかで、運動誘発性突然死の最も一般的な原因は、先天性循環器系異常である。そのなかで最もよくある3つの原因は肥大型心筋症、冠動脈起始異常、それにマルファン症候群である[18]。肥大性心筋症は、心室拡張の形跡なく心筋が肥厚し、心筋が広範に瘢痕化する症状である。冠動脈起始異常では、2つの冠動脈の一つが異常な部位から起始して、その異常な進路のために動脈が不全となったり遮断されたりする。マルファン症候群の患者は結合組織に異常があり、その結果、大動脈や心臓弁の機能が低下して、大動脈の弁または大動脈そのものが破裂することもある。運動選手の突然死の原因として、アテローム性動脈硬化症が原因で起こる冠動脈疾患（CAD）も考えられる。この疾患では、冠状動脈の狭窄が起こる[17]。一般に、若く、高コレステロール血症の選手に起こりやすい。

　心臓以外の突然死の原因としては、アルコール、コカイン、アンフェタミン、エリスロポエチン（赤血球生産調整ホルモン）などを含む特定薬物の使用も考えられる[17]。脳動脈瘤や、頭部への外傷による脳内出血が原因の血管障害も、突然死を招くことがある。喘息などの閉塞性呼吸疾患も、薬物の毒性や過少投与などが原因で突然死を起こすことがある。

　徴候　心臓が原因で起こる突然死に共通する症状と徴候には、運動中の胸の痛みや不快感、動悸、失神、嘔吐、大量の発汗、心雑音、息切れ、倦怠感、発熱がある[6]。

　処置　こうした症状は生命を脅かす緊急事態であり、直ちに救急車を

突然死症候群の一般的な要因には以下のものがある：
・肥大型心筋症
・冠動脈起始異常
・マルファン症候群

手配する必要がある[6]。コーチは、救急車が到着するまでCPRを施し続けなければならない（第7章参照）。

予防 カウンセリングや集団検診、また突然死の原因を認識することによって、多くの突然死が回避できるといわれている[12]。最初の集団検診には以下の質問を含めることが望ましい。

- これまで医師から心雑音があるといわれたことはあるか？
- 運動中に胸の痛みを感じたことはあるか？
- 運動中に失神したことはあるか？
- 家族に35歳以下で突然死した者はいないか？
- 家族に心肥大と診断された者はいないか？
- 家族にマルファン症候群と診断された者はいないか？

質問に一つでも「はい」という回答があったら、さらに精密検査を行う必要がある。疾患を検知するために、安静時および運動時の心電図や心臓の超音波検査が必要となることもある。

胸部の傷害

原因 ランニングやジャンプなどの激しい上下および左右の乳房の動きは、特に胸の大きな女性にとって、乳房の痛みや障害の原因となり得る。長期間にわたって絶えず乳房が抑制されずに動くことにより、乳房を胸壁に支えている乳房堤靱帯（Cooper's ligament）が伸び、早期に垂れ下がる原因となる。乳頭（乳首）がシャツで摩擦されて擦過傷を起こす、いわゆる「ランナー乳首」は、競技に参加する前に両側の乳頭に粘着テープを貼ることで予防できる。「サイクリスト乳首」も、汗の冷却と発汗の組み合わせで生じ、乳頭に痛みを起こす。この症状はウインドブレーカーの着用によって予防できる。

処置 最も望ましいのは、伸縮性が少なく、乳房の上下、左右の動きを最小限に抑えるしっかりとしたデザインのブラジャーを着用することである（図6-15参照）[16]。胸部の傷害は、通常は相手の選手や器具と接触した場合に発生する。フェンシングやフィールドホッケーのようなスポーツの場合、女子選手はプラスチック製のカップタイプのブラジャーを着用し、胸部を保護する必要がある。

腹部の傷害の認識と管理

腹部の傷害は、スポーツ傷害の約10％にすぎないが、回復に長期間を要し、場合によっては生命を脅かすこともある[19]。腹部は、すべてのコンタクトスポーツで発生する傷害に対して特に脆弱である。腹部に対する打撃は、その部位と強度によって、表面的な傷害となることもあれば、深部に及ぶ損傷となることもある[5]。スポーツで発生する腹部の損傷で最も影響を受けるのは実質臓器である。腹筋が強くて緊張している場合には十分な保護となるが、弛緩した状態では臓器は傷害を受けやすい。

コリージョンスポーツでは、外傷に対して体幹部分を十分に保護することが非常に重要である。コンディショニングを通して鍛えること、また適切な防具と安全基準の適用ともども不可欠である。

腹壁の傷害

原因 体幹部を急激に捻ったり、手を頭上に伸ばした時、腹部の筋挫傷が起こる。腹筋で最も挫傷が起こりやすいのは腹直筋である。こうした傷害は、機能不全を起こす危険性を持っている[7]。

腹壁の打撲は圧迫力によって起こる。通常のスポーツで発生することは稀で、アメリカンフットボールやアイスホッケーなどのコリージョンスポーツで起こる。また、あらゆるスポーツ用具や高速の投擲物も傷害の原因となることがある。アイスホッケーのゴールキーパーや野球のキャッチャーは、胴体部分のプロテクターがなければ受傷しやすくなり危険にさらされる。傷害の程度や種類は、外力が鈍いものか突き刺すように鋭いものかによって異なる。

徴候 腹直筋の筋挫傷や腹壁の打撲は、深刻な機能障害を起こすことがある。強い一撃は、血腫の原因となり得る。これは腹直筋を取り囲んでいる筋膜組織の下に形成される。出血の結果生じた圧力が、傷害部位の痛みと硬結の原因となる[7]。

処置 まず氷と弾性包帯を使用して処置する。コーチは内臓損傷の徴候がないか調べる。処置は保存的なものとし、運動は痛みのない範囲にとどめるべきである。

ヘルニア

原因 ヘルニアとは、腹壁の一部から内臓が突出した状態のことである。スポーツが原因で起こるヘルニアは、鼠径部で最もよく発生する[13]。男性に多く起こる（75%以上）鼠径ヘルニアと、女性に多く見られる大腿ヘルニアが、最もよく発生する。鼠径ヘルニアは、男性生殖器官の血管や神経が通っている鼠径管の開口部が異常に拡大したものである。対照的に大腿ヘルニアは、大腿と下肢に続く血管と神経が通る大腿管の開口部に発生する[8]。

これらの部位で腹部内部の緊張が起こると、開口部周辺の筋肉が収縮する。しかし、もし腹部内部の緊張に対し筋肉が反応せず収縮しないと、腹部の内臓が開口部から突出することがある。

徴候 ヘルニアは次のような徴候によって認識される。痛みや長引く不快感を伴った、鼠径部への衝撃や筋挫傷の既往症がある。咳をした時鼠径部表面が膨瘤する。鼠径部に弱化や引っ張られるような感覚が繰り返し起こる[9]。

処置 大半の医師は、ヘルニアのある選手は、外科手術が終了するまでは激しい運動を禁止すべきであるという見解である。ヘルニアの突出を防ぐためにつくられた医療器具は、摩擦や刺激を引き起こすのでスポーツにはおおむね不適当である。また中程度のヘルニアには運動が効果

鼠径ヘルニアは男性に起こり、大腿ヘルニアは女性に起こる。

21-1 Critical Thinking
頭の体操——エクササイズ
レスラーがオフシーズンにハードな重量挙げトレーニングに参加している。最近レスラーは鼠径部に痛みを感じ始めた。レスラーが懸命にウエイトを持ち上げようとして息を止めると痛みが起きる。レスラーはヘルニアを発生したのではないかと心配している。
質問：選手がヘルニアを患っていることを確認するため、コーチはどのような症状と徴候に注目すべきか？

的とされてきたが、それは間違っている。伸びきった状態の鼠径部や大腿部のヘルニアに対して、運動が肯定的な影響を与えることはない。

太陽神経叢への打撃

> 太陽神経叢への打撃は、横隔膜の一時的な麻痺と失神を引き起こすことがある。

原因 腹部の真ん中、すなわち太陽神経叢への打撃は、横隔膜の一時的麻痺（呼吸停止）を起こす。衝撃が呼吸を停止させるほど強烈であると、内臓損傷の原因ともなり得ることを忘れてはならない。

徴候 横隔膜の一時的麻痺は呼吸を停止させ、無酸素症の原因となる。選手は吸気ができないと、一時的にパニックに陥ることがある。これらの症状は一過性のものである。選手の恐怖感を静め、自信を持たせることが必要である。

処置 一時的に呼吸停止に陥った選手を処置するには、コーチは次の手順に従う。選手の不安を静めるため、落ち着いた態度で接し、選手のベルトや腹部の衣類を緩め、選手の膝を曲げる。選手がリラックスするように、短く息を吸いゆっくりと吐き出すことを促す。

選手は呼吸ができないという恐怖から、過呼吸に陥るかもしれない。過呼吸とは、異常に速いペースで呼吸を行い、その結果過剰な酸素レベルに達する状況である。過呼吸の結果、めまい、息苦しさ、動悸、失神といったさまざまな身体反応が起きる。コーチは選手に紙袋のなかでゆっくり呼吸させ、二酸化炭素レベルを高める。

わき腹の差し込み

> **Critical Thinking**
> **21-2 頭の体操**──エクササイズ
> クロスカントリーランナーが、繰り返し発生するわき腹の差し込みを訴えている。選手は、全力疾走すると左肋骨付近に締めつけられるような痛みを感じるという。走るのをやめると、この痛みはなくなり、再び走り始めるとまた痛み出すようだ。
> **質問**：この症状を緩和させるため、コーチは選手に何を勧めたらよいか？

原因 わき腹の差し込みとは、一部の選手に起こるわき腹の突発的な痛みに対して名付けられたものである。原因は明らかでないが、以下のようないくつかの仮説が立てられている。便秘、腸内ガス、過食、コンディショニング不良から生じる横隔膜の痙攣、腹筋が弱いため内臓を支える機能の低下、脾臓肥大、不完全な呼吸から生じた横隔膜への酸素供給不足、横隔膜または肋間筋の虚血[17]。

徴候 激しい運動の最中に腹部の左右いずれかの肋骨の縁に締めつけられるような痛みを感じる。ランニングを含むスポーツでは、この症状が発生することが多い。

処置 わき腹の差し込みの応急処置としては、まず痙攣を緩和させる必要がある。それには2つの方法が有効であるとされている。第一の方法としては、痛みのある側の手を可能な限り高く挙げてストレッチングをするように選手に指示する。これでも不十分な場合には、体幹を前方に曲げ、大腿部に近づけると有効なことがある。

腹部に痙攣を繰り返す選手は、原因を究明する必要がある。食生活の問題、排泄の問題、不十分なトレーニングプログラムが、個々の問題の原因であることがある。わき腹の差し込みは深刻な問題とはみなされないが、腹部の痛みが続く場合には、さらに医師の診断が必要となることもある。

脾臓の損傷

原因 脾臓の損傷は稀であるが、既存の疾患が原因で脾臓が肥大していると、通常、腹部の左上方1/4部分への転倒による衝撃、または直接的な打撃が原因で起こる[3]。伝染性単核球症は、脾臓肥大の最もよくある原因である。

徴候 脾臓破裂を示唆する顕著な徴候があったら、直ちに医師の診断を仰ぐ[24]。徴候には、腹部に対する強度の打撃の履歴、ショックの徴候、腹部硬直、吐き気、嘔吐などがある。また、傷害を受けた30分後には、ケール徴候といわれる感覚過敏症が起こることがある。これは、上は左肩から下は左腕の1/3近くまで及ぶ[14]。破裂した脾臓は、おびただしい出血を腹腔に引き起こし、選手は傷害を受けた後、数日または数週間後に内臓出血により死亡する。

処置 初期段階では、1週間の入院加療に加えて、保存的な外科手術以外の処置が推奨される[14]。3週間目に選手は軽度のコンディショニング活動に参加でき、4週間目に症状がなくなれば運動に完全復帰できる。外科的手術が必要な場合、運動の復帰には3カ月を要する。脾臓を摘出した場合は、活動復帰までには6カ月かかる。単核球症が原因で脾臓が肥大した場合、脾臓の肥大や痛みがなくなり熱もなければ、受傷後3週間で選手はトレーニングを再開できる。

腎臓の打撲

原因 腎臓は一見、腹腔内で十分に保護されているように見えるが、時折、腎臓打撲、破裂といった事態が起きる[21]。腎臓は、通常、血液に満たされているため損傷を被りやすい。強い外力が選手の背部に加えられた場合、充溢した腎臓を異常に伸ばすことになり、損傷を招く[5]。

徴候 腎臓打撲を受けた選手は、ショック、吐き気、嘔吐、背筋の硬結、血尿といった症状が現れることがある。ほかの内臓と同様に、腎臓の場合も関連痛を伴うことがある。この痛みは体幹前方の周囲、さらに下腹部へと広がる可能性がある。

処置 腹部や背部に激しい一撃を受けた選手に対しては、2、3回排尿するように指示して、血尿の有無を確認する。血尿が見られた場合には、直ちに医師の診断を仰がなくてはならない[2]。通常、腎臓打撲の医療措置としては、水分摂取を徐々に増やしながら、24時間体制の病院で監視が行われる。出血が止まらない場合は、外科手術が行われることもある。保存療法で治療可能な腎臓障害では、通常は2週間の安静と活動再開後の監視が必要とされる。疑問が残る場合は、1シーズン完全に休養することが必要になるかもしれない。

肝臓の打撲

原因 スポーツ活動で肝臓傷害が起こることはごく稀である。胸郭の右側に強烈な一撃を受けると、特に肝臓が肝炎などの疾患が原因で肥大

伝染性単核球症は脾臓肥大の原因となる。

腹部または背部に激しい打撃を受けた後で、選手が肩、体幹、骨盤に痛みを訴えた場合、内臓傷害による関連痛であることが疑われる。

腎臓と膀胱の打撲は血尿の原因となる。

21-3 Critical Thinking　頭の体操——エクササイズ
アメリカンフットボールのレシーバーが中央に投げられた高いパスをキャッチしようとしてジャンプした。その時相手のディフェンスバックの選手がレシーバーの腰部に打撃を加えた。レシーバーの選手は特に受傷したようには見えなかった。試合終了後、選手は血尿に気づき、心配になった。
質問：この血尿は心配ないか？コーチのとるべき処置は？

肝炎は肝臓肥大の原因となる。

している場合は、断裂または重大な打撲傷に陥ることがある[23]。

徴候 肝臓傷害は、出血とショックを伴うことがあり、直ちに外科的介入が必要である。肝臓傷害は一般に、右肩甲骨の下方、右肩、胸骨の下方位、また場合によっては胸の前方左側に関連痛を起こす。

処置 肝臓の打撲傷の場合、直ちに医師の診断を仰いで処置を受ける。

虫垂炎

原因 虫垂の炎症には慢性と急性がある。炎症の原因としては、便秘などさまざまな要素がある。最も発生率が高いのは15～25歳までの男子である。虫垂炎は一般的な胃の障害と間違えられやすい。初期段階では虫垂は赤く腫れている。段階が進むと壊疽を起こしたり、破裂することもあり、腹膜炎の原因となる。炎症を起こして破裂した虫垂は、細菌感染などの合併症を引き起こすことがある[23]。

徴候 選手は、吐き気、嘔吐、37～38度の軽い熱を伴う下腹部の中程度から強度の痛みを感じる。その後、右下腹部に局所的な締めつけられるような痛みが生じる。触診で腹部の拘縮と、上前腸骨棘とへその間の局部的圧痛（マックバーニー点）[23]が明らかになる（図21-4参照）。

処置 多くの場合、炎症を起こした虫垂を外科手術により除去する必要がある。腸に障害がなければ、急いで外科手術を行う必要はない。ただし、急性の破裂により腸が閉塞されると生命を脅かす事態となる。

膀胱の損傷

原因 稀ではあるが、下腹部に激しい外力が加えられた際に尿で膀胱が膨張していると、膀胱を損傷することがある。尿に混じる赤血球（血尿）は、「ランナー膀胱」と呼ばれるランニング中の膀胱の打撲と関連していることがよくある[27]。

徴候 腹部に何らかの衝撃を受けた時は、内臓損傷の可能性を考慮する必要がある。このような外傷を受けた後は、選手に血尿が出ていないか頻繁にチェックするよう指示する。膀胱傷害は通常、前上方大腿部を含む体幹下部に関連痛を起こす。膀胱が破裂すると、選手は排尿ができなくなる。

陰嚢・精巣の打撲傷

原因 著しく過敏で脆弱な陰嚢や精巣は、強烈な痛みと吐き気、機能不全を引き起こす打撲傷を受けやすい。

徴候 打撲傷または挫傷の特徴として、出血、体液滲出、筋痙攣があり、その程度は組織に加えられた衝撃の強さによる[9]。

処置 睾丸に打撲を受けたら、直ちに選手を横向き（側臥位）に寝かせ、両大腿を胸の近くまで曲げさせる（図21-12）。痛みが緩和したら、陰嚢部に冷却パックを適用する。15～20分経っても痛みが治まらない場合は、医師の診断を仰ぐ。

虫垂炎は一般的な胃の障害と間違えられやすい。

Critical Thinking
21-4 頭の体操──エクササイズ
サッカー選手が腹部のへその上部分を蹴られた。その時選手は一瞬呼吸が停止した。現在選手は痛みを訴えており、触診すると腹部に拘縮がある。
質問：コーチが最も注意すべき点は何か？　損傷を受けている可能性のある臓器は何か？

男性生殖器は露出しているため、生殖器の傷害は女性よりもはるかに発生率が高い。

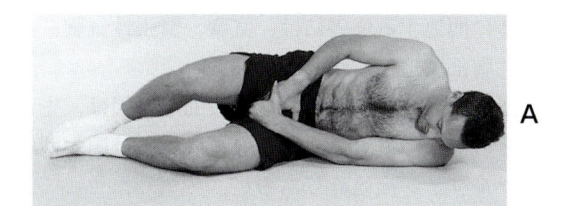

図21-12
陰嚢部に打撲傷を負った時にとる姿勢。

女性生殖器の傷害

　一般に、スポーツ中の女性生殖器の傷害発生率は低い。女子選手が最も受けやすい女性生殖器の傷害は、外部女性生殖器（陰唇、陰核、膣前庭を含む外陰部）の打撲傷である[4]。この部位への直接的打撃が原因で起こる打撲傷の結果、血腫が形成されることがある。この部位への打撲により恥骨結合部が損傷され、その結果恥骨炎を起こすこともある[4]。

まとめ

- 胸部は、頚の基部と横隔膜の間に位置する、一般に胸と呼ばれる身体部位である。その主要な機能は、生命の維持に必要な呼吸器官と循環器官を保護し、呼吸プロセスで肺の吸気と呼気を補助することである。胸郭内に肺と心臓がある。
- 腹腔は横隔膜と骨盤の間に位置し、下部肋骨の間隙、腹筋、および脊柱によって形成される。腹部の臓器には実質臓器と管腔臓器がある。腹腔内の臓器は、泌尿器系、消化器系、生殖器系、リンパ系に分類される。
- 心臓、肺、および腹部臓器の傷害は重傷となる危険性があり、適切な認識と管理を怠ると、生命を脅かすこともある。
- 胸部や腹部の傷害を最初に評価するコーチは、生命を脅かす傷害を示す徴候や症状がないかを重点的に調べる。適切な質問を行い、選手の姿勢を観察し、受傷部位を触診することは、傷害を評価するうえで不可欠である。
- 肋骨の骨折と打撲、肋骨端部傷害、筋挫傷、乳房の傷害は、いずれも胸壁によく起こる傷害である。

- 肺に関連する傷害には、気胸、緊張性気胸、血胸、外傷性仮死（外傷性胸部圧迫症）がある。
- 運動誘発性突然死の最も一般的な原因は、先天性循環器系異常である。そのなかで最もよくある3つの原因は肥大型心筋症、冠動脈起始異常、マルファン症候群である。
- 腹壁の傷害には、筋挫傷、呼吸停止、鼠径ヘルニアと大腿ヘルニアがある。
- 腹部傷害では、腹部臓器の傷害を考慮する必要がある。肝臓、脾臓、腎臓の損傷は、腹部臓器に関連する最も一般的なスポーツ傷害である。
- スポーツにおける生殖器の傷害は、生殖器が露出しているため男性に起こることが断然多い。

頭の体操（エクササイズ）の答え　Solutions to Critical Thinking Exercises

21-1 ヘルニアを患っている選手は、一般に、長引く痛みと不快感を伴う鼠径部への打撃や挫傷の既往症がある。また、咳をすると顕著になる鼠径部表面の突出があり、選手は鼠径部に弱化や引っ張られるような感覚を抱くことがある。鼠径ヘルニアは、鼠径管開口部が異常に拡大しており、そこから腹部内臓が押し出されて起こる。

21-2 コーチは、便秘やガスを発生させるような選手の食習慣を改めさせる。差し込みの原因として、横隔膜内の酸素不足と横隔膜と肋間筋の虚血を起こす不適切な呼吸方法が考えられる。差し込みのもう一つの原因として、コンディショニング不良や腹筋の弱化による臓器の支持力低下が原因で起こる横隔膜の痙攣も考えられる。腹部痙攣を繰り返す選手で腹部の痛みがとれない場合は、さらに医師の診断を仰ぐべきである。

21-3 尿に血液が混じる時は注意が必要である。この場合、腎臓に打撲を受けたと思われ、血尿の症状は数日で消えるはずである。だが、選手をチームドクターに見せ診断を仰ぐべきである。

21-4 コーチは、内出血を起こし、ショック症状に陥ることもある臓器への傷害の可能性を考慮すべきである。脾臓、肝臓、胃、小腸、膵臓、胆嚢が損傷している可能性がある。また、腹壁の筋肉の打撲傷により筋性防御を起こしている可能性もある。

復習問題とクラス活動

1. 胸部の解剖学的構造を説明せよ。
2. 肋骨打撲傷、肋骨骨折、肋骨端部の傷害の違いを述べよ。
3. 気胸、緊張性気胸、血胸、外傷性仮死（外傷性胸部圧迫症）の徴候を比較せよ。
4. スポーツ選手の突然死症候群の考えられる原因を挙げよ。
5. 泌尿器系、消化器系、リンパ系、生殖器系に関連する腹腔の臓器およびその他の構造を挙げよ。
6. 腹部の臓器はどの筋肉で保護されているか？
7. 腹部の臓器のどのような症状が腹部に痛みを起こすのか？
8. 脾臓破裂の徴候と重度の腎臓打撲の徴候を比較せよ。
9. 呼吸が一時停止した選手はどのように処置すべきか？
10. 鼠径ヘルニアまたは大腿ヘルニアと鼠径部筋挫傷の違いを述べよ。
11. わき腹の差し込みを説明せよ。

22 頭部、顔面、目、耳、鼻、咽喉

Chapter 22

この章を終えると、次のことが説明できるようになる。
- 頭部、顔面、目、耳、鼻、咽喉の解剖学的構造
- 頭部、顔面、目、耳、鼻、咽喉への傷害を予防する方法
- 頭部と顔面の傷害の評価プロセスの検討
- 脳震盪および軽度頭部外傷の認識と管理
- 顔面、目、耳、鼻、咽喉によく起こる傷害の認識

頭部、顔面、目、耳、鼻、咽喉の傷害は、スポーツでよく発生する。この部位の傷害の程度は、鼻血のような軽度なものから重度の脳震盪までさまざまである。

> 頭部へのスポーツ傷害は生死に関わることがある。

頭部、顔面、目、耳、鼻、咽喉への傷害の予防

頭部と顔面の傷害は、コリージョンスポーツやコンタクトスポーツで頻繁に発生するが、頭部に傷害を受ける危険性はあらゆるスポーツに存在する[18]。アメリカンフットボール、アイスホッケー、ラクロス、レスリング、野球などのスポーツでは、ヘルメットや保護用ヘッドギア、場合によってはフェイスマスクを装着することによって、頭部、顔面、目、耳、鼻、咽喉への傷害の発生率を劇的に軽減することができる。しかしながら別の議論もあり、アメリカンフットボールのようなスポーツではフェイスマスクを装着しないほうが、コンタクトプレーの時に選手が頭部を使用しなくなるため、頸椎や頭部の傷害の発生件数は減るのではないかともいわれている。だがこの場合、顔面、目、耳、鼻への傷害発生率は著しく高くなることは間違いない。ヘルメットは、脳障害の予防にのみ非常に有効である。

この部位への障害を予防する唯一の、そして最も重要な対策は、選手に正しい接触の技法を教えることである。アメリカンフットボールのすべてのヘルメットには、武器としてのヘルメットの使用の禁止を促す警告が表示されている。**コーチは、正しく安全なテクニックを選手に教え、実際にそれを活用させる責任がある。**

頭部の解剖学的構造

骨

　頭蓋骨は22個の骨からなる。唯一の例外である下顎骨を除き、すべての骨は、縫合によって結合される。脳を囲む頭蓋円蓋部は、頭蓋すなわち頭蓋骨に覆われ、前頭骨、篩骨、蝶形骨、2個の頭頂骨、2個の側頭骨、後頭骨からなる（図22-1）。

脳

　脳は、頭蓋骨内に納まっている中枢神経であり、4部分に分けられる。大脳、大脳皮質は、すべての随意筋の活動を調整し、記憶、理論、知性、学習、判断、感情などの高度な精神機能を管理するほか、感覚刺激の解釈を行う。小脳は、骨格筋の動きを制御し、随意筋の動きの協調に重要な役割を果たす。脳橋は、睡眠、姿勢、呼吸、嚥下、膀胱を制御する。延髄は脳幹の最下部であり、心拍数、呼吸（脳橋とともに）、血圧、咳、くしゃみ、嘔吐を制御する[25]。

髄膜

　髄膜は、脳と脊髄を保護する3層の膜である。一番外側にあるのが脳硬膜である。生命の維持に必要な動脈と静脈を含む脂肪層が、脳硬膜と骨壁を分かち、硬膜外腔を形成する。その下に硬膜に平行な脳クモ膜がある。クモ膜と軟膜の間のスペースは、髄液が蓄積されるクモ膜下腔と呼ばれる膜である（図22-2）[25]。

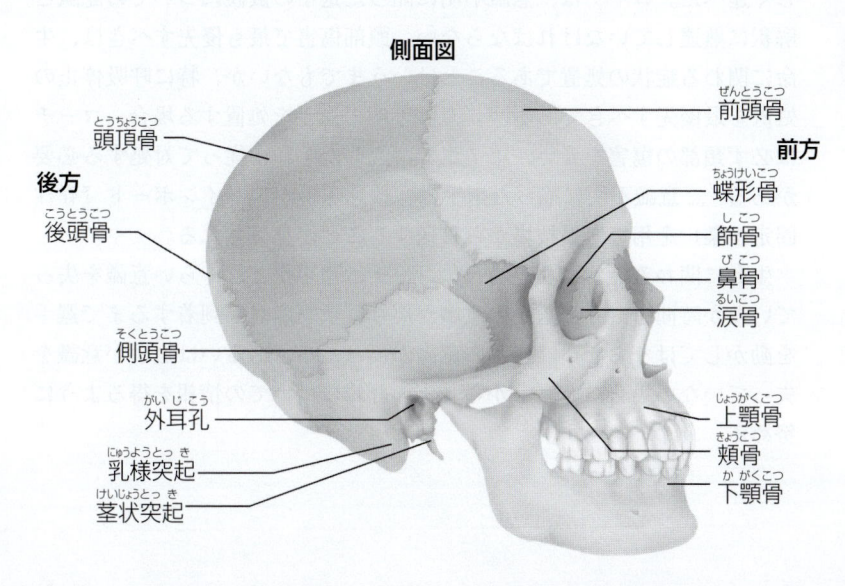

図22-1

頭蓋と顔面の骨（側面図）

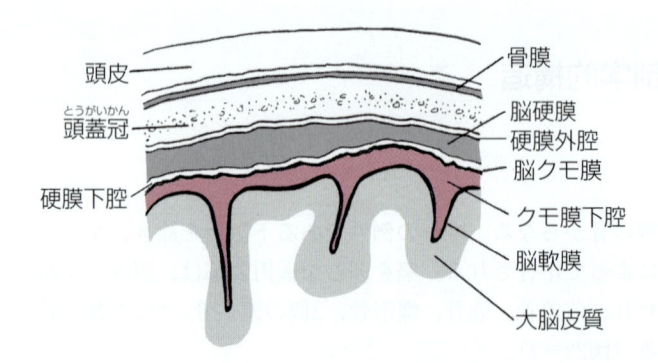

図22−2
頭部と脳の断面

　脳脊髄液は、クモ膜と軟膜の間に蓄積され、脳を完全に包囲して保護する。その主要な機能は、衝撃力を緩衝するためのクッションの働きをすることである。

頭部傷害の評価

　頭部に直接的打撃または頭部が激しく前後に揺さぶられる、あるいは左右に回旋するような身体の接触により衝撃を受けた選手に対し、脳障害がないか慎重に評価する必要がある。脳の障害は、意識不明、方向感覚の喪失または記憶喪失、運動、筋肉の協調性、または平衡感覚の障害、認知障害などを引き起こすこともある[1]。

意識不明の選手の処置

意識不明の選手はすべて、頚部に重傷を負っているものとして扱う。

　意識不明に陥った選手に対する現場での処置については、第7章で詳しく述べた。コーチは、意識不明に陥った選手の徴候についての認識と解釈に熟達していなければならない。頭部傷害で最も優先すべきは、生命に関わる症状の処置であることはいうまでもないが、特に呼吸停止の処置を最優先すべきである[11]。意識不明の選手を処置する場合、コーチは必ず頚部の傷害を疑い、第7章で解説した手順に従って対処する必要がある[8]。意識不明に陥った選手は、救急隊員がスパインボード（脊柱固定担架）を用いて競技場から移送することが推奨される。
　生命に関わる症状がない場合、コーチは選手がどれくらい意識を失っていたか時間を計り、選手の意識が戻り、救急隊員が到着するまで選手を動かしてはならない。選手の意識が戻ったら、あるいは選手が意識を失っていない場合は、選手から受傷の経緯についての情報を得るように努める。

事情聴取

頭部に損傷を受けた選手は、失神の原因に関する質問に正確に答えられない場合もあるが、以下の質問を行う必要がある。
- ここはどこかわかるか？
- 何が起きたか説明できるか？
- 以前にもノックアウトされたことがあるか思い出せるか？
- 頭が痛むか？
- 頸部に痛みはないか？
- 手足を動かせるか？

視診

コーチは通常、競技場内でも競技場外でも選手と行動をともにしているため、選手の普段の情動や、行動を知る有利な立場にある。次の点を観察すること。
- ここはどこか、今何時か、今日は何日か、試合相手は誰かなどの質問に選手がまごついたり答えられなかったりすることはないか？
- 無表情で一点を見つめていないか？　逆に視線が定まらないことはないか？　選手は目を開けていることがつらそうではないか？
- スピーチが不明瞭だったり矛盾していないか？
- 口頭または運動反応が遅れる（質問にすぐに答えられない、あるいは指示にすぐ従うことができない）ことはないか？
- 筋肉の協調性が著しく妨げられていないか？（よろめく、まっすぐ歩くことができない、指で鼻に触れることができない、など調整力の顕著な低下）
- 選手は集中できない、注意力散漫などの徴候はないか？
- 同じ質問を繰り返し行う、起きている事態が把握できない、などの記憶障害はないか？
- 選手の認知機能は正常か？（シリアル7、特定競技での役割）
- 選手に正常な感情的反応があるか？
- 選手の情動の異常はどれくらい続いたか？
- 耳道に半透明な淡黄色の液の滲出はないか？（頭蓋骨折によって起こる髄液の漏出）

触診

頭蓋骨の触診は、局所性圧痛部位または頭蓋骨折の存在を示す頭蓋骨の変形を特定するために体系的な方法で行う。

特殊テスト

神経学検査

神経学検査は、認知機能を評価する大脳テスト、脳神経テスト、協調性および運動能力を評価する小脳テスト、知覚テスト、反射テストの5つのテストからなる。神経学検査は、訓練を受けた医療専門家が行う。

目の機能

目の徴候を調べることによって、脳障害の可能性についての重要な情報が得られる。

目の機能異常は、脳障害と関連していることが多いため、以下の観察を行う必要がある[15]。

1. 両瞳孔（Pupils）が均等で（Equal）調整可能で（Accommodate）円形で（Round）、光に反射（Light）するかどうか（頭文字をとってPEARLと略す）。
2. 目が物を追う能力を調べる。眼球が絶えず前後、上下、または回旋運動を無意識に行うことを眼振という[8]。
3. 視力障害は、競技プログラムやスコアボードを読むことが困難または不可能でないかによって判定できる。

平衡感覚テスト

受傷した選手が立てるようなら、ロンベルグテストを適用して、静止バランスを評価できる。現場で行う平衡感覚テストではタンデム姿勢をとらせるとよい（図22-3）[10]。選手の身体がゆらぎ始め、目を閉じて立っていられない、あるいは明らかにバランスを失う時は、ロンベルグ徴候が陽性である。

図22-3
タンデム姿勢を用いるロンベルグテスト

訳注）
タンデム姿勢
足を縦列にして立つこと。
ロンベルグテスト
両足をそろえて、開眼起立と閉眼起立を行う。閉眼時に不安定性が増すとロンベルグ徴候陽性という。

協調性テスト

脳障害が筋の協調性に影響していないかを判定するテストがある。そのなかには、鼻タッチテスト、踵―つま先歩行テスト、立位踵―膝テストなどがある。これらのいずれかのテストができない場合は、小脳に障害をもたらしているかもしれない。

認知テスト

認知テストの目的は、頭部傷害の影響によりもたらされたさまざまな認知機能を立証し、客観的な基準から選手の現状と回復を評価することである[12]。現場で最もよく用いられる認知テストとは、シリアル7（100から7を順に引いていく）のテストと月名を逆順に挙げていくテストがある。最近、競技場内および競技場外で実施できる、神経心理学評価と呼ばれる脳震盪評価基準（SAC）が開発された[19]。

Critical Thinking 22-1
頭の体操――エクササイズ
サッカー選手がボールをヘディングしようとして、他の選手と衝突した。選手は意識不明には陥らなかったが、呆然としており、混乱が見られる。
質問：選手の認知機能を判断するため、コーチはどのような質問を選手に行うべきか？

頭部の特定傷害の認識と管理

頭部傷害は頭蓋骨への直接的で鈍的な外力によって起こる。米国では毎年スポーツ関連の活動中に重度の頭部外傷が30〜40件以上起きており、死亡事故も発生している[13]。

頭蓋骨骨折

原因 頭蓋骨骨折は一般に、頭部に当たった打球、頭部への打撃、高所からの転落など、鈍的外傷が原因で起こる。

徴候 選手は激しい頭痛と吐き気を訴える。頭蓋陥没などの損傷は触診でわからないこともある。中耳や外耳道の出血、鼻血、目の周りの「ラクーン眼」と呼ばれる変色、あるいは耳の後ろの「バトル徴候」と呼ばれる皮下出血が見られる。脳髄液（淡黄色）が外耳道や鼻から滲出することもある[2]。

処置 最も深刻な症状を引き起こすのは頭蓋骨骨折そのものではなく、頭蓋内出血、脳内に埋没した骨片、感染症などから発症する合併症であることに注意する[16]。こうした傷害がある場合、直ちに入院して神経外科医の診断を仰ぐ必要がある。

脳震盪（軽度頭部傷害）

原因 脳震盪はこれまで、意識の変動、視力障害、平衡感覚障害など受傷直後の、または一時的な外傷後の神経機能障害を特徴とする臨床症状と定義されてきた[13]。スポーツではほとんどの場合、脳震盪を起こしても意識不明になることがあまりないことを理解しておくべきである[13]。

直接的打撃は、選手の頭部へ何らかの物体（ボール、野球のバット、ラクロスのスティック、他の選手との接触）が当たって起こる。直接的打撃は、移動中の選手の頭部が何らかの固定物（床、ゴールポストなど）に衝突しても起こり、脳が減速損傷を起こす。頭部への衝撃は、打撃を受けた側の脳にも、また反対側の脳にも傷害（これを反衝損傷という）を起こす。加速、減速、特に回旋力により、頭蓋内で脳は揺さぶられる[5]。

最近、軽度頭部傷害（mild head injury：MHI）という用語がスポーツ医学界でよく使われるようになった。これは、受傷直後の大脳の一時的機能障害と概括的に定義される[1,2]。

徴候 脳震盪すなわち軽度頭部傷害の徴候は、多岐にわたっているが、一般に頭痛、耳鳴り、吐き気、不機嫌、混乱、方向感覚の喪失、めまい、意識不明、**外傷後健忘症**（受傷後の出来事を思い出せない）、**逆行性健忘症**（受傷前の出来事を思い出せない）、集中力の低下、視力障害、羞明感（光過敏）、不眠症などである[11]。

長年、頭部外傷後の意識の判定には、グラスゴー昏睡尺度（Grasgow Coma Scale）が使用されてきた。だが一般に、スポーツ活動での外傷の

訳注）
ラクーン眼
眼窩部皮下出血のこと。
バトル徴候
はじめに乳状突起に皮下出血が現れる中頭蓋底骨折の徴候。

脳震盪で意識不明になることはあまりない。

訳注）
脳が頭蓋骨のなかで揺さぶられて動くので、打撲（打撃）を受けた側にもその反対側にもぶつかることがある。そうした外力を加速力、減速力と表現する。

外傷後健忘症
（posttraumatic amnesia）
選手が頭部外傷後の記憶を失うこと。

表22-1　科学的根拠に基づくカンツ（Cantu）の脳震盪等級体系[9]

第1度（軽度）	第2度（中度）	第3度（重度）
意識あり。外傷後健忘症は30分以内で治る。健忘症以外の脳震盪後遺症の徴候および症状は、24時間以内で治まる。	1分以内の意識不明。外傷後健忘症は30分以上続くが、24時間以内に回復する。脳震盪後遺症の徴候および症状は24時間以上続くが、7日以内に回復する。	1分以上の意識不明または24時間以上の外傷後健忘症。脳震盪後遺症の徴候および症状は7日以上続く。

程度は比較的軽いため、このスケールを運動選手の頭部傷害の分類に使用する医師は少ない。

近年、脳震盪の程度を判定する分類体系に関する論議が多方面で起きている。現在のところ、世界的に是認される分類体系はまだない。表22-1は、脳震盪の程度を3段階に分類した推奨判定ガイドである[4]。

処置　脳震盪後に選手を競技に復帰させるタイミングは、スポーツ医療チームにとってジレンマとなることが多い[1]。確かに、軽度頭部傷害を負った選手（耳鳴りがする程度）と、意識不明に陥った選手とは異なる。だが、脳にどのような傷害を負ったにせよ、選手の早すぎる活動復帰の決定は、最悪の場合死に至る非常に危険な決断となることがある[5]。

いかなる理由であれ、選手が意識不明に陥った時は必ず、選手を直ちに競技の戦列から除外しなければならない。選手が意識不明の原因となる頭部傷害を負っている場合は、コーチは選手が頸部にも傷害を負っていないかを疑い、救急隊員を呼び、スパインボード（脊柱固定担架）を使って選手を現場から運び出してもらう必要がある[10]。

軽度頭部傷害を負った選手を競技に復帰させる判断は、非常に難しく、これまでは主にチームドクターの主観的判断に任せられていた。最近の調査で、たとえ軽度頭部傷害であっても、治癒にはこれまで考えられていた以上の期間が必要であることが明らかとなった[4]。軽度頭部傷害を負った選手は、視力、運動、感覚の異常、思考および記憶障害などを含むすべての脳震盪後症候がなくなるまで活動に復帰させてはならない。特にコンタクトスポーツの選手を後遺症がなくならないうちに競技に復帰させることは、選手を危機にさらすことになる[1]。**コーチは、頭部傷害のある選手を、チームドクターの許可が降りるまで種類を問わず活動に復帰させてはならない。**たとえどんなに軽い頭部傷害であっても、症状が治まるまでには3～5日を要する。表22-2は、頭部傷害後の競技復帰に関する意思決定をする医師のためのガイドラインである。

脳震盪後症候群が治癒し、選手が競技に復帰した後でも、脳震盪の再発する恐れは残り、脳への傷害が累積される危険性がある。1シーズン中に複数回の脳震盪を起こしている場合、選手の競技活動を続けさせるかどうかは医師が判断する必要がある。表22-2は、脳震盪再発後の試合復帰に関するガイドラインを示している。

表22－2　反復または再発脳震盪後の試合復帰のガイドライン[4]

程度	1回目	2回目	3回目
第1度	1週間無症候であれば競技に復帰できる。CTまたはMRIで異常がある場合は、シーズン終了。	1週間無症候であれば、2週間以内に競技に復帰できる。	シーズン終了。無症候であれば、次シーズンは競技に復帰できる。
第2度	2週間無症候であれば競技に復帰できる。CTまたはMRIで異常がある場合、シーズン終了。	最低1カ月を経て、その後1週間無症候であれば、競技に復帰できる。シーズン終了を検討。	シーズン終了。無症候であれば、次シーズンは競技に復帰できる。
第3度	最低1カ月を経て、その後1週間無症候であれば競技に復帰できる。	シーズン終了。無症候であれば、次シーズンは競技に復帰できる。	コンタクトスポーツからの引退を検討する。

脳震盪後症候群

原因　脳震盪後症候群は、脳震盪後に発生する認識しにくい症状である。意識不明を起こさない軽度頭部傷害でも、重度の脳震盪でも発生する[20]。

徴候　選手は、長引く頭痛、記憶障害、集中力の低下、不安や不機嫌、めまい、疲労感、憂鬱、視力障害などの一連の脳震盪後症候群を訴える。これらの症状は、最初の外傷の直後に発生することもあれば、数日後に始まることもあり、数週間続くこともあれば、治癒までに数カ月を要することもある[20]。

処置　残念ながら、脳震盪後症候群にはこれといった明解な治療法はない。選手は、後遺症のすべての症状がなくなるまで競技に復帰することはできない。

二次的衝撃症候群

原因　二次的衝撃症候群（second impact syndrome：SIS）は、最初の頭部傷害の症状が治まる前に再度頭部が傷害を受けて、脳が急激に腫れることをいう[5]。この二次的衝撃は、比較的軽度な衝撃でも起こり、また、頭部への直接打撃がない場合でも起こり得る。胸部または背部への打撃が、選手の頭部に影響を及ぼすのに十分な外力となり、すでに傷ついている脳に加速力や減速力を生じさせ悪影響を与える。二次的衝撃症候群は、20歳以下の選手に起こることが最も多い。

徴候　意識を失うことは稀であり、選手は「ボーッとしている」ように見える。立っていることができ、自力で場外に移動できるが、15秒から数分間で症状は急激に悪化し、意識を失い昏睡状態になったり、瞳孔が開いたり、目の動きが止まったり、呼吸不全を起こしたりする[5]。これらは、死亡率約50％の生死に関わる症状である。

処置　二次的衝撃症候群は、生死に関わる緊急症状であり、5分以内に救命治療室で生命保護措置などの処置をする必要がある[1]。二次衝

22-2 Critical Thinking
頭の体操──エクササイズ
アメリカンフットボール選手が第2度の脳震盪を起こした。これはシーズン2度目の脳震盪である。
質問：試合復帰についてどのようなガイドラインに従うべきか。

二次的衝撃症候群は、救急処置を必要とする生命の危険を伴う緊急事態である。

22-3 Critical Thinking
頭の体操──エクササイズ
バレーボール選手がコート上で転倒して後頭部を打ち、一時的に意識を失った。2～3分後に意識は回復し、脳震盪後症候群の徴候はなく、選手はまったく正常に見えた。
質問：コーチは選手に試合への復帰を許可してよいか？

撃症候群を管理する最良の方法は、発生を予防することである。したがって、最初の頭部傷害後に選手を競技に復帰させる判断は、脳震盪後症候群がないことを基準に慎重に行わなければならない。

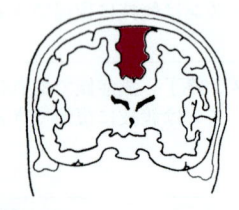

脳挫傷

原因 大脳の挫傷は、少量の出血すなわち大脳皮質、脳幹、小脳の脳内出血を伴う脳の限局的な傷害である（図22-4）[2]。脳挫傷は通常、頭部を床などの不動の物体に打ちつける衝撃による傷害が原因で起こる。

徴候 外傷の範囲と傷害の部位によって、徴候は著しく異なる。多くの場合、選手は意識を喪失するが、その後きわめて頭脳明晰となり饒舌になる。神経学検査の結果は正常だが、頭痛、めまい、吐き気などの症状は続く。

処置 さまざまな画像診断を行う入院加療が、脳挫傷の標準的治療である。処置は選手の症状に応じて異なる[2]。競技への復帰は、選手が無症候でかつ、CTスキャンが正常な場合、医師のみが決定できる。

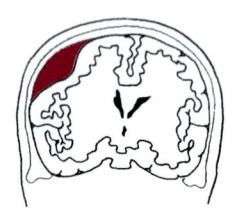

硬膜外血腫

原因 しばしば頭蓋骨骨折を起こすような頭部への傷害は、頭蓋の骨溝に埋まった硬膜動脈の断裂の原因となる（図22-5）。動脈の血圧のため、血液の蓄積と硬膜外血腫の形成は非常に早く進行する[12]。

徴候 一般に、最初に意識喪失を起こす。意識が回復した後、重大な症状がほとんど、あるいはまったくなく、頭脳明晰になることがある。しかし、症状は徐々に悪化し始め、激しい頭痛、めまい、吐き気、瞳孔の拡張（通常患側）、眠気などが起こる。進行段階の脳血腫には、意識朦朧、頚部の硬直、脈拍や呼吸の低下、痙攣などの徴候がある。これは生死に関わる症状であり、緊急の神経外科的治療が必要である。

処置 硬膜外血腫の診断にはCTスキャンが必要である。死亡もしくは永久的な障害を回避するには、硬膜外血腫の圧力をできるだけ早く外科手術で取り除く必要がある。

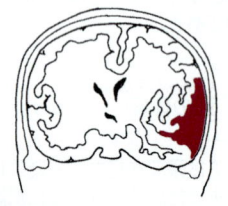

硬膜下血腫

原因 急性の硬膜下血腫は硬膜外血腫よりもはるかに頻繁に発生する。硬膜下血腫は、硬膜と脳をつなぐ血管を断裂させる加速力または減速力によって起こる[12]。硬膜下血腫では通常、静脈出血が起きるため、傷害の徴候はゆっくりと現れることが多く、数時間後に起こることもあり得る（図22-6）。

徴候 硬膜下血腫では、選手は片方（通常患側）の瞳孔だけが拡大して意識不明に陥ることがある。頭痛、めまい、吐き気、眠気などの徴候もある[18]。

処置 急性の硬膜下血腫は、救急医療処置を必要とする、生死に関わる症状である。血腫の範囲と部位を診断するには、CTスキャンまたはMRIが必要である[18]。

図22-4
頭蓋骨内出血

図22-5
硬膜外血腫

図22-6
硬膜下血腫

硬膜下血腫の徴候は、受傷後数時間経ってから現れることがある。

片頭痛

原因 片頭痛は、突発性の激しい周期的頭痛を特徴とする。視力障害や胃腸障害を伴うこともある。サッカーでよくある頭部への軽度の反復的打撃（ヘディング）の経験を持つ選手や重度の脳障害の既往症がある選手は、時間の経過とともに、片頭痛を起こす。片頭痛の正確な原因は不明だが、一般に血管の障害が原因と考えられている。

徴候 閃光（せんこう）、視野欠損（半盲）、感覚異常は脳内血管の収縮が原因と考えられている。また頭痛は、頭皮動脈の拡張が原因と考えられている。選手は、頭部全体に及ぶ激しい頭痛を訴える。頭痛には、吐き気や嘔吐を伴うことが多い。頭部外傷後に片頭痛を起こす選手には、家族歴のあることが証明されている。

処置 最良の管理は予防である。片頭痛の再発を防止するための予防薬がある。重度の頭痛には、トリプタンという処方薬での治療が効果的である。

頭皮の傷害

頭皮に起こる傷害は裂創、擦過傷、打撲傷、血腫である。

原因 頭皮傷害の原因は通常、鈍的または貫通性外傷である。頭皮の裂創には重度の頭蓋または脳障害が伴うことがある。

徴候 選手は頭部に打撃を受けている。多量の出血を伴うことが多く、正確な受傷部位を特定することが困難になる。もつれた髪や塵埃によって実際の受傷部位が隠されていることもある。

処置 一般に髪が密集している部分に起こる頭皮裂創の処置は、通常の怪我の処置より困難をきたす。長さ1/2インチ（1.25cm）以上、深さ1/8インチ（0.3cm）以上の傷は医師の処置を受ける。軽度の場合は、止血して消毒し、コロジオンなどの保護コート剤と滅菌ガーゼパッドを当てる。その上から粘着テープを皮膚部分にかかるように貼って、テープがはがれ落ちないようにする。

顔面の解剖学的構造

顔面の皮膚は、少量の保護筋肉、筋膜、脂肪とともに皮下の骨を覆っている。眼窩上縁のところに前頭洞がある。一般に顔面頭蓋は、薄い骨板と密集した骨質の壁からできている。顔面のうち1/3は上顎骨からなり、それが鼻と鼻腔を支えている。顔面の下部は下顎骨からなる。歯を支えるほかに、下顎は咽喉、気管、上気道と上部消化管も支えている（図22－1参照）。

顔面の特定傷害の認識と管理

下顎骨骨折

原因 下顎の骨折は（図22－7）コリージョンスポーツでよく発生し、顔面の骨折のなかで発生率が2番目に高い。わずかしか保護されていないうえに、とがった輪郭をしているために、下顎は直接の衝撃から損傷を受けやすい。最も頻繁に骨折する部位は、顎の前角付近である。

徴候 骨折した下顎骨の主な徴候は、変形、歯のかみ合わせ異常、かむ時の痛み、歯の周囲の出血、下唇の無感覚症などである。

処置 下顎骨の骨折は弾性包帯で一時的に固定し、その後医師による顎の整復と固定を受ける。軽量のウエイトリフティング、水泳、サイクリングなどの軽度の反復運動は回復期に実施できる。固定には4～6週間を要する。2～3カ月で完全に活動に復帰できるが、適切な特製ヘッドギアや特注マウスピースなどを用いる。

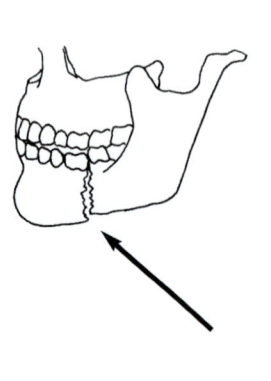

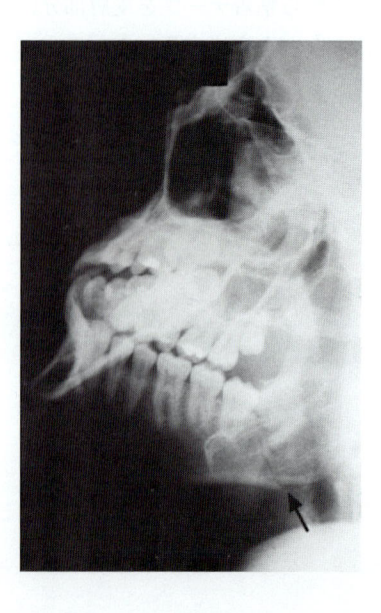

図22－7

下顎骨骨折

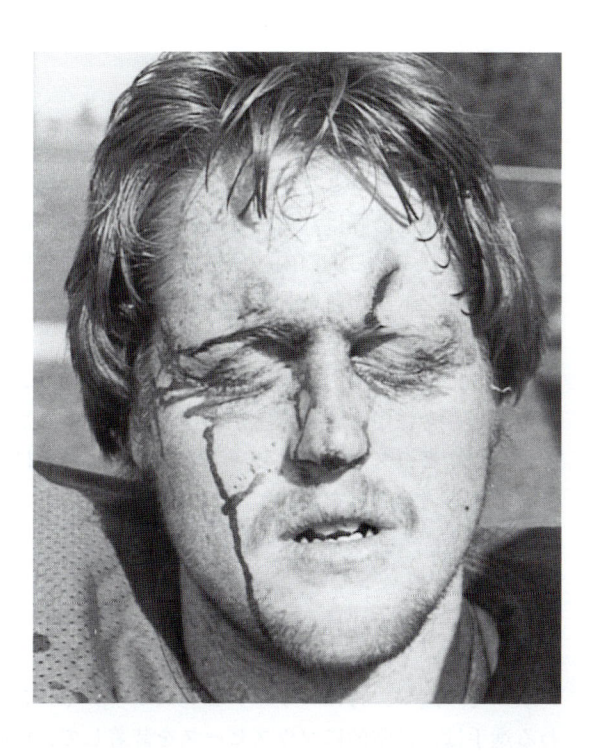

図22-8
顔面の裂創は救急医療処置を必要とすることがある。

頬骨複合体の骨折

原因 頬骨の骨折は、顔の骨折のなかで発生率は3番目に高い。頬骨への直接的打撃が、頬骨骨折の原因となる。

徴候 頬に明らかな変形が起こるか、骨の不整合が触診できる。通常、鼻血（鼻出血）や物が二重に見える（複視）などの症状がある。また頬にしびれ感がある。

処置 通常は浮腫を抑えるために患部を冷却し、直ちに医師に見せる。治癒には6〜8週間かかる。活動に復帰する際は、適切なフェイスガードを装着する必要がある。

顔面の裂創

原因 顔面の裂創はコンタクトスポーツまたはコリージョンスポーツでよく起こる。顔面周辺の裂創は、顔面にするどい物体が直接当たった時や間接的な圧力によって起こることもある。

徴候 選手は痛みを感じ、かなりの出血があり、表皮や真皮、多くの場合皮下層にも明らかな断裂がある（図22-8）。

処置 医師に見せ、縫合などの適切な処置をしてもらう。眉の裂創の場合、眉毛が再生しない可能性があり、また再生しても不揃いになることがあるため、コーチは眉毛を剃らないように注意する。唇、口腔、耳、頬、鼻の裂創はすべての顔面の裂創と同様、汚染されやすいので、縫合の前に完全に洗浄して、感染を防がなければならない。抗生物質や破傷風予防接種が必要となることもある。

歯の解剖学的構造

　歯は、カルシウムとリンを主成分とする無機塩でできている。歯肉から突出した歯冠と呼ばれる部分は、身体のなかで最も硬い物質、エナメル質で覆われている。口内の歯槽の骨に向かって伸びる部分は歯根と呼ばれ、セメント質の薄い骨性物質で覆われている。エナメル質とセメント質の下には、象牙質と呼ばれる硬い物質でできた歯の塊がある。象牙質のなかには、すべての歯に供給される神経、リンパ管、血管で構成される歯髄を含む中心管と髄室がある（図22－9）。フェイスガードを使用し、マウスピースを適切に装着することにより、ほとんどの歯の傷害は予防できる（第6章を参照）。

歯の傷害の予防

　すべての選手、特にコリージョンスポーツやコンタクトスポーツに関わる選手は、日常的にマウスピースを装着して、歯の傷害を予防すべきであることは歯科医療業界で合意されている。確かに、高校および大学アメリカンフットボールの選手にマウスピースの装着を義務付けることにより、口部の傷害の発生率は著しく減少した。ただし、マウスピースの装着を義務付けないスポーツにおける歯の傷害の発生率は、あいかわらず高い[14, 23]。

　選手は、規則正しい歯磨き、口を注ぐ、フロスの使用など、よい歯科衛生習慣を身につけるべきである。誰もがそうであるように、選手は少なくとも年1回歯科検診を受けて、歯の軟組織または骨組織が徐々に腐

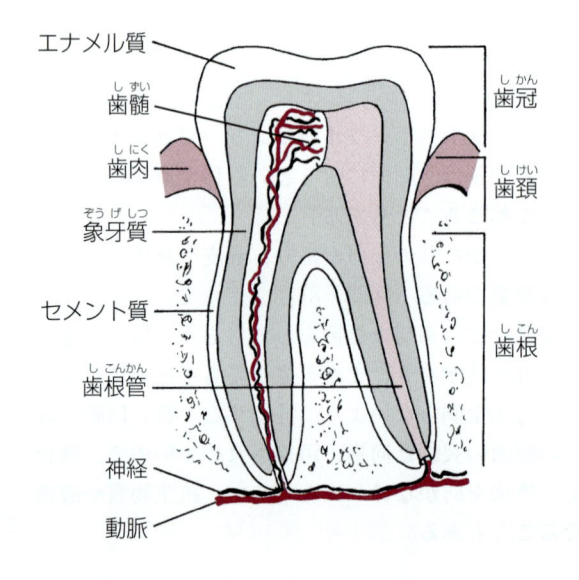

図22－9

正常な歯の解剖学的構造

食して変性する虫歯を予防することが望ましい。この腐食が進行すると、歯の周囲の組織が炎症を起こし、歯の細菌感染から膿瘍が形成される。歯の不衛生も歯肉炎の原因となる。歯肉炎は、歯茎が腫れて赤くなり、圧痛があり、出血しやすくなる歯茎の炎症である。慢性的歯肉炎が進行すると歯周炎となり、歯の骨膜、周囲の骨、セメント質が炎症または変性を起こし、歯が弛み、歯肉が後退し、感染症を起こすことがある[14]。

歯の特定傷害の認識と管理

歯の破折

原因 上顎または下顎への衝撃、あるいは直接的外傷は、歯の破折を起こす原因となる[14]。歯の破折には、単純性歯冠破折、複雑歯冠破折、歯根破折の3種類がある（図22−10）。

徴候 単純性歯冠破折では、歯のごく一部が欠けるが、破折による出血はなく、髄室が露出することはない。複雑歯冠破折では、歯の一部が

歯の破折には次のものがある：
- 単純性歯冠破折
- 複雑歯冠破折
- 歯根破折

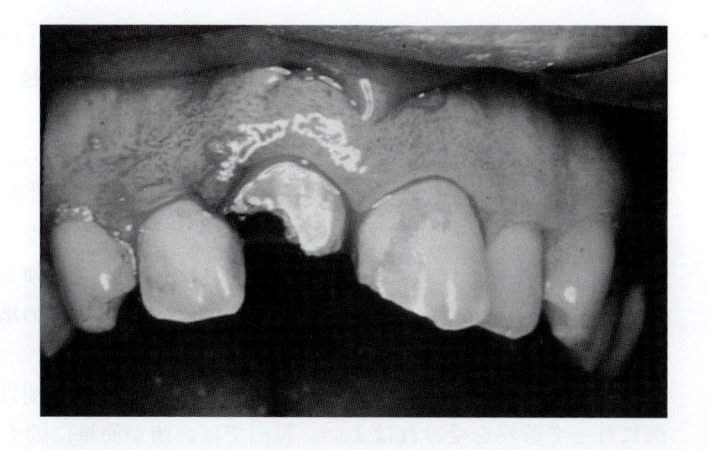

図22−10
歯の破折

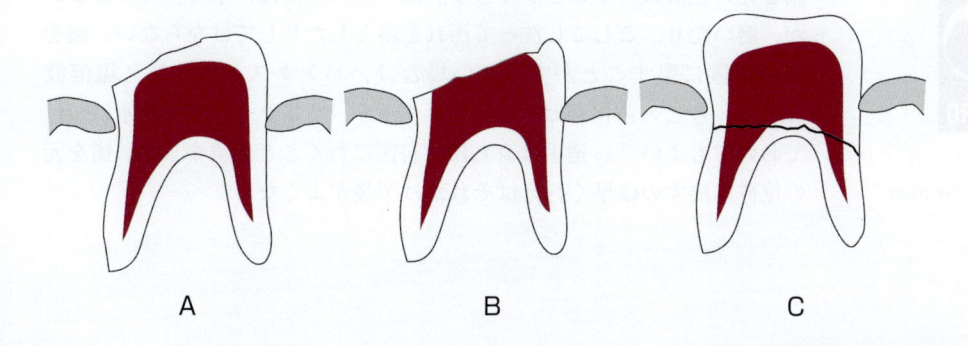

図22−10（続き）
A．単純性歯冠破折
B．複雑歯冠破折
C．歯根破折

欠け、破折による出血がある。髄室が露出し、激しい痛みがある。歯根破折は歯肉ラインの下で起こるため診断が難しく、X線検査が必要となることもある。3種類の破折のなかで歯根破折が起こる割合は、10〜15％である。歯は正常な位置にあるように見えるが、歯の周囲に歯肉からの出血が見られ、歯冠が後方にずれたりゆるんだりすることもある。歯の破折を起こすような強い衝撃は、下顎骨骨折や、場合によっては脳震盪の原因ともなる[23]。

処置　単純性歯冠破折も複雑歯冠破折も、直ちに医師に見せる必要はない。折れた歯は、ビニール袋に入れておき、破折した歯が空気や冷気に特に過敏に反応しなければ、選手は試合を続けることができる。試合後24〜48時間以内に歯科医に行くようにする。出血がある場合は、破折部位にガーゼを被せておく。外見をよくするため、折れた歯を元の場所に接着したり、合成素材のキャップを被せたりすることもある。

歯根破折の場合、選手は試合を続けることはできるが、試合後早急に医師に見せるべきである。歯が後方にずれてしまった場合、破折が悪化する恐れがあるので、ずれた歯を元に戻そうとしてはならない。歯科医は歯を元の位置に戻し、ブレイスを3〜4カ月装着させる。競技中はマウスピースを装着する。

歯の亜脱臼、脱臼、裂離

原因　歯の破折を起こすメカニズムが、歯のゆるみや脱臼をも起こす[23]。歯のゆるみが原因で打撲や亜脱臼、脱臼、裂離などを起こすことがある。

徴候　歯がわずかにゆるむこともあれば、完全に抜け落ちることもある。打撲や亜脱臼を起こしている場合、歯は正常な位置に残っており、わずかにゆるむだけである。歯に痛みがあっても激しくはないが、違和感がある。脱臼を起こしている場合、破折はないが、歯のゆるみはひどく、前方に突出したり、後方に押し込まれたりする。裂離の場合は、歯は完全に折れて口外に出される。

処置　亜脱臼では、応急処置は不要であり、選手は48時間以内に歯科医に行って診察を受ければよい。脱臼では、歯が簡単に動くようなら、歯を正常な位置に戻す。選手は、歯を正常な位置に戻せない場合は、できるだけ早く歯科医に見せる。抜け落ちた歯は、コーチが安全で簡単に歯を元の位置に戻すことができる。抜け落ちた歯は、水で注ぐのはよいが、磨いたり、ごしごし洗って汚れを落としたりしてはならない。歯を元の位置に戻すことができない場合は、ハンクス・バランス塩溶液（HBSS）などの歯保存セットに保存するか、ミルクや生理食塩水につけておいてもよい[23]。選手は直ちに歯科医に行くことが望ましい。歯を元の位置に戻すのは早く行えばそれだけ予後がよくなる。

22-4　Critical Thinking　頭の体操——エクササイズ

フィールドホッケー選手が、スティックで口を打った。前歯の1本が完全に抜け落ち、選手は歯を手のなかに吐き出した。
質問：この状況でコーチは何をすべきか？

引き抜かれた歯は直ちに元の位置へしっかりはめ込む。

HBSS：
Hank's Balanced Salt Solution

鼻の解剖学的構造

鼻の機能は、空気を清浄し、温め、湿らせることである。鼻の外部は、上部の骨と、外側に広がって鼻翼を形成する下部の線維軟骨の組み合わせからなる。鼻腔は外鼻孔から後鼻孔へ広がる。鼻中隔は鼻腔を左右の室に分ける。

鼻の特定傷害の認識と管理

鼻骨骨折と軟骨分離

原因 鼻骨骨折は、顔面の骨折のなかでも最も頻繁に起こる。鼻に加わる打撃の外力は、側方か、まっすぐ前方から加わる力のいずれかである。側方からの力は、正面からの打撃よりもより大きな変形をもたらす[3]。

徴候 鼻骨骨折は、上顎骨の前頭突起の分離、外側軟骨の分離、あるいはこの2つの組み合わせとして頻繁に発生する（図22-11）。鼻骨骨折の場合、粘膜の裂創のためにおびただしい出血があり、腫脹がすぐに生じる。鼻が側方から打撃を受けた場合は、たいてい変形が生じる。そっと触診すると、異常な動きを感じ、キシキシという音（捻髪音）を発する。

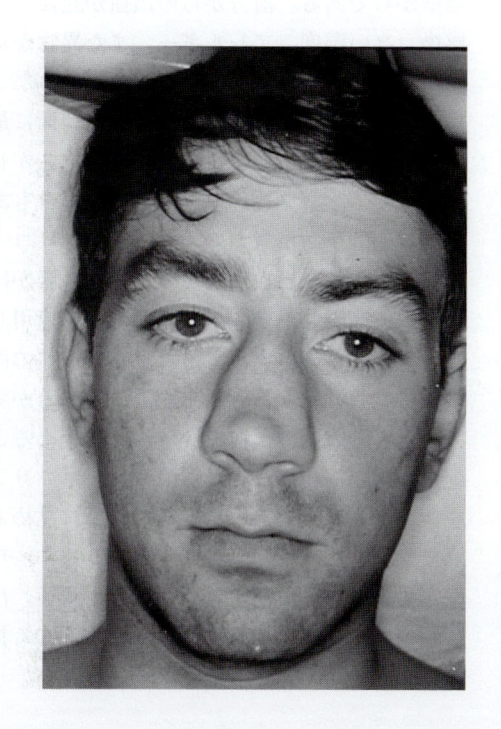

図22-11
重度の鼻の骨折は救急医療を必要とすることがある。

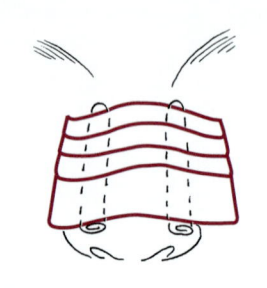

処置 コーチはまず出血を抑え、X線検査と骨折の整復のために選手を医師の元へ送る。鼻の単純骨折は、選手にとって障害となるものでも危険なものでもなく、数日中に競技に復帰できる。骨折による変形の整復は訓練を受けた施術者が行う必要がある[3]。2枚のガーゼを各2インチ（5cm）の長さに切って鉛筆ほどのサイズに丸め、選手の左右の鼻に挿入すれば、副子固定による十分な保護が与えられる。4インチ（10cm）の長さのテープをきつくなりすぎないよう、ただししっかりとガーゼ芯の上から貼る（図22-12）。

図22-12 骨折した鼻の副子固定

鼻中隔の偏位

原因 鼻中隔の傷害のメカニズムは骨折と同様、前方や側面からの外力による外傷である。

徴候 外傷後の鼻の評価には注意を払う。通常鼻血が出ることが多く、鼻中隔に血腫を生じさせる場合もある。選手は鼻の痛みを訴える。

処置 血腫の生じそうな部位を圧迫し、もし血腫が生じた場合は、直ちに鼻粘膜を通して外科手術での排液を行う。手術での排液後、液の排出のためにガーゼ芯を傷口に挿入し、血腫の再形成を避けるために鼻をしっかりと包む。血腫が放置されると、膿瘍が形成され骨や軟骨の喪失に加え、最終的に整復困難な変形を生じる。

鼻血（鼻出血）

原因 鼻血は通常スポーツでは直接的な打撃の結果によるものが主で、さまざまな程度の鼻中隔に対する打撲が原因である。鼻出血は前方のものと後方のものとに分けられ、前方の出血は鼻中隔から、後方の出血は側壁からである。前方からの出血が起こりやすく、直接の打撃や鼻腔の感染、高い湿度、アレルギー、また異物が鼻腔内に入った場合や顔面や頭部に対する重度の傷害が原因で起こる[26]。

徴候 出血は血管の多い鼻中隔の前面に最もよく起こる。通常は、鼻出血は軽症で、出血は自然に止まる。しかし、なかなか出血が止まらず、医師による診察や焼灼が必要となる場合もある。出血が起こった場合は常に普遍的予防措置（ユニバーサルプリコーション）に従うべきである。

処置 急性鼻出血が起こった場合、腰かけたまま、両側の鼻と同側の頚動脈を圧迫しながらのアイシングを適用し、出血の起こっている外鼻孔を5分ほど指圧する。また上唇と歯茎の間に丸めたガーゼを挟むと直接鼻の粘膜に繋がる動脈を圧迫することができる[26]。

これらの方法で出血を5分以内に止めることができなければ、綿棒を使って出血箇所にタンニン酸やエピネフリン溶液などの収斂剤や止血薬を塗布する。ガーゼやコットンを鼻に詰めると血液の凝固を助ける。鼻プラグを使用する場合は、先端が1/2インチ（1.25cm）以上鼻孔から突き出るように設置すると取り出しやすい。出血が止まったら選手は活動に復帰してもよいが、どのような状況でも損傷後2時間以上は鼻をかまないようにする。

訳注）普遍的予防措置については第8章参照。

耳の解剖学的構造

耳（図22-13）は聴覚と平衡感覚をつかさどっている。耳は、3つの部分、すなわち外耳、頭蓋骨のすぐ内側にある中耳（鼓膜）と内耳（迷路）から構成される。内耳の一部は、頭蓋の側頭骨で形成されている。中耳と内耳は、聴刺激を脳に伝えるように組み立てられている。聴器官を補助したり、中耳と内耳の間の圧力を等しくしたりするのは、鼻と中耳を連結している耳管（エウスタキオ管）である[25]。

スポーツでの耳の傷害は外耳に最もよく起こる。外耳は耳介と外耳道に分かれている。耳介は貝殻のようなかたちをしており、音波を集め耳道へと導く。しなやかな黄色軟骨、筋、脂肪層で形成され、薄い皮膚層にぴったり覆われている。耳介のほとんどの血管と神経は、辺縁部分に集まっており、軟骨のほうにはあまり浸透していない。

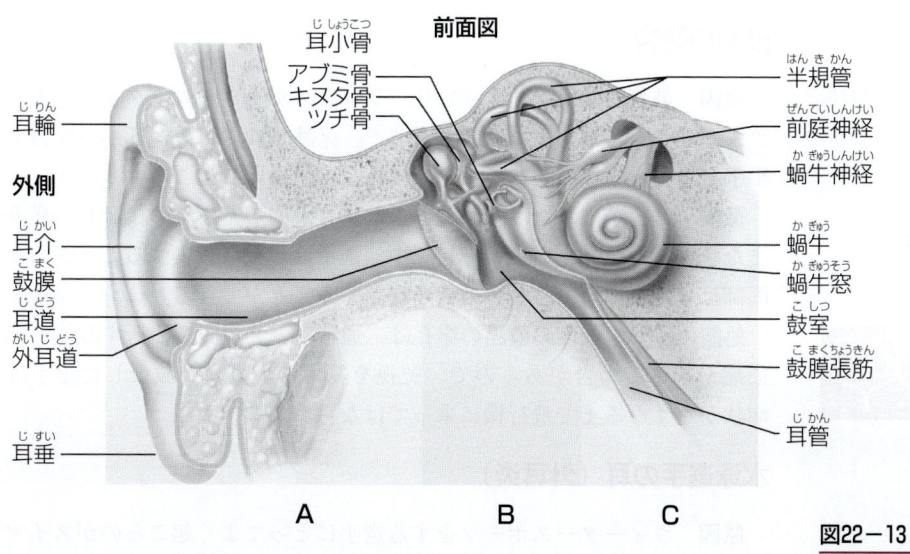

図22-13
耳の解剖学的構造
A. 外耳　B. 中耳　C. 内耳

耳の特定傷害の認識と管理

耳血腫（カリフラワー耳）

原因　耳の血腫はボクシング、ラグビー、レスリングなどで多くみられ、耳の保護用ヘッドギアを装着しない選手によく見られる。この症状は通常、耳介の圧迫や、突発的あるいは繰り返される剪断による外傷によって耳介軟部組織内での皮下出血が原因で起こる[7]。

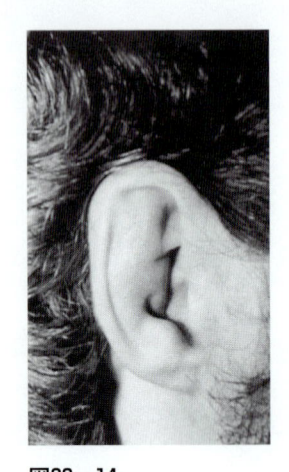

図22-14
カリフラワー耳

鼓膜の破裂により一時的に聴覚喪失が起こることがある。

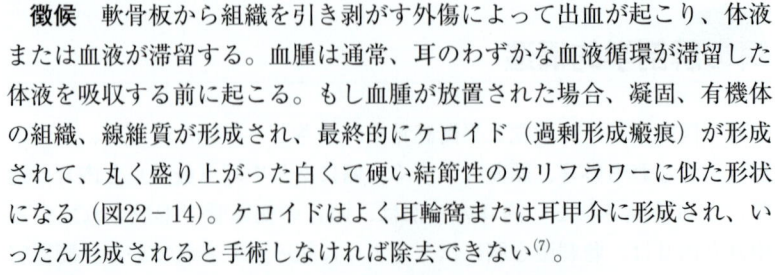

徴候 軟骨板から組織を引き剥がす外傷によって出血が起こり、体液または血液が滞留する。血腫は通常、耳のわずかな血液循環が滞留した体液を吸収する前に起こる。もし血腫が放置された場合、凝固、有機体の組織、線維質が形成され、最終的にケロイド（過剰形成瘢痕）が形成されて、丸く盛り上がった白くて硬い結節性のカリフラワーに似た形状になる（図22-14）。ケロイドはよく耳輪窩または耳甲介に形成され、いったん形成されると手術しなければ除去できない[7]。

処置 このような、外観を損なう状態になるのを防ぐためには、選手は摩擦を減らす役割を担うワセリンなどのジェルを耳に塗り、練習や試合中はイヤーガードを使用する習慣をつける。

もし耳が過剰な摩擦や捻転から熱を持った場合は、直ちにアイスパックを患部に使用し血腫の形成を抑制する。耳に腫脹が見られる場合は、血腫が固まる前に次のような特別な処置が必要である。耳に直接コールドパックを当て、弾性包帯で20分以上圧迫する。もし腫脹が引かない場合は医師による吸引が必要である[3]。排液後に患部を圧迫し、血腫の再形成を防ぐ。

鼓膜の破裂

原因 鼓膜の破裂は通常、コリージョンスポーツやコンタクトスポーツ、水球やダイビングなどで起こる[9]。保護されていない耳への転倒や平手打ち、水中での突然の圧力の変化などが原因で起こる。

徴候 鼓膜が破れた場合、大きな破裂音が聞こえ、その後激しい痛み、また吐き気や嘔吐、めまいを起こす。選手は聴覚を喪失することがあり、医師は耳鏡を用いて鼓膜の破裂を視認することができる。

処置 小〜中程度の鼓膜の穿孔は、通常1〜2週間で治癒する[16]。感染症が起こる場合があるので、監視を続ける。鼓膜が破裂した選手は、症状がなくなるまで飛行機に乗ってはならない。

水泳選手の耳（外耳炎）

原因 ウォータースポーツをする選手にとってよく起こるのが<u>スイマーズ・イア</u>、すなわち外耳炎ある。外耳炎は耳管の感染症を示す用語である。しかし近年では一般常識に反して、外耳炎は通常真菌感染症とは無関係であることがわかってきた。嚢胞や骨質の増大、耳垢、アレルギー性の腫脹などが原因で水が耳管内に詰まる[25]。

徴候 かゆみ、排膿、さらに若干の聴覚の喪失がある。選手は痛みやめまいを訴えることもある。

処置 最も効果的な耳の感染症の予防は、柔らかいタオルで耳全体を乾かし、水泳の前後に弱酸性（3％ホウ酸）の滴薬もしくはアルコールを使用する。また、感染症にかかりやすい状況（冷たい風にさらしたり、耳内に異物を入れたままにしたり）を避けることである。

外耳炎の症状が現れた場合は直ちに医師の診断を求め、鼓膜の破裂かどうかを見極める必要がある。軽い感染症の場合は、抗生物質を使用す

ることもある⁽²⁵⁾。鼓膜に穴が開いた場合は、特注の耳栓を使用する。

中耳炎

原因 中耳炎は、局所的または全体的な炎症や感染症が原因で液体が中耳部にたまったものである。

徴候 症状としては耳内のひどい痛み、耳管からの排液、一時的な聴覚の喪失などがある。また感染症の症状として、発熱、頭痛、過敏、食欲の喪失、吐き気などがある⁽²⁵⁾。

処置 医師は、少量の排液を中耳から抜き取って調べ、最も効果的な抗生物質療法を決定する。鎮痛剤を用いて痛みを抑える場合もある。一般に24時間ほどで症状は解消し始めるが、痛みがなくなるには72時間ほどかかることもある。

耳垢の蓄積

原因 耳垢は通常、腺によって耳管の外に運び出されるが、過度の耳垢がたまった場合は、耳管内で固まってしまうことがある⁽⁶⁾。

徴候 耳垢が蓄積すると、普通は音がこもったように聞こえ、ある程度難聴となる。耳垢の蓄積は感染症とは関連がないため、一般的にわずかな痛み、もしくは痛みは感じられない⁽⁶⁾。

処置 治療はまず温水を使って過剰な耳垢を洗い流す。綿棒などを使って取り除こうとしてはならない。耳垢が奥に詰め込まれてしまう恐れがある。また洗浄ができない場合は、掻爬器（そうはき）を使って医師に物理的に取り除いてもらわなければならない⁽⁶⁾。

目の解剖学的構造

目には多くの解剖学的な保護機能が備わっている。目は、頭骨で形成される卵形の眼窩のなかにしっかり保護されている。その周りには柔らかい脂肪組織のクッションがあり、反射的に動くようになっている薄い皮膚弁（瞼（まぶた））が目を覆っている。眼中への異物の侵入は、フィルタの機能をするまつ毛と眉毛が防ぐ。内部の結膜を覆っている柔らかい粘膜質の内層は、涙腺から分泌される涙を出したり運んだりする。目の上には眼球を潤す器官があり、異物を洗い流すために涙管を通して大量の液体を分泌している。目は、頑丈で白い外層である強膜によってしっかり保護されている。強膜の中央の透明な部分を角膜という。

角膜は、目の中央の開口部である瞳孔を覆っている。光は角膜を通過し、前眼房、虹彩、水晶体を通り、最後に硝子体を通過する。これらの動きが一体となって網膜に像を結ぶ。像は視神経によって感知される（図22−15）。

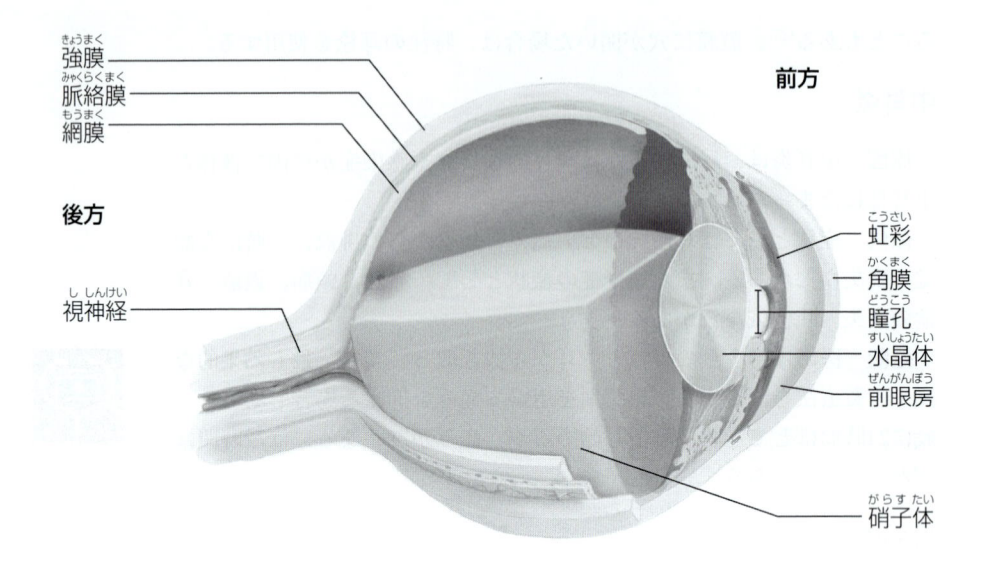

図22-15
目の解剖学的構造

目の特定傷害の認識と管理

眼窩血腫（ブラックアイ）

原因 目はよく保護されているが、それでもスポーツ活動で打撲を受けることがある。目の傷害の程度は、軽い打撲から視力に影響の出る重大な傷害や眼窩の骨折までさまざまであるが、幸いなことにスポーツで起こる目の傷害のほとんどは軽度である。目に対する打撃は、最初に周囲の組織を破壊し、毛細血管からの出血がその組織に広がる。出血が見落とされると、目の周りに黒あざができる（いわゆるブラックアイ）。

徴候 深刻な打撲の場合、結膜下出血を起こしたり視覚が低下したりする。

処置 目に対する打撲の処置として、まず30分以上冷却をして、もし視力に変調をきたしている場合その後24時間休息する。急性の目の傷害がある時は、いかなる場合でも鼻をかんではならない。さらに出血を増加させることがある。

眼窩骨折

原因 目を覆っている骨の骨折は、眼球に直接の力が加わり、眼球が後方に押され、眼窩の脂肪組織を強く圧迫し眼窩の底床部分が破裂するか引き裂かれるまで圧迫されて起こる。この骨折を原因として脂肪組織と下外眼筋が突出することもある[22]。

徴候 眼窩の骨折が起こった場合、選手は複視や眼球運動の不具合、眼球の下方変位などの症状を示す。また軟部組織の腫脹や出血に伴う痛みがある。眼窩床に眼窩下神経の傷害に関連するしびれ感が出ることも

ある。X線検査を行い、骨折の有無を確認する必要がある[22]。

　処置　感染症の予防措置として、医師が抗生物質を投与する。眼窩床の骨折により上顎洞への細菌侵入が可能になり、感染症の恐れが生じる。保存的な治療で症状が自然に消えるのを待つことを勧める医師もいるが、ほとんどの眼窩骨折は外科的手術で処置される。

眼中の異物

　原因　眼中の異物は、スポーツではよく起こることだが、深刻な事態に陥る危険性がある[21]。

　徴候　異物が目に入ると、激しい痛みと機能障害が起こる。こすったり指を使って異物を取り除こうとしたりしてはならない。

　処置　初期の痛みが引くまで選手の目を閉じさせ、その後異物が上瞼か下瞼のどちらに入ったのか調べる。下瞼に異物が入っている場合は比較的取り除きやすく、瞼を下に押して滅菌した綿棒などを使って拭き取る。上瞼に入った場合は、異物を見つけるのが困難なことが多い。上瞼をやさしく下瞼のほうに引っ張る（その間目は下を見ている）。そうすることによって涙が出て、異物を下瞼のほうに洗い流す。もしこの方法がうまくいかない場合は、上瞼をゆっくり引き下げ、その基底部に綿棒を横向きに置く。選手に下を見るようにさせ、まつ毛をつまんで綿棒の上に瞼を裏返す。一方の手で瞼と綿棒を固定しておいて、滅菌した綿棒を用いて異物を取り除く（図22－16）。異物が取り除かれたら、生理食塩水で目を洗浄する。またしばらく痛みの余韻が残るが、たいていはワセリンや軟膏の使用でおさまる。異物を取り除くことが非常に難しいか、目そのものに入ってしまった場合は、目を閉じ、ガーゼパッドを眼帯状に当て、テープで固定して、できるだけ早く医師に見せる。

図22－16

眼中の異物除去

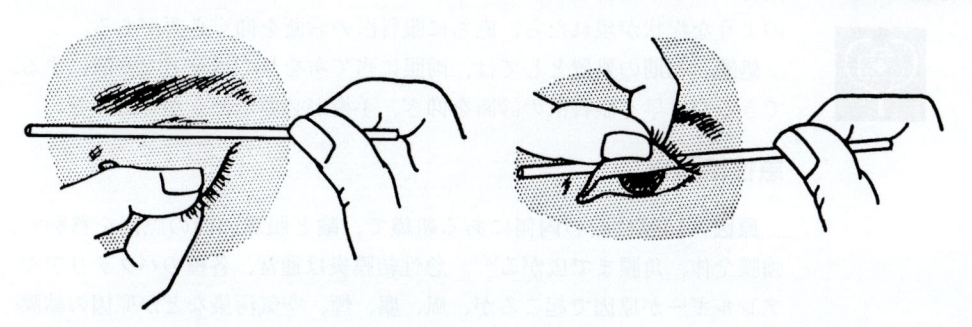

角膜剥離

　原因　異物が目に入った場合、こすって取り除こうとする選手が多い。その結果、角膜が剥離してしまうことがある[21]。

徴候 選手は激しい痛みを訴え、涙目、羞明感、瞼の眼輪筋の痙攣を引き起こす。

処置 目に眼帯を施し、医師の診断を仰ぐ。処置方法として、医師の処方による抗生物質を適用し、目を閉じた状態でやや圧力をかけ、当て布をする。

前房出血

原因 目の前方への鈍い打撃は、前房出血を引き起こす。これは前眼房内に血液が溜まることである(24)。この傷害は通常、適切な防護グラスをつけていない時にラケットボールやスカッシュボールなどが目に当たって起こる。

徴候 まず前眼房が赤く染まり、2時間以内に前眼房の下部もしくは全体が血で染まる。血が緑色に変色する場合もある。視界は部分的あるいは完全に失われる。コーチは、前房出血が水晶体、脈絡膜、網膜に対する深刻な症状を引き起こす重度の目の傷害であることを知っておくべきである。

処置 直ちに医師の診断を受ける。一般的な処置として、治療のために入院をし、頭を30～45度持ち上げた状態での安静、両眼に当て布をし、鎮静状態で前眼房の圧迫を減らす投薬治療を行う。初期の出血は数日でおさまるが、再出血する場合もある。適切な治療が行われなければ、視力の永久喪失に繋がる恐れがある。

網膜剥離

原因 目への打撃は、網膜をその下の網膜色素上皮層から部分的に、もしくは完全に引き剥がす。網膜剥離は、近視の選手に起こりやすい(15)。

徴候 網膜剥離は痛みを伴わないが、初期症状として、目の前に斑点が浮かんで見えたり、閃光が走ったり、視界がぼやけたりする。剥離が進行すると、選手は目の前にカーテンが下りているようだと訴える。このような症状が現れたら、直ちに眼科医の診断を仰ぐ必要がある。

処置 初期の処置としては、両眼に当て布をしてベッドで安静にする。できるだけ早く眼科医の診断を仰ぎ、手術が必要かどうかを調べる。

急性結膜炎

原因 結膜は瞼の内側にある組織で、瞼と眼球の間の隙間を移動し、強膜全体、角膜まで広がる(25)。急性結膜炎は通常、各種のバクテリアやアレルギーが原因で起こるが、風、塵、煙、空気汚染などが原因の結膜の炎症によって始まることもある。また通常の風邪やその他の呼吸器系の疾患が原因で起こることもある。

徴候 選手は瞼の腫れや、化膿を訴えることもある。かゆみはアレルギーに関連した症状である。目にひりひり感やかゆみがある。

処置 急性結膜炎は非常に伝染しやすい。選手は直ちに医師の診断を仰ぎ、治療を受ける。

咽喉の傷害の認識と管理

咽喉の打撲傷

原因 喉への打撃はスポーツで頻繁に起こるものではないが、選手は蹴りや打撃を喉に受けることがある。外傷の例としては、クロスラインと呼ばれる打撃を喉の部分に受けることがある。このような衝撃は頚動脈で血液が凝固してしまう原因となり、それにより脳への血液の供給が断たれる。凝固した血液が脳に流され移動してしまうこともある。どちらにしても深刻な脳の障害につながる。

徴候 喉の傷害が起こった後、強い痛みとともに激しい咳き込みが起こり、しわがれた声になり、痛みのため物を飲み込むことが困難になる。咽喉の骨折は珍しいが、起こる危険性はあり、呼吸困難や泡の多い血痰などがその徴候である[3]。チアノーゼが起こる場合もある。喉への打撃は選手にとって非常に不快であり、恐怖を感じることもある。

処置 まずはじめに気道が確保されていることを確かめる。呼吸困難が起こっている場合は、直ちに選手を緊急治療室に送る。ほとんどの場合、患部を間欠的に冷却し、出血と腫脹をできる限り抑制し、24時間の安静後は湿った温熱パックを適用する。重度の頚部打撲の場合、十分に詰め物をした柔らかいネックカラーでの固定が効果的である。

まとめ

- 頭部に直接的な打撃を受けたか、頭部が前後に屈曲または左右に回旋するような身体の接触を受けた選手は、脳障害がないか慎重に評価する必要がある。脳の障害は、意識不明、方向感覚の喪失または記憶喪失、運動、筋肉の協調性、または平衡感覚の喪失、認知障害を引き起こすこともある。
- スポーツ選手のほとんどは、脳震盪では意識障害を起こさないことを理解しておくべきである。
- 脳震盪は通常、直接的な打撃か、頭に加わる加速力、減速力、回旋力またはそれらの組み合わせによる衝撃が原因で起こる。
- 脳震盪の程度を判定するためのさまざまな分類体系が提唱されているが、世界的に推奨されるものはまだ確立されておらず、議論が続いている。
- 脳震盪後に選手を競技に復帰させることは、スポーツ医療チームにとってジレンマとなることが多い。二次的衝撃症候群や硬膜外血腫、硬膜下血腫に注意して予後を見守る必要がある。
- 顔面の傷害には、下顎骨、上顎骨、頬骨の骨折、下顎骨の脱臼、顔面の裂創などがある。

- 上顎または下顎への衝撃、あるいは直達外力は、3種類の歯の破折、すなわち単純性歯冠破折、複雑歯冠破折、歯根破折を起こす原因となる。歯は、亜脱臼、脱臼、裂離を起こすこともある。選手をいつ歯科医に見せて治療を受けさせるかの判断はコーチに委ねられる。
- 耳の傷害の大部分は耳介に関連する。カリフラワー耳は最もよく起こる傷である。鼓膜の破裂、外耳炎、中耳炎もスポーツ選手によく起こる傷である。
- 目の傷害のほとんどは、専門医が処置すべきである。眼窩骨折、眼中の異物、前房出血、網膜剥離は、すべて深刻な目の傷である。
- 咽喉の打撲傷の最も深刻な症状は、気道閉塞である。

頭の体操（エクササイズ）の答え *Solutions to Critical Thinking Exercises*

22-1 コーチは、100から7を順次減算（シリアル7）をしたり、月名を逆順に挙げるように命じる。このテストはいずれも認知機能を評価するものである。

22-2 少なくとも1カ月間は選手を競技から外す。その後、1週間無症候であれば競技に復帰できる。選手に残りのシーズンの活動を停止させるかどうかは医師が検討する。

22-3 絶対許可してはならない。選手が意識不明に陥った時は、その日の活動は自動的に終了となり、医師の診察で疑いが晴れなければ競技への復帰は許可されない。

22-4 コーチは、歯を洗浄せずに元の位置に戻す。選手は直ちに歯科医の診断を受ける。

復習問題とクラス活動

1．脳震盪と軽度頭部傷害の意味の違いは何か？
2．脳震盪の程度を判断するための分類体系はどのようなものか述べよ。
3．二次的衝撃症候群は脳震盪とどのように関連しているか？
4．顔面裂創を負った選手にはどのような応急処置手順を実施すべきか？
5．歯を破折した時、または歯が脱臼した時の応急処置の手順を述べよ。
6．鼻血を出している選手に施す処置手順を説明せよ。
7．カリフラワー耳はどのように予防できるか？
8．眼中の異物はどのように処置すべきか？

23 補足すべき健康問題と一般的処置法

Chapter 23

この章を終えると、次のことが説明できるようになる。
- スポーツでよく起こる皮膚感染の原因、予防、処置
- スポーツ選手によく見られる呼吸器疾患
- 消化管疾患の認識
- 糖尿病の選手に関する問題の対処法
- 高血圧症が選手にもたらす危険
- さまざまな貧血症が選手に及ぼす悪影響
- 癲癇発作を起こす選手に対してコーチがすべき対処法
- 選手に見られるウイルス性感染症の列挙
- 女性選手の月経、骨粗鬆症、生殖器に関する問題
- スポーツ選手の医薬品、医薬部外品の使用に伴うさまざまな問題
- 特定の性感染症の列挙

　これまでの各章で解説した傷害のほかに、選手とその競技能力に影響を及ぼす可能性のあるさまざまな健康に関連する問題がある。誰もがそうであるように、選手も病気にかかる。その場合、症状を認識して、適切な対処をするのはコーチの義務である。本章で取り上げる疾病と症状に関する適切な対処とは、通常、選手を医師に見せて、コーチ（また一般にアスレティックトレーナー）の守備範囲を超える医療処置を施してもらうことを意味する。本章の内容は、コーチが、疾病にかかっている選手の治療について適切な意思決定を行うための参考にすべき情報である。

皮膚感染

　皮膚は人体のなかで最も表面積の大きな組織である。表皮、真皮、皮下組織の3つの層からなる。スポーツで見られる最も一般的な皮膚感染は、ウイルス、細菌、真菌類によって起こる[1]。フォーカスボックス23-1に、最もよく見られる皮膚感染症を示す。これらのウイルス、細菌、真菌類の感染は、普遍的予防措置（ユニバーサルプリコーション）、感染者との直接的な接触を避ける、手を洗うなど適切に対処することによってある程度は予防できる。

訳注）
普遍的予防措置については第8章を参照のこと。

23-1 Focus Box　フォーカスボックス

スポーツ選手によく起こるウイルス、細菌、真菌類による皮膚感染*
- ウイルス感染
  - 単純ヘルペス１型——口唇ヘルペス、熱性ヘルペス
  - 単純ヘルペス２型——性器ヘルペス
  - 外傷性ヘルペス（背部と両肩）
  - 帯状ヘルペス（帯状疱疹）
- 細菌感染
  - 黄色ブドウ球菌
    - せつ
  - 連鎖球菌
    - 膿痂疹
  - 毛包感染
  - 汗腺感染
- 真菌感染
  - タムシ（白癬）
    - 頭部白癬（頭部）
    - 体部白癬（体部）
    - 爪白癬（足の爪、手の爪）
    - 陰股部白癬（インキン）
    - 足白癬（水虫）

*これらの症状はすべて、医師や皮膚科専門医に見せて処置してもらうことが望ましい。

ウイルス感染

　ウイルスは極小の微生物で、細胞内にのみ生息する。ウイルスは細胞に侵入すると、直ちに疾病を引き起こすこともあれば（インフルエンザ）、何年も休眠状態のままであることもある（ヘルペス）。ウイルスはその細胞の正常な機能を阻害して、宿主細胞の代謝作用を自身の再生に使ってその細胞に損傷を与え、最終的に破壊し、徐々に他の細胞を冒していく。
　皮膚に最も影響を与えるウイルス感染は単純ヘルペスと帯状ヘルペスである。

ヘルペス

　原因　単純ヘルペスは、皮膚に小水疱の発疹を起こすウイルス感染症であり、同じ箇所（通常は粘膜が皮膚と結合する側）に繰り返し起こる。単純ヘルペスは、さらに１型と２型に分類される。１型は、唇の周囲に口唇ヘルペスまたは熱性ヘルペスとして起こり、２型は通常、生殖器付近に現れ、性感染症に分類される（図23-1）。背部または両肩に現れる単純ヘルペスは、外傷性ヘルペス（herpes gladiatorum）と呼ばれ、レ

ヘルペスは、選手の皮膚を攻撃するウイルスとしてよく知られている。

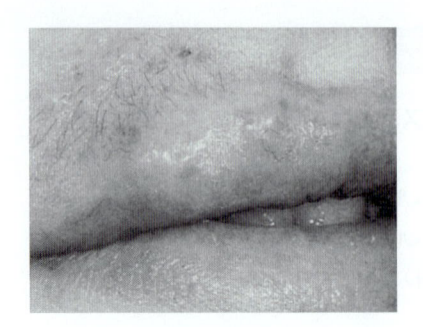

図23-1
単純ヘルペス1型

スリング選手によく見られる。

帯状ヘルペスは、特定の神経根によって刺激される身体部位に特定のパターンで現れる。顔面に現れることも、体幹の他の部位に現れることもある。帯状ヘルペスは、何年も休眠していた水疱瘡ウイルスが再発して起きる。免疫力が低下している時に現れやすい。

徴候 ヘルペスに感染しかかった選手は通常、小さな赤い発疹が現れる直前にチクチク感やかゆみを感じる。特に初めての感染では、気分が悪くなることもある。これらの症状の後で、痛みと皮殻質のような外観の小水疱が現れる。これらの小水疱は一般的には10日ほどで治癒する。

処置 ヘルペスが活性状態にある選手は、小水疱が消えるまで、接触のあるスポーツの戦列から外す[12]。ヘルペスウイルスの処置をする時は普遍的予防措置をとる必要がある。ヘルペスは小水疱内の液体に接触することによって広まる。ヘルペスは必ず独自の経路をたどって感染する。市販薬であるアシクロビルを経口服用するか局部的に適用すると、症状の緩和に効果的である。ただし、ウイルスは死滅することはなく、ヘルペスは同じ部位に再発する可能性があることを選手は理解しておく必要がある。

疣贅(ゆうぜい)ウイルスといぼ

原因 疣贅には扁平いぼ、足底いぼ、尖圭(せんけい)コンジロームなどさまざまな形態がある。これまでにさまざまなクラスの乳頭腫ウイルスが発見されている[27]。乳頭腫ウイルスは、増殖と繁殖に皮膚の表皮層を使用する。疣贅ウイルスは、皮膚にできた傷が汚染されたフィールド、床、布などに接触した時に侵入する。他のウイルス性いぼにさらされても感染は起こる。

徴候 このいぼの外観は、小さく丸く、盛り上がった傷口で、表面は粗く乾燥している。圧迫すると痛みを感じることがある。これらのいぼは、常に刺激を受けている手足にできた場合、二次細菌感染を起こしやすい。

処置　潰れやすいいぼは、医師の処置を受けるまでは保護する必要がある。局部的なサリチル酸の適用、液体窒素の処方、電気焼灼などが最も一般的な処置法である。

細菌感染

原因　細菌は、繁殖に適した環境で増殖する単細胞の植物のような微生物である。疾病の原因となる細菌を病原菌という。通常、身体の皮膚と粘膜には多くの細菌が生息している。細菌性病原体が宿主のなかに入り、成長した細菌が毒性物質を生成し、宿主がこの感染と闘うために反応する。これが疾病の発症メカニズムである。さまざまな細菌性病原菌が身体に感染を起こすが、特に連鎖球菌（Strep）と黄色ブドウ球菌（Staph）の２つが最も皮膚に感染しやすい[1]。伝染性膿痂疹（とびひ）は、幼児によく見られる皮膚疾患で、ほとんどが晩夏から初秋にかけて起こる。感染の原因は連鎖球菌で、他の選手との接触により急速に伝染する。膿胞を形成し、後に黄色のかさぶたとなる小水疱の発疹が特徴である。せつは、毛包を原発とする、膿を形成する黄色ブドウ球菌の局所的な感染である。防具を装着する選手によく見られ、たとえばアメリカンフットボールの肩パッドが皮膚に接触して現れる。毛包炎は、毛穴の炎症反応であり、通常顔や首の周り、鼠径部に現れる。

徴候　症状は一般的な炎症に類似しており、局部の疼痛、熱感、発赤、そして腫脹などがある。感染した部位から膿が出ることは、ブドウ球菌と連鎖球菌のどちらが原因でもあり得る。

処置　細菌感染は、特定の細菌の増殖と繁殖を抑える特殊な抗生物質によって処置する。また感染部位にも温熱圧迫療法を適用する。開いた傷口に膿が溜まっている場合は排出させる。感染の広がりと他者への伝染を最小限に抑えるため、あらゆる予防措置を講じる必要がある。

真菌感染

原因　スポーツ選手によく起こる真菌感染はタムシである。タムシ真菌は、ほとんどの皮膚、爪、髪の真菌感染の原因である。タムシは身体のあらゆる部位に発生し、どの部位の疾患もラテン語のtinea（白癬）を前に付けた名称で呼ばれる（tinea＋ラテン語の部位名）。タムシが最も頻繁に起こる部位は鼠径部（股部白癬）と足（足白癬）である[15]。

鼠径部の白癬（股部白癬）の徴候　鼠径部の白癬（股部白癬）はインキンタムシとも呼ばれ、茶色または赤味がかった蝶のようなかたちで鼠径部両側に、多くの場合は左右対称に現れる（図23−2）。

軽度または中度のかゆみがあり、掻き傷から二次細菌感染を起こすことがある。

処置　コーチは股部白癬の感染を見つけ、適切な治療を行う必要がある。この種の症状は、完全に治癒するまで治療が必要である（図23−3）。通常の処置では対処できない症状はチームドクターに見せる。ほとんどのタムシ感染症は、エアゾールスプレー、液状、粉末、また軟膏などの

膿痂疹（Impetigo）
連鎖球菌による皮膚の炎症。

せつ（Furuncle）
毛包を原発とする黄色ブドウ球菌の感染。

毛包炎（Folliculitis）
毛包の炎症。

Critical Thinking
23-1 頭の体操──エクササイズ
真菌感染（タムシ）は、スポーツ選手によく見られる。真菌は温暖で湿潤、暗い環境で繁殖する傾向がある。
質問：足白癬真菌感染の症状と徴候はどのようなものか。これを予防する最善の方法は何か？

図23-2
鼠径部の白癬

図23-3
真菌感染を管理する場合、暗い−明るい、湿潤−乾燥、温暖−寒冷のように感染の連鎖を断ち切ることが重要である。

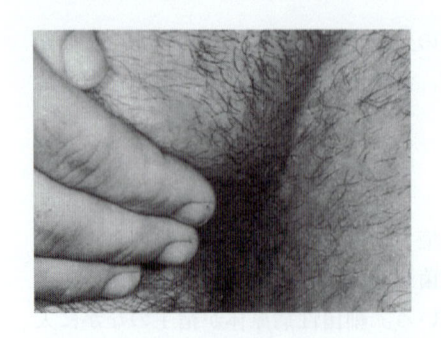

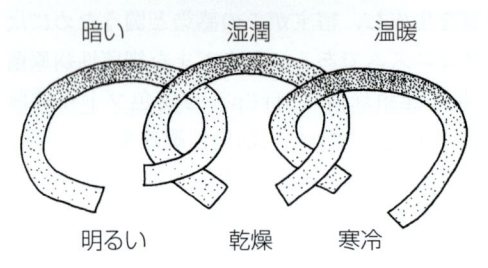

市販の医薬品で治療できる。炎症を起こしたり、鼠径部の感染を覆い隠したりするような医薬品は使用しない。

足白癬（水虫）の徴候 足は、皮膚糸状菌による感染、足白癬（水虫）を最も起こしやすい身体部位である。この真菌は通常、第3趾と第4趾の間、足底部の土踏まずに生息する。足趾の爪にも感染する。この感染によって足底の皮膚は硬くなり、ぼろぼろ剥げ落ちる。汗で湿った靴を履いている選手の足は真菌の温床である。ただし、他の選手が水虫に感染するかどうかは個々の選手の感染に対する罹病性によって決まる。その他の水虫の症状としては、アレルギー性皮膚炎や湿疹性の皮膚炎などがある。

水虫にはさまざまな症状があるが、最も一般的なのが両足裏と足趾の間または先端の猛烈なかゆみである。小さな吹き出物や水疱を伴う発疹として発現し、破れると黄色味を帯びた漿液が滲み出る（図23-4）。かゆみのために掻きむしると、組織が炎症を起こして感染し、患部に赤、白、またはグレーの縞模様が現れる[1]。

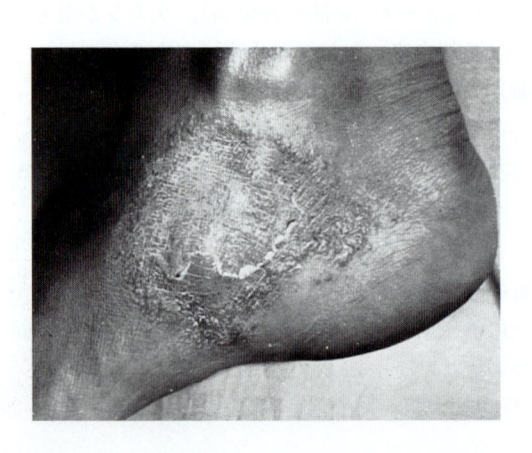

図23-4
足白癬（水虫）

23-2 Focus Box　フォーカスボックス

水虫の基本処置
- タルカム・パウダーを使用してできるだけ足を乾燥状態に保つ。
- 清潔な白ソックスを履き、毎日取り換えて再感染を防止する。
- 特定の医薬品に標準的な殺菌剤を使用する。感染の初期段階では、デセネックスやティナクチンなどの市販薬を使用するとよい。頑固な症状の場合、チームドクターの診断を仰ぐ。皮膚科専門医が足の皮膚を削って培養して検査の後、最良の処置法を決定する必要がある。

訳注）デセネックス、ティナクチンは米国の代表的な市販薬である。

　水虫の最善の処置法は予防である。他の選手への疾患の感染を防ぐため、スポーツプログラムに関わる選手は、以下の処置を忠実に実行する。
・毎日足にパウダーを振りかける。
・シャワーの後で足（特に足趾の間と下）を完全に乾かす。
・スポーツシューズとタウンシューズに毎日パウダーを振りかけ乾燥させる。
・清潔なスポーツソックスとタウンソックスを履き、毎日取り換える。
・シャワー室と更衣室を毎日清掃し消毒する。

処置　グリセオフルビンが足白癬の管理に最も効果的な医薬品である。最も重要なことは足の良好な衛生状態である。身体部白癬に使用される局所用医薬品も有効な場合がある（フォーカスボックス23−2）[1]。

呼吸器の症状

　呼吸器は、各種の伝染性疾患が広がる器官である[25]。呼吸器は一般的な急性伝染性疾患の入り口で、人から人へ、また直接的な接触によって広がる。運動選手に多く影響を与える疾患には、風邪、喉の痛み、喘息、花粉症、および空気汚染がある。

風邪

原因　風邪やその関連症などの上部呼吸疾患はスポーツの現場でよく発生し、時にチーム全体を混乱させることがある。風邪は、罹患しやすい体質の人の上部呼吸器がろ過性病原体に感染して発病する[20]。この症状にかかりやすい人は、次のような特性を持つ。
- 過労、または睡眠不足による身体の衰弱。
- 局部感染による慢性的炎症。

- アレルギーによる鼻粘膜の炎症。
- ほこりのような異物の吸入による鼻粘膜の炎症。
- ストレスに過敏であること。

徴候 風邪は急に発生することが多く、症状は個人により異なる。一般的な症状は、頭痛、くしゃみ、鼻水を伴う全身的な**倦怠感**である。人によって38〜39度の発熱を起こし、悪寒を伴う。さまざまな痛みを伴う場合もある。鼻水は水のような分泌物の状態で始まり、次第に濃くなり炎症によって変色する[20]。

処置 風邪の治療は、症状によって隔離、ベッドでの安静、軽食などが中心となる。対症療法としては、倦怠感除去のためにアセトアミノフェン（解熱鎮痛剤）を、分泌する粘膜を乾燥させるために鼻炎錠を、鼻のうっ血除去のために点鼻薬を適用する。咳が出る場合はシロップを与える。選手は、重症の呼吸器疾患のある時は激しいトレーニングを避ける。激しいトレーニングは免疫機能を低下させる[25]。

副鼻腔炎

原因 副鼻腔炎は副鼻腔の炎症である。副鼻腔炎は、さまざまな細菌による上部呼吸器の感染が原因で起こる。その結果、鼻の粘膜が腫れて鼻腔が閉塞する。粘液が蓄積されているため、痛みを伴う圧迫がある。

徴候 鼻腔を覆っている皮膚は腫れ、触ると痛みがある。頭痛や倦怠感もある。

処置 抗生物質が有効である。鼻血管収縮剤は、鼻漏（鼻水）に有効である。

喉の痛み（咽頭炎）

原因 喉の痛み、すなわち咽頭炎は通常、風邪または副鼻腔炎のいずれかに関連する後鼻漏の結果起こる。ウイルスまたは細菌感染を含む、より深刻な状況を示唆していることがよくある。

徴候 症状は、喉の乾燥から始まることが多く、進行すると痛みと腫脹を起こす。時には頭痛と38〜39度の発熱を伴い、悪寒、咳、および全身の疲労感がある。検査をすると、喉が暗紅色に腫れて粘膜に覆われている。

処置 ほとんどの場合、アスピリンなど症状に合わせた内服薬を服用して、塩を溶かしたお湯でうがいをし、ベッドで安静にすることが最善の療法とされている。その効果が不十分であれば、医師の診断を仰ぎ、抗生物質を処方してもらう。

扁桃炎

原因 扁桃は、咽頭の入り口に位置する、上皮に覆われたリンパ組織の一部である。各扁桃内には深いくぼみ、すなわち窩があり、リンパ節で覆われている。摂取または吸入された病原体はこの窩に集積し、上皮に侵入する。そこでリンパ球と接触し、急性炎症と細菌感染を引き起こ

倦怠感(malaise)
疾病が原因の不快感と不安。

訳注）
一般に市販されている風邪薬の多くは、ドーピングに関わる禁止薬物が含まれているので注意が必要である。

す(35)。合併症には副鼻腔炎、中耳炎、扁桃膿腫などがある。

徴候 扁桃が炎症を起こし、赤く腫れ上がり、窩には黄色味を帯びた滲出液が溜る。食物を飲み込むことが困難になり、比較的高い熱が出て悪寒がする。頭痛や、頚部と背部に痛みが起こることもある(25)。

処置 喉の細胞培養により、連鎖球菌がないか調べる。細胞培養が陽性なら、10日間抗生物質を投与する。温めた生理食塩水でうがいをし、流動食を摂り、解熱剤を服用する。扁桃炎の発作が頻繁に起こる場合、最終的に外科手術による扁桃の切除が必要となる。

インフルエンザ

原因 インフルエンザは感染者の衰弱が激しい最も身近な疾病である。通常は、年1回の流行というかたちで発生し、深刻な集団感染を引き起こす(30)。

インフルエンザは、組織の細胞内にその遺伝物質を通して侵入したウイルスが引き起こす。ウイルスは組織内で増殖し、芽状突起によって細胞から開放され、全身に撒き散らされる。すべての選手にインフルエンザの予防接種が必要というわけではないが、ウインタースポーツ（米国で冬期スポーツとされているもの）、バスケットボール、レスリング、水泳などに参加する選手は予防接種が必要である。

徴候 インフルエンザに感染した選手は、発熱、咳、頭痛、倦怠感、鼻感冒を伴い呼吸器管の粘膜に炎症などの症状を示す。ウイルスによっては、身体の核心温を上昇させるものもあるので注意する。インフルエンザは一般に約48時間の潜伏期間があり、悪寒と39～39.5度の高熱を伴って突然発生し、24時間以上進行する。選手は頭痛と全身の痛み、主として背部と脚部の痛みを訴える。頭痛がさらに激しくなると、羞明感（光がまぶしく見える）と頭蓋後部の痛みを訴える。喉の痛み、胸やけ、後に気管支炎に進行する初期段階での空咳などの症状もよく見られる。皮膚は赤くなり、目は炎症を起こして潤む。急性段階は通常、5日間で終息する。衰弱、発汗、疲労感は数日間続く。

処置 インフルエンザの予防には、感染者から遠ざかる、健康的な生活を送って抵抗力をつける、年1回ワクチンを接種する、などの対策がある。合併症を伴わないインフルエンザの処置は、安静である。急性段階なら、それだけで平常体温に戻ることが多い。対症療法として、アセトアミノフェンの服用、蒸気吸入、咳止めの服用、うがいなども適用される(30)。

季節性アレルギー（鼻炎）

原因 花粉症は、風媒花粉が原因で起こる急性の季節性アレルギー症状である。花粉症は、オーク、ニレ、カエデ、ハンノキ、カバノキ、ポプラなどの樹木の花粉に対する反応として春に発症する。夏は牧草や雑草の花粉が原因である。秋は、ブタクサが原因となることが多い。風で運ばれる菌類の胞子も花粉症の原因として知られている(9)。

23-2 Critical Thinking 頭の体操──エクササイズ

水泳選手が熱、咳、頭痛、倦怠感、背部と頚部の痛み、喉の痛みを訴えている。

質問：この選手の症状は何を現しているか？　またどのように処置したらよいか？

訳注）
日本ではスギ科、イネ科の花粉症が主である。

アナフィラキシー（anaphylaxis）
組織の浮腫や毛細血管の拡張を起こす、突発性の急性アレルギー反応。

蕁麻疹（urticaria）
みみず腫れや丘疹、かゆみを起こす皮膚の突発的反応。

血管浮腫（angioedema）
アレルギー反応の結果発現する限局性の浮腫部位。

鼻炎（rhinitis）
鼻粘膜の炎症。

　徴候　初期段階では目、喉、口、鼻がかゆくなり、その後、涙目、くしゃみ、透明な水のような鼻水が出始める。後期になると、鼻炎による頭痛、情緒不安定、不眠症、目と鼻の粘膜が赤くなって腫れ、咳き込む。その他に一般的なつらいアレルギー症状として喘息、**アナフィラキシー、蕁麻疹、血管浮腫、鼻炎**がある[9]。
　処置　ほとんどの選手は、市販の経口抗ヒスタミン剤で花粉症を有効に治療できる。これらの医薬品による鎮静作用を回避するため、日中は鼻の充血緩和剤を用い、持続時間が長い抗ヒスタミン剤を就寝前に服用するとよい。

急性気管支炎

　原因　気管支炎は気管支の粘膜の炎症である。急性型と慢性型がある。スポーツ選手の気管支炎は、急性型であることが多い。急性気管支炎は通常、風邪やその他の上部呼吸器系のウイルス感染が原因で起こる冬季伝染病として起こる。2つ目の原因は、空気汚染にさらされた結果起こる細菌感染である。疲労、栄養不良、悪寒などがこの疾病の誘引である。
　徴候　急性気管支炎を発症した選手の症状は通常、上部呼吸器の感染、鼻の炎症、大量の鼻水、微熱、喉の痛み、背部の痛み、筋肉痛から始まる。咳は、気管支炎の始まる徴候である。初期段階では咳は乾いているが、数時間または数日で透明な粘液の分泌が始まり、やがて感染して黄色味を帯びてくる。一般に発熱は3〜5日続き、咳は2〜3週間、あるいはそれ以上続くこともある。選手の胸部聴診を行うと、ゼーゼーという音がする。肺炎の併発により気管支炎はさらに悪化する。
　処置　気管支炎を予防するには、過度に低温な場所で寝ない、寒冷地での運動にはマスクを必ず着用して吸気を温める、などの対策をとる。急性気管支炎の処置は、熱が下がるまで安静にする、1日にコップ3〜4杯の水を飲む、解熱剤、咳止め、抗生物質の服用（重症の肺感染症がある場合）などである。

気管支喘息

　原因　最も一般的な呼吸器系疾患の一つである気管支喘息は、呼吸器のウイルス感染、情緒不安定、気圧や温度の変化、運動、有害な臭気の吸入、特定のアレルゲンへの感作などのさまざまな刺激によって起こる[24]。
　徴候　気管支喘息の症状は、気管支平滑筋の痙縮、水腫、粘膜の炎症などが特徴である。気道が狭くなるうえ、多量の粘液が分泌される。呼吸が困難になるため、スポーツ選手に過呼吸、さらにはめまいを起こさせる。発作は咳き込みから始まり、喘鳴、小刻みな呼吸、疲労感などを起こす（フォーカスボックス23−3）。
　処置　予防措置として、原因の特定と管理を行う。急性発作は医師の処方薬を吸入器から服用して処置する。吸入器を使用すると、通常、すぐに治療効果が現れる。呼吸困難が続く場合は、選手を緊急治療室に運ぶ。

突然の喘息の発作に襲われた選手は次のように処置する：
- リラックスさせ、安心させる。
- 前もって指定されている薬を服用させる。
- 水を飲ませる。
- 呼吸を整えさせる。
- 発作の原因となるものを取り除く。

23-3 Focus Box　フォーカスボックス

急性喘息発作の対処法

喘息の病歴を持つ運動選手は通常、発作が起こった時の自己処置法を知っているが、アスレティックトレーナーは、処置を求められた時に何が必要で何をすべきかを認識しておく必要がある。

初期症状と徴候
- 不安そうな様子。
- 発汗と青白い顔。
- 広がった鼻孔。
- 唇をすぼめて呼吸。
- 速い呼吸。
- 嘔吐。
- うずくまるような前かがみの姿勢。
- 活動に無関係の疲労。
- 喉仏の下の凹み。
- 呼吸するたびに肋間が沈む。
- 特に理由もなく咳をする。
- 激しい咳払い。
- 不規則で苦しそうな呼吸と喘鳴。

とるべき処置
- 選手をリラックスさせ安心させる。
- 医師が処方した医薬品がある時は服用させる。
- 水分摂取を勧める。
- やや後にもたれかけさせ、呼吸しやすい姿勢にする。
- リラックスしながら軽く身体を動かし、呼吸を整える。
- 発作の引き金になる環境要因がわかれば、それを除去するか患者を移動させる。
- 上記の処置が無効な場合は、直ちに医療処置が必要である。

運動誘発性喘息

原因 運動誘発性喘息(exercised-induced athuma：EIA)は、運動誘発性気管支障害とも呼ばれる[26]。これはもっぱら喘息患者に起こる疾病である。喘息の発作は、運動の刺激によって誘発されることがあり、ごく稀ではあるが軽度の運動中でも起こる。EIAの正確な原因は明らかではない。熱や水分の喪失は、気道の反応を大幅に低下させる。海老、セロリ、ピーナツなど特定の食物の摂取がEIAを引き起こすこともある。副鼻腔炎も、慢性喘息患者の発作の引き金となることがある[36]。

徴候 EIAの持病のある選手は、顔の腫れ、手のひらと足底の腫れ、胸の締めつけ、小刻みな呼吸、咳、吐き気、高血圧、下痢、疲労感、かゆみ、呼吸性喘鳴（呼吸時のハイピッチな雑音）、頭痛、発赤などの徴候がある[36]。

処置 長時間の継続的ランニングは、激しい気管支痙縮を起こしやすい。水泳は、湿気と温暖な空気調整のためか、気管支痙縮の発生が最も少ないことがわかっている。定期的な運動は、喘息の持病がある者にもない者にも有効と認められている。持続性の運動と比較して、休息を伴う短時間の集中した運動のほうが発症は少ない。ウォームアップとクールダウンを徐々に行う必要がある。運動時間は1週4〜5回、30〜40分間行えるようにゆっくり増やす。運動の強度と負荷もまた、段階的に増やすべきである。たとえば、10〜30秒の運動後、30〜90秒の休憩をとる[26]。慢性の喘息もしくはEIAの持病がある選手の多くは、吸入気管支拡張薬を服用している。服用には定量噴霧式吸入器を使用するとよい。また、運動の15分前に予防的に気管支拡張薬を使用すると、発症が2〜4時間遅れることが明らかになっている[36]。治療用医薬を処方されている喘息の持病がある選手は、それらの医薬が競技用として正規に認められたものかを確認すべきである。また喘息の持病がある選手は、緊急用の吸入器を必ず携帯している必要がある。<u>コーチは喘息の持病がある選手に、選手自身の責任において、吸入器の常時携帯もしくはいつでも使用可能な状態であることの必要性を指導する。</u>

胃腸障害

一般の人々と同様、スポーツ選手もさまざまな消化器系疾患を起こす。不適切な食習慣や競技から生じるストレスの結果、胃腸の不調を招くことがある[5]。この場合のコーチの責任は、重大な症状を認識して、早期に医師の診断を受けさせることである。また、すべての胃腸障害に対しても、脱水症状を避けるため、水分と電解質を確実に補給する必要がある。

バランスのとれた食事は、歯肉炎の予防における歯磨きと同様に重要である。

消化不良

原因 消化不良（胃腸症）は、食物嗜好、競技前の感情的なストレス、食道や胃の痙攣、食道と胃の粘膜の炎症などを含むさまざまな条件が原因で起こる。

徴候 消化不良は、胃痛、吐き気、鼓腸（ガスの充満）を促進させる。

処置 急性消化不良の対策は、刺激性食物を食事から除外し、規則正しい食習慣をつけ、胃を刺激するような不安を取り除くことである。

嘔吐

原因 嘔吐は、ある種の刺激、一般的には胃への刺激が原因で起こる。この刺激は脳の嘔吐中枢に作用し、横隔膜と腹筋の一連の強制収縮を起こし、胃を圧迫して、胃の内容物を強制的に吐き出させる。

処置 吐き止めを服用する。可能であれば、脱水症状を防止するための液体を経口で服用する。嘔吐が続く場合は、水分と電解質を静脈注射で投与する。

下痢

原因 下痢は、食事の問題、腸の炎症、胃腸の感染症、特定の医薬品の服用、心因性などで起こる。

徴候 下痢は、腹部の痙攣、吐き気、場合によっては頻繁な排便を伴う嘔吐が特徴である。脱水による極度の衰弱が一般症状である。下痢の原因は断定が困難である。

処置 軽症の下痢の場合は、刺激性の食物を避け、症状がなくなるまで無刺激性の食物を摂り、腸の活動を抑える市販薬を服用する。

便秘

原因 便秘は、水分が少ない硬い便、食事の量や食物繊維の不足、悪い排便習慣、神経質と不安、緩下剤や浣腸の過度使用などが原因で起こる。

徴候 場合によっては下腹部に強い痙攣と痛みが起こり、便が硬く詰まって排便が困難となる。

処置 排便を促進する穀類、果物、野菜、脂肪などを含む食事を摂ることで便秘は解消できる。医師の処方がない限り、緩下剤や浣腸の使用は避けることが望ましい。

食中毒

原因 食中毒（胃腸炎）は軽症から重症まであり、食物または飲料から身体に侵入する感染性微生物（細菌）が原因で起こる。食品は、食品の不適切な冷蔵や感染した食品加工業者によって汚染される。

徴候 感染により吐き気、嘔吐、痙攣、下痢などの症状が現れるが、通常は3～6時間で治まる。

消化不良、嘔吐、下痢、便秘はスポーツ選手によく起こる疾患である。

処置 失われた水分と電解質を直ちに補給する。重症の場合は静脈注射によって水分と電解質を補給する必要がある。大丈夫なようであれば、漉した透明なスープ（日本ではおかゆや雑炊）、煮出し汁、刺激のない穀類などの流動物や軽食を与える。

出血性胃腸炎

原因 血便を特徴とする出血性胃腸炎は、胃炎、鉄欠乏性貧血、アスピリン等の抗炎症剤の摂取、大腸炎、ストレス、腸炎などが原因で起こる。長距離ランナーは、レース中またはレース後に血便の症状を起こすことが多い。

処置 出血性胃腸炎の徴候がある選手は、直ちに医師の診断を仰ぐ必要がある。

スポーツ選手に影響を及ぼすその他の症状

伝染性単核球症

原因 伝染性単核球症は、主として若い成人または子供に発症する急性のウイルス性疾患である。極度の疲労感があり、脾臓破裂の恐れがあるため、スポーツ選手に重大な影響を及ぼす[2]。潜伏期間は4〜6週間である。ウイルスは喉に潜伏し、唾液を通して他者に感染するため「キス病」の別名を持つ[2]。

徴候 この疾患は通常、3〜5日間の頭痛、疲労感、食欲不振、全身の筋肉痛で始まる。5日目から15日目までは発熱、リンパ腺の腫脹、喉の痛みなどの症状がある[2]。2週目までに感染者の50〜70%は脾臓が肥大し、10〜15%は黄疸を起こし、5〜15%は皮膚に発疹が生じ、頬がピンク色に火照り、瞼の腫れが見られる[20]。

処置 伝染性単核球症は、支持療法と対症療法で処置する。多くの場合、この疾患を持つ選手は、(1)脾臓の顕著な肥大や痛みがないこと、(2)熱が下がっていること、(3)肝機能テストの結果が正常である、(4)喉の痛みやその他の症状が解消されていることを条件として、発症後3週間で簡単なトレーニングに復帰できる。

スポーツ選手の貧血症

鉄欠乏性貧血

> **ヘモグロビン**（hemoglobin）
> 血液中の酸素を運ぶ分子。

原因 鉄欠乏性貧血は、スポーツ選手に見られる真性貧血のなかで最もよくある形態の貧血であり[11]、**ヘモグロビン**（血中の酸素を運ぶ分子）と赤血球の低レベル（ヘマトクリットの低下）が原因である。男性の場合、鉄欠乏性貧血は通常、胃腸内の出血が原因で起こる。女性の場合、最も一般的な原因は月経と鉄分の摂取不足である。ベジタリアンの選手

も鉄不足になりやすい。

徴候 鉄欠乏性貧血の初期段階では、選手の競技力が低下し始める。選手は疲労感や無気力感を訴える。トレーニング中、筋肉疲労や吐き気を起こすこともある。軽度の鉄欠乏性貧血である選手は、競技能力の発揮に若干の悪影響が出る可能性がある。

処置 貧血症の徴候を示す選手は、医師の診断を仰ぎ、ヘモグロビンとヘマトクリットのレベルを判定する血液検査を行ってもらう。症状が似ているので、貧血を単核球症と区別する必要がある。鉄欠乏性貧血には次のように対処する。(1)赤味の肉、色の濃い鶏肉などを含む適切な食事を摂る、(2)穀類からの鉄の吸収を妨げるコーヒーやお茶の摂取を控える、(3)鉄の吸収を高めるビタミンC源を摂取する、(4)鉄サプリメントを摂取する。

鎌状赤血球症

原因 鎌状赤血球症は、遺伝性貧血である。異常な鎌型の赤血球は血中酸素の運搬を妨げ、正常細胞よりも壊れやすい。鎌状赤血球の寿命は、正常な赤血球の120日と比べ、15〜25日と短い。鎌状赤血球のこの短い寿命が、急性鎌状赤血球症の患者が重度の貧血症状を起こす原因となる。米国の黒人人口の35%がこの特徴を持つ。8〜13%は貧血を起こさないが、この遺伝子（鎌状赤血球症）のキャリアである[13]。鎌状赤血球症の遺伝子を持つ選手がスポーツに参加しても、徴候や異常がでなければ問題はない[13]。

徴候 鎌状赤血球症の徴候から合併症を起こすことはない。ただし、鎌状赤血球症の症状は高地、または急激に熱が高くなることで発現することがある。症状には、発熱、極度の疲労感、青白い皮膚、筋力低下、四肢と腹部の激しい痛みなどがある。一般に腹部の右上1/4が痛む。頭痛や痙攣を併発することもある[13]。

処置 鎌状赤血球症は通常、対症療法で対処する。医師は、抗凝血剤や鎮痛剤を処方することがある。

糖尿病

原因 糖尿病は、先天性または後天性の疾患で、血糖と膵臓から分泌されるインスリンホルモンのアンバランスを特徴とする。糖尿病の原因のほとんどは、インスリンの有効性の低下かインスリンそのものの不足である。最近まで糖尿病患者はスポーツ競技への参加を遠慮させられるか、禁止させられてきた。今日では、多くの糖尿病患者はスポーツに積極的に参加し、ほとんどのスポーツで活動している。糖尿病をコントロールする鍵は血糖のコントロールなので、インスリン依存のスポーツ選手が最大限に活動するためには、血糖を正しい範囲に維持するよう常に食物の摂取とインスリンと運動に気を配らなければならない。食事、運動、インスリンは、糖尿病患者の日常生活に欠かせない大きな要素なので、活気に満ちた日常生活とスポーツ参加のためには、秩序ある生活習

慣を心がけなければならない[8]。

　精力的に身体を動かしている糖尿病患者のスポーツ選手は、運動の直前に食事をし、もしその運動が長引いたら、1時間ごとにブドウ糖の補充をする。インスリンの摂取量は変えず、食事の摂取量を増やす。糖尿病患者の反応には個人差があり、各々が異なる。代謝障害に対し糖尿病専門医による医学的評価と計画があっても、多少の危険性はあるが、糖尿病患者のほとんどは問題なく運動に参加することができる[35]。

　糖尿病患者のスポーツ選手が抱えるリスクは、インスリンショックと糖尿病性昏睡を引き起こすことである。前者はインスリンに対して低すぎる血糖量が原因で起こり、後者は高すぎる血糖とインスリン不足によって起こる。糖尿病を持つ選手がいる場合は、インスリンショックおよび糖尿病性昏睡の症状と、そのいずれかが発生した時の処置について熟知しておく必要がある[8]。

　インスリンショックの徴候　インスリンショックは、過度の低血糖によって起こり、低血糖症とショックを起こす。身体の衰弱、湿性で青白い皮膚、垂れた瞼、または浅い呼吸などが特徴である。

　インスリンショックの処置　食事を摂り忘れた場合や、激しい運動をし大量のグリコーゲンを代謝した糖尿病を持つスポーツ選手は、インスリンショックを引き起こすことは珍しくない。この問題を避けるために、運動選手は運動前の軽食も含めて注意深く食事計画に従わなければならない。軽食には、チーズやクラッカーのような複合炭水化物とタンパク質の組み合わせを摂取するとよい。30〜40分以上かかる運動の場合、軽食と単純炭水化物を用意するべきである。ある患者は、固形の砂糖かキャンディー、オレンジジュースを持ち歩き、インスリン反応が切迫した時直ちに対応できるようにしている[35]。

　糖尿病の運動選手に行う主な質問：
　・今日は食事をしたか？　それはいつか？
　・今日はインスリンを投与したか？　それはいつか？

　糖尿病性昏睡の徴候　糖尿病性昏睡の徴候は、呼吸困難または息切れ、アセトンが起こす果物のような呼気臭、吐き気と嘔吐、異常な喉の渇き、口内粘膜の渇き、皮膚の紅潮、意識混濁、昏睡となり得る意識喪失などである。

　糖尿病性昏睡の処置　糖尿病性昏睡は生命の危険があるため、早期発見が重要である。糖尿病性昏睡のインスリン—血糖のアンバランスを調整する唯一の方法は、インスリン注射である。通常は注射によって昏睡は予防できる。注射後、数分経っても選手が反応しない場合、救命救急処置が必要である。

癲癇（てんかん）

毎日あるいは毎週のように発作を起こす患者には、コリージョンスポーツへの参加を禁止する。

　原因　癲癇は病気ではないが、さまざまな疾病の症状として現れる[6]。ある種の癲癇は遺伝的傾向があり、発作の閾値が低い。またあるものは、脳代謝の変化または過去の傷害が原因といわれる。

癲癇患者のスポーツ競技への参加は、個別に考慮されなければならない[6]。選手が毎日または毎週大きな発作を起こすようであれば、コリージョンスポーツへの参加は禁止しなければならない。その理由は、頭をぶつけることで発作を起こすからではなく、競技中に意識不明になることによって重傷を負う危険性があるからである。発作が投薬によって正しくコントロールされている、または睡眠中にのみ起きるのであれば、スキューバダイビング、単独での水泳、高所でのスポーツを除けば、スポーツへの制限はほとんど必要ない[34]。

　徴候　癲癇は「意識の変化、運動機能、感覚現象、または不適切行動として突発的に現れる短絡的な発作を特徴とする大脳機能の再発性障害」と定義付けられる。発作は小発作から、強直性間代性発作、大発作、意識喪失まである[34]。

　処置　選手は一般に、発作の種類と程度に応じた特定の抗癲癇薬を服用する。場合によっては、眠気、落ち着きのなさ、眼振、吐き気、嘔吐、バランス障害、皮膚発疹またはその他の副作用など、望ましくない投薬治療の副作用が起こることもある[34]。

　癲癇を持つスポーツ選手は、発作が切迫していることに気づいたら、直ちに座るか横になって二次的な傷害を避ける。前兆なく発作が起こった時は、コーチが次のように対応する。

- 落ち着かせる。
- 可能ならば転倒による衝撃を和らげる。
- 負傷の原因となりそうな危険物を選手から遠ざける。
- 衣服を緩める。
- 上の歯と下の歯の間に無理に物を挟まないようにする（無理やりスクリューなどで開けない）。
- 発作後、選手が普通に目覚めるように配慮する。

訳注）
世界保健機関（WHO）の癲癇の定義
さまざまな原因により起こる慢性の脳の病気で、大脳の神経細胞の過剰な活動に由来する反復性の発作（てんかん発作）を主徴とし、それに変化に富んだ臨床および検査の異常を伴う。

髄膜炎

　原因　髄膜炎は通常、髄膜炎菌による感染が原因で起こる、髄膜または脊髄および脳を取り巻く膜組織の炎症である。この細菌は、耳、喉、呼吸器の感染の後で鼻や喉から中枢神経系に侵入する。髄膜に達した細菌は隣接する神経組織に広がり、脳髄を腫らし、脳室を拡張させて脳幹に出血を起こす[12]。一般に髄膜炎は子供の重大疾患であり、通常は生後3カ月から2歳までの間に発症する。

　徴候　高熱、肩こり、激しい頭痛、光と音に対する過敏症などの症状があり、さらに進行すると嘔吐、痙攣、昏睡などを起こす。

　処置　髄膜炎の症状が現れたら、コーチは直ちに選手を医者に見せる。脳脊髄液（cerebrospinal fluid：CSF）を分析して、細菌と白血球の存在を調べる必要がある。CSFは腰部の穿刺、すなわち腰椎穿刺によって抽出される。髄膜炎菌が検出されたら、高い伝染性のため24時間以上の隔離が必要である。直ちに抗生物質の静脈注射を開始する必要がある。症状の重大性のため、患者を集中治療室で監視し処置することが望ましい。

訳注）
髄膜炎には無菌性（ウイルス性）髄膜炎と化膿性（細菌性）髄膜炎がある。

高血圧症

原因 血液が循環する時、動脈壁に加わる過剰な圧力を高血圧（high blood pressure：HBP）という。正常な平均血圧の範囲は100〜140/60〜90mmHgである。140/90mmHg以上はHBPである（表23-1）[7]。

高血圧症は、一次性高血圧、すなわち本態性と二次性高血圧に分類される。一次性高血圧はすべての症例の90％を占め、関連症状はない[7]。二次性高血圧には、腎臓障害、甲状腺機能亢進（血液過多）、ホルモン産生腫瘍、大動脈狭窄、妊娠、医薬品（経口避妊薬、風邪薬など）の特定の原因が潜在する。HBPが長引くと、冠動脈疾患、鬱血性心不全、脳卒中などの発症率が高まる[22]。

徴候 一次性高血圧は、一般に、合併症が起こるまでは無症候である。一次性高血圧は、めまい、顔面紅潮、頭痛、疲労感、鼻出血、神経質などの症状を起こす。

処置 HBPの存在は、さまざまな状況で何度も血圧測定を行わないと判定できない。高血圧のタイプを特定するには、全身の精密検査を行う必要がある。一次性高血圧は、体重を減らす、塩分を控える、有酸素性運動を行うなどの生活習慣の改善によりコントロール可能である。二次性高血圧の場合も潜在的な症状を治療すれば、血圧は正常に戻るのが普通である。HBPの症状を持つ運動選手は、等尺性運動や非常に大きな荷重に対する抵抗運動を行ってはならない[22]。

表23-1　年齢と血圧の上限

年齢	休憩時の血圧上限*
10歳以下	120/75mm Hg
10-12	125/80mm Hg
13-15	135/85mm Hg
16-18	140/90mm Hg
18歳以上	140/90mm Hg

＊3回の測定中に血圧上限を超えた場合、選手は高血圧症の可能性がある。

伝染性ウイルス疾患

スポーツ選手がかかりやすい伝染性ウイルス疾患について詳細に述べることは本書の目的ではない。しかし、そのような症状を呈する選手がいる場合、コーチは伝染性ウイルス疾患を示す特定の徴候を認識できなければならない（表23-2）。伝染性ウイルス疾患の徴候がある場合、選手を直ちに医師に見せ診断を仰ぐ必要がある[12]。

表23-2 伝染性ウイルス疾患

疾　　患	疾患部位	徴　　候	治　　療	予　防　法
はしか	皮膚、呼吸器、結膜	外見：風邪と同様の症状で発熱、咳、結膜炎、羞明感、喉の発疹、その後皮膚発疹	ベッドでの安静、サングラスの使用、対症療法	ワクチン
風疹	皮膚、呼吸器、結膜	感冒症状で皮膚発疹、耳の後ろのリンパ腺腫脹	対症療法	ワクチン、感染後にガンマグロブリン投与
水痘	体躯、顔面、頸部、四肢	中度の感冒症状、その後水疱出現	対症療法	帯状疱疹免疫グロブリン（ZIG）や水痘─帯状疱疹免疫グロブリン（VZIG）などのワクチン
おたふくかぜ（流行性耳下腺炎）	唾液腺	頭痛、眠気、発熱、腹痛、咀嚼または嚥下時の痛み、下顎の腫脹	対症療法	ウイルスワクチンによる一過性免疫
インフルエンザ	呼吸器	腰痛、全身痛、悪寒、頭痛、発熱、気管支炎	対症療法	多価インフルエンザワクチンによる一過性緩和保護
風邪（鼻感冒）	呼吸器	軽度の発熱、頭痛、悪寒、鼻水	対症療法	ビタミンや風邪ワクチンなどが有効、肌を露出しない
伝染性単核球症	体躯	咽喉痛、発熱、皮膚発疹、全身痛、リンパ腺腫脹	対症療法	なし：過労を避ける

スポーツ選手の薬物乱用

近年、多くのスポーツ選手が薬物乱用に関わっていることが取り沙汰されるようになってきた（フォーカスボックス23-4）。ある選手は能力向上を目的として、また別の選手はレクリエーション目的でこうした行為に関わる。一部のオリンピック選手の競技能力を違法に向上させようとする薬物の使用や、高校生、大学生、プロの選手が街頭で薬物を購入し使用することが報道され、また盛んに議論されている。**スポーツ選手が薬物乱用に陥ってはならないことに疑問の余地はない**[18]。

競技能力向上薬

スポーツ医学では、選手の競技能力を向上させる目的でつくられた薬物の使用を**ドーピング**という。ドーピングは「健康な人が、試合において人為的かつ不公正に競技能力の向上のみを目的として体外性物質を使用したり、生理的に体内にある物質を異常な量や異常な方法で使用すること」と定義されている[16]。

ドーピング（doping）
禁止薬物、競技者の競技能力向上を目的につくられた薬物の服用。

興奮剤

興奮剤を使用する選手の意図は、緊張感を高め、疲労感をなくし、場合によっては競争能力を高めることである。興奮剤の使用により過剰な

闘争心が生まれる。興奮剤の副作用として、判断力を失い人格障害に陥ったり、他人を傷つけたりする選手もいる[18]。

アンフェタミン（覚醒剤） アンフェタミン、カフェイン、コカインは、スポーツで最も頻繁に使用される興奮剤である[33]（コカインについては、ストリートドラッグ乱用のセクションで述べる）。アンフェタミンは、ごく一般的な風邪薬、鼻や目の充血緩和剤、大多数の喘息の調剤薬に含まれることが多いため、スポーツにおいてきわめて難しい問題となっている。

アンフェタミンは、非常に強力で危険な薬物である。静脈注射をすることも、吸入することも、また錠剤として摂取することもできる。アンフェタミンは、競技能力を高める目的の薬物として、最も多く乱用されている。通常の服用量では、幸福感が高まり、精神が高揚するが、やがて（不眠の結果）疲労感に襲われ、神経質になり不眠症や食欲不振を起こす。アンフェタミンを多量に摂取すると、精神が衰弱し、複合的な運動能力が低下する。選手は常軌を逸した行動をとることがある。常用者は情緒不安定に陥る。すなわち精神的に行きづまり、同じことを何度も繰り返す。これが数時間続くと、ますます常軌を逸するようになる。アンフェタミンの長期使用は（短期使用でも）、聴覚および視覚的幻覚と誇大妄想を特徴とするアンフェタミン依存症を発症させる。過剰にアンフェタミンを摂取すると、生理学的には瞳孔が異常に拡大し、血圧が上昇し、高体温となる。

アンフェタミンは敏捷性や持続性を向上させ、疲労を遅らせ、自信をつけさせ、攻撃性を増すことによって競技能力を高める効果があると誤解されている。だが競技能力の向上はなく、傷害、極度の疲労、循環器疾患などのリスクが高まることが研究で明らかにされている。

カフェイン カフェインはコーヒー、茶、ココア、コーラのなかに含まれ、体内に容易に吸収される（表23-3）。中枢神経系を刺激し、利尿作用があり、胃液の分泌も促進させる。カップ1杯のコーヒーには100～150mgのカフェインが含まれている。適度なカフェインは、覚醒作用があり頭をすっきりさせる。大量の摂取、または毎日カフェインを摂取すると、血圧が上昇し、その後下降して心拍数は上昇する。その結果、筋肉の整合性、睡眠、気分、行動、思考過程が影響を受ける。運動とス

表23-3　カフェインを含む製品例

製　品	含有量
コーヒー（1杯）	100mg
ダイエットコーク（12オンス）	45.6mg
ダイエットペプシ（12オンス）	36.0mg
No-Doz（1錠）	100.0mg
アナシン（1錠）	32.0mg
エキセドリン（1錠）	65.0mg
Midol（1錠）	32.4mg

> **23-4 Focus Box　フォーカスボックス**
>
> **薬物乱用を見つける目安**
> 以下は、薬物乱用の徴候である。
> 1. 突然人格が変わる。
> 2. 極端に気分が変わる。
> 3. つき合う仲間が変わる。
> 4. 課外活動や余暇活動に関心を失う。
> 5. 成績不振（学業など）。
> 6. 家事をしない、門限を守らない。
> 7. 終日憂鬱な気分。
> 8. 個人的な健康習慣を止める。
> 9. 食欲がなく寝てばかりいる。
> 10. 衣服や皮膚からアルコールやマリファナの匂いがする。
> 11. 急激にやせる。
> 12. 嘘をつく、騙す、物を盗むなど。
> 13. 飲酒運転や違法薬物所持で逮捕される。
> 14. 学校を無断欠席する。
> 15. 頻繁な転職や失業。
> 16. アルコールや薬物の話になると守勢に立つ。
> 17. 孤立しがち（部屋にこもる）。
> 18. 家族関係が悪くなる。
> 19. 麻薬道具（注射針、空瓶など）が見つかる。
> 20. 違法行為がないか監察を受けている。
> 21. 酩酊の徴候。
> 22. 常に約束を破る。
> 23. 授業中または就業中に居眠りをする。
> 24. 金銭問題がある。
> 25. 課題の提出または締め切りを守らない。
> 26. 生産性の低下。

ポーツの成績に関しては、カフェインは論争の的である。アンフェタミンと同様にカフェインは、一部の選手には長時間運動して蓄積した疲労を回復する作用がある。カフェインの常用者が突然摂取を止めると、頭痛、眠気、無気力、鼻水、過敏症、神経質、憂鬱、仕事への無関心などの禁断症状が現れる。種目によっては、カフェインが利尿剤として使用されることもある。

麻薬

麻薬は、アヘン（阿片）から直接または間接的に抽出される。モルヒネやコデイン（メチルモルヒネ）は、アヘンから製造される製品名であ

る。麻薬は中度〜重度の痛みの治療に使用される。麻薬は身体的および精神的依存性が非常に高く、また使用に伴うさまざまな弊害のため、全米大学体育協会（NCAA）は使用を禁じてきた。軽度〜中度の痛みなら、麻薬以外の薬品によって効果的に治療できる[33]。

ベータ遮断薬

　ベータ遮断薬は、射撃、帆走、アーチェリー、フェンシング、スキージャンプ、ルージュなど緊張感のコントロールを要するスポーツで、精神的落ち着きを求める選手によって使用されてきた。ベータ遮断薬は血管を弛緩させる。同様にこの弛緩は、心拍数を下げ、心拍出量を減らす。治療上、ベータ遮断薬はさまざまな心臓疾患と高血圧の治療に使用されている[33]。

利尿剤

　利尿剤は、組織からの排液が必要な、さまざまな心臓血管系および呼吸器系の症状（高血圧など）に使用されている。スポーツ参加者による利尿剤の主な誤用には2通りある。一つは急激な減量に使用すること、もう一つは尿のなかの薬物濃度を下げる（尿の排泄量を増やして薬物使用の検出を免れようとする）ために使用することである。いずれの場合も、競技中の利尿剤の使用を禁じる倫理上および健康上の問題がある。

アナボリックステロイドとヒト成長ホルモン

　筋肥大、筋力、パワーの増大に関連する物質として、アナボリックステロイドとヒト成長ホルモン（human growth hormone：HGH）の2つがある。

　アナボリックステロイド（蛋白同化ステロイド）　男性ホルモンは睾丸から分泌される。その主要ホルモンであるテストステロンには、男性ホルモン作用（男性的特徴の促進）と筋肉増強作用（蛋白同化の促進により、筋肉の質量と重量を増やし、全体的成長と骨の成熟を促し、男性の性的能力を高める）がある[31]。特定の生理学的症状を改善するために医師によって処方される場合は、使用価値がある。1984年の米国スポーツ医学会（ACSM）の年次総会で、適切な食事療法と併用して摂取された蛋白同化男性ホルモン作用ステロイドは、体重の増加に寄与し、ウエイトトレーニングの併用により筋力の増強に成果が上がることが報告された。ただしスポーツにおいて、アナボリックステロイドは選手の健康を損なう脅威となる（フォーカスボックス23−5）。またスポーツ界では、アナボリックステロイドは倫理的ジレンマとなっている。米国では推定で100万人以上の若い男子および女子選手がこの薬物を使用しており、そのほとんどを闇市場で入手しているという。男子高校生の約6.5%、女子高校生の約1.4%がアナボリックステロイドを使用しているか、使用した経験を持つといわれている。また、男子大学生選手の2〜20%が使用しているという。

> **23-5　Focus Box　フォーカスボックス**
>
> アナボリックステロイドの有害作用の例
> - 10代—長骨骨端軟骨の早期閉鎖、にきび、多毛、声の低音化、男子の乳腺肥大（女性化乳房症）。
> - 男性—男性型脱毛症、にきび、声の低音化、気分の変わりやすさ、攻撃的行動、高比重リポ蛋白（善玉コレステロール）の減少、高コレステロール、睾丸サイズの縮小、男性ホルモン分泌の減少、性欲の変化。
> - 女性—女性型脱毛症、にきび、声の低音化（逆行不能）、髭の増加、陰核の肥大（逆行不能）、性欲の亢進、月経不順、攻撃性の増進、体脂肪の減少、食欲増進、バストサイズの減少。
> - 乱用—肝臓腫瘍や肝臓癌、心臓病、高血圧症を起こすことがある。

　思春期以前の少年がこれらの薬物を使用した場合、最も懸念される障害は、長骨の成長が止まることによる低身長である。その他の男性ホルモン作用としては、思春期前の少年のにきび、多毛、声の低音化、場合によっては女性化乳房症と呼ばれる乳房のふくらみがある。女性がステロイドを使用した場合、**多毛**となったり、声帯の変化に伴い声が低音化したりする。使用を止めると多毛はなくなるが、声帯の変化は元に戻らない。使用の期間と量が増えると、男性ホルモン作用も増進する。自己管理による過量使用はステロイド使用者の典型的パターンであり、事前の使用誓約が重要である。これらの薬物の乱用は、肝臓癌や前立腺癌、心臓病を引き起こす原因となる[31]。

　アナボリックステロイドは、筋力を必要とするスポーツで最も乱用されている。重量挙げ、陸上競技での投擲競技、アメリカンフットボールなどが、アナボリックステロイドの使用に関する重大な問題を起こしているスポーツである。女性選手は「勝利のためには手段を選ばない」傾向があるため、やはりアナボリックステロイドの乱用が大きな健康問題となっている。

　ヒト成長ホルモン　ヒト成長ホルモン（HGH）は下垂体から分泌されるホルモンであり、脈動によって循環する。この分泌の程度は年齢や成長期間によって異なる。HGHが不足すると小人症となる。かつてHGHは死体から抽出しなければならなかったため、その供給は制限されていた。しかし現在では人工的に製造できるので、入手は容易である[29]。

　実験により、HGHは筋肉の質量、皮膚の厚み、筋肉の結合組織、臓器の重量を増進させ、あまりにも急成長するため筋肉や靱帯が弛緩した状態になることが明らかになっている。また身長と体重を増やし、体脂肪率を低下させる。

　スポーツ選手によるHGHの使用は世界的に蔓延している。これは、ア

> **多毛**
> （hirsutism）
> 過剰な発毛もしくは異常な部位への発毛。

ナボリックステロイドに比べ、尿検査でのHGHの検出が困難なためである。成長に問題のない選手が使用した場合のHGHの作用については、現在のところ具体的な情報はない。わかっていることは、HGHを身体に過剰摂取すると、長骨骨端軟骨の早期閉鎖が起きたり、その反対に骨の末端が肥大したり、また顔面の骨や軟部組織が肥厚化する先端巨大症（末端肥大症）になったりすることである。先端巨大症の関連症状には、糖尿病、心臓血管障害、甲状腺腫、月経不順、性欲低下、勃起障害などもある。最大で20年寿命を縮める。アナボリックステロイドと同様、HGHはスポーツ界にとって深刻な問題である。現在のところ、ウエイトトレーニングと組み合わせてHGHを多量に摂取しても、筋力アップや筋肥大に効果があるという証拠はない。

アンドロステンジオン

アンドロステンジオンは、主に睾丸から分泌され、一部は副腎皮質と卵巣からも分泌される比較的弱い男性ホルモン物質である[31]。人体では男性と、特に女性のテストステロンの分泌量を増やすために使用されてきたが、効果は数時間しか持続しない。現在は、市販されているアンドロステンジオンはFDAによりサプリメントに分類されている。現在のところ、このサプリメント使用の効果と安全性を支持または否定する科学的根拠のある研究は行われていない。

クレアチンサプリメント

クレアチンは、腎臓、肝臓、膵臓によって合成される、自然発生有機成分である。クレアチンは1kgの魚肉類に約5g含まれるので魚肉類からも摂取できる。クレアチンはエネルギー代謝で重要な役割を果たす。クレアチンの生理学的長所は、運動強度のアップ、筋持久力の向上、最大強度での運動中の機能回復時間の短縮化、タンパク質合成の促進、総コレステロール値やトリグリセリド値の低下、除脂肪体重の増加である。クレアチンサプリメントの副作用には体重増加があるが、それ以外に長期的に持続する副作用はない。クレアチンサプリメントの経口投与は、質の高いウエイトトレーニングでの筋力増強に効果があるといわれる。

血液再注入（血液ドーピング、血液保存、血液供給）

持久力の向上、新環境への順応、および高所への対応には、血量と赤血球を増やして身体の酸素消費の要求を満たすより高い代謝能力が求められる[4]。

900mLの血液を取り出し、6週間保存した後に再注入することによって、この生理的反応を再現できることが最新の研究により明らかになった。再注入の前に6週間の待機期間を置くのは、選手の身体を正常なヘモグロビンおよび赤血球濃度に戻すにはこれだけの期間が必要なためである。この方法を使用すると、持久力が著しく向上する。学術研究の観点からはこうした実験は有益であり、注目に値する。だが、このような

23-3 Critical Thinking　頭の体操──エクササイズ

高校生の砲丸投げ選手が、雑誌でクレアチンの効果に関する記事を読んで興味を示し、このサプリメントを試す気になっている。コーチのところへやってきて、クレアチン使用のメリットについて尋ねた。

質問：コーチは何と答えるべきか？

方法を競技に用いることは不道徳であるだけでなく、非医療関係者が行った場合、特に適合ドナーが起用された場合は非常に危険でもある。

血液および血液成分の輸血には大きなリスクが伴う。リスクには、アレルギー反応、腎臓障害（型が違う血液が使用された場合）、発熱、黄疸、感染症を伝染させる可能性（ウイルス性肝炎やHIV）、循環ショックまたは代謝ショックが原因で起こる血液過負荷などがある。

競技における血液再注入の利用は、不道徳であるだけでなく、非医療関係者が行う場合は危険も伴う。

ストリートドラッグ乱用

気晴らし用の薬物、いわゆるストリートドラッグの乱用は全世界に蔓延しており、スポーツ界でも珍しくなくなった[32]。こうした物質を使用する理由として、試してみたいという好奇心、一時的な問題からの逃避、グループから仲間外れにされないため（仲間内の圧力）などが挙げられる。気晴らしのための使用が、薬物の乱用や依存につながる場合もある。一般に依存には、心理的依存と身体的依存の2面がある。心理的依存は、幸福感の追求や不快からの回避のために反復的に薬物を摂取する動機となる。身体的依存は、薬物耐性の形成というかたちで現れる薬物の適応状態で、薬物摂取を中止すると禁断症状を起こす。「薬物耐性がある」とは、以前は少量で得ることができた薬効を得るために使用量を増やす必要性が生じることである。禁断症状は、薬物が突然遮断された時の不快な生理的反応である。選手が乱用する薬物のなかには、たとえばアンフェタミンやコカインなど、能力を向上させるとみなされている薬物と重複するものもある。タバコ（ニコチン）、アルコール、コカイン、マリファナは最も乱用されている気晴らし用の薬物である。バルビツレート系および非バルビツレート系鎮痛剤、精神異常発現薬、各種吸入剤などを乱用する選手もいる[32]。

タバコ

現在、タバコとスポーツに関連する多くの問題が発生している。問題は「喫煙」と「無煙タバコの使用」の2つに分けられる。

喫煙　喫煙と競技成績の関係について行われたさまざまな調査から、以下の結論が引き出された。

- タバコ感受性は個人差があり、比較的感受性の高い選手ほど成績に深刻な影響を受ける。調査対象の男性の1/3以上がタバコ感受性を示しているので、選手の喫煙は禁止したほうがよい。
- タバコの煙は4,700種もの化学物質と関連があり、その多くは有害物質である。
- タバコの煙を10回ほど吸引しただけで、気道コンダクタンスの平均は最大50%も低下する。この低下は、副流煙を吸う非喫煙者にも起こる。
- 喫煙により血液の酸素運搬能力が低下する。喫煙者の血液は、正常な血液よりも5〜10倍もの一酸化炭素を含む。このため、赤血球は身体組織が必要とする十分な酸素を取り込むことができない。また

一酸化炭素には、アテローム性動脈硬化症の因子である動脈壁の脂質透過性を高める傾向もある。
- 喫煙は、交感神経系の過剰な刺激によって心筋細胞の負担を重くする。
- ヘビースモーカーの場合、肺活量と最大酸素摂取量は極度に低下する。この変化はいずれも酸素を取り込んで身体に供給する能力を損なうため、選手にとって深刻な問題である。
- 喫煙は肺の拡散能を低下させる。
- 喫煙後は血栓症傾向が加速することが証明されている。
- 喫煙は肺癌の発癌性因子であり、心臓病の要因である。

タバコの習慣性化学物質は、最も有害な薬物の一種であるニコチンである。摂取すると、ニコチンは血圧を上昇させ、腸を活性化し、抗利尿作用がある。中程度の耐性と身体的依存が起こる。タバコの煙の受動的な吸入によって最大有酸素能と持久力が低下することも注目されている。

無煙タバコの使用　36％のスポーツ選手が、かみタバコ、湿潤または乾燥粉末（嗅ぎタバコ）、圧縮タイプなどの無煙タバコを使用していると推定される。タバコを頬と歯茎の間に挟み、吸い出したり噛んだりする。その間選手は、絶えず容器に唾を吐き、見た目もよくない習慣である。見た目の悪さに加えて、**無煙タバコの使用には重大な健康上のリスクがある**。無煙タバコは、口臭、汚れた歯、熱い物や冷たい物に対する歯の過敏、虫歯、歯茎の後退、歯骨の喪失、白板症、口腔および咽喉癌などの原因となる。進行性の口腔癌や咽喉癌、また（歯の喪失を伴う）歯周病は、この習慣と深い関係がある。摂取される主な物質は、この習慣性の主要因であるニトロソノルニコチンである。この化学物質のため、無煙タバコの習慣性は喫煙よりも強い。無煙タバコは心拍数を高めるが、選手であるか否かを問わず（刺激に対する）反応時間、運動時間、総合応答時間には影響しない。

コーチ、アスレティックトレーナー、プロのスポーツ選手は、無煙タバコの使用を避け、それぞれの任務の模範を示す必要がある。

アルコール

アルコールは、米国における乱用薬物のナンバーワンである。アルコールは、小腸から直接血液中に吸収される。アルコールの吸収はその酸化よりも早いため、血中に蓄積される。アルコールは中枢神経系を抑制し、鎮静作用を及ぼす。特徴として、アルコール消費はいついかなる量であっても、精神および身体能力が向上することはなく、運動選手は絶対に飲酒を避けるべきである。大量のアルコール消費は、中程度の薬物耐性を起こす。スポーツ参加にアルコールの入り込む余地はない[6]。

コカイン

コカインは別名をコーク、スノウ、トゥート、ハッピーダスト、ホワイトガールともいい、強力な中枢神経系刺激剤であり、局部麻酔や血管

いついかなる量であっても、アルコール消費によって精神および身体能力が向上することはなく、スポーツ選手は飲酒を避けるべきである。

訳注）
アルコールは薬物としてとらえられている。

収縮薬でもある。コカインは、禁止された競技能力向上薬物であるだけでなく、最も乱用されているストリートドラッグの一つでもある。吸入、喫煙、または注射（静脈注射、皮下注射、筋肉注射）で摂取される。

コカの葉から抽出されるコカインを大量に使用すると、興奮と幸福の感覚が生じる。場合によっては幻覚も起こる。コカインは、皮膚の局部に適用した場合には麻酔作用があるが、吸入、吸飲、または注射によって体内に取り込むと中枢神経系に作用する。

クラック 高純度のコカインであり、喫煙によって吸収されるクラックは、実質的に瞬時にハイ状態になることで知られている。コカインの習慣的使用は身体的耐性を起こしたり薬物依存に陥ったりすることはないが、心理的依存と習慣を生む。コカインを気晴らしに使用すると、動作が機敏になり、自己満足と力がみなぎる感じがする。大量使用の結果、誇大妄想や暴力的な行動を起こすことがある。乱用は交感神経系を過剰に刺激し、頻脈、高血圧、高い心拍数、冠状動脈の血管収縮、脳卒中、肺浮腫、大動脈破裂、突然死などの原因となる。

マリファナ

マリファナは、西欧社会で最も乱用されているもう一つの薬物である。一般には、グラス、ウィード、ポット、ドープ、大麻などの別名で呼ばれている。マリファナタバコは、ジョイント、J、ナンバー、リーファー、ルートなどと呼ばれている。マリファナは無害な薬物ではない。マリファナの煙の成分は、タバコの煙の成分と同じであり、常用者には同じ細胞変化が見られる。

継続使用していると、喘息や気管支炎などの呼吸器障害を起こし、肺活量が15〜40％落ちる（身体能力にとって有害であることは確実）。その他の有害な作用としては、精子数とテストステロンレベルの低下がある。また、免疫機能と細胞代謝に悪影響を与えることも証明されている。この影響を示す顕著な徴候は、心拍数の増加である。その平均は運動中で（正常値より）20％以上高く、能力を制限する要因となる。使用量が多い場合は、脚、手、指の筋力が低下することもわかっている。タバコと同様、マリファナは発癌物質とみなされている。

自己認識や判断力の低下、思考力の鈍化、集中力の低下などの心理的影響は、薬物使用の初期段階で現れる。常用者の検死により、脳の萎縮だけでなく解剖学的構造の変性も明らかとなっている。これは逆行不能な脳の損傷である。マリファナは特有の成分（カンナビノイド）を含み、これは脂肪細胞と同様に、数週間または数カ月におよび全身と脳組織に蓄積される。これらの蓄積された成分は、常用者に累積的な悪影響を及ぼす。

マリファナのような薬物をスポーツで使用する理由はまったくない。その使用要求には根拠がなく、短期的にも長期的にもその悪影響はあまりに明白で、いかなる場合でもこの悪癖を許してはならない。

訳注）
米国精神医学会の診断基準第4版によると、コカインは薬物依存症を引き起こす薬物の一つとして認識されている。
〈参照サイト：米国精神医学会〉
http://www.ama-assn.org

薬物検査プログラム

プロスポーツ連盟、NCAA、米国オリンピック委員会（USOC）は、こうしたスポーツレベルに相当する選手の薬物利用に伴う諸問題に対処するため、「禁止物質」リストと薬物検査プログラムを明確に規定している[16]。全米高等学校連盟（NFHS）は現在のところ、禁止物質のリストや薬物検査に関する特定の方針をまだ制定していない。選手に薬物検査を実施するかどうかの選択は、個々の学校に委ねられている。ただし、薬物検査プログラム体制を希望する学校に対してはガイドラインを準備している。

高校生選手の薬物検査は、薬物使用を抑えようとする動きが活発になった1970年代半ばから行われるようになった。高校生選手の薬物検査の実施は稀であり、その成果もまちまちである。ただし1995年の判決で、高校生選手に対する薬物検査のいくつかの障壁が取り除かれ、多様な薬物に対して検査を行えるようになった。高校の薬物検査プログラムは一般に、アンフェタミン、マリファナ、コカイン、アヘン、フェンシクリジン（PCP）の使用に対して選手をふるいにかける。こうした標準薬物検査パッケージからは、アルコールやタバコ、ステロイドなど一般に広く使用されている物質が除外されている[19]。

月経不順と女性生殖器系

> 思春期前の少女は、スピード、筋力、持久力の要求されるスポーツにおいて同年齢の男子と互角か、場合によっては優れてさえいる。

思春期前の少女は、スピード、筋力、持久力の要求されるスポーツにおいて同年齢の男子と互角か、場合によっては優れてさえいる。思春期までは、男性と女性の違いは見た目にはそれほど明らかではない。思春期になると男性は、筋力、スピード、持久力がゆっくりではあるが徐々に向上してくる。

> 初潮は、激しい運動や競技によって遅れることがある。

月経の始まりである初潮は、10歳から17歳の間に迎えるのが普通であり、大多数の少女は13〜15歳の間に体験する。激しい運動や競技をしている女性の初潮は遅くなる傾向がある。高い技能を要求される競技に関わる女性の初潮が最も遅い。発育の遅い少女は一般に、脚が長く、腰が細く、身長に比べ脂肪と体重が少ない。これらの特徴はすべて、スポーツに関わっている選手によく見受けられる[21]。

少女や女性のスポーツへの関心と参加が高まるにつれ、女性の参加にまつわるさまざまな根拠のない説と、スポーツ参加が初潮、月経、出産に及ぼす影響が広く取り沙汰されるようになった。だが、持続的な激しい運動や競技が月経周期に及ぼす影響と、月経が運動能力に及ぼす影響は、まだ完全には解明されていない。

月経不順

激しい運動をしている女性の初潮は遅くなる傾向がある。プロの女性

バレリーナや体操選手、長距離ランナーには、**無月経**（月経がないこと）や**希発月経**（出血量が少ないこと）も決して珍しくない[8]。ランナーが怪我をして突然練習量が減ったりすると、正常な月経に戻るという多くの報告がある。体重が増え、同時に運動の強度を落とすと、無月経や希発月経が治ることも報告されている。痩せている場合や激しいトレーニングでは、このような異常は普通かもしれないが、そうでない場合もあるので、医師の指示に従うことが望ましい。今日まで、これらの症状が生殖器系に悪影響を及ぼすという指摘はない。過剰なストレスのある、要求水準の高いスポーツでは、無月経、月経困難症、月経過多症、希発月経、頻発月経、月経不順、またこれらの組み合わせなど、あらゆる種類の月経異常が発現している[17]。

無月経（amenorrhea）
月経がないこと、もしくは抑制されること。

月経困難症

月経困難症（痛みの強い月経）は、活動的な女性の間でよく見られる。しかし、特定のスポーツへの参加が月経困難症を軽減したり発症させたりするとは断言できない。中程度から重度の月経困難症の女性は、深刻な症状を排除するため、婦人科医に相談する必要がある[21]。

月経困難症は、虚血（骨盤器官への血液の供給不足）が原因であり、ホルモンの平衡失調の可能性もある。この症候群の最もよくある症状は、痙攣、吐き気、下腹部痛、頭痛、場合によっては情緒不安定などである。中、強度の運動は月経痛の緩和に役立つが、その処方は医師に委ねるべきである。医師は一般に、従来のレベル以下に運動能力が低下しない限り、月経期間中も通常のスポーツへの参加は継続するように勧める。月経期間中の激しいスポーツ参加によって月経痛を最も多く起こすのは、水泳選手である。一般に、長時間にわたり激しい活動を要求されるスポーツでは、希発月経、無月経、月経不順、出血量の減少などがよく起こる。女性のスポーツ選手の月経のパターンや運動能力に対する月経の影響はきわめて多様である。各々が自身のライフスタイルに合わせて調整して、不快感や制限を最小限に抑え、効果的かつ能率的に行動できるように学ばなければならない。

23-4 *Critical Thinking*
頭の体操──エクササイズ
女性選手が、摂食障害と無月経であると診断された。
質問：この2つの健康障害が最終的に骨粗鬆症と関連する理由を述べよ。

中程度から重度の月経困難症の女性は、医師による検査が必要である。

フィメールアスレティック・トライアッド(女性選手の健康障害の三徴)

自ら選んだスポーツでよい成績を上げることに駆り立てられた、あるいは特定のスポーツ選手のイメージに合わせて目標を達成するようプレッシャーがかかっている若い女性選手は、フィメールアスレティック・トライアッド（女性選手の健康障害の三徴）を起こすリスクが高い[14]。これは摂食障害、無月経、それに骨が軟化して低密度になる骨粗鬆症からなる3つの健康障害の組み合わせである[28]。フォーカスボックス23-6に、フィメールアスレティック・トライアッドに陥りやすい女性の生活習慣をまとめた。

摂食障害は、拒食症、過食症、過剰な運動のいずれかの組み合わせとして現れる。その結果、女性の運動能力に明らかに弊害となる栄養不良

> **23-6 Focus Box** フォーカスボックス
>
> **フィメールアスレティック・トライアッドに陥りやすい女性の識別**
> - 与えられた練習やトレーニング以外に、毎日1時間以上の自ら追い込んだ自主練習をする傾向。
> - 1日たりとも運動を休むことができない。
> - 摂取する食品の量と種類の制限。
> - ほとんど一人きりで食事をする。
> - 食品と体重のことばかり考え、饒舌である。
> - 意気消沈しているように見える。
> - 運動に関連した外傷がたくさんある。
> - 月経周期が不定期または無月経。

に陥る。そのほかに摂食障害の関連症として慢性疲労、免疫力の低下があり、鬱症状を起こすことも多い。摂食障害は重大な疾病の原因となることは間違いなく、死に至る場合もある[28]。

無月経は、6カ月以上月経周期が存在しないことをいう。体重が極端に減少すると、正常な月経周期が停止する。骨がカルシウムを吸収するためには、エストロゲンが正常レベルであることが重要である。エストロゲンのレベルが下がると、骨形成細胞の活動にも影響し、最終的に骨を弱化させ、疲労骨折発生の危険性を高める。

骨粗鬆症では、骨が喪失するだけでなく、新たな骨の形成にも影響を及ぼす。骨折は、明らかな前兆なしで殿部、脊椎、足、その他の部位に発生する。

フィメールアスレティック・トライアッドの影響は、正常な月経周期を回復させ、骨の損失を予防するように運動形態と摂食パターンを正常に戻すことによって、回避することができる。

避妊薬

競技中の月経を遅らせるために、女性選手が過剰に経口ピルを服用することは周知の事実である。この慣習は、ピルは7日間の中断後、21日間を超えて服用し続けるべきではないという理由から、勧められない。副作用には、吐き気、嘔吐、水分貯留、無月経、高血圧や乱視といった重大な副作用まである。経口避妊薬のなかには、日光過敏症を引き起こすものもある。運動能力に関連した経口避妊薬の使用は、医師の正しい指示と管理の下で行うべきである。ただし、経口避妊薬の使用は、健康に問題がなく、週に2回以上の性交渉を持つ女性には容認される。エストロゲン50mg以下の新しい低容量処方では、健康な女性へのリスクは少ない[17]。

妊娠中の運動

妊娠中、スポーツ選手の筋肉は強い緊張を示す。出産後の慢性的機能不全を訴える女性は普通、妊娠前の10年間にほとんど、あるいはまったくトレーニングをしていないという報告がある[3]。一般に出血や痙攣が起きなければ、妊娠3カ月目から競技への参加は許容され、身体障害や生理学的合併症が起こらなければ、妊娠7カ月まで頻繁に続けることができる。こうした活動は妊娠、出産、出産直後のストレスを和らげる。スポーツ選手の多くは、さまざまな理由による競技力低下のため、妊娠3カ月以降は競技に参加しない。理由の一部は妊娠に関するもので、また一部は心理的な理由である。流産の危険が最も高いのは、妊娠の最初の3カ月である。この期間以降は妊娠安定期に入るため、母子ともに危険は少なくなる。妊娠中の軽度から中度の運動によって胎児の成長や発育が妨げられたり、胎児の体重が減ったり、出産前後期または新生児の死亡率が高くなったり、身体的または精神的発育が遅れるといったことはない[3]。ただし、極度に激しい運動は出生時の低体重の原因となることが指摘されている。

運動選手の多くは、妊娠中競技に参加しても何ら悪影響はない。ほとんどの医師が、妊娠中の中程度の運動は提唱しているものの、特に身体の激突、衝撃、転倒が起こり得る激しい運動は避けるべきであると考えている。

性感染症

性感染症（sexually transmitted infections：STI）は、スポーツ選手の多くが、今後の人生のどの時期よりも性的により活発な時期であるため、スポーツ界で多大な関心を集めている。性感染症は、性的接触を通して罹患する伝染病である。どのSTIsも、症状のあるなしにかかわらず感染者であるパートナーとの性的接触（膣および肛門性交や口と生殖器の接触など）を通して感染する危険性を持つ。STIは細菌またはウイルスによって発症する。淋病、梅毒、クラミジアなどの細菌性感染症は、ほとんどの症例が抗生物質によって治療できる。これらの感染症は、早期に診断されて処置されれば、重大な健康問題を予防できる。ヘルペス、尖圭コンジローム、HIVなどのウイルス性感染症は、治療がはるかに困難で、処置法がない場合もある。

STIは放置して治ることはないが、多くの場合は比較的早期に、痛みのない方法で処置できる。STIは誰も免れることはできない。性的活動を行う者は誰もがSTIsを感染させたり、感染させられたりする危険性がある。現在は、道徳的な性的行動の強調よりも、安全なセックス慣習とSTIの処置による予防の提唱が主流となっている。最も重要なことは、これらの感染症のなかには潜在的に、長期に及ぶ、場合によっては死に

訳注）
日本では性感染症はSTD（sexually transmitted disease）が一般的な用語である。

表23-4 性感染症

STI	兆候	処置	発生する問題
クラミジア	感染者の約75%は無症状である。ただし、生殖器から粘液状の分泌物があり排尿時には刺すような痛みがある。また睾丸（男性）と腹部（女性）に痛みがある。	感染者とその性的パートナーはともに検査を受け、抗生物質による処置を受ける必要がある。	生殖器の痛みを伴う感染症は、男性女性ともに不妊問題を起こす可能性がある。 訳注）症状や痛みを伴わない場合もある
性器ヘルペス	生殖器または肛門の周辺の痛み。小さくて痛みのある水疱を伴うことが多い。無症状の感染者や保菌者もいる。	感染者は、痛みが続く時は密接な性的接触を避ける。アシクロビルカプセルや軟膏類が効果的だが、ヘルペスの治療はできない。	子宮頸癌の因子となり、また出産時に子供に感染する恐れがある。
ケジラミ	吸血シラミが陰毛内で視認できる。痒みがある。毛根に卵が付着している。	シラミを退治する。最近の性的パートナー、衣類、ベッドのシーツ類を処置する必要がある。	なし
尖圭コンジローム（生殖器いぼ）	通常は痛みがなく、接触後1～3ヵ月で生殖器や肛門の周辺で成長する。稀に、痒みやヒリヒリ感、出血を伴うこともあるが、何年も無症状で成長することもある。	化学物質、液体窒素、レーザー光線による処置または外科手術による除去。処置後に再発することがある。	尿道を塞ぎ、出産時の普通分娩を困難にすることがある。子宮頸癌にも関与することがある。
トリコモナス症	女性の場合、おりもの、性交時の不快感、腹痛、排尿時の痛み、生殖器周辺の痒みなどの症状がある。ほとんどの男性は無症状だが、ペニス漏出、排尿痛、ペニスのチクチク感などを体験する男性もいる。	感染者とその性的パートナーは抗生物質による処置を受ける。	放置しておくと、男性女性ともに膀胱や尿道に感染することがある。
淋病	男性は、クリーム状の膿のようなペニス漏出や排尿痛などの症状があるが、無症状の男性もいる。女性は、おりものや排尿痛などの症状があるが、無症状であることが多い。	感染者とその性的パートナーはともに検査を受け、抗生物質による処置を受ける必要がある。	放置しておくと、関節炎、皮膚炎、心臓障害、また男性女性ともに不妊問題を起こす危険性がある。出産時に新生児に感染し、失明を起こすこともある。
梅毒	接触時に無痛の潰瘍（下疳）が通常は陰茎幹、膣入口部、肛門周辺にできる。第2段階になると、発疹やリンパ節の腫脹などの症状が出る。	感染者とその性的パートナーはともに検査を受け、抗生物質による処置を受ける必要がある。	放置しておくと、脳や心臓に影響を及ぼし、致命的な事態を招くこともある。妊婦の場合、胎児に感染することもある。
後天性免疫不全症候群（AIDS）	感染症全般や異常な癌を発症しやすくなる。このウイルスの感染者の大多数は、保菌したまま何年も無症状でいる。	現在のところ治療法は確立していない。性的接触を避けるか、安全なセックスを心がける。	病状の進んだAIDSは常に致命的である。ウイルス保菌者の前途は不明である。

至る健康障害を引き起こすものがあるということである。
　表23-4に、よく知られたSTIsとその症状、処置、潜在的な作用をまとめた。

まとめ

- スポーツで見られる最も一般的な皮膚感染は、ウイルス、細菌、真菌類によって起こる。ウイルス感染には単純ヘルペス（口唇ヘルペス）と帯状ヘルペスがある。最もよく知られた2つの細菌感染は、連鎖球菌（Strep）と黄色ブドウ球菌（Staph）によるものである。タムシ（白癬）は真菌感染で、一般に身体のあらゆる部位を攻撃する。最もよく見られるのが足白癬（水虫）である。
- 通常の風邪、副鼻腔炎、喉の痛み、花粉症、および喘息は、スポーツ選手に悪影響を与える呼吸器の疾患である。喘息には慢性的なもの（気管支炎など）と、運動で誘発されるものがある。急性喘息の発作を持つ選手の治療には、初期症状と徴候を理解したうえで適切な処置をとることが必要である。
- 下痢、嘔吐、便秘、胃腸炎など、スポーツ選手に悪影響を及ぼす多くの消化器系の症状がある。
- 貧血症は一部の選手に問題を起こす。鉄欠乏性貧血は女性によく見られる症状で、赤血球が小さすぎるか大きすぎて、ヘモグロビンが減少する。鎌状赤血球症の選手は、鎌状赤血球が酸素を十分に運ぶことができない高地で症状が悪化することがある。
- 糖尿病は、先天性または後天性の疾患である。糖尿病の原因のほとんどは、インスリンの有効性の低下かインスリンの不足である。糖尿病のスポーツ選手は、エネルギー出力を監視し、摂取する食物とインスリンによる糖分の燃焼とのバランスに常に気を配らなければならない。このバランスが維持されないと、糖尿病性昏睡やインスリンショックを引き起こす恐れがある。
- 癲癇は「意識の変化、運動機能、感覚異常、または不適切行動として現れる突発的、短絡的な発作を特徴とする大脳機能の再発性障害」と定義付けられる。コーチは、選手の発作が切迫していることに気づいたら、直ちに対処する必要がある。
- 高血圧症の選手は常に医師の監視下に置かれるべきである。高血圧には、激しい抵抗運動は禁物である。
- 風疹、おたふくかぜ、伝染性単核球症のような伝染性ウイルス疾患は、チームの選手に感染する危険性があるため、早期に発見する必要がある。このような疾患が疑われる選手は、他の選手から隔離し、直ちに医師の診断を仰ぐ必要がある。
- 性感染症は、性的に活発な若者の発症率が最も高い。ほとんどのスポーツ選手はこのハイリスクな年齢のグループに属しているため、コー

- チは感染に注意する必要がある。性感染症の予防策として、コンドームの使用、複数の性的パートナーを持たない、禁欲提唱など、安全なセックスが提唱されている。
- 薬物や血液ドーピングなどの競技能力向上補助物質の過剰使用は、スポーツ参加に関する大きな問題の一つである。興奮剤、麻薬、利尿剤、アナボリックステロイド、ヒト成長ホルモンなどの特定の能力向上薬物は禁止されている。血液ドーピングも禁止カテゴリに入る。
- 懸念されるもう一つの問題は、ストリートドラッグ（麻薬など）の乱用である。この乱用は全世界に浸透しており、生理学的、身体的に重大な健康問題を起こす。最も蔓延している乱用物質はアルコール、ニコチン、コカイン、マリファナである。
- 激しい運動をする女性は、月経困難症、無月経、希発月経などの月経不順を起こすことがある。フィメールアスレティック・トライアッド（女性選手の健康障害の三徴）は、無月経、摂食障害、骨粗鬆症の組み合わせである。
- 女性選手の多くは、何らの悪影響もなく妊娠中に競技に参加している。妊娠中の軽度～中度の運動が胎児の発育に悪影響を及ぼすような証拠はない。
- 若いスポーツ選手のなかで最も発症率が高い性感染症は、クラミジア、性器ヘルペス、トリコモナス症、性器カンジダ症、尖圭コンジローム、淋病、梅毒である。

頭の体操（エクササイズ）の答え　Solutions to Critical Thinking Exercises

23-1 足白癬は、足趾の下や間、または足底に強い痒みを起こす。赤、白、グレーの縞模様が現れることもある。掻くことで感染する。一般に、清潔で乾いたソックスを履き、入浴後に足と足趾をよく乾燥させることによって予防できる。

23-2 選手はインフルエンザに関連する徴候および症状を呈していると思われる。一般にインフルエンザはウイルス感染が原因で起こるため、疾病の経過を観察し、対症療法で処置する必要がある。

23-3 コーチは選手に、クレアチンは強度の高い抵抗運動を併用すれば能力向上に役立つかもしれないが、その使用を支持するに足る明確な根拠はないことを知らせる必要がある。

23-4 フィメールアスレティック・トライアッド（女性選手の健康障害の三徴）は、摂食障害と無月経と骨粗鬆症の組み合わせである。摂食障害は月経を止め、無月経を起こし、その結果エストロゲンの分泌が減り、最終的に骨のカルシウム成分を失わせる。

復習問題とクラス活動

1. スポーツ選手の一般的な皮膚感染症の裏に潜む病原体について説明せよ。各病原体が起こす疾患を挙げよ。
2. 皮膚科専門医またはその他の専門家を招いて、皮膚の症状、疾患、その処置法についてクラスで語ってもらう。専門家から、選手の健康や他者にとって重大な脅威となる特定の症状について討論が提案されるかもしれない。
3. 選手に最も頻繁に影響を及ぼす貧血症について説明せよ。それぞれどのように対処すべきか？
4. 消化器系に関連する最も一般的な症状はどのようなものか？
5. 糖尿病とは何か？　糖尿病性昏睡とインスリンショックの違いは何か？　それぞれの対処法は？
6. 癲癇とは何か？　発作を起こした選手に対しアスレティックトレーナーは何をすべきか？　発作後はどうすべきか？
7. 高血圧症とは何か？　スポーツではどのように対処すべきか？
8. スポーツ環境で、選手が罹患しやすい伝染病の徴候にはどのようなものがあるか？
9. 競技能力向上のための薬物使用に関する道徳上の問題を討議せよ。
10. 興奮剤はどのようなメカニズムで選手の運動能力を向上させるのか？　実際に効果はあるのか？
11. スポーツにおけるホルモン操作の悪影響について述べよ。
12. スポーツにおける血液ドーピングを説明せよ。使用される理由は何か？　どのような危険性があるか？
13. 無煙タバコの危険因子を挙げよ。身体に及ぼすニコチンの作用を挙げよ。
14. ストリートドラッグ（麻薬）のどれか一つを選択して調べよ。その薬物にはどのような生理学的反応があるか？　使用する選手にはどのような危険をもたらすか？
15. 薬物を乱用している選手はどのように識別できるか？　行動による識別方法と薬物検査について説明せよ。
16. 激しい運動をする選手に起こる月経不順について討議せよ。月経不順が起こる理由は何か？　その対処法は？　生殖とどのように関連しているか？　フィメールアスレティック・トライアッド（女性選手の健康障害の三徴）とは何か？　どのようにすれば防止できるか？

24 青少年スポーツ選手の傷害予防と管理

Chapter 24

この章を終えると、次のことが説明できるようになる。

- 青少年スポーツ選手が成人選手よりも傷害を受けやすい理由
- 米国内で青少年のスポーツ傷害が発生する場所、発生のメカニズム、傷害の対象を列挙
- 青少年選手と競技のレベルの適合（スポーツ適性）についての討議
- 青少年選手の安全な筋力トレーニングプログラムへの参加
- スポーツ競技で活動する青少年選手の心理学的考察に関する討議
- 青少年スポーツのコーチ認定プログラムを制定しているさまざまな組織の列挙
- 青少年選手に発生しがちな傷害の種類の認識と管理に関する討議
- 青少年選手の傷害を予防または最小化するために親やコーチは何ができるか

スポーツは以下の傾向を促す：
- 責任ある社会的行動
- 大きな学術的成功
- 身体能力に対する自信
- 健康とフィットネスの真価の認識
- 前向きで道徳的な行動

　最良の条件の下では、青少年参加者のためのスポーツプログラムは、責任ある社会的行動、より大きな学術的成功、身体能力に対する自信、健康と運動の正しい理解、強い社会的絆の育成を促す。スポーツ、特に教育的に配慮されたスポーツは、前向きで道徳的な行動を学ぶ場を提供する[15]。

文化的傾向

　近年、組織的または非公式のスポーツ、レクリエーション活動に参加する青少年、特に女子の増加が著しい（図24-1）。就学年齢の子供を持つ米国世帯の約75%に、組織スポーツに参加する1人以上の子供がいるといわれている[14]。残念ながら、このスポーツ参加者の増加に伴い、スポーツやレクリエーション関連の傷害発生件数も増えている。確かに、傷害の危険はスポーツ参加につきものである。青少年選手は、成長過程を通して絶えず運動および認知能力を獲得中であるため、スポーツ傷害を受けやすい[10]。

　親と教育、心理学、医学分野の専門家達は、未成熟な子供にとって激しい身体トレーニングや競技を行うことが賢明であるかどうかについては長い間懐疑的であった[10]。何年にもわたって毎日長時間の練習参加が

図24−1
指導者のいない活動は一般に組織スポーツ活動に比べてけがをするリスクが高い。

要求される、激しいトレーニングプログラムに参加する子供、特に女子の数は徐々に増えている。水泳選手は2時間の練習を1日2回、各セッションで6,000～1万mを泳ぐ。体操選手は毎日3～5時間練習する。ランナーは毎週110km以上を走破する。

米国で青少年スポーツに参加している5～17歳までの青少年の数は、4,600万人以上であるといわれている。全米青少年スポーツ安全財団（NYSSF）によれば、米国の2,000万～3,000万人の子供が校外の組織スポーツに参加しており、残りの2,500万人は校内の競技スポーツに参加している（表24−1）[15]。

多くの親や保健関係者は、未成熟な子供のスポーツ活動をすることに価値があるのか懐疑的である。

米国では5～17歳の4,600万人の青少年がスポーツに参加している。

傷害はどこで発生するか？*[14]

- 毎年、14歳以下の350万人以上の子供がスポーツ傷害で医療処置を受けている。その傷害の大部分は転倒、衝突、過度の練習、物体による打撃が原因であり、非組織または非公式スポーツ活動で発生している。
- コリージョンやコンタクトスポーツは傷害の発生率が高い。ただし、個人スポーツでの傷害のほうがより重篤な結果となる傾向がある。
- スポーツおよびレクリエーションに関連する子供の頭部傷害の約半数が、自転車、スケート、スケートボードの事故で起きている。
- 中学生や高校生に起こるあらゆるスポーツ傷害の約半数は、反復的運動と時間の経過とともに起こるオーバーユースによる障害である。未成熟な骨、傷害後の不十分な安静、劣悪なトレーニングやコンディショニングも、子供のオーバーユース障害の一因となっている。
- 年少の子供に比べ、年長の子供ほどスポーツに関連する傷害と過剰な練習による障害を受けやすい。

＊全国SAFE KIDSキャンペーン，「傷害の事実：スポーツ傷害」を一部修正．http:/www.safekids.org/[14]，1301 Pennsylvania Av., NW Suite 1000, Washington, DC，2004年．

表24-1　特定の青少年スポーツ活動に登録している5〜17歳の青少年の推定数[3]

活　動	参加者推定数
エージェンシー後援スポーツ （リトルリーグ、ポップワーナーフットボールなど）	2,200万人
クラブスポーツ （体操、アイススケート、スイミングなどの有料クラブチーム）	240万人
レクリエーションスポーツプログラム （レクリエーション施設の後援する一般向けプログラム）	1,450万人
校内スポーツ （中学、高校）	50万人
学校対抗スポーツ （中学、高校）	750万人

（2004年、米国）

- 校内で発生する重傷以外の傷害の約55%がスポーツ傷害である。
- 30%の親が、チームスポーツの競技中に子供が傷害を受けたと報告している。そのうち半数の親は、子供が複数回負傷したといっている。約4分の1の親は、かなりの重傷であったと報告している。
- ほとんどの組織スポーツに関連する傷害（62%）は、試合中ではなく練習中に起きている。この事実にもかかわらず、子供の練習中に試合中と同じ安全上の予防策をとっているのは1/3の親である。
- すべての重篤なスポーツに関連する傷害は、その半数が病院の救急治療室ではなくスポーツ医療クリニックで処置されているといわれている。
- 5〜14歳までの選手のうち、バスケットボール選手の15%、フットボール選手の28%、サッカー選手の22%、野球選手の25%、ソフトボール選手の12%がそれぞれのスポーツの競技中に負傷している。
- 2001年には、5〜14歳までの推定20万5,300人の子供が、バスケットボールに関連する傷害のため病院の救急治療室で処置を受けた。
- 2001年には、5〜14歳までの推定19万4,000人の子供が、フットボールに関連する傷害のため病院の救急治療室で処置を受けた。
- 2001年には、5〜14歳までの推定7万9,300人以上の子供が、サッカーに関連する傷害のため病院の救急治療室で処置を受けた。
- 野球は、5〜14歳までの子供が参加するスポーツのなかで、重篤傷害の発生率が最も高いスポーツである。毎年、野球競技中に受けた傷害により3〜4名の子供が死亡している。2001年には、5〜14歳までの11万100人以上の子供が、野球またはソフトボールに関連する傷害のため病院の救急治療室で処置を受けた。
- 2001年には、5〜14歳までの2万4,400人以上の子供が、器械体操に関連する傷害のため病院の救急治療室で処置を受けた。

青少年選手のスポーツ適性評価

　子供は成人よりも自分の身に降りかかる危険を察知できず、また調整能力が劣り、反応が鈍く、正確さに欠けるため、スポーツで危険にさらされやすく、傷害を受けやすい（図24－2）。5～14歳までの子供の約40%がスポーツに関連する傷害のために病院の救急治療室で処置を受けている。スポーツに関連する傷害の発生頻度と重篤度は、子供の年齢とともに上がっている。5～9歳までの子供の場合、スポーツに関連する傷害は少年よりも少女の発生率が高い。ただし思春期前の10～14歳までのグループでは、少年は少女よりも傷害の発生率と重篤度は高くなる。5～14歳までの子供では、少年は、すべてのスポーツに関連する傷害の約75%を占めている。また少年は、少女よりも複合的な傷害を受けやすい[14]。

　ただし、スポーツ傷害のリスクは、年齢や身体の大きさよりも子供の成熟段階と関連していることが多い。成熟の遅れた子供が、同年齢で同体重だがより成熟した子供と対戦することは、不利であるだけでなく、スポーツ傷害の危険性も増す。**このため、すべての青少年スポーツ参加者は、身体の成熟度、体重、体格、および技能レベルを基準に適合されなければならない。**

　成熟の評価は、身体的に発育途上の若い選手の予防手段として、参加前の健康診断に組み込まれることが望ましい。最も一般的に利用されている身体成熟の評価手段は、二次性徴の発達を示すタナーの成長判定表である[17]。タナーは、男子の場合は陰毛と生殖器の発達を、女子の場合は陰毛と乳房の発達を評価している（表24－2）。その他の注目すべき指標に髭と腋毛がある。段階1は、思春期の徴候がないことを、段階5は、

図24－2

傷害のリスクは、青少年のレクリエーションおよび組織スポーツ活動において特有のものである。

表24−2　タナーの成長判定表

男性	段階1．陰毛の徴候はない。 段階2．陰茎の基部外側に薄い色の発毛、通常は直毛。 段階3．陰毛は濃く、粗くなり、縮れ始め、陰部全体に広がる。 段階4．陰毛の区分は成人と変わらないが、大腿部までは広がっていない。 段階5．陰毛は大腿部まで、多くの場合白線の上まで広がる。
女性	段階1．陰毛の徴候はない。 段階2．陰唇の縁に沿って長くて薄い色の柔らかい発毛。 段階3．陰毛は濃く、粗く、わずかに縮れ、陰部全体に広がる。 段階4．陰毛のタイプは成人と変わらないが、大腿部までは広がっていない。 段階5．陰毛の区分は成人と変わらず、大腿内側に沿って広がる。

訳注)
白線
胸骨下端から恥骨に達する正中線で、腹斜筋と腹直筋の腱膜の融合したもの。へその上。

完全に成熟していることを示す。コリージョンスポーツや激しいノンコンタクトスポーツに関して重要な決め手となるのは、骨の成長が最も早い段階3である。この段階では、骨の成長板は関節包や腱の付着部よりも2〜5倍も弱い。タナーによると、7年生から12年生（日本では中学1年生から高校3年生）までの青少年選手は、年齢ではなく、成熟度によって適合されなければならないことが強調されている[17]。

競争スポーツで思春期前の男子と女子を区別する必要はない。

米国小児科学会（AAP）は、レクリエーションスポーツと競技スポーツのいずれにおいても、思春期前の男子と女子を性で区別する身体的理由はないという見解を示している。少年がその体重に比例して大きな筋肉をつけてきたら、コリージョンスポーツで男子と女子を区別することが望ましい[2]。

身体のコンディショニングとトレーニング

成人用に作成されたガイドラインやトレーニング方針を、解剖学的、生理学的、心理学的に未熟な青少年に適用することは望ましくない。コンディショニングプログラムでは、青少年選手には、筋力と筋持久力の増強、全身持久力、および柔軟性を重点的に行うべきである（第4章参照）。青少年選手は、可能であればコーチやアスレティックトレーナーと協力して、1年を通じて適切な運動と栄養によってコンディショニングを継続的に行うことが望ましい。また、スポーツの通常練習の開始前に、最低6週間は適切なコンディショニングプログラムに参加することが望ましい[7]。試合または練習の前に15分以上のウォームアップと、運動後に適切なクールダウンを行うことが推奨される。また、長い休憩の後（ハーフタイムや試合の区切りなど）に5分間のウォームアップをすることも推奨される。何であれトレーニングの前後には、適切なストレッチングを行うことを習慣にするとよい。スポーツ傷害は疲労時に発生する

ことが多いので、練習は2時間までに制限すべきである[6]。

　筋力トレーニングは、力を発揮または力に抵抗する個人の能力を高める目的で計画されたエクササイズの体系的プログラムである[6]（図24-3）。筋力トレーニングは子供には危険であるという従来の信仰に反して、米国スポーツ医学会（ACSM）、米国スポーツ整形外科学会（AOSSM）、および米国小児科学会（AAP）は、プログラムが適正に処方され、的確な監督の下で行われることを条件として、指導を受け入れ従うことができる情緒的に成熟した青少年選手にとっては、筋力トレーニングは安全で効果的な活動であるという見解を支持している（表24-3）[1,2,3]。7～8歳の少年少女にも筋力トレーニングが役立つことがある。年少の子供であっても、指示に従って安全にエクササイズを行うことができるならば、腕立て伏せや腹筋運動などの筋力関連の補強運動を行ってはならないという理由はない[3]。一般に、子供がリトルリーグやサッカー、体操などの組織スポーツや組織活動に参加できる状態であれば、ある種の筋力トレーニングに参加することができる[6]。ただし筋力トレーニングは、競技の重量挙げやパワーリフティングとは異なる身体コンディショニングの一形態であることを肝に銘じる必要がある[3]。青少年選手の筋力トレーニングは、腱、靭帯、骨を強化することによって、一部のスポーツ傷害の発生率を低下させることも報告されている。

> **24-1　Critical Thinking**
> **頭の体操──エクササイズ**
> 10歳の少年の親が、青少年アメリカンフットボールチームのコーチに、ウエイトを使って息子に筋力トレーニングをさせてもよいかと尋ねた。
> **質問**：コーチは何と答えるべきか？

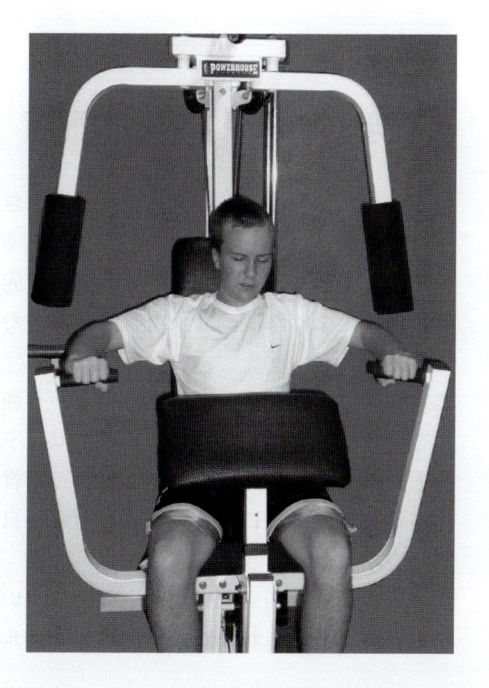

図24-3
プロ組織のなかには、適切に処方され管理されたプログラムの下での青少年選手用の筋力トレーニングを推奨しているところもある。

表24-3　米国小児科学会による筋力トレーニングプログラムの勧告[*][(2)]

1．思春期前および思春期の青少年の筋力トレーニングは、適正なトレーニング法と安全対策が遵守されるならば、安全で効果的である。
2．思春期前および思春期の青少年は、身体および骨格が成熟するまでは、競技としての重量挙げ、パワーリフティング、ボディビルディング、最大挙上を行ってはならない。
3．以下は、子供や青少年の筋力トレーニングの勧告および評価における考慮事項である。 　a．正式な筋力トレーニングプログラムを開始する前に、医師が医学的評価を行うことが望ましい。必要があれば、さまざまな筋力トレーニングとそれが思春期前および思春期の青少年に与えるリスクとメリットに精通しているスポーツ医学の専門医の診断を仰ぐ。 　b．健康全般が目的なら、エアロビックコンディション（有酸素的能力）の向上と抵抗トレーニングを組み合わせて行う。 　c．筋力トレーニングプログラムにはウォームアップとクールダウンの要素を含める。 　d．筋力トレーニングエクササイズには、最初は負荷（抵抗）を加えずにテクニックを選ぶ。エクササイズの技能を習得したら、徐々に負荷を加えていく。 　e．漸増性抵抗運動がよい結果を出すためには、重量や抵抗を加重する前に、正しいフォームでの8～15回の反復を必要とする。 　f．一般的な筋力強化プログラムは、すべての主要筋群と全可動域の運動をカバーするものでなければならない。 　g．筋力トレーニングが原因の傷害の徴候または疾病がある場合は、評価結果が出るまで問題のエクササイズを続行してはならない。

[*]米国小児科学会，スポーツ医学およびフィットネス委員会「子供および青少年による筋力トレーニング．小児科学107[(6)]．2001：[(2)] 1470-1472．」を一部修正．

心理学的および学習上の配慮

スポーツの身体的側面よりさらに懸念されるのは、熱心すぎる親やコーチが子供に与える心理的ストレスである[(8)]。子供を大人のミニチュア版と考えてはならない。子供は大人の技能を真似ることはできるが、きちんと教えなければ、公正な競争といったスポーツの概念を理解できないことが多い。

通常子供は、大人を喜ばせたいという願望が強く、そのため強制や操作を受けやすい傾向がある。コーチは、子供を頻繁に励まし、前向きなアドバイスを与えて元気づけるといった肯定的なアプローチで臨む必要がある。この方法により、青少年選手は自己評価と肯定的な自尊心の感覚を育むことができる。

子供の能力は均一ではない。競争に向いた子供もいれば、向かない子供もいる。通常これは競技力発揮のレベルでわかる。子供には、敗北の

スポーツによって、少年少女は肯定的な自尊心を育むことができる。

図24－4
青少年選手にとっては、トレーニング、競争、勝敗に集中するよりもスポーツ活動を楽しむことのほうが重要である。

経験の大切さ、また競技では各自のベストを尽くすことが最も重要であることを教える必要がある。親とコーチは、状況に応じて直ちに指示を与えないと、子供は競技の修正ができないことを理解しておく必要がある。つまり、競技の指示や修正を30分後に与えても、子供にはほとんど効果がないということである。

　子供のトレーニング、コンディショニング、および競技において重要なことは、何としても勝つことではなくスポーツ活動を楽しむことである（図24－4）。かつて自身が優れたスポーツ選手であった親や、偉大なスポーツ選手になることを望んでいた親は、子供に不安を感じさせたりスポーツ嫌いにさせてしまったりすることが多い[8]。

　自由な流動的スポーツと組織スポーツの相違点は多い。組織スポーツでは、幸か不幸か、競い合うことにより勝負を決める義務がある。かつ青少年をコーチする大人が関わってくる。そして青少年選手に及ぼす大人の悪影響の一つが、青少年選手のスポーツ参加に対する否定的な心理的側面である。

　組織スポーツへの参加は、極端な方向へ走る可能性がある。熱烈なスポーツ参加はその頻度や強度で明らかとなる。熱烈なスポーツ参加の例として、毎日何時間も練習して、何年も連続して1年中競技に参加しているアイススケート選手や体操選手が挙げられる。そのほかにも、1年中毎日トレーニングと競技に明け暮れているマルチスポーツ選手がいる。この熱心さは過大な身体的要求をもたらし、その結果オーバーユースやストレスによる障害を引き起こすことがある。青少年の身体の成長は、どんな身体的要求も受け入れてしまう。これは青少年の心についても同様である。熱心すぎるスポーツ参加は、青少年に過大な要求をしがちであり、なかには非現実的な要求もある。これは激しい競争と関連するも

ので、調査によれば、子供が競技プロセスを正しく理解できる認識力を備えるのは12歳からだという。10～12歳の子供では、他者の視点を理解する能力はまだ発達していない。12歳以上になって初めて、チームの視点に適応する能力を身につけることができる。

激しい競技やトレーニングに関わる青少年スポーツ参加者のリハビリテーションでは、心理的問題も発生する。負傷した子供の心理学的合併症の危険要素としては、家族間のストレス、功績のある兄弟（姉妹）、関心を持ちすぎる親、無関心な親、スポーツ活動によって逆に余暇がない状況、選手の成績と結びついた自尊心、スポーツ以外のことに興味がない、などが挙げられる。

コーチの資格

いかなるレベルの競技についてもコーチングの教育の必要性を定めた連邦法はない。現在、米国においてコーチとしての訓練を受ける方法は、大学学位プログラム、全米スポーツ団体認定プログラム、青少年スポーツ指導員養成プログラムのいずれか、または組み合わせて受講することである[15]。1996年までは、コーチ養成の基準も確立していなかった[12]。全米スポーツ体育協会（NASPE）は現在、認定プログラムを作成中である[12]。米国オリンピック委員会（USOC）は、USOCの統括下にあるすべてのコーチが、米国赤十字社とUSOCが共同開発した安全のためのトレーニングコースを受講することを義務付けた[20]。

青少年スポーツのコーチは、安全で積極的なスポーツを青少年に経験させるための予備知識をほとんど持たないか、まったく持たないことが多い。約250万人のボランティアコーチには、正式な資格がないと推定されている[4]。すべての青少年スポーツのコーチは認定を受けた、献身的で理想的なコーチであることが望ましい。こうした理想を推進する組織の一つが全米青少年スポーツコーチ協会（NYSCA）である[12]。現在NYSCAは、全米の200万人以上の少年少女に奉仕する14万3,000人の会員を擁している。この協会は、コーチングの基礎、応急処置と安全性、一般のスポーツ傷害に対処する3レベルの認定証を発行している。また、敗北や規則違反に関する心理面での指示も与えている。すべての青少年スポーツのコーチは、子供の正常な身体的、情緒的、心理的発達について正しい知識を備えていなければならない。

青少年スポーツのコーチは、以下の認定と教育を受ける必要がある：
- コーチングの技能
- コンディショニングの管理
- スポーツの安全性
- 応急処置
- 子供の発育
- CPR

組織スポーツに参加する青少年の10%が傷害を受ける。

青少年選手における一般的傷害

子供は、関節の捻挫、筋肉および腱の挫傷、骨折など、身体的に成熟したスポーツ選手と同様、さまざまなスポーツ傷害を受ける[17]。

青少年選手にいつでも発生し得る、反復的な軽度の外傷については、

多くの小児科医が関心を寄せている。こうした軽度の外傷が重なることで、未成熟な筋骨系に慢性的な、場合によっては退行性の症状を引き起こすこともある。

成長軟骨板骨折

　青少年選手の骨も成人の骨も、多くの同じ傷害のリスクを共有している。ただし、若い選手の骨は、成長軟骨板骨折と呼ばれる傷害も受ける。成長軟骨板（physis）は、長骨の端部近く、骨幹部（metaphysis）と骨端部（epiphysis）の間にある組織の成長部分である。身体の長骨は中心から外側に向かって成長するのではなく、成長軟骨板の周辺の各骨端部で成長する[9]。成長軟骨板は成熟した骨の長さと形状を調整して決定する。またこの部位は骨が硬化（骨化）する最後の部分でもあるため、骨折しやすい。骨折は、転倒のような単発の外傷で起こることもあれば、慢性的なストレスやオーバーユースによって起こることもある。ほとんどの成長軟骨板骨折は、前腕部の橈骨、脚部の脛骨と腓骨、それと指骨に起こる[9]。

　成長軟骨板の傷害の約1/3は、アメリカンフットボール、バスケットボール、体操などの競技スポーツで発生し、約20%は自転車、そり滑り、スキー、スケートボードなどのレクリエーションスポーツで発生している。これらの傷害は、11〜12歳の女子と14歳の男子に発生することが多いが、成長過程のすべての子供にリスクがある。成長軟骨板骨折の発生率は、男子が女子の約2倍である[9]。

　骨折が疑われる時は、直ちに青少年選手を医師に見せ、X線検査によって骨折の種類を鑑別してもらう。成長軟骨板骨折の場合、傷害の重篤度は成長軟骨板がどの程度の損傷を受けたかによって決まる。処置法には、ギプスによる固定から外科手術による整復と内部固定まである。

　成長軟骨板骨折は、長期的に確実に治癒させるため、経過を仔細に見守る必要がある。場合によっては、傷害が原因で骨の成長が妨げられることがある。またある時は、骨折が成長を促し、負傷した骨が通常の骨よりも長くなることもある。複雑骨折は、青少年選手の骨格が成熟するまで経過を見守る必要がある。

骨端症

　骨突起は、成長軟骨板内の軟骨の特殊部位である。身体の特定の位置では、大きな腱が骨突起に付着している。骨突起は成長中の軟骨であり、成熟した骨ではないため、非常に傷害を受けやすい。ランニング、ジャンプ、その他の活動による反復的ストレスは、これらの腱付着部の骨突起に刺激を与え炎症を起こす。骨端症は骨突起の炎症である。骨端症が最も頻発する部位は、膝の脛骨粗面上の膝蓋腱付着部と、踵骨のアキレス腱付着部である。オスグッド・シュラッター病は膝の脛骨粗面の骨端症であり、セーバー病は踵骨の骨端症である。これらの疾病は通常、特定の要因によるものではなく、反復される運動が原因で起こるが、症状

が出て初めて問題に気づくこともある。これらの疾病の徴候は、通常8〜15歳の間に始まる。痛みは主に活動と関連して起こり、一般に青少年が夜間に目覚めるほどの痛みではない。症状としては、限局性圧痛があるだけで、膝、踵、その他周辺部には目立つ異常は見られない。

普通は、既往症や身体検査の情報から診断が行われる。診断の確認や他の問題を排除するため、医師が放射線（X線）検査を命じることもある。最も重要なことは、これらが重大な症状ではないことを理解することである。関節に影響することはなく、たとえ治癒に数年を要しても、関節炎のような疾病を引き起こしたりはしない。処置のほとんどは、症状を緩和するための対症療法である。

剥離骨折

成長期の子供の場合、筋肉は骨格をなす骨の成長に合わせて発達しなければならないことは明らかである。筋肉の長さの変化は、筋腹そのものの変化もしくは腱の成長によるものと思われる。筋肉の長さの変化が長骨の成長と一致しない場合、筋肉に生じるストレスによって青少年選手は傷害を受けやすくなる。傷害の範囲は、さまざまな程度の筋挫傷から、筋肉が損傷する以前に骨への付着部位が傷むケースまで多岐にわたる。先に定義した剥離骨折は、腱または靱帯の付着部で骨片が砕け、元の骨から引き離される骨折である。これらの剥離傷害が青少年選手に最も頻発する部位は、上前または下前腸骨棘、坐骨棘、足の第5中足骨である。ランニング、ジャンプ、キックなどによる下肢の関節にかかる力は、上肢にかかる力より大きいため、剥離骨折の発生数は上肢より下肢のほうが多い。ただし、若い投擲選手の肩や肘にかかるストレスは、上腕骨内側顆突起や近位上腕骨に剥離を起こすのに十分な力である。

脊椎分離症

脊椎分離症は、青少年選手によく起こる脊椎の骨構造の欠陥または骨折である[19]。脊椎分離症の発症には、運動中の若者が遭遇する物理的な外力が深く関わっている。特に腰椎に伸展／過伸展で反復的な荷重を加えるバレエ、器械体操、ダイビング、アメリカンフットボール、重量挙げ、レスリングなどの活動は、脊椎分離症と関係があるとされている。脊椎分離症は5〜10歳の子供に発症し、最も頻発する部位は第5腰椎で、第4腰椎は2番目に頻度が高い。脊椎分離症にかかっている多くの青少年が長期間無症候であり、骨の発達の後期になって初めて診断されることも珍しくない。骨折を視認するには、X線検査が必要である[19]。

脊椎すべり症は、脊椎がそのすぐ下の脊椎に対して前方に滑る症状である。脊椎すべり症が最もよく起きるのは、第5腰椎と第1仙椎の間であるが、症状は複数の脊柱にまたがって発生することもある。

脊椎分離症と脊椎すべり症の処置は、骨の欠損に対する治療と患者の症状の緩和が中心である。処置は医師の個人的選択によって異なり、ブレイスなしの安静から1日23時間のブレイス固定まで範囲は広い。ブレ

イスを使用する場合、一般に青少年選手用に設計された、硬質の特注腰椎伸展防止装具が使用される。活動の調整に加えて、ハムストリングスのストレッチングも処置プログラムに組み込まれる[19]。

スポーツ傷害の予防

　青少年スポーツに関わるすべての親、コーチ、管理者は、青少年選手に起こる傷害発生の危険性を最小限に食い止めるためにあらゆる対策を立てるべきである。スポーツ活動への参加に傷害はつきものであることは事実だが、身体的および心理的コンディショニングの適切な実行、安全な用具の使用、安全な競技環境の整備、大人による行き届いた監督、どのようなスポーツプログラムでも安全規則を遵守させるなどの常識的なガイドラインに従えば、傷害を予防できることも事実である。

　親とコーチは、必ず各選手にかかりつけ医またはチームドクターによる参加前健康診断を受けさせる。この健康診断は、身長、体重、脈拍、呼吸、血圧、目、耳、鼻、胸部および腹部を含む全身の検査である。関節の柔軟性、関節の可動域、筋力、骨と関節の過去の傷害歴などを重点的に調べる整形外科検査も同時に行うことが望ましい[11]。

　本章の冒頭で述べたように、コーチは青少年選手に、筋力と筋持久力の増強、全身持久力、および柔軟性に重点を置いたトレーニングに集中するよう指導すべきである。一貫性のあるコンディショニングとトレーニングに励む青少年選手は、競技能力が向上するだけでなく、適応性が高まり傷害を受ける危険性も減る（第4章参照）。

　青少年選手は、基本食品群からバランスのとれた食事を摂るなど、健全な食習慣について教育を受け、常に関心を払うべきである。若い選手の食事には炭水化物が必要であるが、必須のタンパク質や脂肪も欠くことはできない（第5章参照）。

　青少年選手は、高温、多湿、日照環境での練習や試合に順応しなければならない。練習や試合は、可能な限り、午前中または午後の遅い時間に行うべきである。コーチと親は、選手に適切に水分補給することによって、熱障害関連の問題から青少年選手を守ることができる。一定の時間間隔で水分補給のための休憩をとり、選手には脱水症状の予防に十分な水分を摂取することを強く勧める（第10章参照）。

　選手は、身体に合った適切な防具を使用することが望ましい。防具は定期的に点検して、良好な状態であることを確認する。防具に、何か問題があることに気づいたら直ちに交換または修理する。練習時も試合と同様に必ず防具を装着する（第6章参照）。

　コーチと親は、中学校および高校レベルのスポーツ活動で、競技に参加する青少年選手に起こる傷害に関する特定のプラン、ガイドライン、方針が確立され実施されていることを確認する責任も負う。負傷した選手のために学校が制定する安全性のプラン、ガイドライン、方針の推奨

24-2 Critical Thinking 頭の体操——エクササイズ

14歳の女子サッカー選手が、中学サッカーの試合で足関節のすぐ上の向こうずね（前脛部）を蹴られた。直後に痛みと腫れが起こり、遠位脛骨全体に圧痛がある。
質問：コーチはこの状況をどう対処すべきか？　またこの選手についてコーチが最も懸念すべき傷害は何か？

青少年選手は、衛生的で健康な習慣を身につける必要がある。

表24-4　校内アスレティックプログラムにおける傷害管理のプラン、方針、ガイドライン＊

- 規定された緊急時対策プランを用意する
- 認定資格を持つ常勤のアスレティックトレーナーを雇う
- チームドクターまたは相談できる医師を指定する
- 傷害の処置法や傷害管理の監督責任者を明記した傷害予防マニュアルを作成する
- 年1回すべての選手にスポーツ参加前の健康診断を行う
- 必要に応じて緊急時医療処置を行うための親の許可証である、緊急時医療許可票を編成する
- 特定の天候不良（雷雨や酷暑などの）プロトコル／ガイドラインを設定する
- コーチング技能、CPR、応急処置などの研修へコーチの参加を義務付ける
- 「傷害後のスポーツ参加への復帰」の決定に関するプロトコルを制定する
- 競技場／施設のメンテナンスプランの作成
- 運動用具の購入、採寸、着用、メンテナンス方針の作成
- すべての学生選手のための管理された通年コンディショニングプログラムの作成

＊全国アスレティックトレーナー協会，中学／高校アスレティックトレーナー委員会，1999年「高校アスレティックプログラムに親が望む安全事項」を一部修正.

Critical Thinking 24-3　頭の体操——エクササイズ

4歳から体操を始めた12歳の体操選手がコーチのもとを訪れ、背中を過伸展するか反り返ると腰が痛むと訴えた。痛みは悪化して、ついに運動ができなくなった。
質問：コーチは、痛みの原因として何を疑うべきか？　またこの訴えをどのように扱うべきか？

Critical Thinking 24-4　頭の体操——エクササイズ

高校が新設され、理事会によって新しい運動部長が任命され、負傷した選手のための書面による方針および手順のプランを作成するよう命じられた。
質問：どのような問題を検討してプランに含めるべきか？

事項を表24-4に示す。

　コーチと親は、安全な競技環境をつくるため可能な限り努力する。大人の監督を十分に配備し、競技状況の安全性を確認し（たとえばグラウンドコンディション、メンテナンスなど）、スポーツやレクリエーションでの傷害の発生数と重篤度を軽減させるような安全規則を制定して守らせる必要がある。表24-5は、スポーツ別の傷害予防ガイドランである[18]。

まとめ

- 青少年選手のトレーニングと競技の程度は、身体的および情緒的障害を避けるために厳しく監視する必要がある。
- 米国で何らかのスポーツに参加している青少年の数は、4,600万人と推定される。
- 青少年がスポーツ競技やトレーニングから受ける強度なストレスについて、多くの親や専門家の関心が高まっている。
- すべての青少年スポーツ参加者は、身体的成熟度、体重、体格、技能レベル、および経験を基準に適合されることが望ましい。
- 青少年選手は、エクササイズが適切に管理され実施されるのであれば、ある種のコンディショニングエクササイズで肯定的な結果を出す。

表24-5　スポーツ別傷害予防ガイドライン*

野球／ソフトボール	・野球とソフトボールのほとんどの障害は投球腕と肩に関連するものだが、これらは徐々に時間をかけて発症する。青少年選手は、投球腕のオーバーユースを避ける。 ・選手は、1日の練習のなかに必ず肩のコンディショニングとストレッチングを含める。 ・投球腕の適切なウォームアップとクールダウンは、障害のリスクの最小化に役立つ。 ・すべての肩の筋肉、特に投球動作を制御するために必要な肩背部の筋肉を強化する。腕の前面の筋肉は本来強く、肩の傷害は背部の筋肉が弱いことが原因になり得る。
バスケットボール	・選手は、上肢と下肢を含む全身のコンディショニングを重点的に行う。 ・激しい運動の前に十分なウォームアップとストレッチングを重点的に行う。 ・足関節と足部に関連する傷害のリスクを最小化するため足に合った靴を履く。 ・衝撃を十分吸収しなくなった靴は交換する。
アメリカンフットボール	・相手選手を故意に突き飛ばしてはならない。 ・練習中はウエストから下のブロッキングは最小限にとどめる。 ・頚部傷害の予防のため、ブロックとタックルは頭を上げて行う。 ・全身の筋力強化とコンディショニングのほかに、アメリカンフットボール特有のコンディショニングによって頚部を強化し、ブロックやタックルで接触する際に選手が頭部をしっかり上げていられるようにする。 ・練習および競技エリアが安全であることを確認する。練習場、競技場、ブロッキングスレッドなどの周辺に穴、ガラスの破片、その他の危険因子がないかチェックする。 ・十分な補給水を常備する。
サッカー	・選手に練習および試合中の適切な脛当ての装着を促す。 ・練習および試合中、サイドラインでの水分補給を行う。サッカーには中断なしのノンストッププレーが求められるが、ペナルティなしで水分の補給ができるサイドラインまたはエンドラインまで来ることを選手に促す。 ・少なくとも前半はボールなしで約15分のウォームアップを行う。ウォームアップ運動では、軽いジョギングやストレッチングを行う。こうしたウォームアップを行わないと、シューティングのような爆発的アクションの結果、筋挫傷を起こすことがある。 ・カッティングの際は試合規則を守る。 ・サッカーには休憩はないが、傷害は直ちに評価して、選手が症状を悪化させないようにする。
陸上競技	・種目を問わず、傷害のリスクを最小化する鍵はストレッチングである。 ・コンディショニングプログラムは、筋力強化、筋持久力、柔軟性を中心に編成し、各種目別に適切なトレーニングを行う。 ・ランニングに関わるすべての選手は、年間を通して有酸素系の持久性（全身持久力）が維持できるようにトレーニングする。 ・各競技の前後に、選手はウォームアップとクールダウン、ストレッチングと水分補給を行う。 ・長距離選手に必要な栄養については特に配慮が必要である。
バレーボール	・シーズン前の脚部、背部、肩部の後方（回旋筋腱板）の強化を中心とした全身の筋力強化基礎トレーニングが重要である。 ・バレーボール専用シューズや衝撃を吸収する膝パッドなど、適切な用具を使用する。 ・肩部、腰部、脚部に重点を置いた適切なウォームアップとストレッチングプログラム。肩のウォームアップとストレッチングを行わずにスパイクを開始してはならない。ストレッチングの後に、簡単なキャッチボールから始め、筋肉が温まるまで徐々に強度を増していく。 ・プライオメトリクスやジャンプなど、上級反復練習やコンディショニングは、選手の十分なバランス、柔軟性、筋力がつくまでは行ってはならない。 ・十分な補給水を常備する。
レスリング	・特定の重量クラスを維持するための食事や水分の制限は、選手の健康や安全に有害となることがある。身体の構成成分や体重を落とす減量は、厳しく監視する必要がある。

*全国アスレティックトレーナー協会，Dallas TX, 2002年「高校選手の傷害リスクの最小化」を一部修正．

表24-5（続き）

レスリング （続き）	・選手に耳を保護するヘッドギアの着用を促す。 ・選手に保護用膝パッドの着用を促す。 ・皮膚傷害のリスクを減らすため、選手は練習の前後にシャワーを浴びる。練習用ウエアは毎日洗濯する。皮膚を十分に乾かす。マットを毎日清掃する。レスリングマット上には土足であがらず、マット以外でレスリングシューズを履かない。使用後は毎回ヘッドギアをアルコールパッドで拭く。毎日全身の皮膚の状態をチェックする。 ・開いた傷口、荒れた皮膚、または皮膚疾患のある選手は、皮膚が治癒するか、資格のある医師の許可が下りるまで練習や競技に参加してはならない。参加を許可された選手は、疾患のある皮膚を被覆して感染を予防する。 ・適切な筋力強化およびコンディショニングづくりができる体制を確立する。

- 転倒、ジャンプ、脚を伸ばしたままの着地、激しい投擲運動の反復、極度の長距離ランニング、過度の重量挙げなどの活動は、未成熟な筋骨格系に障害を引き起こす。
- 子供は大人のミニチュアではない。コーチングは、子供の情緒および認識のレベルに基づいて行われなければならない。
- スポーツ活動において性別で分ける必要となるのは、少年がその体重に比べてより大きな筋肉を蓄えるようになってからである。
- スポーツ参加の最も重要な因子として子供に強調するべきは、何としても勝つことではなく、スポーツの楽しさを知ることである。
- 熱心すぎるコーチは、ともすれば青少年選手を大きな情緒的ストレスにさらすことになる。
- 青少年スポーツに参加するコーチは、技能、安全性、傷害予防、応急処置、および成長と発育に関する研修を受ける必要がある。
- コーチは、資格が認定されていることが望ましい。
- 青少年選手は、成熟した成人選手と同じ傷害を受けるが、青少年特有の骨の成長線への傷にも対処しなければならない。
- 青少年選手の傷害は、適切なコンディショニングと管理、スポーツ適性の確認、適切な装具の使用、競技規則に沿った競技によって予防できる。
- 青少年選手には、健康的な生活慣習を促す必要がある。

コーチのコーナー — Coach's Corner

　以下は、コーチが青少年選手を傷害から守るための要注意事項のチェックリストである。
- □不十分な参加前の健康診断。
- □不適切な防具、サイズの合っていない防具、あるいは防具の不備。
- □身体サイズではなく年齢によるチームのグループ化。
- □危険な競技場、その他の環境上の危険要因。
- □トレーニング上の誤り。
- □過度の疲労や過剰トレーニング。
- □コーチング教育を受けていないこと。
- □不十分な、あるいは不正確な指導。
- □適切なウォームアップ、ストレッチングやクールダウンを行わない。
- □負傷した選手に競技参加を許可すること。
- □遅れた、あるいは不十分な医療処置。
- □栄養不足。
- □乏しい健康習慣。

頭の体操（エクササイズ）の答え　Solutions to Critical Thinking Exercises

24-1　コーチは確信を持って、(1)プログラムが的確に処方され、完全な監督下で実施されること、(2)少年が情緒的に成熟しており、指示を受け入れ、それに従うことを条件に、10歳の子供にとって筋力強化トレーニングは安全で効果的であると断言できる。この少年が組織スポーツに参加する用意ができているのであれば、ある種の筋力強化トレーニングに参加することもできる。

24-2　症状に基づき、コーチは少女が骨折していることを疑うべきである。コーチは救急隊員を呼び、骨折が固定されるまで少女を動かしてはならない。この年齢の少女について最も注意すべきことは、成長軟骨板の骨折である。

24-3　コーチは選手が脊椎分離症を患っていないかを疑うべきである。一般的にこの症状は、腰部に繰り返された無理な過伸展が原因で起こる。コーチは少女を練習または競技に復帰させる前に必ず医師の診察を受けさせる。

24-4　方針および手順プランで検討すべき重要事項は以下のとおりである。緊急時対応計画を立てる。すべての選手に参加前健康診断を実施する。緊急時の医療処置を行うための親の許可証である緊急時医療許可票を用意する。天候不良のガイドラインを作成する。競技場／施設のメンテナンスプランの作成。認定資格を持つ常勤のアスレティックトレーナーを雇用し、チームドクターを指定する。コーチにCPR、応急処置などの資格取得を義務付ける。防具の購入とメンテナンス方針の作成。管理された通年コンディショニングプログラムの作成。

復習問題とクラス活動

1. 青少年選手が成人選手よりも傷害を受けやすい理由は何か？
2. 青少年スポーツ傷害はどこで、どのように、誰に発生するかを討議せよ。
3. 青少年選手のスポーツ適性に関する判断にはどのような基準を使用すべきか？
4. タナーの成長判定表について説明せよ。またこの基準を選手の適性判断に適用する方法を説明せよ。
5. 青少年選手が筋力強化トレーニングプログラムへの参加を許可されるのはどのような状況か？
6. 組織のスポーツ活動で青少年選手の競技に関して心理的に考慮すべき事項は何か？
7. 青少年選手のコーチの認定プログラムを制定している組織を挙げよ。
8. 青少年選手に発生しやすいさまざまな傷害についての認識と管理について討議せよ。
9. 青少年選手の傷害を予防するために親とコーチは何をするべきか？

Appendix
付録

Glossary
用語集

References
文献

Credits
図表クレジット

Index
索引

略語集

付録A
Appendix A

医療従事者としてのアスレティックトレーナーの認識

　1991年6月、全米医学協会（American Medical Association：AMA）はアスレティックトレーニングが医療従事職であることを公式に認めた。この認識の第一の目的は、教育プログラムの認定である。アスレティックトレーニング合同審査委員会（Joint Review Committee on Athletic Training：JRC-AT）を通してこの職に就くための、初心者養成用学術プログラムに関するガイドラインの制定は、AMAの医療従事教育認定委員会（Committee on Allied Health Education and Accreditation：CAHEA）が行った。1993年には、すべての入門レベルのアスレティックトレーニング教育プログラムは、CAHEAの認定を受けることになった[1]。1994年6月にCAHEAは解体され、同時に医療従事教育プログラム認定委員会（Commission on Accreditation of Allied Health Education Programs：CAAHEP）が設立され、CAHEAにとって代わった。

　2004年、JRC-ATは入門レベルのアスレティックトレーニング・プログラムの自己認定機関となった。2007年までにはJRC-ATは、高等教育認定諮問委員会（Council of Higher Education Accreditation：CHEA）と合体する予定である。

　AMAの公認の影響は教育面に限定されるものではない。将来この認定による影響は、法的規制、従来とは異なる環境でのアスレティックトレーニングの活動、保険関連事項などにも波及するであろう。この認定は、アスレティックトレーニングという職業の今後の発展に前向きな影響を及ぼしていくであろう。

付録B
Appendix B

アスレティックトレーナーの雇用環境

中・高等学校

　米国のすべての中・高等学校に、認定されたアスレティックトレーナーが雇用されていることが理想的である[1]。不適切な処置を受けたスポーツ傷害が原因で後に起こる身体的問題の多くは、初期段階でアスレティックトレーナーが適切な処置を行っていれば避けられたかもしれない。時にはコーチが余分な責任を負わされ、学生のアスレティックトレーナーが補佐することもあるが、多くの場合、一人のコーチがすべてのアスレティックトレーニング活動を行う。中・高等学校がアスレティックトレーナーを雇用する場合、出身学部とトレーナーとしての能力を基準に採用するのが一般的である。採用されると、通常、教科の教師の一人として雇用され、パートタイムまたは課外活動としてアスレティックトレーニングの職務を果たす[2]。この場合、報酬は授業時間から算定されるか、またはコーチとしての俸給で支払われることが一般的である[3]。

　高校またはコミュニティカレッジがアスレティックトレーニングの環境を整えるもう一つの手段は、近隣の大学から資格を持つ大学院生を雇うことである。この大学院生は奨学生として、中・高等学校または大学から報酬が支払われる。この場合、大学院生と学校はいずれも利益を得ることになる[4]。ただしこの慣習は、学校の常勤アスレティックトレーナーの雇用を妨げることにもなる。

学区

　一部の学区では、学区として公認アスレティックトレーナーを雇用する効果を認めている。この場合アスレティックトレーナーは、常勤かパートタイムかにかかわらず、複数の学校を担当する専門家であり、教師ではない。利点は、経費の節約である。欠点は、個人では複数の学校で要求されるサービスを十分に提供できないことである。

大学

　大学レベルでは、アスレティックトレーニングの環境は、学校間で著しく異なる。小規模な大学では、アスレティックトレーナーは体育の教授でもある。場合によっては、アスレティックトレーナーが教師ではなく理学療法士の場合もあり、保健室または健康管理センターなどで勤務しながら、ある時はアスレティックトレーニング活動を行う。大学レベルでは、学内スポーツやクラブスポーツに参加する一般の学生団体のメンバーに対してアスレティックトレーニ

ング活動を行う傾向が高まっている。大部分の大学で、アスレティックトレーナーはアスレティックデパートメントで常勤しているが、教鞭を執ることはなく、その報酬は米国の州または学生組合や同窓生基金から支払われている。

プロのスポーツチーム

　プロのスポーツチームのアスレティックトレーナーは、通常、年間6カ月間特定のチームトレーニングを行う。残りの6カ月は、オフシーズン・コンディショニングと個人のリハビリテーションに費やす。プロフェッショナルチームの専属アスレティックトレーナーは、一つのスポーツのみに関わり、選手と同様に契約に基づいて報酬を受ける。プレーオフや優勝の賞金が年俸に追加されることもある。

スポーツ医学のクリニック

　長い間、スポーツ医学のクリニックは、アスレティックトレーナーの雇用環境とはみなされなかった。現在では、スポーツ医学のクリニックに雇用されるアスレティックトレーナーの数は、他の雇用環境よりも多い。アスレティックトレーナーの役割は、クリニックによって大きく異なる。医療に従事するアスレティックトレーナーのほとんどは、午前中にスポーツ関連傷害の患者をクリニックで診察する。午後は、契約に基づいて地元の高校や大学へ出向いて、アスレティックトレーナーとして試合や練習用のためのサービスを行う。大部分のプライベートクリニックにはよく整備されたトレーニング施設があり、一般にトレーナーの給与は一般に従来の雇用環境に比べ多少改善された。

企業環境

　会社または企業が、従業員のフィットネスや傷害リハビリテーションプログラムを管理させるために、アスレティックトレーナーを雇用することが一般的になりつつある。こうした監督責任のほかに、福利厚生プログラムの実施や教育および個人カウンセリングもアスレティックトレーナーに割りふられることがある。近い将来、企業におけるアスレティックトレーナーの雇用機会はますます増えていくことが予想される。

付録C
Appendix C

アスレティックトレーナーとしての認定要件

　認定協会（Board of Certification：BOC）の認定を受けたアスレティックトレーナーは、スポーツ参加による傷害を取り扱う高度な医療従事専門教育を受け、経験を積んだ有資格者である。認定志願者には、正規の学科試験の準備と、JRC-ATのガイドラインに準拠した医療環境での実技経験（実習）が必要とされる。認定協会によって制定されたガイドラインをフォーカスボックスA–1に示す。

認定試験

　要件を満たした志願者は、資格試験を受験できる。認定試験は、認定協会とCastle Worldwideによって共同開発され、全米のいたるところで年5回実施されている[1]。試験は、ペーパー試験、実技試験、ペーパーシミュレーション試験の3部構成になっている。試験では、次の主要6分野の知識と技能が審査される。(1)スポーツ傷害の予防と管理、(2)傷害の認識と評価、(3)傷害と疾病の応急処置、(4)スポーツ傷害のリハビリテーションとリコンディショニング、(5)健康と医療に関する行政管理、(6)プロとしての教育と責任。認定試験に合格すると、アスレティックトレーナーとして認定される。

継続教育制度

　公認アスレティックトレーナーの、プロフェッショナルとしての将来の成長と定着を保障するため、BOCは継続教育制度を制定した[1]。認定を維持するため、公認アスレティックトレーナーは、3年間の再認定期間中に最低80CEU*の獲得を証明する書類を提出しなければならない。CEUは、シンポジウム、セミナー、研究集会、会議などへの出席、発表者、パネラー、認定試験の審査員としての奉仕、USOCプログラムへの参加、専門誌への記事の執筆、NATAジャーナルクイズへの応募、大学院生向け講座への参加、CPR、応急手当、EMT認定の取得などによって与えられる。すべての公認アスレティックトレーナーは、3年以内に1つ以上のCPR認定証を提示しなければならない。

---

*1 CEU＝1学習時間。

A-1 *Focus Box*　フォーカスボックス

BOC認定
認定の目的

　認定協会（BOC）は、1989年に入門レベルのアスレティックトレーナーの認定プログラムと公認アスレティックトレーナーの再認定基準を制定するために設立された。この入門レベル認定プログラムの目的は、アスレティックトレーニングの職業に就くための基準を設けることである。さらにBOCは、公認アスレティックトレーナーが取得したBOC認定資格を維持するために参加すべき継続教育制度も定めた。

認定されるためには

　アスレティックトレーナーとして認定されるためには、志願者はBOC認定試験の要件を満たし、試験に合格しなければならない。

プロセス

　BOCは年1回、認定資格と継続教育の基準を再検討する。さらにBOCは、5年ごとに見直され改正されることになっているBOCの職責定義・描写調査（Role Delineation Study）の試験仕様に従って、認定試験の改訂を行う。BOCは、標準準拠合格点を試験のアンカーフォームに採用している。新規の試験は、このアンカー版と同等とみなされ、受験者は他の版の試験を受けたことが有利にも不利にもならないようになっている。

認可手順

BOC認可試験志願者の要件

1. 志願者は、JRC-ATに認定された入門レベルのアスレティックトレーニングプログラムを最低でも2学年かけて終了させなければならない。
2. アスレティックトレーニングを学ぶ学生は、BOC認定要件を満たす、管理されたアスレティックトレーニング実技経験（実習）を積むために高校を卒業していなければならない。
3. 米国内の認定されたカリキュラムを持つ大学の学士課程の卒業証書（公式の成績証明書）。外国大学の卒業生はこの学位要件の代用を要請できる。この要請は、BOCが選任するコンサルタント組織により、志願者の費用で評価される。

   大学の学期が後期または最終四半期に入っている学生は、受験部門のすべての学業および臨床要件を志願者が満たしていることを条件として、卒業前に認定試験の受験申請が認められる。志願者は、卒業に最も近い日付で受験することを許可される。
4. 担当したBOC公認アスレティックトレーナーからの認定申請の是認（推薦状）。

用語集
Glossary

※用語の選択は原著によるが削除した語もある。

ATC Athletic Trainer, Certified　公認機関である全米アスレティックトレーナーズ協会（National Athletic Trainers Association：NATA）により認定されたアスレティックトレーナー。
亜脱臼 subluxation　骨が外力を受けて正しい位置から逸脱するが、元に戻ること。
圧痛所見 point tenderness　傷害部位を触診すると痛みが感じられる。
アドリブ ad libitum［ラテン］好きなだけ、随時に、自由に。
アナフィラキシー anaphylaxis　組織の浮腫や毛細血管の拡張を起こす、突発性の急性アレルギー反応。
アメーバ様運動 ameboid action　白血球が毛細血管壁を通って組織に移行する際の、白血球の動き。
イオン ions　電荷を持つ原子。
閾値下 subthreshold　生理学的作用が誘発される値以下であること。
萎縮症 trophy　組織または臓器の消耗、身体部位のサイズが萎縮すること。
萎縮性壊死 atrophic necrosis　血液循環の喪失による部位の壊死。
異所性 ectopic　正常な位置と異なる箇所にあること。
異所性骨形成 ectopic bone formation　異常な位置に骨が形成されること。
一次評価 primary assessment　応急処置段階での初期評価。
1回拍出量 stroke volume　1回の拍動で心室から拍出される血液量。
一過性麻痺 transitory paralysis　一時的に動かせなくなること。
違法行為または犯罪行為 malfeasance or an act of commission　法律上許されないことを行うこと。
医療保険 medical insurance　保険会社と保険契約者との間で交わされる医療に関する契約。
異例 anomaly　標準から逸脱していること。
インターバルトレーニング interval training　急走と緩走を交互に行うトレーニング方法。水泳にも応用される。
腋窩 axilla　わきの下。
疫学的アプローチ epidemiological approach　できるだけ多くの傷害要因と関連づけたスポーツ傷害の研究。
壊死 necrosis　身体の組織の死滅。
遠位 distal　四肢において体幹または起始点の遠くに位置する（←→近位）。
横隔膜 diaphragm　腹腔胸腔を区切る筋膜壁。
O脚 bowlegged　下肢が外側に湾曲していること、内反膝。

黄色ブドウ球菌 staphylococcus　Micrococci属。一部は病原体で膿や組織破壊を起こす。
オーソティクス orthotic　靴のなかに挿入または装着して、潜在的な障害となるさまざまな生物力学的異常を補正できるオーダーメイドの中敷。
外骨腫 exostoses　骨表面に形成される良性の骨の隆起で、通常は軟骨に覆われている。仮骨形成。
外傷性 traumatic　一連の傷害または損傷に関する～
外傷性仮死 traumatic asphyxia　胸郭への激しい打撃や圧迫の結果、呼吸が止まること。
外傷性関節炎 traumatic arthritis　繰り返される関節傷害が原因で発症する関節炎。
外傷後健忘症 posttraumatic amnesia　外傷後の記憶を失うこと。
回旋 rotation　軸を中心とした回転運動。
外側 lateral　身体の中心線から離れた位置であること。
外転 abduction　体幹の正中(中心)線から離れる身体の動き。
外反 valgus　四肢または体幹の中心線から外側に向かう動き。
外反膝 genu valgum　X脚。
外反膝 knock knee　下肢関節が内側に曲がっていること。X脚。
外皮 integument　身体を包む表皮。
開放骨折 open fracture　突出した骨断片によって表面の皮膚が引き裂かれ露出した骨折。
過換気症候群 hyperventilation　二酸化炭素の枯渇、血圧の低下、失神などを伴う長時間に及ぶ異常に深い呼吸。
角質溶解の keratolytic　皮膚の角質層を溶かす～
核心温 core temperature　内臓または深部の体温。皮膚、皮下組織、および筋肉表面の層からなる絶縁物によって示される外郭すなわち周辺の温度とは異なり、視床下部の細胞によって制御される。
拡張期血圧 diastolic blood pressure　心拍間の残圧、最小血圧。
仮骨 callus　骨折した骨の上に新しく形成される骨。
過失 commission　罪を犯すこと［法］。
過失 negligence　通常の、あるいは常識的な対処を怠ること。
過食症 bulimia　過度に飲食しては吐く摂食障害。
過伸展 hyperextension　身体部位の過剰な伸展。
滑液 synovia　関節、滑液包、腱などに見られる透明な滑液。
滑液包 bursae　少量の液体を内包する滑膜嚢。
滑液包炎 bursitis　特に肩や膝などの骨突起と筋肉または腱の間に位置する滑液包の炎症。
滑膜炎 synovitis　滑膜の炎症。
可動関節 diarthrodial joint　可動性を持つ滑膜性の関節。
過度可動性 hypermobility　関節の過剰な可動性。
過度柔軟性 hyperflexibility　関節の正常可動域を超えた柔軟性。
可変抵抗 variable resistance　可動範囲内で抵抗が変化する。
（キロ）カロリー calorie (large)　1kgの水の温度を1℃上げるために必要な熱量。燃料や食物のエネルギー値また

は有機体の熱出力を表すために使用される用語。1ポンドの水の温度を4°F上げるために必要な熱量。
感覚異常　paresthesia　しびれ感、刺すような痛み、チクチク感などの異常な感覚。
眼振　nystagmus　眼球が常に前後、上下、あるいは回転の不随意運動をすること。
関節　articulation　骨と骨の連結部。
関節　joint　2つの骨が結合する箇所。
関節鏡検査　arthroscopic examination　小さなカメラレンズを組み込んだ関節鏡を使って関節内を検査すること。
関節血症　hemarthrosis　関節内の出血。
関節包　joint capsule　可動関節の骨端部を包む袋状の構造。
間代性筋痙攣　clonic muscle cramp　収縮と弛緩を交互に高速で繰り返す不随意筋の収縮。
寒冷運動療法　cryokinetics　寒冷と運動を組み合わせた療法。
寒冷療法　cryotherapy　疾病や傷害の治療に寒冷を用いること。
関連痛　referred pain　実際の発生源とは異なる箇所に感じられる痛み。
記憶喪失症　amnesia　記憶を失うこと。
機械受容器　mechanoreceptors　筋肉、腱、靱帯、および関節内にあり、関節の位置情報を伝達する感覚受容器。
気胸　pneumothorax　胸腔に空気が入ることで肺が潰れること。
危険引き受け　assumption of risk　明示あるいは黙示の同意によって、スポーツには危険があることを選手は認知していると考えられる。すなわち選手はスポーツに参加するという時点ですでに危険を冒している。
拮抗筋　antagonist muscles　主働筋と正反対の働きをする筋肉。
逆行性健忘症　retrograde amnesia　外傷直前の事象の記憶喪失。
丘疹　papule　にきび。
求心性神経線維　afferent nerve fibers　脳へメッセージを送る神経線維。
急性傷害　acute injury　瞬間または突発的に発生する傷害。
強度　intensity　運動負荷の程度。
強膜　sclera　目を被う白色の膜。
虚血　ischemia　局所的貧血。
虚血性壊死　avascular necrosis　血液供給の停止による組織の壊死。
期分け　periodization　シーズンごとにトレーニング法を変えること。
近位　proximal　四肢において体幹または起始点の近くに位置する（←→遠位）。
筋炎　myositis　筋の炎症。
筋緊張　tonus（muscle）骨格筋が常に一定の緊張状態を保っている状態。
筋痙攣　muscle cramps　不随意に筋が強縮を繰り返すこと。
筋拘縮　muscle contracture　他動伸展に対する抵抗が非常に大きく、筋肉組織が異常に収縮すること。

筋骨格の　musculoskeletal　筋肉と骨格に関する〜
筋挫傷　strain　筋肉またはその腱の伸展、断裂、または裂傷。
筋持久力　muscular endurance　ある抵抗に対して筋肉の収縮を繰り返し行う能力。
筋伸展反射　myotatic reflex　筋肉の伸張反射。
筋性防御　muscle guarding　痛みに対する緊張による筋肉の収縮。
緊張性筋痙攣　tonic muscle cramp　長引く持続的筋収縮。
緊張性筋硬結　tonic muscle spasm　長引く筋肉の拘縮。
筋肉　muscle　刺激を受けると収縮して動く組織。
筋肉内出血　intramuscular bleeding　筋肉内への出血。
筋膜　fascia　筋肉を覆い、支え、区分する線維性の膜。
筋膜炎　fascitis　筋膜の炎症。
筋力　muscular strength　抵抗に対して力を生み出す筋肉の能力。1RMは一回の最大収縮で一つの筋肉によって発揮される最大限の力。
筋力　strength　物を動かしたり（動的）固定物に対して抵抗する（静的）筋肉の収縮力。
グリコーゲン大量補給　glycogen supercompensation　高炭水化物の食事。
ケアの義務　duty of care　傷害をケアする責任を負う。
痙攣　convulsions　不随意筋の収縮と弛緩による発作。
血管外溢出　extravasation　体液が管から周辺組織へ滲出すること。
血管外遊出　diapedisis　アメーバ様運動で血液細胞が無傷の血管壁を通過すること。
血管拡張　vasodilation　血管の直径が拡大すること。
血管痙攣　vasospasm　血管の痙攣。
血管収縮　vasoconstriction　血管の直径が縮小すること。
血管浮腫　angioedema　アレルギー反応の結果発現する限局性の浮腫部位。
血胸　hemothorax　胸膜腔内の血液の貯留。
月経過多症　menorrhagia　出血が異常に大量の、または長い月経期間。
月経困難症　dysmenorrhea　痛みまたは困難を伴う月経。
血行再生　revascularize　傷害部位に血流を再確保すること。
血腫　hematoma　内出血の結果、血液が一局所に溜った状態。
血色素尿　hemoglobinuria　尿にヘモグロビンが混じる。
血栓　thrombi　thrombusの複数形。
血栓　thrombus　毛細血管または心臓内腔を詰まらせる凝血。
血尿　hematuria　尿に血液または赤血球が存在している状態。
結膜　conjunctivae　目を覆っている粘膜。
血友病　hemophilia　凝固に非常に長い時間がかかる遺伝性の血液凝固障害。
ケロイド　keloid　皮膚の傷口が大きく発達したコラーゲン組織の傷跡。
腱　tendon　筋肉を骨に付着させる強靱な結合組織の帯。
腱炎　tendinitis　腱の炎症。
腱滑膜炎　tenosynovitis　腱とそれを包む膜の炎症。
剣状突起　xiphoid process　胸骨を構成する3区分の最小

部分で下端に位置する。
倦怠感 malaise 疾病が原因の不快感と不安。
後遺症 residual 残っている症状。多くの場合、傷害や疾患の結果残る永久的な障害や疾患（跛行や麻痺など）のこと。
口外マウスガード extraoral mouth guard 口の外側にはめる保護装具。
口腔乾燥症 xerostomia 口内が乾燥する症状。
硬鶏眼 clavus durum 趾関節の上に形成される通常の鶏眼（魚の目）。
硬結 spasm 突発的な不随意筋の収縮。
高血圧 hypertension 異常に高い血圧。
咬合 occlusion 歯の咬み合わせ。不正咬合とは上下の歯が咬み合っていないこと。
後十字靱帯 posterior cruciate ligament 脛骨と大腿骨を結び膝関節の内旋と後方への動揺を防ぐ靱帯。
高浸透圧 hypertonic 比較される溶液よりも浸透圧が高いこと。
高体温 hyperthemia 体温の上昇。
口内マウスガード intraoral mouth guard 口のなかにはめ、歯を保護する防具。
後面または背面 posterior 身体の背側に近い面。
絞扼症 entrapment 臓器が隣接組織によって圧迫されること。
呼吸困難 dyspnea 何らかの理由で呼吸が妨げられた状態。
骨芽細胞 osteoblasts 骨形成細胞。
骨化性筋炎 myositis ossificans 反復的な外傷が原因で発生するカルシウム沈着。
骨間膜 interosseous membrane 骨の間の結合組織膜。
骨粗鬆症 osteoporosis 骨密度の減少。
骨端部 epiphysis 骨軟骨の成長部位。
骨突起 apophysis 筋肉が付着する部位の骨の隆起。
骨軟骨炎 osteochondritis 骨と軟骨の炎症。
骨軟骨症 osteochondrosis 骨とその関節軟骨の疾患。
骨軟骨の osteochondral 骨と軟骨に関連した〜
骨膜 periosteum 骨を覆う線維膜。
固有受容器神経筋促通法（PNF） proprioceptive nueromascular facilitation 能動、受動および徒手抵抗などの動作を組み合わせ、筋肉や神経を刺激して柔軟性、巧緻性、筋力などを獲得（回復）する手法。
コラーゲン組織 collagenous tissue 結合組織を構成する白色の線維物質。
コリージョンスポーツ collision sport 選手が身体を使って相手を阻止または攻撃するスポーツ。
コルチコステロイド corticosteroid 副腎皮質で生成されるステロイド。
コンタクトスポーツ contact sport 身体を傷つける意図はないが、選手同士が身体を接触させることのあるスポーツ。
サーキットトレーニング circuit training ウエイトトレーニングや柔軟、徒手体操、有酸素性運動などを組み合わせて行うステーション方式のトレーニング。
（再）吸収 resorption 吸収による除去。
再生 regeneration 組織などの治癒、再生、復元。

SAIDの原則 SAID principle, Specific Adaptation to Imposed Demands 特異性の原則。
坐骨神経痛 sciatica 坐骨神経の炎症。一般に末梢神経根の圧迫と関連して起こる。
持久力 endurance 長時間の運動をする身体能力。
軸圧縮荷重 axial loading 頚部屈曲姿勢の選手に対する頭頂への打撃により頚椎に対して縦方向に圧迫が加わること。
事故 accident 偶然または故意でなく発生する行為による不測の出来事。
自己受容器 proprioceptors 身体位置を感知するための身体内の器官（運動感覚）。
四肢麻痺 quadriplegia 四肢に影響する麻痺。
指節骨 phalanges 指や趾の骨（複数）。
指節骨 phalanx 指や趾の骨（単数）。
持続時間 duration 選手が1回のエクササイズで運動する時間。
膝蓋腱炎 patellar tendinitis ジャンパー膝に代表される膝蓋腱の炎症。
失調 deconditioning 選手の身体が競技への適用性を失った状態。
失当行為 misfeasance 法的に有する権利を不適切な方法で行うこと。
自動症 automatism 脳震盪の後の意識回復または完全な覚醒前の自動的な挙動。
シナジー synergy 共働作用の〜、相乗作用の〜
充血 hyperemia 身体のある部位に異常に血液の量が増している状態。
収縮期血圧 systolic blood pressure 心室の収縮期の血圧で最高動脈血圧。
出血 hemorrhage 血管内腔から血液が漏れ出ること。
出訴期限法 statute of limitation 過失に対して損害賠償訴訟を起こすとのできる一定の期間を定める。
主働筋 agonist muscles 同時に弛緩する筋肉に対して収縮状態にある筋肉。
循環運動 circumduct 四肢のような部位の回旋運動。
順応抵抗 accommodating resistance 速度が設定されている等速性運動の抵抗。
ショイエルマン病（脊椎骨軟骨症、脊柱後弯症） scheuermann's disease (osteochondrosis) 脊椎成長軟骨板の変質。胸脊椎体の骨端骨壊死症。
傷害 injury 損傷を与える作用。
消化不良 dyspepsia 不完全な消化。
症候群 syndrome 傷害、欠陥、疾患などで特徴付けられる一群の典型的症候または症状。
常識的な対処の基準 standard of reasonable care 人は常識的な、通常の良心を持っていると想定する。
症状 symptom 身体の異常状態の主観的徴候。
小静脈 venule 毛細血管から血液を集める小静脈。
焼灼 cauterization 電気焼灼の略。
掌側 volar 手の平または足の裏。
小児科医 pediatrician 小児疾患の治療の専門家。
食作用 phagocytosis 一般に単球、すなわち白血球が微生物、その他の細胞、異物を摂取する過程。
触診 palpation 手指を使用して身体の状態を検査する

こと。
触診する　palpate　手指を使用して検査を行う。
食欲不振　anorexia　食欲の喪失、拒食。
初潮　menarche　月経の始まり。
心因性　psychogenic　心の状態に起因すること。
神経炎　neuritis　慢性的な神経の炎症。
神経絞扼障害　nerve entrapment　骨または軟部組織間で神経が圧迫されること。
神経支配　innervation　筋の神経を刺激する。
神経腫　neuroma　神経の肥大。
神経性食欲不振症　anorexia nervosa　歪められたボディイメージを特徴とする摂食障害。
滲出液　exudates　炎症の際、血管外に出る血漿成分。
シンスプリント　shin splints　内側脛骨疲労症候群：前下腿部の痛み。
身体組成　body composition　体脂肪率と除脂肪体重。
伸張性（遠心性）収縮　eccentric（negative）contraction　抵抗に対して伸展しながら関節を動かす筋収縮。
浸透圧　hypertonic　比較される溶液よりも浸透圧が高いこと。
浸軟皮膚　macerated skin　浸されて軟化した皮膚。
蕁麻疹　urticaria　みみず腫れや丘疹、かゆみを起こす皮膚の突発的反応。
髄膜　meninges　脳と脊髄を包む3つの膜、すなわち硬膜、軟膜、クモ膜のいずれか。
スタティック・ストレッチング　static stretching　筋肉を最大に伸展できるところまで伸展し、しばらく保持し、他動的に拮抗筋をストレッチングする。静的ストレッチングともいう。
ストレス　stress　身体の均衡を崩す正または負の力。
ストレッサー　stressor　身体に生理学的、心理学的なストレスを与える要因。
精神身体医学的　psychosomatic　精神と身体の関連を示す。（精神（感情など）が身体の不調に影響したり、精神が原因で身体不調になったりすること。）
精神生理学的　psycophysiological　精神と身体に関連した〜
生体力学的　biomechanics　生体に対する内部または外部の力の作用に関する〜
正抵抗　positive resistance　筋肉を短縮させる際の、抵抗に対する求心性筋収縮。
脊柱後弯　kyphosis　脊柱の後方凸弯曲。
脊柱前弯　lordosis　腰椎の前方凸弯曲。
脊柱側弯（症）　scoliosis　脊柱が右あるいは左に弯曲すること。
脊椎すべり症　spondylolisthesis　椎体、通常は腰椎が前方にすべること。
脊椎分離症　spondylolysis　脊椎の変質と、脊椎関節突起の間の椎弓部で分離した状態。
責任　liability　他人に行った不法行為に対して法律上責任を負う状態。
せつ（でき物）　boil（furuncle）　毛包を原発とする黄色ブドウ球菌の感染。
石灰性腱炎　calcific tendonitis　慢性的に炎症を起こしている腱、特に肩の腱にカルシウムが沈着すること。

前方の　anterior　前または正面、前方の〜
線維芽細胞　fibroblast　線維の発生源である細胞構成要素。
線維症　fibrosis　過剰な線維結合組織の生成。線維変性。
線維軟骨　fibrocartilage　基床に太いコラーゲンの束を含む軟骨の種類。
前後方向の　anteroposterior　前から後ろへの位置を示す。
前十字靭帯　anterior cruciate ligament　脛骨と大腿骨を結び膝関節の外旋と前方への動揺を防ぐ靭帯。
蠕動　peristalsis　消化管で起こる移行性の波動のような動き。
全米スポーツ用具安全基準委員会　（National Operating Committee on Standards for Athletic Equipment：NOCSAE）
装具　orthosis　身体可動部分の機能を支え、整合させ、防御し、欠陥を修正し、改善するためにスポーツで使用される用具または器具。
双方向　bilateral　両側の、左右相称の〜
創面切除　debride　傷口から汚れた、または死滅した組織を除去すること。
塞栓　embolus　血管を閉鎖している栓で、脂肪やその他の異物の塊。
代謝産物　metabolites　代謝の残余物。
タイムロス傷害　time-loss injuries　傷害が発生した日から選手に活動を中断させる必要がある傷害。
対流　convection　加熱された容器のなかや、室内などでそのなかの気体や液体の動きによって熱が運ばれること。
多汗症　hyperhidrosis　過剰な発汗、過剰な足の発汗。
脱臼　dislocation　骨が外力を受けて、正しい位置を逸脱し、外科的または手動で元に戻すか整復されるまでそのままの状態であること。
脱臼　luxation　完全脱臼。
多毛　hirsutism　過剰な発毛もしくは異常な部位への発毛。
短縮性（求心性）収縮　concentric（positive）contraction　抵抗に対して短縮しながら関節を動かす筋収縮。
チアノーゼ　cyanosis　血中のヘモグロビン量の減少が原因で起こる、青色を帯びグレーがかった、または暗紫色の皮膚の変色。
致命傷　catastrophic injury　スポーツ選手を対麻痺または四肢麻痺に至らせる脊髄の永久損傷。
肘窩　cubital fossa　肘関節の前面にある陥凹（肘の曲がり目）。
中足骨痛　metatarsalgia　足底の中足部の痛み。
中足趾節関節　metatarsophlangeal joint　趾節骨と中足骨が結合する関節。
腸脛靭帯摩擦症候群　iliotibial band friction syndrome　ランナー膝。
徴候　sign　身体の異常状態の客観的微候。
椎間の　intervertebral　2つの椎骨の間の〜
対麻痺　paraplegia　下半身と両足の麻痺。
低アレルギー誘発性　hypoallergenic　アレルギー反応を引き起こす可能性が低い。
底屈　plantarflexion　足の前部を足底方向に曲げること。
低酸素　hypoxia　十分な酸素量がないこと。

低体温 hypothermia 体温の低下。
テニスレッグ tennis leg 腓腹筋の筋挫傷。
電解質 electrolyte 電気の導体である溶液。
癲癇 epilepsy 意識の変化、運動機能、感覚現象として現れる突発的な発作を特徴とする再発性障害。
電気療法 electrotherapy 電気装置を用いた疾病や傷害の治療。
伝染性単核球症 mononucleosis（infectious）通常若い成人選手に起こる、発熱、喉の痛み、リンパ腺の腫脹などを伴う疾病。
伝染病 communicable disease ある個人から別の個人に直接、間接に伝染する疾病。
伝導 conduction 高温の媒体からの直接接触による加熱。
等尺性運動 isometric exercise 筋肉の長さを変えずに静的に筋収縮のみを行わせる運動。
等尺性収縮 isometric muscle contraction 筋肉が長さを変えずに静的に収縮すること。
等速性運動 isokinetic exercise 一定の速度の動きで適応抵抗が与えられる運動。
等速性筋抵抗 isokinetic muscle resistance 速度は一定で適応性のある可変抵抗。
同側の ipsilateral 同じ側にある〜
等張性運動 isotonic exercise 全可動域において一定の荷重に対して筋肉が収縮および伸展しながら行う運動。
等張性収縮 isotonic muscle contraction 力（負荷）が一定に保たれている状態で筋肉が短縮および伸展すること。
ドーピング doping 禁止薬物、競技者の運動能力向上を目的につくられた薬物の服用。
特発性 idiopathic 原因が不明な疾病のこと。
徒手体操 calisthenic 用具を使用しない自由な動きのエクササイズ。
トリガーポイント trigger point 圧力を加えると痛みを生じたり、他の部位に何らかの影響がある筋肉の圧痛部位。
トレーニング効果 training effect 一定の運動負荷に対して心拍数が減少し、1回の血液の拍出量が増大すること。
トロンボプラスチン thromboplastin 身体の組織内に存在する凝血に必要な物質。
内臓 viscus（organs）viscera 内臓の単数形。腔内の内臓の1つ。
内側 medial 身体の正中線に近い基準位置であること。
内転 adduction 体幹の正中（中心）線に向かう身体の動き。
内反 varus 四肢または体幹の中心線から内側に向かう動き。
内反膝 genu varum O脚。
軟鶏眼（魚の目）clavus molle 二つの趾の間に生じる圧迫により形成される鶏眼。
軟骨軟化症 chondromalacia 関節表面が軟化する関節の変性。
二次評価 secondary assessment 徹底した詳細検査。
二足 bipedal 2本の足を持つことまたは2本の足で移動すること。
捻挫 sprain 骨と骨を接合する靱帯の損傷。
捻転の torsional 身体部位の回転、または、捻転する〜
捻髪音 crepitus バリバリと音が鳴ること。関節摩擦音。

膿痂疹 impetigo 連鎖球菌による皮膚の炎症。
脳血管障害 cerebrovascular accident 脳卒中。
脳髄 encephalon 脳。
ノンコンタクトスポーツ noncontact sport 選手同士の身体接触がないスポーツ。
背屈 dorsiflexion 底屈とは反対に背側または後方に曲げること。
背部 dorsum 身体の背部、背中。
麦穂帯 spica 2つの輪のうち一つが大きい8字帯で巻く包帯の巻き方。
白癬 tinea 皮膚の真菌疾患。
剥離 avulsion 怪我、手術により身体の一部を引き裂くこと。
破骨細胞 osteoclasts 骨組織を吸収して除去する細胞。
破傷風トキソイド tetanus toxoid 無害化されると破傷風菌に対する免疫物質となる破傷風毒素。
鼻感冒 coryza 大量の鼻水の分泌。
バリスティック・ストレッチング ballistic stretching 反復的な反動動作を用いるストレッチング法。
パワー power 筋肉の収縮の強さと速度に基づき負荷に対して力を発揮する能力。瞬時に大きな力を生む能力。
斑状出血 ecchymosis 内出血のため皮下に出現する紫斑。
反衝損傷 contrecoup brain injury 頭部が打撃を受けた際、衝撃を受けた領域と反対側の頭蓋内に発生する損傷。
反張膝 genu recurvatus 膝関節の過伸展。
PNFストレッチング →固有受容器神経筋促進法。
鼻炎 rhinitis 鼻粘膜の炎症。
皮下 subcutaneous 皮膚の下。
光恐怖症 photophobia 光に対する不寛容が強いこと。
鼻出血 epistaxis 鼻血。
微小外傷 microtrauma 累積する小さな筋骨系外傷。
ひだ plica 身体内の組織の折り重なり。
肥大 hypertrophy 細胞サイズの増大による器官などの拡大。
非対称 asymmetries（body）身体の左右に対称性がないこと。
泌尿生殖器の genitourinary 生殖器または泌尿器に関連する〜
皮膚知覚帯 dermatome 脊髄神経から出る神経分枝により支配される皮膚領域。
皮膚の cutaneous 皮膚に関係する〜
病因 etiology 病気の原因。
病理学 pathology 病気の性状と原因の成り立ちを研究する学問。
非律動性動作 arrhythmical movement 不規則な動き。
疲労骨折 stress fracture 繰り返し動作によって発症する骨の痛みや炎症。骨の骨膜性炎症部位で起こる障害。
貧血 anemia 鉄分の欠乏。血液中の赤血球数、ヘモグロビン量、ヘマトクリット値が正常よりも減少した状態。
頻度 frequency 選手が1週間にエクササイズを行う回数。
不安 anxiety 確信がなく心配な気持ち。
不安定性 labile 固定していないこと、変わりやすいこと。
フィブリノーゲン fibrinogen 血漿内に存在し、フィブ

リンクロット（線維素凝塊）に変換されるタンパク質。
複視 diplopia　ものが二重に見えること。
不作為[法] omission (legal)　法的義務を履行しないこと。
不作為または脱漏行為 nonfeasance or an act of omission　人が法的義務を行わないこと。
浮腫 edema　結合組織に体液が滞留してしてできる腫脹。
負性抵抗 negative resistance　筋肉の伸展中に、抵抗に対する遠心性筋収縮を遅らせること。
不断給水 water ad libitum　いつでも水分補給ができること。
不調 staleness　本来の競技能力が発揮できない状態。
不法行為 torts　他人に対する法的に不正な行為。
プライオメトリクス plyometric exercise　短縮性収縮を容易にするために筋肉の迅速な伸展性ストレッチングを利用したトレーニング方法。
PRICE Protection, Rest, Ice, Compression, and Elevation　保持、安静、冷却、圧迫、挙上。
ブラジキニン bradykinin　傷害部位に痛みを起こすペプチド化学物質。
フラッシュトゥバンメソッド flash-to-bang method　稲妻がどのくらい離れたところで起きているか推定する。
振り回し乾湿計 sling psychrometer　湿球により温度を測定する機器。
プロスタグランジン prostaglandin　身体に広く分布する生理的活性物質。筋骨格系では血管拡張に関連し、ヒスタミンのような作用を持つ。アスピリンにより抑制される。
プロトロンビン prothrombin　カルシウムと相互作用してトロンビンを生成する　プロトロンビンの欠損により血液凝固に障害をきたす。
閉鎖骨折 closed fracture　軟部組織を貫通しない骨折。
ヘモグロビン hemoglobin　血液中の酸素を運ぶ分子。
辺縁趨向（へんえんすうこう） margination　炎症の初期段階で傷害部位の血管壁に白血球が蓄積すること。
変形性関節症 osteoarthritis　関節軟骨の摩耗を特徴とする関節炎。
変性 degeneration　組織の衰退。
扁平足 pes planus　（土踏まずが消失した）平らな足。
包帯 bandage　ガーゼなどを適正な位置に抑えるための布またはその他の素材の細長いきれ。
包帯 dressing　傷口に適用する、ガーゼなどの素材。
歩行 ambulation　場所から場所への移動または歩くこと。
発作 seizure　突然の発病。
ホメオスタシス homeostasis　身体内部環境の恒常性を維持すること。
ポリマー polymers　同じ物質の2つ以上の分子で構成される天然および合成物質。
マネージドケア managed care　保険業者は健康管理費用を精査する（米国の医療保険制度）。
慢性障害 chronic injury　長期間の徴候と長く存続する障害。
ミオグロビン myoglobin　筋肉組織内の呼吸色素で、酸素を運ぶ。
無月経 amenorrhea　月経がないこと、もしくは抑制されること。
無酸素 anoxia　酸素のない状態。
無痛覚 analgesia　痛みが知覚はされるが痛くはないように変化した神経学的または薬理学的状態。
毛包炎 folliculitis　毛包の炎症（ブドウ球菌による）。
疣贅（ゆうぜい） verruca　ウィルス性いぼ。
溶解 lysis　物質が分解され溶けること。
善きサマリア人の法律 Good Samaritan Low　自発的に応急手当を行う人を擁護する法律。
予防 prophylaxis　傷害や疾病に対する保護。
予防の prophylactic　予防や保護に関する〜
ラクターゼ欠乏症 lactase deficiency　乳糖分解酵素欠損症。乳製品の吸収不全。
離断性骨軟骨炎 osteochondritis dissecans　関節軟骨とその下にある骨の骨片が関節面から離れ壊死を起こす疾患。
連鎖球菌 streptococcus　鎖のような形状の球菌。

文献
References

Chapter 1
参考文献

1. Arnold B, Gansneder B, VanLunen B: Importance of selected athletic trainer employment characteristics in collegiate, sports medicine clinic and high school settings, *J Ath Train* 33(3):254, 1998.
2. Barefield S, McCallister S: Social supports in the athletic training room: athletes' expectations of staff and student athletic trainers, *J Ath Train* 32(4):333, 1997.
3. Brukner, P, Khan, K: 2002. Sports medicine: the team approach. In Brukner, P.(ed.), *Clinical sports medicine*. 2nd rev. ed., Sydney, McGraw Hill.
4. Durgin, G: 2002. Advice: athletic directors sharing thoughts and actions. Utilizing athletic trainers within your program. Interscholastic athletic administration 28(4):20.
5. Editorial, 2001. The ethics of selecting a team physician. "Show me the money" shouldn't be part of the process, *Sports medicine digest* 23(4):37-38.
6. Finkam, S: 2002. The athletic trainer or athletic therapist as physician extender, *Athletic therapy today* 7(3):50-51.
7. Herring, SA, Bergfeld, J, Boyd, J, et al. 2001. Sideline preparedness for the team physician: a consensus statement, *Medicine and science in sports and exercise* 33(5):846-849.
8. Hunt, V: 2003. Meeting clarifies HIPAA regulations, *NATA News* February: 10-12.
9. Kahanov, L, Andrews, L: 2001. A survey of athletic training employers' hiring criteria, *Journal of athletic training* 36(4):408-412.
10. Lyznicki J, Riggs J, Champion H: Certified athletic trainers in secondary schools: report of the council on scientific affairs, American Medical Association, *J Ath Train* 34(3):272, 1999.
11. Mangus BC, Ingersoll CD: Approaches to ethical decision making in athletic training, *J Ath Train* 25(4):340, 1990.
12. Mellion MB, Walsh WM: The team physician. In Mellion MB, editor: *Sports medicine secrets*, Philadelphia, 1999, Henly-Belfus.
13. National Athletic Trainers Association Board of Certification, Inc: *Role delineation study*, Philadelphia FA Davis, 2000, Columbia Assessment Services.
14. National Athletic Trainers Association: *Athletic training educational competencies,* Dallas, 1999, National Athletic Trainers Association.
15. National Athletic Trainers Association: New NATA code of ethics approved, *NATA News* 4(7):15, 1992.
16. Perkins, SA, Judd, MR: 2001. Certified athletic trainers: providing better health care for sport participants, *Strategies* 15(2):27-28.
17. Popke, M: 2001. Vision quest: certified athletic trainers have spent years seeking respect in the high school ranks. Are they finally getting it? Maybe, *Athletic business* 25(12):69-70; 72; 74-77.
18. Prentice W: The athletic trainer. In Mueller F, Ryan A, editors: *Prevention of athletic injuries: the role of the sports medicine team,* Philadelphia, 1991, Davis.
19. Ransone J, Dunn-Bennett L: Assessment of first-aid knowledge and decision making of high school athletic coaches, *J Ath Train* 34(3):267, 1999.
20. Rich BS: All physicians are not created equal; understanding the educational background of the sports medicine physician, *J Ath Train* 28(2):177, 1993.
21. Ruskin, BI, Goldsmith, LM: 2002. The role of the team physician, *Sports law administration & practice* 9(2):9-10.
22. Team Physician Consensus Statement: 2002. *Medicine and science in sports and exercise* 32(4):877-878.
23. Winterstein A: Organizational commitment among intercollegiate head athletic trainers: examining our work environment, *J Ath Train* 33(1):54, 1998.

注解文献

Cartwright L, Pittney W: *Athletic training for student assistants,* Champaign, IL, 2000, Human Kinetics.
  A practical guide for student athletic training assistants including their roles and responsibilities within the sports medicine team.
Hannum S: *Professional behaviors in athletic training,* Thorofare, NJ, 2000, Slack.
  Focuses on essentials of effective career development. Addresses many skills students will require to build their image as health care professionals, such as communication, critical thinking, networking, interpersonal skills, and recognition of cultural differences.
Mueller F, Ryan A: *Prevention of athletic injuries: the role of the sports medicine team,* Philadelphia, 1991, Davis.
  Provides an in-depth discussion of the various members of the sports medicine team.
Prentice W: *Arnheim's Principles of athletic training,* ed 11, St. Louis, 2003, McGraw-Hill.
  Discusses the sports medicine team approach paying particular attention to the role of the athletic trainer in providing health care to the athlete.
Van Ost L, Manfre K: *Athletic training student guide to success,* Thorofare, NJ, 2000, Slack.
  This text emphasizes the roles and responsibilities of the student athletic trainer necessary to make them successful

as health care professionals.

WEBSITES

National Athletic Trainers' Association:

http://www.nata.org

Presents a description of the athletic training profession, the role of an athletic trainer, and how to become involved in athletic training.

American Sports Medicine Institute:

http://www.asmi.org

The American Sports Medicine Institute's mission is to improve the understanding, prevention, and treatment of sports-related injuries through research and education. In addition to stating this mission, the site provides access to current research and journal articles.

American Academy of Orthopaedic Surgeons:

http://www.aaos.org

Presents general public information and information to its members. The public information is in the form of patient education brochures and a description of the organization and a definition of orthopedics.

The American Orthopaedic Society for Sports Medicine:

http://www.sportsmed.org

Dedicated to educating health care professionals and the general public about sports medicine; access is provided to the American Journal of Sports Medicine and a wide variety of links to related sites.

Athletic Trainer.com:

http://athletictrainer.com

Specifically designed to give information to athletic trainers, including students and those interested in athletic training; provides access to interesting journal articles and links to several additional informative Websites.

NCAA: http://www.ncaa.org

Provides general information about the NCAA and the publications that the NCAA circulates; is useful for those working in the collegiate setting.

Chapter 2

参考文献

1. Allan, DC: Management strategies in athletic training. (Review) 2nd ed (Review), *Journal of sports chiropractic & rehabilitation* 14(4):132, 2000.
2. Anderson, J, Courson, R, Kleiner, D, McLoda, T: National Athletic Trainers' Association Position statement: Emergency planning in athletics, *Journal of Athletic Training*, 37(1):99-104, 2002.
3. Ashley FB, Courtney S, Hicks VL: Fitness and health-related areas. In Walker ML, Stotlar DK, editors: *Sports facility management*, Sudbury, Mass, 1997, Jones & Bartlett.
4. Bagnall, D: Budget planning key in secondary schools. *NATA News,* January 15, 2001.
5. Doyle, M: A new dimension for the athletic training room: the spirit of the room, *Athletic therapy today* 7(1): 34-35, 2002.
6. Herbert D: Professional considerations related to conduct of preparticipation exams, *Sports Med Stand Malpract Report* 6(4):49, 1994.
7. Hunt, V: A general look at the preparticipation exam, *NATA News,* May 15, 2002.
8. Hunt, V: Meeting clarifies HIPAA restrictions, *NATA News,* February 10-12, 2003.
9. Johnson MD, Kibler B, Smith D: Keys to successful preparticipation exams, *Physician Sportsmed* 21(9): 108, 1993.
10. Knells S: Leadership and management techniques and principles for athletic training, *Ath Train* 29(4):328, 1994.
11. Knight, KL: Athletic training clinic operations. In Knight, KL (ed), *Assessing clinical proficiencies in athletic training: a modular approach*, 3rd edition, Champaign, IL., Human Kinetics, 2001, pp. 14-19.
12. Konin J, Donley P: The athletic trainer as a personnel manager. In Konin J: *The clinical athletic trainer,* Gaithersburg, MD, 1997, Slack.
13. Moyer-Knowles J: Planning a new athletic facility. In Konin J: *The clinical athletic trainer,* Gaithersburg, MD, 1997, Slack.
14. Oliver, C, Schroeder, T: Athletic training room essentials, *Interscholastic athletic administration* 28(4):21, 2002.
15. Peterson E: Insult to injury: feeling understaffed, underequipped and undervalued, athletic trainers say a minimum of space and equipment will yield extensive benefits, *Ath Bus* 23(1):57, 1999.
16. Rankin J: Financial resources for conducting athletic training programs in the collegiate and high school settings, *J Ath Train* 27(4):344, 1992.
17. Rankin J, Ingersoll C: *Athletic training management: concepts and applications,* St Louis, 2001, McGraw-Hill.
18. Ray, R: Where athletic trainers work: facility design and planning. In Ray, R (ed), *Management strategies in athletic training,* 2nd ed, Champaign, IL, Human Kinetics, 2000, pp. 130-157.
19. Sabo J: Athletic training room design and layout, Proceedings of National Athletic Trainers' Association fiftieth annual meeting and clinical symposia, June 16-19, 1999, Kansas City, MO, 1999, Human Kinetics.
20. Sabo, J: Design and construction of an athletic training facility, *NATA News,* May 10-23, 2001.
21. Swander H: *Preparticipation physical examination,* Kansas City, 1992, American Academy of Family Physicians, American Academy of Pediatrics, American Orthopedic Society for Sports Medicine, American Osteopathic Academy for Sports Medicine.
22. Wiese-Bjornstal, D: Gender in the athletic training room, *Athletic therapy today* 5(5):2627, 2000.

23. Tanner M: Growth of adolescence, ed 2, Oxford, England, 1962, Blackwell Scientific.

注解文献

Rankin J, Ingersoll C: *Athletic training management: concepts and applications,* ed 2, St Louis, 2001, McGraw-Hill.

 This text is designed for upper-division undergraduate or graduate students interested in all aspects of organization and administration of an athletic training program. The second edition has been expanded to include coverage of sports medicine clinics, industrial athletic training, the process of seeking employment, thirdparty reimbursement, financial management, risk management, and information technology, including distance learning and the Web.

Ray R: *Management strategies in athletic training,* ed 2, Champaign, IL, 2000, Human Kinetics.

 This was the first text available to cover the principles of organization and administration as they apply to many different employment settings in athletic training. The second edition contains many examples and case studies based on principles of administration presented in the text.

Chapter 3

参考文献

1. Appenzeller H: *Safe at first: a guide to help sports administrators reduce their liability,* Chapel Hill, NC, 1999, Carolina Academic Press.
2. Cotten, DJ: What is covered by your liability insurance policy? A risk management essential, *Exercise standards and malpractice reporter* 15(4):54-56, 2001.
3. De Carlo M: Reimbursement for health care services. In Konin J: *Clinical athletic training,* Thorofare, NJ, 1997, Slack.
4. Frenkel, DA: Medico-legal aspects in sport. (Abstract), *Exercise & society journal of sport science* (28):90, 2001.
5. Gallup E: *Law and the team physician,* Champaign, IL, 1995, Human Kinetics.
6. Gorman, L: Product liability in sports medicine, *Athletic therapy today* 4(4):36-37, 1999.
7. Hawkins J, Appenzeller H: Legal aspects of sports medicine. In Mueller F, Ryan A: *Prevention of athletic injuries: the role of the sports medicine team,* Philadelphia, 1991, FA Davis.
8. Health Insurance Association of America: *Fundamentals of health insurance,* Washington, DC, 1997, HIAA.
9. Herbert D: *Legal aspects of sports medicine,* Canton, OH, 1995, Professional Reports Corporation.
10. Herbert, DL, Herbert, WG: *Legal aspects of preventive, rehabilitative and recreational exercise programs,* 4th ed. Canton, OH, 2002, PRC Publishing.
11. Hunt, V: Reimbursement efforts continue steady progress, *NATA News,* October 10-12, 2002.
12. Leverenz L, Helms L: Suing athletic trainers, Parts I and II, *Ath Train* 25(3):212, 1990.
13. Rankin J, Ingersoll C: *Athletic training management: concepts and applications,* St. Louis, 2000, McGraw-Hill.
14. Ray R: *Management strategies in athletic training,* Champaign, IL, 2000, Human Kinetics.
15. Wong G: *Essentials of amateur sports law,* Westport, Conn, 1994, Praeger.

注解文献

Appenzeller H: *Youth sports and the law: a guide to legal issues,* Chapel Hill, NC, 2000, Carolina Academic Press.

 Studies various court cases to understand the legal principles involved in sport participation. The objective of the book is to provide better and safer sporting experiences for today's children.

Gayson E: *Ethics, injury and the law in sports medicine,* New York, 1999, Heinnman-Butterworth.

 Provides an up-to-date review of the status of sports medicine and the law. Addresses the key legal and ethical issues in sports and exercise medicine. For practitioners and students preparing for sport and exercise medicine exams.

Herbert D: *Legal aspects of sports medicine,* Canton, OH, 1995, Professional Reports Corporation.

 A discussion of sports medicine, policies, procedures, responsibilities of the sports medicine team, informed consent, negligence, insurance and risk management, medication, drug testing, and other topics.

Rowell JC: *Understanding medical insurance: a step-by-step guide,* Albany, NY, 1994, Delmar.

 Provides a comprehensive resource for dealing with issues related to insurance.

WEBSITES

Legal Information Institute at Cornell:
 http://www.law.cornell.edu/topics/sports.html

 Part of a series of legal information, this site specifically addresses law in sport, but is rather technical, the relevant area to sports medicine is addressed in the area titled torts.

Duhaime & Co. Legal Dictionary:
 http://www.duhaime.org/dictionary

 This is a site that has put together an extensive list of legal terms with clear definitions and explanations.

Sports Lawyers Journal:
 http://www.law.tulane.edu/tuexp/journals/slj/frame.htm

 Specialized academic and professional publication on legal aspects of sports.

The Center for Sports Law & Policy Duke University School of Law
 http://www.law.duke.edu/sportscenter/

Health Insurance Association of America
 http://www.hiaa.org

 The nation's most prominent trade association represent-

ing the private health care system. It is the nation's premier provider of self-study courses on health insurance and managed care.

Chapter 4

参考文献

1. Anderson B: *Stretching,* ed 20, Bolinas, Calif, 2000, Shelter Publishers.
2. Baker D, Wilson G, Carlyon B: Generality vs. specificity: a comparison of dynamic and isometric measures of strength and speedstrength, *Eur J Appl Physiol* 68:350, 1994.
3. Bassett DR, Howley ET: Limiting factors for maximum oxygen uptake and determinants of endurance performance, *Med Sci Sports Exerc* 32(1):70, 2000.
4. Berger R: *Conditioning for men,* Boston, 1973, Allyn & Bacon.
5. Bergh U, Ekblom B, Astrand PO: Maximal oxygen uptake "classical" versus "contemporary" viewpoints, *Med Sci Sports Exerc* 32(1):85, 2000.
6. Billat, LV: Interval training for performance: a scientific and empirical practice. Special recommendations for middle- and long-distance running. Part I: aerobic interval training. *Sports medicine* 31(1), 2001, 13-31.
7. Bompa TO: *Periodization training for sports,* Champaign, IL, 1999, Human Kinetics.
8. Brown LE: *Isokinetics in human performance,* Champaign, IL, 2000, Human Kinetics.
9. Burke, DG, Culligan, CJ, Holt, LE: The theoretical basis of proprioceptive neuromuscular facilitation. *Journal of strength and conditioning research* 14(4):496-500, 2000.
10. Chu DA: Plyometrics in sports injury rehabilitation and training, *Ath Ther Today* 4(3):7, 1999.
11. Clark, M: *Integrated training for the new millennium,* Calabasas, CA, 2001 National Academy of Sports Medicine.
12. Conroy M: The use of periodization in the high school setting, *Streng Cond J* 21(1):52, 1999.
13. Cross KM, Worrell TW: Effects of a static stretching program on the incidence of lower extremity musculotendinous strains. *J Ath Train* 34(1):11, 1999.
14. De Lorme TL, Watkins AL: *Progressive resistance exercise,* New York, 1951, Appleton-Century-Crofts.
15. Goldenberg, L, Twist, P: Core stabilization. In Goldenberg, L. (ed.), *Strength ball training,* Champaign, IL, Human Kinetics, 2002, pp. 65-97; 187.
16. Gravelle BL, Blessing DL: Physiological adaptation in women concurrently training for strength and endurance, *J Streng Cond Res* 14(1):5, 2000.
17. Hawley J, Myburgh K, Noakes T: Maximal oxygen consumption:a contemporary perspective. In Fahey T, editor: *Encyclopedia of sports medicine and exercise physiology,* New York, 1995, Garland.
18. Haywood, KM, Getchell, N: Development of cardiorespiratory endurance. In Haywood, KM (ed), *Learning activities for life span motor development.* 3rd ed, Champaign, IL, Human Kinetics, 2001, pp. 181-186; 212-223.
19. Hickson R, Hidaka C, Foster C: Skeletal muscle fiber type, resistance training and strengthrelated performance, *Med Sci Sports Exerc* 26:593, 1994.
20. Hilbert S, Plisk SS: Free weights versus machines, *Streng Cond J* 21(6):66, 1999.
21. Holcomb WR: Improved stretching with proprioceptive neuromuscular facilitation, *Streng Cond J* 22(1):59, 2000.
22. Karvonen MJ, Kentala E, Mustala O: The effects of training on heart rate: a longitudinal study, *Ann Med Exp Biol* 35:305, 1957.
23. Knight, KL, Ingersoll, CD, Bartholomew, J: Isotonic contractions might be more effective than isokinetic contractions in developing muscle strength. *Journal of sport rehabilitation* 10(2), May 2001, 124-131.
24. Kraemer, W, Hakkinen, K, Kraemer W: *Strength Training for Sport,* Cambridge, MA, Blackwell Science, 2001.
25. Kubukeli, ZN, Noakes, TD, Dennis, SC: Training techniques to improve endurance exercise performances. *Sports medicine* 32(8), 2002, 489-509.
26. Lagally, KM, Robertson, RJ, Gallagher, KI, Gearhart, R, Goss, FL: Ratings of perceived exertion during low- and high-intensity resistance exercise by young adults. *Perceptual and motor skills* 94(3 Part I), June 2002, 723-731.
27. Laursen, PB, Jenkins, DG: The scientific basis for high-intensity interval training: optimising training programmes and maximising performance in highly trained endurance athletes. *Sports medicine* 32(1), 2002, 53-73.
28. Mann, D, Whedon, C: Functional stretching: implementing a dynamic stretching program. *Athletic therapy today* 6(3):10-13, 2001.
29. Radcliffe JC, Farentinos RC: *Highpowered plyometrics,* Champaign, IL, 1999, Human Kinetics.
30. Schilling BK, Stone MH: Stretching: acute effects on strength and power performance, *Streng Cond J* 22(1):44, 2000.
31. Swain D, Abernathy K, Smith C: Target heart rates for the development of cardiorespiratory fitness, *Med Sci Sports Exerc* 26:112, 1994.
32. Thomas M: The functional warmup, *Streng Cond J* 22(2):51, 2000.
33. Young, W, Elliott, S: Acute effects of static stretching, proprioceptive neuromuscular facilitation stretching, and maximum voluntary contractions on explosive force production and jumping performance. *Research quarterly for exercise and sport* 72(3):273-279, Sept. 2001.
34. Zentz C: Warm up to perform up, *Ath Ther Today*

5(2):59, 2000.

注解文献

Alter J: *The science of stretching,* Boston, 1988, Houghton Mifflin.

This text explains the principles and techniques of stretching and details the anatomy and physiology of muscle and connective tissue. It includes guidelines for developing a flexibility program and illustrated stretching exercises and warmup drills.

Anderson B: *Stretching,* Bolinas, Calif, 2000, Shelter.

An extremely comprehensive bestselling text on stretching exercises for the entire body.

Baechle T, Groves B: *Essentials of strength training and conditioning,* Champaign, IL, 2000, Human Kinetics.

Explains the various concepts of exercise, identifies correct lifting techniques, corrects common weight-training errors, and lists personal goals for weight training.

Brooks G, Fahey T, White T: *Exercise physiology: human bioenergetics and its applications,* ed 3, Mountain View, Calif, 2000, Mayfield.

An up-to-date advanced text in exercise physiology that contains a comprehensive listing of the most current journal articles relative to exercise physiology.

Chu D: *Jumping into plyometrics,* Champaign, IL, 1998, Human Kinetics.

Detailing plyometric exercises for a variety of sports, this guide explains how plyometrics work and how to incorporate plyometrics into a comprehensive strength and power-training program.

Moran G, McGlynn G: *Dynamics of strength training,* St. Louis, 2000, McGraw-Hill.

Provides a comprehensive resource using an individualized approach to strength training, including conditioning and cardiorespiratory fitness. Emphasizes the physiological basis of muscle strength and endurance. Illustrates the most efficient and effective training techniques.

WEBSITES

Health and Fitness Worldguide Forum:

http://www.worldguide.com/Main/hf.html

Includes coverage of anatomy, strength, cardiovascular exercise, eating well, and sports medicine.

Stretching and Flexibility: Everything you never wanted to know:

http://www.cmcrossroads.com/bradapp/docs/rec/stretching/

Prepared by Brad Appleton, detailed information on stretching and stretching techniques is presented, including normal ranges of motion, flexibility, how to stretch, the physiology of stretching, and the types of stretching including PNF.

National Strength and Conditioning

Association http://www.nsca.com

This organization distributes a wealth of information relative to strength training and conditioning.

Fitness World:

http://www.fitnessworld.com

Presents information about fitness in general and includes access to Fitness Management magazine.

Kaiser Permanente Health Reference:

http://www.kaisersantaclara.org

Click on fitness and exercise and find several topics.

Chapter 5

参考文献

1. American College of Sports Medicine: Position stand on exercise and fluid replacement, *Med Sci Sports Exerc* 28:1, 1996.
2. Antonio, J: *Sports Supplements,* Philadelphia, PA, Lippincott Williams & Wilkins, 2001.
3. Brownell K, Fairburn C: *Eating disorders and obesity: a comprehensive handbook,* New York, 1999, Guilford Press.
4. Brukner, Po. Khan, K, Inge, K, Crawford, S: Maximizing performance: nutrition. In Brukner, P. (ed.), *Clinical sports medicine,* 2nd rev. ed, Sydney, McGraw Hill, 2002.
5. Casa D, Armstrong L, Hillman S: National Athletic Trainers Association position statement: fluid replacement for athletes, *Journal of Athlete Training* 35(2):212, 2000.
6. Clarkson P et al: Methods and strategies for weight loss in athletics, *Sports Sci Exchang* 9(1):1-5, 1998.
7. Clarkson PM: Nutritional supplements for weight gain, *Sports Sci Exchang* 11(1):1, 1998.
8. Claude-Pierre P: *The secret language of eating disorders,* New York, 1999, Vintage Books.
9. Coleman, E: Carbohydrate during stop-and-go sports, *Sports medicine digest* 23(12):142-143, 2001.
10. Coleman, E: Nutrition update: position stand on nutrition and athletic performance, *Sports medicine digest* 23(5):54-55, 2001.
11. Daniels, D: *Exercises for osteoporosis.* New York, Hatherleigh Press, 2000.
12. DeLorenzo A et al: Comparison of different techniques to measure body composition in moderately active adolescents, *Br J Sports Med* 32(3):215, 1998.
13. Izquierdo, M, Ibanez, J, Gonzalez- Badillo, JI, Gorostiaga, EM: Effects of creatine supplementation on muscle power, endurance, and sprint performance, *Medicine and science in sports and exercise* 4(2): 332-343, 2002.
14. Kleiner, SM: The scoop on protein supplements, *Athletic therapy today* 6(1):52-53, 2001.
15. Kleiner, SM, Greenwood-Robinson, M: Performance herbs. In Kleiner, SM (ed), *Power eating,* 2nd ed, Champaign, IL, Human Kinetics, 2001.
16. Johnson, KD: Ephedra and ma huang consumption: do the benefits outweigh the risks? *Strength and con-*

17. Marks BL, Rippe JM: The importance of fat free mass maintenance in weight loss programmes, *Sports Med* 22(5):273, 1996.
18. Maughan, R, Murray, R: *Sports Drinks: Basic Science and Practical Aspects,* Boca Raton, FL, 2001.
19. McArdle, WD: *Exercise physiology: energy, nutrition, and human performance,* 5th ed. Performance during intermittent exercise to fatigue, *Medicine and science in sports and exercise,* Philadelphia, Lippinott Williams & Wilkins, 2001.
20. Parr RB: Weight loss: what works and what doesn´t, *Am Coll Sports Med Health Fitness* J 2(2):12, 1998.
21. Peterson D: Athletes and iron deficiency: is it true anemia or "sport anemia"? *Physician Sportsmed* 26(2): 24, 1998.
22. Sanborn CF et al: Disordered eating and the female athlete triad, *Clin Sports Med* 19(2):199, 2000.
23. Sen, CK: Antioxidants in exercise nutrition. *Sports medicine* 31(13): 891-908, 2001.
24. Sforzo, GA: Sports supplements. (Review) *Medicine and science in sports and exercise* 34(1):183, 2002.
25. Sharkey, B: Nutrition and health: In Sharkey, B (ed), *Fitness & Health,* 5th ed, Champaign, IL, Human Kinetics, 2002.
26. Stevenson, SW, Dydley, GA: Creatine loading, resistance exercise performance and muscle mechanics. *Journal of and conditioning research* 15(4):413-419, 2001.
27. Sundgot-Borgen J: Eating disorders in athletes. In Sundgot- Borgen J, editor: *Nutrition in sport,* Oxford, 2000, Blackwell.
28. US Department of Agriculture. *Dietary Guidelines for Americans 2000,* Washington DC, US Government Printing Office.
29. Wardlaw GM, Insel PM: *Perspectives in nutrition,* ed. 5, Boston, 2000, McGraw-Hill.
30. Williams C, Nicholas C-W: Nutrition needs for team sport, *Sci Sports Exchang* 11(3):1, 1998.
31. Williams M: *Nutrition for health, fitness, and sport,* St Louis, 2001, McGraw-Hill.

注解文献

Clark N: *Nancy Clark´s sports nutrition guidebook,* Champaign, IL, 1996, Human Kinetics.

　　Complete guide to eating for the vigorous person. Provides the basics of sports nutrition and includes over 100 fast recipes for meals that enhance physical performance.

Sheldan M: *Wellness encyclopedia for food and nutrition,* New York, 2000, Rebus.

　　Covers every type of whole, fresh food found in supermarkets, specialty shops, and health-food stores. Also presents the latest information on what makes up a healthy diet and on the connection between diet and disease protection.

Weil A: *Eating well for optimum health: the essential guide to food, diet, and nutrition,* New York, 2000, Knopf.

　　Offers a thorough rundown of nutritional basics and a primer of micronutrients such as vitamins, minerals, and fiber.

Williams M: *Nutrition for fitness and sport,* Boston, 2001, McGraw-Hill.

　　Provides the reader with thorough coverage of the role nutrition plays in enhancing health, fitness, and sport performance. Current research and practical activities are incorporated throughout.

WEBSITES

Food and Nutrition Information
　Center: http://www.nalusda.gov/fnic
　　Part of the information centers at the National Agricultural Library, this site provides access to information on healthy eating habits, food composition, and many additional resources.

Yahoo Health and Nutrition
　Information:
　http://www.yahoo.com/Health/Nutrition
　　Includes diet analysis information, nutritional facts, and links to many informative sites.

Eating Disorders:
　http://www.something-fishy.org/ed.htm
　　Eating disorder information can be found here, including information about anorexia, bulimia, and overeating as well as information about how to access support groups.

Athletes and Eating Disorders:
　www.uq.net.au/eda/documents/start.html
　　Part of the Eating Disorders Resources Website; recent statistics of an NCAA study are provided including a section on the coach´s responsibility; also includes information about warning signs and the female athlete triad.

The American Dietetic Association:
　http://www.eatright.org
　　This site includes access to the journal published by the American Dietetic Association and provides informative nutritional tips and a section entitled "gateway to nutrition."

Gatorade Sports Science Institute
　http://www.gssiweb.com/
　　This Website provides information for coaches, athletic trainers, physicians, nutritionists, and others in the field of sports medicine, sports nutrition, and exercise science.

Healthy Biz 2000
　http://www.healthybiz2000.com/trainer.html
　　Information about sports nutrition and nutritional supplements for fitness and weight loss.

Chapter 6

参考文献

1. Amis T et al: Influence of intraoral maxillary sports mouthguards on the airflow dynamics of oral breath-

ing, *Med Sci Sports Exerc* 32(2):284, 2000.
2. Banky J: Mouthguards and dental injury: an update, *Sports Coach* 22(3):30, 1999.
3. Birmingham TB, Inglis JT, Kramer JF: Effect of a neoprene sleeve on knee joint kinesthesis: influence of different testing procedures, *Med Sci Sports Exerc* 32(2):304, 2000.
4. Bot SDM, van Mechelen W: The effect of ankle bracing on athletic performance, *Sports Med* 27(3):171, 1999.
5. Brownstein B: Migration and design characteristics of functional knee braces, *J Sport Rehab* 7(1):33, 1998.
6. Breast support for female athletes. *Sport research review/NIKE sport research review* 1:1-14, 2002.
7. Cuddy S: The right running shoe: the first step in avoiding running injuries, *Sports Med Update* 13(3):8, 1998.
8. Fiolkowski P: Considerations in the use of ankle braces, *Ath Ther Today* 3(4):38, 1998.
9. International Federation of Medicine: Position statement: eye injuries and eye protection in sports, *Ath Ther Today* 4(5):6, 1999.
10. Labella, CR, Smith, BW, Sigurdsson, A: Effect of mouthguards on dental injuries and concussions in college basketball, *Medicine and science in sports and exercise* 34(1):41-44, 2002.
11. Mazzola G: At your service: reconditioning your football helmets, *Coach Ath Dir* 68(4):40, 1998.
12. Nigg BM, Nurse MA, Stefanyshyn DJ: Shoe inserts and orthotics for sport and physical activities, *Med Sci Sports Exerc* 31(7 suppl):S421, 1999.
13. Page KA, Steele JR: Breast motion and sports brassiere design: implications for future research, *Sports Med* 27(4):205, 1999.
14. Peterson, L, Renstrom, P: Sports and protective equipment. In Peterson, L (ed), *Sports injuries: their prevention and treatment*, 3rd ed, Champaign, IL, Human Kinetics, pp. 79-89, 2001.
15. Rules and equipment. In *Coaching youth football*, 3rd ed, Champaign, IL, Human Kinetics, 63-90, 2001.
16. Sauers EL, Harter RA: Efficacy of prophylactic knee braces: current research perspectives, *Ath Ther Today* 3(4):14, 1998.
17. Steinbach, P: Armor for all. With player safety paramount, the purchasing of football equipment must ensure adequate supply and proper fit of helmets, shoes and everything in between. *Athletic business* 26(8):96-98; 100; 102, 2002.
18. Street S, Runkle D: *Athletic protective equipment: care, selection, and fitting*, Boston, 1999, McGraw-Hill.
19. Styf J: The effects of functional knee bracing on muscle function and performance, *Sports Med* 28(2):77, 1999.
20. Swanik CB: Orthotics in sports medicine, *Ath Ther Today* 5(1):5, 2000.
21. Werd, M: Shoe recommendation listing, *American Academy of Podiatric Sports Medicine newsletter*, Spring 2002, 9.
22. Wischnia B, Carrozza P: Spring 2000 shoe buyer´s guide, *Runner´s World* 35(3):37, 2000.
23. Wojtys, EM, Huston, LJ: Functional knee braces-the 25-year controversy. In Chan, KM (ed), *Controversies in orthopedic sports medicine*, Champaign, IL, Human Kinetics, 106-118, 2000.

注解文献

Street S, Runkle D: *Athletic protective equipment: care, selection, and fitting*, Boston, 1999, McGraw-Hill.

This reference book provides an overview of available athletic equipment and its usage. The text is a resource for athletic trainers, coaches, and physical education teachers.

WEBSITES

Riddell: http://riddell.com/index.htm

Riddell is an equipment manufacturing company, and this site gives information about the safety of the products they sell and the necessary standards for safety equipment.

The Training Room: http://www.thetrainingroom.com

Sports orthopedic braces, orthotics, protective sports equipment, and athletic injury treatment.

National Operating Committee on Standards for Athletic Equipment:

http://www.nocsae.org

Provides detailed information and recommendations on the appropriate use and maintenance of different types of athletic equipment.

Road Runner Sports:

http://www.roadrunnersports.com

Provides good information for fitting shoes, sports bras, and running apparel.

Douglas Protective Equipment:

http://www.douglaspads.com

Manufacturer and distributor of football, hockey, and baseball protective padding. Custom fitting players at all levels for over 12 years.

Healthyway Sporting Protective Eyewear:

http://www.nb.sympatico.ca/contents/health/HEALTHYWAY/archive/feature_vis3c.html

Emphasizes the importance of protective eyewear for young athletes and provides links to related informational sites.

Protective Eyewear for Young Athletes

http://www.kidsource.com/kidsource/content/eyewear.html

A joint statement of the American Academy of Pediatrics and American Academy of Ophthalmology.

Chapter 7

参考文献

1. Almquist J: Spine injury management: a comprehensive plan for managing the cervical spine-injured football player, *Sports Med Update* 13(1):8, 1998.
2. American Red Cross: *American Red Cross First Aid/CPR/AED Program Instructors Manual,* Boston, 2001, American Red Cross.
3. Andersen, JC, Courson, RW, Kleiner, DM, McLoda, TA: National Athletic Trainers´ Association position statement: emergency planning in athletics, *Journal of athletic training* 37(1): 99-104, 2002.
4. Brukner, P, Khan, K, Hunte, G: Sporting emergencies. In Brukner, P (ed), *Clinical sports medicine,* 2nd ed, Sydney, 2002, McGraw Hill.
5. Delforge, G: Sports injury assessment and problem identification. In Delforge, G. (ed) *Musculoskeletal trauma: implications for sports injury management.* Champaign, IL, 2002. Human Kinetics.
6. Green, BN: Important changes in the 2000 CPR guidelines, *Journal of sports chiropractic & rehabilitation* 15(2):80-82, 2001.
7. Karren KJ, Hafen BQ: *First aid for colleges and universities,* Boston, 2003, Benjamin Cummings.
8. Helmet removal guidelines. In Shultz, SJ et al. (ed), *Sports medicine handbook,* Indianapolis, Ind., 2001, National Federation of State High School Associations.
9. Jenkins, HL, Valovich, TC, Arnold, BL, Gansneder, BM: Removal tools are faster and produce less force and torque on the helmet than cutting tools during facemask retraction, *Journal of athletic training* 37(3):246-251, 2001.
10. Kleiner, DM: 10 questions about football-helmet and face-mask removal: a review of the recent literature, *Athletic therapy today,* 6(3):29-35, 2001.
11. Knight K: *Cryotherapy in sport injury management,* Champaign, IL, 1995, Human Kinetics.
12. Knox KE, Kleiner DM: The efficiency of tools used to retract a football helmet face mask, *J Ath Train* 32(3):211, 1997.
13. Magee DL: *Orthopedic physical assessment,* Philadelphia, 2002, WB Saunders.
14. National Safety Council: *First aid and CPR Essentials,* Boston, 2000, Jones & Bartlett.
15. Ransone J, Dunn-Bennett LR: Assessment of first-aid knowledge and decision making of high school athletic coaches, *J Ath Train* 34(3): 267, 1999.
16. Roberts WO: Helmet removal in head and neck trauma, *Physician Sportsmed* 26(7):77, 1998.
17. Shores, A. Raising the safety standard. New program provides emergency training for volunteer coaches, *Sports medicine update* 16(1):40-41, 2001.
18. Starkey C, Ryan J: *Evaluation of orthopedic and athletic injuries,* Philadelphia, 2002, FA Davis.
19. Walsh, K: Thinking proactively: the emergency action plan, *Athletic therapy today* 6(5):57-62, 2001.
20. Waninger KN: On-field management of potential cervical spine injury in helmeted football players: leave the helmet on, *Clin J Sportmed* 8(2):124, 1998.

注解文献

Karren KJ, Hafen BQ: *First aid for colleges and universities,* Boston, 2003, Benjamin Cummings.

  A well-illustrated, simple approach to the treatment of emergency illness and injury.

Leikin JB, Feldman BJ: *American Medical Association handbook of first aid and emergency care,* Philadelphia, 2000, Random House.

  Covering urgent emergency situations and the common injuries and ailments that occur in every family, this AMA guide takes the reader step-by-step through basic first-aid techniques, the medical symptoms to recognize before an emergency occurs, and what to do when one does.

Magee DJ: *Orthopedic physical assessment,* Philadelphia, 2002, WB Saunders.

  An extremely well-illustrated book, with excellent depth of coverage. Its strength lies in its coverage of injuries commonly found during athletic training.

National Safety Council: *First aid and CPR Essentials,* Boston, 2000, Jones and Bartlett.

  A complete and widely used first aid text that addresses all aspects of first aid and CPR.

Starkey C, Ryan J: *Evaluation of orthopedic and athletic injuries,* Philadelphia, 2002, FA Davis.

  A detailed, well-illustrated text that addresses all aspects of injury assessment for the athletic trainer.

WEBSITES

American Red Cross:

  http://www.redcross.org

  The American Red Cross offers many emergency services and training. This site describes those services and introduces information about various training opportunities.

American Heart Association:

  http://www. amhrt.org

Cervical Spine Stabilization:

  http://www.trauma.org/spine/cspine-stab.html

  Guidelines for evaluation of individuals with suspected cervical spine injury.

National Safety Council:

  http://www.nsc.org/

  The National Safety Council is a membership organization with resources on safety, health, and environmental topics, training, products, publications, news, and more.

First Aid:

  http://www.mayoclinic.com/findinformation/firstaidandselfcare/index.cfm

  Website on first aid maintained by the Mayo Clinic.

Chapter 8

参考文献

1. American Academy of Pediatrics:Human immunodeficiency virus [acquired immunodeficiency syndrome (AIDS) virus] in athletic settings, *Pediatrics* 88:640, 1991.
2. American Medical Association Department of HIV, Division of Health Science: *Digest of HIV/AIDS policy*, Chicago, 1993, American Medical Association.
3. American Medical Society for Sports Medicine and the American Academy for Sports Medicine: Human immunodeficiency virus (HIV) and bloodborne pathogens in sport, joint position statement, *Am J Sports Med* 23:510, 1995.
4. Arnold BL: A review of selected blood-borne pathogen position statements and federal regulations, *J Ath Train* 30(2):171, 1995.
5. Basler, RSW, Garcia, MA, Gooding, KS: Immediate steps for treating abrasions, *Physician and sportsmedicine* 29(4):69-70, 2001.
6. Benson M: *2002-2003 NCAA sports medicine handbook*, Overland Park, Kan, 2002, NCAA.
7. Brown L, Dortman P: What is the risk of HIV infection in athletic competition? International Conference on AIDS 19939:PO-C21-3102, 1993.
8. Buxton BP et al: Prevention of hepatitis B virus in athletic training. *J Ath Train* 29(2):107, 1994.
9. Deere, R, Stopka, C, Curran, K, Bolger, C: Universal precautions for blood borne pathogens: a checklist for your program, *Strategies* 14(6):18-19, 2001.
10. Fincher LA: Wound care management, *Ath Ther Today* 4(1):11, 1999.
11. Glazer, JL: Laceration care, *Physician and sportsmedicine* 30(7):50, 2002.
12. Hamann B: *Disease: identification, prevention, and control*, New York, 2001, McGraw Hill.
13. Howe WB: The athlete with chronic illness. In Birrer RB, editor: *Sports medicine for the primary care physician*, ed 2, Boca Raton, Fla, 1994, CRC Press.
14. Karon, JM, Fleming, PL, Steketee, RW, De Cock, KM: HIV in the United States at the turn of the century: an epidemic in transition, *American journal of public health* 91(7):1060-1068, 2001.
15. Knight, KL: Acute care of injuries and illnesses. In Knight, KL: (ed), *Assessing clinical proficiencies in athletic training: a modular approach*, 3rd ed, Champaign, IL, 2001, Human Kinetics.
16. Landry GL: HIV infection and athletes, *Sports Med Digest* 15(4):1, 1993.
17. McCulloch, JM, Kloth, LC: *Wound healing: alternatives in management*, 3rd ed, Philadelphia, 2002, FA Davis.
18. McGraw C, Dick R, Schneidewind K: Survey of NCAA institutions concerning HIV/AIDS policies and universal precautions, *Med Sci Sport Exer* 25:917, 1993.
19. Mitten MJ: HIV-positive athletes, *Physician Sportsmed* 22(10):63, 1994.
20. National Safety Council: *Bloodborne pathogens*, Boston, 2001, Jones and Bartlett.
21. OSHA: The OSHA bloodborne pathogens standard, *Federal Register* 55(235):64175, 1991.
22. Rabenberg, VS, Ingersoll, CD, Sandrey, MA, Johnson, MT: The bactericidal and cytotoxic effects of antimicrobial wound cleansers, *Journal of athletic training* 37(1):51-54, 2002.
23. Rogers KJ: Human immunodeficiency virus in sports. In Torg JS, Shephard RJ, editors: *Current therapy in sports medicine*, St. Louis, 1995, Mosby.
24. Sankaran G, editor: HIV/AIDS in sport: impact, issues, and challenges, Champaign, IL, 1999, Human Kinetics.
25. Seltzer DG: Educating athletes on HIV disease and AIDS, *Physician Sportsmed* 21(1):109, 1993.
26. Shultz, SJ: Preventing transmission of blood-borne pathogens. In Shultz, SJ et al, (ed), *Sports medicine handbook*, Indianapolis, IN, 2001, National Federation of State High School Associations.
27. Stringer WW: HIV and aerobic exercise: current recommendations, *Sports med* 28(6):389, 1999.
28. Thomas CE: The HIV athlete: policy, obligations, and attitudes, *Sport Sci Rev* 5(2):12, 1996.
29. Zeigler T: *Management of bloodborne infections in sport*, Champaign, IL, 1997, Human Kinetics.

注解文献

Benson MA, editor: *National Collegiate Athletic Association 2002-2003 sports medicine handbook,* Overland Park, Kan, 2002, NCAA.

    A complete discussion of bloodborne pathogens and intercollegiate athletic policies and administration.

Karent, RN et al, editors: *Bloodborne pathogens,* National Safety Council, Boston, 2001, Jones & Bartlett.

    A manual that presents OSHA´s regulations specific to bloodborne pathogens.

Hamann B: *Disease: identification, prevention, and control,* New York, 2001, McGraw-Hill.

    Designed for health educators; detailed coverage of AIDS and hepatitis.

WEBSITES

Occupational Safety and Health Administration (OSHA):
    http://www.osha.gov

Department of Health and Human Services:
    http://www.os.dhhs.gov

HIV/AIDS Prevention:
    http://www.cdc.gov/hiv/dhap.htm

Centers for Disease Control and Prevention:
    http://www.cdc.gov

National Institute of Health:
  http://www.nih.gov
Bloodborne pathogens self-study module:
  http://www2.umdnj.edu/eohssweb/refresher03/biosafety/intro.htm

A self-study module that details work practice controls and current knowledge of HBV, HIV, and other bloodborne pathogens.

Chapter 9

参考文献

1. Brewer, BW: Doing sport psychology in the coaching role. In Andersen, MB (ed), *Doing sport psychology*, Champaign, IL, 2000, Human Kinetics.
2. Brewer BW et al: Perceptions of psychological interventions in the context of sport injury rehabilitation, *Sport Psychologist* 8:176, 1994.
3. Briggs, J: The psychology of injury and rehabilitation. In Briggs, J (ed), *Sports therapy: theoretical and practical thoughts and considerations,* Chichester, England, 2001, Corpus Publishing Limited.
4. Cramer Roh, JL, Perna, FM: Psychology/counseling: a universal competency in athletic training, *Journal of athletic training* 35(4):458-465, 2000.
5. Evans, L, Hardy, L: Injury rehabilitation: a goal-setting intervention study, *Research quarterly for exercise and sport* 73(3):310-319, 2002.
6. Ford IW, Gordon S: Guidelines for using sport psychology in rehabilitation, *Ath Ther Today* 3(3):41, 1998.
7. Green, SL, Weinberg, RS: Relationships among athletic identity, coping skills, social support, and the psychological impact of injury in recreational participants, *Journal of applied sport psychology* 13(1):40-59, 2001.
8. Heck, J: The team behind the player: knowledge and communication are key to an athlete's recovery, *Sports medicine update* 15(3):18-21, 2001.
9. Hedgpeth E, Gieck, J: Psychological considerations for rehabilitation of the injured athlete. In Prentice W: *Rehabilitation techniques in sports medicine, and Athletic Training,* St Louis, 2004, McGraw-Hill.
10. Heil J: *Psychology of sport injury,* Champaign, IL, 1993, Human Kinetics.
11. Home, TS: *Advances in sport psychology,* 2nd ed Champaign, IL, 2002, Human Kinetics.
12. Kolt, GS: Doing sport psychology with injured athletes. In Andersen, MB (ed), *Doing sport psychology,* Champaign, IL, 2000, Human Kinetics.
13. Magyar, TM, Duda, JL: Confidence restoration following athletic injury, *Sport psychologist* 14(4):372-390, 2000.
14. Norris C: *Psychological aspects of sports injury: diagnosis and management for physiotherapists,* London, 1993, Butterworth Heinemann.
15. O'Connor, E: Recognition and referral of psychological issues in sports medicine, *SportEX medicine* (12):7-8, 2002.
16. Robbins, JE, Rosenfeld, LB: Athletes' perceptions of social support provided by their head coach, assistant coach, and athletic trainer, pre-injury and during rehabilitation, *Journal of sport behavior* 24(3):277-297, 2001.
17. Rock, JA, Jones, MV: A preliminary investigation into the use of counseling skills in support of rehabilitation from sport injury, *Journal of sport rehabilitation* 11(4):284-304, 2002.
18. Sanderson FH: Psychology and injury prone athletes, *Br J Sports Med* 11:56, 1992.
19. Schwenz, SJ: Psychology of injury and rehabilitation, *Athlete therapy today* 6(1):44-45, 2001.
20. Singer, RN, Hausenblas, HA, Janelle, CM: *Handbook of sport psychology,* 2nd ed, New York, 2001, Wiley.
21. Udry, E. Staying connected: optimizing social support for injured athletes, *Athletic therapy today* 7(3):42-43, 2002.
22. Van Raalte, JL: (ed): *Exploring sport and exercise psychology,* 2nd ed, Washington, 2002, American Psychological Association.
23. Weinberg, R, Butt, J, Knight, B: High school coaches' perceptions of the process of goal setting, *Sport psychologist* 15(1):20-47, 2001.
24. Wiese-Bjornstal, D: To play or not to play? That is the question, *Athletic therapy today* 7(2):24-26, 2002.
25. Williams, JM, Andersen, MB: Psychosocial antecedents of sport injury: review and critique of the stress and injury model, *Journal of applied sport psychology* 10(1):5-25, 1998.

注解文献

Singer, RN, Hausenblas, HA, Janelle, CM: *Handbook of sport psychology,* 2nd ed. New York, 2001, Wiley.

  A resource for sport psychologists, coaches, and athletes searching for new and effective approaches to pain management, exercise psychology and building self confidence. Combines theoretical explanation and practical applications and emphasizes the value of basic and applied research to practice.

Taylor J, Taylor S: *Psychological approaches to sports injury rehabilitation,* Gaithersburg, Md, 1997, Aspen Publishers.

  This text specifically addresses how to deal with injury rehabilitation from a psychological perspective.

Van Raalte, JL: (ed), *Exploring sport and exercise psychology,* 2nd ed, Washington, 2002, American Psychological Association.

  Provides an overview of the field of sport and exercise psychology, connecting theory and practice, and discussing practical issues.

Weinberg RS, Gould D: *Foundations of sport and exercise*

psychology, Champaign, IL, 1999, Human Kinetics.
   Discusses the techniques that a coach should incorporate for contributing to the success of an athlete.

WEBSITES

Association for the Advancement of Applied Sport Psychology:
   http://aaasponline.org/index.php
   Emphasis on the role of psychological factors in sport and exercise.

NASPSPA North American Society for Psychology of Sport and Physical Activity:
   www.naspspa.org/

Sport Psychology Oversite:
   http://www personal.umich.edu/~bing/oversite/sportpsych.html
   A comprehensive list of links to sites that focus on mental training and performance enhancement.

Mind Games: Applied Sport Psychology for Every Athlete:
   http://www.drrelax.com
   A new, web-based system of individualized psychological training.

Human Kinetics: Psychology of Exercise and Sport:
   http://humankinetics.com
   News, associations, conferences, open jobs, products, etc.

Sport Psychology for Athletes:
   http://www.drrelax.com/baseball.htm
   The use of psychological training and preparation.

Chapter 10

参考文献

1. Armstrong LE, Epstein Y, Greenleaf JE: ACSM position stand: heat and cold illnesses during distance running, *Med Sci Sports Exerc* 28(12): i-x, 1997.
2. Bergeron, MF: Averting heat cramps, *Physician and sportsmedicine* 30(11):14, 2002.
3. Bennett B: A model lightning safety policy for athletics, *J Ath Train* 32(3):251, 1997.
4. Berning, JR: 10 essentials for avoiding dehydration, *Strategies* 16(1):18, 2002.
5. Binkley, H, Beckett, J, Casa, D, Kleiner, D, Plummer, P: National Athletic Trainers Association Position statement: Exertional heat illnesses, *Journal of Athletic Training* 37(3):329-342, 2002.
6. Bodine KL: Avoiding hypothermia: caution, forethought, and preparation, *Sports Med Alert* 6(1):6, 2000.
7. Casa, D, Armstrong, L, Hillman, S, Mountain, S, Reiff, R: National Athletic Trainers Association Position statement: Fluid replacement for Athletes, *Journal of Athletic Training* 35(2):212-224, 2000.
8. Coombes, JS, Hamilton, KL: The effectiveness of commercially available sports drinks, *Sports medicine* 29(3):181-209, 2000.
9. Dabinett J: Preparing for competition in hot and humid environments, *Sports Exerc Injury* 4(1):10, 1998.
10. Davis, JL: Sun and active patients: preventing acute and cumulative skin damage, *Physician and sportsmedicine* 28(7):79-85, 2000.
11. Davis M: Ultraviolet therapy. In Prentice W, editor: *Therapeutic modalities in sports medicine,* Dubuque, 1999, WCB/McGraw-Hill.
12. Eichner ER: Heat cramps: salt is simplest, most effective antidote, *Sports Med Digest* 21(8):88, 1999.
13. Eichner, ER: Heat stroke in sports: causes, prevention, and treatment, *Sports science exchange* 15(3):1-4, 2002.
14. Epstein Y et al: Exertional heat stroke: a case series, *Med Sci Sports Exerc* 31(2):224, 1999.
15. Gutierrez G: Solar injury and heat illness, *Physician Sportsmed* 23(7):43, 1995.
16. Hoffman, J: Exercise in the cold. In Hoffman, J (ed), *Physiological aspects of sport training and performance,* Champaign, IL, 2002, Human Kinetics.
17. Kanzenbach TL, Dexter WW: Cold injuries: protecting your patients from the dangers of hypothermia and frostbite, *Postgrad Med* 105(1):72, 1999.
18. Kay D, Marino FE: Fluid ingestion and exercise hyperthermia: implications for performance, thermoregulation, metabolism and the development of fatigue, *J Sports Sci* 18(2):71, 2000.
19. Kleiner, DM: A new exertional heat illness scale, *Athletic therapy today* 7(6), Nov 2002, 65-70.
20. Knochel JP: Management of heat conditions, *Ath Ther Today* 1(4):30, 1996.
21. Maughan, RJ, Murray, R: *Sports drinks: basic science and practical aspects,* Boca Raton, Florida, 2000, CRC Press.
22. McCann DJ, Adams WC: Wet bulb globe temperature index and performance in competitive distance runners, *Med Sci Sports Exerc* 29(7):955, 1997.
23. Montain SJ, Maughan RJ, Sawka MN: Fluid replacement strategies for exercise in hot weather, *Ath Ther Today* 1(4):24, 1996.
24. Murray R: Dehydration, hyperthermia, and athletes: science and practice, *J Ath Train* 31(3):248, 1996.
25. *NCAA Sports Medicine Handbook 2002-2003,* Indianapolis, IN, 2002, National Collegiate Athletic Association.
26. Polanshek, K: When lightning strikes, *Athletics administration* 36(1):36, 2001.
27. Sallis R, Chassay CM: Recognizing and treating common coldinduced injury in outdoor sports, *Med Sci Sports Exerc* 31(10):1367, 1999.
28. Sandor RP: Heat illness: on-site diagnosis and cooling, *Physician Sportsmed* 25(6):35, 1997.
29. Sparling PB, Millard-Stafford M: Keeping sports participants safe in hot weather, *Physician Sportsmed*

27(7):27, 1999.
30. Walsh, K, Bennett, B, Cooper, M, Holle, R: National Athletic Trainers Association Position statement: Lightning safety for athletics and recreation, *Journal of Athletic Training* 35(4):471-477, 2000.

注解文献

NCAA Sports Medicine Handbook 2002-2003, Indianapolis, IN, 2000, National Collegiate Athletic Association.
  Contains guidelines and recommendations for preventing heat illness and hypohydration, cold stress, and for lightning safety.

Strauss RH, editor: *Sports medicine,* Philadelphia, 1996, WB Saunders.
  Provides four pertinent chapters on the subject of environmental disorders that can affect the athlete.

WEBSITES

National Athletic Trainers Association
  http://www.nata.org
  Site contains detailed position papers on heat illness, fluid replacement, and lightning safety.

National Lightning Safety Institute (NLSI):
  http://www.lightningsafety.com/
  National Lightning Safety Institute provides consulting, education, training, and expert witness relating to lightning hazard mitigation.

FEMA: Extreme Heat Fact Sheet:
  http://www.fema.gov/hazards/extremeheat/heatf.shtm
  Fact Sheet: Extreme Heat. Doing too much on a hot day, spending too much time in the sun, or staying too long in an overheated place can cause heat-related illnesses.

WebMDHealth: Heat Illness (Heat Exhaustion, Heatstroke, Heat Cramps):
  http://my.webmd.com/hw/heart_disease/htske-RelInfo.asp?lastselectedguid={5FE84E90-BC77-4056-A91C-9531713CA348}
  Prolonged or intense exposure to hot temperatures can cause heat-related illnesses, such as heat exhaustion, heat cramps, and heatstroke (also known as sunstroke).

A Hypothermia Treatment Technology WebSite:
  http://www.hypothermia-ca.com

OA Guide to Hypothermia & Cold Weather Injuries:
  http://www.princeton.edu/~oa/safety/hypocold.shtml

Chapter 11

参考文献

1. Alt W, Lohrer H, Gollhofer A: Functional properties of adhesive ankle taping: neuromuscular and mechanical effects before and after exercise, *Foot Ankle Int* 20(4):238, 1999.
2. Austin, K: *Taping techniques,* Chicago, 1994, Mosby-Wolfe.
3. Bragg, RW, Macmahon, JM, Overom, EK, Yerby, SA, Matheson, GO, Carter, DR, Andriacchi, TP: Failure and fatigue characteristics of adhesive athletic tape, *Medicine and science in sports and exercise* 34(3):403-410, 2002.
4. Briggs, J. Bandaging, strapping and taping. In Briggs, J: (ed), *Sports therapy: theoretical and practical thoughts and considerations,* Chichester, England, 2001, Corpus Publishing Limited.
5. Callaghan MJ: Role of ankle taping and bracing in the athlete, *Br J Sports Med* 31(2):102, 1997.
6. DesRochers, DM, Cox, DE: Proprioceptive benefit derived from ankle support, *Athletic therapy today* 7(6):44-45, 2002.
7. Heit EJ, Lephart SM, Rozzi SL: The effect of ankle bracing and taping on joint position sense in the stable ankle, *J Sport Rehab* 5(3):206, 1996.
8. Jones K: Athletic taping and bracing. In Sallis RE, Massamino F, editors: *Essentials of sport medicine,* St Louis, MO, 1996, Mosby-Year Book.
9. Knight, KL: Taping, wrapping, bracing, and padding. In Knight, KL: (ed), *Assessing clinical proficiencies in athletic training: a modular approach,* 3rd edition, Champaign, IL, 2001, Human Kinetics.
10. Manfroy PP, Ashton-Miller JA, Wojtys EM: The effect of exercise, prewrap, and athletic tape on the maximal active and passive ankle resistance to ankle inversion, *Am J Sports Med* 25(2):156, 1997.
11. Perrin DH: *Athletic taping and bracing,* Champaign, IL, 1995, Human Kinetics.
12. Sports Medicine Council of British Columbia: *Manual of athletic taping,* Philadelphia, 1995, FA Davis.
13. *Sports taping basics: lower body,* Champaign, IL, 1996, Human Kinetics.
14. *Sports taping basics: upper body,* Champaign, IL, 1996, Human Kinetics.
15. Wilkerson, GB: Biomechanical and neuromuscular effects of ankle taping and bracing, *Journal of athletic training,* 37(4):436-445, 2002.

注解文献

MacDonald, Rose: *Taping Techniques: Principles and Practice,* Burlington, MA, 2003, Butterworth-Heinemann Medical.
  Concise practical text on functional taping for treatment and rehabilitation of the injured athlete.

Prentice W: *Arnheim´s principles of athletic training,* St Louis, 2003, McGraw-Hill.
  Contains a comprehensive chapter on a variety of taping and bandaging skills with complete descriptions of techniques.

Perrin DH: *Athletic taping and bracing,* Champaign, IL, 1995, Human Kinetics.
  Discusses specific injuries; gives stepby-step instructions for applying tape, braces, wraps, and orthotics; and presents stretching and strengthening exercises that reduce the chances of reinjury.

Sports Medicine Council of British Columbia: *Manual of athletic taping,* Philadelphia, 1995, FA Davis.

> *Guidelines for taping and wrapping athletes' joints and limbs to both prevent and manage injuries. Chapters include: injury recognition; anatomy and taping techniques for the ankle, foot, knee, wrist, hand, elbow, and muscles and tendons; and resources.*

First aider, Gardner, Kan, Cramer Products.

> *Published seven times throughout the school year, this periodical contains useful taping and bandaging techniques that have been submitted by readers.*

Sports Medicine Guide, Mueller Sports Medicine, 1 Quench Dr, Prairie du Sac, WI, 53578.

> *Published four times a year, this quarterly often presents, along with discussions on specific injuries, many innovative taping and bandaging techniques.*

WEBSITES

Properties of Athletic Tape:
  http://www.bloodandbones.com/tape.html
Cramer Sports Medicine:
  http://www.cramersportsmed.com/
Mueller Sports Medicine-Retail Tape and Wrap:
  http://www.muellersportsmed.com/retailtapeandwrap.htm
Johnson & Johnson: http://www.jnj.com/

Chapter 12

参考文献

1. Buschbacher R, Braddom R: *Sports medicine and rehabilitation: a sport specific approach,* Philadelphia, 1994, Hanley & Belfus.
2. Guskiewicz K, Perrin D: Research and clinical applications of assessing balance, *J Sport Rehab* 5(1):45, 1996.
3. Irrgang J, Whitney S, Cox E: Balance and proprioceptive training for rehabilitation of the lower extremity, *J Sport Rehab* 3(1):68, 1994.
4. Kisner C, Colby A: *Therapeutic exercise: foundations and techniques,* Philadelphia, 2002, FA Davis.
5. Magnusson P, McHugh M: Current concepts on rehabilitation in sports medicine. In Nicholas J, Hirschman E: *The lower extremity and spine in sports medicine,* St Louis, 1995, Mosby.
6. Malone T, editor: *Orthopedic and sports physical therapy,* St Louis, 1996, Mosby-Year Book.
7. Perrin D: *Isokinetic exercise and assessment,* Champaign, IL, 1993, Human Kinetics.
8. Prentice W: *Arnheim's principles of athletic training,* ed 11, St Louis, 2003, McGraw-Hill.
9. Prentice W: *Rehabilitation techniques for sports medicine and athletic training,* St Louis, 2004, McGraw-Hill.
10. Prentice W: *Therapeutic modalities for sports medicine and athletic training,* ed 5, St Louis, 2003, McGraw-Hill.
11. Tippett S, Voight M: *Functional progressions for sport rehabilitation,* Champaign, IL, 1999, Human Kinetics.
12. Zachazewski J, Magee D, Quillen S: *Athletic injuries and rehabilitation,* Philadelphia, 1996, WB Saunders.

注解文献

Buschbacher R, Braddom R: *Sports medicine and rehabilitation; a sport specific approach,* Philadelphia, 1994, Hanley & Belfus.

> *Discusses the rehabilitation of injuries that occur in specific sports.*

Prentice W: *Rehabilitation techniques for sports medicine and athletic training,* ed 4, St Louis, 2004, McGraw-Hill.

> *A comprehensive text dealing with all aspects of rehabilitation used in a sports medicine setting.*

Tippett S, Voight M: *Functional progressions for sport rehabilitation,* Champaign, IL, 1995, Human Kinetics.

> *Presents scientific principles and practical applications for using functional exercise to rehabilitate athletic injuries.*

WEBSITES

National Athletic Trainers' Association:
  http://www.nata.org
  Accesses rehabilitation in the athletic training journals.
The Physician and Sportsmedicine:
  http://www.physsportsmed.com
  Search back issues and access the ones specifically geared toward weight training and rehabilitation.
Archives of Physical Medicine and Rehabilitation:
  http://www.archives-pmr.org/
The AOSSN Online Media Kit:
  http://www.sportsmed.org/About/Media/default.htm
Journal of Sport Rehabilitation:
  http://www.humankinetics.com/products/journals/journal.cfm?id=JSR

Chapter 13

参考文献

1. American Orthopaedic Society for Sports Medicine: *Sports-induced inflammation,* Park Ridge, IL, 1990, American Academy of Orthopaedic Surgeons.
2. Armstrong R, Warren G, Warren J: Mechanisms of exercise induced muscle fiber injury, *Sports Med* 12:184, 1991.
3. Blauvelt CT, Nelson FRT: *A manual of orthopaedic terminology,* ed 4, St Louis, 1998, Mosby-Year Book.
4. Brukner, P, Khan, K: Sports injuries. In Brukner, P (ed), *Clinical sports medicine,* 2nd ed, Sydney, 2002, McGraw Hill.
5. Cailliet R: *Soft tissue pain and disability,* Philadelphia, 1996, FA Davis.
6. Delforge, G: (ed), *Musculoskeletal trauma: implications for sports injury management,* Champaign, IL, 2002,

7. DiFiori, JP: Overuse injuries in young athletes: an overview, *Athletic therapy today* 7(6):25-29, 2002.
8. Gallaspie J, May D: *Signs and symptoms of athletic injuries,* St Louis, 2001, Mosby.
9. Hutson, M: *Sports injuries-recognition and management,* 3rd ed, Oxford, England, 2001, Oxford University Press.
10. Morris A: *Sports medicine: prevention of athletic injuries,* Dubuque, Iowa, 1992, WC Brown.
11. Prentice WE: *Arnheim´s Principles of athletic training,* St Louis, 2003, McGraw-Hill.
12. Prentice W: *Rehabilitation techniques in sports medicine and athletic training,* St Louis, 2004, McGraw-Hill.
13. Shamus, E, Shamus, J: *Sports injury: prevention and rehabilitation,* New York, 2001, McGraw-Hill.
14. Strauss R: *Sports medicine,* Philadelphia, 1996, WB Saunders.

注解文献

Booher JM, Thibodeau GA: *Athletic injury assessment,* Boston, 1999, McGraw-Hill.
  An excellent guide to the recognition, assessment, classification, and evaluation of athletic injuries.
Garrick JG, Webb DR: *Sports injuries: diagnosis and management.* Philadelphia, 2000, WB Saunders.
  An overview of musculoskeletal injuries that are unique to sports and exercise.
Griffith HW, Pederson M: *Complete guide to sports injuries: how to treat fractures, bruises, sprains, dislocations, and head injuries,* New York, 1997, Perigee.
  Tells readers how to treat, avoid, and rehabilitate nearly 200 of the most common sports injuries, including fractures, bruises, sprains, strains, dislocations, and head injuries.
Micheli L: *The sports medicine bible,* New York, 1995, Harper Perennial.
  A clearly written basic text that explains how to recognize and prevent injuries from occurring. Also discusses principles and management of injuries that do occur.
Peacinn M, Bojanic I: *Overuse injuries of musculoskeletal system,* Boca Raton, FL, 2003, CRC Press.
  A comprehensive text describing overuse injuries of the tendon, tendon sheath, bursae, muscle, muscle-tendon function, cartilage, and nerve.
Williams JGP: *Color atlas of injury in sport,* Chicago, 1990, Mosby-Year Book.
  An excellent visual guide to the area of sports injuries, covering the nature and incidence of sport injury, types of tissue damage, and regional injuries caused by a variety of sports activities.

WEBSITES

American Red Cross:
  http://www.redcross.org
National Institute of Health:
  http://www.nih.gov
Wheeless´ Textbook of Orthopedics:
  http://www.ortho-u.net/welcome.html

Chapter 14

参考文献

1. Adams BB: Running-related toenail abnormality, *Physician Sportsmed* 27(13):85, 1999.
2. Bender, JA: Fifth metatarsal fractures: diagnosis and management, *Sports medicine alert* 6(3):18-20, 2000.
3. Bender, JA: Turf toe injuries: correctly diagnosing an uncommon injury, *Sports medicine alert* 6(4):28-29, 2000.
4. Brukner, P: Foot pain. In Brukner, P (ed), *Clinical sports medicine,* 2nd ed, pp. 584-601, Sydney, McGraw-Hill, 2002.
5. Burkhart CG: Skin disorders of the foot in active patients, *Physician Sportsmed* 27(2):88, 1999.
6. Cornwall MW: Common pathomechanics of the foot, *Ath Ther Today* 5(1):10, 2000.
7. Cornwall MW, McPoil TG: Plantar fasciitis: etiology and treatment, *JOSPT* 29(12):756, 1999.
8. Coughlin MJ: Forefoot disorders. In Baxter DE, editor: *The foot and ankle in sports,* St Louis, 1995, Mosby.
9. Crosby LA, McMullen ST: Heel pain in an active adolescent? *Physician Sportsmed* 21:125, 1993.
10. Dolan MG: The use of foot orthotic devices in clinical practice, *Ath Ther Today* 5(1):17, 2000.
11. Gulick, DT: Differential diagnosis of Morton´s neuroma, *Athletic therapy today* 7(1):39-42, 2002.
12. Hunter S, Prentice WE: Rehabilitation of ankle and foot injuries. In Prentice WE, editor: *Rehabilitation techniques in sports medicine and athletic training,* ed 4, St Louis, 2004, McGraw-Hill.
13. Jaivin JS: Foot injuries and arthroscopy in sport, *Sports Med* 29(1):65, 2000.
14. Mann RA: Great toe disorders. In Baxter DE, editor: *The foot and ankle in sports,* St Louis, 1995, Mosby.
15. Myerson M: Tarsometatarsal joint injury, *Physician Sportsmed* 21:97, 1993.
16. Peterson, JA: 10 steps for preventing and treating foot problems, *ACSM´s health & fitness journal* 6(2):44, 2002.
17. Pfeffer GB: Plantar heel pain. In Baxter DE, editor: *The foot and ankle in sport,* St Louis, 1995, Mosby.
18. Shea, M: Plantar fasciitis: prescribing effective treatments, *Physician and sports medicine* 30(7):21-25, 2002.
19. Sherman KP: The foot in sport, *Br J Sports Med* 33(1):6, 1999.
20. Stephens MM: Heel pain, *Physician Sportsmed* 20:87, 1992.

21. Tiller, R: Prevention of common pes problems, *Athletic therapy today* 7(6):52-53, 2002.

注解文献

Alexander I: *The foot: examination and diagnosis*, New York, 1997, Churchill-Livingston.

 Practical guide to clinical care of the foot and ankle. Presents anatomy, biomechanics, and a systematic approach to evaluation. Discusses common complaints.

Baxter DE: *The foot and ankle in sport*, St Louis, 1995, Mosby.

 A complete medical text on all aspects of the foot and ankle. It covers common sports syndromes, anatomical disorders in sports, unique problems, shoes, orthoses, and rehabilitation.

Tremaine MD, Elias M: *The foot and ankle source book: everything you need to know*, 1998, Lowell House.

 Discusses common problems affecting feet and ankles; from bunions and corns to flat feet and sports injuries. Surveys the range of problems, preventive treatments, orthopedic inserts, and other health solutions to foot ailments, providing an uncommon range of disorders and treatments ranging from self-help to surgery.

WEBSITES

Foot and Ankle Web Index:
 http://www.footandankle.com
 The foot and ankle link library at this site is very helpful.

Premiere Medical Search Engine:
 http://www.medsite.com
 Type in any medical condition at this site and it will search the Net to find relevant articles.

Dr. Pribut´s Running Injuries Page:
 http://www.drpribut.com/sports/sportframe.html

Wheeless´ Textbook of Orthopaedics:
 http://www.ortho-u.net/med.htm

North Shore Podiatry Foot Care Center:
 http://www.BUNIONBUSTERS.com

Medline Plus: Foot & Ankle Disorders
 http://www.nlm.nih.gov/medlineplus/
 footinjuriesanddisorders.html
 A resource for many articles related to foot injuries.

Chapter 15

参考文献

1. Alfredson H, Lorentzon R: Chronic Achilles tendinosis: recommendations for treatment and prevention, *Sports Med* 29(2):135, 2000.
2. Anderson, SJ: Acute ankle sprains: keys to diagnosis and return to play, *Physician and sportsmedicine* 30(12):29-35, 2002.
3. Bahr, R: Can we prevent ankle sprains? In MacAuley, D (ed), *Evidence-based sports medicine*, pp. 470-490, London, 2002, BMJ Books.
4. Bennell K et al: Risk factors for stress fractures in track and field athletes: a twelve-month prospective study, *Am J Sports Med* 24(6): 810, 1996.
5. Blackman PG: A review of chronic exertional compartment syndrome in the lower leg, *Med Sci Sports Exerc* 32(3 suppl):S4, 2000.
6. Bot SDM, van Mechelen W: The effect of ankle bracing on athletic performance, *Sports Med* 27(3): 171, 1999.
7. Case W: Relieving the pain of shin splints, *Physician Sportsmed* 22(4): 31, 1994.
8. Cordova, ML: Efficacy of prophylactic ankle support: an experimental perspective, *Journal of athletic training*, 37(4):446-457, 2002.
9. Couture, CJ: Tibial stress injuries: decisive diagnosis and treatment of "shin splints," *Physician and sportsmedicine* 30(6):29-36, 2002.
10. Fehlandt A, Micheli L: Acute exertional anterior compartment syndrome in an adolescent female, *Med Sci Sports Exerc* 27(1):3, 1995.
11. Galloway M, Jokl P, Dayton W: Achilles tendon overuse injuries, *Clin Sports Med* 11(4):771, 1992.
12. Gardner, PJ: Shin splints, *Athletic therapy today* 8(2):52-53, 2003.
13. Garrick J, Couzens G: Tennis leg: how I manage gastrocnemius strains, *Physician Sportsmed* 20(5): 203, 1992.
14. Gross M: Chronic tendinitis: pathomechanics of injury factors affecting the healing response, and treatment, *J Ortho Sports Phys Ther* 16(6):248, 1992.
15. High alert for Achilles tendon rupture? *Physician and sportsmedicine* 29(12):11-12, 2001.
16. Hirth C: Rehabilitation of lower leg injuries. In Prentice WE, editor: *Rehabilitation techniques in sports medicine and athletic training*, ed 4, St Louis, 2004, McGraw-Hill.
17. Hunter S, Prentice W: Rehabilitation of foot and ankle injuries. In Prentice WE, editor: *Rehabilitation techniques in sports medicine and athletic training*, ed 4, St Louis, 2004, McGraw-Hill.
18. Kohn H: Shin pain and compartment syndromes in running. In Guten G, editor: *Running injuries*, Philadelphia, 1997, WB Saunders.
19. Kortebein PM et al: Medial tibial stress syndrome, *Med Sci Sports Exerc* 32(3 suppl):S27, 2000.
20. Leppilahti J, Orava S: Total achilles tendon rupture: a review, *Sports Med* 25(2):79, 1998.
21. Madras, D: Rehabilitation for functional ankle instability, *Journal of sport rehabilitation* 12(2): 133-142, 2003.
22. Nyska, M (ed): *The unstable ankle*, Champaign, IL, 2002, Human Kinetics.
23. Reeder M et al: Stress fractures: current concepts of diagnosis and treatment, *Sports Med* 22(3):198, 1996.
24. Silvestri, PG: Management of syndemotic ankle sprains, *Athletic therapy today* 7(5):48-49, 2002.

25. Stuart M, Karaharju T: Acute compartment syndrome: recognizing the progressive signs and symptoms, *Physician Sportsmed,* 22(3):91, 1994.
26. Thacker SB et al: The prevention of ankle sprains in sports: a systematic review of the literature, *Am J Sports Med* 27(6):753, 1999.
27. Vincent N: Compartment syndromes. In Harries M et al, editors: *Oxford textbook of sports medicine,* New York, 1994, Oxford University Press.
28. Wilkerson GB: Treatment of the inversion ankle sprain through synchronous application of focal compression and cold, *Ath Rain* 26(3):220, 1991.
29. Willy C, Becker B, Evers H: Unusual development of acute exertional compartment syndrome due to delayed diagnosis: a case report, *Int J Sports Med* 17(6):458, 1996.
30. Wright IC et al: The effects of ankle compliance and flexibility on ankle sprains, *Med Sci Sports Exerc* 32(2):260, 2000.

注解文献

Baxter D: *The Foot and Ankle in Sport,* St Louis, 1995, Mosby.
  Discusses all aspects of dealing with foot and ankle injuries as they occur in an athletic population.
Brown DE, Neumann RD, editors: *Orthopedic secrets,* Philadelphia, 1995, Hanley & Belfus.
  Presents an overview of orthopedics in a question-and-answer format. The ankle and lower leg are well presented.
Nyska, M, Mann, G (eds): The unstable ankle, Champaign, IL, 2002, Human Kinetics.
  This book does a nice job of covering a variety of topics without going into a lot of detail.
Pfeffer, R: *Athletic injuries to the foot and ankle,* Park Ridge, IL, American Academy of Orthopedic Surgeons, 2000.
  This book goes into great detail on a wide variety of injuries that occur in the ankle joint.

WEBSITES

The University of Texas Anatomy of The Human Body:
  http://www.bartleby.com/107
American Orthopaedic Foot and Ankle Society:
  http://aofas.org
World Ortho:
  http://www.worldortho.com
  Use the search engine in this site to locate relevant information.
American Podiatric Medical Association:
  http://www.apma.org
  Provides a variety of information on foot and ankle injuries from the APMA.
AAOS Online Service: Foot and Ankle
  http://orthoinfo.aaos.org/category.cfm?topcategory=Foot
  Provides answers to a wide range of questions on foot and ankle injuries from the American Academy of Orthopedic Surgeons.

Chapter 16

参考文献

1. Arendt, EA: Current concepts of lateral patella dislocation, *Clinics in sports medicine* 21(3):499-519, 2002.
2. Baker MM, Juhn MS: Patellofemoral pain syndrome in the female athlete, *Clin Sports Med* 19(2): 315, 2000.
3. Bernstein J: Meniscal tears of the knee: diagnosis and individualized treatment, *Physician Sportsmed* 28(3):83, 2000.
4. Boden BP, Griffin LY, Garrett WE: Etiology and prevention of noncontact ACL injury, *Physician Sportsmed* 28(4):53, 2000.
5. Carlson, L: Use of functional knee braces after ACL reconstruction, *Athletic therapy today* 7(3):48-49, 2002.
6. Cosgarea, AJ: Evaluation and management of the unstable patella, *Physician and sportsmedicine* 30(10):33-40, 2002.
7. Edson CJ, Feldmann DD: Rehabilitation of posterior cruciate ligament injuries treated by operative methods, *Sports Med Arthroscop Rev* 7(4):303, 1999.
8. Fagenbaum, R: Jump landing strategies in male and female college athletes and the implications of such strategies for anterior cruciate ligament injury, *American journal of sports medicine* 31(2):233-240, 2003.
9. Fredberg U, Bolvig L: Jumper´s knee: review of the literature, *Scand J Med Sci Sports* 9(2):66, 1999.
10. Janousek AT et al: Posterior cruciate ligament injuries of the knee joint, *Sports Med* 28(6):429, 1999.
11. Johnson RM, Poppe TR: Considering patellofemoral pain: exercise prescription, *Streng Condition J* 21(1):73, 1999.
12. Lambson, RB: Football cleat design and its effect on anterior cruciate ligament injuries: a three-year prospective study, *American journal of sports medicine* 24(2): 155-159, 1996.
13. Mullin MJ: Functional rehabilitation of the knee, *Ath Ther Today* 5(2):28, 2000.
14. 14. Oliver, C: Female athletes and ACL injuries, *Interscholastic athletic administration* 29(1):12-13, 2002.
15. Pellecchia G, Hame H, Behnke P: Treatment of infrapatellar tendinitis: a combination of modalities and transverse friction massage. *J Sport Rehab* 3(2):125, 1994.
16. Powers CM et al: Effect of bracing on patellar kinematics in patients with patellofemoral joint pain, *Med Sci Sports Exerc* 31(12):1714, 1999.
17. Prentice W, Onate, J: Rehabilitation of the knee. In Prentice W: *Rehabilitation techniques in sports medicine and athletic training,* St Louis, 2004, McGraw-

Hill.

18. Racioppi EA, Gulick DT: Iliotibial band friction syndrome, *Ath Ther Today* 4(5):9, 1999.
19. Styf J: The effects of functional knee bracing on muscle function and performance, *Sports Med* 28(2):77, 1999.
20. Thomee R, Augustsson J, Karlsson J: Patellofemoral pain syndrome: a review of cumrrent issues, *Sports Med* 28(4):245, 1999.

注解文献

Ellenbecker T: *Knee ligament rehabilitation,* Philadelphia, 2000, Churchill-Livingston.

> Provides information to help diagnose and rehabilitate knee ligament injuries.

Griffin L: *Rehabilitation of the knee,* St Louis, 1995, Mosby.

> This text incorporates new advances in rehabilitation techniques and equipment and gives emphasis to sport-specific functional rehabilitation programs.

Darrow, M. Brazina, G: *The Knee Source Book,* New York, 2001, McGraw-Hill.

> This straightforward guide discusses causes, symptoms, and treatments for common injuries and chronic conditions of the knee and explains what to do immediately after an injury to avoid more harm. Also discusses the benefits of rehab versus surgery.

WEBSITES

World Ortho:

> http://www.worldortho.com
>
> Use the search engine in this site to locate relevant information.

Wheeless' Textbook of Orthopaedics:

> http://ortho-u.net/med.htm
>
> An excellent page for injuries, anatomy, and x rays.

Knee Surgery Information:

> http://www.arthroscopy.com/sp05001.htm

MEDLINEplus: Knee Injuries and Disorders

> www.nlm.nih.gov/medlineplus/
> kneeinjuriesanddisorders.html
>
> A site from the National Institute of Health for research on Knee Injuries and disorders.

Knee I.com:

> http://www.knee1.com
>
> A complete, free knee resource. Find healing technology and rehabilitation for knee pain, ACL injuries, osteoarthritis, other diseases, knee replacements. Talk online to surgeons and patients.

Iliotibial Band Syndrome:

> http: //www.itbs.info
>
> ITBS is a common running and cycling injury around the knee. This site lists causes, therapies, treatments, and personal experiences with this problem.

What is Chondromalacia?:

> http://healthlink.mcw.edu/article/926052680.html
>
> Article on the causes and treatment of the knee disorder chondromalacia patella.

Chapter 17

参考文献

1. Anderson, K: Hip and groin injuries in athletes, *American journal of sports medicine* 29(4):521-533, 2001.
2. Best TM, Garrett WE Jr: Hamstring strains: expediting return to play, *Physician Sportsmed* 24(8):52, 1996.
3. Boyd KT, Peirce NS, Batt ME: Common hip injuries in sport, *Sports Med* 24(4):273, 1997.
4. Brukner, P: Anterior thigh pain. In Brukner, P (ed), *Clinical sports medicine,* pp. 395-406, Sydney, 2002, McGraw-Hill.
5. Brukner, P: Hip and groin pain. In Brukner, P (ed), *Clinical sports medicine,* pp. 375-394, Sydney, 2002, McGraw-Hill.
6. Brumm, LF: Looking beyond the soft tissue: illustrative case studies of groin injuries, *Athletic therapy today* 6(4):24-27, 2001.
7. Chudik, SC: Hip dislocations in athletes, *Sports medicine and arthroscopy review* 10(2):123-133, 2002.
8. DePalma B: Rehabilitation of groin, hip, and thigh injuries. In Prentice WE, editor: *Rehabilitation techniques in sports medicine, and athletic training,* ed 4, St Louis, 2004, McGraw-Hill.
9. Glorioso Jr, JE: Femoral supracondylar stress fractures: an unusual cause of knee pain, *Physician and sportsmedicine* 30(9):25-28, 2002.
10. Hacutt JE: General types of injuries. In Birrer RB, editor: *Sportsmedicine for the primary care physician,* ed 2, Boca Raton, Fla, 1994, CRC Press.
11. Hagerstown MT: Groin pain, *Sports Med* 18:133, 1996.
12. Hasselman CT et al: When groin pain signals an adductor strain, *Physician Sportsmed* 18(2):54, 1990.
13. Jackson DL: Stress fracture of the femur, *Physician Sportsmed* 19:39, 1991.
14. Johnson DL, Klabunde LA: The elusive slipped capital femoral epiphysis, *J Ath Train* 20(2):124, 1995.
15. Kaeding CC: Quadriceps strains and contusions, *Physician Sportsmed* 23 (1):59, 1995.
16. Larson, CM: Evaluating and managing muscle contusions and myositis ossificans, *Physician and sportsmedicine* 30(2):41-44; 49-50, 2002.
17. Levandowski R, Difliori JP: Thigh injuries. In Birrer RB, editor: *Sportsmedicine for the primary care physician,* ed 2, Boca Raton, Fla, 1994,CRC Press.
18. Melamed, H: Soft tissue problems of the hip in athletes. *Sports medicine and arthroscopy review* 10(2):168-175, 2002.
19. Paletta GA et al: Injuries about the hip and pelvis in

the young athlete. In Michile LJ, editor: *The young athlete. Clinics in sports medicine,* vol 14, no 3, Philadelphia, 1995, WB Saunders.
20. Rodriguez, C: Osteitis pubis syndrome in the professional soccer athlete: a case report, *Journal of athletic training* 36(4):437-440, 2001.
21. Roos HP: Hip pain in sport, *Sports Med Arthroscop Rev* 5(4):292, 1997.
22. Scopp, JM: The assessment of athletic hip injury, *Clinics in sports medicine* 20(4):647-659, 2001.
23. Weicker GG, Munnings F: How to manage hip and pelvis injuries in adolescents, *Physician Sportsmed* 21:72, 1993.

注解文献

Boyd KT, Peirce NS, Batt ME: *Common hip injuries in sports, Sports* Med 24(4): 273, 1997.

Provides a detailed discussion of hip and pelvic anatomy and sports injuries.

Brukner, P: Clinics in Sports Medicine, 2nd ed, Sydney, 2002, McGraw-Hill.

Presents complete chapters on anterior thigh pain and hip and groin pain.

WEBSITES

World Ortho:

http://www.worldortho.com

Use the search engine in this site to locate relevant information.

Wheeless' Textbook of Orthopaedics:

http://www.ortho-u.net/med.htm

An excellent page for injuries, anatomy, and x rays.

Hip Pain

www.fpnotebook.com/ORT347.htm

Provides a detailed discussion of a wide variety of thigh, hip and groin injuries and conditions in an easy to follow outline format.

Sports Injury Bulletin/Groin injuries

www.sportsinjurybulletin.com/archive/027_04_groin_injuries.html

Sports Injury Bulletin is funded by private subscription and offers a free archive of practical sports injury advice for physios, coaches, and athletes.

Chapter 18

参考文献

1. Allen, AA: Shoulder impingement and rotator cuff disease-an overview, in Chan, M, Chang, K: *Controversies in orthopedic sports medicine,* Champaign, IL, 2000, Human Kinetics, pp. 337-345.
2. Almekinders, LC: Impingement syndrome, *Clinics in sports medicine* 20(3):491-504, 2001.
3. Anderson, K: Evaluation and treatment of distal clavicle fractures, *Clinics in sports medicine* 22(2):319-326, 2003.
4. Andrews J, Wilk K: *The athlete's shoulder,* New York, 1994, Churchill Livingstone.
5. Axe, MJ: Acromioclavicular joint injuries in the athlete, *Sports medicine and arthroscopy review* 8(2):182-191, 2000.
6. Bach B, VanFleet T, Novak P: Acromioclavicular joint injuries: controversies in treatment, *Physician Sportsmed* 20(12):87, 1992.
7. Bicos, J: Treatment and results of sternoclavicular joint injuries, *Clinics in sports medicine* 22(2):359-370, 2003.
8. Botte MJ, Abrams RA: Recognition and treatment of shoulder bursitis, *Sports Med Dig* 14:81, 1992.
9. Burkhart SS, Morgan CD, Kibler B: Shoulder injuries in overhead athletes: the "dead arm" revisited, *Clin Sports Med* 19(1):125, 2000.
10. Cavallo RJ, Speer KP: Shoulder instability and impingement in throwing athletes, *Med Sci Sports Exerc* 30 (4 suppl):S18, 1998.
11. Craig E: Fractures of the clavicle. In Rockwood C, Masten F, Wirth M: *The shoulder,* Philadelphia, 1998, WB Saunders.
12. DeCarlo M et al: Evaluation of shoulder instability braces, *J Sport Rehab* 5(2):143, 1996.
13. Garretson III, RB: Clinical evaluation of injuries to the acromioclavicular and sternoclavicular joints, *Clinics in sports medicine* 22(2):239-254, 2003.
14. Gross ML et al: Overworked shoulders, *Physician Sportsmed* 22:81, 1994.
15. Hayes, K: Shoulder instability: management and rehabilitation, *The journal of orthopaedic & sports physical therapy* 32(10):497-509, 2002.
16. Kibler WB: Shoulder rehabilitation: principles and practice, *Med Sci Sports Exerc* 30(4 suppl):S40, 1998.
17. Kibler WB: The role of the scapula in athletic shoulder function, *Am J Sports Med* 26(2):325, 1998.
18. Masten F, Arntz C: Subacromial impingement. In Rockwood C, Masten F, Wirth M: *The shoulder,* Philadelphia, 1998, WB Saunders.
19. Myers JB: Conservative management of shoulder impingement syndrome in the athletic population, *J Sport Rehab* 8(3):230, 1999.
20. Norris T: History and physical examination of the shoulder. In Nicholas JA, Hershman EB, editors: *The upper extremity in sports medicine,* St Louis, 1995, Mosby.
21. Pagnani M, Warren R: Instability of the shoulder. In Nicholas JA, Hershman EB, editors: *The upper extremity in sports medicine,* St Louis, 1995, Mosby.
22. Park, MC: Shoulder dislocation in young athletes: current concepts in management, *Physician and sportsmedicine* 30(12):41-48, 2002.
23. Patton, WC: Biceps tendinitis and subluxation, *Clinics in sports medicine* 20(3):505-529, 2001.
24. Peterson, L: Shoulder and upper arm, in *Sports*

injuries: their prevention and treatment, 3rd ed, Champaign, IL, 2001, Human Kinetics, pp. 111-156.

25. Sawa T: An alternate conservative management of shoulder dislocations and subluxations, *J Ath Train* 27(4):366, 1992.
26. Schneider R, Prentice W: Rehabilitation of shoulder injuries. In Prentice W: *Rehabilitation techniques in sports medicine and athletic training,* St Louis, 2004, McGraw-Hill.
27. Watson K: Impingement and rotator cuff lesions. In Nicholas JA, Hershman EB, editors: *The upper extremity in sports medicine,* St Louis, 1995, Mosby.
28. Wilk KE, Arrigo CA, Andrews JR: Current concepts: the stabilizing structures of the glenohumeral joint, *J Orthop Sports Phys Ther* 25(6):364, 1997.
29. Wolin PM, Tarbet JA: Rotator cuff injury: addressing overhead overuse, *Physician and Sportsmedicine* 25(6):54, 1997.

注解文献

Andrews J, Wilk K: *The athlete´s shoulder,* New York, 1994, Churchill Livingstone.
  Concentrates on both conservative and surgical treatment of shoulder injuries occurring specifically in the athletic population.
Donatelli, R: Physical therapy of the shoulder, Philadelphia, 2003, Churchill Livingstone.
  Clinical reference on shoulder rehabilitation, for physical therapists and rehabilitation professionals.
Rockwood C, Masten F, Wirth M: *The shoulder,* Philadelphia, 1998, WB Saunders.
  A complete two-volume set that covers essentially every subject relative to the shoulder complex.
Tovin, B, Greenfield, B: Evaluation and treatment of the shoulder: An integration of the Guide to Physical Therapist Practice Philadelphia, 2001, FA Davis.
  Serves as a resource on shoulder rehabilitation for entry-level clinicians.

WEBSITES

Wheeless´ Textbook of Orthopaedics:
  http://www.ortho-u.net/med.htm
  An excellent page for injuries, anatomy, and x rays.
Karolinska Institute Library:
  Musculoskeletal Disease:
  http://www.mic.ki.se/Diseases/c05.html
MEDLINEplus: Shoulder Injuries and Disorders
  www.nlm.nih.gov.medlineplus/
  shoulderinjuriesanddisorders.html
  Search MEDLINE for recent research articles on shoulder injuries and disorders.
AAOS Online Service Fact Sheet The Shoulder
  http://orthoinfo.aaos.org/fact/thr_report.cfm?Thread_ID=121&topcategory=Shoulder
  Information on causes and management of shoulder injuries from the American Academy of Orthopedic Surgeons.

Chapter 19

参考文献

1. Andrews JR, Whiteside JA: Common elbow problems in the athlete, *J Orthop Sports Phys Ther* 17(6):289, 1993.
2. Bach AW: Finger joint injuries in active patients: pointers for acute and late-phase management, *Physician Sportsmed* 27(3):89, 1999.
3. Birkbeck DP: Overview of common hand and wrist injuries in athletics, *Athletic therapy today* 6(2):6-12, 2001.
4. Blackard D, Sampson J: Management of an uncomplicated posterior elbow dislocation, *J Ath Train* 32(1):63, 1997.
5. Brukner P: Wrist and hand pain. In Brukner, P (ed), *Clinical sports medicine,* 2nd ed, Sydney, 2002, McGraw Hill, pp. 292-320.
6. Brukner P: Elbow and forearm pain. In Brukner, P (ed), *Clinical sports medicine,* 2nd ed, Sydney, 2002, McGraw Hill, pp. 274-291.
7. Buettner CM, Leaver-Dunn D: Prevention and treatment of elbow injuries in adolescent pitchers, *Ath Ther Today* 5(3):19, 2000.
8. Case WS: Carpal tunnel syndrome, *Physician Sportsmed* 33(1):27, 1995.
9. Caso JT, Hastings H: Metacarpal and phalangeal fractures in athletics. In Rettig AC, editor: *Hand and wrist. Clinics in sports medicine,* vol 17, no 3, Philadelphia, 1998, WB Saunders.
10. Ciccotti MG: Epicondylitis in the athlete, *Clinics in sports medicine* 20(1):77-93, 2001.
11. Ellenbecker TS et al: Medial elbow joint laxity in professional baseball pitchers, *Am J Sports Med* 26(3): 420, 1998.
12. Field LD, Savoie FH: Surgical treatment of ulnar collateral ligament injuries, *Ath Ther Today* 5(3):25, 2000.
13. Fincher AL: Taking finger injuries seriously, *Ath Ther Today* 4(3):45, 1999.
14. Frostick SP, Mohammad M, Ritchie DA: Sport injuries of the elbow, *Br J Sports Med* 33(5):301, 1999.
15. Hall TL, Galea AM: Osteochondritis dissecans of the elbow: diagnosis, treatment, and prevention, *Physician Sportsmed* 27(2):75, 1999.
16. Hanker GJ: Radius fractures in the athlete, *Clinics in sports medicine* 20(1):189-201, 2001.
17. Hannafin JA: How I manage tennis and golfer´s elbow, *Physician Sportsmed* 24(2):63, 1996.
18. Klingele KE: Little league elbow: valgus overload injury in the paediatric athlete, *Sports medicine* 32(15):1005-1015, 2002.
19. Lord JL: Forearm injuries. In Birrer RB, editor: *Sports*

medicine for the primary care physician, ed 2, Boca Raton, FL, 1994, CRC Press.
20. McCambridge TM: Pain relief for lateral epicondylitis, *Clinical journal of sport medicine* 11(4):293-294, 2001.
21. Peterson L: Forearm, wrist and hand. In Peterson, L, *Sports injuries: their prevention and treatment,* 3rd ed, Champaign, IL, 2001, Human Kinetics, pp. 182-200.
22. Plancher KD: Fracture dislocations of the elbow in athletes, *Clinics in sports medicine* 20(1):59-76, 2001.
23. Rettig AC: Nonoperative treatment of ulnar collateral ligament injuries in throwing athletes, *American journal of sports medicine* 29(1):15-17, 2001.
24. Rettig AC: Wrist and hand overuse syndromes, *Clinics in sports medicine* 20(3):591-611, 2001.
25. Safran M: Simplified tennis elbow treatment. *Physician and sportsmedicine* 30(12):51, 2002.
26. Schneider AM: *Rehabilitation of wrist, hand, and finger injuries.* In Prentice WE, editor: Rehabilitation techniques in sports medicine and athletic training, ed 4, St Louis, 2004, McGraw-Hill.
27. Servi JT: Wrist pain from overuse, *Physician and sportsmedicine* 25(12):41, 1997.
28. Sevier TL, Wilson JK: Treating lateral epicondylitis, *Sports Med* 28(5):375, 1999.
29. Stubbs MJ: Osteochondritis dissecans of the elbow, *Clinics in sports medicine* 20(1):1-9, 2001.
30. Uhl TL:Uncomplicated elbow dislocation rehabilitation, *Ath Ther Today* 5(3):31, 2000.
31. Walsh K: Rehabilitation of postsurgical hand and finger injuries in the athlete, *Athletic therapy today* 6(2):13-18, 2001.
32. Westkaemper JG: Common sports injuries of the hand and wrist, in *Controversies in orthopedic sports medicine,* Champaign, IL, 2000, Human Kinetics, pp. 413-424.
33. Williams MS: Quick splint for acute boutonniere injuries. *Physician and sportsmedicine* 29(8):69-70, 2001.
34. Zimmerman G: Carpal tunnel syndrome, *J Ath Train* 29(1):22, 1994.
35. Zulia P, Prentice W: Rehabilitation of elbow injuries. In Prentice W,editor: *Rehabilitation techniques in sports medicine and athletic training,* ed 4, St Louis, 2004, McGraw-Hill.

注解文献

Altchek D, Andrews J: *The Athlete's Elbow,* Baltimore, 2001, Lippincott, Williams & Wilkins.
  Text provides information on the biomechanics and anatomy of the elbow, as well as guidelines for the evaluation and treatment of injury to the joint. Based on the work of leading authorities on elbow injuries in athletes.
Brukner P, Khan K: *Clinical Sports Medicine,* New York, 2001, McGraw-Hill.

  This sourcebook is a concise review of diagnosis and management of elbow, wrist, hand, and finger injuries.
Clark GL et al, (editors): *Hand rehabilitation: a practical guide,* ed 2, New York, 1997, Churchill Livingstone.
  A major reference devoted to treatment goals and purposes, indications, precautions for therapy, nonoperative therapy, postoperative therapy, postoperative complications, and evaluation.
McCabe S, Goldman S: *The hand wrist and arm source book,* New York, 1999, Lowell House.
  A very well written and presented health reference for the nonspecialist general reader, which provides all the details necessary to understand both injuries and common problems of hand injuries.
Rettig AC, editor: *Hand and wrist injuries. Clinics in sports medicine,* vol 17, no 3, Philadelphia, 1998, WB Saunders.
  A monograph covering all aspects of sports injuries to the hands and wrists.

WEBSITES

World Ortho:
  http://www.worldortho.com
  Use the search engine in this site to locate relevant information.
Wheeless' Textbook of Orthopaedics:
  http://www.ortho-u.net/med.htm
  An excellent page for injuries, anatomy, and x rays.
Karolinska Institute Library:
  Musculoskeletal Disease:
  http://www.mic.ki.se/Diseases
American Orthopaedic Society for Sports Medicine:
  http://www.sportsmed.org
Electronic Textbook of Hand Surgery:
  http://www.e-hand.com/default.htm
Tennis Elbow Central:
  http://www.tennis-elbow.net/
The Physician and Sportsmedicine:
  Elbow Injuries:
  http://www.physsportsmed.com/issues/may_96/nirschl.htm
Braces and Supports for tennis elbow and elbow pain:
  http://orthobionics.com/elbow/index.htm
MEDLINEplus: Elbow Injuries and Disorders:
  http://medlineplus.nlm.nih.gov/medlineplus

Chapter 20

参考文献

1. Anderson C: Neck injuries, backboard, bench, or return to play, *Physician Sportsmed* 21(8):23, 1993.
2. Brukner, P: Low back pain. In Brukner, P (ed), *Clinical sports medicine,* 2nd rev. ed, Sydney, 2002, McGraw-Hill, pp. 330-361.
3. Brukner, P: Neck pain. In Brukner, P (ed), *Clinical sports medicine,* 2nd rev. ed, Sydney, 2002, McGraw-

Hill, pp. 215-228.
4. Carpenter DM, Nelson BW: Low back strengthening for the prevention and treatment of low back pain, *Med Sci Sports Exerc* 31(1):18, 1999.
5. Chen, YC: Sacroiliac joint pain syndrome in active patients: a look behind the pain, *Physician and sportsmedicine* 30(11):30-37, 2002.
6. Cibulka M: The treatment of the sacroiliac joint component to low back pain, *Phys Ther* 72(12):917, 1992.
7. Cuppett, M: The anatomy and pathomechanics of the sacroiliac joint, *Athletic therapy today* 6(4): 6-14, 2001.
8. Del Rossi, G: Management of cervical- spine injuries, *Athletic therapy today* 7(2):46-51, 2002.
9. DeRosa C, Poterfield J: A physical therapy model for the treatment of low back pain, *Phys Ther* 72(4): 261, 1992.
10. Fourre M: On-site management of cervical spine injuries, *Physician Sportsmed* 19:4, 1991.
11. Halperin, JS: Whiplash, *American journal of physical medicine & rehabilitation* 81(11):856, 2002.
12. Hammann L: Functional back rehabilitation, *Ath Ther Today* 5(2): 22, 2000.
13. Herring S, Weinstein S: Assessment and neurological management of athletic low back injury. In Nicholas J, Herschman E: *The lower extremity and spine in sports medicine*, St Louis, 1995, Mosby.
14. Hooker D: Back rehabilitation. In Prentice W: *Rehabilitation techniques in sports medicine and athletic training*, St Louis, 2004, McGraw-Hill.
15. Johnson R: Low back pain in sports: managing spondylolysis in young athletes, *Physician Sportsmed* 21(4):53, 1993.
16. King, MA: Core stability: creating a foundation for functional rehabilitation, *Athletic therapy today* 5(2):6-13, 2000.
17. Lord M, Carson W: Management of herniated lumbar disks in the athlete, *Sports Med Digest* 16:1, 1994.
18. Markey K, Benedetto M, Curl W: Upper trunk and brachial plexopathy, *Am J Sports Med* 21(5):650, 1993.
19. Nyska, M: Spondylolysis as a cause of low back pain in swimmers, *International journal of sports medicine* 21(5):375-379, 2000.
20. Rapport L, O'Leary P, Cammisa F: Diagnosis and treatment of cervical spine injuries. In Nicholas J, Herschman E: *The lower extremity and spine in sports medicine*, St Louis, 1995, Mosby.
21. Rodriquez J: Clinical examination and documentation. In Hochschuler S, Cotler H, Guyer R: *Rehabilitation of the spine: science and practice*, St Louis, 1993, Mosby.
22. Saunders D: *Evaluation, treatment, and prevention of musculoskeletal disorders*, Bloomington, MN, 1985, Educational Opportunities.
23. Shannon, B: Cervical burners in the athlete, *Clinics in sports medicine*, 21(1):29-35, 2002.
24. Stone JA: Back stabilization exercises, *Ath Ther Today* 4(3):23, 1999.
25. Storey MD: Anterior neck trauma, *Physician Sportsmed* 17(9):85, 1993.
26. Torg JS et al: The axial load teardrop fracture, *Am J Sports Med* 19(4):355, 1991.
27. Torg J, Fay C: Cervical spinal stenosis with cord neurapraxia and transient quadriplegia. In Torg J: *Athletic injuries to the head, neck, and face*, St Louis, 1991, Mosby.
28. Vereschagin KS et al: Burners, *Physician Sportsmed* 1(9):96, 1991.
29. Weber MD, Woodall WR: Spondylogenic disorders in gymnasts, *JOSPT* 14(1)s:6, 1991.
30. Wilkerson JE, Maroon JC: Cervical spine injuries in athletes, *Physician Sportsmed* 18(3):57, 1990.
31. Wimberly, RL: Spondylolisthesis in the athlete, *Clinics in sports medicine* 21(1):133-145, 2002.

注解文献

Braggins S: *Back care: a clinical approach*, Philadelphia, 2000, Churchill Livingstone.
  A comprehensive text that focuses on all aspects of treatment and rehabilitation of the spine.

Nicholas J, Herschman E: *The lower extremity and spine in sports medicine*, St Louis, 1995, Mosby.
  This two-volume text discusses all aspects of injury to the extremities and the spine. The section on evaluation and treatment of spinal conditions is concise but thorough.

McGill, S: (ed), *Low back disorders: evidence-based prevention and rehabilitation*, Champaign, IL, 2002, Human Kinetics.
  Prevention and rehabilitation approaches are presented helping professionals make clinical decisions for building prevention and rehabilitation programs.

White A, Schofferman J: *Spine care: diagnosis and conservative treatment*, vol. 1, St Louis, 1995, Mosby.
  A two-volume set that looks at both conservative and surgical management of back injuries.

WEBSITES

AAOS Online Service on Low Back Pain
  www.orthoinfo.aaos.org/brochure/thr_report.cfm?Thread_ID=10&topcategory=Spine
  Information on low back pain from the American Academy of Orthopedic Surgeons.

MEDLINEplus: Back Pain
  www.nlm.nih.gov/medlineplus/backpain.html
  Information on back pain from the Mayo Foundation for Medical Education and Research.

The Physician and Sportsmedicine:
  Low-Back Pain Relief
  www.physsportsmed.com/issues/1997/01jan/back_pa.htm

Discusses causes and relief for low backpain.

Back Pain

www.orthopedics.about.com/cs/backpain/

Discusses the many causes of low backpain.

AAFP-Diagnosis and Management of Acute Low Back Pain

www.aafp.org/afp/20000315/1779.html

Information on managing low back pain from the American Academy of Family Practice.

The Cleveland Clinic Foundation:

Spinal Cord Trauma:

http://www.clevelandclinic.org/health/health-info/docs/1300/1364.asp

Spine-Health:

http://www.spine-health.com

Written and updated by a multispecialty team of medical professionals. It provides a comprehensive overview of causes and treatments for low back pain, and a variety of services and in-depth features.

The Back Page:

http://www.thebackpage.net

Comprehensive information on low back and neck pain.

Chapter 21

参考文献

1. Ciocca M: Pneumothorax in a weight lifter: the importance of vigilance, *Physician Sportsmed* 28(4):97, 2000.
2. Davis, PF: Primary spontaneous pneumothorax in a track athlete, *Clinical journal of sport medicine* 12(5):318-319, 2002.
3. Fait, PE: Third-degree spleen laceration in a male varsity athlete, *Athletic therapy today* 8(3):32-33, 2003.
4. Finch, CF: The risk of abdominal injury to women during sport, *Journal of science and medicine in sport* 5(1):46-54, 2002.
5. Freitas JE: Renal imaging following blunt trauma, *Physician Sportsmed* 17(12):59, 1989.
6. Futterman LG, Myerburg R: Sudden death in athletes: an update, *Sports Med* 26(5):335, 1998.
7. Gregory, PL: Musculoskeletal problems of the chest wall in athletes, *Sports medicine* 32(4):235-250, 2002.
8. Kemp S, Batt ME: The "sports hernia": a common cause of groin pain, *Physician Sportsmed* 26(1):36, 1998.
9. Lacroix VJ: A complete approach to groin pain, *Physician Sportsmed* 28(1):66, 2000.
10. Lee M, Wong S, Chu J: Traumatic asphyxia, *Ann Thoracic Surg* 51(1):86, 1991.
11. Maron B et al: Blunt trauma to the chest leading to sudden death from cardiac arrest during sports activities, *N Engl J Med* 333(6):337, 1995.
12. Maron, BJ: Hypertrophic cardiomyopathy: practical steps for preventing sudden death, *Physician and sportsmedicine* 30(1):19-24, 2002.
13. Meyers WC et al: Management of severe lower abdominal or inguinal pain in high-performance athletes, *Am J Sports Med* 28(1):2, 2000.
14. Morden R, Berman B, Nagle C: Spleen injury in sports: avoiding splenectomy, *Physician Sportsmed* 20(4):126, 1992.
15. O´Kane J, O´Kane E, Marquet J: Delayed complication of a rib fracture, *Physician Sportsmed* 26(4):69, 1998.
16. Page KA, Steele JR: Breast motion and sports brassiere design: implications for future research, *Sports Med* 27(4):205, 1999.
17. Perron, AD: Chest pain in athletes, *Clinics in sports medicine* 22(1): 37-50, 2003.
18. Puffer, JC: The athletic heart syndrome: ruling out cardiac pathologies, *Physician and sportsmedicine* 30(7):41-47, 2002.
19. Ryan JM: Abdominal injuries and sport, *Br J Sports Med* 33(3):155, 1999.
20. Saladin K: *Anatomy and Physiology*, Boston, 2001, McGraw-Hill.
21. Shultz, SJ: Thorax and abdomen. In Shultz, SJ: *Assessment of athletic injuries*, Champaign, IL, 2000, Human Kinetics, pp. 380-405.
22. Stopka CB, Zambito KL: Referred visceral pain: what every sports medicine professional needs to know, *Ath Ther Today* 4(1):29, 1999.
23. Tabor´s cyclopedic medical dictionary, *Philadelphia*, 2001, FA Davis.
24. Terrell, TR: Management of splenic rupture and return-to-play decisions in a college football player, *Clinical journal of sport medicine* 12(6):400-402, 2002.
25. Wagner R, Sidhu G, Radcliffe W: Pulmonary contusion in contact sports, *Physician Sportsmed* 20(2): 126, 1992.
26. Wexler, RK: Renal laceration in a high school football player, *Physician and sportsmedicine* 31(2):43-46, 2003.
27. York J: Bladder trauma from jogging, *Physician Sportsmed*, 18(9):116, 1990.

注解文献

Tabor´s cyclopedic medical dictionary, Philadelphia, 2001, FA Davis.

Despite the dictionary format, this is an excellent guide for the athletic trainer searching for clear, concise descriptions of various injuries and illnesses accompanied by brief recommendations for management and treatment.

Saladin K: *Anatomy and physiology*, Boston, 2001, McGraw-Hill.

This anatomy text helps to clarify anatomy of the various systems of the abdomen and thorax.

WEBSITES

Acute Appendicitis:

www.emedicine.com/emerg/topic41.htm

Anatomy of the Human Body:
   http://www.bartleby.com/107/
Chest Trauma:
   http://www.madsci.com/manu/trau_che.htm#30
National Heart, Lung, and Blood Institute:
   http://www.nhlbi.nib.gov/
Abdominal Injuries:
   http://www.hhp.ufl.edu/ess/at/AbdomenWeb/Frontpage.htm
TRAUMA.ORG:
   http://search.atomz.com/search/?sp-q=abdominal&sp-a=00050e0d-sp00000000
   Abdominal trauma and goals of management
American Thoracic Society-About ATS:
   http://www.thoracic.org/
Sports Injury Clinic: abdominal injuries
   www.sportsinjuryclinic.net/cybertherapist/front/stomach.htm

Chapter 22

参考文献

1. Almquist J: Assessment of mild head injuries, *Athletic therapy today* 6(1):13-17, 2001.
2. Bailes JE: Classification of sportrelated head trauma: a spectrum of mild to severe injury, *Journal of athletic training* 36(3):236-243, 2001.
3. Brukner P: Facial injuries. In Brukner, P (ed), *Clinical sports medicine*, 2nd rev. ed, Sydney, 2002, McGraw-Hill, pp. 203-214.
4. Cantu RC: Posttraumatic retrograde and antegrade amnesia: pathophysiology and implications in grading and safe return to play, *Journal of athletic training* 36(3):244, 2001.
5. Cantu RC: Second impact syndrome. In Cantu RC: *Clin Sports Med* 17(1):37, 1998.
6. Daniels J: Easy ear wax removal, *Physician and sportsmedicine* 30(9):50, 2002.
7. Davidson TM, Neuman TR: Managing ear trauma, *Physician Sportsmed* 22(7):27, 1994.
8. Del Rossi G: Management of cervical-spine injuries, *Athletic therapy today* 7(2):46-51, 2002.
9. Guskiewicz K, Cantu RC: The concussion puzzle: the evaluation of sport-related concussion, *American jounal of medicine and sport*, 6(1):13-19, 2004.
10. Guskiewicz K, Perrin D, Gansneader B: Effect of mild head injury on postural stability in athletes *J Ath Train* 31(4):300, 1996.
11. Guskiewicz K, Ross S, Marshall S: Postural stability and neuropsychological deficits after concussion in college athletes, *Journal of athletic training* 36(3):263, 2001.
12. Jordan BD: Management of concussion in sports, *Neurology* 53(4): 892, 1999.
13. Kelly JP: Traumatic brain injury and concussion in sports, *JAMA* 282(10):989, 1999.
14. Kumamoto DP et al: Oral trauma, *Physician Sportsmed* 23(5):53, 1995.
15. Laio J, Zagelbaum BM: Eye injuries in sports, *Ath Ther Today* 4(5):36, 1999.
16. Lenker C: Traumatic tympanic membrane perforation in a collegiate football player, *Ath Ther Today* 5(1):43, 2000.
17. Lindley TR: Concussion management on the field:the recognition and treatment of head injuries in athletes, *Rehab management* 13(3):20, 2000.
18. Logan SM: Acute subdural hema-toma in a high school football player after 2 unreported episodes of head trauma: a case report, *Journal of athletic training* 36(4):433-436, 2001.
19. McCrae M: Standardized mental status testing on the sideline after sport related concussion, *Journal of athletic training* 36(3):274, 2001.
20. Moss RI: Preventing postconcussion sequelae, *Athletic therapy today* 6(2):28-29, 2001.
21. Pashby RC, Pashby TJ: Ocular injuries. In Torg JS, Shephard RJ, editors: *Current therapy in sports medicine*. St Louis, 1995, Mosby.
22. Petrigliana FA: Orbital fractures in sport: a review, *Sports medicine* 33(4):317-322, 2003.
23. Roberts WO: Field care of the injured tooth, *Physician Sportsmed* 28(1):101, 2000.
24. Stilger VG, Alt JM, Robinson TW: Traumatic hyphema in an intercollegiate baseball player: a case report, *J Ath Train* 34(1):25, 1999.
25. *Tabers cyclopedic medical dictionary*, Philadelphia, 2002, FA Davis.
26. Weir J: Effective management of epistaxis in athletes, *J Ath Train* 32(3):254, 1997.
27. Wojtys EM et al: Concussion in sports, *Am J Sports Med* 27(5):676, 1999.

注解文献

Cantu RI: *Neurologic athletic head and spine injuries,* Philadelphia, 2000, WB Saunders.
   The text addresses topics related to neurologic athletic head and spine injuries such as injury epidemiology, prevention, on-the-field management, diagnosis, treatment, rehabilitation, and return-toplay decisions.
Currie D, Ritchie E, Scott S: *The management of head injuries,* London, 2000, Oxford University Press.
   Chapters cover initial assessment, resuscitation, neurological deterioration, scalp and skull injuries, cervical spine injuries, children's injuries, and more.
Special Issue: Concussion in athletes, *Journal of Athletic Training* 36(3):July-September, 2001.
   This issue contains a variety of databased research articles dealing with sport-related concussion.

WEBSITES

American Academy of Neurology

http://www.aan.com
American Academy of Ophthalmology:
http://www.aao.org
American Academy of Otolaryngology Head and Neck Surgery:
http://www.entnet.org/index2.cfm
American Dental Association Online:
http://www.ada.org/
SPORTS DENTISTRY ON LINE:
http://www.sportsdentistry.com/

Chapter 23

参考文献

1. Adams BB: Dermatologic disorders of the athlete, *Sports medicine* 32(5):309-321, 2002.
2. Auwaeter PG: Infectious mononucleosis in active patients: definitive answers to common questions, *Physician and sportsmedicine* 30(11):43-50, 2002.
3. Brown W: The benefits of physical activity during pregnancy, *Journal of science and medicine in sport* 5(1):37-45, 2002.
4. Browne A, Lachance V, Pipe A: The ethics of blood testing as an element of doping control in sport, *Med Sci Sports Exerc* 31(4):497, 1999.
5. Brukner P, Khan K: Gastrointestinal symptoms during exercise. In Brukner, P (ed), *Clinical sports medicine*, 2nd rev. ed, Sydney, 2002, McGraw-Hill.
6. Brukner P, Khan K, McCrory P: The athlete with epilepsy. In Brukner, P (ed), *Clinical sports medicine*, 2nd rev. ed, Sydney, 2002, McGraw-Hill.
7. Chintanadilok J, Lowenthal DT: Exercise in treating hypertension: tailoring therapies for active patients, *Physician and sportsmedicine* 30(3):11-14; 16; 19-20; 23; 50, 2002.
8. Colberg SR, Swain DP: Exercise and diabetes control: a winning combination, *Physician Sportsmed* 28(4):63, 2000.
9. Corbin L: How to steer clear of seasonal allergies, *Running Times* (249), June 1998, 14, 45.
10. Deakin V: Alcohol: the legal drug in sport, *Sports Coach* 22(2):22, 1999.
11. Eichner RE: Anemia pointers for diagnosis and treatment, *Physician and sportsmedicine* 30(10):29, 2002.
12. Eichner RE: Athletes and viral infections, *Sports medicine digest* 24(3): 34-35, 2002.
13. Flowers L: Understanding sicklecell anemia, *First Aider* 69(1):2, 1998.
14. Goss J, Langley S: Detecting the female athlete triad: the coach's role, *Coaches' report* 7(3):31-33; 35, 2001.
15. Hand JW, Wroble RR: Prevention of tinea corporis in collegiate wrestlers, *J Ath Train* 34(4):350, 1999.
16. Green GA, Uryasz FD, Petr TA, Bray CD: NCAA study of substance use and abuse habits of college student-athletes, *Clinical journal of sport medicine* 11(1):51-56, 2001.
17. Harmon KG: Evaluating and treating exercise-related menstrual irregularities, *Physician and sportsmedicine* 30(3):29-30; 33-35, 2002.
18. Jones AR, Ipichot JT: Stimulant use in sports, *Am J Addict* 7(4):243, 1998.
19. Lassiter D, Deere R, Hey W: Overview of drug testing in secondary school athletics, *K.A.H.P.E.R.D. journal* 36(2):10-13, 2000.
20. Leaver-Dunn D, Robinson JB, Laubenthal J: Assessment of respiratory conditions in athletes, *Athletic therapy today* 5(6):14-19, 2000.
21. Locke RJ, Warren MP: Exercise and primary dismenorrhoea, *Br J Sports Med* 33(4):227, 1999.
22. MacKnight JM: Hypertension in athletes and active patients: tailoring treatment to the patient, *Physician Sportsmed* 27(4):35, 1999.
23. McCulloch JM, Kloth LC: *Wound healing: alternatives in management*, 3rd ed, Philadelphia, 2002, FA Davis.
24. Mujika I, Padilla S, Ibanez J: Creatine supplementation and sprint performance in soccer players, *Med Sci Sports Exerc* 32(2):518, 2000.
25. O'Kane JW: Coping with upper respiratory infections, *Physician and sportsmedicine* 39(9):49-50, 2002.
26. Rundell KW et al. (ed): *Exerciseinduced asthma: pathophysiology and treatment*, Champaign, IL, 2002, Human Kinetics.
27. Rush S: Sports dermatology, *ACSM's health & fitness journal* 6(4):24-26, 2002.
28. Sanborn CF et al: Disordered eating and the female athlete triad, *Clin Sports Med* 19(2):199, 2000.
29. Schnirring L: Growth hormone doping: the search for a test, *Physician Sportsmed* 28(4):16, 2000.
30. Schnirring L: New drugs should help fight influenza this winter, *Physician Sportsmed* 27(12):15, 1999.
31. Stilger VG et al: Androstenedione and anabolic-androgenic steroids: what you need to know, *Ath Ther Today* 5(1):56, 2000.
32. Striegel H, Vollkommer G, Dickhuth HH: Combating drug use in competitive sports: an analysis from the athletes' perspective, *Journal of sports medicine and physical fitness* 42(3):354-359, 2002.
33. Talbott SM: Sports supplements and ergogenic aids. In Talbott, SM (ed), *A guide to understanding dietary supplements*, Binghamton, NY, 2003, The Haworth Press.
34. Vantu RV: Epilepsy and athletics, *Clin Sports Med* 17(1):61, 1998.
35. Vinci DM: Athletes and Type I diabetes mellitus, *Athletic therapy today* 7(6):48-49, 2002.
36. Weaver J, Denegar CR, Hertel J: Exercise-induced asthma, *Ath Ther Today* 5(3):38, 2000.

注解文献

Beers M, editor: *The Merck manual of medical information: home edition*, New York, 2003, Merck & Co.

This text book is one of the classical medicine references available to the health care professional. It covers most medical conditions.

Hamann B: *Diseases: identification, prevention, and control*, St Louis, 2001, Mosby.

An excellent reference guide for the health professional on the most common human diseases.

Tabor´s cyclopedic medical dictionary, Philadelphia, 2001, FA Davis.

Despite the dictionary format, there is a wealth of valuable information on various health conditions contained in this volume.

WEBSITES

American Academy of Dermatology:

http://www.aad.org/

The American Academy of Dermatology is committed to advancing the science promoting a lifetime of healthier skin, hair, and nails.

Asthma and Allergy Foundation of America (AAFA):

http://www.aafa.org/

Asthma and Allergy Foundation of America (AAFA) is dedicated to helping people with asthma and allergic diseases through education and support for research.

American Board of Obstetrics and Gynecology:

http://www.abog.org/

American Gastroenterological Association:

http://www.gastro.org/

Includes information for physicians and the public about digestive disease symptoms, treatments, and research.

American Diabetes Association:

http://www.diabetes.org/

This site offers the latest information on diabetes and living with the disease.

American Epilepsy Society:

http://www.aesnet.org/

The American Epilepsy Society promotes research and education for professionals dedicated to the prevention, treatment, and cure of epilepsy.

Hypertension Network:

BloodPressure.com:

http://www.bloodpressure.com/

Information for the consumer on hypertension (high blood pressure).

National Federation of State High School Associations (NFHS)

http://www.nfhs.org/sportmed/drug-testing.htm

This website provides questions and answers along with recommendations for drug testing of high school athletes.

Sexually Transmitted Infections:

Index:

http://www.plannedparenthood.org/library/STI/STI-facts.html

Substance Abuse and Mental Health Service Administration:

http://www.samhsa.gov/

Chapter 24

参考文献

1. American Academy of Orthopedic Surgeons, P.O. Box 1998, Des Plaines, IL 60017.
2. American Academy of Pediatrics Committee on Sports Medicine and Fitness: Strength Training by Children and Adolescents, *Pediatrics* 107(6):1470-1472, 2001.
3. American College of Sports Medicine http://www.acsm.org/health/currentcomments/YSTRNGTH.pdf
4. Carnegie Corporation of New York, 437 Madison Ave, New York, NY 10022.
5. Duri ZA: The immature athlete, *Clinics in sports medicine* 21(3):461-482, 2002.
6. Faigenbaum AD, Micheli LJ: Youth resistance training, *Sports medicine bulletin* 32(2):28, 1998.
7. Faigenbaum AD: Preseason conditioning for high school athletes, *Strength and conditioning journal* 23(1):70-72, 2001.
8. Hamstra KL: Athletic injury and parental pressure in youth sports, *Athletic therapy today* 7(6):36-41, 2002.
9. Hunt TN: Epiphyseal-plate fracture in an adolescent athlete, *Athletic therapy today* 8(1):34-36, 2003.
10. Koester MC: Adolescent and youth sports medicine: a "growing" concern, *Athletic therapy today* 7(6):6-12, 2002.
11. Koester MC: Youth sports: a pediatrician´s perspective on coaching and injury prevention, *Journal of athletic training* 35(4):466-470, 2000.
12. National Association for Sports and Physical Education (NASPE), 1900 Association Dr., Reston, VA 22091.
13. National Electronic Injury Surveillance System, US Consumer Product Safety Commission, National Injury Information Clearinghouse, 1998.
14. National Safe Kids Campaign: Injury facts: Sports Injuries, http:// www.safekids.org/
15. National Youth Sports Safety Foundation, 333 Longwood Ave, Suite 202, Boston, MA 02115.
16. Pfeiffer RP: Pediatric sports injuries, *Athletic therapy today* 7(6):5, 2002.
17. Prentice B: *Arnheim´s Principles of athletic training*, ed. 11, 2003, McGraw-Hill. St. Louis.
18. Shimon JM: Youth sport injury prevention: prevention is key, *Strategies* 15(5):27-30, 2002.
19. Standaert CJ: Spondylosysis in the adolescent athlete, *Clinical journal of sport medicine* 12(2):119-122, 2002.
20. United States Olympic Committee (USOC), National Governing Bodies of Sports, One Olympic Plaza, Colorado Springs, CO 80909.

注解文献

American Academy of Pediatrics: *Sports medicine: health*

care for young athletes, Elk Grove Village, IL, 1991, American Academy of Pediatrics.

A comprehensive guide to training, conditioning, and injury care of the young athlete.

Appenzeller H: *Youth sports and the law: a guide to legal issues,* Chapel Hill, NC, 2000, Carolina Academic Press.

Studies various court cases to understand the legal principles involved in sport participation. The objective of the book is to provide better and safer sporting experiences for today's children.

Athletic Therapy Today 7(6):2002. Special Edition Focusing on Pediatric Sports Injury.

Birrer R, Griesmer B, Cataletto M: *Pediatric sports medicine for primary care,* Baltimore, 2002, Lippincott, Williams & Wilkins.

Provides useful information on the management of sports-related injuries, discusses the pre-participation physical examination, the athlete's growth and maturation, nutrition, the psycho-social aspects of sports participation, and common medical problems.

Crisfield P, Carm S: *The young athlete's handbook,* Champaign, IL, 2001, Human Kinetics.

Discusses how to manage training; develop techniques and skills; and maintain a healthy balance between sports, school, friends, and family.

Lair C, Murdoch S: *Feeding the young athlete: Sports nutrition made easy for players and parents,* Seattle, 2002, Moon Smile Press.

Provides detailed discussion of nutritional practices for serious and committed student athletes.

Metzl J, Shookhoff C: *The young athlete: A sports doctor's complete guide for parents,* New York, 2002, Little Brown and Company.

Explores how to be a good sports parent, hallmarks of good coaching, nutrition and nutritional supplements, and keeping values and perspective intact (including topics such as preventing sports from taking over the family's life, good sportsmanship, and ethics).

WEBSITES

National Youth Sports Safety Foundation:
http://www.nyssf.org
American Academy of Pediatrics:
http://www.aap.org
National Association for Sport and Physical Education:
http://www.aahperd.org
KidsHealth:
http://www.kidshealth.com
National Safe Kids Campaign:
http://www.safekids.org
National Youth Sport Coaches Association
http://www.nays.org/IntMain.cfm?Page=1&Cat=3
Parents Alliance for Youth Sports
http://www.mppd.org/pays.htm
Academy for Youth Sports Administrators
http://www.nays.org/IntMain.cfm?Page=28&Cat=18
National Alliance for Youth Sports
http://www.nays.org/

付録A

1. Committee on Allied Health Education and Accreditation: *Essentials and guidelines for an accredited educational program for athletic trainers,* Chicago, 1992, American Medical Association.

付録B

1. Knight K: Athletic trainers for secondary schools, *Ath Train* 23(4): 313, 1988.
2. Prentice W, Mischler B: A national survey of employment opportunities for athletic trainers in the public schools, *Ath Train* 21(3):215, 1986.
3. Lephart S, Metz K: Financial and appointment trends of the athletic trainer clinician/educator, *Ath Train* 25(2):118, 1990.
4. Hossler P: How to acquire athletic trainers on the high school level, *Ath Train* 20(3):199, 1985.

付録C

1. National Athletic Trainers' Association Board of Certification, Inc, Continuing Education Office: *Continuing education file* 2003-2005, Dallas, 2003, NATABOC.
2. Board of Certification, Inc: *Study guide for the* BOC *entry-level athletic trainer certification examination,* Philadelphia, 1993, Davis.

図表クレジット Credits

Chapter 2
図2-3, 2-4, p.28-30, Courtesy, The University of North Carolina at Chapel Hill; 図2-5, p.33, Courtesy, D Bailey, California State University at Long Beach.

Chapter 3
図3-2, p.47, Courtesy, The University of North Carolina at Chapel Hill.

Chapter 4
図4-3〜4-17, 図4-21〜4-26, 図4-28〜34, 図4-39〜4-43, 図4-46, 図4-48, p.63-88, From Prentice, WE: *Fitness for college and life,* ed. 6, Dubuque, IA: WCB/McGraw-Hill Higher Education, 1999; 図4-35〜4-38, 図4-44 & 4-45, p.83-84, 86-87, From Prentice, WE: *Rehabilitation techniques for sports medicine and athletic training,* ed. 4, Dubuque, IA: McGraw-Hill, 2004.

Chapter 5
図5-1, 5-4, p.109, 124, & 表5-1, 5-2, p.112, 114, From Prentice, WE: *Fitness for college and life,* ed. 6, Dubuque, IA: WCB/ McGraw-Hill Higher Education, 1999; 図5-2, p.115, From Prentice, WE: *Get fit stay fit,* Dubuque, IA: McGraw-Hill, 2004; 図5-3, p.116, US Dept of Agriculture/US Dept of Health & Human Services, August 1992.

Chapter 6
図6-13, 6-14A, p.151-152, From Nicholas, JA, Hershman, EB: *The lower extremity and spine in sports medicine,* ed. 2, St. Louis: Mosby, 1995; 図6-22, 6-25, p.159, 161, Courtesy, Mueller Sports Medicine.

Chapter 7
図7-19, p.195, Courtesy, Hartwell Medical Corporation, Carlsbad, CA.

Chapter 8
Focus Box 8-1, p.207, From Payne, WA, Hahn, DB: *Understanding Your health,* ed. 8, St. Louis: McGraw-Hill, 2005.

Chapter 10
図10-1B, p.236, Courtesy Boreal Laboratory, Tonawonda, NY; 表10-2, p.238, Modified from Berkow, R: *The Merck manual of diagnosis and therapy,* ed. 14, Rahway, NJ: Merck & Co, 1982; 図10-4, p.245, Courtesy Nova Lynx Corp, Green Valley, CA.

Chapter 13
図13-5, 13-6, 13-8, p.291-292, 294, From Prentice, WE: *Rehabilitation techniques in sports medicine,* Dubuque, IA: McGraw-Hill, 2004.

Chapter 14
図14-1, p.302, From Van De Graaff, K: *Human anatomy,* ed. 6, Dubuque, IA: McGraw-Hill Higher Education, 2002; 図14-3, 14-7A, 14-8B, p.303, 309, 311, From Prentice, WE: *Arnheim's Principles of Athletic Training,* ed. 11, Dubuque, IA: McGraw-Hill, 2003; 図14-4, 14-5, p.305, 306, From Thompson, CW and Floyd, RT: *Manual of Structural Kinesiology,* ed. 15, Dubuque, IA: McGraw-Hill, 2004; 図14-12, p.313, From Williams, JPG: *Color atlas of injury in sport,* ed. 2, Chicago: Yearbook Medical Publishers, 1990.

Chapter 15
図15-2, p.323, From Saladin, KS: *Anatomy and physiology,* ed. 3 Dubuque, IA: McGraw-Hill Higher Education, 2004; 図15-7, p.324, Courtesy Cramer Products, Gardner, KS: 図15-8, 15-14C, p.329, 333, From Prentice, WE: *Arnheim's Principles of Athletic Training,* ed. 11, Dubuque, IA: McGraw-Hill, 2003; 図15-18, 15-20, p.337, 340, From Williams, JPG: *Color atlas of injury in sport,* ed. 2, Chicago: Yearbook Medical Publishers, 1990.

Chapter 16
図16-1, p.345, From Saladin, KS: *Anatomy and physiology,* ed. 3 Dubuque, IA: McGraw-Hill Higher Education, 2004.

Chapter 17
図17-1, 17-2, 17-3, 17-4, 17-5, p.369-371, From Saladin, KS: *Anatomy and physiology,* ed. 3 Dubuque, IA: McGraw-Hill Higher Education, 2004; 図17-6, 17-7, 17-9, 17-13, 17-14, p.374, 375, 378, 382, 383, From Prentice, WE: *Arnheim's Principles of Athletic Training,* ed. 11, Dubuque, IA: McGraw-Hill, 2003; 図17-8, p.377, Courtesy Ken Bartlett, California State University at Long Beach; 図17-10, 17-19 (right), p.379, 385, From Williams, JPG: *Color atlas of injury in sport,* ed. 2, Chicago: Yearbook Medical Publishers, 1990; 図17-15, p.384, Courtesy BRACE International, Phoenix, AZ; 図17-18, p.386, Courtesy Robert Barclay and Renee Reavis Shingles, Central Michigan University.

Chapter 18
図18-2, 18-3, 18-4, p.391-393, From Saladin, KS: *Anatomy and physiology,* ed. 3 Dubuque, IA: McGraw-Hill Higher Education, 2004; 図18-5, p.395, From Nicholas, JA and Hershman, EB: *The upper extremity in sports medicine,* ed. 2, St. Louis: Mosby, 1995; 図18-6, 18-10, 18-13, 18-15A, 18-19, p.397, 400, 401, 403, 406, From Prentice, WE: *Arnheim's Principles of Athletic Training,* ed. 11, Dubuque,

IA: McGraw-Hill, 2003; 図**18-18, p.405,** Art by Don O'Connor.

Chapter 19
図**19-1, 19-2, 19-10, 19-11, 19-14, 19-15, p.411, 420, 421, 424, 425** From Saladin, KS: *Anatomy and physiology*, ed. 3 Dubuque, IA: McGraw-Hill Higher Education, 2004; 図**19-3, 19-4, p.413,** Courtesy Ken Bartlett, California State University at Long Beach; 図**19-5, 19-20, 19-21, 19-22, 19-23A, 19-24, p.413, 430-432** From Nicholas, JA and Hershman, EB: *The upper extremity in sports medicine*, ed. 2, St. Louis: Mosby, 1995; 図**19-6B, p.415,** From Gallaspy, JB and May, JD: *Signs and symptoms of athletic injuries*, St. Louis, Mosby, 1996; 図**19-8, 19-17, p.416, 428,** From Prentice, WE: *Arnheim's Principles of Athletic Training*, ed. 11, Dubuque, IA: McGraw-Hill, 2003; 図**19-12, p.423,** From Booher, JM and Thibodeau, GA: *Athletic training assessment*, Dubuque, IA: McGraw-Hill, 2000.

Chapter 20
図**20-1, p.437,** From Van De Graaff, K: *Human anatomy*, ed. 6, Dubuque, IA: McGraw-Hill Higher Education, 2002; 図**20-6, 20-8, p.439, 441,** From Saladin, KS: *Anatomy and physiology*, ed. 3 Dubuque, IA: McGraw-Hill Higher Education, 2004; 図**20-7, 20-13, 20-17, p.440, 449, 454,** From Prentice, WE: *Arnheim's Principles of Athletic Training*, ed. 11, Dubuque, IA: McGraw-Hill, 2003; 図**20-9, p.442,** From Seeley, RR, Stephens, TD, Tate, P: *Anatomy & physiology*, ed. 3, St. Louis: Mosby, 1995; 図**20-10, p.447,** art by Donald O'Connor; 図**20-19B, p.456,** From Williams, JPG: *Color atlas of injury in sport*, ed. 2, Chicago: Yearbook Medical Publishers, 1990.

Chapter 21
図**21-2, 21-4, 21-5, p.461, 463,** From Saladin, KS: *Anatomy and physiology*, ed. 3, Dubuque, IA: McGraw-Hill Higher Education, 2004; 図**21-3, p.462,** From Seeley, RR, Stephens, TD, Tate, P: *Anatomy & physiology*, ed. 3, St. Louis: Mosby, 1995.

Chapter 22
図**22-1, 22-13, 22-15, p.479, 495, 498,** From Saladin, KS: *Anatomy and physiology*, ed. 3, Dubuque, IA: McGraw-Hill Higher Education, 2004; 図**22-3, p.482,** From Prentice, WE: *Rehabilitation techniques for sports medicine and athletic training*, ed. 4, Dubuque, IA: McGraw-Hill, 2004; 図**22-7, p.488,** From Prentice, WE: *Arnheim's Principles of Athletic Training*, ed. 11, Dubuque, IA: McGraw-Hill, 2003; 図**22-10（上）, 22-11, 22-14, p.491, 493, 496,** From Williams, JPG: *Color atlas of injury in sport*, ed. 2, Chicago: Yearbook Medical Publishers, 1990.

Chapter 23
図**23-1, 23-2, p.506, 508,** From Habif, TP: *Clinical dermatology*, ed. 3, St. Louis: Mosby, 1996; 図**23-4, p.508,** From Stewart, WD, Danto, JL, Madden, S: *Dermatology: diagnosis and treatment of cutaneous disorders*, ed. 4, St. Louis: The CV Mosby Co., 1978; 表**23-4, p.534,** Modified from American College Health Association: Making sex safer, Baltimore: American College Health Association, 1990.

索引 Index

※原著とは異なり監訳者と編集部による。

和文索引

あ

アーチ　303
アーチサポート　157,316
アーチのテーピング　260,310
アームブロック　421
アイガード　149,150
アイシング（冷却療法）　192,494
アイスパック　278,332,407,422
アイスホッケーのヘルメット　144
アイスマッサージ　338,453,454
青白い皮膚　517,518
赤い発疹　506
空き缶テスト　399,405,406
アキレス腱　323,339,340,547
アキレス腱炎　339
アキレス腱断裂　340
アキレス腱のストレッチング　67,310
アキレス腱のテーピング　263
アキレス腱複合体のストレッチング　324
アクティブリスニング（傾聴）　226
浅い呼吸　518
足のアーチ　303
アシクロビル　506
脚の均整　350
足の内在筋群　306
足白癬　508
アスコルビン酸　111,112
アスピリン　510,516
アスレティックディレクター　9,23,171
アスレティックトレーナー　4
アスレティックトレーナー・キット　34
アスレティックトレーニング　4
アスレティックトレーニング設備計画　20
アスレティックトレーニング・ルーム　20,23,24
アスレティックトレーニング・ルームの備品　35
アスレティックトレーナーの資格　9

アスレティックトレーナーの役割と責任　9
アスレティックプログラム　6
アセトアミノフェン　510,511
亜脱臼　290,492
圧痛所見　308
圧痛点　447
アッパー　157
圧迫　190,192,271
圧迫および牽引テスト　448
圧迫骨折　452
圧迫帯　339
圧迫パッド　429
軋轢音　287
アテローム性動脈硬化症　469,528
アナフィラキシー　512
アナボリックステロイド　524,525
アブミ骨　495
アヘン（阿片）　523
アミノ酸　110
アメリカンフットボールのヘルメット　142,143
アライメント　189,300,361,372
アルコール　120,469,528
アレルギー　494,500,510
アレルギー性皮膚炎　508
アレルギー反応　527
泡の多い血痰　501
アンカー　254
アンクルブレイス　160
安静　190,192,271,296,510,512
安全　55
安全基準　138
安全規則　550
安全な競技環境　550
安全なセックス慣習　533
アンダーラップ　257
アンチドーピング機構　120
安定性テスト　351
アンドロステンジオン　526
アンフェタミン　469,522

い

胃　462,463
胃炎　516
怒り　226
息切れ　469,518
移行期間　53,54
医師　14
意識混濁　518
意識消失　174
意識喪失　518,519
意識のない選手　174
意識不明　449,480,483,484

医師のアシスタント　15
萎縮　69
萎縮性壊死　382
異所性骨化　377
移送　195
痛みと拘縮の悪循環　451,453
痛みのコントロール　272
一次性高血圧　520
一時的機能障害　483
一次評価　173,174
著しい血圧低下　466
胃腸症　515
胃腸障害　487,514
胃痛　515
一貫性　55
一般健康保険　46
一般的なウォームアップ　56
一般的な予防措置　183
違法行為　41
イメージ　227
イヤーガード　496
医療記録の開示　29
医療保険　46
医療保険の携行性と責任に関する法律　7,29
インキンタムシ　507
インクラインプレス　79
咽喉　488
咽喉の骨折　501
咽喉の打撲傷　501
インスリンホルモン　120
インスリン　517,518
インターバルトレーニング　100,102
咽頭炎　510
咽頭部の保護　147
陰嚢・精巣の打撲傷　474
インピンジメント　398
インピンジメント徴候　189
インピンジメントテスト　405,406
インフルエンザ　505,511

う

ウィード　529
ウイルス感染　505,512
ウエイトトレーニングの頻度　78
ウエイトマシン　75,78
ウェッジ　316
ウォームアップ　55,56,394
魚の目　317
ウォブル・ボード　326
うがい　510,511
烏口下包　392
烏口肩峰弓　391,405
烏口肩峰靱帯　391

烏口鎖骨靱帯　391
烏口鎖骨靱帯の断裂　403
烏口上腕靱帯　391
烏口突起　391,404,406
烏口腕筋　391,392
打ち身　359
鬱血性心不全　520
鬱症状　532
腕立て伏せ　90,92
腕と手の不均整　426
運営規則　22
運動制限　449,450
運動生理学者　16
運動誘発性喘息（EIA）　514
運動誘発性突然死　469
運搬方法　449

え

エアスプリント　194
永久損傷　452
エイズ　206
衛生　24,509
HIV　533
栄養　108
栄養士　16
栄養素　109
栄養豊富な食物　117
エウスタキオ管　495
ATC　4,10
液体窒素の処方　507
エクササイズマシン　74
壊死　384,433
エストロゲン　532
エナメル質　490
エピネフリン溶液　494
エフェドリン　123,241
エリスロポエチン　469
遠位指節間関節（DIP関節）　426,430,
　　431
円運動　381
円回内筋　410,421
炎症反応段階　299
延髄　479

お

横隔膜　462,472,515
横隔膜筋　460
応急処置　190,215
横骨折　289
黄色靱帯　440
黄色軟骨　495
黄色ブドウ球菌　507
黄疸　516,527

横突起　437,438,439
横突起および棘突起の骨折　452
横突起間靱帯　440
横突孔　438
オーソティクス　158,305,310,315,316,
　　335,338
オーバートレーニング　71,224
オーバーヘッド動作　390,396
オーバーユース　296,414
オーバーロード　54,73
オープンキネティックチェーン　87
悪寒　242,510,511
オスグッド・シュラッター病　364,547
恐れ　226
Oval－8副子　431
温熱圧迫療法　507
温熱パック　501
温熱療法　417,422,450,451

か

カーフレイズ　86
カールアップ　91
外果　305,322
回外　303,410
開眼起立　482
外骨腫　308,314
外在筋群　424
外耳　495
外耳炎　496
外耳道　495
外出血　183
外傷性仮死（外傷性胸部圧迫症）　468
外傷性関節炎　350,417
外傷後健忘症　483
外傷性骨化性筋炎　377
外傷性ヘルペス　505
回旋　357,391,436,438,451
回旋筋　440,441
外旋筋　405
回旋筋腱板（ローテーターカフ）　390,
　　391,392,394,406
回旋筋腱板挫傷　406
改造　141
外側楔状骨　302
外側広筋　346,347,348,371
外側上顆　410,411
外側側副靱帯　345,346,424
外側側副靱帯捻挫　356
外側軟骨の分離　493
外側半月板　345,359
外側部コンパートメント　324,325
外側肋横突靱帯　440
介達骨折　362
階段昇降　350

開帳足　312
外転　304,391
ガイドライン　209,484,549
回内　304,410
外反　322
外反ストレス　357
外反ストレステスト　354,355
外反肘　413,417
外反捻挫　330,331
外反母趾　314
外反力　354
外鼻孔　493
回復期　103
回復時間　77
外腹斜筋　441,462,463
回復体位　175,181
外閉鎖筋　372,373
開放運動連鎖　87
開放骨折　287,336
外肋間筋　441,462
カウンセリング　470
下外眼筋　498
下顎骨　479,488
下顎骨骨折　488,492
化学的焼灼　429
踵－つま先歩行テスト　482
踵の打撲傷　309
蝸牛　495
蝸牛神経　495
蝸牛窓　495
核心温　238
覚醒剤　522
覚醒作用　522
確認、連絡、処置（Check-Call-Care）
　　175
角膜　497,498,500
角膜剥離　499
下後鋸筋　393,441
過呼吸　472,512
仮骨　288,364,422
下肢骨折の副子法　194
下肢伸展挙上（SLR）テスト　375,448,
　　454,455
過失　40,42,230
荷重関節　298
荷重制限　381
過小可動性　456
芽状突起　511
過食症　130,131,531
過伸展　293,412,413,414
過伸展位　418
下唇の無感覚症　488
ガスの充満　515
風邪　500,509,510,512
風邪薬　522

下前腸骨棘　548
下双子筋　372,373
下僧帽筋　393
加速期　395
家族健康保険　46
加速力　486
肩上げテスト　63,68
片足立ち　372
下大静脈　462
下腿部　322
硬い便　515
肩インピンジメント症候群　405
肩固定具　400
肩のインピンジメント　398,399,405,406
肩のインピンジメントテスト　399
肩の滑液包炎　407
肩の脱臼不安感テスト　398
肩の麦穂包帯　253
肩パッド　394,452
片松葉杖　199
滑液　297
滑液鞘　297
滑液包　297,308
滑液包炎　297,309,360,407
滑走関節　391
活動性回復期　102
カップ　155
合併症　356,455,483
滑膜　344,451
滑膜炎　360
滑膜関節　291
滑膜関節の構造　291
滑膜組織の断裂片　361
滑膜嚢　297
家庭医　14
過程記録　32
可動域　58
可動域回復運動　360,416
可動椎　436
過度可動性　456
カナダ規格協会　145
カフェイン　120,522
過負荷（オーバーロード）　54,55,73
過負荷の原則　73,103
花粉症　509,511
可変抵抗　76
鎌状赤血球症　517
雷検出装置　245
かむ時の痛み　488
かゆみ　500,512,514
硝子体　497,498
硝子軟骨　291,298
空咳　511
カリオカ　353
カリフラワー耳　496

カルシウム　113,114,118,490,532
カルシウム沈着物　293
カルボネン方程式　101,102
仮肋　460,461
カロリーバランス　128
肝炎　473
眼窩　497,498
眼科医　15
眼窩下神経　498
感覚異常　295,417,427,487
感覚過敏症　473
眼窩血腫　498
眼窩骨折　498
眼窩床　498
眼窩床の骨折　499
眼球運動の不具合　498
乾球温度（DBT）　235
眼球の下方変位　498
眼鏡　148
環境　234
環境に順応　240
緩下剤や浣腸の過度使用　515
間欠的運動　100,101
管腔臓器　462,464
看護師　14
寛骨　368,438
寛骨臼　368,369,370
乾湿計　235
眼振　482
関節鏡視下手術　359
関節血症　350
関節唇　404
関節内障　354
関節軟骨　286,384
関節ねずみ　361
関節のモビライゼーション　403
関節半月　292
関節包　291,344,390,411
関節包の断裂　362
完全回復の基準　279
完全休養　407,453
感染症　483,491,496,497,499
感染リスク　208
完全断裂　355,378,379,462
完全復帰　280
肝臓　463
肝臓癌　525
乾燥状態　509
肝臓の打撲　473
眼帯状　499
眼中の異物　499
環椎　437,438,441
環椎と軸椎　438
貫通性外傷　487
カンツ（Cantu）の脳震盪等級体系　484

冠動脈起始異常　469
冠動脈疾患　469,520
カンナビノイド　529
嵌入骨折　289
陥入爪　307,318,319
顔面の保護　145
管理計画　26
眼輪筋の痙攣　500
寒冷障害　243
関連痛　298,447,466,473,474

き

気圧や温度の変化　512
黄色味を帯びた漿液　508
既往歴　27
既往歴記入票　28
記憶障害　485
記憶喪失　480
機械受容器　292
機械的圧迫　405
機械的疲労　414,452
気管　488
気管支炎　512
気管支痙縮　514
気管支喘息　512
気管支平滑筋の痙縮　512
気胸　468
危険引き受け　43
きしみ　350
キス病　516
偽性　436
季節性アレルギー（鼻炎）　511
基礎代謝　128
喫煙　527
拮抗筋　59,379
気道確保、人工呼吸、心臓マッサージ
　（ABC）　173,174
気道コンダクタンス　527
気道の確保　177
気道閉塞　180
キヌタ骨　495
機能障害　499
機能低下　296
機能テスト　277,329,353
機能ブレイス　162
機能不全　452
技能レベル　541
希発月経　531
ギプス固定　287,428
逆行性健忘症　483
キャリングアングル（運搬角）　412,413
キャンティレバータイプ　150
吸引　361,496
吸引乾湿計　235

索引 599

救急医療機関　171,172
救急医療技術士　11,26,171,172
救急医療専門員　17
急激な減量　524
急性（外傷性）傷害　286
急性運動性コンパートメント症候群　338,339
急性気管支炎　512
急性筋挫傷　450
急性結膜炎　500
急性コンパートメント症候群　338,339
急性膝蓋骨亜脱臼または脱臼　362
急性膝関節捻挫　350
急性斜頚　451
急性傷害　190,192,286
急性傷害の応急処置　190
急性喘息発作の対処法　513
急性大腿骨骨折　380
急性半月板断裂　359
吸入器　512
吸入気管支拡張薬　514
協会団体／専門家組織の目的　4
強化エクササイズ　454
胸郭　460
胸郭の圧迫　467
胸郭の右側　473
競技期間　53
競技能力向上薬　521
競技復帰　230,484
競技復帰の決断　230
胸棘筋　441
胸骨　392,461
胸骨角　461
胸骨体　461
胸骨部　462
頬骨複合体の骨折　489
胸骨柄　461
胸最長筋　441
胸鎖関節　390,461
胸鎖関節捻挫　402
胸鎖関節の亜脱臼　402
胸鎖靱帯　391
胸鎖乳突起　450
行政機関　139
協調性テスト　482
胸腸肋筋　441
強直性間代性発作　519
胸椎　436,437,438,460
胸椎の後弯　437
強度（負荷）　77
胸半棘筋　440,441
胸部　460
胸部の傷害　470
胸部プロテクター　154
強膜　497,498,500

棘間筋　440,441
棘間靱帯　440,451
棘筋　440,441
棘下筋　391,392,393,406
棘上筋　392,393,405,406
棘上筋腱の完全断裂　406
棘上筋の筋力低下を調べるテスト　399
棘上靱帯　440,451
局所的腫脹　453
棘突起　437,438,441
棘突起の側面　454
棘波　74
局部的圧痛　468,474
距骨　302,322,323
距骨下関節　322,323
距骨傾斜テスト　328,329
挙上　183,190,193,271,332,394
拒食症　130,131,531
距腿関節　322,323
記録の保管　26
期分け　52
近位指節間関節　426
筋萎縮　359
近位上腕骨　548
緊急時対応計画　170,171
緊急症状　469,485
緊急治療室　501,512
緊急電話　26
緊急電話番号　171
緊急副子法　193
筋痙攣　474
筋腱移行部　294
筋拘縮　407,419
筋挫傷　293,340,376,452,468,471
筋持久力　69,77,526
筋性防御　294,386,447,450,451,453,457,465
筋線維　70,377
禁断症状　523,527
筋断面積　69
緊張性気胸　468
均等割方式　48
筋肉の骨化　377
筋肉間血腫　376
筋肉痙攣　294
筋膜切開　339
筋肉増強作用　524
筋肉痛　295,512,516
筋肉内血腫　376
筋肉疲労　517
筋の硬結　451,454
筋肥大　71
筋フィラメント　71
筋ヘルニア　376
筋麻痺　382,419

筋力　69
筋力強化　451
筋力強化トレーニング　324,414
筋力強化の徒手体操　90
筋力のアンバランス　445
筋力のバランス　59
筋力比率　357

く

クァドセット　377
クールダウン　55,56
クエン酸　118
くしゃみ　510,512
果物のような呼気臭　518
口の保護　147
靴　155,156,326
屈曲障害　380
屈筋支帯　424,425,427
靴底（靴型）　156
首の固定器具　152
クモ膜下腔　479,480
クラック　529
グラス　529
グラスガード　149,150
グラスゴー昏睡尺度　483
クラミジア　533,534
クリーツ　158
グリコーゲン　110
グリコーゲン大量補給　126
グリコーゲンローディング　126
グリセオフルビン　509
グルコース　110,120
クレアチン　119,526
クローズドキネティックチェーン　87
クローズドバスケットウィーブ（バスケット編み）　262
クロストレーニング　53,54
クロスフィンガー法　181
クロスライン　501

け

ケアの義務　41
鶏眼（魚の目）　307,317
頚棘筋　441
経口抗炎症剤　455
経口抗ヒスタミン剤　512
経口消炎剤　387
経口避妊薬　532
脛骨　322,323,325,344,345
脛骨前滑液包　360
脛骨粗面　364
脛骨粗面上の膝蓋腱付着部　547
脛骨と腓骨の骨折　336

脛骨と腓骨の疲労骨折　337
脛骨の回旋　344,346
脛骨の骨折　336,350
脛骨プラトー　344,345
頚最長筋　441
脛舟靱帯　323
脛踵靱帯　323
茎状突起　420
軽食　510,516
継続トレーニング　100
傾聴　226
頚腸肋筋　441
頚椎　176,436,438,442,449
頚椎の前弯　437
頚動脈　494,501
軽度頭部傷害　483,484
頚半棘筋　441
頚板状筋　441,450
頚部骨折　449
頚部脱臼　450
頚部の回旋　437
頚部の捻挫（むち打ち症）　451
痙攣　515,517
ゲームキーパー母指（Game Keeper's Thumb）　432
ケール徴候　473
外科用チューブの使用例　326
ケジラミ　534
血圧　186,465
血圧測定　520
血液過負荷　527
血液凝固障害　377
血液検査　517
血液再注入　526
血液媒介病原体　205,209
血液媒介病原体対策ガイドライン　212
血管浮腫　512
血胸　468
月経　516,530
月経過多症　531
月経困難症　531
月経周期　530,532
月経不順　530,531
血腫　377,422,433,471,487,494,496
楔状骨　302
月状骨　424
月状骨の脱臼　427
血栓症　528
血糖　120,517
血尿　454,465,473,474
血便　516
結膜　500
結膜下出血　498
下痢　514,515
ケロイド　496

腱　293,296,547
減圧式固定器具　194
牽引療法　451
腱炎　296,334,338
厳格責任　45
健康維持機構　46
肩甲下筋　391,392,393,406
肩甲下筋腱　392
肩甲下包　391
肩甲胸郭関節　390,391
肩甲挙筋　392,393
肩甲棘　392
肩甲骨　390,461
肩甲骨下筋　393
肩甲上腕関節　390,391
肩甲上腕関節脱臼　404
肩甲上腕関節不安定症　398
肩甲上腕靱帯　391,392
健康食品　121
肩甲帯　390
健康的な習慣　25
腱固定ストラップ　363
肩鎖関節　390,391,461
肩鎖関節捻挫　403
腱挫傷　426
肩鎖靱帯　391,403
腱鞘　391,425
腱鞘炎　297
剣状突起　461
懸垂　95
減速期　395
減速損傷　483
減速力　357,486
倦怠感　469,510,511
腱断裂　340
腱中心　462
肩峰　391,392,402,406
肩峰下滑液包　298
肩峰下包　392,405,407
肩峰弓　406
肩峰突起　391
肩峰端　396
権利放棄書　43
減量方法　128

こ

コア　71,445
コア・スタビライゼーション　455,457
コア・スタイビライゼーショントレーニング　71,72
コア・スタビリティ　445
高温多湿　234
後鋸筋　391
後距腓靱帯　322,323

行軍骨折　311
硬鶏眼　317,318
後脛距靱帯　323
後脛骨筋　303,304,305,324,325
後脛骨筋腱　334
後脛骨動脈　325
後脛腓靱帯　323
高血圧　514
高血圧症　520
高コレステロール血症　469
虹彩　497,498
抗酸化栄養素　111
後十字靱帯　345,346,354,358
後十字靱帯捻挫　358
後縦靱帯　440,451,454
口唇ヘルペス　505
後仙骨孔　439
高体温　234
肯定的な自尊心　544
肯定的ストレス　223
後天性免疫不全症候群（AIDS）　206,534
後頭骨　479
口内粘膜の渇き　518
公認アスレティックトレーナー　4,37
広背筋　391,392,393
後鼻孔　493
後鼻漏　510
興奮剤　521
後方深部コンパートメント　324,325,338,339
後方浅部コンパートメント　324,325
後方引き出しテスト　358
硬膜外血腫　486
硬膜下腔　480
硬膜下血腫　486
硬膜外腔　479,480
後面の視診　396
コーク　528
コーチの責任　8
コーヒーやお茶の摂取を控える　517
コールドパック　453
コーレス骨折　423
コカイン　469,522,528
股関節　368,381,373
股関節靱帯　370
股関節捻挫　381
股関節脱臼　382
股関節の筋　371
股関節の内旋　85,373
股関節の内転　373
小刻みな呼吸　512,514
呼気と吸気　460,467
呼吸　177,180,186,462,465
呼吸回復　177
呼吸器官　460,509

呼吸器系の疾患　500
呼吸困難　465,501,512,518
呼吸性喘鳴　514
呼吸停止　465,468,472,480
呼吸不全　485
穀類　515
固形臓器　462
鼓室　495
誤使用　141
個人情報カード　32
個人損害賠償責任保険　48
鼓腸　515
骨格筋の収縮　69
骨芽細胞（骨形成細胞）　286
骨化性筋炎　293,377,378,407
骨環　368
骨関節症　298
骨幹部　286,369,380,547
骨間膜　322,420
黒球（GT）　235
コッキング期　395
骨折　193,286,288,449,457,467
骨粗鬆症　118,531,532
骨端症　547
骨端部　286,380,547
骨突起　547
骨盤　368,438,445
骨盤内臓器　369
骨盤の急性骨折　387
骨盤の後弯　437
骨盤の剥離骨折　388
骨盤の疲労骨折　383,387
骨片　483
骨膜　286,480
コデイン　523
小人症　525
股部白癬　507
鼓膜　495
鼓膜張筋　495
鼓膜の温度　187
鼓膜の破裂　496
固有受容器神経筋促通法（PNF）　59,61
コラーゲン線維　300
コリージョンスポーツ　138,403,443, 471
ゴルフ肘　417
昏睡　518
昏睡状態　485
コンタクトレンズ　149
コンディショニング　471,549
コンディショニングシーズン　52
コンディショニングの法則　54,55
コンディショニング不良から生じる横隔膜の痙攣　472
コントラクト・リラックス　61,62

コンパートメント　324,338,339
コンパートメント症候群　338
混乱　483

さ

サーキットトレーニング　73,89
サージカルチューブ　76
細菌感染　474,507,510,512
サイクリスト乳首　470
サイクリングのヘルメット　145
再建　358
再検査プログラム　140
菜食主義　123
サイズの調整　199
最大挙上　544
最大心拍数　101
最大反復　77
最大有酸素能　97,98,99
最長筋　440,441
鎖骨　390,391,392,405,406,461
坐骨　368,370
坐骨棘　548
坐骨結節　373
鎖骨肩峰端の転位　403
鎖骨骨幹　397
鎖骨骨折　399
鎖骨骨折の保護スリング　400
坐骨神経痛　454
鎖骨ストラップ　400
擦過傷　214,216,487
殺菌剤／消毒剤　212
サプリメント　111,117
サポートテーピング　422
サリチル酸　507
三角筋　392,392,393
三角骨　424
三角靱帯　322,323,330,334
参加前健康診断　26,549
漸増性抵抗運動　73,74,77,78,273,416
浅指屈筋腱　425
浅層筋　419
酸素消費量　97
三点法（三点歩行）　201
散発性腫脹　340

し

試合直前食　123,124
試合復帰のガイドライン　485
CTスキャン　337,486
ジェル　496
歯科医　15
耳介　495
紫外線（UVR）　244

紫外線防御指数（SPF）　244
耳介軟部組織　495
歯科衛生習慣　490
歯科矯正師／義歯専門歯科医　16
歯科検診　490
歯冠　490
耳管　495
持久力　526
軸　369
軸圧縮荷重　443,449
軸椎　437,438,441
歯茎　491
歯頚　490
耳血腫（カリフラワー耳）　495
止血点　184
思考停止法　228
指骨　424,426,547
篩骨　479
趾骨　302
自己評価　544
歯根　490
歯根管　490
歯根破折　491,492
四肢と腹部の激しい痛み　517
四肢のしびれ感　449
四肢麻痺　295,443
歯周炎　491
思春期　530,542,544
耳小骨　495
事情聴取　188,189,307,327,349,372,396, 412,446,481
支持療法　516
視診　189,307,328,350,372,396,412, 421,446,481
指伸筋　421
指伸筋腱　421,425
指伸筋と示指伸筋の総腱鞘　425
視神経　497,498
歯髄　490
耳垂　495
姿勢　396,452
指節骨　424
指節骨骨折　434
指節骨脱臼　432
趾節骨の骨折と脱臼　314
自然食品　121
歯槽　490
刺創　214,216
自尊心の否定　229
質　55
膝蓋腱　360,547
膝蓋腱炎　363
膝蓋骨　344,347,371
膝蓋骨骨折　361
膝蓋骨の亜脱臼　350

膝蓋上滑液包　360
膝蓋靱帯　345,347
膝蓋前滑液包　298,360
膝蓋大腿症候群　363
膝蓋軟骨軟化症　362
膝蓋部の炎症　350
膝窩筋　346,348
膝関節　344
膝関節の安定性　344
膝関節の機能ブレイス　348
膝関節の伸展機構　361
膝関節のテーピング　265
膝関節の保護ブレイス　348
湿球温度（WBT）　235
実質臓器　462,470
失神　469,470,481
湿疹性の皮膚炎　508
湿性で青白い皮膚　518
シッティングタック　93
失当行為　41
耳道　495
自動体外式除細動器（AED）　171,182
自動的可動域　58
歯突起　438
歯肉　490
歯肉炎　491
しびれ感　412,427,489
脂肪　109,110,112,515
死亡事故　483
脂肪ローディング　126
ジャージフィンガー（Jersey Finger）　432
尺側側副靱帯の捻挫　432
弱酸性（3％ホウ酸）の滴薬　496
尺側手根屈筋　411,421
尺側手根屈筋腱　425
尺側手根伸筋　411,421
尺側手根伸筋腱　425
尺側側副靱帯　410,411,424,432
弱脈　466
視野欠損（半盲）　487
斜骨折　287,289
尺骨　410,411,413,419,420
尺骨神経　429
尺骨神経症　417
尺骨肘頭突起　392
ジャンクフード　117
ジャンパー膝　363
縦骨折　289
十字靱帯の断裂片　361
舟状骨　302,323,424,428
舟状骨骨折　428
重心　369
集団検診　470
集中力の低下　483,485

終点　351
重度の傷害　494
柔軟性　57,443
十二指腸　463
揉捏マッサージ　361,364
羞明感　483,500,511
手関節ガングリオン　429
手関節の腱炎　427
手関節の固定　427
手関節のテーピング　266
手関節の捻挫　426
主観的運動強度（RPE）　102
手根管症候群　427
手根骨　424,426
手根骨骨折　428
手指と母指のブリッジテープ　267
腫脹コントロール（PRICE）　271
出血　183,193,210,215,474,487,501,531
出血性胃腸炎　516
出産　530
出訴期限法　43
主働筋　59
腫脹　296,332,350,421,427,454,468,501, 510
腫瘍　494
潤滑剤　316
循環器官　460
循環機能の回復　178
循環ショック　527
準備期間　53
小円筋　392,393,406
傷害、病気の応急処置　10
傷害管理のプラン、方針、ガイドライン　550
傷害重傷度分類　221
傷害の認識、判断、評価　10
傷害評価　32
傷害プロセス　222
傷害報告書　31
傷害予防　10
消化器系　462
消化器系疾患　514
上顎骨　479,488
上顎骨の前頭突起の分離　493
消化不良　515
上関節突起　438
蒸気吸入　511
使用規則　23
上気道　488
上後鋸筋　441
上項線　441
上後腸骨棘　373
踵骨　302,323
踵骨腱　323
踵骨腱滑液包炎　308

踵骨粗面　303
小趾外転筋　304,306,425
小指球筋　425
小指伸筋腱　425
小指伸筋　421
小指対立筋　425
常識的な対処の基準　40
上肢骨折の副子法　195
小水疱　506
脂溶性ビタミン　111
上前腸骨棘　474,548
上双子筋　372,373
上足関節捻挫　330,331
掌側板　424
上体そらし　63,68
承諾書　172
小腸　463
情緒不安定　512
小殿筋　372,373
小児科医　15,547
小脳　479
小脳テスト　482
踵腓靱帯　322,323
上部消化管　488
小菱形筋　393
小菱形骨　424
上肋横突靱帯　440
上腕筋　391,392,410,411,421
上腕骨　390,392,405,410,411
上腕骨横靱帯　391
上腕骨滑車　410
上腕骨骨幹骨折　401
上腕骨外側上顆炎　415
上腕骨大結節　392
上腕骨内側上顆炎　417
上腕三頭筋　392,410,411,421
上腕動脈　184
上腕二頭筋　392,393,410,411,421
上腕二頭筋腱　391,392,405
上腕二頭筋腱（切断）　411
上腕二頭筋腱鞘炎　407
上腕二頭筋長頭腱　405
上腕の打撲傷　407
ジョーンズ骨折　310,311
初期腫脹のコントロール　332
ジョギング　353
食細胞　299
食事摂取基準　117
食事　515,517,549
触診　189,308,328,336,351,374,397,413, 447,481
食生活の問題　472
刺創　214
食中毒　515
食道　462

食道や胃の痙攣　515
植物性食品　123
食物繊維　110,515
食欲の喪失　497
食欲不振　516
除脂肪体重　96,127,526
女性型脱毛症　525
女性化乳房症　525
女性生殖器系　530
女性生殖器の傷害　475
女性選手の健康障害の三徴　381,531
初潮　530
ショック　185,193,380,465,466,473,474
ショック症状　184,387,400,469
ショルダーパッド　150,176
ショルダーメディアルローテーション　81
ショルダーローテーション　79
ショルダーロール　394
シリアル7　481,482
視力障害　483,485,487
耳輪　495,496
しわがれた声　501
シンガード　160
人格障害　522
真菌感染症　496
真菌類　504
神経インピンジメント　412
神経炎　295
神経科医　14
神経学検査　482
神経機能障害　483
神経筋　70
神経筋協調運動　242
神経筋コントロール　275,326
神経経路　454
神経根　506
神経根の炎症　412
神経腫　315
神経障害　295
神経痛　451
神経摩擦障害　417
人工香料　121
人工呼吸　177,178,179,180,468
人工芝　316
深呼吸　372,373,465,468
心雑音　469,470
深層筋　419
深指屈筋腱皮下断裂　432
深指屈筋腱　425,432
深膝蓋下滑液包　360
伸縮性粘着テープ　256
シンスプリント　338
心臓　460
心臓マッサージ　178,179,180,181
腎臓　454,462,463

深層外旋六筋　372,373
腎臓障害　527
腎臓打撲　473
心臓超音波検査　470
深層凍傷　243
心臓病　525
靱帯　104,292,324,370,402,439
身体検査　27
身体組成　127
靱帯損傷（捻挫）　291
身体的および情緒的障害　550
身体の芯の安定性　445
身体の衰弱　518
身体の成熟度　541
伸張性　74
伸張性（遠心性）収縮　69,74
伸張性収縮　395
心電図　470
真の肩関節　391
心肺機能　96,275
心肺蘇生法　8,174
心拍数　99,101,529
心肥大　470
深部強擦マッサージ　365,416
深部結合組織　422
蕁麻疹　512
心理学的合併症　546
心理的ストレス　544
心理の発達　546
心理の問題　546
真肋　460,461

す

髄液　479
髄液の漏出　481
髄核　439,440
髄核のヘルニア　455
髄室　490
衰弱　509
水腫　512
水晶体　497,498,500
膵臓　462,463
水疱瘡ウイルス　506
水分　109,113,514,516
水分摂取　237,473
水分補給　113,237,239,241,549
水泡　307,316,317,318,508
スイマーズ・イア　496
髄膜　479
髄膜炎　519
水溶性ビタミン　111
頭蓋骨骨折　483
頭蓋内出血　483
筋違い　293

スタティック・ストレッチング　59,61
頭痛　465,483,485,486,497,510,512,513,516,517
スティンガー　451
ステロイド系抗炎症剤　427
ステロイド注入　361
ストリートドラッグ　527
ストレートレッグレイズ　94
ストレス　55,223,228,414,452,455,515,516
ストレスの要因　223
ストレッチング　414,416,454,472
ストレッチングについてのガイドラインと注意　60
ストレッチング・エクササイズ　451
ストレングス&コンディショニングコーチ　4,15
スナップ音　380
スナッフボックス　428
脛当て　160
スノウ　528
スパイカ　250,253,267
スパインボード　480,484
スプリング靱帯　303
スプリント（副子）　163
スペアリング　443
すべり症　383
スポーツ医学　3
スポーツ医学チーム　2,170,171
スポーツカイロプラクター　16
スポーツ傷害記録用紙　33
スポーツ心理学者　16
スポーツマッサージセラピスト　16
スポーツ用ブラジャー　151
スポーツ理学療法士　16
スポッター　445
スポンジ　318
スポンジラバーパッド　422
スリング　400,404,415,422,423
スロー・リバーサル・ホールド・リラックス　61,62

せ

生活習慣　517,520
性感染症　533,534
性器ヘルペス　534
整形外科医　14
整形外科検査　29,549
整形外科メディカルチェック　27,31
整骨医　15
政策・過失漏脱賠償責任保険　49
精子数　529
成熟度　542
成熟度評価　27

青少年スポーツ指導員養成プログラム 546
青少年選手の筋力トレーニング 543
生殖器系 462
精神医学的治療 131
精神科医 15
清掃責任 25,26
製造物責任 45
生体電流インピーダンス 127
正中神経 423,424,427
成長中の軟骨 547
成長軟骨板 412,547
成長軟骨板骨折 547
成長板 290,542
成長ホルモンの作用 385
静的筋収縮 422
正のカロリーバランス 128
整復 362,404,418,488,494
精密検査 520
生命徴候 186,465
生理食塩水 492,499,511
セーバー病 308,547
セカンドスキン 317
咳 510,511,514
咳き込み 501,512
脊髄 440
脊柱 368
脊柱後弯、前弯、側弯 447
脊柱固定担架 480,484
脊髄神経 440
脊髄損傷のサイン 446
脊柱、骨盤の副子法 195
脊柱起立筋 440,441,445
脊柱側弯症 39
脊柱の過伸展 455
脊柱板 195,196
脊椎筋群 462
脊椎すべり症 455,456,548
脊椎損傷 195,445
脊椎分節の過度可動性 455
脊椎分離症 455,456,548
咳止め 512
責任 40
せつ 507
石灰質形成 377
摂食障害 130,531
切創 214,216
セット 77,103
セメント質 490
セラバンド 76
線維芽細胞修復段階 299,300
線維性瘢痕組織 380
線維軟骨板 345
線維輪 439,440
全可動域の回復 272

前眼房 498,500
前鋸筋 392,393
仙棘靱帯 440
前距腓靱帯 322,323
前脛距靱帯 323
前脛骨筋 303,304,305,324,325
前脛骨筋腱 334
前脛骨動脈 325
尖圭コンジローム 506,533,534
前脛腓靱帯 323
前脛部の打撲傷 341
仙結節靱帯 440
穿孔 319
閃光 487,500
仙骨 368,369,373,436,437,438,456
仙骨管 439
仙骨神経 440
前斜角筋 450
前十字靱帯 345,346,354
前十字靱帯の断裂 357
前十字靱帯の捻挫 350,357
前縦靱帯 440,449
選手生命 231
先芯 156
全身持久力 96
喘息 469,509,512,522
先端巨大症 526
仙腸関節 369,370,438,440,456
仙腸関節機能不全 456
仙腸関節捻挫 456
仙椎の癒合 438
前庭神経 495
先天異常 452
先天性循環器系異常 469
前頭骨 479
前頭洞 488
全米アスレティックトレーナーズ協会 5,11,36,139
全米エクイップメント・マネジャー協会 5,36,139
全米材料試験協会 139,146
全米スポーツ体育協会 546
全米スポーツ団体認定プログラム 546
全米青少年スポーツコーチ協会 546
全米大学運動選手協会 49
全米大学体育協会 5,49
前房 497
前房出血 500
前方引き出しテスト 328,329,357
前方部コンパートメント 324,325,338,339
喘鳴 512
前面の視診 396
専門機関 5
専門性 55

専用カリパス 127
前立腺癌 525
全力疾走 353
前弯 447
前腕部の骨折 422

そ

爪下血腫 319
爪下出血 319,433
象牙質 490
増殖－再構築段階 299,300
総足底指神経 315
総腸骨動脈 463
掻爬器 497
僧帽筋 392,393,450
側臥位 474
足関節 261,322
足関節外反筋群 325
足関節底屈筋群 325
足関節内反筋群 325
足関節の外反 87,324
足関節の骨折 334
足関節の底屈 324
足関節のテーピング 261,335
足関節の内反 86,324
足関節の捻挫の分類 330
足関節の背屈 87,324
足関節背屈筋群 325
足関節のブレイス 160,327
側屈 436,451
足趾のテーピング 261
足底いぼ 506
足底筋 346,348
足底腱膜炎 310
足底腱膜 303,310
足底板 158
足底方形筋 304,306
側頭骨 479
足病医 15
足部アーチ 303
側副靱帯捻挫 432
側面の視診 397
鼠径管 471
鼠径部 368,373,382,471
鼠径部の筋挫傷 382
鼠径部の固定 252
鼠径部のストレッチング 67
鼠径ヘルニア 471
組織スポーツ 545
速筋線維 70,98
ソックス 156
足根骨 302,322
損害賠償金 41
損害賠償責任保険 48

た

ターフ・トゥ　316
第1度の捻挫　292
第1背側骨間筋　425
第1仙椎　548
第1中足骨骨頭の石灰沈着を伴う肥大　314
第1度（軽度）打撲傷　376
第1度MCL捻挫　354,355
第1度の筋挫傷　293
第1度ハムストリングスの筋挫傷　379
第1趾（母趾）のテーピング　261
体液滲出　474
ダイエット　109
大円筋　391,392,393
体温　186
体格　541
大学学位プログラム　546
体幹　368,445
体幹軸　375
体幹と四肢の麻痺や弱化　449
大規模災害保険　49
耐久性基準　138
大胸筋　391,392,393
退行性の症状　547
第5中足骨　310,429,548
第5腰椎　548
第3度（重度）打撲傷　376
第3度MCL捻挫　355
第3度の捻挫　292
第3度ハムストリングスの筋挫傷　380
第3腓骨筋　304,305
体脂肪率　127
代謝ショック　527
体重　541
体重管理　127
体重記録　241
体重調整　127
帯状ヘルペス　506
対症療法　422,516
大腿管　471
大腿筋　371
大腿筋膜張筋　371,372,373
大腿骨　344,345,368,370
大腿骨外側顆　345
大腿骨外側上顆　369
大腿骨頚　369
大腿骨溝　362
大腿骨骨折　380
大腿骨骨頭　369,370,383
大腿骨骨頭すべり症　383,384,385
大腿骨骨頭壊死症　384
大腿骨骨頭の変性　382

大腿骨内側顆　345,369
大腿四頭筋　344,346,347,348,371
大腿四頭筋腱の断裂　362
大腿四頭筋打撲傷　376
大腿四頭筋の筋挫傷　378
大腿四頭筋の等尺性収縮運動　377
大腿直筋　346,347,348,371,373,378
大腿直筋の断裂　379
大腿二頭筋　346,348,371,373
大腿部　368,373
大腿部、殿部、鼠径部の筋　373
大腿ヘルニア　471
大腿方形筋　372,373
大腿保護パッド　161
大腸　463
大腸炎　516
大殿筋　371,372,373
大腿動脈　184
大動脈　462
大内転筋　347,371,373
第2中足骨の疲労骨折　311
第2度（中度）打撲傷　376
第2度MCL捻挫　355
第2度の筋挫傷　293
第2度の捻挫　292
第2度ハムストリングスの筋挫傷　380
体熱損失　235
大脳　479
大脳テスト　482
大脳皮質　479,480
大発作　519
大麻　529
大腰筋　371,373
太陽神経叢への打撃　472
第4腰椎　548
大菱形筋　393
大菱形骨　424
大量の発汗　469
唾液　516
高い湿度　494
多汗症　317
打撃　414,468,473,483,500
たこ　316
脱臼　290,314,362,402,404,427,449,492
脱臼不安感テスト　398,404
脱水症　113
脱水症状　239,514,515,549
脱漏行為　41
縦アーチの挫傷　313
縦アーチのテーピング　338
他動ストレッチング　427
他動的可動域　58
多糖類（でんぷん）　110
タナーの成長判定表　541,542
楽しむこと　545

タバコ　527
打撲傷　293,341,359,376,421,452,457,468,474,475,487,498
タムシ　507
多毛　525
タルカム・パウダー　509
垂れた瞼　518
多裂筋　440,441
担架　197
段階的機能回復トレーニング　276,277
短期的目標達成　225
炭酸カルシウム　118
短趾屈筋　304,306
短趾屈筋腱　306
短趾伸筋　306
短趾伸筋腱　306
短縮性（求心性）収縮　69,74
単純骨折　287
単純性高血圧　520
単純性歯冠破折　491
単純ヘルペス　505
短小趾屈筋　304,306
短小指屈筋　425
炭水化物（CHO）　109,112,518
男性型脱毛症　525
弾性包帯　249
男性ホルモン　526
タンデム姿勢　482
短橈側手根伸筋　411,421
単糖類（糖分）　110
短内転筋　371,373
タンニン酸　494
胆嚢　462
タンパク質　109,110,112,119,526
蛋白同化ステロイド　524
短腓骨筋　304,305,324,325
短母指外転筋　425
短母指屈筋　425
短母趾屈筋　304,306
短母指伸筋　421
短母趾伸筋　306
短母趾伸筋腱　306
短母指伸筋と長母指外転筋の腱　425
断裂音　340,349,357,361
断裂片　361

ち

チアノーゼ　468,501
チームドクター　12,14
チェックレイン　267
知覚過敏　295
知覚テスト　482
知覚鈍麻　295
知覚反応　295

血が緑色に変色　500
遅筋線維　70,98
チクチク感　412,427
恥骨　368,370
恥骨炎　475
恥骨筋　371,373
恥骨結合　369
恥骨結合部　387,475
恥骨骨炎　387
恥骨大腿靱帯　370
遅発性筋肉痛　295
致命的頚部損傷　443
致命的損傷　449
注意力散漫　481
中間楔状骨　302
中間広筋　346,347,348,371
肘関節　410
肘関節骨折　418
肘関節脱臼　418
肘関節のテーピング　265
肘関節の捻挫　414
肘関節離断性骨軟骨炎　417
肘筋　421
中耳　495
中耳炎　497,511
中耳や外耳道の出血　483
中手骨　424,426
中手骨骨折　429
中手指節関節（MCP関節）　424,432,433
虫垂　463
虫垂炎　474
中枢神経　440,479,522,528
中節骨　424
中足骨　302
中足骨アーチの機械的疲労　312
中足骨痛　313
中足骨の骨折　310
中足バー　315
中殿筋　371,372,373
肘頭　420
肘頭窩　410
肘頭滑液包　298,414
肘頭滑液包炎　414
チューブ　76,78
虫様筋　304,306,425
治癒過程　296,299
腸　462
腸炎　516
聴覚　495
聴覚の喪失　496,497
聴器官　495
長胸神経の損傷　397
蝶形骨　479
腸脛靱帯摩擦症候群（ランナー膝）　361
腸脛靱帯　347,371

調光レンズ　149
腸骨　368,370,438,456
長骨　286
腸骨筋　371,373
長骨骨端軟骨の早期閉鎖　525,526
腸骨大腿靱帯　370
腸骨稜　369,370,371,373,374,441
腸骨稜打撲傷（ヒップポインター）　386
長座体前屈テスト　63,68
長趾屈筋　303,304,305,324,325
長趾屈筋腱　427
長趾屈筋腱　306
聴刺激　495
長趾伸筋腱　306
長趾伸筋　304,305,324,325
長掌筋　421
長掌筋腱　425
長橈側手根伸筋　411,421
腸内ガス　472
長内転筋　371,373
蝶番関節　344
蝶番付きブレイス　356
長腓骨筋　303,304,305,324,325
長母指外転筋　421
長母指外転筋腱　425
長母指屈筋　421
長母趾屈筋　303,304,305,324,325
長母指屈筋腱　425
長母趾屈筋腱　306
長母指伸筋　421
長母趾伸筋　303,304,305,324,325
長母指伸筋腱　425
跳躍　338,339
腸腰筋　371
腸肋筋　440,441
直接圧迫　183
直接的打撃　452,483,489
直腸体温　238
治療記録　31
治療用テニス肘バンド　416

つ

椎間円板　439
椎間関節　439
椎間孔　437,440
椎間板　437,439,440
椎間板ヘルニア　455
椎弓根　438,440
椎弓の上下関節突起の劣化　455
椎弓板　438
対筋群　440
椎骨　436,437
椎体　438
対麻痺　295,443

突き指　432
ツチ骨　495
爪先立ち　86
爪の色　426
爪の剥離　319

て

底屈　322
低血糖　518
抵抗運動　520
低身長　525
底側骨間筋　304
底側踵舟靱帯　303
低体温　234,242
低体温症　242
低体重　533
定量噴霧式吸入器　514
テーピング　248,326,356,428
テープカッター　259
テープ粘着スプレー　257
テープの切り方　258
テープリムーバー　259
適正なトレーニング法　544
テストステロン　95,524,529
鉄　113
鉄欠乏性貧血　119,516
鉄分の摂取不足　516
手と手関節の8字帯　254
テニスレッグ　340
テニス肘　415
手のひらと足底の腫れ　514
手袋の外し方および使用法　210
デプスジャンプ　73,90
手を用いる移送　198
電解質　113,237,514,516
添加物　121
癲癇　518
電気焼灼　507
伝染性ウイルス疾患　520
伝染性単核球症　473,516
転倒　414,468,496
転倒方法　394,414
殿部　368,373
殿部のパッド　154
でんぷん　110

と

トゥート　528,534
頭蓋円蓋部　479
頭蓋冠　480
頭蓋陥没　483
頭蓋後部の痛み　511
頭蓋骨　479,480

投球動作テクニック　394
頭棘筋　441
瞳孔　186,485,486,497,498
橈骨　410,411,419,420,423
橈骨頭　420
橈骨動脈　99,186,187,418
橈骨輪状靱帯　410,411
橈尺関節　410,411,419
橈側手根屈筋　411,421
橈側手根屈筋腱　425
橈側側副靱帯　410,411,424
頭最長筋　441
等尺性運動　73,74,273,520
等尺性収縮　69
凍傷（Frostbite）　243
豆状骨　424
凍傷痛（Frostnip）　243
等速性運動　73,87,274
頭頂骨　479
等張性運動　76
等張性収縮　74
疼痛　456,507
糖尿病　517
糖尿病性昏睡　518
頭半棘筋　441
頭板状筋　441,450
頭皮動脈の拡張　487
頭皮の傷害　487
頭部傷害　478,480,483
動物性食品　123
動物性タンパク質　110
頭部の保護　141
糖分　110,120
動脈性出血　183
透明な水のような鼻水　512
動揺関節　58
ドーナツパッド　309,315,316,317,318
ドーピング　521
ドープ　529
尖った物　212
特異性の原則（SAID）　54
特殊テスト　328,351,398,448,482
特殊ブレイス　384
特製ヘッドギア　488
特注マウスピース　488
特定的なウォームアップ　56
吐血　468
徒手整復術　400
突然死症候群　469
突発性筋肉痛　295
トライセプスエクステンション　81
トラッキング　362
トランクローテーション　93
トリガーポイント　298
トリコモナス症　534

トリプタン　487
トレーニング期　103
トレーニング効果　102
トレーニング時間　103
トレーニングの基本原則　73
鈍的　487
鈍的外傷　483

な

内果　303,322
内科医　14
内在筋群　424
内耳　495
内出血　184,293,465
内旋筋　405
内臓損傷　387,471,474
内臓の機能障害　412
内側脛骨疲労症候群　338
内側楔状骨　302
内側広筋　346,348,359,371
内側上顆　410,411
内側上顆の炎症　417
内側側副靱帯　345,346,354,415
内側側副靱帯捻挫　354
内側半月板　345,346,354,359
内側腓腹筋滑液包　360
内転　303,391
内転筋　371
内反　322
内反肘　413
内反捻挫　330,331
内反力　356
内腹斜筋　441,462,463
内閉鎖筋　372,373
内肋間筋　462
中敷　158
ななめ懸垂　95
涙目　500,512
軟鶏限　317
軟骨軟化症　350
難聴　497
軟部組織　293

に

ニーブレイス　161
肉離れ　293
ニコチン　528
二酸化炭素レベルを高める　472
二次細菌感染　506,507
二次性高血圧　520
二次性徴　541
二次的の衝撃症候群　485
二次評価　173,186,188

日米の健康保険制度の違い　46
日光過敏症　532
ニトロソノルニコチン　528
乳糖（ラクトース）　118
乳頭腫ウイルス　506
乳糖不耐症　118
乳房堤靱帯　470
乳様突起　441
尿管　463
認識の再構築　228
妊娠　533
妊娠中の運動　533
認知テスト　482

ね

ネオプレン　161
ネオプレン・スリーブ　363,379
ネオプレン・ブレイス　162,362
熱　296
ネックカラー　151,450,452,501
熱痙攣（Heat Cramps）　237,238
熱指数　235
熱失神（Heat Syncope）　236,238
熱射病（Heat Stroke）　237,238
熱障害　234
熱ストレス　234
熱性痙攣　294
熱性ヘルペス　505
熱中症　234,235,236
熱中症の予防　239
熱疲労（Heat Exhaustion）　237
粘液　510,512
捻挫　291,292,452,454,456,457
年次活動報告書　32
粘着テープの剥がし方　259
捻転　468
捻髪音　296,493

の

膿　507
脳　479
膿痂疹（とびひ）　507
脳橋　479
脳クモ膜　479,480
脳硬膜　479,480
脳挫傷　486
脳神経テスト　482
脳震盪　483,492
脳震盪後症候群　485
脳震盪評価基準　482
脳髄液　483
脳脊髄液　480,519
脳卒中　520

脳動脈瘤　469
脳内出血　469,486
脳軟膜　480
膿胞　507
喉の痛み　509,510,511,512,516
喉への打撃　501

は

パーソナルフィットネストレーナー　4
バーナー　451
ハーブ　121,122
ハーフスクワット　350,351
バーンアウト　224
肺　460
バイオハザード警告ラベル　212
バイオハザードマーク　209
背筋の硬結　473
背屈　322
排出　507
排泄　128,472
バイセプスカール　81
背側骨間筋　304,425
背側の仙腸靱帯　440
脊柱側弯症の徴候　397
梅毒　533,534
ハイトップシューズ　333
排尿　465
排膿　496
肺の傷害　468
背部打撲　454
背部の痛み　512
排便　515
ハイムリック法　180,181
吐き気　465,473,474,483,486,487,496,
　　497,514,515,517,518
麦穂包帯（スパイカ）　250,253,267,383
白線　542
白癬　507
白血球　519
拍動　418
剝離骨折　289,290,330,334,362,379,388,
　　433
激しい痛み　496,499,500
バケツ柄状断裂　358
跛行　384
破骨細胞　288
破傷風　214,216,489
バスケット編み　262
バスケットボールフィンガー　430
発育中の股関節障害　383
薄筋　346,347,348,371,373
バックエクステンション　92
バックハンドストローク　415
バックボード　453

バッターのヘルメット　145
発展　55
発熱　296,469,497,510,511,516,517,527
ハッピーダスト　528
馬蹄型パッド　332,333,362
バディテーピング　433
バトックタックス　95
バトル徴候　483
鼻　493
鼻タッチテスト　482
鼻血　483,489,494
鼻水　510
バニオン　314
パニック　472
歯の亜脱臼、脱臼、裂離　492
歯のかみ合わせ異常　488
歯の周囲の出血　488
歯の破折　491
馬尾神経　440
ハムストリングス　346,347,348,371,373
ハムストリングスカール　86
ハムストリングスの筋挫傷　379
ハムストリングスのストレッチング　67
バランスの回復　275
バランスボード　326
バリアシールド　178
バリアマスク　176
バリスティック・ストレッチング　59,
　　60
バルサルバ作用　74
バルビツレート系　527
破裂音　496
パワー　69
半規管　495
半棘筋　440
ハンクス・バランス塩溶液　492
半月板　292
半月板の傷害　359
半月板の断裂　350
半月板の破片　361
半腱様筋　346,347,348,371,373
瘢痕形成期間　300
瘢痕組織　292,300,380,422,433
犯罪行為　41
反射テスト　482
反重力フリーエクササイズ　90
板状硬　466
斑状出血　350
反衝損傷　483
半透明な淡黄色の液の滲出　481
反応のない選手　175
反復　103
反復回数　77
反復性腫脹　359
反復的オーバーユース　412

反復的ストレス　547
反復的な体重負荷活動　339
反復的打撃（ヘディング）　487
反復的なオーバーヘッド　405
バンプテスト　328,329
パンプバンプ　308
ハンマー状趾　317
半膜様筋　346,347,348,371,373
半盲　487

ひ

BAPSボード　326
PNFストレッチング（固有受容器神経筋
　　促通法）　61
B型肝炎ウイルス（HBV）　205
ヒートストローク　237,238
ヒール＆レースパッド　257
ヒールウエッジ　156
ヒールカウンター　156,308
ヒールカップ　159,309,310
ヒールロック　263
鼻炎　512
皮殻質　506
皮下脂肪層　127
皮下出血　495
皮下層　489
皮下組織　504
鼻腔　493,494,510
腓骨　322,323,325,344,345
尾骨　368,369,373,436,437,439,457
腓骨筋腱　334
鼻骨骨折　493
尾骨損傷　457
腓骨頭　305
腓骨動脈　325
腓骨の骨折　336
膝崩れ　249,350,359
膝固定副子　356
膝の滑液包　360
膝のブレイス　162,362,347
肘　410
肘の8字帯　254
鼻出血　489,494
非伸縮性白粘着テープ　255
非ステロイド系抗炎症剤　416,427
脾臓　462,463
脾臓の損傷　473
脾臓破裂　466,473,516
脾臓肥大　472,473,516
肥大型心筋症　469
ビタミン　109,111,112,118
ビタミンC　111,517
鼻中隔　493,494
鼻中隔の偏位　494

尾椎　370
必須アミノ酸　110
必須栄養素　109
ピッチャー肘　417
ヒップポインター　386,387
否定的ストレス　223
ヒト成長ホルモン（HGH）524,525
ヒト免疫不全ウイルス（HIV）205,206
泌尿器系　462
避妊薬　532
微熱　512
鼻粘膜　494,510
非バルビツレート系鎮痛剤　527
備品　34
備品在庫表　32
皮膚　214,504
皮膚科医　15
皮膚癌　244
皮膚感染　504,505
腓腹筋　324,325,346,347,348
腓腹筋の挫傷　340
皮膚の異常　421
皮膚の紅潮　518
皮膚弁　497
日焼け止め　244
病原菌　507
表在性温熱療法　451
表層凍傷　243
表皮層　506
病歴　13
鼻翼　493
平手打ち　496
ヒラメ筋　324,325
ひりひり感　500
疲労感　485,510,512,514,516,517
疲労骨折　288,310,338,455,532
貧血　119
頻度　77
頻発月経　531
頻脈　465,466

ふ

ファーストフード　125
ファルトレクトレーニング　100,103
不安　224,226,485,515
不安定度　351
フィールドキット　36
フィッティング　199
フィメールアスレティック・トリアッ
　ド（女性選手の健康障害の三徴）
　381,531,532
フードピラミッド　116
フェイスガード　145,489
フェイスマスク　146,176

フェルト　318
フェンシクリジン　530
フォアアームスプリント　422
フォームラバーパッド　309
フォルクマン拘縮　419,422
フォロースルー期　395
不機嫌　483,485
吹き出物　508
腹横筋　462,463
腹腔　462
複雑骨折　287
複雑歯冠破折　491
副子　163,193,194,195,422
複視　489,498
副子効果（腹部硬直）　466
副子固定　287,433
副腎　462,463
腹直筋　462,463,473
副鼻腔炎　510,511,514
腹部　445,474
腹部大動脈　463
腹部の筋挫傷　471
腹部の痙攣　515
腹部の深層筋　445
腹部の臓器　462
腹部の右上1/4が痛む　517
腹壁の傷害　471
腹膜炎　474
不幸の三徴　357
不作為　41
不十分なトレーニングプログラム　472
負傷しがちな選手　222
婦人科医　15
不調　71,224
腹筋運動　464
不適性　13,29
不適切行動　519
不動　436
不動関節　479
不動椎　436
ブドウ糖の補充　518
負のカロリーバランス　128
普遍的予防措置（ユニバーサルプリコー
　ション）　209,494,504
不法行為　41,141
不眠症　483,512
浮遊肋　460,461
フライ　80
プライオメトリクス　73,90,274,283
PRICE　190,191,192,193,271
フラクトース　120
プラシーボ効果　117
ブラジャー　470
ブラックアイ　498
フラシュトゥバンメソッド　245

フラットタイプ　150
フリーウエイト　74,75,78
フリーエクササイズ　90
振り回し式乾湿計　235
ブレイス　327,348,362,453,454,456,457,
　492
ブレステクニック　154,445
ブロッカーの外骨腫　407
プロテクター　154,471
粉砕骨折　289

へ

閉眼起立　482
平衡感覚　483,495
平衡感覚テスト　482
米国オリンピック委員会　208,530,546
米国疾病管理予防センター　209
米国障害者法　29,209
米国小児科学会　5,37,544
米国スポーツ医学会　3,5,102,129,524,
　543
米国赤十字社　8,546
米国整形外科スポーツ医学会　5,161,543
米国のスポーツ医学専門機関のリスト　5
米国のスポーツ用具行政機関のリスト
　139
米国労働安全衛生局　20,176,205
閉鎖運動連鎖　87,88
閉鎖骨折　287,336
閉塞性呼吸疾患　469
ペインスパズム・サイクル　451,453
ベースボールフィンガー　430
ベータカロチン　111
ベータ遮断薬　524
ベジタリアン　516
ヘディング　487
ヘマトクリット　516,517
ヘモグロビン　119,516,517
ペルテス病　383,384
ヘルニア　471
ヘルペス　505,533
ヘルメット　140,142,143,144,145,176,
　478
変形　421,423,488,493
片頭痛　487
胼胝　307,313,316
ベンチプレス　78
扁桃炎　510
扁桃膿腫　511
ベントオーバーロー　80
ベントニーレッグリフト　84
便秘　472,515
扁平いぼ　506
扁平股（ペルテス病）　383,384

扁平足　313

ほ

ポイント　158,333
防具　138,549
方形回内筋　410,411,421
縫合　215,479
膀胱　462,463,465
方向感覚の喪失　480,483
縫工筋　346,348,371,373
膀胱の損傷　474
防護グラス　500
放散、放散痛　412,417
放射状靱帯　440
方針　24,549
防水テープ　256
包帯　215,248
膨隆　364,455
膨隆血腫　341
飽和脂肪酸　110
ホールド・リラックス　61,62
保管設備　22
ボクサー骨折　430
保険支払い請求　49
保護　190,271
歩行　350,353
歩行用短下肢ギプス　310,334
歩行の補助　198
保護姿勢　443
保護スリング　404
保護ドーナツパッド　341
保護パッド　376,414
保護ブレイス　347
保護用ネックカラー　443
保護用ヘッドギア　478,495
保護用肋骨ベルト　464
母趾外転筋　304,306
母指対立筋　425
母指内転筋　425
母趾内転筋　304
母指の脱臼　433
母指のテーピング　267
補償金　46
補償金プラン　48
保存療法　339,356,358
ボタンホール変形（Boutonnierè Deformity）　430,431
ホッケーの用具認定委員会　139,146
発疹　508,516
発赤　296,507,514
ポット　529
ホットパック　278
POP音　340,361,456
ボディメカニクス　443
ボディランゲージ　227
骨の転位　381
骨の不整合　489
骨の変性（壊死）　428
ボランティアコーチ　546
ホリゾンタルテープ　262
ホルモンの平衡失調　531
ホワイトガール　528
ホワイトテープ　255

ま

マウスツーマウス人工呼吸　468
マウスピース　147,181,490,492
巻き出し　256
巻き爪　318
摩擦　350
マスク　512
マックバーニー点　463,474
まつ毛　497
マッサージ　279
マッサージ療法　451
末節骨　424
末端肥大症　526
松葉杖　198
マネージドケア　46
瞼　497
瞼の腫れ　500,516
麻薬　523
眉毛　497
眉の裂創　489
マリファナ　529
マルファン症候群　469,470
マレットフィンガー（槌指）（Mallet Finger）　430,431
慢性アキレス腱炎　340
慢性コンパートメント症候群　338,339
慢性障害　286,296
慢性半月板障害　359
慢性疲労　532
慢性腰痛　452

み

右肩　474
右肩甲骨の下方　474
水虫　508,509
3つの段階　222
密封（閉鎖）ガーゼ　215
密封（閉鎖）包帯　210
ミネラル　109,113,114,118
耳　495
耳垢　496,497
耳垢の蓄積　497
耳鳴り　483

耳の保護　148
脈拍　186,418,465
脈絡膜　498,500

む

無煙タバコ　528
無機塩　490
無気力感　517
無血管瘢痕　300
無月経　381,531
無酸素症　472
無酸素性運動　96,97
無刺激性の食物　515
虫歯　490
胸の痛み　469
胸の締めつけ　514
胸の前方左側に関連痛　474
胸やけ　511

め

目　497
目の動き　485
めまい　465,483,485,486,496,512
免疫機能　510,529
免疫力の低下　532

も

モイストヒートパック　278
毛細血管性出血　183
盲腸　463
毛包炎　507
網膜　497,498,500
網膜色素上皮層　500
網膜剥離　500
モーターユニット　70
モートン症候群　311,312
モートン神経腫　315
目標心拍数　101
目標設定　225
目標レベル　101
モチベーション　55
モチベータ　225
基節骨　424
モビライゼーション　400,416
モルヒネ　523
問題　524

や

薬物依存　529
薬物検査プログラム　530
薬物耐性　527,528

薬物乱用　521
槍投げ肘　417

ゆ

憂鬱　226,485
有害な臭気の吸引　512
有機食品　121
有鈎骨　424
有鈎骨鈎の骨折　428
有鈎骨骨折　428
有酸素性運動　96,97,520
疣贅　506
優先医療給付機構　47
有痛弧　405
有頭骨　424
誘発点　397
遊離性骨軟骨炎　361
遊離体　350,361,417
癒着　407
ユニバーサルプリコーション（普遍的予防措置）　209,217,494
ユニフォーム　241

よ

用具担当者　17
腰腸肋筋　441
腰椎　436,437,438
腰椎伸展防止装具　549
腰椎穿刺　519
腰椎の骨折　452
腰椎の骨折と脱臼　452
腰椎の前弯　437
腰痛の防止に推奨される姿勢と習慣　444
腰椎部　462
腰痛　452
腰部神経根　440
腰部捻挫　454
腰部の筋挫傷　453
腰方形筋　441
善きサマリア人の法律　42,175
翼状肩甲骨　397
予算　32
予算案　32
予防策　210
予防接種　213,489,511
4大基礎食品群　116
四点法　201

ら

ラインバッカーズアーム　407
ラクーン眼　483
ラクターゼ欠乏症　118

落雷　245
ラケットボール肘　417
螺旋骨折　287,289
螺旋帯（スパイラル）　251
ラテックス　249
ラテラルプルダウン　80
ラノリン・クリーム　316
ランナー乳首　470
ランナー膝　361
ランナー膀胱　474
ランニング　338,339,353
ランニングドリル　277

り

梨状筋　361,372,373
リスク管理　10
リスクテーカー　222
リストエクステンション　82
リストカール　82
離断性骨軟骨炎　417
立位踵―膝テスト　482
立方骨　302
リトルリーグ肘　417
利尿剤　241,524
利尿作用　120,240,522
リバースレッグリフト　84
リハビリテーション　11,13,270
リハビリテーションプログラムの要素　271
リハビリ用ブレイス　162
流産　533
流動食　511
流動食サプリメント　124
菱形筋　393
両松葉杖　198,199
リン　490
リンパ系　462
リンパ腺の腫脹　516
淋病　533,534
倫理規約　11

る

涙管　497
涙腺　497
涙滴型パッド　315

れ

冷却（Ice）　190,192,271,422
冷却療法　192,376,407,450,451
レーニング効果　102
レッグエクステンション　85
レッグプル　83

レッグリフト　83,94
裂創　214,216,487,489
裂離骨折　289,330,548
裂離創　215
レフェリー　17
連鎖球菌　507,511
レントゲン　338

ろ

ローテータカフ　391
ろ過性病原体　509
肋軟骨　461
肋軟骨傷害　468
肋間筋　462
肋間筋の傷害　468
肋間隙　461
ロッキング　349,350,359,361,412
肋骨　437,460
肋骨窩　438
肋骨骨折　467
肋骨打撲傷　467
肋骨部　462
肋骨プロテクター　154
肋骨ベルト　154
肋骨用コルセット　467,468
ロンベルグ徴候　482

わ

ワインドアップ期　394,395
若木骨折　289
わき腹の差し込み　472
ワクチン接種　511
ワセリン　316,496
腕尺関節　410,411
腕神経叢症　451
腕橈骨筋　392,410,411,421

略語集

略語	原語	日本語訳	関連頁
AAP	American Academy of Pediatrics	米国小児科学会	5, 37, 544
ABC	Airway, Breathing, Circulation	気道、呼吸、循環	173, 174
ACL	anterior cruciate ligamnet	前十字靱帯	346, 354, 357
ACSM	American College of Sports Medicine	米国スポーツ医学会	3, 5, 129
ADA	Americans with Disabilities Act	米国障害者法	29, 209
AED	Automated External Defibrillator	自動体外式除細動器	182
AEMA	Athletic Equipment Managers Association	全米エクイップメント・マネジャー協会	139
AIDS	acquired immunodeficiency syndrome	後天性免疫不全症候群	206, 534
AMA	American Medical Association	全米医学協会	37, 557
ANSI	American National Standards Institute	米国規格協会	139
AOSSM	American Orthopaedic Society for Sports Medicine	米国整形外科スポーツ医学会	5, 161, 543
ASTM	American Society for Testing Materials	全米材料試験協会	139, 147
ATC	Athletic Trainer, Certified	NATA公認アスレティックトレーナー	4, 10
CAAHEP	Commission on Accreditation of Allied Health Education Programs	医療従事教育プログラム認定委員会	557
CDC	the Centers for Disease Control and Prevention	米国疾病管理予防センター	209
CHEA	Council of Higher Education Accreditation	高等教育認定諮問委員会	557
CPR	cardiopulmonary resuscitation	心肺蘇生法	174〜177
CSA	Canadian Standards Association	カナダ規格協会	145, 147
CT	computed tomography	コンピュータ断層撮影法	337, 338, 486
DIP関節	distal interphalangeal joint	遠位指節間関節	426, 430, 431
DOMS	delayed-onset muscle soreness	遅発性筋肉痛	295
DRI	dietary reference intake	食事摂取基準	117, 118, 119
EENT	eye, ear, nose and throat	耳鼻咽喉科＋眼科	33
EMS	Emergency Medical Specialist	救急医療専門員	17
EMS	emergency medical system	救急医療システム	175
EMT	Emergency Medical Technician	救急医療技術士	11, 26, 171
EPA	Environmental Protection Agency	米国環境保護庁	212
FDA	Food and Drug Administration of the United States Department of Health and Human Service	米国食品医薬品局	122, 123, 526

HBV	hepatitis B virus	B型肝炎ウイルス	205,206,213
HECC	Hockey Equipment Certification Council	ホッケー用具認定委員会	147
HIPAA	Health Insurance Portability and Accountability Act	医療保険の携帯性と責任に関する法律	7,29,172
HIV	human immunodeficiency virus	ヒト免疫不全ウイルス	206,209,533
HMO	health maintenance organizations	健康維持機構（米国民間保険）	7,47
HOPS	History, Observation, Palpation, Special tests	事情聴取、視診、触診、特殊テスト	189
HR	heart rate	心拍数	101
JADA	Japan Anti-Doping Agency	日本アンチ・ドーピング機構	120
JRC-AT	Joint Review Committee on Athletic Training	アスレティックトレーニング合同審査委員会	557
LCL	lateral collateral ligament	外側側副靱帯	346,352,356
MCL	medial collateral ligament	内側側副靱帯	346,352,354
MCP関節	metacarpophalangeal joint	中手指節関節	424,432,433
MTP関節	metatarsophalangeal joint	中足趾節関節	424
NAIA	National Association of Intercollegiate Athletics	全米大学運動選手協会	49
NASPE	National Association for Sports and Physical Education	全米スポーツ体育協会	546
NATA	National Athletic Trainers' Association	全米アスレティックトレーナーズ協会	5,11,36,139
NCAA	National Collegiate Athletic Association	全米大学体育協会	5,49,524
NFHS	National Federation of State High School Associations	全米高等学校連盟	5,139
NOCSAE	National Operating Committee on Standards for Athletic Equipment	全米スポーツ用具安全基準委員会	45,139
NYSCA	National Youth Sports Coaches Association	全米青少年スポーツコーチ協会	546
OSHA	Occupational Safety and Health Administration	米国労働安全衛生局	20,24,176,208
PAs	physician's assistants	医師のアシスタント	15
PCL	posterior cruciate ligament	後十字靱帯	346,354,358
PIP関節	proximal interphalangeal joint	近位指節間関節	426,430,433
PNF	proprioceptive neuromuscular facilitation	固有受容器神経筋促通法	59,61
PPO	preferred provider organizations	優先医療給付機構	7,47
PRICE	Protection, Rest, Ice, Compression, Elevation	保持、安静、冷却、圧迫、挙上	190〜193,271
RM	repetitions maximum	最大反復回数	77
RPE	ratings of perceived exertion	主観的運動強度	102
SAID	Specific Adaptation to Imposed Demands	特異性の原則	54
USDA	United States Department of Agriculture	米国農務省	116
USOC	United States Olympic Committee	米国オリンピック委員会	208,530,546
WADA	World Anti-Doping Agency	世界アンチ・ドーピング機構	120
WHO	World Health Organization	世界保健機関	206

（略語の選択は編集部による）

■監訳者略歴■

岩崎由純（いわさき・よしずみ）

1959年山口県生まれ。82年日本体育大学体育学部卒業。84年米国ニューヨーク州シラキュース大学にて修士号を取得。85年コロラドスプリングス市のオリンピックトレーニングセンターにてインターン。86年からNEC女子バレーボール部（レッドロケッツ）専属アスレティックトレーナーとなる。91年アジア選手権、92年バルセロナオリンピックの全日本女子バレーボールチームに帯同。NATA（全米アスレティックトレーナーズ協会）公認アスレティックトレーナー
JCCA（日本コアコンディショニング協会）会長

著書等

『すぐに役立つテーピング・テクニック』（ナツメ社）
『ひとりでも簡単にできるテーピング』（成美堂出版）
『スポーツ留学 in USA』（三修社）
『ウエイト・トレーニング・シリーズ』〈ビデオ〉（丸善）
『バレーボール・コンディショニング・エレメンツ』〈ビデオ〉（ジャパンライム）

新版トレーナーズ・バイブル

2007年3月28日　初版第1刷発行
2015年9月20日　初版第4刷発行

著　者　William E. Prentice
　　　　Daniel D. Arnheim
監訳者　岩崎由純
発行者　戸部慎一郎
発行所　株式会社 医道の日本社
　　　　〒237-0068　神奈川県横須賀市追浜本町1-105
　　　　電話 (046)865-2161
　　　　FAX (046)865-2707

2007ⓒIdo-no-Nippon-Sha, Inc.
印刷　ベクトル印刷株式会社
ISBN 978-4-7529-3081-5　C3047